不埋没一本好书，不错过一个爱书人

美，以及美的反思

[德] 伊曼努尔·康德 著
曹俊峰 译

金城出版社
GOLD WALL PRESS
·北京·

图书在版编目（CIP）数据

美，以及美的反思/(德)伊曼努尔·康德著;曹俊峰译.—北京:金城出版社有限公司,2023.11

书名原文:Kant's Aesthetic Discourse

ISBN 978-7-5155-2441-2

Ⅰ.①美… Ⅱ.①伊… ②曹… Ⅲ.①康德(Kant, Immanuel 1724-1804)—美学思想—研究 Ⅳ.①B516.31

中国版本图书馆CIP数据核字(2022)第251399号

美，以及美的反思

作　　者 [德]伊曼努尔·康德
译　　者 曹俊峰
责任编辑 杨　超
责任校对 彭洪清
责任印制 李仕杰
开　　本 710毫米×1000毫米　1/16
印　　张 39.5
字　　数 600千字
版　　次 2023年11月第1版
印　　次 2023年11月第1次印刷
印　　刷 文畅阁印刷有限公司
书　　号 ISBN 978-7-5155-2441-2
定　　价 158.00元

出版发行 金城出版社有限公司 北京市朝阳区利泽东二路3号　邮政编码：100102
发 行 部 （010）84254364
编 辑 部 （010）64214534
总 编 室 （010）64228516
网　　址 http://www.jccb.com.cn
电子邮箱 jinchengchuban@163.com
法律顾问 北京植德律师事务所　（电话）18911105819

Contents 目 录

再版序 001

译者前言 006

序言：为什么要重译出版康德美学著作 012

对美感和崇高感的观察 015

第一章 关于崇高感和美感的不同对象 016

第二章 关于人的崇高和美的特性 021

第三章 关于男人和女人在崇高和美上的区别 036

第四章 关于分别建立在崇高感和美感之上的民族特性 049

《对美感和崇高感的观察》反思录 061

实用人类学（节选） 169

“人类学”反思录 191

论美感 192

关于鉴赏 272

“逻辑学”反思录 277

《判断力批判》第一导论 305

判断力批判 347

序言（初版，1790年） 348

导论 353

上卷　审美判断力的批判 381

第一部分　审美判断力的分析 381

第二部分　审美判断力的辩证论 495

下卷　目的论判断力的批判 511

第一部分　目的论判断力的分析论 514

第二部分　目的论判断力的辩证论 534

附录：目的论判断力的方法论 561

有两种东西，我对它们的思考愈是深沉和持久，它们在我心灵中唤起的惊奇和敬畏就会日新月异，不断增长，这就是我头上的星空和心中的道德律。

——康德

再版序

这本译文集出版于18年之前，2013年再版，此为第三版，作为编译者本人当然很高兴，这要感谢中图网·七楼书店的各位编辑，他们“不埋没一本好书，不错过一个爱书人”的精神令人崇敬，译者在此亦当深表谢忱。关于翻译本书的缘起以及迻译的具体情况，原北京师范大学出版社总编辑马新国先生为本书所写的“序言”和笔者的“译者前言”中已说得很清楚，兹不赘述。但译者想趁此机会向读者交代几个与康德美学相关的理论问题，因为阅读此书的主要是研究美学、文艺学、西方美学史或专攻康德哲学的大学本科生、研究生、高校教师及其他爱好者，为了帮助这些读者抓住要领，译者愿意把偶然所得的一点粗浅体会敬献于大家面前，一则供批评指教，二则或可有些许引玉之效，三则亦可权充导读。

康德美学是西方美学乃至世界美学的一个顶峰，一个制高点，也可以说是学习和研究美学、美学史和文艺学的人必经的一个炼狱，未经这座八卦炉的三昧真火，就难得炼成火眼金睛，不仅在此领域中无从判定真理和谬误，甚至可能连自己所说所写究系何意也不甚了然，这是因为未经康德哲学这个炼狱，就有可能缺乏怀疑精神、批判精神、分析精神、识别矛盾的精神、追本溯源的精神、决不盲目的精神、理论上不容含糊的彻底精神（马克思：“理论只要彻底，就能说服人。所谓彻底，就是抓住事物的根本……”）、独立不依的精神，就可能满足于理论上的一锅糊涂粥。

那么，什么是康德美学著作中最为重要，同时又对我们具有启发意义的问题呢？笔者认为主要有以下几点。

一、关于鉴赏判断的先天原理。康德三大《批判》都各有其根本问题和先天原理。《纯粹理性批判》的根本问题是“先天综合判断如何可能”，康德为此提供的原理是：事物被分成现象和物自体两个方面，现象通过感官提供认识的质料，主体能力（感性、知性、理性）提供认识形式（时空、概念和范畴），二者互相结合就构成了既有经验内容又有普遍性和必然性的知识；《实践理性批判》的根本问题是“先天的道德判断如何可能”，其先天原理是：人有实践理性，亦即自由意志，这种能力可先验地为人的行为立法，制定道德法则，道德法则作为绝对命令能够而且必须运用于人的行为，人类的道德就有了不可动摇的规范；《判断力批判》的根本问题是“先验的审美判断是否可能、如何可能”，其先天原理就是自然的形式的合目的性。康德把先验的目的论作为反思判断力的先天原理提出来：审美的反思判断力的先天原理是主观而形式的合目的性，亦即无目的的合目的性；目的论的判断力（《判断力批判》下卷）的先天原理是客观而实质的合目的性，也就是自然的合目的性（主要是有机界）。所以，目的论问题是第三个《批判》的拱心石，是全部论述的核心，是这部著作的深层底蕴，因此务必请读者细心领会全书关于目的与合目的性的论述。就我所知，这一点常常被读者朋友所忽略。我们应当清楚地意识到“美的分析”中的四个要点不是平等的，按其重要性排列起来，应该是：第一，无目的的合目的性，因为这是鉴赏判断的先天原理；第二，审美无利害；第三，鉴赏判断具有无概念的普遍性；第四，鉴赏判断具有无概念的必然性。

二、关于康德美学的起源。关于康德美学思想的由来，美学史界有一个普遍的看法：康德的美学理论是由批判哲学体系的需要而产生的。具体说来大约是这样的：康德于1781年出版了经过12年悠久岁月的沉思而写成的《纯粹理性批判》，1788年出版了同样经过多年酝酿的《实践理性批判》，前者是批判的认识论，论述的是自然概念，目的是为数学和自然科学奠定哲学基础；后者是批判的伦理学，论述的是自由概念，目的是为道德判断制定不同于幸福主义和经验主义的先验的道德法则。这样，在康德看来自然和自由这两个领域的根本问题已被阐明，陷入困境的形而上学已得到拯救，但同时康德却发现，在他的框架内，认识和伦理两个领域各自独立，似有鸿沟横亘于其间，难以弥合；但哲学应该是统一体，分裂的状态不应持续下去，必须找到一个中介把二者联结起来。康德在解决这一问题时秉承当时欧洲哲学界的普遍看法，认为人的心灵机能有三种，即认识能力、愉快和不愉快的情感和欲求能力，与之对应的是知性、判断力和理性，它们之间有固定的关系，认识能力和欲求能力处于两端，愉快和不愉快的情感居中，能把认识和伦理连成一体，这样从自然概念向自由概念的过渡就成为可能。前两个《批判》已把认识和伦理问题搞清楚了，如果处于中间地位的判断力的性质、功能、活动方式和先天原理也能得到透彻的认识，哲学的统一问题也就迎刃而解了，于是而有《判断力批判》之作，康德美学即由此而来。这个看法因为出自康德本人的表述，已被视为美学史上的一个铁案，似乎已无可置疑。但笔者认为即使康德自己的说法也未必不可动摇（康德曾认定自己的家族来自苏格兰，但经学者们多方考证，现已确定他的祖先并非苏格兰移民，而是波罗的海沿岸的原住民，就是一个著例），实际上这部译文集中《对美感和崇高感的观察》、《实用人类学》节选、《“人类学”反思录》等无可辩驳地证明，康德美学萌生、发展、成熟于他对人类学问题的思考之中。在他的美学原理和基本结构已经定型，并已发现前两个《批判》之间存在一条鸿沟之后，他才觉得有必要把批判哲学的整体联系作为一个独立的课题详加论述，为此他写出了《判断力批判》的“第一导论”，这篇“导论”是在他的美学体系已了然于胸但尚未落墨时先行写出来的，它名为《判断力批判》的“导论”，实际上却是全部批判哲学的导言或绪论，它在时间上居后，但在学理逻辑上却位于批判事业的开端。准确地说，这篇“导论”才是批判哲学各个部分的黏合剂、串联线、扎桶箍。从这本译文集中，我们完全可以看出人类学是康德美学的发源地，也是其最后的归宿。这也提醒我们，在人类学范围内，从人类学入手，以人的本质规定为根基，才有希望弄清审美问题。反之，如果从对象入手，一味盯住对象的形态、平衡、比例、对称、和谐、鲜明、光滑、小巧、多样统一、好的本质的突出表现等，必然漏洞百出，捉襟见肘。在此，笔者不由得想顺便指出，马克思的《1844年经济学—哲学手稿》中有关审美的论述本质上就属于人类学思想。18年前编译本书时，笔者尚未明确地认识到这一点，故仍泥于旧说，这一点要请读者明鉴，也恳请读者原谅。

三、论述问题时能时刻做到严格区分，划清界限。上文已涉及这个问题，这里再强调一下。哲学史上，有许多人喜欢笼笼统统、模模糊糊地讨论问题，使用概念从不预先对其内涵和外延做出明确的规定，致使某些概念可以做出几乎无限多样的解释，其外延几乎可以大到无所不包。例如，我国古代哲学中的“道”

字，就可做出物质性的解释，也可做出精神性的解释，又可做出半物质半精神性的解释，而其最准确，也最让人无话可说的诠解就是“大道清虚”，清虚者，空无之谓也。这样的概念或语言在诗歌中可扩大想象空间，增加诗句的韵味，在宗教经典中可增加其神秘性，可最大限度地弥补教理、教义的漏洞，有助于更有力地控制信众的精神。但在真正的哲学中，特别是在康德那种科学色彩很浓的哲学著作中，这类说不清道不明的词语是万万不可用的。康德要求治学者必须在不同学科、不同领域之间划清界限，必须认清自己所研究的是哪一领域，论述的是哪一类命题，使用的是哪一学科的术语，在特有的语境下这一术语的内涵和外延如何。康德的这些要求明显地带有分析哲学的意味，所以后来有人把康德视为分析哲学的鼻祖之一。康德在自己的著作中始终自觉地贯彻自己的这些主张。例如，在《判断力批判》中，他就把单纯的感官享受、纯粹鉴赏的愉悦和善的愉快严格区分开来，而且是从有无利害、有无概念、有无普遍性、有无目的等多个层面逐一辨析，不容丝毫的混淆。再如，关于绿色在人身上所引起反应或者说人对绿色的感受他就清楚地区分为两个层次，即绿色引起的感觉和绿色引起的情感，并指出二者具有本质的区别：前者是动物性的感官感觉，反映了对象的客观性质，后者是人类独有的情感反应，是纯粹主观的，所反映的不是对象的性质。还有，在《判断力批判》第8节中，他在单称的鉴赏判断“我正在观看的玫瑰是美的”和全称判断“玫瑰一般是美的”这两个判断之间做出本质的区分，指出前者是鉴赏判断，后者是逻辑判断（认识判断）。我们看到，康德的全部著作都体现了这种精神，笔者认为这是每一个有志于学习和研究哲学、美学、文艺学的人都必须掌握的基本功，而且必须要养成这种习惯。千万不要相信某些后现代主义者所鼓吹的“消解界限”之类的错误主张，因为一旦消解了学科、概念、命题、观点之间的界限，全部人文科学也必将随之消亡。实际上，学术中的各种界限也不可能被消解，即以“后现代主义”这个概念而论，它本身就永远带着挥之不去的界限，因为提出这个概念就是为了区别于现代主义，而区别就意味着界限，它如影随形，消而不解。如果“后现代主义”与其他一切概念之间的界限真的被消解了，“后现代主义”一语还有意义吗？所以笔者以为，做学问的人，特别是初登学术殿堂的莘莘学子，首先学习康德的学风、文风才是正路。为了训练和提高学术能力，本书当是一份可用的参考材料。

四、还有一点我们必须时刻注意，那就是康德美学研究的核心是主体能力，不是外在的审美对象。这一点前面论及人类学时已约略提到，这里再稍做展开。康德的三大《批判》的对象是感性、知性、理性和判断力，这些都是主体能力。康德自己反复说过，他所批判的不是对象，不是学理，不是体系，而是各种主体能力的性质、功能、活动方式及其先天原理。如本书各部分所表明的那样，在美学上他也是从主体出发又回归主体，他主要是研究主体的审美判断力，也就是趣味，研究审美愉快的特殊性质，研究鉴赏活动的内在心理机制，研究鉴赏活动与人类本性（自由）的关系，研究鉴赏判断的先验根据。他从不在鉴赏对象上做文章，而是反复强调"任何客观的鉴赏原理都是不可能的"，"鉴赏的原理是一般判断力的主观原理"，"（审美判断）完全不是指向客体的"，"我们通过情感所判断的根本不是事实本身"，"美不涉及被认识的东西"，"鉴赏的真正根源不在客观事物，而在于内在情感的形式"，初看起来这些说法似乎有悖于常情常理，但如果有了一定的基础知识，再仔细深入思考，就会看出真理在康德那一面。

最后，译者深知，本书翻译和注释方面的缺点和错误在所难免，切盼海内同道和广大读者不吝赐教。

译者

2021年11月9日于哈尔滨友蠹斋

译者前言

上个世纪80年代以后，随着又一轮思想解放，国内出现了一个势头不算很小的“文艺复兴”，一度凋零沉寂的文学艺术、人文学说和各门科学都从蛰伏中醒来，重新走上人类理性付出巨大的艰辛、经历了漫长的岁月才开辟出来的，甚至宗教裁判所和火刑柱都难以阻断的文化之路，而文化正是人类乃至全部存在的终极目的（康德如是说）。在这股至今仍方兴未艾的潮流中，康德的美学学说也受到了前所未有的重视，对康德美学感兴趣的人越来越多（当然是在学苑中），同时也逐渐显露出以往不曾被人注意的问题：这方面的材料奇缺。在康德的故国，这位生前淡泊寡欲，死后却并不寂寞的哲人的著作差不多每年都在重印或出版新的版本，而研究康德其人其说的著作更是层出不穷，其数量可谓汗牛充栋。这个被海涅称为“既没有生活，又没有历史”的人物死后，有关他的生活和历史的著作实在是让人兴叹。著名学者卡尔·福尔伦德所著《康德生平与著作》（*Immanuel Kant: Der Mann und das Werk*）一书后面所附的一份“康德传记书目”所收就有483种之多，而这显然也不是“康德传记资料大全”。至于康德美学，也不断有新的研究著作问世，其深入和细致的程度也是我们难以想象的，不仅有“康德的美学思想”“康德美学的体系”“康德美学思想的形成”之类总体性的研究，而且举凡“无利害关系”“无目的的合目的性”“想象力”“自由游戏”“鉴赏判断”“共通感”“崇高”等重要概念都分别有专门的研究著作。反观我国，不仅研究性的著作凤毛麟角，就是康德本人的美学论述也没有完全介绍过来，这不能不说是我国文化基本建设的缺陷之一。尤其是在当今胡塞尔、海德格尔、罗素、维特根斯坦、伽达默尔、德里达等人的著作已大量翻译出版的背景下，这种情况就更显得突出。改变这一状况，需要许多人长期不懈的辛勤劳作，绝非一人之力所能为，但一个人在力所能及的范围内，一点一滴地做起来，恐怕也不是毫无意义的。本着这种想法，就编译了这部译文集。

这个集子收入了七部分的内容，这大体上就是康德美学论著的全部。为了便于阅读和理解，这里首先要对每一部分的基本情况分别作一简单的介绍。

一、《对美感和崇高感的观察》（*Beobachtungen über das Gefühl des Schönen und Erhabenen*，以下简称《观察》）

这是康德的第一部美学著作，写于1763年，出版于1764年。撰写这部著作时，批判哲学的基本思路还没有形成，康德还处于所谓“前批判期”，所以这部著作只是对审美现象的感性直观的描述，其意全不在探索审美的先天原理，几乎没有形而上学的气味。正因为如此，这部著作才称“观察”，而不称“批判”或“论”。这个差别不是无足轻重的，因为它体现了康德前批判期美学与批判期美学的重大差异。这部著作译自普鲁士王家科学院版（下简称科学院版）《康德全集》第2卷，有些地方参照了B. Φ. Асмус的俄译本。

二、《〈对美感和崇高感的观察〉反思录》（*Reflexionen zur “Beobachtungen über das Gefühl des Schönen und Erhabenen”*，以下简称《观察》反思录）

《观察》正文出版于1764年1月，康德保存了一本自用书。从1764年1月到1765年秋天康德在重读这本书时随手在边页和插入的白纸上写下了许多思考片段。科学院版《康德全集》第20卷刊印这些片段时称它们为“注释（Bemerkungen）”，现在的研究者一般都称为“随想（Nebengedanken）”。考虑到这些片段只是重读《观察》时产生的一些想法，并不是对某些词句、概念的解释，有些甚至与《观察》的内容毫不相干，称为注释并不很恰当，改称“反思录”或许更好一些。至于“反思录”的内容，有的是对《观察》内容的复述、补充、扩展，有的是新材料和例证，有的是相关书籍的摘录，有的则是天马行空式的联想，特别是有关人、人性、两性特征和关系方面的思考，其范围极为广泛。在形式上，各个片段极为自由，有的是完整的一大段，有的是一小段，有的是一个完整的句子，有的是一个词组，有的则只是一个词或一个人名。为便于理解，译者尽力加一些注释，但因康德所用的资料大多是18世纪中叶以前的拉丁文和法文书籍，国内极难觅得，再加上译者孤陋寡闻，力不从心，很难使读者满意。“反思录”的顺序与《观察》正文内容的顺序相对应，阅读时可互相参照。这一部分译自科学院版《康德全集》第20卷。

三、《实用人类学》（*Anthropologie in pragmatischer Hinsicht*，节选）

这部著作的形成前后经历了25年的时间。康德于1755年在哥尼斯堡大学担任编外讲师，同年就开始讲授形而上学。康德讲授这门课程所用的教本是鲍姆加登的《形而上学》一书。他在讲授过程中，不断补充新材料和新见解，有些章节便逐渐扩充，特别是“经验心理学”那一章。到1765—1766年冬季学期，康德所讲的“经验心理学”的内容和格局已经与鲍氏有很大的不同，逐渐变成关于人的专门学科。于是康德就在1772—1773年冬季学期把这一部分独立出来，并且放弃了“经验心理学”这个名称，改称“人类学”。从这时起，康德每一年都要讲授“人类学”，到了1798年，在他终止讲课之后，才把多年的讲稿整理出版，名为《实用人类学》。本书节选的是这部著作的第一部第二卷，标题是“论愉快和不愉快的情感”，内容都与审美有关。这是最早从人类学角度讨论审美问题的历史文献，其中既有对审美经验的直观描述，也有对先验原理的探讨，表现出由非批判的美学向批判的美学过渡的特征。这一部分译自汉堡费利克斯·迈诺尔出版社1980年出版的《实用人类学》德文单行本。

四、《“人类学”反思录》（*Reflexionen zur Anthropologie*）

《“人类学”反思录》之名是科学院版《康德全集》第15卷编辑艾立希·阿迪克斯（Erich Adickes）所拟，内容是康德在讲述人类学的25年里写下的讲述大纲、备忘录、补充材料、思考片段等。当时《实用人类学》尚未出版，所以不称《实用人类学》反思录，而只称“人类学”反思录。这里译出的是康德于18世纪70年代至80年代关于美感的反思录，与前面所译的《实用人类学》第一部第二卷“论愉快和不愉快的情感”（60—72节）相对应。为了眉目清晰、便于掌握和引用，《康德全集》的编者在整理和刊印这些材料时采用了统一的编号，以下译文中每段译文前面的数字就是这种编号，有关美感的反思录从第618条开始到996条止，共379条（《康德全集》第15卷265—440页）。关于这些内容，前面提到的艾立希·阿迪克斯在《康德全集》第15卷序言中说，它们“为此前几乎完全幽暗的领域投下了一束最明亮的光线：新材料为我们提供了有关康德的美学观点如何形成的最重要的信息”。从其内容看，这些材料也确实值得我们高度重视。这一部分译自科学院版《康德全集》第15卷。

五、《“逻辑学”反思录》(*Reflexionen zur Logik*)

康德从1765年开始在哥尼斯堡大学讲授逻辑学28次，直到90年代才结束，他所用的教本是格奥尔格·弗里德里希·迈耶尔(Georg Friedrich Meier，？—1777)的《理性学简编》(*Auszug aus der Vernunftlehre, Halle bei Gebauer*，1752)，但在讲授过程中他经常自由发挥，加入自己的观点。同时他还按自己的习惯在讲课之前把自己的想法写在纸条或迈耶尔《理性学简编》的边页上，经过多年积累，这些片段就有了相当的数量。另外，当时听讲学生的笔记中也留下不少康德口头讲述的意见。后来，这些材料被一并收入科学院版《康德全集》第16卷，并被冠以“‘逻辑学’反思录”的总标题，每个片段前面也都有与《“人类学”反思录》相衔接的编号。《“逻辑学”反思录》中，从第1747条到第1934条这188个片段前面有一个标题：“认识的逻辑完善性和审美的完善性”［其中“审美的(ästhetische)”一词也含有“感性的”之义，在不同的片段中有时表示“审美的”，有时表示“感性的”］，都与鉴赏判断即审美有关，是康德美学思想的重要组成部分。其中有些是讨论逻辑完善性的，因其与讨论审美完善性的片段是一个整体，又可与审美的完善性作对比，故亦一并译出。

六、《〈判断力批判〉第一导论》(*Erste Einleitung in die Kritik der Urteilskraft*)

这个导论是康德在写作《判断力批判》正文之前先行撰写的。其主要目的是想详细地交代一下前两个《批判》之间为何出现了一条“鸿沟”以及为填平这条“鸿沟”必须有第三个《批判》的情由，同时也概括地提出了反思判断力的基本原理，但《判断力批判》的正文写好之后，康德发现原来的导论篇幅太长了，把它放在正文之前有头重脚轻之感，于是他又重新写了一篇，把原有篇幅压缩了一半。后写的这一篇被学术界称为“第二导论”，就是现行《判断力批判》所用的那一篇。仔细推敲，我们会发现这个导论与“第二导论”在内容上并不完全一致，特别是有关目的、合目的性、终极目的等的论述要更详尽、更透彻。“第一导论”最初由当时的哲学硕士贝克(Johanny Sigismund Beck)于1793年出版过一个改写本，后来又印行过三个不同的改写本，直到1914年才由恩斯特·卡西尔

（Emst Cassirer）在他所编辑的《康德全集》中按康德手稿全文刊印，这里的中译文是根据科学院版《康德全集》第20卷所载原文译出。

七、《判断力批判》（*Kritik der Urteilskraft*）

这是康德批判期为弥合前两个批判的鸿沟而撰写的一部美学和目的论著作，是三大《批判》的最后一部。这部著作完成于1789年，出版于1790年。这一部分译自科学院版《康德全集》第5卷，同时还参考了James Meredith的英译本和B. Ф. Асмус的俄译本。三种版本中，德文本出自康德本人之手，当然最具权威性，但也最为难读。俄译本较为简明，有时还走捷径。英译本有些地方实际上是解释性的翻译，有时隐含的逻辑语义也被表述出来，有时甚至添加了一个词或一个句子，有时还把直陈句改为设问句，先提出一个问题，然后步步作答，这样就化解了康德式的长句，有助于理解。因此，这次翻译有些地方参照了英译本。这里必须一提的是，《判断力批判》已有宗白华先生和韦卓民先生的中译本，这个译本重印多次，在国内流传很广，其中很多术语如“鉴赏”“共通感”等的译法已为学界所接受，这次翻译就没有另选新词，以减少读者的疑惑。在此，理应对已故的两位前辈表示感激之情。据说台湾也有一个中译本问世，笔者未及见到。现在三个中译本并行，可以互相参照，对于理解康德的美学思想当是有益的。

翻译方面，让译者最为头痛的是长句子。康德文风的晦涩是世界闻名的，他最喜欢用长句，有的一大段只有一个句号，其中一个从句套着另一个从句，连环钩索，形成了德国人所说的绦虫句。康德在世的时候，有的朋友读了《纯粹理性批判》之后就抱怨手指头不够用，因为阅读这部书时，由于从句太多，必须用一根指头按住一个从句才不致顾此失彼，但终因指头只有十个，结果指已尽而句未穷，真是无计奈何。这位朋友甚至声称，再读下去就要发疯了。这样的句子翻译起来自然绝非易事。中文里没有德语里面那样的结构连接词，如保存原文的句式，势必在一个中心词前面叠加许多“的”字结构，读到后面就忘了前面，如不十分留神，就会弄不清来龙去脉，句义也就模糊不清；如把句子拆开，分解为一个解释另一个的短句，则语气尽失，难以保存原文的气势。译者采取的办法是能拆即拆，不好拆的就只得译成长句，为了缓解一串“的”字结构的单调沉闷，有时在中间加一“之”字，还不知是否得当。

为使读者便于阅读理解，除了知识性的注释之外，译者还根据个人的理解加了一些解释性的注释，这些都是一己之见，不一定正确，仅供参考。

译事艰难，不可小觑。在本书的翻译过程中，译者亲身体会到鲁迅先生当年所说的“字典不离手，冷汗不离身”的况味，有时为了一词一句的稳妥恰当，竟致苦思半日，不觉日晷之渐移。译者虽然尽了力，但因为外语水平和中文造诣都很有限，错误在所难免，希望专家和读者不吝赐教。

直接促成这部译文集的是北京师范大学出版社总编辑马新国教授。马先生对康德美学素有研究，成绩卓著，著有《康德美学研究》一书，受到国内学界的好评。马先生认为《判断力批判》应重译，经人介绍，他找到了译者，译者以为与其重译一部《判断力批判》，莫如把康德的所有美学论著编成一个集子介绍过来，这样可以使广大读者对康德美学有一个完整的认识。马先生与社中同仁同意了译者的计划，在他们的支持下，这部译文集才得以问世。在此谨对马先生及北师大出版社表示深深的谢意。另外，北京大学哲学系李醒尘教授看过部分译稿，并提出了宝贵意见，谨此一并致谢。

译者

2002年2月12日

序言：为什么要重译出版康德美学著作

马新国

我在拙著《康德美学研究》中曾说：康德美学是西方古典美学通向现代美学的一座桥梁，是西方美学发展历史上的一个重要转折点。它的丰富深刻而又包含着矛盾的思想体系，留给后来者无数问题而又提供了无数的启示，其中存在着可能成长为美学大树的多种因子。懂得康德是非常重要的，不懂康德不可能真正懂得西方现代美学。然而，我深感研究康德又是很难的。从客观上讲，康德的哲学美学体系庞大，思辨独特，他的著作叙述语句冗长抽象，语义表述艰深玄奥，往往使人望而生畏。从主观上讲，研究康德又是对研究者本人学术意志、学术品质、学术功力的一个大考验，需要研究者拒绝浮躁，耐得寂寞。还有一个原因，就是康德美学著作的中译情况不尽如人意。当然宗白华先生、韦卓民先生翻译的《判断力批判》（上下卷）功不可没，它为我国学者研究康德美学提供了读本，但由于受时代及各种因素的限制，译本语言比较艰深，使人很难读下去，且有漏译、错译之处，增加了对康德美学理解的难度。因此，对研究者来讲，特别是对广大的不懂德文的研究者来讲，能不能有一个忠实于康德原著且文笔流畅、较为通俗易懂的译本就显得极为重要了。

大约五年前，在长江游船上召开过一次学术研讨会。晚饭后，朱立元同志到我的房间里聊天，我就上述想法商之于朱立元同志，立元同志深有同感，并郑重地向我推荐了曹俊峰同志来承担重译康德《判断力批判》的工作。俊峰同志出自蒋孔阳先生门下，毕生研究康德美学，德文造诣颇深。他为了掌握康德的第一手资料，曾求助于德国一家学术研究机构，结果居然得到了《康德全集》中有关美学的卷册和一些康德研究专著，从而成为我国掌握康德美学资料最为齐备的学者之一。然而，译事辛苦，俊峰同志为了重译《判断力批判》，他首先根据德文版译出全文，然后又对照俄文版和英文版，并参考宗白华先生的中译本，尽力使译文与康德原意相吻合。可以说，这部重译本，俊峰同志一丝不苟，严肃认真，付出了艰巨的劳动。在译稿出来之后，我又请北京大学李醒尘教授审读，就有些问题，进行了认真的讨论，努力使译文更加准确精当。清样出来以后，我认真进行了读校，我认为这个译本是可信赖的。为了使研究者全面了解康德的美学思想，俊峰同志还将康德的其他美学论著以及散见于其他著作中有关美学的论述一并译出，并编入本书。因此，这部文集可能是我国目前新译的康德美学论著最全的一个集子，相信会对我国的康德美学研究有所推进。

当前乃至今后的一段时期，正是中华民族伟大复兴事业的关键时期。复兴再创伟大的中华文化，不仅需要继承我国优秀的传统文化，也要大量吸收外国的进步文化。康德的哲学、美学思想在西方哲学、美学史上所处的枢纽地位，是我们了解和掌握西方文化思想绕不过去的一座桥梁。只有理解了康德，我们才能顺利进入西方思想文化的堂奥。这一点，也是康德哲学美学思想自身所具有的全人类性所决定的。正如康德传记作者阿尔森·古留加所言：康德的思想在世界各个角落漫游，希求超脱尘世的束缚，试图洞察浩渺的宇宙。他的思想钻进人类灵魂的深处，力求认识自身。他的思想尽管经过了形形色色的改造，但依然保持着旺盛的生命力，成为全人类的宝贵财富。

康德生于1724年4月22日，卒于1804年2月12日，明年是康德诞辰280周年纪念，也是康德逝世200周年纪念，我相信这部文集的出版，将是对哲人康德最好的纪念。我盼望有更好的研究康德美学的论著、译著面世。

2003年3月于北师大

对美感和崇高感的观察

第一章　关于崇高感和美感的不同对象

与其说快乐或烦恼的不同的感受（Empfindungen）取决于激起这些情绪的外在事物的性质，还不如说取决于每个人所固有的、由这种激发才带有愉快和不愉快的情感（Gefühl）。[1]因此，使某些人感到愉快的东西，却引起另一些人的厌恶，热恋的激情常常使局外人困惑不解，惹起一个人强烈反感的事物，却使另一个人完全无动于衷。对人类本性中这一特征的研究领域十分广阔，并且埋藏着丰

[1] 这一句是全书的纲领和基本思想之所在，康德的表述译成中文可能使读者产生疑惑，这里要作些解释。这一句的原文是：Die verschiedene Empfindungen des Vergnügens oder des Verdrusses beruhen nicht so sehr auf der Beschaffenheit der äußeren Dinge, die sie erregen, als auf dem jedem Menschen eigenen Gefühle, dadurch mit Lust oder Unlust gerührt zu werden. 其中有两个都可译为“感觉”“情感”的词，一个是Empfindung，另一个是Gefühl；前一个含有更多的感观感觉的成分，在这一句中指的是一个人由外物的性质所引起的实际感受。同一事物的同一性质在不同的主体身上会引起全然不同的感受，其原因全在于后面的Gefühl，这个词的一般意义是感情，但康德用这个词指的却是人所固有的情感素质，包括爱憎、癖好、文化素养、道德情操、审美趣味、敏感程度乃至整个精神境界。在没有外在对象时，这种情感处于零状态，在外物刺激下，零状态被打破，转变为愉快和不愉快的情感。康德用Lust和Unlust表示愉快和不愉快，这两个词与前面的Vergnügen（快乐）和Verdruss（烦恼）不同，精神性的成分更多一些。在康德看来，当主体与对象发生鉴赏性的关系时，最先被触动的是作为固有素质的情感，由对象是否适应主体的情趣而产生了满意或不满意、接受或拒斥的初步反应[这就是所谓“带有愉快和不愉快的情感”，俄译本把“带有（mit）”一词略去，直接译为“由这种激发而来的满意或不满意的情感（ЧУВСТВЕ УДОВОЛЬСТВИЯ ИЛИ НЕУДОВОЛЪ СТВИЯ ОТ ЭТОГО ВОЗбУЖДЕНИЯ.）”]再进一步才会产生快乐或烦恼的感受。显然，情感是因，感受是果，情感是本，感受是末，激发情感在前，产生感受在后。读过下文康德所举的例子，会更加清楚。——译注

富的矿藏可供开掘，开掘这些矿藏既令人愉快，又富有教益。这里，我只把注意力放在这一领域中似乎是特别挑选出来的一些方面，并且主要是以观察者而不是哲学家的眼光来考察。

因为一个人只有在他的意愿得到满足时才感到幸福，所以，那些不需要特别的天赋就能使人获得极大愉快的情感肯定不是毫无意义。那些脑满肠肥的人把厨子当作最有才智的作家，他们精致有味的杰作就藏在他们的地窖中。这类人能够在卑污下流的亵语和愚蠢的笑谈中获得强烈的乐趣，这种乐趣就如同使怀有高尚情操的人自豪地感受到的那种愉快一样。懒人喜欢听人读书，仅仅因为这样可以使他昏然入梦。商人把一切娱乐都看成蠢事，他只能体会到一个精明人在计算赢利时所产生的快乐。有的人只是在把异性看作可享乐的对象时才爱异性。有的爱打猎，有的像多米提努斯[1]那样追逐苍蝇，有的像某甲那样猎取野兽。所有这些人，都各有一种能够使他们按自己的方式得到快乐的情感。在这方面，他们都无须羡慕别人，也无法形成一个有关别人的内心感受的概念。但现在我们注意的不是这些人的感情，而是较为精细的另一种感情。这种感情之所以被称为精细的，或者是因为人们能长时间地享受它而不至于因满足而生厌，或者是因为它以心灵的敏感为前提，这心灵的敏感能够使精细的感情趋向于道德冲动，或者是因为它显示了天才和知性的卓异，与此相反，前面提到的那几种则完全是思想的空虚。我所要考察的就是这类感情的一个方面[2]。但我要从这里排除潜入高深理智的偏向，也排除像开普勒[3]那样的人在宣布不愿意以自己的一项发明去换取一个王国时所具有的那种情怀。这类感情过于精微高远，不宜作为本书的题材，因为本书所论及的仅仅是最普通的人都能体会到的感情。

我们现在要加以考察的精细感情，主要有两种：崇高感和美感。两种情感

[1] 多米提努斯（Titus Flavius Domitianus, 51—96），罗马皇帝，公元81—96年在位。在他统治的后期，施行暴政，荒淫无道，命令朝臣和民众称他为神。他每天大部分的时间用来捕蝇，抓住以后，再用锥子扎死。他猜疑心重，后被暗杀。——译注

[2] 指前面说的精细的感情。——译注

[3] 开普勒（Johannes Kepler, 1571—1630），德国天文学家，创立了开普勒定律，揭示了行星运动的规律，是牛顿力学的先导。法国批评家拜尔（Pierre Bayle, 1647—1706）写过一部《历史及批评词典》，其中提到开普勒不愿用他的一项发明去交换一个王国，表明他极为珍视自己的科学成果，轻视权力和财富。——译注

都是愉快的，但愉快的方式和性质却完全不同。高耸入云的雪峰的景色，一段狂风骤雨的描写，或者弥尔顿[1]关于冥冥世界的一节叙述，都会引起愉快，不过是带有某种恐惧的愉快。另一方面，鲜花盛开的草地，溪水奔泻、牛羊遍野的山谷，对天堂的描写，或者荷马史诗中对爱神维纳斯的腰带上的图饰的描绘，也会引起愉快的情感，但与前者不同，这里是赏心悦目的愉快。为了使这里提到的第一种感情能有适当的强度，我们应具备崇高感；为了享受后一种愉快，则必须有美感。圣林中高大的橡树和寂静的阴影是崇高的，花坛、低矮的荆棘篱笆以及巧妙的精心修剪的树木是美的。黑夜是崇高的，白昼是美的。当闪烁的星光穿过幽暗的夜幕，孤月当空，这时夏日黄昏的寂静便在具有崇高感的天性里逐渐引起一种友爱的、超尘脱俗的永恒的高尚情怀。光辉的白昼唤起活动的热情和欢乐的情绪。崇高令人激动，美令人陶醉。充满崇高感的人的表情是严肃的，有时凝然不动，并令人惊异。反之，强烈的美感使眼神流露出快乐的光芒，笑口常开，有时则高声欢笑。崇高又是另一种情形。这种感情有时伴随着某种恐惧甚至悲伤，有时则伴随着沉静的惊异，有时伴有充溢着崇高精神的美。我想把第一种称为恐惧的崇高，把第二种称为高贵的崇高，把第三种称为壮丽的崇高。深沉的孤独是崇

[1] 弥尔顿（John Milton，1608—1674），英国诗人、作家，代表作《失乐园》和《复乐园》。《失乐园》第一卷写天上的大天使撒旦，因带领众天使反抗上帝被打入地狱，在地狱中，他仍然企图率众造反。《失乐园》在写撒旦的活动时，描写了地狱的景象。——译注

高的，但它含有一些恐惧[1]。可见，那广大无边的荒原，如同那辽阔无边的荒凉的鞑靼大沙漠一样，总是使人想要把可怕的魔鬼、山妖和幽灵置于其中。

崇高总是高大的，美可能是小巧的。崇高必须朴素单纯，美则可以漂亮繁饰。极高和极深都同样可以唤起崇高感。不过极深引起的崇高夹杂着战栗惊惧，而极高引起的崇高感则伴随着欣赏赞叹。因此，前一种情感可以叫作可怕的崇高，后一种情感可以称为高贵的崇高。正如哈赛奎斯特[2]所说，埃及金字塔的景色感动人的程度，远远超过从对它的各种描写中所获得的印象，而它的建筑却是

[1] 我只举一个高贵的恐惧的例子，这个例子能给我们提供一个有关最彻底的孤独的描写。为此我将从《不来梅杂志》（*Bremer Beitrage*，1744—1759年出版的德文杂志，这本杂志提倡幽默，主要刊登寓言、小说、故事等，前后共出版了6卷。——译者）第4卷第539页上“卡拉赞之梦”里摘引几段。这个吝啬的财主随着财富的增长，越来越封闭住自己的心灵，失去了对人的同情和友爱。同时他对人的爱愈淡漠，祈祷却愈勤勉，对宗教仪式也愈虔诚。有一次，在忏悔之后，他说：“有一天晚上，我正在灯下算账，估量我的商业利润，这时梦魔征服了我。我看见死神的信使旋风般飘然而降，我还来不及求饶，就遭到可怕的一击。当我知道自己的命运已最终决定，所积功德不能再增加，所为罪恶也不能再减少时，我浑身麻木，呆若木鸡。我被引到高踞第三层天上的上帝的殿堂前。从我面前闪耀的光辉中发出声音：‘卡拉赞，你的祈祷被拒绝了。你已经失去了人类的良心，你以铁的手腕攫取了财富。你只为自己活着，因此今后你将永远生活在孤独之中，你已经被从一切造物的大家庭中驱逐出去。’这时我被一股无形的力量拖拉着，穿过广阔无垠的宇宙。无数的世界很快就被抛在后面。当我接近大自然的尽头时，我发现无边的虚无的阴影在我面前向无底的深渊沉落下去。多么可怕的黑暗王国啊，永恒，寂寞，单调。这一瞬间，我陷入了无法形容的恐惧之中。最后的星辰渐渐地从我的视野中消失了，那极度黑暗中的最后的闪光终于熄灭了。随着我离开人寰越来越远，绝望的恐惧也与时俱增。如果我被推到一切造物的彼岸，且一直向前，千秋万代永不停歇，那我就只能望见那深不可测的黑暗的深渊，永无得救之日，也无任何重返故土的希望。昏迷中，我猛地把手伸向现实世界的事物。于是便立刻惊醒过来。从那以后，我受到了启示，学会了尊重人。在那可怕的虚无之中，甚至那些在我得意之时被我从门口赶走的最卑微的人，我也无疑会认为比哥尔孔达（Golkonda，印度古代的城邦，一直到17世纪仍有一定势力。该城邦以加工钻石闻名，积有大量的金银财宝，成了巨额财富的同义语。——译者）的全部财宝更可珍贵。”——原注

[2] 哈赛奎斯特（Hasselquist，1722—1752），瑞典旅行家、生物学家、地质学家，曾游历小亚细亚、埃及、叙利亚、巴勒斯坦等地，搜集了许多自然史的材料。因体弱多病，归途中死于士麦那。后来林奈（Linnaeus）出版了哈赛奎斯特的著作，其中记述了各地的动物、植物、矿物，也描写了各地的自然风光和风土人情。——译注

单纯高贵的。罗马的圣彼得大教堂[1]富丽堂皇，在它庞大而又简单的建筑物上，遍布贴金和镶嵌之美，这又使崇高感浑然弥漫于整个建筑，这样的对象就称为华丽的。兵器库必须高贵单纯，政府官邸应该典丽辉煌，别墅则要优美雅致。

一段漫长的时间是崇高的。如果它属于过去，它就是高贵的，如果在无限遥远的未来中预想到它，它就带有某种令人恐惧的成分。远古的建筑令人景仰，哈勒[2]关于未来的永恒的描述引起一种轻微的恐惧，而他对已逝的永恒的描写则引起某种难以言传的惊奇。

---

[1] 圣彼得大教堂是建在罗马圣徒彼得之墓上的教堂，原来是一个小礼拜堂，到文艺复兴时期重新设计改建。参加设计工作的有大画家拉斐尔和米开朗基罗等。这座教堂用大理石建成，十分宏大，到处镶嵌着黄金珠宝，其中有圣彼得的塑像。这座教堂一直以其宏伟壮丽著称于世。——译注

[2] 哈勒（Albrecht von Haller, 1708—1777），瑞士解剖学家和生理学家，幼年即显出超群的智慧，通晓多种古代语言，15岁时就翻译了奥维德、贺拉斯、维吉尔等人的诗作。他的一生著作极富，除生理学、解剖学、医学方面的著作外，还写过一些宗教和文学著作。他有一首名为《阿尔卑斯山》的诗作，其中讲到过去的永恒和未来的永恒。——译注

第二章　关于人的崇高和美的特性

知性是崇高的，机智是美的。勇敢是崇高而伟大的，狡黠是微末的，然而带有美的性质。克伦威尔说，谨慎是市长的美德。真诚正直是单纯高尚的，玩笑和恭维则是文雅优美的。谦恭有礼是德行之美。无私地勤于职守是高尚的，文雅和气是美的。崇高的性质引起敬意，美的性质惹人喜爱。感情偏于美的人只在不幸之中才寻找真诚、忠实、严肃的朋友，在日常交往中，他们总是找快活、谦和、可亲的人交谈。有些人博得人们过高的评价，以致我们难于爱他们。他们引起我们的惊异赞叹，因而我们也就不能怀着亲密无间的爱意去接近他们。

兼有这两种感情的人会发现，崇高引起的激动比美所引起的激动要强烈。但是，如果崇高感不和美感互相渗透或没有美感相伴随，它就会减弱，也不可能持续较长的时间。[1]在优秀人物的社团中进行的交谈所达到的高尚感情，必须时时夹杂着快活的玩笑，而令人开怀地大笑，也应该同深受感动的、严肃的面部表

---

[1] 崇高感使心灵的力量趋于紧张，因而也易于使其疲劳。人们读田园诗比读弥尔顿的《失乐园》会持续得更长久。读拉·波吕尔［La Bruyère，1645—1696，法国文学家，代表作是《品格论》（1688）。该书从道德方面品评了许多历史人物，还穿插了许多格言，风格独特，引人入胜。——译注］的作品比读杨格［Edward Young，1683—1765，英国诗人，著有悲剧《复仇》（*The Revenge*）等。1742—1745年间创作了《哀怨》（*The Complaint*），又名《关于生命、死亡和永生的夜思》（*Night Thought on Life, Death and Immortality*），诗中写他失去妻女的悲痛，并把自己个人的情感和有关宗教的讨论交错起来，读来并不轻松。——译注］的作品会持续得更长久。我甚至觉得，道德诗人杨格的缺点就在于他过于片面地追求崇高的格调。强烈的感染力只有与更加轻松的内容加以对比，才能生生不息。在感受美的时候，没有比繁难的矫揉造作更令人疲倦的了。一味渲染，会引起不愉快的、令人厌烦的感觉。——原注

情形成美妙的对比，以便使这两种感情自然而然地互相融合。友谊的主要特点是崇高。男女之爱的主要特点是美。但温柔和深刻的敬意赋予爱情以某种尊严和崇高性，而妙趣横生的笑话和亲密无间又在这种感情中加强了美的色彩。在我看来，悲剧不同于喜剧主要就在于前者激起崇高感，后者引起美感。在悲剧中，展现在我们面前的是为他人利益而做出的伟大的自我牺牲精神，以及危难之中的英勇果决和经得起考验的忠诚。悲剧中的爱情是悲惨的，并且充满着深厚的敬意，他人的不幸在观众心中激起同情，陌生人的痛苦使公正善良的心房更加剧烈地跳动，观众潜移默化地受了感动，感觉到自身本性的尊严。反之，喜剧表现的是精巧细琐的狡计，有趣的笑闹，善于从任何事态中脱身的诙谐家，总是上当的傻瓜，以及其他笑料和可笑的性格。爱情在这里并不感伤忧郁，而是从容自如。同时，这里和其他场合一样，高尚可以在一定程度上与美相结合。

甚至罪恶和道德缺陷有时也具有某种崇高或美的特征，至少在它们呈现在我们的直觉面前、未经理性思考的时候。令人畏惧的愤怒是崇高的，《伊利亚特》中阿喀琉斯的愤怒就是如此。一般来说，荷马的英雄都是令人畏惧而崇高的，而维吉尔[1]的英雄却高贵优雅。蒙受了奇耻大辱之后的明火执仗的勇敢的复仇本身是伟大的，并且不管怎样非法，它在故事中还是能激起恐惧并引起同情。当一些反叛者在夜里闯进帐篷袭击纳笛尔王（Schach Nadir）[2]时，如汉威[3]所描写的那样，负伤的国王绝望地为自己求饶，他喊道：“饶命啊！我将宽恕你们大家。”这时一个袭击者高举战刀回答说：“过去你谁也没有宽恕过，所以你也不值得怜悯。”卑劣的人所表现出来的蛮勇气概是很危险的，但故事中它却也十分

---

[1] 维吉尔（Virgil，前70—前19），古罗马诗人，代表作有牧歌10首，农事诗4卷和史诗《伊尼特》12卷。《伊尼特》写特洛伊战争后，特洛伊王子伊尼斯漂泊、冒险的经历以及他建立罗马城邦的功业。——译注

[2] 纳笛尔（Nadir，1688—1747），波斯国王，在位期间拓展了波斯的疆土。纳笛尔性格乖戾，专横独断，后半生充满祸患。由于他的严刑苛法，人民纷纷起来反叛，最后被他的卫队长带领其他三个人刺死了。——译注

[3] 汉威（Jonas Hanway，1712—1786），英国商人，曾到东方各地经商，也曾到过纳笛尔的帐幕中，亲眼看到过这个专制独裁者生活过的地方，1753年写了一部很有吸引力的游记《约纳斯·汉威先生准确可靠的记述》，德译本书名为*Herrn Jonas Hanway zuverlässig Beschneibung*（Hamburg and Leipzig，1754），关于纳笛尔被刺的故事就在这部书中。——译注

动人。甚至当这个下流痞被押上刑场时，他也会在相当程度上以高傲的、满不在乎的神情使死亡变得崇高。另一方面，在乖巧机灵的计谋中，甚至其目的在于诈骗时，也有某种精巧并引人发笑的东西。巧妙地谄媚，即煞费苦心地迷惑并取悦他人，对于一个在其他方面品行端正的人来说应该受到谴责，但总还是美好诱人的，而且通常它也被认为比质朴和严肃的品行更惹人喜欢。

外表令人喜爱的人的容貌，有时引起上述情感中的一种，有时引起另一种。例如，高个子引人注目并令人起敬，矮个子引起人的从容自在的情绪。褐色的面孔和黑色的眼睛近于崇高，蓝色的眼睛和浅色的头发则近于美。一个年长的人带有更多的崇高的性质，青年人则有更多的美的性质。社会等级的差别也是如此，在刚才提到的所有情况下，服饰都应该适合于情感的差别。伟大的杰出人物应该使自己的服饰质朴素雅，至多只能典丽大方。微末的人物则可以多方修饰以求漂亮。老年人的服饰应有较深的颜色，并且单纯朴素。青年人则可以因穿浅色花哨的衣裳而显得容光焕发。各种身份的人，在地位和权势相等时，服装应该各不相同；宗教界人士衣着应极为朴素；国家公职人员应富丽堂皇。西西斯比奥[1]可以随意装扮自己。

在外在的情势中，也有某种至少在人们想象中同上述情感相关的东西。门第和封号通常能引起人们的尊敬。毫无功德的财富甚至也会引起大公无私的人们的敬重。这大概是因为财富的观念往往同它所能完成的伟大业绩有关的缘故。有时一些富有的坏蛋也能获得这种尊敬，这些坏蛋从来没有建立过任何功业，对于唯一能够赋予财富以某种价值的高尚情操也没有任何概念。贫穷是不幸的，加深了这种不幸的是鄙视，而这种鄙视即使建立了丰功伟绩都无法完全消除，至少在一般公众看来是这样。在一般公众眼里，也许只有官级和封号能使这种愚蠢的感情（指对贫穷的鄙视。——译者）发生动摇，并且在某种程度上还被它们（指官级和封号。——译者）所蒙骗。

在人类天性中，没有一种优秀的特质不会在无限的蜕变中堕落为极度的缺点。当“可怕的崇高”这种性质变得完全不自然的时候，它就有了离奇的特

[1] 西西斯比奥（cicisbeo），古时意大利贵妇人的男性跟班，也兼做情夫，俗称“尾巴”，略相当于中国古时之所谓面首，地位在主人之下，仆人之上。——译注

征[1]，不自然的事物，如果被认为是崇高寓于其中，哪怕是很少一点或竟至绝无仅有，就是一种怪诞。谁喜爱并相信离奇的事物，谁就是幻想家，偏爱奇异会使人成为怪人。另一方面，如果完全缺乏高尚情趣，美感就会受到歪曲，这时人们就称它为愚蠢可笑的。有这种气质的人，如果他年纪尚轻，就是纨绔子弟，如果已到中年，就被称为散荡之徒。因为越近老境，举止越应庄重崇高，所以老年的散荡之徒是世界上最下贱的存在物，正如年轻的怪人是最可憎、最讨厌的东西一样。笑谈和戏谑与美感有关，然而其中也可以窥见相当多的理智，因而它们又可能或多或少地近于崇高。如果一个人的快乐中缺乏这种理智成分，他就是一个无聊的扯淡家。经常胡话连篇的人就是傻瓜。很容易发现，聪明人有时也说蠢话。也容易看到，为了在短时间内唤起理智使其暂离自己的职守而又无所损失，需要强大的理性，那些言谈举止不惹人喜欢，不感动人的人，是枯燥乏味的，如果他试图逗乐和引起兴味，那便是鄙俗的人，一个鄙俗的人，如果他妄自尊大，就是蠢材[2]。

我想举几个实例来阐释人类弱点中这一奇特方面。不具有贺加斯[3]的艺术才能的人，一定得用描述来补救其艺术形象的缺乏表现力。为我们自身，为我们的祖国和我们的朋友而勇于承担危险，这种无畏精神是崇高的。十字军远征，往昔的骑士是冒险的；决斗及其由于对荣誉的错误理解而造成的悲惨结局，是凶残荒诞的。因合情合理的厌倦而忧郁地抛弃尘世的浮名是高贵的。古代苦行僧的孤寂

[1] 当崇高或美超越了公认的限度时，人们通常称之为浪漫的。——原注

[2] 不难看出，这群可敬的人可以分为两部分：怪人和散荡之徒。有学问的怪人被称为书呆子。如果他装出智者的傲然姿态，那就像古时和现代的冬斯派（John Duns Scotus，1266—1308，苏格兰神学家，著有评语法、逻辑学、哲学等方面的著作。在哲学上，冬斯是极端的实在论者，认为有一种普遍的物质为一切事物的基础，反对教父托马斯·阿奎那的信仰与理性相统一之说，维护自由意志，他的信徒从14世纪到16世纪初一直是欧洲很有影响的经院学派。后来，冬斯被认为是诡辩家和迂腐之人。——译者）一样，有铃铛的尖帽子对他最合适不过了。大千世界里散荡之徒大有人在。也许，这种人比前一种人要稍好一些。和他们在一起很容易打发日子，并会充满欢笑。但是在这幅讽刺画里，一个人常常喜欢向另一个人做鬼脸，并以自己空虚的脑袋去碰撞同伴的脑袋。——原注

[3] 贺加斯（William Hogarth，1697—1764），英国画家、艺术理论家、美学家，理论著作有《美的分析》。他曾提出了美的六条原则，认为“适宜、变化、一致、单纯、错杂和量——所有这一切的共同合作产生了美”。他还是一个雕塑家，创作过一些有名的雕塑作品。——译注

的凝神苦思是离奇古怪的。为训诫活着的圣徒而修造的寺院和其他类似坟墓的东西是丑恶现象。原则战胜情欲是崇高的。扼杀肉欲，信守教条以及修士们的其他德性都是丑恶现象。圣骨、圣杖以及一切与此类似的废物，包括西藏大喇嘛的圣便，都是丑恶现象。在以机敏和美好的感情著称的作品中，维吉尔和克洛普史托克[1]的叙事诗属于高贵的一类，荷马和弥尔顿的诗则属于惊险离奇一类，奥维德[2]的《变形记》是丑怪的，法国疯人幻想的魔怪故事[3]则是人类曾经杜撰出来的最为荒诞不经的东西。阿那克瑞翁[4]的诗作一般总是近于低劣无聊。

知性和机敏的作品，就其内容包含着与情感有关的东西而言，也在一定程度上表现出上述区别。关于宇宙无限大的数学概念，关于永恒、天命、灵魂不灭的形而上学推论都含有崇高、庄重的特质。另一方面，哲学常常因空洞地卖弄聪明而被歪曲，其表面上的论据充分并不能使四个三段论的形式[5]免于被看作经院式的虚妄。

道德品质中只有真正的善才是崇高的。还有一些优美可爱的良好的精神品质，只要它们与美德和谐一致，也会被看作高尚的，尽管严格说来它们本质上不属于道德信念。在这方面下判断是精微而复杂的事情。当然，不能把下面这种心

---

[1] 克洛普史托克（Friedrich Gottlieb Klopstock，1724—1803），德国抒情诗人，曾热烈赞颂过法国大革命。著有史诗《弥赛亚》（*Messias*），模仿弥尔顿的《失乐园》。——译注

[2] 奥维德（Publius Ovidius Naso，公元前43—公元18），古罗马诗人，代表作是以古希腊、罗马神话为题材的长诗《变形记》，写人、动物、植物之间的变化，多有怪异之事。——译注

[3] 法国疯人幻想的魔怪故事指法国中世纪的民族史诗《罗兰之歌》中的罗兰的侵略，率军远征西班牙。这部史诗叙述法兰克王国的查理大帝反抗阿拉伯民族的侵略，率军远征西班牙，经过七年战争，除萨拉哥斯城尚被阿拉伯首领马西尔王占据外，西班牙全境都被征服。归途中，罗兰陷入埋伏圈中英勇战死。罗兰的故事还被写在布瓦尔多（Boiardo）的《疯狂的罗兰》中，在这部著作中，罗兰娶妻之后又爱上了东方的异教国王的女儿安格里加（Angelica），但安格里加却嫁给了摩尔人梅多罗（Medoro），并与他一块逃到印度。这样罗兰就疯了，神把他的心灵和智慧收去藏在月宫里三个月，后来经过离奇曲折的怪异经历，罗兰才又获得了心智。——译注

[4] 阿那克瑞翁（Anacreon，前550？—前465？），古希腊著名抒情诗人，传说他生活不够严肃，诗中也多咏叹情爱和酒。——译注

[5] 亚里士多德的形式逻辑中，三段论有三种形式，B是A，C是B，则C是A；A是B，C是B，则C是A；B是A，B是C，则C是A。后来加伦（Galen）又加了一个：A是B，B是C，则C是A。这些内容在中世纪被教会利用，成为经院哲学的组成部分。——译注

境称为善的，这种心境虽然会促成近于善良的行为，但这种善良却只是偶然同美德相合的念头，而按其本性来说，它往往与一般的正义和德行相悖。某些轻易产生温厚的怜悯之情的软心肠是美好动人的，它证明了对他人命运的善意的同情，道德原则也就归结于此。但是这种善良的倾向总是薄弱和盲目的。假定这种感情唤起你，使你用自己的一部分财产去帮助某些穷人，但你却因此亏了另一个人，这时你就不能去完成严肃正当的义务。显然，在这种场合你的行为不可能是由善良意志所引起的，因为善良意志无论如何也不应使你由于盲目的意向而牺牲更崇高的义务。相反，如果对整个人类的责任心成了指导你行动的原则，而对穷人的爱又始终存在，那么从某种更高的观点来看，这种爱就同你的普遍义务处于正确的关系之中了。普遍的仁爱之心是对人们的不幸表示同情的根源，同时又是命令你在这一场合不应如此行动的正义的根源。原来，只要这种感情（指仁爱之心。——译者）达到应有的普遍性，它就变成崇高，但因此也就显得冷漠了。因为我们的心灵不能对每一个人的命运都充满亲切的同情，也不能因每一个人的不幸而陷入忧郁苦闷之中。否则一个有德行的人就会像赫拉克利特那样不停地流着怜悯的眼泪[1]，由于这种善心而成为软心肠的懒汉[2]。

第二种友善的感情无疑是优美可爱的，但仍然没有构成真正道德的基础，这就是迎合。这是一种以自己的殷勤满足别人的希望，以及使自己的行为符合别人的心情以便使人欢喜的意愿。这种讨人喜欢的谦恭有礼是美的，这样的富于同情心也是高尚的。但这样的感情还根本不是美德。不仅如此，在最高原则还没有限制并削弱它的地方，还会从其中生出各种各样的罪恶。我们还没有谈及如下情况，即对于与之交往的人的这种迎合，对于置身于这个小圈子之外的人来说常常

[1] 赫拉克利特（Heraclitus，约前530—前470），古希腊哲学家，主张火是最基本的元素，认为世界上万物都在不停地变化，提出人不能两次踏进同一条河流的著名论断。据说，他因为得不到绝对知识，感到人生无常，世人顽劣，所以经常哭泣，人们称他为“爱哭的哲学家”。——译注

[2] 如果进一步注意，就会发现，不管怜悯怎样吸引人，它还是不具有道德的性质。受苦受难的孩子，不幸的却漠然对待一次战争的消息，贤良的女人，都使我们心中充满痛苦之情。同时我们很容易想象在这次战争中，人类中的相当一部分必定在可怕的痛苦中无辜地死去。有些君主，他们悲伤地把脸从值得同情的不幸者身上调开，却仍然常常由于虚荣心的驱使而下达战争的命令。这些事实中的结果是不成比例的，怎么能够说普遍的人类之爱是这些事实的根源呢？——原注

是一种不公正。如果仅就动机而论，这样的人（指迎合别人的人。——译者）就可能犯有罪恶，这不是因为他的直接意向，而是因为他想迎合别人。过分地谦恭迎合，就会变成说谎者、懒汉、醉鬼等，因为他不是按一般的正当行为的准则办事，而是照自己的意愿行动，这种意愿本身是美好的，但由于它没有限制和缺乏原则而变得荒谬无理。

因此，真正的道德只能建立在原则上，而且这些原则越具有普遍性，道德就变得越崇高和高尚。这些原则不是抽象思辨的定理，而是活在每个人的灵魂中，是对于比怜悯和殷勤更深远的感情的领悟。我觉得，如果我说这就是“人类本性的美的情感”和“人类本性的尊严的情感”，那我就说出了一切。前者是普遍仁爱的根源，后者是普遍尊重的根源。如果这种感情在某一个人的心灵中上升到完善的高度，那么这个人就能够自爱自重，但是，只有当他是他的博大高尚的感情所波及的那些人中的一员时，才是这样。只有当我们把自己的特殊意向置于普遍意向之下时，我们的善良愿望才能找到合适的用场，并且能够促进构成道德之美的高尚的谦恭有礼得以实现。

因为人类本性的弱点，也因为普遍的道德感情对大多数人类心灵的影响力微不足道，为了完善道德，造物就把普遍道德感情的辅助动机灌注到我们身上来。这些辅助动机能唤起一些无原则的人去从事善行，同时给予另一些信守原则的人以更有力的向善的推动和向善的意向。怜悯和迎合是优美行为的根源，但这种根源也可能被更粗鄙的自私自利的强大势力所毁灭。所以，正如我们看到的那样，这些动机并不是道德的直接基础，尽管它们由于与道德相近而得到了道德的名称，这个名称又使它们变得高贵起来。因此，我们可以把它们（指怜悯和迎合。——译者）称为名义上的道德，而把那基于原则的行为称为真正的道德。名义上的道德是华美动人的，但独有真正的道德才是崇高和值得尊敬的。前者占据统治地位的心灵，叫作善心，具有这种心灵的人，叫作善人。至于按原则行动的有道德的人，我们完全有理由说，他有高尚的心灵，他应该被称为真诚正直的人。同时，名义上的道德在很大程度上与真正的道德相似，因为其中包含着由良好友善的行为而得到的直接的满意之情。善心人不必怀有特殊意图，可以凭着直接的殷勤友善与你平静有礼地相处，对于他人的不幸也可以有一种真诚的同情心。

但是，名义上的道德的同情还不足以唤起懒散的人去从事公益事业，于是造物又在我们身上灌注了另一种精细的感情，这种感情促使我们去行动，并能够减缓粗鄙的自私自利和对庸俗的享乐的爱好，这就是荣誉感及其结果——羞耻心。别人对我们的优点的看法以及他们对我们行为的判断是促使我们做出更多自我牺牲的有力的动因。有些事情，大多数人既不是由于向善之心的直接推动，也不是由于某种原则的要求，而是出于脸面而做出来的。这种事情，往往是在想象中徒具有益的外貌，而实际上却是空洞无益的。在这里，似乎是别人的判断决定了我们的价值和行为。一切由这种动因所产生的行为都毫无道德价值，因此每一个希望以此被称道的人，都小心地掩藏起真正的动机——虚荣心。这种倾向甚至还不如善心更接近真正的道德，因为它不是直接地由于高尚的行为，而只是由于在别人看来体面正派而显得有意义。但荣誉感终究还是美好的，我可以称荣誉感所产生的类似道德的东西为道德的虚饰之光。

如果我们通过辨别所提到的三种感情（指真正的道德、名义上的道德和道德的虚饰之光。——译者）中哪一种在人性中占主导地位并决定其道德性质，来比较人类性情的话，我们就会发现，这三种感情中的每一种都密切地关联着我们所知道的气质中的一种，而最缺乏道德感的就是黏液质的人。但这不是说这些不同的人性特征的主要标志取决于气质类型（因为最粗野的感情，例如自私自利、低级趣味等，我们在本书中一般不加考察，而把主要注意力放在类似意向的一般分类上），而是说，上述较为精细的道德感觉能够轻易地同这些气质类型中的某一种相结合，而且它们也确实在很大程度上同这些气质结合着。

如果人性的美与尊严的内在感情以及自制力和精神力量成了一个人的全部行为的基础，那么他就是严肃的，难于同轻薄的爱嬉闹的人、思想肤浅反复无常的人安然相处。这样的感情甚至接近于温厚高尚的悲伤，这当然是就其根源于内在的恐惧而言。这种恐惧是在充满伟大思想的灵魂面对必须克服的危险，并在危险面前显现了自勉精神的艰难而伟大的胜利时，受到限制的灵魂会感受到的。因此，在真正的，亦即根源于原则的道德中，就会有某种与适度的忧郁气质相契合的东西。

善心，即心灵的美和锐敏的感受力，这种由于某一原因而在个别场合表现出怜悯或善意的品质，特别易受情境变化的影响，而且因为这种心灵活动不是基于普遍原则，它就易于随着对象的显现方式而发生变化。又因为这种意向趋向于美，在我们看来它就很自然地同那种被称为多血质的心灵气质相契合，这种气质的特点是变化无常和耽于享乐。我们应该在这种气质中去寻找我们称之为名义上的道德的那些吸引人的性质。

荣誉感常常被看作胆汁质性情的标志，因此，为了描述这种特点，我们将以主要是追求外在目的的美好情感的道德结果为依据。

毫无优美情感迹象的人是不存在的，但黏液质的人却缺乏这些迹象（我们可以恰当地把这称为冷漠无情），虽然这种气质的人有时并无最粗鄙的动机（例如贪图金钱之类）。不过我们仍然可以把这类动机以及相类的意向留给它，因为它们完全不属于本书论述的范围之内。

现在我们主要从道德方面，从人类气质的分类方面对崇高感和美感进行一番更仔细的考察。

感情带有忧郁特征的人，被称为忧郁质的人，这并不是因为他失去了生活的欢乐而苦恼，而是因为他的感情强烈到超出一定限度或由某种原因而走向错误虚假的轨道，于是就容易进入这样一种而不是其他任何一种精神状态。这样的人总是有一种崇高感。他所感到的美，不仅会吸引他，还会在引起他的惊赞的同时，令他感动。娱乐的享受在他那里具有较严肃的性质，但又并不因此而减弱。崇高所引起的激动比变幻莫测的美的魅力更能打动人。忧郁质的人的愉悦与其说是快乐，还不如说是满意。他忠贞不渝，因此他能把感情置于原则之下。他的感情所尊奉的原则愈普遍，控制着低级感情的高级感情愈广泛，这些感情便愈稳定，愈少动摇。各种意愿的特殊基础，如果不是从与之同类的较高的根据引导出来的话，便都容易有许多例外和变态。快乐可亲的阿尔塞斯特[1]说过：“我热爱并尊重我的妻子，因为她美丽、温柔、聪慧。”但是，如果疾病使她变丑，年老使她爱唠叨，在迷人的风韵消失之后，她在你看来是否仍然比其他女人更贤惠呢？如果失去了基础，那喜爱会当如何呢？而那与人为善、老成持重的阿得拉斯

[1] 阿尔塞斯特（Alceste），法国古典主义喜剧家莫里哀的剧本《恨世者》（*Le Misanthrope*）中的男主人公。——译注

特[1]是这么说的："我仍以爱情和敬意去对待她，因为她是我的妻子。"这种思想方式是高尚宽厚的。纵使今后那一时的迷人特点发生了变化，她仍然还是他的妻子。高尚的动机并不过分依赖变幻不定的外在情势。同某一外在原因引起的一时冲动相比，原则就有这种恒定的特性。同仅仅偶然产生善意或友情的人相反，受原则支配的人就具有这种特性。他的心灵中的隐秘的声音说："我们应该帮助这个人，因为他正受苦，而不是因为他是我的朋友或同伙，也不是因为我认为他终有一天能够投桃报李。现在没有工夫仔细推究，也不能因某种原因而迟疑不前。他是一个人，人所遭遇的，我也可能遭遇。"这时他的行为便是以人类本性中较高的善良为根据，并且无论就其恒定不变看，还是就其普遍性看，都是基于崇高的基础之上的。

我继续发表自己的意见。忧郁质的人很少关心别人的评论如何，也不关心别人认为什么是好的和真的，他们只依靠自己的理解。因为动机在他那里具有原则性质，所以不会轻易被其他念头所干扰。他的忠贞不渝有时会变成固执己见。他对风尚的变化漠然视之，对它们的虚饰嗤之以鼻。友谊是崇高的，因之也符合他的感情。自然，他也可能失去反复无常的朋友，但这样的朋友却不会那么轻易地失去他。甚至回忆起已逝的友情对他来说都是可贵的。能言善辩是美的，充满思想的沉默是崇高的。忧郁质的人善于保守自己和他人的秘密。真诚是崇高的，这种人痛恨谎言和虚伪。他对人性尊严有一种高尚的感情。他知道自己的价值，并认为人是值得尊敬的存在物。他不能忍受任何可鄙的低首下心，他的高尚的胸怀中激荡着自由精神，从宫廷中镀金的链子到大帆船上奴隶[2]身戴的沉重的铁锁，都使他厌恶。他对人对己都如同严厉的法官，也常常不满意自己和世界。

如果这种性格变质，那么严肃就会变为阴郁，虔诚会变成迷信，热爱自由

[1] 阿得拉斯特（Adreste）是《恨世者》剧中人对话中所提到的人名。从康德引用的话看，这里恐有舛误，可能是剧中人物艾利安特（Eliante）说的话。剧中艾利安特讲过"热恋之人甚至爱他情人的缺点"之类的话。另外，莫里哀的喜剧《西西里人》（*Le Sicilien ou L'Amour Peintre*）也有这个角色。——译注

[2] 大帆船上的奴隶：西方古时对犯人的一种惩罚制度。官府造了一种低矮的船舰，犯了罪的人被铁链锁在船上服役，生活极为艰辛。——译注

会变为狂放不羁，侮辱和不义会在他心中燃起复仇的烈火。这时就应该提防他。他履险如夷，藐视死亡。如果他的感情走上偏颇，他的理智不够清醒，他就会坠入冒险精神——灵感，幻想，错乱。如果他的知性更加软弱，他就会陷入怪诞之中——梦谶，预兆，神绩。他有蜕化为幻想家或怪人的危险。

多血质的人美感占优势。因此他的愉快充满欢欣和生命力。如果他不愉快，那他就是处于坏的情绪之中。他很少知道安静。丰富多彩是美的，于是他就喜爱变化。他在自身和周围寻找欢乐，并使别人快活。他是一个良好的伴侣。他富有道德上的同情心，别人的欢乐会使他感到满意，别人的痛苦也会使他伤心，他的道德感是美好的，但缺乏原则，总是直接依赖于他周围的对象所引起的印象。他是所有人的朋友，或者同样可以说，他谁的朋友都不是，尽管他心地纯良与人为善。他不作假。今天他以友情和善意赢得了你的信任，明天如果你病了或遭到不幸，他也会真心实意地同情你。但如果这种情况持续不变，他可就要悄无声息地逃匿了。他永远不能成为法官。他觉得法律过于严厉，他容易被眼泪所征服。他身上没有神圣的东西，他不完全善，也不完全恶。他常常放荡不羁，并显得缺乏德行，但这主要是出于迎合人意，而不是由于本来的意愿。他慷慨好施、慈悲为怀，但却忘记自己应还的债务。他容易感受善良，却不易感受正义。没有人像他那样对自己的心灵有这样高的评价。尽管你不十分敬重他，但你却不能不喜欢他。如果他的性格极度蜕化，他就会陷入幼稚愚笨，会变得轻浮和孩子气。如果他没有随着年龄的增长而减少活泼性，没有更加通达事理，那么他就有变成老花花公子的危险。

在胆汁质的人身上，那种“华丽的崇高”感占主导地位。其实，这只是崇高的虚饰之光，只是掩盖事物和人的那些有可能是低劣下流的内在本质的鲜艳色彩。这种色彩以其外观使你迷惑和感动。就好像一座建筑物，上面画出石头雕刻的样子，引起了华贵的印象，好像它们确实是用石头雕的；被贴上去的饰物和壁柱看起来很坚固，尽管它们没有支撑力，也不承托任何东西。这就如同虚伪的道德和表面的智慧（直译为“黄铜似的道德”和“智慧的金箔”）一样，徒具浮光。

胆汁质的人依照外表来判断自己、自己的事业和自己的行为的价值。对于包含在事物之中的内在性质和动因，他漠然视之。真诚的友情不能使他感到温暖，敬重也不能使他感动。[1]他的行为是做作的，不自然的。他会采取多种立场观点，以便迎合观察者从不同的角度对自己行为的判断，因为胆汁质的人关心的不是他是什么，而是他像什么。因此，他必须清楚地了解，他的行为对具有一般趣味的人有何影响，以及他在别人心中引起的是怎样的印象。在这种狡诈的周密精到之中，他要经常保持冷静，不使自己被爱情、怜悯和同情心所迷惑。这样，他就能够避免多血质的人在感情的直接支配下所做出的许多蠢事，也能够避免许多不愉快。因此胆汁质的人往往显得比实际上更通达事理。他的友善实际上是谦恭，他的敬重是礼貌，他的爱是有意的阿谀奉承。他心里只有自己，却装出一副情人或朋友的脸面，实际上他既不是情人，也不是朋友。他努力出人头地，做表面文章。但因为他身上的一切都是虚假而不自然的，所以他总是显得拙劣愚笨。比起只凭偶然印象的驱使而行动的多血质的人来，他是在较大程度上依照原则来行动的。但这原则不是道德，而是荣誉。他缺乏美感或行为的价值感，只重视周围人的意见。但是如果人们看不到他的行动的动因，他的行为就几乎与道德本身同样普遍有益，因而一般公众都深深地敬重他，就像敬重有道德的人一样。不过，假如用更透彻的眼光来看，就会发现他是精心地把自己掩饰起来了，因为胆汁质的人知道，如果他的爱虚荣的隐秘动机被发觉，他就会失去任何尊重。因此，他喜欢乔装打扮，在宗教中假仁假义，待人接物是逢迎谄媚，在政治中反复无常。他在大人物面前极力卑躬屈节，以便使自己可以成为更卑微的人的暴君。天真，亦即高尚优美的单纯（自然的，而不是人为做作的），与他完全格格不入。因此，当他的趣味败坏时，他那虚假的光芒就变得惹人注目，也就是说，变得令人讨厌地明亮刺眼。于是，按他的作风和服饰来说，他就陷入了丑态（过分夸大的）之中，这是一种怪相，这种怪相与华丽之间的对比就如同离奇或古怪与庄严崇高之间的对比一样。受辱时，他诉诸决斗或诉讼，在人事关系中，则搬出家世、特权或官衔。当胆汁质的人还只是喜欢自命不凡，追求虚荣并极力引人注意时，人们尚可容忍他，但如果他妄自尊大，而实际上并无任何建树，胆汁质的人就成了他最不愿意充当的角色——蠢材。

在黏液质性格中，一般没有特别明显的崇高或美的成分，因而这种心灵类

[1] 更有甚者，只有在别人认为他幸福时，他才承认自己是幸福的。——原注

型的人，就不是我们讨论的对象。

在我们刚才所讨论的精细情感中，不论哪一种，不论是崇高感还是美感，它们都有一种共同的命运，那就是在对崇高感和美感不感兴趣的人们看来，它们都是讨厌和荒谬的。一个冷漠的、自私而又勤奋的人，可以说一般没有感受诗歌中或英雄德行中高尚品质的器官：他更爱读鲁滨孙，而不怎么喜爱读格兰迪森[1]，他把卡托[2]看成固执的蠢材。正如某些人觉得美丽可爱的东西，另外一些具有较严肃气质的人却认为是低劣无聊的，田园牧歌的快乐的天真情趣，在这些人看来竟是无味和幼稚的。如果说这种人的心灵气质还没有完全失去较精细的和谐的情感，那么他的感受力的水平却完全是另一回事。我们看到，一个人认为高尚体面的东西，另一个人却觉得稀奇古怪，虽然他也认为不是完全没有意义。在与道德无关的事情方面，我们能够想象出他人感情中的东西，这使我们有充分的理由得出关于他的性格的更高的素质，甚至是关于他的心灵素质的结论。听到优美的音乐却感到烦闷无聊的人，我们有切实的根据推想文笔之美和爱情的温柔的魅力对他是毫无影响的。

有人有一种偏爱小玩物（即法国人所说的esprit des bagatelles）的情趣，它所表现出来的某种精细的感情，恰恰与崇高相对立。属于这方面的有，对需要高超的技艺和辛劳精心制作的物件的趣味，如回文诗、谜语、戒指上的表、极细的链子[3]。还有：有人喜欢极为精确和整齐地排列在架子上的毫无益处的东西，如精心搭配起来在书架上排成长列的书籍，他对这类东西百看不厌，而头脑却是一片空白。又如一间屋子，虽然装饰得像万花筒，刷洗得异常干净，而里面住着的却是孤僻的怨天尤人的主人。有这类趣味的人喜欢稀罕却无内在价值的东西：例如

[1] 格兰迪森（Grandison），英国小说家塞缪尔·理查森（Samuel Richardson, 1689—1761）的小说《查尔斯·格兰迪森先生》（*The History of Sir Charles Grandison*）的主人公。——译注

[2] 卡托（Cato, 前234—前149），罗马元老，年幼即十分勇敢，17岁随军出征。在第二次布匿战争中，立下军功。他俭朴严肃，痛恨奢侈的恶习。他被选为监察官后，克勤克俭，忠于职守。他限制贵族特权，反对懒散怠惰。他对人对己都十分严格，一次从西班牙回师之前竟把自己的马卖了，以免因运马和养马而浪费国家资财。——译注

[3] 极细的链子：贵族的装饰品，因每一环极小，能套紧一个跳蚤，所以又称为蚤链。——译注

艾皮克泰特[1]的灯、卡尔十二世[2]的手套。搜集硬币的人在一定程度上也属于这一类。有理由推测，这些人在科学上是冥想家和脾气古怪的人，在道德上对一切美好高尚的东西都漠不关心。

如果有人看不到感动和吸引我们的事物中的价值的美质，别人就会斥责他，说他不理解这些东西，这其实是不对的。这里的问题不是由理性去思考，而是由情感去感受。但各种心灵能力之间也是密切相关的，我们常常能够根据情感现象来推论出理解的才能。事实上，在理性方面富有许多优点的人，如果他不同时具有真正高尚优美的强烈感情，理性能力对他就毫无意义，因为正是高尚优美的感情应当成为适当而有规则地使用这些能力的动机。[3]

习惯上我们把满足我们低级需要的东西，例如充足的饮食、华丽的服饰和家庭用具，以及豪华的宴乐等看作有用的。但我看不出为什么那些能满足我们最有活力的情感的东西不能算作有用之物。不过，我们还是不应当从这个观点出发，去同那些受自私心支配的人讨论比较精细的趣味。从习惯的观点看，母鸡当然比鹦鹉更实惠，砂锅比瓷器更有用，世界上所有的透彻锐敏的头脑同农夫相比一文不值，至于测定恒星的距离，那还是等到大家对如何更好地用犁耕地取得一致意见时再说吧。因为个人的情感素质不一致，不可能产生相同的感受。在这种情况下，从事关于精细感情的讨论就是一种蠢事。然而即使感情最粗野低级的人也能明白，生活中那些似乎是多余的美好和欢乐正吸引着我们大部分注意力，如果从激励因素中排除它们，那推动我们去从事多样活动的动力就所剩无几了。同

---

[1] 艾皮克泰特（Epictetus，约50—约135），古罗马斯多葛派哲学家，约公元90年被赶出罗马。他生前所用的灯在他死后卖了3000德拉克马。——译注

[2] 卡尔十二世（Konig Karl dem Zwolten，1682—1718），瑞典国王，15岁即位。俄国、波兰、丹麦等国的君主以为他弱小可欺，联合起来攻打瑞典。卡尔十二世领兵攻入丹麦，迫使丹麦求和。1700年，他率部歼灭一股俄军。后来又攻入波兰，迫使波兰另立新君。当他再次领兵与俄国、丹麦作战时，中弹阵亡，年仅36岁。他生活俭朴，衣着普通，经常穿着深蓝色外衣，黄背心，带着鹿皮大手套。——译注

[3] 我们也看到，人们把某些感情的精细性看作一个人的长处。当一个人能饱食肥肉和馅饼，还能美美地睡上一觉时，这只能被认为是胃口好的表现，但绝不是他的优点。反之，如果一个人因为听音乐而忘记了吃饭，或者在观赏一幅画时进入愉快的忘我境地，或者兴致勃勃地阅读充满智慧的读物——虽然不过是一些富有诗意的小品之类，那么，几乎所有的人都认为他是一个很文雅的人，他会得到良好的评价，受到高度的赞扬。——原注

时任何一个粗野的人都能感受到，一种道德行为离自私心越远，其中的高尚动机显露得越多，那种行为就越能感动别人。

当我时而观察人们的高尚方面，时而观察他们的弱点时，我便责备自己没有能找到一种观点，由此出发，这种对比（指人类的高尚方面和弱点的对比。——译者）会以动人的形式在我们面前呈现出一幅人类全部本性的宏伟画面。因为我愿意承认，既然所说的是关于大自然的计划，这些奇特的状态就只能寻找高贵的表达方式，尽管人们眼光短浅，不足以在对比的关系中来全面观察它们。走马观花地瞧一瞧，我以为就能发现下面的情况：依据原则行事的人寥寥无几，但这却是好事，因为这些原则很容易陷于错误，而且原则越普遍，奉行原则的人越坚定，这错误所造成的害处也就越广泛。出于善良动机而行动的人更多一些，这是非常好的，虽然单是这种情形并不能看作是人的特殊的好处，因为这种道德本能有时也很缺乏，不过一般说来它们还是能够实现自然的伟大目的，就像如此合规律地推动动物界的其他本能一样。那时时把心爱的自我当作唯一着力点，并力图使一切都围绕着自私这个轴心来旋转的人更为多。没有比这种情况更有益的了，因为这些人最勤恳，最认真，最谨慎。他们给予全人类以支持，他们不自觉地为公益事业服务，实现必然性的要求，创造那更高尚的心灵得以传扬美与和谐的基础。最后，荣誉感也会扩展到每一个人的心中，虽然程度各有不同，这种荣誉感必须会赋予全体以一种令人惊赞的迷人的美。如果荣誉感变成其他意愿所遵从的原则，那就是愚蠢的妄念，但它作为一种辅助动机还是非常有价值的。在大戏场（人生）里，每一个人都是根据自己的基本愿望来表演的，但同时某种隐秘的动机又迫使他从一旁沉思地观察自己，以便判断自己的行为的优雅外表到底如何，公众对其有何看法。这样，不同的人群就构成了极富表现力的画面。在这幅画面上，复杂的多样性显现出统一，全部道德本性都渗透着美和尊严。

第三章　关于男人和女人在崇高和美上的区别

最先把妇女称为“美的性类”的人，可能是想以此说出某种称赞她们的话，而实际上他表达了比他想说的更多的东西。我们姑且不说妇女的形貌一般比较娇小，线条比较细腻柔和；也不谈她脸上的友善、快活、亲切的表情比男人更显著，更迷人；还有那无形的魅力，这魅力使我们热情地去赞美她们。在美的性类的心灵结构中，首先存在着一些把她们同我们男性明显区分开来的特征，这主要是造成美的印象的各种特征。如果不要求高尚的心灵拒绝可敬的名称，不要求它更热心于把这名称分给别人而不是留给自己，那我们（指男性）就可以要求“高尚的性类”这个名称。但是，这里所说的一切不应该这样来理解，似乎妇女缺乏高尚的特质，或者男性缺乏美的特质。恰恰相反，我们认为两种性别都在自身结合着崇高和美。只不过女人身上的其他优点仅仅是为着加强她的美，一切都符合美的要求；而男人以崇高为突出的性别标志。这一点在判断男女两性时，不管是赞扬还是责难，都必须加以注意。一切教育和训导都应着眼于此，一切推进男性或女性的“道德完善”的努力也应着眼于此，只要不想把自然在两性之间所造成的明显区别弄得模糊不清，就得如此。只辨别出自己面前站着的是人，这还不够，还必须注意到这是不同种类的人。

妇女对一切美丽、可爱、漂亮之物有一种天生的强烈的爱好。妇女在童年时期就热衷于打扮，并在装扮中得到满足。妇女爱好清洁，对一切讨厌的东西非常敏感。她们喜爱欢笑，如果她们兴致高情绪好，小玩物就可以使她们开心。很小的时候就有一种端庄的仪态，懂得以良好礼貌待人，能够掌握和控制自己。所有这一切都是在我们那些有教养的男青年还不知礼仪、笨拙、羞怯的年龄中就形成了。妇女非常体贴人，心地善良并富于同情心。她们把美看得比实用更重要。她们把饮食开销所剩下来的钱积攒起来，以便用于装饰上。她们对最微不足道的羞辱也十分敏感，能够细心觉察到对自己最轻微的忽视和不敬。总而言之，女人赋有在人类本性中把美的素质和崇高的素质区别开来的基本根据，并且使男性也变得精细文雅了。

我希望人们不要求我历数那些与上述妇女的特性平行的男性的特性，我们应当满足于在对比中来考察它们。美的性类（指女性。——译者）和男性一样，也有理智，只是有这么一点儿差别，即女性的理智是优美的理智，而我们男性的理智却是深邃的理智，其实这不过是崇高的另一种说法。

行动之美首先在于轻快敏捷，仿佛一点儿也不紧张。反之费心尽力和克服困难会引起赞叹，因而属于崇高。深刻的思虑和长时间持续的考察是高尚的，但也是繁难的，并且对于其自然禀赋只能突显美的性质的人来说，特别不适应。艰难地学习和痛苦地思考，即使妇女在这方面确也能达到很高的水准，也仍然不是女性所固有的优点。因为这些在女人身上较为罕见的品性会使女人成为冷漠的惊异的对象，同时又减弱了女人赖以对异性产生强烈吸引力的魅力。那些像达西尔夫人[1]一样的头脑装满了古希腊学识，或者像沙特莱侯爵夫人[2]那样参加有关力学的重要争论的女人，只缺少一部胡须，这胡须能更清楚地显示出这些女人希望得到的渊博的外貌。优美的理智把一切适应精细感情的东西选作观察的对象，把抽象思辨或有用却枯燥的知识让给勤勉的、严肃的、深刻的理智去享用。因此，女人不研究几何学，也不必深究充足理由律或单子为何物，关于这些，她们所知道的只要足以领会我们男性中小才小慧之徒所编造的讽喻诗的个中三昧，也就足

[1] 达西尔夫人（Frau Anne Dacier, 1654—1720），法国著名女学者、古代文献翻译家，语文学家安德烈·达西尔的夫人。1681年出版了她所翻译的古希腊抒情诗人阿那克瑞翁和莎福的诗作，后来又翻译过古罗马剧作家泰伦斯（Terenz）、普劳图斯（Plautus）以及古希腊喜剧家阿里斯托芬（Aristophanes）的剧本。1711年出版了她翻译的《伊利亚特》，1716年出版了《奥德赛》。——译注

[2] 沙特莱侯爵夫人（Marquisin von Chastelet），18世纪上半期法国一位有浪漫气质的女人，精通数学。她是伏尔泰的情人，是牛顿《自然哲学的数学原理》的法文版译者。1749年，因产后得病而死。——译注

够了。美的性类听任笛卡儿不停地转动他的旋涡[1]，自己却不为这事操心；尽管那殷勤有礼的丰特内勒[2]甚至也想让行星成为女性社交中的谈资。即使女人根本不知道阿加洛蒂[3]为了她们的利益而努力根据牛顿的理论来叙述物质的吸引力，她们的美貌和迷人的力量也丝毫不会逊色。她们读历史书时，不愿把古代战役塞进自己的脑袋；读地理书时，也不会理解什么城堡要塞，因为她们身上不应该有火药味，正如男子不应该有麝香味一样。

在男人方面，如果他们想把美的性类引入反常的趣味，这是一种讨厌的做法。因为他们清楚地知道，自己在女性的自然美质面前的弱点，也知道调皮的一瞥比最繁难的经院哲学问题更能使他们难为情。女人一旦陷入反常的趣味，男人们便立刻发现自己在她们面前的不可动摇的优越性，发现自己处于一种在其他场合未必能得到的有利地位，就能以宏大宽容的态度来原谅她们的弱点——虚荣心。妇女的伟大科学的内容是人，而在人中又是男人。她们的哲学不是理性，而是感情。在创造机会来提高妇女的美的本性时，应当时刻考虑这一极为重要的情况。必须努力发展她们的全部道德感情，而不是提高她们的记忆力，并且还不是借助于一般原则，而是借助于对她们身边发生的事情的判断来实现这一点。为了考察美的性类对世界事务所具有的影响，要搜集各个时期的例证：过去几个世纪里不同国度的女性与男性的多方面的关系，那些由此可以说明的两性特点，以及娱乐趣味的变化，这一切就构成了她们的历史和地理。如果能把全球或其主要国

---

[1] 笛卡儿的旋涡：笛卡儿认为宇宙由物质构成，在密集的物质中，一个分子单独不能运动，只有在其他分子一齐运动时，一个单独的分子才能运动。这样，在整个系列的最后一个分子就占据了最初一个分子的位置，形成一个环形。因为宇宙无限广大，分子的数量不可胜数，就形成了无数的旋涡，行星和太阳系都是由于这种旋涡运动而形成的。——译注

[2] 丰特内勒（Bernard le Bovier de Fontenelle, 1657—1757），法国作家，古典主义悲剧家高乃依的外甥，初学法律，后来转向文学，写作悲剧、歌剧和诗。1686年他写出了《宇宙万象解说》（*Entretiens sur la Pluralite des Mondes*, Paris, 1686），是专门写给女性的谈论天文学的书。——译注

[3] 阿加洛蒂（Francesco Count Algarotti, 1712—1764），生于意大利的威尼斯，1733年到了巴黎，出版了他为妇女写的《牛顿学说妇女读本》（*Newtonianisme pour les Dames*, 1736），影响极广，几乎被译成欧洲所有语言。德国的腓特烈大帝很器重他，1740年，当大帝在东普鲁士的哥尼斯堡城加冕以后，他便被封为伯爵。他在造型艺术方面是一个很有修养的人，被公认为大鉴赏家。——译注

家的地图的概貌弄得很有趣，那对妇女来说就是很好的事情了。要做到这一点，给她看地图只需向她描述出地球上居住的各民族的不同特点，不同的趣味和道德感情，特别是这一切对两性关系的影响，还要附上一些浅显的解释，说这些是由于气候的差异、当地居民的自由程度和奴役制度等所造成的。至于她们是否从中知道这些地域的特殊区别，居民的职业、权力和统治者，则是无关紧要的。关于宇宙的构成，她们不必了解得更多，只要知道除了我们之外还存在着更多的世界，其中居住着更美的创造物，使她们能够在美好的黄昏时分陶醉于天宇的景色，这就足够了。她们爱好绘画和音乐不是因为它们是艺术，而是因为它们是情感的表现，这一切都使女性的趣味变得精美和高贵，并以某种方式与道德动机相关联。对女人实行冷静的思辨训练，是不可容忍的，应该不断发展她的感情，而且是那种与她的性别关系最密切的感情。因为，这种训练（指思辨训练）是不容易的，它需要才能、经验和敏感的心灵，因而任何人都不必干预女性的事，她们不需要训练就能把自己教育好。

女性的道德是美的道德[1]。男性的道德应该是高尚的道德。女人避免坏事，不是因为它无理，而是因为它丑怪。合乎道德的行为在她们看来就是道德美的行为。她们不要"应该"，不要"必须"，不要"责任"，不能忍受任何命令和任何严厉的强制行为。她们做一件事情仅仅是因为这使她喜欢，因而艺术的任务就在于使善良的事情在她们看来是可爱的。我不相信美的性类按原则行事，我还希望我这样说不至于伤害女性，因为恪守原则即使在男性中也是十分罕见的。造物主把友善亲切的感觉植入女人心中，赋予她们以高雅有礼的美好情感和令人喜欢的心灵。不应该要求女人去牺牲，也不应该要求女人有宽宏大度的自制力。做丈夫的永远不应该对妻子说他为了朋友要拿自己的一部分财产去冒险。他为什么要用只需他一人知道的重要秘密来加重妻子的精神负担，从而破坏她快乐健谈的情绪呢？甚至妇女的很多弱点都可以说是一些美丽的缺点。屈辱或不幸会使她们柔弱的心灵陷入忧伤。至于男子，除了慷慨悲壮的眼泪以外，不应垂涕。他因痛苦或幸福而流的泪水，只能惹人鄙夷。人们常常指责女人的虚荣心是一种缺点，如

[1] 这种道德上文用严格的语言称之为名义上的道德；这里，当它因女性的特殊性而理应受到更高的评价时，一般可以把它叫作美的道德。——原注

果真的是这样，那也是一种美的缺点。更何况，如果一个男人拼命取悦女人，而这种谄媚无法博得她的欢心时，他就技穷计拙，但这些却使女性的魅力更加妩媚动人。接受这种谄媚是一种动力，可以把妇女的优点和良好的举止显示出来，使她快乐的才智得以发挥，并通过不断发明新的服饰而增加她的美丽。这根本没有妨碍他人，不仅如此，如果其中伴有雅趣，还是十分可爱的，因此对虚荣心加以抱怨和责难都是粗暴无礼的。一个轻浮易变、忸怩作态的女人，叫作“愚妇（Narrin）”。不过这个字眼虽然是从“愚夫（Narr）”一词变化语尾而来，却并没有用在男人身上那种严厉的意义，而且，如果人们能很好地互相理解，那么这个称呼有时还能表示某种亲切的恭维。一个女人有虚荣心，这是完全可以原谅的，但她们的傲慢则不仅应该像男子一样受到谴责，而且也完全歪曲了她们性别的显著特点。因为这种极为愚蠢讨厌的品质完全不符合女性吸引人的谦恭文雅的魅力。傲慢的女人处于一种不利的境地，必定受到苛刻无情的批评，因为一个傲慢地要求别人敬重自己的人，必然招致普遍的责难。人们哪怕是发现了她的极小的缺点，也会津津乐道，“愚妇”一词在这里就是举足轻重的了，因而，必须时时分清虚荣和自负。爱虚荣的女人寻求称赞，在一定程度上还尊重她对之表示这种虚荣心的人；自负的女人则自以为她已经完全得到了这样的称赞，因而她不去努力争取，所以也就得不到它。

某种程度的虚荣心丝毫也不会减少妇女在男性眼中的吸引力，但它越是明显，就越能在美的性群中引起不和。在这方面，她们彼此之间互相品评起来是非常刻薄的，因为一个女人觉得另一个女人压倒了她的魅力，而实际上，她们之中那些希望征服人心的人，也确实很难彼此成为真正的朋友。

没有什么比可厌同美更针锋相对，就像没有什么比可笑离崇高更加遥远。因此对男人来说，没有什么比骂他是傻瓜更使他难堪；对女人来说，没有什么比说她丑陋最叫她难受。英国的观察家[1]认为，最使男人感到屈辱的是称他为说谎者；对于女人，最不能忍受的是说她不贞。如果从严格的道德观点来看，我要充分肯定这种意见的价值。但这里的问题不在于是什么行为应受强烈的指责，而在

[1] 英国的观察家指英国作家、诗人艾迪生（Joseph Addison）和理查德·斯蒂尔（Richard Steele）所办的《观察者》（*Spectator*）杂志，原文无书名号。——译注

于是什么在实际上被痛切地感受到了。现在我要问读者，如果你认真地想一想，难道会不同意我的意见吗？尼依·德·朗克洛[1]小姐丝毫没有被誉为贞洁烈女的奢望，假如她的追求者之中有一个在评论她的时候出言不慎，以致引起人们指责她缺乏贞操，她也会感到极大的屈辱。众所周知，因为对一位根本无意仿效鲁克列霞[2]的女王[3]表示了这种侮辱性的意见，蒙纳狄希[4]遭到了多么悲惨的命运。一个人虽然想干坏事却没干成是最可恨的，因为他不干坏事只是一种伪善的德性。

为了尽可能地远离令人讨厌的东西，“整洁”是最重要的；它对男性也很相宜，但对女性却是头等的德行，这种德行难以达到极高的境地，但在男子方面它有时达到过分的程度，那就会成为荒谬可笑了。

羞耻心是大自然的一种秘密，它限制难以束缚的欲望。它听从自然的召唤，又总是与善、与道德品性相融合，甚至在它显得过分的时候也是这样。因此，它在很大程度上是原则的必要补充。在原则方面，人的欲望很容易施用狡计，捏造出合乎人意的原则来。但同时，它也给大自然的最自然、最重要的目的披上一层神秘的外衣，以便不至于因为对这些目的过于熟悉而产生厌恶之感，或

---

[1] 朗克洛（Ninon de Lenclos，1620—1705），法国土伦名门闺秀，前半生轻佻放纵，后半生成为巴黎社交界的领袖，结识了许多有识之士。当时想进入上流社会的青年人都以交结她为敲门砖。——译注

[2] 鲁克列霞（Lucretia），古罗马的一位贵妇人，克罗提努斯的妻子。克罗提努斯和其他贵族青年在营帐里闲聊，各自夸赞自己的妻子如何贤淑忠贞，然后一致商定，回罗马去看看各人所言是否真实。克罗提努斯到家一看，他的妻子没有同他人一道去参加宴乐活动，正在家中做工，于是他很高兴。但鲁克列霞的美丽忠贞却引起了王子塞克斯图斯的欲望，于是王子就来到鲁克列霞的家，用威逼手段强奸了她。第二天，鲁克列霞派人把父亲和丈夫找来，当面述说王子如何污辱了她，请求他们为她报仇，然后自杀了。莎士比亚曾以此为题材写成了长诗《鲁克列霞受辱记》。——译注

[3] 克丽斯蒂娜（Christina，1626—1689），瑞典女王，1632—1654年在位。她初即位时，国泰民安，她也很受国人爱戴。后来，克丽斯蒂娜开始宠信奸佞之徒，引起人民的不满，不得不退位。——译注

[4] 蒙纳狄希（Monaldeshi），意大利贵族，后来成为瑞典女王克丽斯蒂娜的秘书。他曾陪女王访问法国，因他泄露了女王的秘密，被女王派人杀死在枫丹白露，时值1657年10月10日。——译注

者至少不对人类本性的最终目的漠不关心，人性中最精细、最生动的欲望恰好与本能相关。这种品质（指羞耻心）首先是美的性类所固有的，它对于这种性别也非常相宜。使女人的温柔善良的品性受窘和难堪，以庸俗不堪的亵语惹她们发怒，是粗野的行为，应受鄙视。但是，因为对异性的想望（无论我们多么想绕开这个秘密）归根结底还是所有其他魅力的基础，而女人正因为是女人，才成了文雅交谈的有趣谈资，这也许就说明了为什么一般说来品行端正的男人，有时也允许自己以轻松的戏谑之词，表达出可以称为轻浮的或者作弄人的巧妙的暗语。因此，如果男人并没有以粗鄙的眼光来侮辱和伤害女人，也没有表示出不敬之意，他们就觉得自己有理由把那个以不屑和矜持的神情对待（男人的）这种态度的女人称为“一本正经的女呆子（Ehrbarkeitspetantin）”。我提起这一点，是因为这常常被当作文雅交游中相当大胆的特点，也因为事实上自古以来人们就在这上面花费了不少心思。至于按着道德的严格性来判断的问题，不属于这讨论范围，我的任务只是观察和解释各种美感现象。

女性的高贵的特性——正如我们已经看到的，这些特性不应使美感变得模糊不清——通过谦逊质朴（这是在有许多大的优点时所表现出来的一种高贵的单纯和天真）最清楚明晰地表现出来。从它（指谦逊质朴）向别人放射出安详的尊崇和敬重的光辉，其中还结合着高贵的自信，以及在崇高性格中总有一席之地的自知之明。这种美妙的结合以其魅力吸引人，又以敬重感动人，并使其他优秀品质显示出来，还能免受轻薄的斥责和嘲弄。具有这种性格的人特别珍重友情，这在女人身上是极其可贵的，因为它十分稀罕，同时还一定非常令人迷恋。

我们的任务既然是叙述关于情感的看法，那么，尽可能把握美的性类的形态和面容在男人身上所造成的印象的差异，就一定是很有趣味的了。这种令人销魂的力量在其根本上是与性的吸引力有关的。自然追求自己的伟大目标，所有随之而来的奥秘，不管离那自然的目的有多么远，都仅仅是一些装饰，而它们归根结底是从那同一源泉取得迷人的力量的。那些总是处于性吸引力的控制之下的，健康而又怀有粗俗趣味的男人，很少被女人的文雅风度、脸部美丽的线条、眼神等所打动，因为对他们来说，重要的只是性别，在大多数场合他们在女性的优美中看到的仅仅是无聊的卖弄风情。

这种趣味虽然不是文雅的，但却不能因此而鄙视它。因为正是由于它，人类中的大部分才以极其简单可靠的方式去遵循自然的伟大规律[1]。它造成大部分婚姻，而且最勤劳的那一部分人都是这样结婚的。辛勤劳作的男人对娇美的脸庞、深情的眼神、高雅的姿态等无动于衷，只把注意力放在节俭之类的家庭美德和嫁妆上。谈到较精细的趣味，我们应该对女性的外在美质进行甄别，看其附着于外貌表情的道德性的因素上，还是附着于和道德无关的因素上。在后一种意义上令人喜爱的女人称为俊俏的。适合比例的身段，匀称的容貌，眼睛和面貌的颜色形成秀美的对比，这一切都非常美丽，堪与百花争艳而毫不逊色，同时又能引起平静的赞美。不过面孔自身纵使美丽，也不能表现什么，不能感人心灵。至于面孔、眼睛和举止的神态，因为它们是道德性的，所以它们或者与美感有关，或者与崇高感有关。一个女人如果有一种女性的魅力，而且那种魅力显示出道德的崇高，这个女人就在"美"的本来意义上称为美的；如果一个女人的道德面貌表现在容颜和表情中，从而显露出优美的特性，她就是悦人的；如果她达到十分悦人的地步，那她就是迷人的了。前一种女人安详、高贵，眼光充满智慧，面容显露出温柔的感情和宽厚善良，因而博得了男人的好感和深深的敬意。后一种女人，笑盈盈的眼睛里流露出快乐和机智，流露出可爱的活泼、调皮的戏谑和狡黠的含蓄，她有诱惑力，前一种女人则有感动力。后一种女人所能感受并能在别人心里唤起的爱情是轻浮的，但却是优美的，而前一种女人的感情则是深厚的，受人敬重的、持久的。我在这里不能更深入更详尽地加以分析，因为这样会使人认为似乎是作者在表述自己个人的爱好。我只想弄清楚为什么许多妇女都喜欢健康的，但同时又是浅淡的脸色。其所以如此的原因在于，那些具有强烈的内在感情和锐敏的感受力的人通常都是这样的脸色，也在于这种脸色与崇高性有关，而红润强壮的外貌则显示着快乐的而不是崇高的性情。不过能够打动人激励人，要比迷惑人和吸引人更合乎虚荣心。反之，缺乏任何道德情感，也没有显示出任何细腻感情的人，虽然也可能很美，但她们既不感动人，也不吸引人，只能引起上面提到的那种粗野的趣味。这种趣味有时也能变得较为精雅，

[1] 正如世界上所有的事物都有其坏的一面，关于这种趣味我们只能指责它比其他趣味更容易导致淫乱放荡。虽然一个人所点起的火可能被另一个熄灭，却没有什么困难和障碍足以限制难以控制的欲望。——原注

并按自己的方式进行选择。这一类的美人如果因为在镜子里看见自己的美貌，或因为缺乏精细的感受力而陷入傲慢自负的错误之中，那是很不好的，这要引起所有人对她们采取冷漠态度，除了那些谄媚之人，因为这些人别有用心并施展阴谋。

进行过上述讨论之后，也许就能在某种程度上明白，同一个女人的形貌在具有不同趣味的男人身上会产生怎样的印象。这里我们将不讨论这种印象中与性吸引力密切相关的东西，也不讨论那些与色情的梦想（个别人的情感就沉湎于其中）相应的东西——这些不属于美好趣味的范围。也许布丰[1]先生是对的，他认为当性吸引力尚属清新并刚刚萌动之时，那造成初次印象的容貌就成了一个长久的原型，在以后的日子里，一切可能激起梦想的欲念的那种女性形象都要或多或少与这个原型相符，正因为如此，那颇为粗俗的欲望才需要在不同的（女性）个体之间进行选择。说到较为文雅的趣味，我确信，对于我们称之为俏丽容颜的那种美，所有男人的判断是大体一致的，其中的分歧，并没有通常想象的那么大。所有到契尔凯斯和格鲁吉亚旅行过的欧洲人都承认，那里的少女十分美丽。土耳其、阿拉伯人、波斯人也一定完全赞同这种趣味，因为他们想同这种高贵的血统相融合而使自己的民族变得更美，况且，波斯人确实已经做到了这一点。当印度商人带着这些美女供给当地好色的富人时，总能从这种罪恶的买卖中获得暴利。我们看到，无论世界上不同国家的居民的趣味有多么大的差异，在一个国家被认为美的东西，在所有其他国家也一定被认为美。但是，如果在对美丽容貌的判断里掺进道德性的因素，则不同的男人的趣味就会大不相同，因为他们的道德感情不一致，也因为在这里趣味取决于每一个男人的想象力赋予妇女面部表情以怎样的意义。大家都知道，那些乍一看来并不十分美丽，难以给人留下深刻印象的妇女，如果在较为切近的接触和熟悉中逐渐引起人们的喜爱，就会使越来越多的人产生好感并显得越来越美丽。相反，第一眼看来十分美丽的容貌，后来也可能令人厌倦。这大概说明道德美质显现为视觉对象时，是更吸引人的，也说明既然在人具有道德感时，它们才能发生影响，才似乎显示出来，而且每发现一次新

[1] 布丰（Georges-Louis Buffon，1707—1788），法国博物学家，代表作为《自然史》，这部书通俗而有趣，受到人们的欢迎。康德所引的话见于《自然史》第二部分“论人”。——译注

的美质就会使人猜想到更多的美质。而那完全外露的悦人的特点，在最初一瞬发生了全部影响之后，就只能使过度着迷的心淡漠下来，并逐渐变得完全漠不关心。

这些观察十分自然地引出下面的意见，即，最简单、最粗野的性吸引力确乎会以最直接的途径通向自然的伟大目标。在实现自然的要求时，性吸引力能立刻使某一个人幸福，但它过于普遍庸俗，就会导致淫荡和放纵。另一方面，十分精雅的趣味的确能用来消除自然目的的原始感性的炽烈的倾向，限制其对象的数量，使它保持一定分寸，有一定的规矩。但是，这种趣味一般并不能达到自然的伟大的最终目的，并且因为它要求或期待比自然所给予的东西更多，所以通常很难使有这类精细感情的人感到幸福。第一种类型的人是粗野的，全体异性都是他们的对象和目标；第二种类型的人是爱幻想的，他们实际上对于异性中的任何一个都不注意，他们只有一个对象，那就是爱的意向在他们心目中创造出来的东西，并且赋予它以崇高和美的性质。大自然很少把这些性质在一个人身上结合起来，尤其是那能够认识其价值因而理应占有它们的人。于是就发生了婚姻的迟延，并且还会最终完全拒绝婚姻。或者（这也不见得好多少），人们原来抱有过高的期望，而偶然的选择又不足以满足这些期望时，就会产生受伤害的懊悔情绪。因为伊索的公鸡是会经常遇到珍珠的，虽然普通的麦粒于它更相宜。

由此我们可以概括地说，不管温柔的情感所造成的印象怎样诱人，还是有理由在其精细化时谨慎小心，免得过度的诱惑力为我们造成不良倾向和不幸的源泉。我本当劝告较为高贵的心灵——如果我知道如何做到这一点的话，在他们所固有的品质或他们自己所造成的影响方面，应当尽力使自己的感情更加精细锐敏，而在享乐或期待于别人的事情方面，则应该保持感情的单纯。假如这是可能的，他们就能使别人幸福，也能使自己幸福。任何时候都不应该忘记，在生活中不可要求过多的幸运，也不可对别人求全责备。总是期望平凡事物的人，有一种优点，即最终结果很少会使他失望，而且，有时意想不到的圆满会使他愉快地大吃一惊。

最后，年龄威胁着这一切魅力，它是美的伟大的毁灭者。如果一切照自然法则行事，那么崇高和尊贵的品质就一定会逐渐占据美的地位，以便使人能随着自己魅力的减退而逐渐得到更多的敬重。照我的意见，正值妙龄的女性的完美应当包含在美丽的单纯中，这美丽的单纯可以由于她们对一切美好高尚的事物的精细的爱慕之情而升华出来。随着对魅力的要求的日趋淡漠，读书和开阔视野就借艺术女神之助不知不觉地把优美所留下的空白处填补起来，在这方面丈夫应该成为第一个教师。然而，甚至当对每一个女人来说都是如此可怕的花落色衰时刻到来之时，女人仍然应当属于美的性类。如果她因不能继续保持这种特质而感到绝望，她就是在损毁自身，陷入怨天尤人，阴郁低沉的情绪。

一个渐近老境的女人，如果在社交场合谦恭有礼，和蔼可亲，参加愉快的富于理智的谈话，以应有的分寸鼓励年轻人的娱乐，自己却不参与这种活动，对周围的乐事表示满意的赏识，关照一切事物——这样的女人比起同样年龄的男人来，是更文雅的人，甚至可以说比某些少女更可爱，尽管是在另一种意义上。不过柏拉图式的爱情在我们看来实在令人困惑莫解。例如一位古代哲学家是这样谈论他爱恋的对象的："优美就藏在她的皱纹里，当我吻她枯萎的嘴唇时，我的灵魂仿佛就悬在我的嘴唇上。"这一类意见理应抛弃。一个硬充多情的老头是一个花花公子，老太婆玩这类把戏则令人厌恶。如果我们举止失礼，那原因不在于自然，而在于违反自然的欲望。

为了不致离开这篇著作的主题，我要稍微讨论一下男女两性为了使异性的感情变得更优美更高尚，能够对于对方施加什么影响。女人主要具有美感，因为美是她本身所固有，而她们能充分体验到的崇高感，则仅限于在男人身上所看到的那么多。反之，男人的品质中占优势的是崇高感，这属于他的本性，而美感则仅限于在女人身上所看见的那么多。由此可见，自然的目的通过性的吸引力使男人变得更高尚，使女人变得更优美。女人很少为没有某种较高的理解力，缺乏勇气，不是为完成重大使命而生存等而苦恼。她美丽，富有魅力，这就够了。然而，她要求男人有这些品质，她的心灵的崇高性只表现在她能认识男人独有的崇高品性的价值。否则，丑陋的男人（尽管他也有某种优点）怎么可能得到可爱、娇美的妻子呢？男人则相反，他渴望的是女性的美的特质。对于男人来说，女人的娇美、快乐的天真和迷人的温柔足以补偿她的不学无术以及男人须以自己的才能去抵消的其他缺点。爱虚荣和赶时髦很可能把这些自然的欲望引入错误的方向，并使男人成为甜蜜先生使女人成为女学究（Pedantin）或者阿玛宗悍妇[1]，但自然总是极力把他们拉回到自己的秩序中来。据此可以判断，异性的吸引力能够产生多么强有力的影响，特别是对于男人，为了使他们高尚起来，我们应抛开冗长枯燥的教训，适时发展女人的道德感情，这样她就能恰当地评价异性的优点和崇高品质，也就能鄙视卑劣凡庸的纨绔子弟，而且除真正的功绩之外，不为其他任何品性所吸引。一般说来，她们妩媚的力量确实是以此而获胜的。因为我们看到女人的魅力在大多数情况下只能对高尚的心灵产生影响，其他类型的心灵因粗鄙而不能感受那种魅力。当诗人西蒙尼德斯[2]被请求为帖撒利亚人（Thessaliern）朗读自己优美的诗篇时，他表达了同样的意见："这些人太蠢笨了，他们不能让我这样的人欺骗。"我们早已发现，同美的性类交往会使男人的性格更温和，使他们的行为更正派更文雅，使他们的仪表更优美。但这只是次要的好处[3]。最重要的是，应使男人成为更完美的男人，女人成为更完美的女人，即是说，他们之间互相吸引的动机应按自然的律令行事，使男子变得更崇高，使女子变得更美。如果这种情形达到极端，以自己的优点而自豪的男人将有理由说："虽然你们不爱我，我却能迫使你们深深地敬重我。"而确信自己的魅力的女人将这样回答："纵然在心灵深处你们对我们评价不高，但我们还是能使你们爱上我们。"在缺乏这类原则时，男人为了讨人喜欢就沾染了女人的弱点，而女人有时（虽然很少有）也模仿男性的作风，以便引起更深的尊敬，但是人们违反自然法则行事，总是弄巧成拙。

[1] 阿玛宗悍妇：古希腊传说，在黑海和亚速海岸边有好战的女儿国，称为阿玛宗部落，曾与希腊人多次交战。传说第一次战斗阿玛宗失败了，但当希腊人用船满载阿玛宗女俘回希腊时，女俘们起来造反，杀死了船上的全部希腊人，转败为胜。后因阿玛宗女人不会驾船，只得随波逐流，漂泊到小亚细亚的克律姆诺伊地方，成为那里的一个女部落。阿玛宗部落有一条规矩：为生育而必须亲近男人者，要杀死一个以上的男人，否则永远不许与男人结合。据说，为了射箭方便，她们都将右乳切除，"阿玛宗"希腊语意为"无乳房者"。——译注

[2] 西蒙尼德斯（Simonides，前556—？），古希腊抒情诗人。公元前489年，雅典人悬赏征求为马拉松战役阵亡的将士们写作颂歌，西蒙尼德斯应征，并战胜著名悲剧家埃斯库罗斯。他的诗韵律和谐，用词典雅。——译注

[3] 这种好处也可能因为人们所看到的情形而大为缩小，即过早地、过多地参加以女性为主的社交活动的男人，常常变得庸俗低劣，并在男子的社交活动中显得琐碎无味，引起人们的鄙视，因为他们已经对下述消磨时间的方式失去了兴趣，这种方式虽轻松却有实在内容，虽有笑谈却因诚恳而变得有益。——原注

在婚姻生活中，结合在一起的一对应该形成统一的，被丈夫的理智和妻子的趣味所激励和控制的道德个体。事情不仅仅在于，男人有较多的基于经验的知识，女人有较为自由和正确的感情。男人的心灵状态愈是崇高，他就愈想把给可爱的对象带来快乐作为自己的重要目标，另一方面，女人越是美丽，她就越想以温存亲切来回报这种努力。在这里对哪一方面更优越进行争论是没有意义的，如果真的发生了这种争论，倒恰恰证明了趣味的粗俗和矛盾。如果这里出现了由谁来主宰和统治的问题，那事情就极为糟糕了，因为这里的结合仅仅是建立在互相吸引的基础上，那么一旦出现高声的命令，这种结合就已经被撕掉了一半。女人对主导地位的要求是极其令人讨厌的，男人的同类要求更是极为不高尚，应受鄙视。明智的处理方式应该是这样的：感情的精细文雅和亲切温柔只在开头显示出自己的全部力量，随后由于家庭事务的影响而逐渐淡薄，过渡到友谊之爱。这时，伟大的艺术归根结底就在于保持最初感情的足够的残余，以便使夫妻结合所追求的欢乐的全部价值不致因冷淡和厌烦而毁灭。

第四章　关于分别建立在崇高感和美感之上的民族特性[1]

世界上我们这一地区（指欧洲。——译者）的各民族中，照我的意见，意大利人和法国人以美感著称，德国人、英国人和西班牙人则以崇高感为其特色。荷兰可以看作这样的国家，那里这种精细的感情在很大程度上还没有发展起来。美或者是吸引人和感动人的，或者是使人快乐和兴奋的。在第一种情况下，这种感情自身带有某种崇高性，充满这种崇高精神的心灵是沉思和慎重的；在第二种情况下，心灵是兴奋快乐的。显然，意大利人大部分具有第一种美感，法国人则具有第二种美感。在具有崇高表现的民族特性中，崇高性或者与某种可怕的事物相关并有点离奇，或者是高贵的情感，或者是壮丽的情感。我认为，有充分理由把西班牙人列入第一种，把英国人列入第二种，把德国人列入第三种。与其他趣味不同，壮丽的情感就其本质来说不是本原的，虽然模仿的精神也可能同所有其他类型的感情相结合，可是它还是更接近于炫目的崇高感。实在说来，这种感情是美感和崇高感的混合物，其中每一种就其本身来看都是较为淡漠的。因而心灵在这里有足够的自由在两种情感结合时，把注意力集中在范例上，同时也感受到那些范例的推动。因此，德国人的美感不如法国人强烈，崇高感不如英国人强烈，

[1] 我的任务完全不是详细地叙述不同民族的特性；我只是想勾画出表现在他们身上的崇高感和美感。很容易理解，这样的意图只能有相对的正确性，它的原型来自那希望获得更精雅的感情的人群，没有一个民族缺乏能把这一类极其卓越的品质结合起来的人。因此，对某一民族的批评，不会伤害任何人，因为这种批评像皮球一样，每一个人都可以把它抛给别人。至于这些民族差别是否偶然，他们是否源于条件和管理能力，或者他们同气候有何必然联系——所有这些我在这里都不准备讨论。——原注

但德国人的情绪却特别适合于两种感情的结合，同时又可以避免这两种感情中的一种过度强烈时所造成的过失。

我将走马观花地讨论一下各个民族所爱好的艺术和科学，因为对某种艺术和科学的爱好可以证明我们把某种趣味归之于这一或那一民族是正当的。意大利人的天才主要显露在音乐、绘画、雕刻和建筑术中。法国人对所有这些美的艺术也有同样优雅的趣味，虽然在法国这些艺术的美不那么动人。对诗或演说术的完美性的鉴赏，法国人更倾向美，英国人更倾向崇高。优美的玩笑，喜剧，愉快的讽刺，爱情的挑逗，轻松自如的风范，都是法国人所独有的。反之，英国人的特色则是深刻的思想，悲剧，叙事诗，以及在法国的铁锤下就要变成宽大叶片的厚重的智慧金块。在德国，智慧透过锡箔照射出更强的光。从前德国人的智慧是大吹大擂惹人注目的，但是由于民族的悟性和善于仿效别人的榜样，他们确实已经变得更为可爱和高尚了，不过比起前面提的民族来，其可爱中天真较少，高尚中英勇气概不足。荷兰民族对于有条不紊的秩序和一种需要更多的思虑和煞费苦心（才能达成）的纤巧秀丽怀有兴趣，我们设想，这种趣味对于天才的自然而自由的活动并无精雅的感受，因为人们如果殚精竭虑地防止过错，天才的优美之处必定被破坏。没有什么比偏爱怪诞更同艺术和科学相冲突的了。因此，在西班牙很少看到对美的艺术与科学的爱好。

从这一或那一民族的道德感可以准确地判断其心灵状态，因此我们还要从这一观点看一看不同民族在崇高感和美感上的差异。[1]

西班牙人严肃、含蓄、正派。世界上找不到比西班牙人更诚实的商人。西班牙人有高傲的心灵，他更乐意从事宏伟而非华美的事业。因为在他固有的感情结构中，很难找到善良和温情的意愿，所以他常常是严厉甚至是残酷的。在西班牙，异教裁判法得以存在的原因，与其说是迷信，还不如说是对怪诞的癖好。这个民族容易被惊人而可怕的场面所激动，所以才会看到西班牙裁判者把穿着圣·本尼托黑衣且在衣上画有魔鬼的人投入那使西班牙人无比激动的虔诚的圣

[1] 没有必要重复我前面说过的话。在每一个民族的最文明的部分中都有值得尽力称赞的特点。当某人受到这样或那样的责难时，如果他有足够的锐敏性，他就明白自己仍有优点，这优点就在于他把别人交付给命运去裁判，而自己却不在此列。——原注

火[1]的场面。不能说西班牙人高傲自大或比别的民族更多情，但他却在奇特异常的方式下，兼有这两种性情。把犁桦插在地上，腰佩长剑，身披斗篷，在田里长时间地游荡，一直到路过那里的陌生人走过去；或在斗牛场上——在那里或可一睹不带面纱的倾国倾城的美人——以一种特别的敬礼向他的情妇致意，然后便为了表示对她的倾心去同那野性的动物进行殊死搏斗，所有这一切都是不平常的奇怪的举动，是完全违背自然的。

意大利人似乎结合了西班牙人和法国人的情感，在他们身上，美感比西班牙人多，崇高感比法国人多。我以为，这可以解释他们道德品格中的其他特点。

法国人有一种占优势的道德美感。他们彬彬有礼，谦恭和蔼，讨人喜欢。他们很容易与人亲近，乐于笑谈，态度从容自在；所谓“风度优雅的先生”“意态卓异的太太”这些称呼，只有熟悉了法国式的礼貌感的人才能理解。甚至他们身上并不算少的崇高感也从属于美感，并且只有同后者结合起来，才能获得自己的力量。法国人十分热衷于诙谐幽默，并会因为一种突然闪现的念头而不假思索地牺牲一部分真理。反之，在不应诙谐的地方，[2]他们表现出如此深刻的洞察力，像任何一个民族一样，例如在数学和其他抽象深奥的科学中。俏皮话（Bonmot）对于法国人并不像其他民族那样，只具有短暂的价值；他们努力使俏皮话到处适用，甚至作为最重要的事情保存在书本里。他们是平顺的公民，对于包税商的欺压只以讥讽来回报，或在议会中与之抗争，这些抗争按其目的赋予“人民之父”以爱国主义的美丽外衣之后，便一无用处，只能得到一种光彩的责

[1] 圣火：中世纪在西班牙和葡萄牙盛行异教徒审判法，被宗教裁判所认为有罪的人，就要施以残酷的刑罚，如火刑之类。另外，不肯悔过的异教徒或犯了宗教戒律的人，必须穿黑衣，上面画着烈火魔鬼等。这种服装据说是本笃教派的创始人圣·本尼迪特（San Benito）所首创，故称San Benito，现代英语中已演化成sanbenito一词。——译注

[2] 在阅读这个民族的作者关于形而上学、道德和宗教著作时，不应过于苛刻。从那些著作中人们得到的通常是美丽的幻想，这些幻想经不起冷静研究的批判。法国人在自己的格言中喜爱勇敢，但为了获得真理，需要的不是勇敢，而是审慎周密。在历史中，法国人喜欢奇闻逸事，这些奇闻逸事中除了符合真理的东西之外，什么都可以期望。——原注

骂的加冕。与这个民族的优越性和才能更有关系的是妇女[1]，这并不是说，女性在法国比在其他地方更受爱戴和尊重，而是说她们能更好地激励和诱导别人恰当地表现出机智、礼貌、优雅等令人喜爱的素质来。

但是，爱虚荣的人，不管他属于哪一性别，总是只爱自己，别人仅仅是他的玩具。法国人并不缺少高尚品性，只是他们要由美感鼓动起来。因此，如果我们注意到或者赞赏法兰西民族精神的这一方面，那么在这里美的性类必定施加了强大的影响，是她们把男子的高尚行为唤醒和鼓动起来，就像在世界上的任何地方一样。百合花不纺织是一种憾事。[2]

与这种民族性格最接近的缺点就是幼稚，委婉一点说就是浮躁。把重要的事情视同儿戏，而微不足道的鸡毛蒜皮却成了最严肃的事情。法国人在年老的时候，仍然唱快乐的歌，对妇女照样尽可能殷勤多情。为了说明这些，我可以引证这个民族的伟大权威的话，并且为了使自己免于招致危险的敌意，就躲到孟德斯鸠[3]和达朗贝尔[4]的背后去。

---

[1] 在法国，任何社交活动都是妇女占主导地位。现在我们不能否认，社交场合没有女人就会黯然失色，枯燥无味。但如果女性给社交活动以美的影响，那么男人就应该给以高尚的影响，否则社交就会显得同样乏味，因为没有什么比单调的甜腻柔媚更叫人讨厌。法国人一般不说“先生在家吗”，而说“夫人在家吗”，“夫人在梳妆吗”，“夫人患忧郁症（一种甜美的哀愁）吗”——一句话，夫人和有关夫人的事贯穿着谈话的始终，同时这也是一切娱乐的中心。但妇女却并不因此而成为受人尊敬的对象。一个爱嬉戏的人总是缺乏真正的敬重心和深挚的爱情。我决不想像卢梭那样大胆地断言妇女永远是大孩子。但是这位眼光敏锐的瑞士人是在法国写这些话的，应该考虑到，作为一个美的性类的坚定的保卫者，他曾经愤慨于在法国女性得不到真正的尊敬。——原注

[2] 百合花不纺织：《圣经·马太福音》第6章28节：“何必为衣裳操心呢？你看野地里的百合花，自生自长，并不劳苦，也不纺织，但我告诉你们，即使在所罗门最荣耀的时候，他穿的也不如百合花。”意思是说百合花的美丽出自天然，无须经过努力辛劳。康德与此意相反，认为百合花虽天生丽质，也该有所作为，以喻法国妇女应该在提高男性崇高感方面起促进作用。——译注

[3] 孟德斯鸠（Charles-Louis de Secondat Montesquieu，1689—1755），法国哲学家、作家。原名查理-路易·德·瑟贡达，后继承伯父的封号，称“孟德斯鸠男爵”。著名作品有书信体小说《波斯人信札》（1721）和《论法的精神》（旧译《法意》，1748）。在后一部著作中，孟德斯鸠讨论了资产阶级的政治原则，攻击了法国的君主专制制度，提倡自由而仁慈的政体。——译注

[4] 达朗贝尔（Jean Le Rond D'Alembert，1717—1783），法国数学家、哲学家，“百科全书派”的骨干之一，主要著作有《积分》《风的起因》等。——译注

英国人在最初结识的时候是冷淡的，对异乡人漠不关心。他们不太热衷于搞小恩小惠，但是一旦成了你的朋友，他们就准备给你最大的帮助。他们很少关心在社交场合是否显现出机智和优雅的风度，因此他们便显得审慎明理，老成持重。他们不善于模仿，也很少为别人的品评而操心。他们只按自己的趣味行事。他们对妇女不像法国人那样彬彬有礼，但却表现出更大的，甚至可能是过分的尊敬。在夫妻生活中，英国男性给妻子以无限的权威。他们坚定不移，有时到了顽固的程度，勇敢果决，又常常陷于轻率冒失，信守原则也往往失之固执。他们容易成为怪人，这不是因为他们有虚荣心，而是因为他们不关心别人，不轻易为奉承别人或仿效别人而改变自己的趣味。因此，英国人很少像法国人那样惹人喜爱，但当人们熟悉他们以后，他们就会受到更大的尊敬。

德国人融合了英国人和法国人的感情，但他们更接近于前者，同后者的相似是由模仿造成的，因而是矫揉造作的。德国人成功地把崇高感和美感结合起来。如果说在崇高感方面德国人不如英国人，在美感方面不如法国人，那么在融合这两种感情上德国人却比英、法两国人都优越。在社交中，德国人比英国人表现出更多的殷勤，虽然不像法国人那样给社交活动带来愉快的活力和机智，但却表现出更多的谨慎和理性。在将美和崇高结合起来的同时，德国人在这两种感情方面都能保持冷静，这使他们有可能考虑到仪表，考虑到华美，考虑到别人的注意。因此，家世、爵位、官阶对德国人来说，无论在公事中还是在爱情中都有重要意义。德国人比英国人更注意人们对他的想法，在他们的性格中有一种因素能够激励起改革的愿望。但是，德国人还有一种弱点，即不敢独辟蹊径（虽然他有足够的能力这样做）。而且他们过于听信别人的意见，以致使德国人的道德品质失去了稳定性，变得反复无常和不自然。

荷兰人性喜秩序，热爱劳动，因为他们只忙于有益的事情，因而感受不到精细意义下的美和崇高。对荷兰人来说，伟大的人物就是有钱的人，他们把朋友理解为在商业上与自己有信函往来的人，访问熟人如果不能带来益处，他就觉得乏味无聊。荷兰人同法国人和英国人形成鲜明的对比，可以把荷兰人叫作黏液质的德国人。

如果设法把这些想法运用到其他方面，例如荣誉感上，那就能显露出如下的民族差别。荣誉感对法国人来说是虚荣，对西班牙人来说是高傲，对英国人来说是自尊，对德国人来说是虚夸，对荷兰人来说就是自夸。这些字眼乍看之下似乎是同义词，但是按照我们德语的丰富性，它们的内涵有明显的差异。虚荣心追求赞扬，它变化无常，其外在表现是客气。高傲的人充满了虚构的自鸣得意的巨大优越性的意识，根本不需要别人的赞许，他的举止古板而浮夸。自尊实质上是对本身优点的高度意识，并且常常可能是正当的（因此它有时被称为高贵的自负，但我却在任何时候都不能把高贵的自负加给任何人，因为高傲总是证明对自己的看法是错误和夸张的）。自负的人对人态度冷漠无情。虚夸的人是自负而又爱虚荣的人[1]，他竭力向别人寻求的赞扬对他就是荣耀；因此他热衷于以爵位、家世和外表的华丽来炫耀。德国人尤其染有这种弱点。宽厚的，最仁慈的，望族的，显贵的，诸如此类的辞藻使德国人的谈话显得夸张累赘，而且严重地破坏了在其他民族的语言风格中可能有的优美单纯。虚夸的人在社交中的行为举止充满着繁文缛节。自夸的人是高傲的人，他在行为中显示出对别人的公然的鄙视，态度粗野。这种可悲的品性距美好的趣味甚远，因为它显然是愚蠢的。十分清楚，以公然的鄙视态度对待别人，并以此引起所有人的仇视和尖刻的嘲笑，这绝不是满足虚荣心的好办法。

德国人和英国人在恋爱上都有相当好的倾向，他们的感受力还比较精细，他们的趣味多半是健康粗俗的。在爱情方面，意大利人耽于幻想，西班牙人倾向于离奇，法国人则执着于色欲。

在世界上我们这一地区，宗教不是任性的趣味之事，它有更值得重视的根源。因此，只有宗教中超越常规的东西和其中属于人类的东西，才能证明不同的民族特性。我把这种超越常规的东西分列在下面几个基本概念中：轻信，迷信，狂热，冷漠。每一个民族的无知部分在大多数情况下都是轻信的，虽然他们并没有显著的精细情感。这一部分人的信念建立在传言和冒牌的权威上，这里的动机不包含任何一种优美的情感。北方所有的民族都可以作为这方面的例子。一个轻信的人如果偏爱怪诞，就变成了迷信者。这种偏爱本身又可以成为轻信的根

[1] 虚夸的人不一定高傲，即不一定对自己的优点有夸张虚假的看法；他也可能对自己有中肯的评价，但他却有一种虚妄的趣味，想要使他的价值显示出来。——原注

源[1]。假如有两个人，其中一个沾染了这种情感，而另一个则冷静而有节制，那么第一个人即使相当聪明，也会因为在他身上占优势的倾向，比另一个人更会相信离奇古怪的事情。至于另一个人，他却能免受这类超常事物的蛊惑，但这不是因为他有什么睿智，而是由于他的平凡的黏液质的气质。迷信的人喜欢在自己和他所崇拜的神圣对象之间插入一些强有力的不平常的人，可以说是神圣的伟人，他们主宰自然万物，他们的咒语可以随意开关塔塔鲁的铁门[2]。因此，健全理性的教谕在西班牙不得不克服巨大的障碍。问题不在于它必须从那里赶走无知，而在于那里有一种奇特的趣味与它相对立：在西班牙人看来，一切自然的事物都是平凡鄙俗的，只有非同寻常的东西才能激起他的崇高感。狂热可以说是虔诚的勇敢，它是由某种骄傲和过分的自信而产生的，为的是使自己更接近天上的神人，并以惊人的飞翔凌驾于平常的现实秩序之上。狂热的人一味空谈灵感和冥想的生活，而迷信的人则在显示神迹的伟大圣人像前表白誓愿，并寄希望于那与他本性相同的人想象出来而且不可模仿的优越性（奇迹）。我们已经注意到，宗教中的超常态本身也带有民族感情的特征，在这个意义上狂热[3]——至少是过去在英国和德国经常遇到的那种狂热——就似乎是这些民族性格所固有的高贵感情上的不自然的赘疣。但一般说来，它还不像迷信那样有害，虽然它初起时是暴烈不驯的。狂热者的热度会逐渐冷却下来，而且按其本性来说最终必然会达到正常的限度。与此不同，在性格安静、驯顺的人身上，迷信不知不觉地就变得根深蒂固，使这个被束缚住的人完全失去了从这种有害的幻想中得救的希望。最后，爱虚荣和轻信的人从来没有强烈的崇高感，宗教不能感动他，对于他宗教仅仅是一种时

[1] 早已发现，英国人，这一非常聪明的民族，却可能被关于奇闻逸事的耸人听闻的流言所愚弄，在这方面人们可以举出许多例证来。但已积累了各种经验的勇敢的心灵，在许多奇闻逸事虽然怪诞却被信以为真时，会很快冲破诸多细微的可疑之处——这些可疑之处却会使一些软弱多疑的头脑止步不前，这样他不需要任何努力就可免于犯错误。——原注

[2] 塔塔鲁是欧洲神话传说中地狱的一部分，最不敬神的又犯有大罪的人在那里受刑，那里总是被黑云覆盖着，比最黑暗的夜晚还要黑暗三倍。这里有一座高大的塔，塔门用大石顶着，人和神都无法擅自开启。——译注

[3] 应该始终把狂热和热情分别清楚。前者想象他似乎感受到了同神性的直接的惊人的交流；后者指的是这样一种心灵状态，即心灵由于爱国心、友谊或宗教等原则的激荡而超越了适当的尺度，同时并不因此产生关于超自然的心灵交流之类的概念。——原注

髦的事，在宗教活动中他虽然毕恭毕敬，却是冷漠无情的。这就是实践上的冷淡主义，法兰西的民族精神显然特别倾向于此，从这种冷淡主义到亵渎神灵的粗野嘲笑只有一步，就内在价值而言，冷淡主义并不比完全弃绝宗教更好一些。

如果我们看一下世界的其他地区，就会看到，东方最高贵的人就是阿拉伯人，尽管他们有一种退化为荒诞离奇的情感。阿拉伯人殷勤好客，宽宏大度，真诚正直，但他们的谈话和做事以及他们的感情总是掺杂着奇异的特点。阿拉伯人的活跃的想象力使他们面前的事物都带有非自然的、歪曲了的形态，甚至他们的宗教的传播也是一件伟大的奇事。如果说阿拉伯人是东方的西班牙，那波斯人就是亚洲的法国人。波斯人是优秀的诗人，谦恭有礼，趣味高雅，是不太严格的伊斯兰教信徒。由于天性爱欢乐，波斯人允许自己相当自由地解释《可兰经》。日本人可以看作亚洲的英国人，但仅仅是在他们趋于极端固执的坚定、他们的勇敢和藐视死亡方面才是这样，但日本人明显缺少优雅感情的标志。印度人身上占主导地位的趣味是怪诞，这种怪诞导致离奇惊险的行为。他们的宗教是由怪诞构成的。令人惊骇的巨大的偶像，神通广大的猴子哈努曼[1]的无比珍贵的牙齿，周游四方的托钵僧（即异教中的乞僧）的不自然的自我折磨等，都合乎他们的趣味。妻子自愿地投入焚烧她丈夫的尸体的火堆以殉夫，这是令人憎厌的荒谬之举。在中国人的华辞藻饰和过于机械的恭维话语中包含着许多荒谬绝伦的丑态，甚至他们的图画也怪诞不经，充满了奇形怪状的，不自然的形象，这类形象世界上无论什么地方都不会有。中国人崇尚自己的礼节仪式[2]，因为这些仪式起源古老。世界上没有一个民族像他们那样有那么多怪诞的礼仪。

非洲黑人从本性上说没有超越于蒙昧愚钝之上的情感。休谟先生曾要求任何人哪怕举出一个例子，来证明黑人曾经表现出某种天才。他还断言，从千万个被从故土运到异乡的黑人中，虽然有很多人获得了自由，却没有一个人在艺术、

---

[1] 哈努曼是印度神话传说中的猴将，见印度古代史诗《罗摩衍那》。女神拉克莎西（Rakshasi）爱上了十车王之子罗摩，但遭罗摩拒绝，于是她唆使其兄爱上罗摩的妻子悉多，把悉多抢到朗卡（Lanka），罗摩同众兄弟去救妻子，终于在神猴哈努曼的帮助下，把悉多救了出来。——译注

[2] 在北京现在还可以看见下述仪式：每当日食或月食的时候，驱赶意欲吞掉太阳或月亮的龙（显然指中国民俗中“天狗吃月亮”的传说。——译者），这种可怜和无知的风俗从古时一直保存到现在，虽然现在中国人比过去更有教养了。——原注

科学或其他值得赞许的事业中做出一点伟大的成绩，而在白人中却时常遇到来自最下层的，以自己的卓越才能在社会上赢得尊敬的人。这两个种族之间的精神品质方面的差别显然同肤色的差别一样大。在黑人中广泛流行的拜物教，显然也是一种人类本性所能陷入的最荒谬的偶像崇拜。鸟羽，牛角，贝壳，或者任何其他普通的东西，只要念几句咒语使其神圣化，就变成了膜拜的对象，并向它祈求保佑。黑皮肤的人总是爱虚荣的，他们有自己的虚荣方式。他们还如此絮叨多嘴，以致必须用棍棒把他们驱散。

在野蛮人中，没有一个种族像北美野蛮人那样具有如此崇高的民族性格。他们的荣誉感很强烈。当事关荣辱时，他们可以奔波数百里荒野去冒险。如果与他们同样残酷的敌人俘虏了他们，想用惨无人道的酷刑使他们发出一声胆怯的呻吟时，他们也能防止有损荣誉的最微小的举动。加拿大野蛮人是正直诚实的。他们的友谊浸透了豪勇和热情，正如神话时代人们就已经谈论过的那种友谊一样。他们非常自豪，深知自由的价值，甚至在别人对他们进行教育的时候，他们也不能忍受使他们感到屈辱的依从性。很可能，李库格斯[1]就是为与此相似的野蛮人制定了法律，如果在那六个部族[2]之一里面出现了法律的制定者，我们就会看到一个斯巴达式的共和国出现在新大陆上。希腊寻找金羊毛的冒险者同这些印第安人的军队很少区别，伊阿宋[3]除了有一个希腊名字之外，一点也不比阿大卡库拉库拉[4]高明。所有这些野人都很少有道德意义上的美感，他们完全不懂得能宽宏大量地原谅别人的侮辱是高尚和美的，甚至还把这种原谅当作可怜的懦怯而加以

[1] 李库格斯（Lykurgus，约公元前9世纪），古希腊时代斯巴达城邦的立法家，为斯巴达立了许多法律。他建立了由28人组成的元老院，平均分配土地，限制奢华，奖励实用，一切公民都共同进食，童子7岁即离开母亲，受公家教育，为斯巴达培养出一批公正无私、坚忍不拔的战士。——译注

[2] 在加拿大的北美印第安人中，原有五个最开化的部族，后来又从北加罗莱纳州迁来一个部族，合起来成为六个部族。——译注

[3] 伊阿宋，希腊神话中的人物。他从小被叔父夺去了属于他的江山，成年后就想索回国土和权力。他的叔父答应可以把王位还给他，但有一个条件，即：他必须去埃亚（Aea）把金羊毛弄回来。埃亚在极远的地方，金羊毛在那里的树上挂着，由一条不睡觉的龙守卫，伊阿宋率领众人乘船去寻找金羊毛时，得到当地国王的女儿美狄亚的帮助，取回了金羊毛。古希腊悲剧家欧里庇得斯曾以此为题材，写成著名悲剧《美狄亚》。——译注

[4] 阿大卡库拉库拉（Attakakullakulla），北美印第安人易洛魁部落的酋长。——译注

鄙视。勇敢是野蛮人最伟大的优点，复仇是野蛮人最惬意的享受。世界上这一地区的其他原住民很少表现出与较优美的感受相适宜的心灵特征的迹象，极端的无情构成了这些人种的标志。

如果我们观察一下世界上这一地区的两性关系，那就会发现，只有欧洲人才找到了一种秘诀，能够以如此多的鲜花来装饰强烈欲望之下的感性刺激，并在其中掺入了不仅能使愉悦性显著增加的成分，而且有了使其变得堂皇体面的道德成分。东方人在这方面具有完全不正常的趣味。由于东方人对同这种性吸引力结合在一起的道德美没有任何概念，因而，东方人的感性愉快也就丧失了意义和价值，他们的闺房也就成了使东方人经常心神不宁的根源。于是他（东方男子）就有了各种各样宠爱的丑怪之物，在这类东西之中，他首先想要确保的最重要的东西就是他所想象的宝贝，而这宝贝的全部价值就在于人们要把它打碎。这种宝贝在欧洲受到极大的怀疑，而东方人为了得到它却使用完全不正当的，有时甚至是极端恶劣的手段。因此，女人在那里总是被监禁的，不管是一位少女还是有一个粗野、愚劣、疑心重的丈夫的妇人。难道在黑种人居住的国家里，能够期望比在那里司空见惯的妇女的最深重的奴隶状态更好的东西吗？胆小鬼在更软弱的人面前总是严厉的主人。就像在我们这里，那些离开自己的家门肯定不会被任何人注意的人物，在厨房里却是十足的暴君。拉巴特神甫[1]曾提到，他曾经指责一个黑人木匠对他的妻子态度暴虐，那黑人回答说："你们白人是真正的傻瓜，起初你们给自己的妻子过多的自由，然后又抱怨她们使你们头昏脑涨。"在这些话里似乎包含着某种也许值得注意的东西，但简单说来，这家伙从头到脚全是黑的，他的话也不过是荒谬的例证。在一切野蛮人妇女中，只有加拿大野蛮人妇女真正受到较大的敬重。在这方面，她们也许超过了我们这一文明地区。这不是指那里的人们对妇女表现出恭顺和尊敬，这只是一种礼节，而是说那里的妇女实际上有统治权，能够发号施令。她们集会并讨论本族最重要的事务，讨论战争与和平，然后打发自己信得过的人去参加男人的会议，通常这些人的意见具有决定意义。但她们为这种优越地位付出了高昂的代价：她们承担了一切繁重的家务，还要参加一切男人的劳动。

---

[1] 拉巴特神甫（Jean Baptiste Labat，1663—1738），法国教士，曾到美洲旅行，写有《美洲新游记》。——译注

如果我们稍微考察一下人类历史，我们就会看到，人类的趣味像普洛透斯[1]一样，经常变换形态。古希腊人和古罗马人无疑都有真正的美感和崇高感，他们的诗歌、雕刻、建筑、法律甚至风俗都证明了这一点。罗马皇帝的统治把高贵和美的单纯性转变为豪华，后来又转变为虚假的光辉，流传至今的演说术和诗歌的杰作，以及他们的风俗史都给了我们关于这一点的明确概念。随着国家的衰落，这种优美趣味的残余也逐渐消亡了。蛮族在巩固了政权之后，就推行自己的被称为哥特式的、导致丑怪的粗俗趣味。这种丑怪不仅表现在建筑中，也表现在科学和其他领域。粗俗的情感一旦受到虚假艺术的影响，就会采取一种不自然的形式，放弃古代的自然的单纯，并且或者趋于夸张，或者趋于荒诞。人类天才企图向崇高奋飞时那种高昂的冲动和活力，只表现为离奇古怪。人们看到了宗教中和世俗中的怪人，还常常看到二者结合以后产生的怪诞的妖形杂种。这里有这样的场面：僧侣们一手捧着圣书，一手举着战旗，领着成群的被蒙骗的牺牲者，让他们的尸骨埋在别的天国和圣地上。这里也有这样的情景：接受了圣职的战士，用庄严的誓言把自己神圣化了，可以任意施用暴力，参加罪恶的战争。在这一切之后是古怪的自称为骑士的英雄式的狂人，他们从事冒险、比武、决斗和罗曼蒂克的英勇行为。这时宗教和科学与风俗一起都变为不堪入目的丑剧。人们注意到，趣味不仅在一个领域中退化，它也在所有其他属于美好情感的领域中呈现出明显的堕落迹象。修道院里的宗教仪式把大批有用的人造就成为数众多的勤勤恳恳的懒汉的社团，他们的毫无结果的思索使他们能臆造出成千上万的经院哲学的奇闻[2]，这些奇闻又从那里走向广大世界，传播流布出去。最后，在人类天才由于某种复兴的机遇，从几乎是一片废墟上成功地崛起之后，我们在当代已经看见了艺术、科学以及道德领域中对于美和崇高的真正趣味正如花绽放。我们只是希望，这种很容易把人引入迷途的光辉，不至于使我们不知不觉地离高贵的单纯更加遥远，特别是希望那尚未揭开的教育的秘密能够摆脱旧有的迷雾，从而使世界上每一个青年公民心中的道德感情及时地提高，以便使一切感情的精美优雅不至于仅仅趋向于转瞬即逝的无意义的满足，而且能够或多或少地以精雅的趣味来判断我们眼前发生的事情。

---

[1] 普洛透斯（Proteus）是希腊神话中的海神之一，他从海王那里学得预知未来的法术，给人许多方便。他能变换各种形象，如狮、虎、火、风、河等。——译注

[2] 经院哲学的奇闻指中世纪经院哲学中讨论的抽象玄妙的问题，如一枚针尖能容纳多少天使跳舞等。——译注

《对美感和崇高感的观察》反思录

艺术在男人那里显得是愚蠢的，在女人那里则显得是聪明的。

一个人可以引起他人两种有利的情感反应，即尊敬和爱，前者是由崇高引起的，后者是由美引起的。女人可以把二者集于一身。这种复杂的情感构成了所能对人类心灵产生的最伟大的印象。两种情感不可能是同样强烈的。如果其中之一应该是强烈的，那么另一个必须是软弱的。现在的问题是，二者之中人们想要削弱哪一个。各种原则具有最伟大的崇高性。例如，自尊就需要牺牲。一个男人可以是相貌丑陋的，而一个惹人喜爱的女人却不可以面貌丑陋。

卖弄风情的女人（Coquette）超越了妇道的界限，迂腐的学究（Pedant）超越了阳刚的界限。一个外表冷峻的女人（peude）过于男性化，一个纨绔子弟（petit maitre）则过于女性化。

如果一个男人想以智能和伟大的功绩使一个年轻女子对自己产生爱慕之心，那就是可笑的。

心灵之间的差别与面孔的差别同样大。个性。

情感与能力之间的相似。

一种更敏感的　　一种更精雅的鉴赏力

更麻木的　　　　更伟大的

对于他人由自然造成的不幸的同情不是必需的，但必须同情他人所遭遇到的不公正。

我所讨论的情感（美感和崇高感——译者）是这样的情况：为了感受到这类情感我不必成为有学问的人［过于理智化］。

美好的情感是那样一种情感，其中理想的东西（不是幻想的东西）包含着舒适性。

伏尔泰知道，并且我也希望知道女人之间为什么会互相刁难。

甜蜜的悲伤（Dolce piccante）　令人舒适的苦涩。

勇敢。亚历山大饮尽杯中药时所表现出来的最为大胆的性格是崇高的，虽然有失审慎[1]。

夕阳彩虹的壮丽。

---

[1] 古希腊马其顿王亚历山大大帝（前356—前323）从部将帕来尼俄的一封信中得知他的医生腓力普已被波斯王大琉士收买，要寻机毒死自己，他非但没有处罚腓力普，反而把信拿给这位医生看，并且当场把医生给他的药一饮而尽。此事见于普鲁塔克的《亚历山大传》，但康德引用此事，参照了卢梭在《爱弥儿》第2卷中引述此事时的精神，卢梭认为"如果说在亚历山大的这个做法中有点儿勇敢和果断的表现的话，那也不过是一种蛮头蛮脑的行为罢了"。（见《爱弥儿》，李平沤译，第25页，商务印书馆，1996年。以下注释中所提到的《爱弥儿》均为此版本。）——译注

卡托之死[1]。自我牺牲。我们现在的生活状态是，女人没有男人也能生活，一切都败坏了。

奇怪的和少见的。

有些强有力的人物是善良的。江奈生·魏尔德[2]。

无畏的少年。爱菲斯的神殿[3]。

女人因为柔弱而成为强有力的。她们的勇气。

男人们在多次痉挛和歇斯底里的偶然事件之后就变得更懈怠了。

腋下夹着帽子[4]。

为自己复仇是崇高的。某些罪行是崇高的。暗杀是卑鄙下流的。某些人连犯下滔天大罪的勇气都没有。

爱和敬重。

---

[1] 卡托（Marcus Portius Cato，前95—前46），因其祖父（即《观察》正文第二章所提到的罗马元老卡托）与他同名，故也称为小马尔库斯·波修斯·卡托，古罗马政治家，他拥护贵族民主政体，反对恺撒的独裁，曾统军与恺撒对垒，后得知恺撒在塔普萨斯取得决定性的胜利时，剖腹自杀。（事见阿庇安著《罗马史》中译本下卷184页，商务印书馆，1976年。）——译注

[2] 江奈生·魏尔德（Jonathan Wild），英国作家亨利·菲尔丁的小说《大伟人江奈生·魏尔德》中的主人公，也可能代指那本小说。——译注

[3] 这也与菲尔丁的小说《大伟人江奈生·魏尔德》有关，小说中的人物魏尔德曾讲过有一少年曾放火烧毁爱菲斯的神殿故事，称这个少年为无畏的少年。——译注

[4] 康德是从1756年出版的一本名为《哲学对于一切精神对象和道德对象的影响》的书中摘引了这句话，这句话是讲一个懒散的人出门时衣帽不整，把睡帽当假发戴在头上，帽子却夹在腋下。康德引用这句话是为上一条所说的懈怠举例，因为是随时记下的断想，意思没有表达完全。——译注

性爱总是以淫欲的冲动为前提的，这或者是淫欲的感觉，或者是淫欲的回忆。

这样的淫欲之爱可能是粗野的，也可能是文雅的。

温柔的爱情含有许多敬重的成分。

女人不会轻易以身相许，因而也就不会喝得酩酊大醉。她是狡黠的，因为她软弱。

在婚姻中存在着同床异梦的结合。

温柔的爱情与婚姻的爱情并不是一回事。

——你所渴求的，就在你自己身上，不要到外面去寻找你自己。波修斯[1]。

关于道德的复活。那种能满足现实的要求或想象的要求的东西就是有益的（mihi bonum——有利、有益的）。

科学的第一部分是探询性的，另一部分是独断论的。

一个人由于其本性而必然具有的欲望是自然的欲望。

一个人，如果他没有任何在很高的程度上超越于自然必然性的欲望，这个人就要被称为自然人，而他那不需很多东西就能满足的能力就是自然的适度性。

[1] 波修斯（Aulus Persius Flaccus，34—62），古罗马讽刺诗人，写有六首高扬道德精神的讽刺诗。康德写在《观察》扉页上的这句拉丁文（原文：Quod petis in te est nec te quaesiveris extra Persius.）就出自波修斯的讽刺诗。——译注

满足自然倾向所必需的知识和其他完善性的总量是自然的淳朴性（的反映）。

知识和其他完善性的总量——它们对于自然的满足是必要的——是自然的淳朴性的表现。

一个人，如果在他身上能找到淳朴和容易满足的自然倾向，他就是个自然人。

一个人，如果他的欲望超过了自然所必需的，他就是一个耽于享乐的人。

在“美和崇高”之间。

自然的需要是造成……

死的表象之所以没有产生它所能有的影响，原因就在于我们这些按自然本性活动的存在者完全不应该思考那样的事情。[1]

快乐兴奋是放纵的，烦人的，破坏性的，而宁静的心灵则是友好的，善良的。

机智不是不可缺少的东西，一个男人如果把这当作一种主要品性在一个女人身上来培养，那就好像他把他的精力用于训练长尾猴和鹦鹉。[2]

未婚妇女的放荡行为之所以应受谴责的原因之一在于，如果男人在婚前醉

[1] 康德在人是否应该思考死亡之事这个问题上是有矛盾的，有时他认为人应该思考死亡，有时又认为不应思考死亡。——译注

[2] 18世纪中叶，德国有一份期刊名为《观察家》（*Zuschauer*），有一期译载了斯威夫特的一篇短评，其中有这样的话：“我们为一个女人身上的机智的迹象而高兴，那就像为一只鹦鹉正确地说出的几个词而高兴一样。”康德这一片段就源出于此。另外，这里的“机智（blitz）”一词在那个时代多半是指“精神（Geist）”。——译注

心于淫乐，这不会使他们预定要在婚姻中背信弃义（而女人则不然）。因为他们的淫荡性虽然会增强，而他们的力量却会被削弱。与此相反，女人的性能力却是无限的，如果她的淫荡性增强了，那什么也不会阻止她去纵情淫逸。因此，对于淫乱成性的女人可以预言，她们将会是不忠贞的妻子，但对于同类的男人却不能这么说。[1]

科学的一切目的要么是学识（记忆），要么是思辨（理性），两者都会使人在符合人类的一般本性的世界里变得更有理智（更聪明，更有智慧），从而也就使人更有节制。

温柔的女性之爱具有一种促进其他道德品性的性质，而淫欲则会败坏这些道德品性。

道德趣味会使人把不能改进道德的科学视为微不足道的。

充满情感的宁静的心灵是最伟大的完美[2]，但在谈话中，在诗歌中，在社会交往中，这样的心灵并不总是能够见到，而它却是我们的最后目的，甚至在婚姻中也是这样。年轻人确实有丰富的感情，但却缺乏鉴赏力。狂热兴奋的性情会败坏鉴赏力。由小说和风流的嬉戏所造成的反常趣味。健全的，柔弱的，被宠坏的趣味。

一个更理智但不是更聪明的人不是狡诈的，一个更聪明但不是更有智慧的人……更高的风范。

女人在选择能影响男人情感的东西方面具有精细的鉴赏力，而男人却有一

---

[1] 这一片段所表达的思想与卢梭在《爱弥儿》第5卷中的叙述基本一致，很可能康德是在复述卢梭的意见。——译注

[2] 这种思想在西方源远流长，伊壁鸠鲁有这种看法，启蒙时代的温克尔曼、门德尔松、莱辛和卢梭也都继承了这种观点。——译注

种迟钝的鉴赏力。因此在最少考虑鉴赏趣味时，男人会感到最愉快。与此相反，女人在与她自己的情感有关的事情上具有健康的趣味。

长胡子的女人，不长胡子的男人，奇丑无比。[1]

男人的荣誉在于他的自尊，女人的荣誉则在于别人对她的判断。男人根据自己的判断娶妻，女人出嫁则不违背父母之命。女人以眼泪面对非正义，男人则以愤怒反抗非正义。

理查森[2]有时援引塞涅卡[3]对女人的看法：一个少女如果说出某种判断，也要加上一句——我兄弟是这样说的；如果她出嫁了，她就会加上一句——这是我丈夫说的。

当妻子变得有男子汉气概时，丈夫在她面前就甜蜜蜜的。日常习俗中对妻子的恭维会使她感到受了侮辱[4]。柔弱比放荡更能毁灭道德。这正是一个家庭主妇值得尊重之处。

女人的虚荣心使她们只有在家庭之外的荣耀之中才感到幸福。

一个女人的勇气在于她为了自己的荣誉或为了爱而忍耐地宽容罪恶。男人的勇气在于无畏地消除罪恶的努力。

---

[1] 两性性征的反常或颠倒在18世纪的欧洲被许多人提出来讨论，并对之表示惋惜，但有些巴黎女人却故意要破坏她们的女性形象，有的竟在唇上粘起小胡子，卢梭强烈反对这种倾向（见《新爱洛伊丝》第2部，第21封信）。当时传说亚马逊河流域的女人就有长胡子的。——译注

[2] 塞缪尔·理查森，英国小说家，写有《帕美拉》（*Pamela*）、《克拉瑞萨》（*Clarissa, or the History of a Young Lady*）等。——译注

[3] 塞涅卡（Lucius Annaeus Seneca，公元前4？—公元65），通称小塞涅卡，生于西班牙，古罗马悲剧作家，代表作有《美狄亚》《特洛伊妇女》等。——译注

[4] 这是理查森的小说《查尔斯·格兰迪森先生》的女主人公拜伦小姐的话，原话是："过分的恭维总是使我感到受辱。"——译注

翁法勒强迫赫拉克勒斯纺纱。[1]

因为有如此大量的毫无意义的需要使我们变得软弱，所以单纯自然的道德欲望不能给予我们足够的力量，因此必须为此补充以某种幻想的东西。

因此斯多葛派[2]才说："我的朋友病了；这与我有什么相干？"没有任何人不会感觉到舆论的重压，但也没有人不能摆脱这种重压。

我们现代状态下的友谊中虚幻的东西和古代的虚幻的东西。亚里士多德。

如果塞万提斯不是使幻想的和浪漫的激情显得滑稽可笑，而是把它引到更好的方向去，那样他会做得更好。小说使高贵的女人耽于幻想，使普通的女人变得荒唐幼稚，使高贵的男人同样耽于幻想，使普通的男人变得懒惰败坏。

卢梭的书所起的作用是使老年人变得更好。

由于本性的单纯，一个女人如不经过男人的中介是不可能做出许多善事来的。如果她占有更高的地位，富有钱财，她就能够直接做善事。

道德上的奢华（Moralischer Luxus）[3]。在不会产生结果的情绪之中。

由于无力帮助他人而产生的忧虑，或者在出手相助时由于要做出牺牲而产

[1] 翁法勒（Omphale），希腊神话中吕狄亚王特摩洛斯之妻，特摩洛斯死后，翁法勒继位当了国王。这时，赫拉克勒斯（Heracles，希腊神话中的大英雄，曾立下大功）因罪被宙斯所罚要卖身为奴，翁法勒把他买了去，让他穿上女人的衣服做女人的活，而她自己则穿上赫拉克勒斯的衣服充作男人，这是两性颠倒的又一例证。——译注

[2] 希腊化时期（前4世纪—前1世纪）的哲学流派，提倡宿命论，代表人物是芝诺、克利安提斯等。——译注

[3] 道德上的奢华指的是在人际关系中没有实际意义的情感，即同情（Mitleid），康德和卢梭都不喜欢这种情绪，卢梭在《爱弥儿》中多次表述过这种观点。——译注

生的忧虑，以及由于自己的胆怯而产生的忧虑，这都是由于我们确信，他人也遭受了许多痛苦——虽然可能是值得的——这种忧虑就是同情心。但这不是对付自私自利的一剂良药。这种本能在自然人身上表现得并不明显。

自然方面的提高就是降低到我们的地位之下，例如提高到手工业工人的地位。[1]

按照关系来评价[2]虽然不是必要的，但在不平等和非正义的情况下，它却能以某种自豪或至少是冷漠的态度对待自鸣得意的骄矜和自家的卑微。

一个人必须有一种宽宏的气量。

虽然一个高个子的人并不因为长得高就是一个伟大的人，但身躯的高大确实与道德方面的判断相称。

一个高贵的人要比一个普通人更容易教育。他蔑视下流的无赖，因此他一定会总是称赞勤劳的人和受压迫的人，称自己为勤劳的人。中国的学究让他们左手指甲自由生长。[3]

---

[1] 这种思想来源于卢梭。在《爱弥儿》一书中，爱弥儿的教师（即小说中的“我”）让这个少年去学习手工业，以便“把他提高到人的水平”。在卢梭看来，学习乃是符合人类本性的事情，在这方面有了长进，就是“自然方面的提高”。但成为一个手工业者，其社会地位要比爱弥儿原来所属的阶级地位要低，所以在这里提高就是降低。（见《爱弥儿》第263页）——译注

[2] 按照关系来评价（verhaltnismasige Schatzung），这也是卢梭思想的简化了的复述，后面则是康德的发挥。所谓关系，是指人与天之间贫富贵贱的差异，也就是地位的差异或社会关系。卢梭认为，在封建社会中，每个人都处于不同的社会地位中，财产较少、地位较低的人见到比自己优越的人总要在心中进行比较，并且希望自己也能处于那种地位。这样就会产生自卑感和有害的欲念。一个人最好能安于本分，努力提高自己的智能和道德情操，根据自己在社会中所发挥的作用，对人的影响来评估自己的价值，这样就可以消除自卑感。所以对于社会关系的透彻认识和正确判断就是很重要的。（见《爱弥儿》第276、327—328页）——译注

[3] 关于中国文人不剪左手的指甲，康德在其《自然地理》中也提到过：“（在中国）学究们从来不剪左手的指甲，以此显示他们所从事的职业。”（见科学院版《康德全集》第9卷第378页）——译注

只要在自然的淳朴之中，在所有情况下都不会有任何人比学者更无用，但在受迷信或强权压迫的情况下，则没有什么人比学者更必不可少。

审慎从容是谨小、优美的气质的特点。妇女具有与男人同样强烈的热情，但她们在这方面更为慎重，而男人则往往不加深思，特别是在事关名节之时。中国人、印度人同欧洲人一样具有强烈的热情，但他们更善于克制。女人的复仇心更强。

朝阳与落日同样壮丽华美，但朝阳的景象更能引起美的印象，而落日的景象则更能引起悲剧性的崇高印象。

在婚姻生活中，女人的行为比起男人的行为来更趋向于自然的幸福，至少在我们这个文明的状态里是这样。

因为在文明的条件下，人们都有许多非自然的欲望，因而也偶然地产生向善的动机，并且，因为在享受和认识中存在着如此众多过度的东西，于是也就出现了科学。在自然状态下，人们可能是善良的，但却没有道德[1]，可能是有理智的，但却没有科学。

在淳朴的状态下人是不是更好，现在还很难确定：这首先是因为他已经消除了单纯享乐的感情；其次是因为他通常总是相信，他在文明状态下所看到的败坏堕落在自然的淳朴状态下也会有。

缺乏精雅趣味的幸福是以淳朴和癖好的适度为基础的，与精雅的趣味相结

[1] 在自然状态下，人们可能是善良的，但却没有道德：这是因为在自然状态下，人还没有真正的自由意识，还缺乏有意识的道德精神和道德意向，人的行为都靠其内在的自然禀赋的驱动，这样也就谈不上道德与否；虽然人的行为是善良的，但却不是执行道德律令的结果，所以才有了“无道德的善”这样表面上悖谬的提法。另外，卢梭在《爱弥儿》一书中也多次把自然的善良和由律令所强制的道德区别开，康德可能是在复述卢梭的看法。——译注

合的幸福是以充满感情的宁静心灵为基础的，因此人们没有社会也可能是幸福的，因为在那种情况下没有任何要求来麻烦我们。工作之后的休息是愉快的，一般说来，人们是不应该一味追求享乐的。

男人的情况有些复杂，按趣味说他可能并不高雅，但在对别人的判断方面他是有鉴赏力的。女人很懂得按照趣味去评价别人，因此很容易了解别人的心灵，并且赋有使一个男人满意的良好趣味，但在其他方面她却有一种坏的鉴赏力，不能辨别什么是好的。因此，她们总是嫁给最富有的人。

感觉的精细和体贴入微。

趣味在鸡毛蒜皮的小事中选择。逻辑的利己主义；坚持自己观点的能力。[1]

普通的义务不需要以对来世生活的向往作为推动力，但巨大的牺牲和奋不顾身的行为却有一种内在的美。而由此被激发起来的愉快情感本身却永不可能强烈到如下程度：战胜由于日常生活安排不当而造成的烦恼，除非以关于这种未来的道德之美和幸福的长久状态的观念来加强那种愉快的感情，这种道德的美和幸福会由于人将感到自己更有能力以相同的方式行动而扩大。

所有的快乐和痛苦或者是肉体上的，或者是精神上的。

一个女人会由于（别人的）粗野无礼而感到屈辱，或者在得到除了具有恐吓意义之外不负任何责任的帮助时可能感到不快。在那种情况下，她就利用自己打动人心的武器——眼泪、悲伤的愤怒和怨诉；但她宁愿忍受痛苦，也不向非

[1] 关于逻辑的利己主义，康德在《实用人类学》一书第二节中有较详尽的论述："逻辑的利己主义认为以他人的理智来检验自己的判断是不必要的，好像完全不需要这样的试金石（criterrium veritatis externum——外在的真理标准）。"（见《实用人类学》，汉堡德文单行本，第13页，费利克斯·迈诺尔出版社，1980年。）简言之，逻辑的利己主义就是在知识判断方面坚持己见，不顾别人的看法。——译注

正义低头。男人会因为使他受辱的粗暴无礼而愤怒；他用暴力回答暴力，他会恐吓并强迫欺凌者感受不义行为的结果。男人没有必要为由于误解而产生的罪恶发怒，因为他可以不理会这类事情。但如果一个女人遭遇到这种罪恶，她就应像对待真正的侮辱一样对这种罪恶表示愤怒。

一个女人能以最为愤怒的责骂对另一个女人反唇相讥，但却从不用这种方式对付男人，只是有时会恐吓一个男人。

当女人们吵架或斗殴时，男人对此会嘲笑不已，但如果男人打架斗殴，女人却不会感到好笑。

因为女人而进行决斗有一种自然的根源。[1]

在当今的状态下，一个男人没有其他任何手段来反抗非正义，只能借助于市民社会的宪法，通过政府来维护自己的利益，不能依靠自然秩序。

卢梭，他运用综合的方法，并且是从自然人出发；我运用分析的方法，并且是从文明人出发。

乡间生活是令人陶醉的，特别是牧人的生活，在那种生活中无聊烦闷会一扫而空。

不管一个人的心灵是怎么样的，问题只在于：到底是自然状态还是文明状态更有助于真正的罪恶以及罪恶倾向的发展。只有在行为中只显露出缺乏更高级

---

[1] 康德之所以谈到决斗，是阅读卢梭的结果。当时欧洲启蒙主义者都不赞成决斗，卢梭在《新爱洛伊丝》第1卷第57封信中，借女主人公朱莉之口详尽地阐述了他对欧洲上流社会流行的决斗的看法，认为决斗并不表明一个人英勇无畏，而是一种野蛮和可怕的解决问题的方式。康德当然会赞同卢梭的意见，但他认为为了争夺女人而决斗有其自然根源，与卢梭的看法不尽相同。——译注

的［道德］纯洁性，但却始终都没有显露出真正的罪恶时（一个人不够圣洁，并不因而就是恶棍），道德上的恶才有可能被减弱；否则罪恶就可能渐渐地发展到令人憎恨的程度。淳朴的自然人很少有犯罪的企图。过度淫乐构成一种强烈的诱惑，当过度淫乐的兴头已经膨胀起来时，道德情感的陶冶和理性精神的培养向来都无法阻止它。

笃信宗教是以神圣性来补充道德之善（Bonitaet——善良、仁慈、同情、公正）。在一个人和其他人的关系中，还谈不到这一点。我们不可能通过自然的途径而成为神圣的，我们由于原罪而失去了神圣性，但我们完全可能在道德上成为善的。

我们可以限制自己过度的癖好，也可以在保留它的同时找到某种手段来抵御它。

如果一个人尽管有一种隐秘的说谎意向——这种意向在人陷入麻烦时就有可能促使他说谎——却从不说谎，这对我们是否就足够了呢？

我们很可以问，一个人做出一些忠诚正直的行为，只是为了不致因他的行为在上帝面前成为下流的人，那么他这样做是否算是出于对一种神圣义务的思考呢？[1]

为了证明人的本性为什么变坏了，人们就把原因归于文明状态，其实应该把这种原因归于自然状态。[2]

---

[1] 康德在这里思考的是人的道德行为是否依赖于宗教和神的权威，他的答案是否定的，他不认为真诚正直的品德的根源在于宗教信仰，反之，他倒认为上帝只是实践理性的假设，人的道德本性乃是上帝观念的根源。——译注

[2] 这是在反驳卢梭。卢梭看到没落的封建社会和萌芽阶段的资本主义社会关系使许多人败坏堕落，就认为社会进步乃是其罪魁祸首，就否定进步，崇尚自然，主张顺应外部和内部的自然就能保持人的高尚的道德情操。康德虽然对卢梭推崇备至，却不同意他的上述观点。——译注

正义的行为是那样的行为，如果放弃它们，就会很自然地惹起他人对我们的憎恨；爱的行为是那样的行为，如果放弃它们，就会失去他人爱我们的理由。

有用性。花。[1]

因为女人的基本意向在于揣摩男人和他的癖好，这就很容易引起一种错觉，似乎是她们占了上风，并且支配着一切有鉴赏力的人。[2]

在自然秩序之后，有一个最完满的（道德的）世界，在这个世界之后，我们还要探寻一个超自然的世界。

有道德的人对待别人的品级毫不介意，而他在介绍自己的品级时则会带有几分轻蔑之意。

一个人可以限制他过度的癖好，也可以为这些癖好的祸患发明出有效的对症良药。属于这种良药的有科学以及为了来世的幸福而对今生的轻视。

寂寞无聊是向往理想的快乐的一种方式（情绪）。

圣书对提高超自然的力量有很大的影响，而良好的道德教育在一切都只按自然秩序发生时会产生更大的影响。

我承认，借助于自然秩序我们不可能创造出任何能为我们的行为辩护的神圣性（Heiligkeit），但我们却完全能够创造出面对人类的（coram foro humano）道德价值，而这种道德价值甚至可能促进神圣性。

---

[1] 这两个孤立的词表明康德是在思考有用性和美之间的区别。——译注

[2] 这是在复述卢梭的观点，卢梭在《爱弥儿》第5卷中多次谈到妇女的主要意向就是研究和琢磨男人，以便控制他们。——译注

正如我们不能说大自然使我们具有了直接的贪得无厌的倾向一样，我们也不能说大自然赋予我们一种直接的对于荣誉的渴望。这两种倾向都是逐渐发展起来的，两者对于普遍的奢华都有推波助澜的作用。但由此只能得出如下结论：就像大自然为繁重的劳动创造出满手老茧一样，它也为对它本身的破坏创造了对症良药。[1]

人们地位的差异使人不必为了想象役马的可怜的草料就把自己放在马的地位上，同样，也没有人为了懂得贫穷，就使自己陷入贫困境地。

达到幸福生活的准则可能有两个方面：1. 一个人显示出按照一切后天养成的崇尚豪华的癖好生活就是他的目的。同时也包含着能够预防由此产生的烦恼：关于今世生活毫无意义的观念和来世生活的观念；2. 一个人试图缓和削弱这种癖好本身。

斯多葛主义者的缺点是，他们试图以道德抗衡由奢侈豪华带来的痛苦。而安提西尼[2]派则试图消除奢侈豪华本身。

斯多葛派关于由受人鄙视而产生的愤怒的学说……

当今的道德家们假设存在着许多恶事，并教导人们去战胜它们；他们同时也假设存在着许多诱人作恶的东西，并指出了克服它们的动因（Bewegungsgrunde）。

---

[1] 康德在这个片段中所表述的思想是：在社会实践中要以恶除恶，以毒攻毒。贪得无厌和追求荣誉（这是虚荣心的表现，非有德之人所为，康德一贯反对这种品性）是与道德对立的。卢梭主张用道德教育去对付一切恶行，而康德则与休谟一样，认为在当时的社会状态下，单纯的道德教育是无法根除恶行的，必须以一种恶行去对抗和消除另一种恶行，使其转化为有益的事情。例如，贪得和虚荣是坏事，但这两种倾向会助长奢华，而奢华不仅仅是一种可悲的堕落，它还能刺激人们产生提高教养的欲望，教养提高之后就有可能抑制贪得和虚荣的倾向。——译注

[2] 安提西尼（Antisthenes，前445—前365），古希腊雅典哲学家，曾师从苏格拉底，犬儒学派的奠基人，主张幸福取决于道德的善。——译注

卢梭的方法教导我们不要把这类恶看作恶，也不要把这些诱惑看作诱惑。

永入地狱的威胁不可能是道德上的善良行为的直接根源，但却可以是抗衡作恶欲望的有力筹码，这样直接的道德情感就不至于被压倒。根本不存在任何对于恶行的直接意向，只有对于善行的直接意向。[1]

这种理想的情感能够在无生命的自然中看到生命，或者构成一种可以看到生命的素质。树木吸吮着溪水。和风轻轻地吹拂着热恋的男女。在一个忧伤的日子里乌云暗自垂泪。悬崖像巨人一样令人生畏。孤独寂寞由于惹人忧思的阴影而愈益深沉，坟墓显示出永恒的死寂。[2]

幻想。因此才有幻象以及富于幻象的精神。

理想的［因而也就是美的］。

哲学的眼睛是显微镜。它们的眼光看得很仔细，但所看到的很少，其目的是获得真理。感性的眼光是大胆的，并可能失之狂热放纵，尽管这种狂热放纵只存在于想象之中。

美和崇高不是一回事。美鼓舞心灵，并使注意力集中，全神贯注。因此也使注意力感到疲乏。崇高则似乎使心灵消融在一种软弱无力的感觉中，并且由于

[1] 康德在这里表达的是对人的本性的看法，基本上与卢梭一致，他们都主张"性本善"，作恶的倾向是后来养成的。在关于人类学的思考片段中，康德重述了同样的看法："人没有任何直接的作恶意向，但他对善的喜爱却是真诚的，直接的。"（见科学院版《康德全集》第15卷第614页）这里所说的"直接的"就是"天生的"。——译注

[2] 这个片段写在康德自用《观察》一书第一章第三段的边页上，那一段谈的是崇高感和美感的特点与差别。这一片段中，"理想的"等同于"优雅（feinere）"，指的是无利害的审美情感，但康德这里所说的审美情感不是由对象引起的被动情绪，而是主体原有的可以对客体产生审美反应的心灵禀赋。后半段的几个句子是康德想到的一些美和崇高的例子：树木、溪水、和风、恋人是美的例证，乌云、垂泪、悬崖、巨人、孤独、阴影、坟墓、死寂等是崇高的例证。——译注

它使神经受到压迫，因而把情感引入轻微的激动之中，在激动中心灵会相当疲劳，并转变为厌倦与反感。

勇敢。大多数男人都是女人气的或者平庸的，因此在社会交际方面比女人更糟糕。

我们这个社团如果没有女人就会渐渐地丧失优雅趣味，不管是在古希腊人中还是在古罗马人中，都是这样。在古代，人们谈论的是道德、祖国，现在谈论的是空虚的物质，代替道德和祖国的到处都是虚伪的阿谀奉承。戏谑在正直的人当中没有任何存在的余地，并且会伤风败俗。我们是软弱的，女人气的，而且必须生活在女人之中。

应该把天赋卓异和教养良好的人严格区分开来。天赋卓越的人不必抑制反常的欲望，因为他的欲望是自然的，良好的，是更高素质的表现。当他思考那些欲望时，他会说：这可能在今生实现，也可能在来世实现。一个人必须善良，其余的事情只管等待就是了。教养良好的人则是：1. 只是文明的；2. 有教养的。在某种情况下，他有许多幻想的乐事，他必须以一种永远无法直观的观念去对抗它们。这种人文明有礼，他会把他的德行延伸到自然的淳朴性之上，扩展到他只能向往和相信的对象上。

这种自然道德必定也是一切宗教的试金石。因为如果不知道在另一种宗教中人们是否能够成为虔诚正直的人，不知道今生的痛苦是否会有助于获得来世的幸福，那么我肯定不会去追随另一种宗教中的人，也不会追求来世的幸福。但如果自然的情感对于实现今生的一切义务是不够的，那么也就谈不到来世。[1]

[1] 这一片段中的“自然道德”指的是非宗教性的道德，这是不受宗教教条约束的，出于人类本性的道德行为，也就是自然宗教的道德。17世纪上半叶英国哲学家赫尔巴特等提出以理性代替基督教的启示的主张，认为人生来就有神授的宗教信仰，不需要什么教义和仪式，也不必有什么教会。所谓另一种宗教就是与自然宗教相对的有严格的教规和仪式的宗教，主要就是基督教，这类宗教劝导人们为来世的幸福而忍受今生的痛苦，康德不赞成这样的宗教。——译注

当葡萄牙人发现塞里拜斯（Celebes）岛时，岛上居民认为这些外乡人的宗教毫无意义，但他们还是派人到马六甲的葡萄牙传教士那里请来一位基督教牧师，又派人到苏门答腊的雅钦（Achin），从当地的女王那里请来一位伊斯兰教的布道者。[1]

每一个荡妇都说谎，但不至倒行逆施。使人软弱的东西造成了谎言（意即因为软弱，所以才说谎。——译者），过分追求荣誉和怕羞是最软弱的。

羞惭（Scham）和害羞（Schamhaftigkeit）要区分开。羞惭通过血液的自然流动泄漏了隐秘，害羞则是为了虚荣心而掩盖秘密的一种手段。在性欲望方面就是这样。

与自由而又贪得无厌的人作战比与一位君主的仆从们作战要危险得多。

我将讨论一切，对于这些只有很少的例外。因为根据聪慧的规则，那种人们认为在一种偶然的机遇里才能发生的极少见到的事情一般是不会发生的，另一方面，按照聪慧的规则，那些在某些相反的情况下不能按任何规则探讨的东西，却有普遍性。这里我所说的是鉴赏，在这方面我坚持我自已的判断，因为按照鉴赏（审美的）规则我的判断是普遍真实的，尽管准确地（逻辑地）说来，按照精

[1] 这一片段与上一个片段有关系，说的是自然宗教之外的以经书和教义固定下来的宗教并没有什么实际意义。基督教和伊斯兰教都把自己的宗教看得至高无上，具有无比重要的意义和价值，但在局外人看来则并非如此。太平洋岛屿上的原住民对这两种宗教的态度就是一例。塞里拜斯岛就是印度尼西亚的苏拉威西岛，在西方殖民者到来时，岛上居民对于各种宗教莫衷一是，并不觉得它们有什么意义，也不觉得哪一种更好，于是就同时请来两种宗教的传道者。在西方人看来这是十分荒唐的，但他们却认为这没有什么不妥。——译注

确的理性（逻辑的）法则它们（我的判断）只对一部分人有效。[1]

一颗因善感而扩展了的心灵会趋向于渴望，最终会对生活中一切事物的感觉感到厌倦，因而又会去渴求生活范围之外的东西。虔诚就其本身而言是真实的，而在大多数人身上它又是虚幻的，因为它是想象的。而且它的爱、它的真诚只有在涉及上帝时才会流露出来，在涉及大多数人时则冷淡漠然，在关系到另一些人时又会显示出伪装。因为人们很容易把前一种人误认为后一种人。[2]

由于人们可能构成一种更高的道德品性的概念，例如关于为公共福利而牺牲的概念，永远虔诚的概念，实现不以肉欲为目的婚姻的概念，不为荣誉而爱好科学的概念，等等，因而也就设想所有这 切都与 个人的本性相适应，并感到实际所看到的状况是败坏的。但这类愿望是虚幻的，而且与普遍的败坏同

---

[1] 康德在这一片段中思考的是鉴赏判断的普遍性问题。有些资料表明，康德从1765年开始就在努力为伦理判断和审美判断寻找客观的、普遍有效的标准，但因为这类判断来源于主体心灵，所以康德的努力就面临种种困难。这个片段中所说的“聪慧的规则（Regel der Klugheit）”是和“理性的规则（Regel der Vernunft）”相对的，指的是非逻辑非认识的，建立在聪慧亦即心灵情绪之上的规则。有些康德研究者认为康德把聪慧规则当作一种概率，“在一种偶然的机遇里才能发生的极少见到的事情”是指极其稀有的情况下才会有的事情，如行星相撞之类，这类事情虽然在数学上可能有较为接近的概率描述，但对于心灵情感性的“聪慧的规则”来说，它们的概率为零，也就是可以不考虑它们会发生。另外还有某些事情，按照理性的逻辑规则它们只有部分的有效性，但按照上述“聪慧的规则”来说，它们却是普遍有效的，那就是伦理和审美范围内的判断。这样，康德就把伦理和审美从一般的逻辑判断和认识论中划分出去，这在康德美学的形成过程中无疑具有重大意义。——译注

[2] 这一片段写于康德自用《观察》一书第一章第四至五段的边页上，是他重读自己这些有关美和崇高的描述时想到的，表面上看与美和崇高没有多大关系，实际上康德在这里想到的是人的情感，人对神的虔诚，等等，这些都与美感和崇高感有间接的内在联系。另外，有的康德研究者认为，这一片段所表述的思想可能来源于卢梭《新爱洛伊丝》第6卷第8封信，在这封信中，女主人公沃尔玛夫人（朱莉）描述了她的心境：“在我心灵深处隐隐有一丝厌倦的感觉。我觉得心里空荡荡，就像以前你所描述的你的心情”，“所谓侍奉上帝，就是说要在世上尽上帝要求我们尽的义务”。（见《新爱洛伊丝》，李平沤、何三雅译，第707、709页，译林出版社，1997年。以下注释中所提到的《新爱洛伊丝》均为此版本。）在同一封信中，朱莉还谈到了“幻想”“想象”等，也都与这一片段思想有关。这种意见可供参考。——译注

出一源。在论及一些人时，如果其他败坏行为已然消除，上述缺点就不应过多责备。

整个民族一般来说可以充当一个人的范例。我们永远不会发现不同时与严重的不良行为结合在一起的伟大德行，我们在英国看到的情形就是这样。加拿大的野蛮人。法国人彬彬有礼，但完全缺乏道德上的崇高性。

人类在被创造物的秩序中的地位。[1]

一切自然的虔诚正因为是自然的，如果它是善良道德的一种结果，它就只有一种益处。在善良道德中也包含着对圣书的自然的虔诚。因此精神导师也正确地指出，如果虔诚不是以上帝的精神激发出来的，那么它就没有任何价值；在这种情况下它是一种直觉，在其他情况下它就会导致自我欺骗。

婚姻之所以冷淡是因为双方的结合具有许多出于礼仪的、掩人耳目的徒有其表的想象的因素，同时每一方面都相当顽强地固执己见，对另一方的意见则漠然视之。由此就产生了鄙视之情，最后又会产生仇恨。因此在男女关系中，浪漫的爱情只是传奇小说中的主角们才有的。Coquette（法语：娇艳的，卖弄风情的）

有些人把道德原理转变为虔诚的学说，他们实际上是把整体当成了部分，因为虔诚只是道德的一个方面。

---

[1] 人类在被创造物的秩序中的地位，是指人类在世界万物所构成的系统中的位置，这是康德18世纪60年代思考的主题。他认为由万事万物构成的系列中，处于最低一级的是无生命的物质，处于最高一级的则是赋有精神的存在物。这种思想显然也受到了卢梭的影响，卢梭在《新爱洛伊丝》第1卷第3封信中借沃尔玛先生之口表达了如下思想：“每个人在各种事物的良好的秩序中都有位置。”［这是根据《新爱洛伊丝》德译本译出的，中文本把“各种事物的良好的秩序”译为“良好的社会秩序”（见《新爱洛伊丝》第569页）恐失原意。］——译注

我们似乎觉得从今以后如果人类当中没有伟大的艺术家和学者，人类就几乎没有任何价值，因此乡民农夫自己似乎没有任何目的，他们只是那些艺术家和学者维持生活的手段。这种判断的不公正已经表明它是错误的。人们会感到，如果一个人扩大他的癖好，他就可能为所欲为，生活也就毫无意义了，于是也会感到癖好的扩大是有害的。

抑制一个人的（不良）癖好和根除亦即使一个人完全放弃癖好之间有重大的差异。而根除癖好又不同于预防癖好，亦即使人永远不产生癖好。对于老年人来说要根除癖好，对于少年人来说则要预防癖好。

在一个善良的人和一个具有善良理性的存在者之间存在着重大的差异。作为后面这种存在者除了最终的有限性之外，不受任何限制，而一个善良的人则要受到其他许多限制。[1]

为了预防小孩子说谎需要很高的艺术。因为他们渴望许多东西，而他们又过于孱弱，无法对付别人的拒绝和忍受惩罚，这就成了他们说谎的有力的诱因，而这在成年人是从来不会有的。特别是因为他们不能像成年人那样设法为自己弄到什么东西，一切都取决于他们如何按照他们在别人身上所发现的癖好去想象。因此我们只能为了他们完全不能否认的事情才惩罚他们，不可根据他们提出来的托词就允许他们做什么事情。

如果我们想培养道德品质，那就决不应该援引不能使行为在道德上得到改

[1] 康德在这一片段中讲的是现实的人和理想的人之间的不同。“一个善良的人”就是生活在现实世界中的人，他要受到许多主客观条件的限制，他有自我保存和种族保存的欲望。“具有善良理性的存在者（ein gutes vernünftiges Wesen）”是指具有最高理性的理想的人，这种人没有现实的欲望，不受任何实际需要的限制，只有最终的时空条件（Endlichkeit——最根本的有限性）构成了他的局限性。这种人当然是不存在的，所以康德不称他为人，而称为“存在者（Wesen）”。卢梭在《爱弥儿》第2卷和《致达朗贝尔的信》中也表述过同样的思想。——译注

善的动机，例如惩罚、酬谢等。因此我们必须把说谎描绘为直接令人憎厌的行为，也就是说，要把说谎描绘为实际上不符合任何道德规律——例如对他人的义务——的行为。

一个人对于自己本身没有任何义务，但一个人却具有做善事的绝对义务。我们在道德中想依赖自己也是没有道理的。[1]

在医学中，人们都说医生是自然的仆人，在道德中也可以这样说。只要阻止外在的恶，自然就能沿着最佳的方向前进。[2]

当医生说自然（指肉体。——译者）本身变坏了，他就要想：用什么方法能治好呢？道德家也正是这样做的。

一个人只有在自己感到心满意足时才会对他人的幸福和不幸漠不关心，因此你要使他少得到些满足，那样你就造就了善良的人，否则就会徒劳无益。

普遍的人类之爱含有某种崇高和高尚的东西，但这种爱是虚幻的。如果人怀有这种爱，就常常会以渴望和无谓的向往来欺骗自己。一旦一个人自己强烈地依赖于物，他对别人的幸福就会漠不关心。

单纯自然的人很早就有了正义的感情，但却很晚或者完全不能形成正义的概念。那种正义的感情必定要比正义的概念更早地发展起来。如果很早就教导一个人从理论上认识正义的概念，那么他就永远也不会有正义的感情。

在倾向（Neigung，癖好、爱好、欲望、倾向）已经形成之后，就很难想象

[1] 康德早期主张道德行为不能全依赖自己，即主张道德上的他律性，到了后期他的立场发生了根本的变化，主张道德行为要依赖自己，倡导道德上的自律性。——译注

[2] 康德在这一片段中把道德教育比喻为医疗，把道德家比喻为医生，医生为治疗肉体的疾病，道德家矫正人的不道德的行为。这是欧洲启蒙时代人们常用的比喻。——译注

其他情况下的善恶了。因为如果我当下没有任何享乐，我就会无比烦闷，就会想象自己（最好是）山上放牛的瑞士人；而这样的瑞士人却不能想象那个酒足饭饱的人为什么还要希求更多的东西。人们很难理解，何以在这样一种低级的状态下，这种贫乏的生活竟没有引起苦恼的心情。另一方面，如果某些人被妄想所迷惑，其他人就不能想象他们怎么能有这样的妄想。显赫的人物想象，因被夺去荣誉而遭人轻视不会使一个公民感到烦恼，也不明白这个公民通常是把一定程度的消遣娱乐看作自己的需要。

一个有权授予贵族头衔的王爷想送给某些人可能代替其他财富的多余的东西。让他们保存这份贵族地位的美食吧，就像其他下层百姓占有金钱那样。

难道会有什么比对刚来到这个世界上的孩子们谈论来世更荒唐的事情吗？[1]

它们也会使别人疲乏。[2]人们不能长时间地倾听多嘴多舌的唠叨。一个一味关心自己的人会是很累的。过多地为自己操心看起来是令人不快的。

做丈夫的必须不依赖其他任何人，而妻子则要完全依靠丈夫。

必须提出这样的问题：内在的道德动机能把一个人提高到什么程度？很可能，那些道德动机会使他在自由状态里不必有很大的诱惑就去做善事，成为善良的人。但如果其他人的不公正或者自命不凡的束缚给他造成了压力，那么这种内在的道德就显得无能为力了。他必须有宗教，并且必须以来世的酬报来鼓励自己，人类本性不可能直接具有道德的纯洁性。但如果以超自然的方式在人的本性

[1] 关于来世的思想就是宗教观念，康德认为向小孩子灌输宗教教义是不适宜的。这种想法是阅读卢梭著作时想到的：爱弥儿15岁时“还没有听人讲过上帝”，“还不知道他有一个灵魂”，“如果我要描写一件令人生气的蠢事的话，我就想描写一个冬烘先生用问答法给孩子们讲教条时候的情形”。（见《爱弥儿》第358、364页）——译注

[2] 这一片段对应于《观察》第二章第二段开头几行，这几行是讨论美感和崇高感互相融合、互相补充的必要性。“它们”大概是指没有互相渗透的美感和崇高感。——译注

中去发展淳朴性，那么来世的酬报就不再是善行的动机了。

虚假的道德和健全的道德之间的区别在于，前者仅仅是在寻找对付恶的手段，后者所关心的则是消除恶的根源本身。

如果外貌显示出崇高，它就有一种光辉，如果它显示出美，它就是漂亮，如果经过一番修饰，它就是矫揉造作的。

在一切华丽藻饰之中，也存在着一种道德的华丽藻饰。地位的崇高在于这种地位含有许多尊严，而美在这里则标志着合乎礼仪。一般认为，贵族身份带有一种尊严的原因并不值得称道。

如果批评早于艺术，那对于天才来说是一件很大的憾事。假如在一个民族中，天才尚未展示自己的能力，而典范却先行被引进来，使这个民族眼花缭乱……（这对于天才是不利的。——译者）[1]

忽略微末事物的崇高思想和在缺陷之中所见到的善，……烟草。[2]

一个人的一生如果大部分都不得不为教导一个孩子如何生活而度过，那就

[1] 这一片段是针对当时德国某些批评家（如哥特谢特等人）在文化上的民族虚无主义倾向而发的，他们一味崇尚外来（主要是法国）的文化艺术，把外国作家和作品奉为典范，贬低德国民族文化，不注意发展本民族的艺术天才。这种想法可能受了莱辛的启发。——译注

[2] 这一片段写在《观察》第二章第二段边页上，与崇高感和美感的对比有关。康德还认为这两种情感在对比中显示出来会更鲜明。特别是崇高感，这种情感本来就包含着矛盾对立，是由痛苦的情绪转化而来。“忽略微末事物的崇高思想”中的“忽略”一词原文是übersehen，本义为鸟瞰、观察、放过、估计、忽视等，在这里的意思是“视而不见”，即崇高的眼光当然也会看到一些微末的事物，但它会把它们忽略过去，不去注意它们，那样，意识中存留的就只有伟大的东西，就会产生崇高感。这与在缺点中见到善也有相似之处。这一片段末尾的“烟草”一词是独立的，康德的意思大概是想以它作为一个例证，因为吸烟或嚼烟时，最先感到的是苦辣的味道，这是令人不愉快的，但随后就转化为一种特殊的舒适感觉。——译注

是违背自然的。因此像让-雅克（卢梭）这样的家庭教师就是矫揉造作的。在幼稚的状态下，一个孩子需要一些服务，一旦他积蓄了一点力量，他就会开始做些类似成人的有益的事情，就像农民和手工业者家里的情形那样，然后就渐渐地学会了做所有其他工作。[1]

同时，如果一个人把自己的生命用在教导许多人如何生活，并在这种工作中对于牺牲自己的生命丝毫不觉得有什么惊人之处，则是完全自然的。因此，设立学校是必要的。但为了使学校成为可能，就必须教育爱弥儿。应该期望，卢梭已经指出在这种条件下学校如何得以产生。

乡村的传教士可以从他们自己的孩子和邻居的孩子开始。

鉴赏不取决于我们的需要。如果男人想要按鉴赏趣味去选择一个女人做妻子，他必须首先具有良好的教养。[2]

人不应过分精细，因为过分精细只能观察到细微之处，而宏大的形态只能展现在单纯质朴的眼睛之前。[3]

培养鉴赏力对于知性来说是一桩困难的事。我读卢梭应该达到那种程度，即不再被他的文体的优美所干扰，到那时我才能以理性去研究他。

---

[1] 这个片段中所说的让-雅克·卢梭显然是指《爱弥儿》中以第一人称出现的“我”，即爱弥儿的家庭教师，并不是真正的卢梭本人。——译注

[2] 这是审美无利害的又一种表述。这种思想与卢梭有渊源关系，卢梭在《爱弥儿》第4卷中借家庭教师之口表达了相同的意思：“我们的审美力是只用在一些无关紧要的东西上，或者，顶多也只是用在一些有趣味的东西上，而不用在生活所必需的东西上。”（见《爱弥儿》第500页）康德的想法即来源于这句话。——译注

[3] 这一片段是直接复述卢梭在《爱弥儿》中所表达的思想：“审美观之所以败坏，是由于审美审得过于细腻，专门挑选大多数人看不到的地方来欣赏。过分细腻就会引起争论；因为，我们对事物的区别愈细，则需要区别的地方就愈多，这样一来，对美的看法就会穿凿入微而很难一致。”（见《爱弥儿》第503页）——译注

伟大的人物只有在远处才能造成光彩夺目的印象，君主在其仆从的眼中总要失去许多（威严），那是因为没有一个人是伟大的。

对于永恒幸福的说教重新构成严重障碍，并使人设想那种说教与我们的现状并不相符的情况就是：那些相信这种说教的人并没有因为这种信仰而更少热衷于今生的幸福，这种情形甚至在我们认为我们的使命就是追求那永恒的幸福，我们的行为就以此为基本动机时，也会发生。[1]

如果我现在想把自己置于很大程度的尽管还不是完全的独立状态，我就有可能变得很不幸，而自己却又感觉不到这一点，并且在不知不觉中落入受人歧视的境地。如果我是个富翁，那么在我的享受中首先要包括独立性。这有两个方面，一是不依赖于物，二是不依赖于人。那时我将不受宾客、马匹、仆从等羁绊，从前失去这些东西总是使我忧心忡忡。我将不去购买任何贵重的珠宝，因为我可能失去它们。我将不按别人的要求来安排我自己的生活，以便不至于因这种要求而使我遭受实际的损害，例如不至于限制我与人们的交往，不至于使我受到束缚。[2]

正如真正理性的自由（道德的理智不是形而上学性的）乃是一切道德的最高原则一样，它也是一切幸福的原则。

为了学会把不符合自然的、偶然的东西与符合自然的东西区分开来，就必须看清艺术、秀美（Zierlichkeit）和文明状态是多么晚才出现，还要看清在世界的某些地区从来就没有这些东西（例如，那些地方没有任何一种家畜）。如果人们谈到野蛮人的幸福，那并不是为了返回丛林中去，而只是为了看到人类在某些

[1] 这里的“永恒幸福”是指各种宗教所宣扬的来世的幸福。——译注

[2] 独立状态（Unabhängigkeit）与下文所表达的意思相矛盾，不知这个词是否系康德笔误。另外，“如果我是个富翁”以下的话，是康德较为自由地复述卢梭的思想，卢梭在《爱弥儿》第4卷中借“我”之口说：“如果我是富翁的话……我的财富的第一个用场是用来买得闲暇和自由……我只用很少的几个仆人……我也不愿意老是坐着马车叮叮当当地在街上走……”（见《爱弥儿》第508、509、511页）——译注

方面有所收获的同时又失去了什么，为了在享受和利用社会财富的同时不要沾染不幸的、违反自然的癖好，做一个顺应自然的文明人。前面提到的那种观察可充作衡量标准。因为自然从来没有把一个人塑造成公民，而一个人的倾向和努力总是指向淳朴的生活状态。

看来其他大部分生物的主要使命就是生存和延续种群。如果我设定人类也是这样，我就一定不会蔑视最普通的野蛮人。

希腊人的外形是：一个粗壮的躯体，高高的个子，做得很大的假发。[1]

最终何以必然从豪华（Luxus）中产生出公民宗教和宗教压迫（至少在每一次新的转变之时）的呢？[2]

---

[1] 这一句写于《观察》第二章第四段的边页上，那一段是讨论人的外貌之美的。康德受到温克尔曼《古代艺术史》的启发，赞同温氏把古希腊雕像奉为美之理想的观点，这一片段是他思考这方面的问题时随手写下的。另外，康德在《实用人类学》中也表述过类似的想法。（参看《实用人类学》，邓晓芒译，第203—204页，重庆出版社，1987年。）——译注

[2] 这一片段对应于《观察》第二章第四段，大概是由这一段中关于宗教家的穿着而联想到宗教问题的。康德在这里所表述的是卢梭的宗教观点，卢梭否定盲目的宗教信仰，否定预言和奇迹之类的谎言，否定教会的权威和暴虐，主张发自内心的以理性为基础的信仰。这个片段中的“公民宗教”是和“自然宗教”相对。卢梭在《社会契约论》中对此有明确的论述：“宗教，就其与社会的关系而论——无论是一般的关系，还是特殊的关系——也可以分为两种，即人类的宗教与公民的宗教。前一种宗教没有庙宇，没有祭坛，没有仪式，只限于对至高无上的上帝发自纯粹内心的崇拜，以及对于道德的永恒义务；它是纯粹而又朴素的福音书宗教，是真正的有神论，我们可以称它为自然的神圣权力。后一种宗教是写在某一国家的典册之内的，它规定了这个国家自己的神、这个国家特有的守护者。”（见《社会契约论》，何兆武译，第177页，商务印书馆，1980年。）这里所说的“人类的宗教”就是“自然宗教”，虽然卢梭把“人类的宗教”说成是基督教，但他又申明那不是流行于欧洲的以教会、《圣经》和宗教仪式固定下来的基督教，而是把全人类结合在一起的“神圣的、崇高的、真正的宗教”（同上第179页）。关于卢梭的宗教思想，还可以参看《爱弥儿》第4卷借一位牧师之口所说的一大篇话（见《爱弥儿》第424—457页）。关于宗教压迫，请参看上述《社会契约论》第179页。所谓“从豪华中产生出公民宗教”当是指社会发展到相当水平，有了较丰厚的物质积累之后才能产生“有自己的教条、自己的教义、自己法定的崇拜表现”的宗教。——译注

单纯的自然宗教完全不适应一个国家的需要，更不要说怀疑主义了。

愤怒完全是弱者的一种善良感情。压制这种感情的倾向会引起不能和解的仇恨。女人，牧师[1]。人们并不总是憎恨他们为之发怒的人。发怒人的善良。假装的善良掩盖着愤怒，并造成虚假的友谊。

对于像人这样软弱的被创造物来说，半是必然的半是故意的。对未来的无知是很适宜的。除了借助于一个人自己的思想之外，我任何时候都不能说服其他人。因此我必须假设其他人具有善良和正确的理智，否则我就不可能期望他会信服我所说的理由。正因为如此，我只能通过一个人自己的情感在道德上打动他；因此，我应该假定，他在某种程度上是心地善良的，否则在我向他述说罪恶的时候，他就决不会感到厌恶，而在我赞美善行时，他又决不会感到自己有一种向善的冲动。但因为可能在他心里有某种正确的道德感情，或者他可能认为他的感情与全人类的感情是一致的，那么我就应该承认其中有部分的善，而把无辜和罪行之间模模糊糊的相似看作是不可信的。[2]

创世的最高理由在于它是善的。由此应该得出如下结论：第一，因为上帝认为他的威力和伟大的知能本身是善的，所以也就承认由此而成为可能的一切事物都是善的；第二，他在一切他觉得好的事物中找到了愉快，而在指向最伟大的善的东西中找到了最大的愉快。前者作为一种结果是善的，后者作为根源是善的。

由于复仇的前提是：互相仇视的人们彼此挨得很近（在相反的情况下，也就是如果人们能够自愿地互相离得远一点，那么复仇的条件就没有了），因而报复显然不是人类本性中所固有的，须知大自然并没有预先确定人们都必须待在某一个地方。但愤怒——对于一个男人来说这是一种必要的、应有的品性，只要它

[1] 女人、牧师这两个词与下文有关，是说妇女和牧师会伪装出善良的样子，内心却包含着愤怒。在后面的一个片段中，康德认为女人的伪装是一种完美的表现，而在男人身上则是一种缺点。——译注

[2] 这一片段是在复述卢梭的道德教育思想，见《爱弥儿》第397—420页。——译注

不是狂热（狂热——Leidenschaft不同于热情——Affekt）——却存在于人的本性之中。

我们不能想象我们未曾体验过的东西给我们带来的愉快；例如，加勒比人对于他们所不习惯的食盐就很是讨厌。

阿吉西劳斯[1]与波斯总督两个人互相蔑视，前者说：我了解波斯的淫乐，而对于我你却什么也不知道。

据说，基督徒不应该迷恋于尘世的事物。这意思是说，应该预先防止所有这一类迷恋。但在开始时促进这类倾向，然后再等待超自然的助力来控制它们——这就意味着考验上帝。

荒诞的趣味，讽刺地模仿。讽刺地模仿，故意扮鬼脸，霍迪布拉斯。滑稽的崇高。[2]

自由、平等、荣誉构成一个梯阶顺序。[3]

---

[1] 阿吉西劳斯（Agesilaus，前444—前360），古希腊斯巴达国王，公元前399—前360年在位，远征埃及时死于军中。康德这一片段中的引述有误，与波斯总督争论的是斯巴达将领波拉西达斯（Brasidas，死于公元前422年，曾率军参加早期的伯罗奔尼撒战争），事见希罗多德《历史》第7卷。——译注

[2] 这三个互相独立的词组对应于《观察》第二章第六段，这一段是讨论"可怕的崇高"以及奇异、怪诞等审美特征的，康德重读这一段落时想到了讽刺地模仿会造成怪相，造成滑稽的崇高。其中的霍迪布拉斯（Hudibras）是英国作家萨缪尔·巴特勒（Samuel Butler，1612—1680）的诗体讽刺作品《霍迪布拉斯》中的人物，这部作品是对阿里奥斯托（Ludovico Ariosto，1474—1553，意大利诗人）的浪漫史诗《疯狂的奥兰多》的滑稽模仿，从内容上说是讽刺清教徒对英国的统治。霍迪布拉斯这个名字取自另一位英国作家爱德蒙·斯宾塞（Edmund Spenser，1552—1590）的《仙后》里的一个骑士。巴特勒笔下的霍迪布拉斯是一个有勇无谋、志大才疏、浪得虚名的可笑人物，与堂·吉诃德有些类似。——译注

[3] 这一句表明康德在回顾他关于崇高的论述时想到了自由、平等、荣誉（自尊）这些市民阶层奉为理想的观念。——译注

区别自然的东西和不自然的东西的两块试金石是：1. 看它是否符合人们不能改变的东西；2. 看它是一切人共有的，还是为一小部分人所有，并且压制其他人。

据说，北方的一位伟大的君主[1]使自己的臣民文明化了。如果这里有上帝的意志，这位君主就可能把善良的道德风尚引入他的百姓之中。但他所做的一切都只带来了政治利益和道德上的败坏。

我不能使任何一个人变好，除非借助于他固有的善良本性的残余；我不能使任何一个人变得更聪明，除非借助于他所固有的一点智慧。

我们可以友善地看待堕落的人，因为他们的罪恶是由于我们败坏的社会状况而完全外在地产生的。

从平等的感情中产生了正义的观念，不管是被压迫者还是压迫者都是这样。平等是对他人的义务，正义是被感受到的他人对我的义务。

为了在理智中有一个衡量标准，我们可以在思想中站在他人的地位上，而为了在这方面不致缺少动因，我们因同情他人的不幸和灾祸而激动的程度就应不下于对我们自己的不幸和灾祸的激动。

这种义务被认为是某种具有如下作用的东西：缺乏它就会使我把他人看作我的敌人，并使我憎恨他。没有什么比非正义更使我们愤怒的了；我们所遭受的一切其他种类的恶事与它相比都算不了什么。义务只关系到与种族保存相一致的必然的自我保存，其余一切都是善意和友爱的表现。因此我将仇视每一个看见我

[1] 关于这一片段中所说的“北方的一位伟大的君主”到底指谁，学者们意见不一，有人认为指俄国沙皇彼得一世，另有一些人则认为是指瑞典皇帝卡尔十二世，这两位君主都在国内实行了某些改革，想要和当时的欧洲强国平起平坐。——译注

在陷阱里挣扎却无动于衷地扬长而去的人[1]。

善良只在非正义的衬托下才能被认识到。因为我把善良理解为一种在普遍的自然同情已不足以成为行善的理由时也照样心甘情愿地做善事的品性。放弃如像我们所提供给别人的那种舒适，也是简单自然的事情，因为一个人与另一个人具有同等价值。因此如果我应该心甘情愿地这样做，那我在舒适和不舒适方面对自己的判断必须要比其他人更加严厉，必须把我要使其他人摆脱的事情视为一种大恶，同时把我自己亲身遭遇到的事情视为小恶。假如有一个某甲故意向某乙显示这种善意（以便让某乙知道他是在行善），那某乙就要鄙视某甲。

第一种不平等就是一个男人和一个孩子以及一个男人和一个女人之间的不平等。因为男人强壮，而孩子和女人柔弱，所以男人如果为他（她）们的利益做出牺牲，就会在某种程度上认为自己是错误的。

体面是虚假的高贵，光彩夺目是虚假的华丽，装饰是虚假的美；美或者是吸引人的，或者是漂亮可爱的。

对于不符合自然目的的东西的不正确的评价也会破坏自然的美的和谐，因此我们认为艺术和科学具有如此重要的意义，以致使我们蔑视那些远离艺术和科学的人，而这会使我们陷入不公正，如果我们更经常地把他们看成是与我们平等的人，这种不公正本来不会产生。

如果有某种事物不适应于生活过程，不适应于时代，不适应于大多数人，最后，如果它屈从于偶然性，而且很难带来利益，那么它就与人类的幸福和完善无关，在真正的科学出现之前，有多少个世纪已然逝去，世界上又有多少民族将永远不知科学为何物。

[1] 这里康德暗用了一个典故：据说怀疑派的创始人皮浪（Pyrrho，前360—前272）有一次看见他的老师阿纳查西斯（Anacharsis）在陷阱里挣扎却不去搭救，反而冷漠地从一旁走过。康德把这件事当作违背道德义务的非正义行为的例子。——译注

我们不能因为自然赋予了我们从事科学的能力，就认为自然本身召唤我们去从事科学事业：须知对科学的向往并不是自然的产物。因为科学的尴尬[1]已被证实，于是我们宁可断定：我们有一种理智能力，这种能力超过了我们今生的使命，因此它指向来世。如果我们想在这里对此展开讨论，那我们是很难完成这一任务的。一条毛虫觉得它应该成为一只蝴蝶。[2]

学者们相信一切都是为他们而存在的，贵族们也这样想。如果有人漫游沉寂的（ode）法兰西，就可能因参观了科学院或认识了氛围良好的社团而得到某些安慰，如果有人在教皇的管辖区有幸躲过各种乞讨的场面，就可能因罗马教堂和古代建筑的壮丽而高兴得如醉如痴。[3]

正是出于以上理由，我们可以断定，那些想要在某一方面过早地获得知识的人，却要在另一方面受到惩罚。这就像一个早慧的孩子或者早早地夭折，或者

[1] 尴尬（Verfänglichkeit）一词不是康德本人所写，他原来用的是Verfüglichkeit（支配、使用）一词，但这一词与上下文不甚相符，可能系笔误所致，科学院版《康德全集》第20卷的责任编辑雷曼把这一词换成了Verfänglichkeit（尴尬），这样与语境更为吻合。——译注

[2] 这一段对应于《观察》第二章第六段。康德在重读“奇异的、不自然的事物”“幻想家”“怪诞”“相信离奇的事物”这些提法时，可能联想到他所写的《以形而上学的梦想解释视灵者的梦想》一文的内容。当时有一个瑞典人名叫伊曼努尔·斯维登伯格（Immanuel Swedenborg）声称自己能够通灵，能与神灵鬼魂通话，能传达上帝的意旨和地狱的消息，康德起初相信了这些传说，后来则看清了其骗术，并写了上述讽刺文章予以揭露。这篇文章在批驳人的灵魂会超脱今生而进入来世的鬼话时，加了一个注释，其中提到古代埃及的一个比喻，说人的灵魂脱离肉体就像毛虫变成蝴蝶一样（见科学院版《康德全集》第2卷第350页注释），因此人也可以预期灵魂的变态。这当然是康德所不赞成的。——译注

[3] 这是康德对某些艺术家和学者（也包括早期的他本人）的自我陶醉的批评。“沉寂的法兰西”中的“沉寂”一词原文是ode，也含有荒凉、空虚、寥落之意。当时的法国是欧洲比较先进的国家，何以要说沉寂、荒凉呢？这是因为大革命前夕，奢侈无度的贵族阶级已把手工业者和农民压榨得一贫如洗，广大农村和市镇的贫民区满目疮痍，一片凋零。包括罗马在内的教皇统治区也是这样，乞丐遍地，一入其境就会被他们包围起来，心情当是很难过的。但如果无视法兰西的沉寂和教皇统治区的乞丐，就可陶醉于法兰西学院和沙龙中的高雅气氛和罗马建筑的辉煌。有的研究者认为，康德写下这些话时，心中想到的可能是温克尔曼那样的学者。——译注

在未成年时就已凋萎，变得愚笨无知。[1]

一个人可以如其所愿的那样矫揉造作，自作聪明，但无论如何不能强使自然依从另外的规律。一个人或者应当自己工作，或者别人应当为他工作；而当别人为他工作时，他从别人那里剥夺的幸福正好等于他想要扩大自己的幸福的分量，而他总是想使自己的幸福高于中等水平。

如果一些人想不劳而获，另一些人就得劳而不获。

如果让我们的欲望尽情发展并设法满足它们，就有可能增进我们的幸福；如果让妄想和奢华的倾向尽情发展，然后再寻找道德动机来对抗这些倾向，就有可能增进真诚正直的品性。但这两种任务还有另外的解决办法，那就是根本不让这些倾向出现。最后，如果把一切直接的道德价值放在一边，只以统治者的奖惩命令为基础，也可能促进善良行为。

科学给人们带来的坏处主要在于：大部分想要以科学来粉饰自己的人都没有达到改善理智的目的，而只是使理智变得反常，更不要说对于大多数人来说，科学只是满足虚荣心的手段。科学的用处或者在于豪华[2]之中，例如数学，或者在于防止它本身所造成的恶果，或者在于作为其次要结果的某种善行。

公民的正义概念和自然的正义概念以及由此产生的责任感几乎是正相对立。如果我从一个通过勒索农民而聚敛起财产的富人那里得到一笔遗产，并把这些财产归还给那些穷人，那么，在公民的意义上我做了一件十分慷慨豁达的事情，但在自然的意义上，我仅仅尽了最普通的义务。

[1] 这一片段中的“出于以上理由”未详何所指，读者切不可认为就是上面紧挨着的那一段。从内容上看这是在复述卢梭的教育思想（见《新爱洛伊丝》第567—569页）。——译注

[2] “豪华”的原文是üppigkeit，这里指数学那样的科学，有意脱离实际事物，只研究抽象关系，尽情展露人类理智的先天能力，具有一种超越一切的气势。——译注

在普遍的奢侈方面，人们抱怨神的统治和君主的统治。但人们没有考虑到以下情况：1. 说到君主的统治，那就要知道正是控制着公民们的虚荣心和无节制，使得在君主的宝座上也不可能采取不同于他们的另外的形式；2. 这样的公民也不可能以其他方式来统治。臣民们希望掌权者为了增进国家的福祉而抑制个人的虚荣倾向，但他们没有考虑到这种要求也可以同样的理由向下层百姓提出来。首先自己应该聪慧、正直、有节制，然后这些美德很快就会传播到帝王的宝座上，也会使君主变得善良。请看那些柔弱的君主，他们在这样的时代显示出了善良和宽厚的品性，（但正如我们看到的那样）难道他们除了以更大的不公正对待其他人之外，还能把这些品性表现成另外一种样子吗？要知道这些“其他人”只有在瓜分从别人那里抢来的东西时才能看到有所谓宽宏大度。帝王所授予的像我现在这样思考和言论的自由，其价值看来足以与许多促成更高的奢华的便利条件相匹敌，因为通过那种自由，上面提到的恶事就可能被消除。[1]

对一个人来说最为重要的事情就是要知道如何适应他在万物中所占有的位置，并正确理解为了成为一个人必须要做到什么。但如果他只认识到享受——享受当然会使他引以为荣，但他却不是为享受而被创造出来的——那么享受就会与自然为他所做的安排相冲突；如果他只学到具有外在光辉的道德品性，那么他就将打乱美好的自然秩序，并只会使自己和别人招致毁灭：因为一旦他不满于命中注定的东西，他就会脱离自己的位置。既然他脱离了人寰，他就什么也不是，他因此所犯下的错误会把他自己的败坏扩展到与他相邻的人。

年复一年泛滥于我们这一地区（指欧洲。——译者）的书籍的洪流所造成的

---

[1] 这一片段思考的是帝王所给予的思想自由和对于更高的奢华的便利条件。这与当时的历史背景密切相关。七年战争结束（1763年）以后，普鲁士国王腓特烈二世（Frederick Ⅱ，1712—1786）的地位和权势得到了巩固和加强，为了赶上英、法等先进国家，他搞了一次“从上到下的革命”，允许民众有一定程度的思想和言论自由。同时由于以较为优惠的条件吸收移民，致使普鲁士的人口由270万增加到560万，大批商人、银行家、工厂主和技工的迁入使经济迅速发展起来，原有的清教主义的生活习俗逐渐被奢华的风气所取代，罪恶也随之多起来。康德所思考的就是在这种条件下，自由、奢华和罪恶之间的关系。——译注

许多害处之中的一个很大的害处在于，偶尔浮现于内容庞杂的广阔书海之中的真正有益的书籍常常被忽视，与其他糟粕一起沦为废物。在读书方面有一种多多益善的倾向，这是为了在人前夸耀曾读某典某籍。人们都不习惯于在一部书上花费更多的工夫。[1]

奢华把人们聚拢到城市里来，而卢梭却想把他们带到乡村去。

由人类日甚一日的无节制而产生的各种罪恶在很大程度上是可以补救的。丧失自由和君主个人的独裁是最大的不幸，但这会促成有序的社会系统，而且在这样的政权之下确实会比在自由国家里更有秩序，尽管会少一些幸福。懒惰的习惯和虚荣心产生了科学，科学给整个生活增添了新的色彩，遏制了许多罪恶，当科学达到相当高的水平之后，就会消除自己所造成的罪恶。

科学的一个最大的遗憾是占用了过多的时间，以致使青年人忽视了道德。其次，由于他们的心境耽于思辨时的愉快感受，就会疏于做善事。

道德上的美、淳朴、崇高。正义、诚实是淳朴的。崇高的激情是振奋、热爱、美德。友谊。美的理想。[2]

一个不是出于虚荣心也不是为消磨时光而阅读让-雅克·卢梭著作的有理智的读者所获得的第一个印象是：这位学者的著作表现出异乎寻常的洞察力，一种天才的高贵的热情，一个充满感情的心灵，而且这一切都是在很高的水平上表现

[1] 这一片段思考的是读书时贪多而不求甚解的倾向，这是当时欧洲较为普遍的也是屡遭有识之士批评的风气，卢梭在《新爱洛伊丝》中借一位女士之口表达了这种批评态度："法国人读的书很多，但是他们只读新书，更确切地说，他们读得并不认真，只不过大致看看，浏览一遍，以便日后可以炫耀自己读过哪些书。"（见《新爱洛伊丝》第673页）康德的想法很可能来源于此。——译注

[2] 这一片段对应于《观察》第二章第九段，那一段是讲道德的崇高的，与那一段联系起来就可领会康德当时的想法。——译注

出来，从来还没有哪一个时代或哪一个民族的著作家能如此和谐地把这些优点集于一身。接着而来的印象是对于那些与普遍流行的意见如此相左的独特离奇的观点的惊异，这使人不由得产生了如下想法：这位具有非凡天才和令人折服的论辩力量的作者，是否在以新奇吸引人震慑人的同时，只想证明和炫耀自己在睿智方面远远胜过自己的敌手。

应该以道德的理由和逻辑的理由去教导青年人尊重普通的知性。[1]

从天性上说我是个研究者。我感到一种对知识的渴望，一种难以满足的不断向前的冲动，以及每一次成功所带来的愉快。曾有一段时间，我认为这会给人类带来光荣，并藐视无知无识的愚昧人。卢梭纠正了我的错误。上述盲目的优越感消失了，而且我头脑中似乎涌现出自己比起普通工人来更没有用处的想法。

以下说法是很可笑的：你应该爱别人。其实更应该说：你有充足的理由来爱你的亲人，这一点甚至也适用于对你的敌人。

道德是强有力的：因此一切使我们软弱并在享乐的作用下使我们变得柔弱或者使我们依赖于谬见的东西都是与道德相对立的。一切使我们轻视甚至憎恨生命的东西都不存在于自然之中。一切加重罪恶并阻碍道德的东西，在自然中都没有根据。

普遍的虚荣心是如下现象的原因：有些人会生活，但从不懂得（为自己）生活。[2]

把癖好发展到奢华的程度完全无益于幸福，因为存在着许多不正常的情

[1] 普通的知性就是普遍的人类良知。——译注

[2] 以上两个片段对应于《观察》第二章第九、第十两段，是在重读有关道德的“迎合”、“殷勤地满足别人的希望”的论述时想到的。——译注

况，在这样的情况下，形势使那些癖好对于预期的事件是很难完全满意的，因此它们就会成为烦恼、悲伤和愁苦的根源，而不尚奢华的人对于这些则一无所知。

劝人高尚地忍耐在此也是无济于事的。[1]

如果说存在着人们真正需要的科学，那就是我所教的科学——即以适当的方式占据世界上为人所确定的位置，从这种科学中也能学会作为一个人所必需的东西。假如一个人在自己身边看到了可以把他引入歧途的诱惑——这种诱惑会使他偏离自己原有的位置，那时上述训诫就能使他重新回到人的正确地位，而且，不管他感到自己如何渺小和无价值，他都会发现为他所安排的岗位是相当不错的，因为在这里他恰恰就是他应该成为的那个样子。[2]

有理智的人很容易避免表达意见时的错误：这对于我们具有普遍的意义，而且始终是这样。但如下一些判断只是看来像是合乎情理的：大自然赋予我们享乐的可能性，我们当如何利用这种可能性呢？我们具有从事科学的能力，因此追求科学就是自然的召唤。我们在心中听到了自然的声音，这一声音对我们说：这是高尚和正义的，因此这样做就是我们的义务。

一切都如洪流一般从我们身边过去，而变化无常的趣味和人的不同心境使一切活动都成为不确定的、不足信的。在自然中让我到哪里去寻找一个任何时候都不能动摇的牢固的支点——在这个支点上我可以指出一些路标，以便让那个人

[1] 这一句当与前面一段联系起来读。——译注

[2] 这一片段谈的是人应满足造物主为自己安排的位置，不可因外来的引诱而误入歧途。这种想法来源于卢梭，《新爱洛伊丝》第5卷第3封信详细阐述了这种思想。（见《新爱洛伊丝》第569—573页）——译注

知道他身处哪一边的岸上。[1]

由此可以看出，一切大（Große）都只能是相对的，一般来说不可能有任何绝对的大。我们用地球的直径去衡量天宇，用公里去衡量地球的直径，用脚的长度（英尺即相当于一个成年人脚的长度。——译者）去衡量公尺，用与我的身体的比例去衡量脚的长度。

青年人的友谊。对于与自己平等的人的敬重。[2]

什么样的情况适合于人，什么样的情况适合于离太阳有二百倍太阳直径那么远并绕太阳旋转的星球上的居民，这还是一个问题。[3]

---

[1] 康德在这一片段中所想到的是一切科学（包括哲学在内）的基础，也就是他所说的“牢固的支点”。这一片段共有两个句子，前一句表述的是赫拉克利特（《观察》第二章第九段末尾提到了赫拉克利特）一切皆流动不息、无固定不变之物的思想，后一句表述的是要为科学寻找最终基础的念头，这种想法来源于休谟。18世纪60年代中期批判哲学尚未形成，但康德已经有了要为哲学奠定牢固基础的想法了：1765年12月31日康德在致约翰·亨利希·兰贝特的信中说：“认识的幻象使人们随时相信已经做出了抉择，却又时时望而却步，由此还产生了所谓的哲学家们毁灭性的分歧，因为根本不存在使他们的努力统一起来的标准。”（见《康德书信百封》，李秋零编译，第17页，上海人民出版社，1992年。）康德认为之所以如此，是因为缺乏一个恒定不变的根基，因此他要致力于寻找这一根基，并在上述同一封信中宣布要写出《世界自然智慧的形而上学原理》和《世界实践智慧的形而上学原理》。休谟为康德指出了一条解决问题的道路，那就是以关于人的学问、人的本质、人性作为哲学和科学的支点：“在我们的哲学研究中，我们可以希望借以获得成功的唯一途径……是直捣这些科学的首都或心脏，即人性本身。……任何重要问题的解决关键，无不包括在关于人的科学中间。……关于人的科学是其他科学的唯一牢固的基础，而我们对这个科学本身所能给予的唯一牢固的基础，又必须建立在经验和观察之上。”（见《人性论》，关文运译，第7—8页，商务印书馆，1983年。）康德正是从这里走上了对人的主体能力的批判之路。在这一片段中，康德并没有直接给出他所提出的问题的答案，但他实际上是赞同休谟的主张的。——译注

[2] 这两句对应于《观察》第二章第九、十、十一段，是在崇高、道德、友善、尊重等概念的引导下想到的。——译注

[3] 这一片段对应于《观察》第二章第十二段开头几行，是康德思考造物主与人的道德感情的关系时想到的。这里他想到了道德的普遍性是否是无限的，绝对必然的，可能世界（远离太阳的行星上的居民）的情形是否与地球（现实世界）相同。——译注

正如我不能从这里到达朱庇特星球一样，我也不可能具有那种只有那一星球的居民才会有的品性。那位对宇宙的某一其他地方颇有见识的人，在他所居住的地方的人看来却是一个傻瓜。[1]

我根本没有想成为一个六翼天使的雄心，我只以在尽可能高的水平上成为一个人而自豪。

一个平凡的小市民不可能对一个被放逐的朝臣——这个朝臣被放逐到他自己的庄园，在那里他可以随心所欲地生活，但他还是因为缺少了什么而痛不欲生——所缺少的东西形成任何概念。[2]

许多人有神学而没有任何宗教，也许要除去他们因惧怕下地狱而祈求赦免他们从前所犯下的重大罪行之时。[3]

关于今世生活本身的价值，或直接的价值；关于仅仅作为来世生活的一种预备的今世生活的价值。

---

[1] 这里暗指古希腊哲学奠基人泰勒斯（Theles）的一段逸事：泰勒斯在天文学上卓有成就，通过观测掌握了很多星球运动和历法的知识，在这方面他可算得上是聪明的有识之士。有一次他因仰面观察星象而失足掉进井里，目睹此景的女仆却把他嘲笑一番："他只热衷于认识天上发生的事情，却看不到脚下发生的是什么。"（见《希腊哲学史》，汪子嵩等著，第148页，人民出版社，1988年。）——译注

[2] 这个片段含有一个典故：法国国王路易十四（1638—1715）有一个朝臣名叫罗歇·德·拉布丁（1618—1693），即布西伯爵（Graf von Bussy），他曾因战功卓著而备受恩宠。但后来社会上出现了一首讽刺路易十四的诗，人们都认为这首诗的作者就是拉布丁，于是他顿失恩宠，还被捉进巴士底狱，关了一年多，最后被流放到自己的庄园。在那里他当然应有尽有，可以自由自在地生活，但他却失去了他认为最重要的东西——虚荣、恩宠，因而寝食难安，甚至痛不欲生，一心要返回宫廷，重新跻身于名公巨卿之中。普通百姓不可能理解这种心情。——译注

[3] 这一片段是要在神学和宗教之间做出区分。康德认为敬神并不等于宗教，宗教不是关于启示的学说，而是把人的义务看作上帝的命令的观念，所以道德是宗教的动因和本质。关于这一点，康德在《学科的争论》（*Streit der Fakultaten*）一文中有比较详尽的说明。（见科学院版《康德全集》第7卷第36页）——译注

只知享乐而没有思想和道德的人的生活显然是毫无价值的。

当今粗俗趣味的征兆就是人们趋向于竭尽所能来装饰打扮，而当今最精雅的趣味就在淳朴之中。

人和动物都有某种中间的量。最大的强度。

在文明状态下人很晚才变得聪明起来，因此就可以像狄奥弗拉斯图[1]那样说："正在期望成功之时你就停止了生存，这有多么遗憾！"

性欲望方面的道德趣味在于：每个人都想显得很文雅，或者很纯洁。

真实性并不是社会生活的主要的完美之处，美的外观在这里像在绘画中一样，会走得更远。关于婚姻中的鉴赏力。

借助于与道德情感的对比而做出的道德判断的可靠性和借助于与逻辑感觉的对比而做出的判断的可靠性一样重要，我会通过分析使一个人懂得欺骗比头脑愚蠢更可恨。道德判断上的欺骗与逻辑判断上的欺骗是一样的，但逻辑判断上的欺骗更常见一些。

在美学的形而上学基本知识方面，我们应该把注意力放在不同的非道德情感上[2]；在道德形而上学的基本知识方面，我们应该把注意力放在由性别、年

[1] 狄奥弗拉斯图(Theophrastus，前372—前287)，古希腊哲学家和自然科学家，亚里士多德的信徒，亚氏死后继续传授亚氏的学说，曾为逍遥派的首领。据说，狄奥弗拉斯图在85岁时知道死期将近，就对自然赋予人的生命如此短暂而发出感叹和抱怨："我才生活了这么长时间，刚刚能观察和学习到生活为什么是美好的，现在正是想要运用这些知识的时候，可我却不得不与世长辞。"——译注

[2] 这里的"非道德情感"不应理解为不道德的情感，而应理解为与道德不同的其他性质的情感，但这类情感仍然有多种(如利害感、友谊、亲情等)，美学形而上学与它们有别，所以准确地说"非道德情感"应为"审美情感"。——译注

龄、教育、政体以及种族和气候所决定的各种道德情感上。

为什么在女人中间地位的不同表现得最为明显?

卢梭的方案是:通过爱来激发出最好的才能。[1]

女人们亲自教诲她们的丈夫,当他们表现不佳时,她们就归咎于自己。

愚蠢可笑地讨人喜欢的人将是一个令人不快的丈夫。

关于在崇高事物面前的一种与人不相称、不适应的情感的空虚的向往。小说。[2]

卢梭把他所钟爱的男女主人公引到乡下去住。[3]

一个极文雅的(出色的)男人与一个妖艳女人的婚姻。[4]

---

[1] 这是指卢梭在《爱弥儿》和《新爱洛伊丝》中所阐述的通过爱来发展青少年的素质和才能的教育思想。——译注

[2] 这一片段是在思考阅读虚构的文学作品对人的意义。康德在这里表达了对阅读小说的否定态度,认为那只会引起人们"空虚的向往"。康德在《实用人类学》第74节里也表达了相似的观点。但他对小说的看法并不一致,有时也认为阅读小说是有益的,例如在同一部《人类学》中就有这样的话:"(戏剧和小说)依据的虽然并非实际经历和真实的东西,仅仅是虚构,并且允许对性格和人物置身其中的情境加以夸张,作梦幻般的设想,因而好像对于人类知识来说并没有教导任何东西,但是那些性格,如理查森或莫里哀的作品所构思的,按照其基本特点却必须从对人物的真实举止行为的观察之中取来:因为虽然它们在程度上有夸张,但根据其性质却必定是与人类本性相符合的。"(见《实用人类学》,邓晓芒译,第3—4页,重庆出版社,1987年。)——译注

[3] 这是指在《爱弥儿》和《新爱洛伊丝》中,卢梭都把主人公送到乡村去住,以便避开城市文明的腐蚀作用,顺其自然地发展其固有的天性。这是卢梭一贯坚持的教育思想,深得康德的赞许。——译注

[4] 康德如何想到这样的事以及他要由此得到什么结论,研究者们尚无一肯定的意见。有些人认为康德可能是从戏剧或小说中读到不相称的婚姻时想到的。——译注

人们想象有两种婚姻，其中之一是所谓鸾凤和鸣的，另一种是为成家度日的。

道德趣味倾向于模仿，道德原则超越于模仿。宫廷和人们之间地位悬殊的地方，一切都与生活在那里的人的趣味相适应，而在共和政体下则是另一种情形。在前一种社会中，趣味是高雅的，在后一种社会中，趣味是粗俗的。人们完全可能很有道德却缺乏鉴赏力。如果社会生活应当向前发展，那么鉴赏力也必须随之提高，因为社会生活的愉快是轻松的，而道德原则是严肃的。在女人中间这种趣味是最轻松的。道德趣味不容易与原则性的外表结合在一起。瑞士人，荷兰人，英国人，法国人，（德意志）帝国的大城市。[1]

单纯的道德方面的趣味有些粗糙，如果它是精细的，那么就会使道德掺进愚蠢的成分。

人类之中高雅的那一部分所说的生活乃是由寻欢作乐、消磨寂寞的时光同时又招致更大的痛苦所构成的奇怪的网络。[2]

人们有理由不使自己的情感过分精细，这首先是为了使自己对于烦恼不致过于敏感，其次是为了使我们的关怀更真诚，更有益。

适度和淳朴不要求感情过分精细，却可使一个人感到幸福。

美使人喜爱，高贵使人尊敬。丑陋惹人厌恶，卑劣令人轻蔑。

浅薄的小人物妄自尊大而又浮躁易怒，伟大的人物则稳健克制。

---

[1] 康德列举这几个国家的人是想作为人的趣味与其社会地位和生活方式相适应的例子。——译注

[2] 这一片段与《观察》第二章第十三段所讨论的“毫无道德价值”的虚荣心有关，是在讽刺当时上流社会的风尚。——译注

一个妻子应有一种与其丈夫共患难的勇气，丈夫也应体贴入微，丈夫应感到与他的妻子息息相通，分担她的一切痛苦。一个温柔的丈夫也就是一个更勇敢的丈夫。

自然人之所以有节制并不是因为他考虑到未来的健康（因为他不能预见到任何事情），而是因为他现在就感到舒适。

淫欲的过度之所以令人刻骨铭心，其原因在于它关系到保存和繁衍种族的基础；因为保存和繁衍种族是女人唯一适宜的事情，所以这也就构成了她们最主要的完美性，因而她们的幸福也就依赖于男人。

在女人身上利用生殖能力的可能性是有限的，而在男人身上则不受限制。

奢侈使男人在一个女人和另一个女人之间做出重大区分。

不能借助于恋爱来满足情欲，而应该通过婚姻来满足情欲。

社会性的标志是不能总是把自己摆在他人前面。永远把自己摆在别人前面会使自己陷于无能为力的境地，平等的观念会调整一切。

在社交场合和宴席上淳朴和平等待人使人轻松自如，使人受欢迎。

控制自己的妄想，做一个男子汉；为了让你的妻子把你高看一眼，就不要使自己成为他人意见的奴隶。

为了使你的妻子能够尊重你，她就不应该在你身上看到对别人的意见的奴隶式的顺从。要勤奋努力；在与他人的交往中占主导地位的不应是出手阔绰，而应是高雅的趣味和舒适，不要追求有过多的客人和菜肴。

如果你实实在在地做事，在女人面前会显得更好。

妄想的好处之一在于只追求想象，对于事实本身或者漠然视之，或者甚至加以敌视。第一种妄想是关于荣誉的妄想，第二种妄想是吝啬的幻想。吝啬的妄想只喜欢如下意见：可以用钱买到许多生活中的物质福利，但却没有认真想过何时去实现。

不相信明显的确定事实的人是一个蠢材。不被明显属于他的义务的职责驱使的人是一个恶棍。

由于平等的渴望而产生虚荣心这一点可从以下情形中看出来：一个野蛮人是否为了向另一个野蛮人显示自己的优越性而去探访他。如果他（前一个野蛮人）没有他（后一个野蛮人）也能过得去，那么他就将享受到自己的自由。只是如果他不得不再次与他相遇，他会极力胜过他（后一个野蛮人）：可见虚荣心是某种相对的东西。虚荣心像贪财的吝啬鬼一样是相对的，比较而言的：两者的起因是相同的。

阿尔卡迪[1]的牧人生活和当今风流的宫廷生活都是无聊乏味的，不自然的，尽管还是吸引人的。因为在把享乐当作一种事业的地方不会有真正的享乐。工作之余偶尔短暂的休息，同时又不需为另一件事情做准备，才是意味隽永的，并且符合真正的趣味。有的女人除了消遣之外没有任何想望，这样的女人会渐渐使自己变得疲惫不堪，还会失去对不能满足消遣欲望的男人失去兴趣。

婚姻之爱也因为它无视其他人的诸般优势，恪守夫妻义务而变得如此崇高。

有一个问题：为了把自己的感情或他人的感情激发起来，我应该到这个世

[1] 阿尔卡迪（Arkadien），古希腊的一个风景优美的牧区，民风淳厚，是西方世外桃源的代称。——译注

界之外还是在这个世界之内去寻找支撑点？对这个问题我的答案是：我将在自然状态中去寻找它，也就是在自由中去寻找它。[1]

女人有女人的道德。

关于同情，我们只应注意：它任何时候都不应支配做善事的能力和理性的要求，而是必须服从它们。自己本身并不缺少什么的人或者败坏的人有一种多此一举的同情心。

不信仰任何宗教的自然人要远远地胜过信仰单纯的自然宗教的文明人，因为文明人如果要有一种对抗腐朽的平衡力量，其道德就必须达到很高的水平。但没有任何宗教的文明人是很危险的。

在自然状态下，人完全不能形成关于上帝的任何概念，而人们为自己所创造的虚假概念是有害的。因此自然宗教的理论只有在有科学的地方才是真实的；因此它不可能把所有人都结合在一起。

自然神学，自然宗教。一种超自然的神学仍然可能与自然宗教结合起来。信奉基督教神学的人仍然只有一种自然宗教，因为道德带有自然的特性。[2]基督教的学说及其他实现这种学说的力量是超自然的。普通的基督徒很少有机会思考自然原因。

---

[1] 这一片段对应于《观察》第二章第十五至十六段，是在考虑“人性的美与尊严的内在感情”“心灵的美和锐敏的感受力”的最终动力和基础时想到的。康德认为情感的动力和基础不在世界之外，不是彼岸世界或神谕，而应该是人的自由，是人的意志，决定人的善恶的就是人本身。这种思想也受了卢梭的影响，《爱弥儿》第4卷在谈到感情、欲望、善恶的原因时说：“决定的原因存在于他（人）的自身”，“我们的悲伤、我们的忧虑和我们的痛苦，都是由我们自己引起的”。（见《爱弥儿》第400、402页）——译注

[2] 这里所说的基督教不是在教会控制之下的与世俗政权相结合的基督教，而是指以道德神学为基础的基督教，康德认为这种宗教源于人类先天的道德感情。关于基督教与自然宗教的关系请参考卢梭《社会契约论》，何兆武译，第177—179页，商务印书馆，1980年。——译注

有关上帝的知识或者是思辨的——这种关于上帝的知识是不可靠的，而且有陷入歧途的危险——或者是道德性的——这是由信仰而产生的，这种关于上帝的知识只思考上帝身上与道德有关的品质。这种信仰既是自然的，又是超自然的。

天命之值得称颂首先在于，它与人的当下的情况十分吻合，也就是说，与如下情况相吻合：人们那些愚蠢的愿望是悖理的，人们由于自己的狂妄行为而深受痛苦，没有任何东西能与违背自然秩序的人相和谐。请看动物和植物的需要，天命与这些需要是何等地协调一致。如果上帝的统治按照人类的妄想来改变事物的秩序，那将是完全悖理的。如下情况也是很自然的：既然人偏离了自然的秩序，按照人的已然败坏的倾向而生产的一切都显得颠颠倒倒。[1]

从这种妄想中产生出一种作为无节制的幻觉的神学（因为无节制的幻觉永远是贫弱的、迷信的）和某种狡诈的精明，以便以征服的方式把最高存在者引入自己的事业和计划之中。

狄阿哥拉斯[2]。

牛顿首先在无秩序和杂乱的多样性的地方看到了秩序以及与伟大的单纯相结合的合规律性，从那以后流动的彗星被纳入几何轨道。

卢梭首先在寻常人的形体中揭示出深藏着的人的本质和深藏着的规律，根据卢梭的观察，天命按照这种规律被证明是正确的。在这之前，阿尔封苏斯和马

[1] 康德关于人要顺从自然的安排，不可违背天命的想法主要是受了卢梭的启发。请参看《爱弥儿》第400—404页。——译注

[2] 狄阿哥拉斯（Diagoras），公元前5世纪时的希腊哲学家和诗人，因不信神而著称，并得一绰号“渎神者”。康德之所以提到他，可能是与上面两个片段有关，把他当作“妄想”和“狡诈的精明”的例证。——译注

内斯[1]的相反意见一直保持其影响力。在牛顿和卢梭之后可以认为神的存在得到了证明，此后蒲柏的原理就是真理了。[2]

愉快的忧伤。[3]真正的道德要哭泣流泪。

野蛮人低于人类本质。耽于奢华的人越出了人类本质的界限，在道德上矫揉造作的人超过了人的本质。

关于一般的友谊。

社交以及宴会中的美和高贵方面的单纯和华丽。

如果某种东西阻碍一个已成人的青年做父亲，如果某种东西哪怕是短暂地阻碍人们去享受生活，促使我们为了未来而牺牲现在，如果某种东西促使我们去憎恨生活或轻视生活，那么这种东西就不是人类本性所固有的。

男性的坚强并不表现在有可能消除他人所施加的不公正时迫使自己去忍受这种不公正，而是表现在能够承受必然性的重轭，同时把所遭受的挫折当作一种为自由而付出的牺牲，或者为我所珍视的东西而付出的牺牲。忍受狂暴是僧侣的德行。

---

[1] 阿尔封苏斯（Alphonsus X. von Kastilien，1221—1284），中世纪法兰西的一个国王，世称阿尔封苏斯十世。马内斯（Manes，或Manicharus，216—276），波斯宗教领袖，摩尼教的创始人。这两个人主张世界有两个本原：善和恶。而莱布尼茨、牛顿、卢梭和英国诗人蒲柏（Alexander Pope，1688—1744）都认为世界只有唯一的一个本原，那就是神性，他们都以此为基础来评价一切事物。在前批判期康德也赞同这一观点。——译注

[2] 蒲柏的原理是指这位诗人的宇宙观——这个世界是一切可能的世界中最好的世界，亦即这个世界是一个和谐完美的整体。康德在《宇宙发展史概论》一书的开头就引述了蒲柏的三行诗："看那神奇的大链条，把世界各个环节扣牢，使伟大整体连在一道。"（见《宇宙发展史概论》，上海外国自然科学哲学著作编译组译，第34页，上海人民出版社，1972年。）——译注

[3] 这个词组与《观察》第二章第二十段有关，那一段是讨论人的气质类型与审美的关系的。康德认为忧郁质的人情感上会产生某种矛盾，会出现"愉快的忧伤"。下一句"真正的道德要哭泣流泪"也与此有关。——译注

多血质的人忍受侮辱是因为他害怕会遭到更大的祸害。

妄自尊大是愚蠢的，因为有人把别人看得很高，以致认为别人的意见会给他带来巨大声望，同时又是如此蔑视他们，以致认为与自己相比那些人简直微不足道。

看来艺术与美的特性是十分协调的。实际上因为美与有用性无关，而只与单纯的评价有关，另一方面，因为事物本身不管有多美，如果它不显得新鲜就可能令人反感，因而艺术就应该给事物以一种令人愉快的外观，在这方面自然的单纯永远是美的。女性在很高的水平上占有了这种艺术，而这也构成了我们的全部幸福。因此被欺骗的丈夫是幸福的，热恋中的人和陪人消遣的人在不存在天使般纯洁道德的地方看见了这种道德，幻想着更多的东西，并想象战胜了一个强大的敌手。对于妇人来说，伪装是一种完美，而对于一个男人来说，则是一种恶习。

真诚正直与高尚是一致的，这种品质甚至在显得笨拙但却充满善意时也令人愉快，也会使女人感到满意。

易怒的人当面受到人们的尊敬，而在他不在场时却受到指责，他甚至没有一个朋友。忧郁质的人是公正的，并且嫉恶如仇，这种人的朋友不多，但都是优秀的朋友；而多血质的人却有很多朋友，他们都是轻率浮躁的人。

如果我们认为男人和女人构成了一个道德整体，那我们不应该赋予两性以同一种品质，而应该赋予女性一种品质，赋予男性另一种品质。女性对于美没有男性那样的敏感性，但却有更多的虚荣心。[1]

女人比男人更致力于获得爱，男人满足于使一个人喜欢，而女人则追求使所有的人喜欢。

[1] 这一片段与《观察》第二章第十九段和第二十段相关，请参照那两段来阅读。——译注

一切过度的享乐都带有狂热的性质，一阵快乐的陶醉之后接踵而来就是致命的疲惫和麻木的情绪。心灵精疲力竭，情感变得粗俗不堪。

忧郁质的人是有正义感的，并且痛恨非正义。

在自然的淳朴状态中，愤怒是一种无害的激情，但在社交的愚蠢无聊的虚荣气氛之中却会使人成为一个傻瓜。

易怒的忧郁质的人是可怕的。布鲁图斯[1]苍白的脸上长着黯淡无光的蓝眼睛。（具有喜怒无常的脾气、疑心病。女人和幻想家都喜怒无常。）多血型的忧郁质的人是胆怯的，意志消沉的，腼腆的，嫉妒的。（多血质的人对妇女彬彬有礼，有骑士风度。）忧郁质的人爱得更强烈，但很少被女人所爱，因为女人是变化无常的。易怒的人（如果从政）就是诡秘的政治阴谋制造者，在鸡毛蒜皮的小事上显得煞有介事，多血型的忧郁质的人把重要事情当作儿戏。

丈夫要过问妻子的贞操，那首先要问她们是否必须要有贞操。在淳朴天真的状态下是没有任何贞操可言的。男人应有强烈的保护女人的倾向和忠诚的品格，妇女则应有顺从和恭敬的德行。在繁华的状态中丈夫必须有道德，妻子必须有贞操。

在家庭事务的地位上，人很难表现出道德情感，也不会注意修饰打扮，那些在丈夫面前编织衣服的女人总是为风流的太太们感到害羞，而那些太太却把家庭生活看成是一个悲剧。

忧郁质的人在谈话中是安详严肃的。多血质的人在人们开玩笑和改变话题

[1] 布鲁图斯（Marcus Junius Brutus，前85—前42），古罗马政治家，原来是庞培一党，共同反对恺撒，后归顺恺撒，被任命为山南高卢总督和马其顿总督，曾谋害恺撒。布鲁图斯在历史上一直被认为是反复无常的奸诈小人，但在18世纪这种看法有了转变，有很多人认为他是共和制度的维护者。康德在这一片段中提到布鲁图斯可能受了伏尔泰的悲剧《布鲁图斯》的影响。——译注

时总是说得很多。易怒的人选择肯定的口气，并假装谦让。易怒的人出于诚实正直而强颜发笑，多血质的人出于习惯和友情而强颜发笑，忧郁质的人在山穷水尽处仍能发笑。

如果两性变得反乎常情，悖于本性，那么男性的变态更为令人讨厌。[1]

好的结果当然是德行的标志，但不是唯一的标志，因为好的结果并不能总是被准确无误地认识到。有多少结果带有虚假的成分！

神圣立法者的力量的基础不在他的仁慈，因为那时动机可能是为了获得感激，这就是说，那动机还不是严格意义上的义务。毋宁说这种基础预先假设了不平等状态，并成为一个人在对另一个人的关系中失去一定程度的自由的原因。这种情况只能发生在一个人为了他人的意志而牺牲自己的意志之时。如果一个人总是这样行动，他就把自己变成了奴隶。人应该有自发性主动性（spotaneitas）。如果一个人屈从于他人的意志（尽管他能够选择），他就应受到蔑视；但如果他服从上帝的意志，那么他就处于与自然相和谐的关系中。如果一个人能够出于内在动机来做事，就不应按他人的意志而行动。

肉体属于我自己，因为它构成了我的自我的一部分，并且在我的意志的支配下活动。全部没有自己意志的有机或无机的世界都属于我，因为我可以使它服从我自己，并迫使它按我的愿望来活动。但太阳不属于我。对于其他所有人来说也都是这样，因此，任何所有权都没有什么特殊性，也不是独一无二的。但由于我想使某种东西只属于我自己，我也就尽量不把他人的意志和我的意志相对比，或者把他人的利益与我的利益相对比。因而我也就只按照我的利益去行动，例如，我砍伐树木，目的是用它们来修建房屋。而其他人则对我说，这是他的，因为根据他的意志这似乎属于他自己。[2]

---

[1] 以上两个片段对应于《观察》第二章第二十三段，请联系起来阅读。——译注

[2] 这一段关于支配权或所有权的看法是卢梭思想的复述，请参看《社会契约论》第1卷第9章“论财产权”。——译注

孩子对父母的顺从一不是出于感谢，二不是由于他们没有能力保护自己，而是因为他们还没有完全独立的意志，由别人的意志来指引就会更好些。但因为他们只能仰仗父母的意志而生存，在这个意义上他们是父母的一件财物，所以被父母支配在道德上是好的。如果他们能够供养自己，那时就不再被支配了。

由于我们是由上帝及其意志而存在的，我们似乎就属于上帝的财物。按照上帝的意志，宰杀由内在的活动源泉而产生的东西，例如上帝之子，就是完全非善意的。顺从的合理性（Boniraet）只在于此。按照使命来说，我的意志永远要服从上帝的意志，因此当我的意志与上帝的意志一致，并且根据上帝的意志而不显出恶习时，它也就与自己的本性相一致了。

女人寻求快乐，并从别人那里期待所需。男人寻求所需，并从女人那里期待快乐。如果两方面都寻求所需，他们就会是一致的，但这是不多见的；如果两方面都寻求快乐，那么他们就显得愚蠢可笑了。

现在如果一个女人嫁给一个二十来岁的男人，那么她就有了一个不知事理的花花公子。其原因之一就是，这样的男人还没有学会了解妻子的骗术——显得比她实际的品貌更优秀，更可爱。这样他就成了一个坏丈夫，因为他一直相信他已经做出了很好的选择，也因为他实际已做出了坏的选择。相反，如果他年纪稍长，对性别有了认识，看到了毫无价值的假象，他就会返璞归真。生活之路首先要经历粗疏窘困——一种不受人喜欢的状况——才能走向美满的婚姻，因为粗疏窘困毕竟是真实的。[1]

一个绅士和一个农民成年的时间从来都没有什么区别。如果没有男人，女人永远不会成年。

[1] 有的研究者认为这一片段关于通过粗疏窘困才能获得美满婚姻的议论来源于当时英国的文学作品，主要是菲尔丁的小说《弃儿汤姆·琼斯的历史》。——译注

妇女这个词当然是很优雅的，而且似乎证明了古时候女人是一起待在特殊的房间里，就像现在的英国那样。[1]

对付匮乏的艺术，亦即不使自己心中萌生欲望的艺术，是获得幸福的一种手段。因此人们可能要么去追求荣誉，即追求得到别人的称赞，要么力求根本不要别人的称赞，对荣誉漠然视之。

胆汁质的人容易发怒是由于他有追求名誉的欲望，因为他总觉得自己受了侮辱。有理智的人平等待人，很少有机会生气。

有些国度，那里的女人都不美，她们的行为像野蛮人一样粗暴，因为缺陷必然会引起一种向往，如果被压抑下去，就造成了反常心理。

持久不变的美的主要根源是外观。化妆。一种令人喜爱的不真实同真实一样。（柯雷乔[2]偏离自然）

女人更爱大胆放肆的男人，而大胆放肆的男人却偏爱恭顺端庄的女人。拜尔[3]笔下的一位太太的意见。在翁法勒身边的赫拉克勒斯由于他曾要强暴72个少

---

[1] 德语妇女一词是Frauenzimmer，这个词由Frauen和Zimmer两部分组成，Frauen是众多女人，Zimmer是房间，加在一起就是许多女人共处一室，康德猜测古代的风俗不许男女混杂，日常活动中都是男女分开，女人共处一室，妇女一词就反映了这种情况。卢梭在《新爱洛伊丝》第4卷第10封信中也提到了古时男女分处的情形，疑即康德之所本。——译注

[2] 柯雷乔（Antonio Allexri Correggio，1489—1534），意大利文艺复兴时期的画家，主要作品有《圣卡特琳娜的订婚》《圣夜》等。这位画家注重表现，为达到表现内在精神的效果，他有时对事物的真实形式做某些变动。——译注

[3] 拜尔，法国哲学家和批评家，信仰新教，被认为是后来的理性主义的奠基人，对百科全书派特别是伏尔泰深有影响，编撰过《历史及批评词典》。拜尔的著作中经常引用法国编年史家布尔代（Pierre de Bourdeille，1540—1614）的著作，这位编年史家著有《名媛的生活》《风流太太的生活》等，其中曾谈到女人喜欢大胆勇武的男人的情形，康德的想法很可能与此有关。关于拜尔请参看《观察》第一章有关开普勒的注释。——译注

女使自己受人喜爱，而不是因为他勤于纺织才惹人爱慕。[1]

女人更喜爱具有粗豪趣味的男性，而男人则更喜爱具有精细趣味的女性，她们愿意显得温文有礼和风度高雅主要是为了表现她们本来的虚荣心。

如果女人的意向和男人的意向同样增长强化，那么这两种意向必然是不均衡的，这就是说男人的能力与其意向相比要弱得多。在一切属于美的情感或崇高的情感的事物中，如果我们遵照古代大师的榜样，我们就会做得最好。在雕刻艺术、建筑艺术、诗歌和雄辩术中，要仿效古代的楷模，在习俗和国家制度方面也要遵守古代的法度。古人更接近自然，而我们与自然之间却有了许多矫揉造作的东西，或者过度修饰的东西，或者死气沉沉的败坏了的东西。我们这个时代只拾掇美的琐碎之事、无价值的细枝末节（Bagatellen），或者崇高的怪诞之物（Chimaeren）。[2]

多血质的人总是奔向没人请他去的地方；胆汁质的人从不到别人不以礼数邀请他去的地方；忧郁质的人关心别人是否邀请他。在社交中，忧郁质的人安静缄默；多血质的人把他偶然想到的一切都说出来；胆汁质的人总要做些说明和解释。在家庭生活中，忧郁质的人节俭吝啬，多血质的人是不合格的主人，胆汁质的人是贪财的，但也喜欢奢华。忧郁质的人的慷慨好施是宽容大量的，胆汁质的人的慷慨好施是虚夸吹牛，多血质的人的慷慨好施是轻率鲁莽。忧郁质的人好嫉妒吃醋，胆汁质的人贪图权势，多血质的人淫逸放荡。

---

[1] 据希腊神话，大英雄赫拉克勒斯曾要强奸塞士庇斯的50个女儿（康德误认为72个）。后来，赫拉克勒斯因发疯把自己的朋友从城墙抛下摔死，奉神谕卖身为奴三年，于是他被卖给伊阿耳达涅斯的女儿翁法勒做仆人，按翁法勒的命令坐在她的脚边学女人的样子纺纱织布。这样的生活使他失去了本性，但他仍记得以往的英雄经历，有时就讲给一同劳作的妇人们听，当然，妇女们更喜欢粗犷英勇的赫拉克勒斯，而不是勤于纺织的男人。卢梭《爱弥儿》第5卷提到了这件事（见《爱弥儿》第532页），这可能是康德援引此事的原因。——译注

[2] 这一片段与卢梭在《爱弥儿》第4卷中所表述的思想完全一致，康德很可能受了卢梭的启发，或者就是复述卢梭的思想。请参看《爱弥儿》第504—506页。——译注

在一个人没有其他人仍能是一个完全的人时，才有团结一致（Einigkeit）可言，例如，在两个朋友的关系中，没有一个会欺负另一个。在交易领域或日常生活中的团结也是这样。至于紧密无间的统一（Einheit）那就只有当两个人一起在需求和享乐两方面都能自然地构成一个整体时才会出现。这一点在男女关系之中仍然适用；但这里的统一与平等有关。男人不可能从没有女人的生活中体验到快乐，而女人没有男人也不能使自己的需要得到满足。这也造成了二者性情上的差异。男人就其意向来说只能按自己的判断来满足自己的需求，而自己的快乐却同时要依据女人的判断，男人使女人成为自己的需要。女人按自己的趣味去寻求快乐，把满足需求的事情转让给男人去做。

在某些国度，参与社交活动的大部分是男人，在那里人们根据对诚实正直的理解和有益的勤奋来评价个人的功绩，也根据对友情的态度或普遍效用来做这种评价。有些国度，在社交活动中男女混杂，在那里人们按智力、礼节、是否善于说笑、是否会消磨时间来评价个人的功绩。那里诽谤盛行，在古代德意志，在法国，风气败坏我们之前，女人都聚集在一间特定的屋子里，就像现在的英国那样。

有了妻子的男人要完全脱离父母，只是他仍处于自然状态。他甚至不乐意与他人交往，因为他甚至害怕别人接近。因此就产生了战争状态。霍布斯。[1]

太太们逾越礼法所产生的窘态和羞涩颇为妩媚动人，这是女性所独有的，是维护贞操的屏障。

女性的妩媚。女人身上的女人气是光彩诱人的，如果男人有了女人气，那就令人倒胃口。

---

[1] 霍布斯（Thomas Hobbes，1588—1679），英国哲学家，著有《利维坦》等。社会和伦理方面霍布斯主张性本恶，认为在人性中“有三种造成争斗的主要原因存在。第一是竞争，第二是猜疑，第三是荣誉”；因此在没有强权使众人慑服的情况下，“人们便处在所谓的战争状态之下”，“这种战争是每个人对每个人的战争”。（见《利维坦》，黎思复等译，第94页，商务印书馆，1985年。）康德这一片段所表述的就是霍布斯的想法。——译注

婚姻会消磨掉热恋时迷人的光彩，以致女人在婚后感到失去了对男人心灵的无限的权威和婚前所具有的女神般的光环。男人也不再感到从前曾有的和想望的那种束缚。（婚后）女人失去了许多虚荣，男人失去了许多温情。热恋的梦幻使男人形成了比女人更加夸大的概念。[1]

婚后女人还想像以前那样控制男人，但却被男人所控制。女人觉得自己不得不恭维奉承，而男人在自己身上却只看到善意的倾向。

男人不仅在体格上更强一些，而且在原则性和坚忍不拔的品性上也更强一些，因此男人的衣服就应是这个样子，而女人的衣服则应鲜艳华美。

关于在交往中进行选择的鉴赏力，道德和友情方面的鉴赏力。人们花费在鉴赏上的精力比花费在维持生计上的精力更多。

大自然装饰女人是为了使她们创造温柔之乡，不是为了使她们成为柔情似水的人。

女人更看重肉欲之爱，男人更看重温情之爱。所有的寡妇都要结婚，而鳏夫却并不全要结婚。没有一个女人愿意嫁给不中用的男人。

团结一致可能在平等的关系中产生，而紧密无间的统一却从不会在婚姻中出现。在婚姻中要实现这样的统一就必须由男人或者女人支配一切。但在婚姻中起支配作用的不是理智，而是癖好。因此，要么是男人的癖好在支配，要么是女人癖好在支配，最好是由女人的癖好来支配。

---

[1] 这一片段中的想法来源于卢梭，《新爱洛伊丝》中女主人公朱莉的信中有这样的话：“情人们应当估计到早晚有不再热爱的时候，那个时候，崇拜的偶像垮了，互相都觉得竟成了这个样子。各人怀着惊异的心情去寻找过去所爱过的对象；如果寻找不到，就反过来恼恨现今还存在的人，在自己的想象中过去把所爱的对象看得是多么美，现在就看得多么丑。”（见《新爱洛伊丝》第369—370页）——译注

如果战争是为了维护国家利益，它就能促成美德，这就是说，战争不是为了掠夺财富而是为了自卫，战士同时就是公民。

淫欲之爱是性吸引的基础。因此这种爱之中一切美的东西和崇高的东西都只是一种幻觉。丈夫必须日夜都是男人。这种解释也适用于警示温情脉脉的、极为崇高的性爱，因为这样的爱常常在肉欲勃发时变质。

女人肯定会因为爱和虚荣的羁绊而变得不诚实，如果男人不能赢得她的柔情，他也就不能指望她会信守义务。这就是为什么要善待妇女的一个原因。因为她们除此之外还有一种远为广泛的能力。

在由于不缺少什么因而也就很少需求的人和由于可能几乎一无所有而要求很少的人之间是有区别的。苏格拉底。[1]因某种并非基本需要的东西而感到快乐，也就是说，因可有可无的事物而感到快乐，是一种舒适。如果把令人舒适的东西看成是基本需要，那就是贪婪。能够满足于微薄的生活资料的人是有节制的，相反，那种甚至把可有可无的东西也当作必不可少的需要的人则是无节制的。

人或者是因为有许多令人舒适的东西感到满足，或者是因为他不让许多癖好和希求在自己身上发展起来，因而有限的一点需求就很容易得到满足。那种因为不知道更多的舒适快乐而很容易满足的人处于一种天真淳朴的状态；另有些人

---

[1] 苏格拉底极为贫寒，生活也极为俭朴，苏氏弟子色诺芬在《回忆苏格拉底》一书中引述了诡辩家安提丰的话："你（指苏格拉底）所过的生活是一种使得奴隶都不会继续和他的主人过下去的生活；你所吃喝的饮食是最粗陋的；你所着的衣服不仅是褴褛不堪，而且没冬没夏都是一样；你一直是既无鞋袜又无长衫……"（见《回忆苏格拉底》，吴永泉译，第34页，商务印书馆，1997年。）但苏格拉底却十分满足，很少希求。康德在其1766年写的《用形而上学的幻想来解释视灵者的梦》一文中也提到过苏格拉底："当科学走遍它的领地时，自然会达到一个令人愧怍的怀疑之点，并且会对自己的状况不大情愿地说：还有多少事物我尚未认识啊！而因富有经验而成熟起来并已达到睿智的理性却借参观集市的苏格拉底之口说：还有多少东西是我根本不需要的呀！"（见科学院版《康德全集》第2卷第369页）康德在这一片段中提到苏格拉底的名字要表达的也是这一层意思。——译注

虽然了解那些舒适快乐，但他们因为害怕由此产生的烦忧而自愿地放弃了它们，这些人处于一种贤明节制的状态。前一种状态不需要任何自我强制和限制，而后一种状态却需要这样做；前一种状态很容易感觉到引诱和欺骗，后一种状态则要和引诱作斗争，并很难保万无一失。有的人因为不知道可能有更好的享受而不感到有所不满，因此他也就不希求那些享受。

德行不在于人们在特殊场合战胜后天的癖好，而在于设法消除这些癖好，并学会习惯于没有这些癖好的生活。德行也不在于与自然倾向作斗争，而在于人只有自然倾向，因为人总能满足这种倾向。

人类本性的特点是背离自己的天职，政治斗争的必要性以及从事宗教和科学的热情也是这样。

高贵是否能与有用性统一起来，它为什么不如美那样与有用性相一致，这的确是个问题。

女人总是更喜欢具有粗豪的男性的乐天气质的男人，因为她总认为她可以驾驭他。她在这方面也花费了最多的时间，当她失败时，她会为此而辩解。能够驾驭男人也是女性之美的一个方面。

男人中该上绞架的人可能比女人中酗酒的人更多。

如果在婚姻生活中仍保持爱的幻想，那就必然要产生嫉妒和艳遇之类；如果在婚姻生活中仍保持卖弄风情之举，那么女人就成了荡妇；如果这两种情况都被消除，剩下的就只有自然的淳朴了。

在某些富有的君主国家里，那里许多人都致力于他们自私自利的个人事业，毫不关心国家公益事业，一切都仰仗社会机制的作用，因而就产生了谦恭礼貌。英格兰是王国，但那里的人勤于国事，在荷兰人们把国事私事结合在一起。

女人随时准备欺骗身份高贵的情人，并且总是秘密地委身于平凡却豪勇无畏的男人。在淳朴的状态下男人主宰女人，在物质丰裕的条件下女人主宰男人。

使臣民们产生或好或坏的情绪的立法权不是基于爱，而是基于对强制性的道德力量的尊重。剥夺法律的逻辑能力不是道德性的。[1]

美里面那种安然恬静的喜悦在男人身上是返身内向的，在女人身上则是指向身外的。

太放肆的态度和淫荡的或谄媚的笑。（从女人的习惯中找出一种严肃的礼节）

自身缺乏感情的人能够更容易长久地留在别人的心里。因此女人必须更少一点温情才是。

因为我们有这么多虚荣的遮羞布（Jalousie——百叶窗、遮光帘），我们的朋友和邻居也都是这样，因而只有在患难时才能显示出友情。

就像声音与风、光和色、声响和音调互不相同一样，光和热显然也要区分开来。拉紧的弦造成震荡。炉灶里面的火是虚无的空间之以太（Äther）的一种，这种以太从烟囱里冒出去，这样一来以太就从周围的一切物体解放出来，从而发出热量，使人感到温暖。[2]

---

[1] 这一片段是用拉丁文写的，原文如下：sensus subjecti bene vel male afficiendi potestas legilatoria non nitiur amore sed reverential et facultate morali extorquendi facultas logica leges ferendi non est moralis.——译注

[2] 以太是古希腊哲学家提出的一种弥漫于整个宇宙的做旋涡运动的球形的无重量的物质，能播光和热。这种学说虽然不符合实际，却被19世纪以前的许多学者（包括康德）所接受。另外，这一片段也与卢梭的宇宙观和物质概念密切相关，请参看《爱弥儿》第386—388页。——译注

以此看来光也许可能是一种趋向太阳的运动，而不是从太阳而来的运动。

声音虽然是从舌头挤压出来的空气，但它也许可能是由空气的倒退而不是空气的向前运动而产生的。

在女人面前所应遵守的一切文明规矩都是为了防止别人讨厌我们，或者防止使我们变得不正经。如果你节制自己的淫邪念头，你自己的妻子就足够了。

一个诚实的女人完全不同于一个罗曼蒂克式的美人，后者在情人眼里是最好的，前者在丈夫眼里是最好的。德国女人是诚实的，法国女人则是卖弄风情的。

一个好的家庭妇女在男人看来是值得尊敬的，一个风流太太如何能赢得这样的荣誉？

一个男人必然因为华丽的服饰而显出轻蔑的神气来，我们可能看到他戴着大檐帽，他的衬衫袖口肯定会使他志得意满。

如果要我来选择一个妻子，那我将选一个没有很高的智慧但却能感受智慧的女人。

我们这个时代的腐败可能会达到这样的地步：没有人对自己的状况感到满意，也没有人希望自己更完善，而只是假装是这样。

人们抱怨婚姻不如未婚的自由状态那么好，其原因就是上面所说的那种情况。人们从不知足。

惩罚或者是政治性的，或者是道德性的。前者好像是停歇了的机器的推动力，后者是消除犯罪行为的措施。道德惩罚按其本来意义是压制和制裁性的，但它同时也是改造罪犯的一种手段，这或者是指从前的罪人，或者是指未来的罪人。

一切道德惩罚的原因都在于以下情况：一切恶行，如果它们在道德情感方面受到应有的厌恶，就根本不会发生。那就证明物质的引诱使恶行变得令人觉得惬意，那种行为似乎也是好的。但如果说道德上的恶从总体和全面的角度看是善的，如果说一般说来物质上的恶最终补偿了对恶的憎恶感的缺乏，那就令人反感和可憎了。[1]在评估男人的功绩和弱点方面，女人的评估远比男人互相之间的评估要精明得多。反过来也是这样：对于一个女人的价值，男人要比其他女人更容易发现，而对于一个女人的缺点，男人则不如其他女人那么敏感。因此女人控制着男人，并很容易欺骗他们，男人则不容易欺骗女人。欺骗一个男人是很容易的，但欺骗一个女人却不容易。背信弃义的人，你已不再爱我了，你更相信你所看到的事情，而不是我所对你说的事情。[2]

女人甚至会看到男人自己看不到的东西，而且她们观察得很正确。

她们有理由施展这样的计谋来报复我们对她们所表现出来的不公正：我们要她们保持贞操，而我们却想为所欲为。

之所以有如此多的不贞行为，是因为只有男性纵欲的时代结束了，女人纵欲的时代开始了。

---

[1] 这个片段中关于道德情感的提法明显受到卢梭的启发，请参看《爱弥儿》第411—415页。——译注

[2] 这是康德所引述的爱尔维修《论精神》（*De l'Esprit*）中的一个情节——一个男人看到他心爱的姑娘投入情敌的怀抱，很是恼火，而那姑娘就说了这么一句话，那意思是：如果你爱我，你就该绝对相信我的话，连自己的眼睛都不要相信，看见我在别人怀里也不应恼火，你既已相信自己的眼睛，就是不再爱我了。《实用人类学》也提及此事，请参看《人类学》，邓晓芒译，第29—30页，重庆出版社，1987年。——译注

女人被选择，而她们自己却不能选择，这是很好的事。

衰老对女人之所以如此可怕，对男人却没有什么，因为衰老与崇高很相称。

对于一个女人来说，青春在婚姻中是一种很重要的美质，即使后来到了老年，人们仍然喜爱青春年少之人，那是为了回忆起自己的青春。

妇女们全都显得很吝啬，但在虚荣心很强时，所有的女人都表现得虔诚和迷信（意即乐善好施，与吝啬形成对照。——译者）。男人的荣誉取决于他对自己的判断，而女人的荣誉取决于其他人的判断。

如果有一个人觉得恨我，这会使我不安，但这种不安不是因为我惧怕他，而是因为我本身令人不快地存在着某种成为仇恨之源的东西。实际上我宁愿假定，别人恨我不是没有原因的。因此我要找到这些原因，也期望那个人最好能了解我，如果我发现他心中对我有某种好感，那我就会十分满意，同时并不期望由此会得到什么利益。如果我看到了某种庸俗的、愚蠢的偏见，例如某种应受鄙视的嫉妒心或者狭隘的虚荣心——使（对我来说）完全不可能的东西逃脱任何（对我的）仇视，那我就要对自己说，成为仇恨的对象要比被怀疑好得多。这一格言来自完全不同的另外一种受利己主义支配的动机，这种利己主义是：宁愿让人们羡慕我，也不愿人们怜悯我。对我的仇恨不会使我的同胞因其关于平等的概念而感到羞辱，但对我的怀疑却会使我在他人眼中显得微不足道，而且其结果总是恼人的不平等心理。在这方面被怀疑要比被仇恨危险得多。

女人容易笑也乐意笑，这增加了她们的魅力。

女人的骄傲。男人的骄傲。[1]

---

[1] 以上两个片段对应于《观察》第三章第二至三段，是在思考男性和女性的情感差异时想到的，阅读时请参看那两段论述。——译注

阿丽亚[1]和大嘴口袋玛格丽特[2]都是超越女子本性的女人。

女人不以自己的品貌而以某种另外的东西使男人觉得幸福是不适宜的。女人用钱只能买来一个莽汉或者一个暴君。

持家的才能是最大的完美。[3]

人都有自己的志趣，而且由于人的自由（本性）人也就掌握了自然的暗示（Wink），以便按这种暗示来矫正自己的行为。没有什么比一个人的行为必须服从他人的意志更可怕的事情了。因此没有一种憎恨比一个人对被奴役的憎恨更自然的了。正因为这样，当一个孩子不得不做别人要他做的事情，而那些人又不设法使他喜欢做这样的事时，这个孩子就会恼怒和哭泣。孩子希望尽快长大成人，以便能够独立自主。

从身体构造来说女人就是被安排来刺激起亲近的欲望，并懂得和善于接受或拒绝。因而她必须懂得占有，但也要懂得避免被轻视，懂得掩饰情欲。为此

[1] 阿丽亚·玛尔加丽达（Arria Margaretha）是公元1世纪古罗马的一位有骨气的妇女，她的丈夫凯奇纳·帕伊图斯（Caecina Paetus）是暴君克劳狄乌斯的朝臣，因牵连进一桩阴谋案件而被判自裁。阿丽亚为了消除丈夫的恐惧，首先用匕首猛刺自己，然后把它交给丈夫，并说："帕伊图斯，不要难过。"（请参看塔西佗《编年史》，王以铸、崔妙因译，下册第591页注释，商务印书馆，1997年。）这里译为"出类拔萃"的是德文Ausgeartete，这个词在德文中是背离本性或所属种类之意。康德认为女性的特点是愉快、敏感、善良、爱美、不如男人坚强勇毅，如果女人表现出男人的性格特征，那就与自己本来的性情相悖了。他提到阿丽亚·玛尔加丽达就是想表达这层意思。——译注

[2] 玛格丽特（Margarete）是14世纪奥地利蒂罗尔地方的女公爵，因其嘴生得大而丑得了一个绰号"大嘴口袋"，这个女人不仅生得丑，而且在统治她的领地时又十分专制暴戾。德国作家里昂·浮依希特万格1923年所写的小说《丑陋的女公爵》详细地描述了这个女人的生活和性情。康德认为玛格丽特的品格也背离了女性应有的温柔善良的本性，故而在思考有违常情的女子的典型时，也想到了她。——译注

[3] 这个片段中所说的"持家的才能"是指女性所应有的最重要的品性和能力，康德在这方面也接受了卢梭的思想，请参看《爱弥儿》第546—549页。——译注

她要比男人更容易地表现出端庄文静的仪态，能够更好地伪装，以一切优雅品性装饰自己，以便总是显得合度得体。因此，她冷静而又富有表情，从不轻率造次。

害羞从来不是谨守贞操的原因，而是借助于习俗礼仪的推动产生同样结果的某种东西。

女人在情爱方面更喜欢有活力、有勇气的男人。

敬重人是一种善举，在这种善举中人们会感到一种喜悦，这种喜悦是由普遍幸福的情感所引起的，而这种普遍幸福的情感存在于自由的状态之中。

当代的文雅是一种行骗的技巧，我们的学院[1]充塞着大量的欺骗。

对于最初的人类来说，上帝的立法是以财产为基础的。那人当初被置入这个世界时，一切树木都属于上帝，并且禁止人拥有几棵。[2]

这种观点已不流行。上帝有关犹太人的立法是以社会契约为基础的。上帝要他们从埃及出走，并赐予他们另一块土地，如果他们遵从他的旨意的话。后来，当他们有了国王时，上帝仍然一直保留他的统治权，而国王只是地方长官。在《新约》中这种基础不再有了。《新约》是以立法的普遍基础为前提的，约束只依靠善心，而善心不具有任何严厉性。这种情况在后来真正的基督教中完全抵消了立法者，同时引入了父权。

那时上帝不是人类的上帝，而是犹太人的上帝。

[1] "学院"一词原文用的是拉丁文Academien，本来专指柏拉图在雅典聚徒讲学的地方，此处康德用来指当时德国的大学和学术机构。——译注

[2] 那人（Mensch）指亚当，请参看《旧约·创世记》。——译注

使徒保罗认为，法律只能造成不满，因为它使人不愿做被委托的事情，因此他看到由于信仰耶稣而废止了法律，只有仁爱，即衷心热爱上帝的心怀，才能把行为引向道德，而不是引向神权政治。[1]

人们可能痛恨有权势的人，但人们又不得不颇为崇敬他。

论自由[2]

一个人要依赖许多外在之物，不管他处于什么样的状态之中。由于必不可少的需求他总是依赖一些东西，而由于贪婪他又依赖另外一些东西，而且，作为自己的管理者而不是自然的主宰，人必须顺从自然的强制，因为他很清楚，并不是总能使事物符合自己的愿望。但比必然性的束缚更为沉重和不自然的是一个人屈从另一个人的意志。对于习惯于自由的人来说，没有比被置于和他一样的人的统治之下更为不幸的了，而这个和他一样的人可能迫使他违背自己的意志，去做他（和他一样的人）要他做的事情。为了更能忍受屈从别人这种可怕的意识必须对此有长期养成的习惯，因为每一个人都可能体验到如下情况：虽然有许多灾祸你并不总是想要摆脱，但如果灾祸事关生死存亡，涉及在奴役和死亡之间做出选择，那么，每个人都会毫不犹豫地宁愿面对生命危险。

[1] 这一片段中，康德注意的是从《旧约》所反映的惩罚性的宗教法规的神权政治向《新约》中所反映的以内在的信念为基础的道德的转折。保罗在致加拉太人的信中说："因信得救的理，还未来以先，我们被看守在法律之下，直圈到那将来的真道显明出来。这样，律法是我们训蒙的师傅，引我们到基督那里，使我们因信称义。""基督释放了我们，叫我们得以自由，所以要站得稳，不要再被奴仆的轭挟制。""全律法都包在爱人如己这一句话之内了。"（见《新旧约全书》，"加拉太书"第三章第23—24段，第五章第1段、第14段，中国基督教协会、中国基督教三自爱国运动委员会印发，1986年。）另外，这几个片段是写在插入《观察》一书第三章开头部分的白纸上的，但从内容看与这一章并没有直接关系，可能是康德在阅读卢梭的《爱弥儿》《新爱洛伊丝》《社会契约论》等著作时想到的，卢梭在那些著作中都相当详尽地论述了道德和宗教问题。——译注

[2] "论自由（Von der Freiheit）"也是单独的一条，没有什么特别的标记，但从下面一些片段的内容看，"论自由"可能是一个总标题，但到底哪些片段属于这个标题的范围从康德手稿中很难看出来。——译注

这种现象的原因很清楚，也合乎情理。由自然引起的其他一切灾祸都服从某种规律，对于这些规律人们要学会去认识，以便以后懂得能在何种程度上躲避，在何种程度上屈从。如火的太阳散发的酷热，刺骨的寒风，汹涌的激流，都使人有可能想出某种躲避它们，或者至少可以减轻其危害的办法。

每个人的意志只是他自己的本能和意向的产物，并只与他自己真实的或幻想的福祉相一致。但是，如果我从前曾经是自由的，那么就没有任何东西比对于后来我的处境将取决于别人的意志而不取决于我自己的意志这种念头更使我痛苦和绝望了。今日酷寒，我可以外出或待在家里——这要看我觉得怎样做更好；而别人的意志所决定的不是在这种情况下使我更愉快的行为，而是使他觉得更愉快的行为。我想睡觉，而他叫醒了我。我想休息或者游玩，而他强迫我干活。怒号的狂风驱使我钻进掩蔽所，但他却根本不管我是待在这里还是其他什么地方。我的主人找到了我，而因为他——我的不幸的根源——是有智谋的，折磨起我来就比其他所有的因素都更巧妙。甚至如果假定他现在有些善意，那谁能担保他不会改变主意呢？物质的运动总是服从某一确定的规律，但人的固执却毫无规律可循。

有些人对婚姻生活极尽讽刺之能事，他们把婚姻生活中的纵欲视为微不足道的小事，这些人不值得责骂或报复，因为随后婚姻状态本身就与最为无动于衷的（对女人的）殷勤没有什么区别了。[1]

在对他人屈从的状态中，不仅有某种十分危险的东西，而且还有某种丑恶的、矛盾的东西，这种东西同时也反映出屈从状态的不合理性。动物还是一种不完善的生物，因为它们没有意识。其他生物可能妨碍或不妨碍它们的企望和癖性。它们当然会感受到自己的灾祸，但灾祸对于它们来说随时都会消失，对于自己的存在它们完全没有意识。但如果认为人也不需要任何心灵和精神，没有任何

[1] 这一片段中所表述的想法在《实用人类学》中又重新提起，且更为完整易懂，请参看《实用人类学》邓晓芒译本，第217—218页。——译注

个人意志，自己的身体如何行动要由别人的心意来支配，那就是荒谬和违反常理的了。因此在我们的社会条件下，我们鄙视每一个极度依赖他人的人。

看来自由似乎应该把我提升到动物之上，而实际上自由却把我置于动物之下，因为我更容易驯服。[1]

可以说，这样的人本身不过是他人的家庭用具。因为我可能像擦拭我的主人的靴子那样，对这双靴子表示高度的崇敬。受制于他人的人已经不再是人；他已经丧失了这种身份，他不过是另一个人的附属品。

听命于人和自由通常在一定程度上是混合在一起的，而且互相依存。但即使很小程度的依附性也是一种极大的恶，当然会使我们感到恐惧。这种感情是很自然的，但人们也可能在很大程度上减轻它。反抗别人作恶的能力可能变得很小，以致被奴役状态看来似乎是比生活的艰辛要小一些的不幸。但不应怀疑，就人类天性而言，被奴役是最大的恶。

家畜要受人的强制，而软弱的人要受别人的强制。

大战时发动进攻的短时间的力量远远小于被奴役状态。

社会使人只能比较地做自我评价。如果别人不比我更好，那我就是好的，如果所有人都比我糟，那我就是完美的。

相对的尊敬还不同于荣誉。

谨守贞操不可能是缺乏爱的感情，因为当这种感情对于普遍的目的来说过

[1] 从上下文看，这一片段中所说的“自由”是指当时西方社会中市民手工业者或农民的“自由”，这是一种归根结底要受人支配的“自由”，按康德的看法这并不是真正的自由。——译注

于冷漠时，它就会真的成为一种缺点。当然，在一定的年龄和能力的范围内谨守贞操还是可取的，但这种优点不是道德性的。

谨守贞操或者是一种直接的害羞（担心性特征受人轻视），或者是一种间接的害羞，那是由一般的荣誉概念产生的心理状态。这后一种害羞或者是对于招致耻辱的担心，这也是保持许多人可能违背的德行的一种手段，或者是对于自身内在缺陷的体察入微和敏感性，如果这种内在的缺陷与正直真诚结合在一起，而且因不善掩饰而赧颜，这种品性就是最好的保持操守的手段。

人们说渴望荣誉是智者最后的弱点。我认为，如果所说的智慧不是以年高为前提的那种智慧，那么爱女人就是智者最后的弱点。[1]

一个女人有女人气肯定不是坏事，但如果男人身上有这种气质，那就是一种叫人难以忍受的可笑的缺点，不像一个女人具有阳刚之气那样值得称赞。

一个女人会使一个男人的心胸变窄，如果男人娶妻成婚，一般要失去一些朋友。

太太和帽子（Dames und Chapeaux——这是两个法语词，德国人为显示时髦而经常使用它们。——译者）这样的名词在德国人的交际中虽然只是一种时髦的微末细节，但它们还是鲜明地表现出趣味中的幼稚可笑，这种幼稚可笑是不知不觉地在我们中间蔓延开来的，并使我们模仿法语的最可笑的用法，从而陷入鹦鹉学舌式的境地，而法兰西民族的特点本来是活泼而善于辞令的。法国的男人与女人之间经常的交往是与他们的性格特点相适应的，而德国人并没有这样的性格。我们的妇女远没有法国女人那种活泼的妩媚之态。因此，这种交际方式在我们这里必然是某种不合趣味的东西。我们的妇女总是很高傲的。

[1] 记下这些断想那几年，康德40岁左右，当时他还有结婚的想法，所以有的研究者认为这一片段很可能是他夫子自道。——译注

因为女人软弱，所以她们很难保持贞操，但她们具有她们可能使之成为多余的某种东西。

贞操总是必要的，但在我们当代的状态下又总是不可能的。

男人进入社会，他们只在互相之间的关系中来评估他们的价值，而妇女则只在与男人的关系中来评估她们的价值，因为显示出来的每一种令人喜爱的品性在别的女人看来都是挑战，所以她们要激烈地互相诽谤。

每一个优雅的女人都试图征服全部异性，尽管她并不想从中得到什么利益。[1]

关于被人们当作基本需要的舒适享受以及与之相反的理想的享乐。基本需求满足时的妄想。

1. 关于基本需求和舒适享受。安适，交替，一段时间。关于奢华和知足。关于追求名誉。关于勇敢和胆怯，健康和疾病。关于性倾向，关于科学。关于高雅的情感和粗俗的情感。关于谨慎。关于淳朴的人。关于自然人与文明人的对比（关于两者福利上的差异）。关于人类本质的价值。一个自由人对自己的评价要比一个被奴役的人要高。依赖强权不像依赖幻想那样丢脸。关于勤劳和懒惰。关于文明人的奢华。关于科学与健全、精细的理智。关于享乐的能力和幻想的能力。关于幸福与不幸。关于慷慨与义务。关于占有的冲动或者自卫的冲动。战争。关于真理与谎言。关于诚实和正直。关于友谊。关于人类本质的完善。道德宗教。关于自然状态和非自然状态。教育。[2]

---

[1] 以上这几个片段都对应于《观察》第三章第六、七段，请和那两段联系起来阅读。——译注

[2] 这一大段对应于《观察》第三章第六段。开头的数字1显然是标记具有内在联系的一部分论述内容，但下文并没有相应的2、3等。又，这一段中用句号隔开的每一词组在原文中都是单独的片段，看来是康德随手记下的准备论述的或觉得应予讨论的论题。——译注

农村的教堂可能成为教育孩子的学校。

美是专断的（gebieterisch）。功绩是沉静和谦恭的。女人以妒忌保持男人的温情。

当我走进手工业工人的作坊时，我就希望那工人不会看穿我的思想。我担心在我与他的对比中，他会发现巨大的不平等。我认识到如果没有他的劳动我连一天都不能生活，他的孩子们也都被教育成有实际用处的人。

建立在强力之上的道德只能在好战的国家里长期存在。在所有欧洲国家中，英国人是最有道德的。他们的奢华是通过艰苦的劳动获得的，在野蛮的风习下他们的奢华就不能存在。

虽然从本性上看一个人并不憎恨其他人，但却对他人心怀恐惧。因此他总是戒备着，他时刻担心会失去平等，这使他把自己武装起来。战争状态于是开始。只是因为他有一个高尚的理由，因而他虽造成了巨大的灾祸，却并没有产生卑污下流。他宁愿冒玷污人类本性的危险，也不愿接受奴颜婢膝的和平。

我们今天的战争[1]只为掠夺金钱和豪华享受而进行，古人的战争却是为了谋求平等，谋求权力的优势而不是财富的优势，这里尚有可能存在道德。

一切使神经紧张的东西都从根本上扼杀了道德。

女性比男性更接近自然。因为当今的时代是诚实的时代，美的时代，文雅的时代。这也是女性本来的倾向。

[1] “我们今天的战争”指发生在1756—1763年的“七年战争”，这场战争是法国、奥地利和俄国结盟对付普鲁士王腓特烈二世的战争。——译注

富裕的生活会在一定程度上增加人口。女人不工作时会生更多的孩子。有足够的妓女愿意为孩子喂奶，也有些贫困的女人不能照管自己的孩子，而去看护富人家的孩子。但更高程度的奢侈则会使人口停止增长，并最终会导致人口下降。由此也产生了贫困。[1]但在这种情况发生之前，或者已经发生时，会产生极大的罪恶。

关于自然状态的宗教。我们一定不要把没有宗教的野蛮人看成是追随我们这些宗教信徒的人。因为那些做上帝希望做的事情的人，也就是借助于上帝安放在他们心中的动力（Triebfedern——发条、动力）行事的人，安于对上帝的存在毫无所知的状态。而那些对上帝有所认识的人只由于自然的善的道德就做出了这样的行为，这样的人就将有一种神学，或者如果他们因为自己的道德而尊崇上帝，那么这种道德的对象就被扩大了。如果基督徒的信仰不是富有生命力的，不是发自内心的，他们就可能与那些不信任何启示的人同样缺乏灵性和精神，他们身上就会有更多的不自然的东西。

如果第欧根尼[2]不滚他的木桶而去耕田，他会成为一个伟人。

请看，荣誉造成了许多弊病，但同时它也是防止极端的放纵行为的手段。科学也造成了许多弊病，但随后它也可成为纠正自身之恶的手段。战争所造成的恶果比它能消除的弊端要多，但它也在一定范围内造成了平等状态，促成了崇高的勇气。这样看来，败坏和德行一样在人类本性中都不会无止境地增长。

---

[1] 这一片段对应于《观察》第三章第六、七段，是在思考两性在审美和道德上的差异时想到的。康德之所以想到人口问题，是因为当时对许多国家来说人口下降都是个急迫的问题，它影响到国家的经济发展和军事实力，另外，这个问题也是学术界经常讨论的题目之一，爱尔维修、卢梭、赫尔德等都论述过这个问题。“由此也产生了贫困”是指富人的奢侈必然加剧劳动者的贫困。总起来说，康德与卢梭等人一样，是反对上层人士的奢侈生活的。——译注

[2] 第欧根尼指西诺帕的第欧根尼（Diogene Sinopeus，约前400—前323），古希腊犬儒学派的代表人物，出生于小亚细亚。第欧根尼严格奉行犬儒学派的哲学主张，以最简易的方式满足最低限度的需要。传说他住在雅典街头的一只木桶里，当亚历山大大帝前来访问，问他需要什么帮助时，他说：“陛下，请您不要挡住我的阳光！”——译注

讽刺从来不能使事情变好，因此，即使我有这方面的才能，我也不会利用它。女人的虚荣心要么是性别方面的，要么是地位方面的。

不那么自负的人会带着很大的愉快看待高贵的太太们的虚荣的游戏。

因为尊贵以及以此为基础的荣誉只建立在显赫人物独断专横的意志之上，由此而来的傲慢就是十分幼稚可笑的。

追求荣誉的冲动只是由平等的观念产生的，这一点我们可以从以下情况中看出来：1. 因为他人如此强大，我们似乎简直无法与之相比，所以对他心存恐惧（由此也就产生了敬重之意），但我们并不恨他；2. 反对大人物炫耀其优越性的倾向是高尚的，而反对与自己平等的人或地位低下的人的倾向则是可恨的。此外，一个缺乏自尊的人将受人轻视。

时髦趣味的顶峰就是败坏趣味的鲁莽放肆，年轻女人则抛弃了矜持的端庄，学会了以活泼的热情去从事卖弄风情的游戏，这种做法肯定是最容易被感受到的吸引人的姿态。一个富有理性的人在这样的社交场合看起来就像笨伯或迂夫子，一个朴实端庄的妇女看起来就像一个普通的女房东，这个社会的精华则扮演着宫廷侍臣的角色。这就是说，朴实端庄的妇女和文雅的精华游离于普遍流行的趣味之外，理性和家庭道德都成了锈迹斑斑的趣味古董，徒增怀旧之情。只是这方面也有停止和回归，就像一切坏事的情形一样，如果天平不向另一侧偏转，人们就决不能使其达到最高点。[1]有些女人早在结婚之前就施展过女性的手段，她们会驾轻就熟地使她们（卖弄风情）的自由达到万无一失的境地。男人们以这类事例警告自己，以他们自己亲历的诱奸告诫自己，并且由于无时无刻不在扰动他们的顽固的虚荣心，他们愿意看到别人结婚，却不愿意自己结婚。对美的性类

[1] 这一句的意思是说凡事都不能直线式地达到顶峰，必须经过几番停顿倒退才能上升到极点。旧式的天平有一个半圆形的刻度板，有一根向上的指针，当衡量物体时，指针几经偏转游动之后才能停在最高点，达到平衡状态。社会趣味也是这样，不管是好的趣味还是坏的趣味，其发展和蔓延的过程都会有反复、停顿，甚至向相反的方向回归。——译注

（女人）的崇拜之后接踵而来的就是对她们的轻视，对女人来说最可怕的就是男人不再受她们欺骗了。使男人不再回到幸福的单纯状态的最大障碍就是女人。

男人到处都容易被欺骗，而女人则并不这样。

面容羞红是女人的一种美丽的特质，不是厚颜无耻泯灭了羞红，倒是不知脸红的人很容易变得无耻和放荡。

女人对一切诉诸感情的事物很容易形成一种概念，但她们所感受到的并不是那同一概念。例如，听到“英雄美德”这个词，男人想到的是自己应当去身体力行，而女人想到的是她的丈夫或其他男人为她而做的英雄壮举。谈到一种紧要秘密时，她所想到的是一个秘密的情人。因此，某些与她的性别没有任何明显的关系的德行就不会引起她的重视（例如自然的淳朴）。

妇女从来都不是慷慨大方的，这也是完全合乎情理的，因为她们本来就不是赚钱的人，而是积蓄的人，因此，如果她们白白地把钱送掉，那就有悖事理了，慷慨解囊是男人的事情。

女人只应隶属于男人，虽然她们不想这样，但自然却要她们这样。她们为装饰打扮肯于花钱，因为在她们看来这并不是浪费，她们有理由忽视属于男人的事情。

孩子的理智是那样的一种理智，这种理智只能评估当下对他们有用的东西。男人的理智能够对未来的有用之物做出判断，老年人的理智不重视眼前有用的东西，并且把一种想象出来的益处当作目的，而这种目的将来又决不会实现。女人在理智方面与孩子差不多，在她们看来对未来的想望不过是贫乏的结果。关于未来，正直的男人更关心的是使自己具有更强的能力，而不是外在的环境，同时他还牵挂着别人的命运。在家务事中，由此就产生了值得惊赞的统一。

如果一个人只关心财物，那么他不必有更多的理性，只有知性就够了。

在宗教方面的高傲自大是最可笑的，因为认识到别人缺乏灵性应该使我更同情才是，更愿意提供帮助才是，而不是以傲慢的态度对待他。因富有金钱而高傲自大是庸俗低级的，因为其基础是金钱，而金钱是很容易从一人之手转到另一人之手，所以这种高傲自大又是愚蠢的。为自由而感到的骄傲是高尚豪迈的。为出身而骄傲因为其基础稳定持久而较为高雅，因职位而骄傲是最可原谅的。[1]

犹太人、土耳其人和西班牙人都有宗教上的骄傲情绪，如果他们是胆小鬼，他们也会背叛，如果他们强而有力，他们就会成为暴君。荷兰人因金钱而骄傲，英国人因自由和权力而骄傲。各民族由于对他们的君主的幻想而产生了虚荣心，而虚荣心又产生了君主制度。一个自豪的民族是自由的，一个朴拙勤劳的民族也是自由的，并且是贪财的。西班牙人的高傲在一切宗教中都表现为精神追求，土耳其人也是这样。

女人只关心赏心悦目之事，不关心生活中必不可少的东西。因此，她们让男人去为生活必需品操心，而她们操心的只是鉴赏和趣味之类的事。在宗教中她们让别人去识别事物的真伪正误，而她们则想以更优雅的方式去模仿，以便不致落后于潮流。

我还想指出一点（这一点只能在我们男人之间来谈论），即她们可能以她们的举止态度使自己显得比实际上更贞洁，并且会因为想赢得敬重的虚荣心得到满足而感到欣慰，以此弥补实际生活中的损失。女人喜欢坚强的男人，因此她们以优雅的方式显出被强制的样子。

---

[1] 这个片段中所说的“宗教方面的高傲自大”是指当时欧洲一部分信奉东正教或其他“正统的”宗教的人对异教的偏见，这些宗教信徒认为自己所信奉的神或上帝是最真实，最崇高的，自己是最有灵性的，异教徒和不信教的“野蛮人”则是没有灵性的，应当受到歧视。当时受过启蒙运动影响的人在宗教上都较为宽容，卢梭在《爱弥儿》第4卷中借一个牧师之口表述了这种态度（见《爱弥儿》第444—449页）。——译注

女人要把男人塑造成她们喜欢的东西，从前她们把男人塑造成英雄，现在把他们塑造成花花公子。她们是否造就了有理智的男人很值得怀疑，因为一般说来有理智的男人不能由别人来造就，必须由他自己形成。

从社会的（普遍）趣味到这种趣味在社会中的差异。

愉快和不愉快的能力一般说来就是情感。冷漠无情（Fühllosigkeit）。

对于不属于必需品的事物的愉快和不愉快的能力就是鉴赏力。如果它接近于必需品那就是粗俗的鉴赏力，如果它远离必需品那就是高雅的真正的鉴赏力。

如果心灵的力量不仅必然是受动的（leidend），而且是能动的（tatig）、创造性的，那么鉴赏力就应是精神性的、理想性的（如果情感不是由外在的知觉激发起来而是由人们为此而创造出来的东西激发起来的话）。

道德方面的情感或者仅仅与生活需求也就是责任义务相关，或者超越这一切之上，在后一种情况下，那就是善感（sentiment）。

在最高的层次上，美和崇高是近亲。两者在被感受到时都应以心灵的恬静为前提。但它们还是有差别的，这种差别在于：在繁忙活动、兴致勃勃、生机盎然之时，美占主导地位，在与此不同的情况下，安然满足之时，崇高占主导地位。清晨是前者的情形，黄昏是后者的情形。

在较低的层次上，美与去旧出新不断变换有内在联系。崇高与持久稳定、不易变化、单纯一致有亲缘关系。美与多样性相关，高尚（das Edle）[1]与单纯相关。

[1] 这里的高尚与崇高同义，康德用语有时比较随便。——译注

多余之物仍可能是美的，高尚却与有用之物结合在一起。但在道德性的事物中，高尚却不可从是否有用这个角度去观察。花是美的，果实是有用的。在这方面高雅的情感是以如下情形为前提：人不是因生活的必需而依赖于事物，否则高雅的鉴赏就变得愚蠢可笑、毫无意义了。美使人喜悦，崇高使人惊异。

在较低的层次上，美是令人愉快的，可爱的。如果美被模仿，那它就会被打扮成黄金的巨人（goldene Hüne）。

当人产生崇高感时，人的力量似乎是在扩张，而面对美时，人的力量则似乎是在收缩。

延伸到直接的性意向（Geschlechterneigung）的趣味就是淫欲，而且是一种败坏的标志。

存在着道德的和非道德的必然性（责任义务），人们在谈到美之前首先要设定这种必然性。

停留在某些人头脑中的科学就像头发上的爽身粉一样没有用处，并且就像把面粉撒在假发上而不是放在菜汤里是十分荒谬的一样，懂得那些多余的技艺却对能给生活带来福利的技能缺乏了解也是很愚蠢的。

在我们思考规矩理法之前我们必须首先真诚正直。令人惊异的是，有的情人在尚未了解一个自由的女人是否忠诚之前就为她烦忧。

春天和少女是美的，秋天和已婚妇女是有用的。少女的用处在于她们还是处女。

内在的虚伪伴有善良的仪态，无持家才能的妇女循规蹈矩，这就像一件脏衬衣镶着许多花边一样。

有一种流行的看法，认为从前的时代更好，这种看法来源于人们现在所感受到的弊端，来源于如下先人之见：如果一切都与现在不同，那就好了。

衣服只是生活舒适的标志，也是生活富裕的标志。它们决不应只被制成吸引注意力的样子。（刺目的颜色对眼睛不利，会使眼睛十分疲劳）军衔和官阶也是如此，这些东西本身没有什么价值，只不过是镶金的镜框。

在婚姻状态中，缺乏敬重的单纯的爱足以把男人拴在女人身上，缺乏爱的敬重则足以把女人拴在男人身上。因此理智和功绩对于婚前的女人虽然影响不大，但有的婚姻尽管年龄相差悬殊，丈夫却可因理智而赢得敬重，这样的婚姻是最和睦的。沃尔玛。[1]

我更喜爱幸福的圣普乐，不那么喜爱只想求得一个妻子的人。

根据牛顿学说形成的关于宇宙构造的正确知识可能是好奇的人类理性的最美丽的成果，而休谟却指出，哲学家在这种令人神往的沉思中很容易被一个娇小的棕皮肤的使女所干扰，君主们不会被在宇宙的大背景下地球的渺小所打动，转而轻视他们所占据的地盘。

有的观察家曾说，傻瓜和聪明人的区别在于，前者出声地思考。这一点对于我们今天的机智倒是一种颇为贴切的意见。因为两性在这一点上是按比例增长，一般来说女性在艺术方面似乎胜过男性，所以女人在艺术上更高明一些，并占据主导地位。

道德上的事情就像医疗上的事情一样，那种教给我如何能解除病痛、避免

[1] 沃尔玛是卢梭的书信体小说《新爱洛伊丝》中的人物。小说女主人公朱莉与家庭教师圣普乐相爱，但遭到父亲德丹治男爵的反对，最后违心嫁给比自己大30岁的沃尔玛。这本来是一桩不幸的婚姻，却因为朱莉对沃尔玛的敬重而形成了一个和睦的家庭，朱莉在致圣普乐的信中甚至称自己的婚姻是幸福的。请参看《新爱洛伊丝》第366—374页。——译注

服药的医生是最好的医生。这种法术既容易又简单，但这种最初容忍病痛随后就消除病痛的法术是巧妙而又迂回的。

精细的鉴赏力会由于特别明显的快乐兴奋、装腔作势、多嘴多舌而受到损害，这样的鉴赏力更喜欢宁静柔和的美。

粗俗的鉴赏力（不同于冷漠无情）需要强烈的刺激来激活，这表明出它的迟钝。年老的耗尽精力的情人。（喜爱悲剧的年轻人是否有一种粗俗的鉴赏力？）

美的理想可能很好地保存在想望之中，但不能保存在占有之中。

没有什么能弥补女性妩媚的丧失，甚至最优雅的礼貌也不能弥补。

要想方设法隐瞒的放荡行为，如果是在婚前对于女人是最危险的。如果是在婚姻状态中，对于男人是最危险的。因此人们事先就估计女性在婚前是克制的，婚后则放荡纵欲，而男人正好相反。

看来年老会使女人比男人损失更多，因为女人失去了美的特质，而男人的崇高则依然存在。女人年老时似乎不再有什么用处了。

一切伴随基本需要的满足而来的快乐都是粗俗的。喝、睡、吃和男女交欢都属于此类。最后这一种（男女交欢）被认为是无耻的，提瑞西阿斯竟然因为断定男女之事使女人更快乐而遭到朱诺严厉的惩罚。[1]

[1] 据古希腊神话传说，宙斯与赫拉（即罗马神话中的朱诺）对于男女之爱哪一方面得到的快乐更多发生了争执，宙斯认为女人所得到的快乐更多，赫拉认为男人所得到的快乐更多，结果各持己见，难以断决。于是他们就找预言家提瑞西阿斯裁决，提瑞西阿斯用天平衡量的结果是：快乐为十，男人占十分之一，女人占十分之九。这就惹恼了赫拉，这位凶悍的天后竟把提瑞西阿斯的眼睛弄瞎了。以上片段对应于《观察》第三章第十七、十八段，请参照阅读。——译注

鉴赏总是与那些本质上不属于生活必需品的东西有联系。由此可得出结论：有些绘画要求与自然相似，例如动植物标本图和肖像等，必须与实际相符，而其他种类的绘画则要求理想化，要使我们感到愉快。自然本身不足以引起我们的愉快。对此起作用的是我们的感官的敏感和精细，甚至还有我们的想象力。因此绘画完全可以偏离自然，就像诗歌和戏剧动作那样。

比起美来真实更是一种义务。因此为了成为美我们必须把这种义务放在一边。

神经的精细敏感是鉴赏力的一种起主导作用的特性，因为它决定了（所观察的事物的）对比度和情感的强烈程度，也决定了感觉的强度。

和谐来源于多样性的统一，在音乐以及诗歌和绘画中都是这样。这是某些神经的憩息之所。

如果统一与追求多样性的主动性（Activitaet。这是旧式拼法，按照新正字法应拼为Aktivität。——译者）相结合，那么统一就与舒适性相适应。视觉器官能提供长久的、柔和的同时又是十分理想的愉快，除了性别方面之外，视觉所带来的不快是很小的。

听觉会产生长时间持续的愉快，只是要通过不断的变换，这种愉快不是理想性的[1]但却活泼生动，不愉快的成分很少，并且持续的时间很短。嗅觉会提供某种理想的愉快[2]，这种愉快强烈而短暂。

味觉完全不是理想性的，它会产生很大的快感，但又是短暂的容易中断的，它要求时时更新（不是生活所必需的）。味觉方面的不愉快感觉更为敏锐。恶心。

[1] “理想性的”德文为idealisch，这个词同时也有“精神性的”“观念性的”“概念性的”“非物质性的”等含义，应予以全面的理解才是。——译注

[2] “嗅觉会提供某种理想的愉快”这种提法与康德的基本观点似有矛盾，是否笔误无从断定。或许我们应重视“某种”这个限制词。——译注

触觉在淫乐中不能持久并易于筋疲力尽，（触觉）对于温度是敏感的。触觉所遭受的痛苦会持续很长时间，并会很剧烈。理智可能很容易对触觉做出过高的评价（除了性倾向之外）。

面部感觉显示出最高的道德性，听觉也是这样。[1]

在婚姻状态下，女人的贞操比男人更难经受住考验，这是因为她们付出的能力大于男性，因而她们心中对情欲的想望也可能比男性走得更远。美的和高尚的行为首先是那些人们对之没有任何义务的行为。义务是一种道德的需要，与义务密切相关时问题就简单了。

老年的面部特征与道德品性的比较。[2]

激起温柔之情和道德感情的一切情感素质必然来自一个人的天赋。

如果人已把美设定为必不可少的，那么美就是一种需要，因而美和崇高之中的单纯也是可能的。

因为这种对于美的情感有时比对必需品的情感更强烈，因而就需要掌握自然之单纯的伟大艺术。

---

[1] 以上关于感官与鉴赏的几个片段请参看《实用人类学》“五种感官”那一部分。（见《实用人类学》，邓晓芒译，第33—42页，重庆出版社，1987年。）——译注

[2] 这一片段要表述的是人的外貌与道德亦即美与心灵之间的关系问题。这个片段不是一个完整的句子，康德在这个片段中没有表明自己在这个问题上的看法。在《实用人类学》中康德却明确地回答了这个问题：如果把人类的工匠与一位不可捉摸的大自然的造物主相类比，那么在这里也可能推出荒唐的结论，说什么造物主也会给善良的灵魂一个美丽的身体，以使他所造出的这个人在别的人那里有好的印象，被人欢迎；或者相反，会使一个人从另一个那里得到鉴戒［发生警告：hie niger est, hunc tu, Romane, cavetto——“罗马人！这就是暴徒，这就是危险分子，提防他啊！”（这是康德所引述的贺拉斯的讽刺诗）］。（见《实用人类学》，邓晓芒译，第201页，重庆出版社，1987年。）简言之就是：心灵的善恶未必刻在脸上。——译注

未坚强到足以达到单纯性的娇弱的情感是女性化的情感。宁静中的自然是最伟大的美（还有潺湲的小溪，因为它抚慰着人们），例如正在放牧的牛羊。因此夜晚比白天更激动人心。

快乐在美方面是不能持久的[1]，美的面容和美的身躯与心灵之间也没有一致性。

肉欲上的自由享受及其对象的毫不隐瞒的展露会丧失一切可能超越肉欲冲动的理想性的东西，因此在婚姻状态中保持理想性的享乐是很困难的，除非把主宰权让给女人。

有些人在别人不在场时感到更快乐，另有些人在别人在场时更快乐，前一种人更适应婚姻中的理想性的享乐。

若是幻想中的爱与骑士的道德很好地结合起来，那该多好。

在婚姻状态下，浪漫情调不再存在（而平庸的故事就此开始），但在婚姻中却可借助于嫉妒来延长那种浪漫情调，例如，一个做妻子的向其他男人调情。

一个孕妇显然是有益的，但不那么美。处女是无益的，但却令人喜爱。

如果我们不能容忍女人相貌丑陋那就是缺乏修养，甚至在她们尚未年老时也是这样。

因为必不可少的需求是普遍的，因而女人的丑陋在殷勤有礼的男士看来乃是一件不必介意的小事。

---

[1] “快乐在美方面是不能持久的”这半句的原文是Die Lustigkeit ist nicht schön dauert，直译应是“快乐是不能美丽地持续下去的”，但不管怎样译都有些费解。康德要表达的意思可能是说快乐有多种多样，包含着许多因素，例如有感官的、知性的、理性的、审美的等，快乐是不能因美的因素而持续下去的，或者美所引起的愉快不能持久。——译注

如果主要的事情就是享乐，那是毫无意义的。

我喜欢法国人，但不喜欢模仿法国人的德国人。

有些女人滥用了妇女可以无知这种特权。

按其可以作恶的权力的大小来说，王侯们远不像普通人那样可恶。

内在的荣誉。自尊。外在的荣誉是保证内在荣誉的一种手段。因此一个有声誉的人……。光荣（honestas）。当目的是空想时，外在的荣誉作为手段却是真实的。外在的荣誉首先看追求的是自我保存、平等，还是坚持自己的举止态度。追求荣誉或者是要求他人在具有重要意义的事情上，对自己有完美的评价，这叫作志气，或者是专在鸡毛蒜皮的细枝末节上做文章，这叫作虚荣心。一个人深信自己享有很高声誉，而且不屑与他人相比较的意识叫作自豪、尊严。殷勤礼貌或出于自豪，或者出于虚荣，自豪而殷勤有礼者是纨绔子弟，虚荣而殷勤有礼者是时髦之人。对他人的自豪表示蔑视是傲慢。如果这种情绪虚张声势地表现出来那就是盛气凌人。蔑视之意溢于言表的傲慢之人乃是自吹自擂、自我膨胀的人。

从女人的角度看，男人的荣誉就在于勇气，女人的荣誉就在于贞操。这一点具有特殊意义。如果时代精神（Seculum）变得柔弱了，男人的荣誉就会是享乐，女人的荣誉就会反过来成为理智和逞强，前者会促成罗曼蒂克情绪，后者会促成矫揉造作或者赶时髦的倾向。

由于哲学并不是必不可少的事情，而是一种安逸的活动，因而人们想用细心斟酌的规则来限制它就是很奇怪的。

最强烈的享受最初总是平淡的。

家庭主妇是可敬的。她在家务方面细心周到的优雅仪态与整洁和装饰相结合，这些品质都不是显示于家庭之外，而是在家中表现出来的。

男人遇到了正是他所追求的女人，女人选到了正是她所向往的男人，这样的事情是很稀少的。他们可能选择幻想家、金玉其表败絮其中的蠢材或者自私自利、无情无义的人。

圣·埃夫莱蒙[1]想选一个妻子，结果选了一个卖弄风情的女子。之所以如此，是因为他来自一个特别的国家，在那个国家里每一个做妻子的都是卖俏女，但并不是向她们的丈夫卖弄风情。

如果不是把娱乐当作休息而是当作事业，那么一切娱乐都将是愚蠢无聊的。这样的女人和男人将会互相感到厌倦。

一个人不把娱乐当作事业而是当作休息，这个人就算懂得生活，这就是说，他的目的不在于获取，而在于对获取物的享用，他沉浸于社交和友谊的恬静的娱乐之中，这样的人就是懂得生活的人，明智的人。[2]

我从一处鲜花盛开的田野和阿尔卡迪的牧场来到百草凋谢的荒原。[3]

浪漫的传奇终了时，世俗的故事就开始。从此以后那富有魔力的云雾就渐渐消散，正是通过这层云雾那热恋的狂想才窥见它的偶像。婚床接到一个人间的

[1] 圣-埃夫莱蒙（Charles de Saint-Evremond，1613—1703），法国作家，因讽刺路易十四而犯罪，被迫流亡英国，以90岁高龄客死伦敦。——译注

[2] 关于“懂得生活”，康德在《实用人类学》中有过相似的论述：“‘他懂得生活’这一说法意味着，他在社交享受中带着清醒的（有节制的）头脑精明地作选择，使享受从两方面得到增益，这是目光远大的。”（见《实用人类学》，邓晓芒译，第150页，重庆出版社，1987年。）——译注

[3] 阿尔卡迪是希腊风光美丽的牧区，常被用来比喻天堂。这一片段对应于《观察》第三章第二十段，但与那一段的内容全不相干，康德可能是想到了从美丽跨入衰败时的内心感受，但不知他是如何想到这一点，或许是与下一个片段连在一起的。——译注

少女，昨天她还被当作女神一般崇拜，第二天早晨她就成了一个普通的妻子，要承受她从前的奴隶的反抗，这个奴隶以前由于幻想而成为一个痴迷的情人，现在他从一个美丽的梦境中醒过来了。[1]

花的外貌。一个殷勤有礼的人总是如花绽放。

美不具有实用性，因为实用性要服从自身之外的目的，自身显示不出任何尽善尽美的完满性，而美则不必屈从外在的目的。因此事物越是有用，便越是显出更多的棱角，据说这是由于它要与其他事物相吻合，而圆球则是自身完美无缺的。

殷勤有礼是一种新的习俗之美。礼貌。前者是令人喜欢的态度中的一种甜蜜愉快的性质，后者是一种谨慎周到。前者是矫揉造作的，后者是庄重的。并不是所有的女人在体态和精神智力上都是完美的，但所有女人所遇到的这种殷勤有礼的态度都带有一种顺从，这种顺从是那样的人所表达出来的，这类人由于其情感倾向会被一个弱者所控制。

对少年之美的感受把古希腊的爱的起源赋予最可耻的情欲，这种情欲在任何时候都是玷污人类本性的，理应受到妇女的报复和辱骂。[2]

人们认可的（事物的）外观是一种不真实的东西，但这种不真实并不是一种谎言，它是促成理想性的享乐的一种诱因，这种享乐的对象并不在事物之中。[3]

---

[1] 关于婚姻会打破热恋的幻想的想法来源于卢梭，请参看《新爱洛伊丝》第369—370页。——译注

[2] 这一片段中所说的“少年（Jüngling）”是指古代希腊的美少年，“对少年之美的感受”是指当时对男性少年的美貌的欣赏，“最可耻的情欲”是指对男性的同性恋，据说在古希腊时代同性恋曾一度盛行。——译注

[3] 这个片段讨论的是事物的外观与美的关系问题，康德认为与美相关的事物的是外在形式，与事物的本质没有什么关系。“理想性的享乐”就是与物质性的享受相对的另一种享受，即精神性的审美享受。“外观（Schein）”也有假象的意思。——译注

一个很大的集合体中的外观似乎比单一事物的外观更虚假。

有人设想卧榻上的名公巨卿时，总是愿意虚构出某种能使那个大人物的外表上令人倾倒的魔力更强大的东西。[1]

假象与美能够如此协调一致，以致虽然我们发觉了那是假象，却仍然能使我们愉快，但崇高却不是这样。

友善是一种宁静的情绪，在这种情绪之下，人们会把他人的幸福看作使自己快乐的对象，看作自己行为的动因。同情是一种对于陷入困境的人的友善的感情，我们向他表明，我们尽力做些事情来帮助他，但这大部分都是空话，因为我们从来都没有能力做这样的事，也没有决心做这样的事。平民同情那些受王公大臣压迫的人。贵族同情其他贵族，但对农民则冷酷无情。

淫乐促成了对人类之爱的幻想，降低了人的能力和愉快。淳朴的人只关心他能够帮助的人。

知性决不能扩展道德情感，有理智的人正因为理智的缘故只能有冷漠的情感，因而很少表现出恶或善。道德上的善也许会造成更多的理智。

很久以来人们就试图解释由可笑的事物引起的愉快情感。自然界没有可笑的事物。

人们要求于牧师和女人的只是假象，牧师似乎不应参与任何轻浮的享乐，女人似乎完全不应有任何对于肉欲亲近的冲动。这样一来人们就是让他们骗人。

---

[1] 这个片段要说的是在日常生活中大人物与小人物一样，也要吃喝拉撒睡，把他们设想得在一切方面都不同凡俗乃是一种虚构。关于这一点，蒙田、休谟、卢梭、黑格尔都有过相似的论述。——译注

宗教的假象常常被看作事实本身，实则不过是幻想。

由于牧师牺牲了许多自由和欢乐，我们必须对他们表示尊敬（他们几乎像女人一样受到严格的束缚）。

对待牧师和女人我们必须留心谨慎，因为这两种人不是没有反抗粗暴侮辱的能力，就是没有反抗粗暴侮辱的节操。

一切完美的形式都在于多样性（包括继时性的多样和强度）和统一，这两方面都能使人感到愉快。

感情丰富（Gefühlvoll）。冷漠无情（Fühllos）。[1]

如果意志是按照自由的规律而成为一般的善的最重要的基础，那么意志就是完满的，道德情感乃是意志的完满性的情感。

上帝是否是一切道德的始作俑者，这个问题就是我们是否能够通过已被认识到的上帝的意志把善与恶区分开来。[2]

舒尔茨[3]认为引起我们愉快的就是使心灵的本然活动变得轻松并得到升华的东西。

---

[1] 这个片段对应于《观察》第四章第一段，那一段是讲意大利人、法国人、德国人、英国人、西班牙人、荷兰人等在美感和崇高感上的特点，在重读这一段时康德想到了人在情感上的重大差异。阅读时请参看那一段。——译注

[2] 康德对上帝是不是一切道德的根源这个问题回答是否定的，他在1763年所写的《关于上帝存在的唯一可能的证明》一文中就认为：道德是善良意志的产物。如果上帝是道德的根源，行为就不可能是自由的（因为受到上帝的制约）。（见科学院版《康德全集》第2卷第100—102页）——译注

[3] 舒尔茨（Johann George Sulzer，1720—1779），瑞士哲学家，写过一些美学著作。他于1751—1752年写过一篇题为《论愉快和不愉快的情感》的文章，康德于1762年得到了这篇论文的德译本（原文为法文）。这一片段表明康德基本上是赞同舒尔茨的观点的。——译注

一个生物的死亡就是另一个生物的产生。[1]大自然想通过动物死亡后发酵和分解时腐烂的气味来警示我们。

男人在所有能力方面都比女人更强，但在他不能很好地抑制的意向方面却比女人弱，在温柔和亲切的敏感性方面也比妇人弱。女人在力量方面较弱，激情不外露但却更丰富。

两性的爱慕在一切事物中追求最具理想性的装饰。[2]

女人挖空心思摆阔气的原因在于，人们在选择物质时总是顺从她们，最后使她们相信在这方面非己莫属。

女人对事物会形成一种便捷的但不周密的概念，她们以为能够一下子就理解所谈到的事物的真相，并认为再没有更好的概念了。

在女人面前，我的慷慨高尚使我成为奴隶，在男人面前是胆怯使我成为奴隶。对人的极度尊重建立在我们移送给他人的想象的优点之上。

有一位作家[3]说，当他看到一个神气十足的男人摆出一副严肃或高尚的派头时，会因为他与女人或普通生活必需品的密切关系的想象而降低对他的盲目的崇

---

[1] 这一句原文为法语：Unius corruptio est altorius generatio。英国诗人蒲柏曾提出过一种理论：无论什么都是正确的（Whatever is, is right），卢梭在致伏尔泰的信中把这一名言改成“对于整体来说一切都是好的”，康德接受了这种思想，认为像死亡这样最大的不幸从整个生物界的物质循环的角度来说也是有价值的。这个片段也对应于《观察》第四章第一段，康德之所以提到这一点可能是在思考各民族在美感上虽各有特点，但从人类整体的观点看，都是正确的。——译注

[2] “理想性的装饰（idealische Verzierung）”是指两性爱慕中互为对方创造或虚构出来的完美形象，这种形象与实际之间有相当大的距离，但热恋中的男女愿意接受这样一种形象。由于是虚构的，远远高于实际存在，所以被称为“理想性的装饰”。——译注

[3] “一位作家”指蒙田，他在其随笔中曾说有些大人物神气活现，在大庭广众之下显得气概非凡，仿佛有一种奇异的气质，但他们的妻子和仆人对此却没有什么特别的感受，甚至注意不到，因为在妻子和仆人的眼里他们也只是个要吃、要喝、要睡觉的凡人。——译注

敬。神气十足的男人一定不能给人留下这样的印象。看来正因为这一点罗马教会才禁止神职人员拥有女人。

如果自由意志渴望一切有助于其完善性的东西，那它就是善的，如果它同时希求最高的完善，它就尽善尽美了。不管具有这种意志的人多么无能为力，那意志终归是善的。其他事物可能是有用的，其他人可能以低微的意志和强大的权势在某一行动中做出许多善事，但想做善事的动机却是唯一合乎道德的。

数学和哲学的区别在于：数学需要从其他事物获得材料，哲学自己筛选材料。因此数学可以从任何一种天启宗教得到证明。[1]

法国人只喜爱可笑的美，意大利人则喜爱动人的美。

自私的（纵欲的）人需要他所爱的女人，慷慨高尚的（有情义的）人需要爱他的女人，这就是说，他可以通过他顺从的行为给她带来幸福。

一切事物，如果它们只像其实际存在那样被认识到，就不会显出什么令人愉快的性质，只有当它们显出不是其所是（即与实际存在不一致。——译者）时，才能引起似乎是通过艺术而得到升华的那种理想性的愉快情感。如果女人能够时时显出她们想表现的东西，那么这种技巧就会十分可爱，现在的问题是我们只占有事实，而假象[2]却消失了。

---

[1] 康德认为数学的某些概念，如数量、空间等，在《圣经》和其他神学著作中都有所交代，数学家可以直接取用，不必自己费心来构造。从现代数学理论的观点看，这当然是错误的，现代数学家（如皮阿诺、罗素、怀特海、希尔伯特、康托尔等）认为各种基本的数学概念都要自己动手来构造和规定，还要不断地修正，而且即使修正了也仍然可能包含着局限和谬误。关于数学和哲学之间的比较，康德在《对自然神论和道德原则的明晰性的研究》一文中有较为详尽的论述（见科学院版《康德全集》第2卷第278—282页）。——译注

[2] “假象（Schein）”一词也就是外观，康德经常用这个词，他指的是人与对象发生鉴赏性关系时，由感性、知性、想象力、心灵、精神等共同构造出来的审美表象，这种表象既是对象的外观，其精神意义又远远地超过这种外观，它所反映的并不是事物本身，所以也是假象。——译注

做了比他的义务更多的事情的人称为善良的，如果他对他人根本没有任何义务，而别人对他仍然负有义务，那么在他做了更多的事情时，他就是仁慈的。

一个自然人对任何人都不可能是仁慈的，因为他对每一个人都负有义务。但他对于一个被俘的敌人却可能是仁慈的。

在我们当今的状态下，如果普遍的非正义牢固地确立起来，那么下层人民的自然法权就要被取消，他们因此而成为唯一的负有义务的人，而上层人物对他们却没有任何义务。因此这些上层人物就被称为仁慈的主人。

一个女人的谦恭朴实的态度是一种义务，女性的妖媚是一种善良，不必要求就能得到。因此，上流社会的太太们完全可能是仁慈的夫人，而她们的丈夫却不能被称为仁慈的老爷。如果她们固执傲慢，那就好像是在受折磨。

一个没有钱的仁慈的老爷会叫人感到莫名其妙，而一位没有钱的仁慈的夫人却是完全可能的。

一个已婚的男人会比一个未婚少年或老单身汉得到并理应得到更多的尊敬。一个妇人要比一个少女获得更多的尊敬。一个寡妇也要比一个少女获得更多的尊敬。其原因是：因为一旦成为妇人或寡妇，就已经实现了女人的使命，这种使命在别人看来也是必要的，这也就是说，一个少女希望有一个男人，而一个妇人却不想再成为一个少女。此外，遇见一个妇人时，她就被视为有配偶的，而一个男人则正好相反。

把神性想象为君主王侯的联想习惯包含着许多应该铲除的错误的宗教概念，例如侮辱的概念。神的尊荣。

教育人者必须博学多识，所知有限者应该学习。最理想的是这种艺术越来越精妙，越来越高超。世上有两种无知，一种是愚蠢的无知，一种是聪明的无知。

如果我假设在性关系中一切都是相反的，那就有两种可能：1. 少女时代节欲，成了妇人就转向纵欲；2. 少女时代纵欲，成了妇人转而节欲。第二种情形更符合自然，第一种则更适应礼仪时代。[1]

在朋友中间每一个人都可以谈论自己，因为其他人都关心他，好像他所谈论的事情与自己有关，而按照时下风尚人们决不能谈论自己（在书本里也不能谈论自己），因为假如有人想谈谈自己的事情，那就会遭到嘲笑。

认识到他人的某种完美的能力还根本不能产生这样的结果：我们自己从中感到愉快。但如果我们有一种从中发现快乐的情感，那我们就会被感动，会去祈求那种完美，把我们的力量用在那上面。问题在于我们是否对他人的幸福直接感到快乐，或者直接的愉快是否本来就存在于我们促进那种愉快的能力的运用之中。两者都是可能的，但哪个是真实的？经验告诉我们，在淳朴的状态下，一个人对他人的幸福漠然视之，但如果他促进了别人的幸福，那会使他无比快乐。一般来说我对他人的灾祸也同样漠不关心，但如果这灾祸是我引起的，我会感到很伤心。就同情和友善的天性而言，我们有理由相信那只是要减轻别人灾祸的努力，这种努力出于心灵的自尊，而心灵又是产生同情和友善的根源。

我们对我们的某种完美感到愉快，如果我们亲手造就了那种完美，我们会更为愉快。倘若我们是自由活动的原因[2]，那么愉快就会达到极点。统辖一切的自由意志是最大的完美。作为可能性的一种原因的自由意志的完美性远比一切其他善的原因更伟大，虽然其他善的原因会带来现实性。

在法国人那里，思想是不经过论证的，法国人甚至也不期望思想得到解释和检验。德国人为一切思想寻找根据，而且耐心地予以修正。

[1] 康德关于少女和妇人在欲念方面的差异想法主要来源于卢梭，请参看《爱弥儿》第572—580页。——译注

[2] “自由活动的原因（Frei wirkend Ursache）”指根据自己的自由意志不受他人或外在条件限制的能动的主体，因为主体在创造某种事物，所以称为原因。——译注

一个行为如果出于个别意志，其信念就是道德上的唯我主义；一个行为如果出于普遍意志，其信念就是道德上的正义。

愉快和不愉快的情感或者是针对我们被动地与之发生关系的事物，或者是针对我们自己——作为一个通过行善或作恶的自由而表现为主动行动的始因（Principium——开端、起源、元素、始祖、创造者。——译者）。当愉快和不愉快的情感针对我们自己时，那就是道德情感。物质上的灾祸过去了我们会感到高兴，但以往的道德上的恶却仍使我们苦恼，而且关于属于我们并由我们奉行的善的愉快完全是另一种愉快。

当他人的境遇变坏或变好时，我们很少动情，除非我们感到自己有力量消除祸事，增进福祉。同情是在少数重要的机缘里发挥作用的一种天性，在其他场合里就是矫揉造作的。

因为极度的内在的完美以及由此产生的完美存在于人的全部能力和敏感性对于自由意志的从属之中，因而对于意志之良善（Bonitaet）的感情极不同于也高于可能由此产生的一切善的结果。

这种意志既包含单纯个人的意志，也包含普遍意志，或者以与普遍意志一致的观点来观察人。

按照普遍意志去做必须要做的事情就是一种义务。

因为自然人需求很少，因为他需求越多也就越不幸，所以一个人如果能忍受匮乏，如果还有许多余力去获取其他必需品，增进幸福，这个人就是完善的，他对于善良意志也就会有一种情感。假如在物质生活的必需品方面意志对于行动主体是有益的（有利害关系的），那么它就没有任何直接的良善可言。因此行为中道德上的善良是无私的。

在自然状态下，人不可能是自私自利的，也不可能是关心公共福利的，但却可能产生友情。

少年时代是注重友情的时代，因为那个年龄的人是无私的，要比后来更有同情心，更真诚。

关于所有年龄段的人的幸福。少年的反复无常和浮躁妨碍了许多快乐。老年人很少有活跃的冲动，但他会得到安宁的满足。我一定不能使生命的阶段错位。

愉快和不愉快的内在感觉先于欲求和憎恶，因为对于快乐和厌恶的感受能力存在于主体自身，尽管主体对于这种感官的对象没有任何知识，就像对于未知的东西不可能产生欲求一样。欲求或者是原初的，或者是后天产生的，前一种在性质上也是有区别的。如果内在感觉被当作道德律令实施判断的逻辑起点，那它就是一种隐秘的性质，如果它被当作根源不明的心灵能力，那它就是一种现象（Phänomen）。

女人宁愿缺少生活必需品方面的享受，也不愿缺少虚荣。

自然人因淡漠寡情而免除了心灵的不安。

情感的平衡就是宁静的心灵。这种平衡状态只有激情才能打破，不仅感受到快乐是幸福的主要根源，而且意识到心灵的宁静也是幸福的主要原因。

在基本需要方面易于满足称为淳朴。假如把舒适视为基本需要，那就部分地是美的淳朴，部分地是高贵的淳朴。

鉴赏与基本需要无关，但鉴赏一定不能妨碍基本需要，就像华丽不能妨碍基本需要一样。

合规律性与简单性相符合，因为如果规律不能决定结合的方式[1]它就是偶然的和不确定的，结果就与需要相矛盾，例如对称性。成对的随从人员。在互相关联的组合中每一个成员都有其确定的目的。

一个自由行动的客观的善（在上帝身上同时也是主观的），或者同样也可以说客观的必然性，要么是有条件的，要么是无条件的。前者是作为一种手段而行动的善，后者是作为一种目的而行动的善；因此前者是间接的，后者是直接的，前者含有一种可疑的实践必然性，后者……一个有条件的善良的自由行动当然不是绝对必然的，例如，（认为）我的慷慨大方对他人的需要是有益的，因此人们一定都是慷慨大方的。绝没有这样的事。但如果有人想要对他人有益处，他就应该是慷慨大方的。如果一个坦诚的慷慨大方的行动不仅对他人是善的，而且本身就是善的，那么它就是一种义务。关于道德情感及其反面的可能性。天意已把道德情感与公共的普遍福利以及个人利益结合在一起，以至意志的善不像它应得的那样受到高度的尊重。

如果我说这一行动比其他行动给我带来更大的荣誉，我所指的就是：我以普遍的判断为根据，也就是以超越我个人行动的判断为根据。

世界智慧（Weltweisheit，古时德国人对哲学的称呼。——译者）中的论争是有益处的，因为这种论争促进了理智的自由，并引起了对于教条概念本身的怀疑，这类教条概念据说建立在其他概念的废墟之上，人们在驳难中竟是如此幸福。

在许多种语言中，单纯和愚蠢的意义几乎是一致的。之所以如此，是因为一个单纯的人很容易被一个他认为与自己一样老实的有心计的人所欺骗。

[1] 这个片段中所说的“结合的方式（die Art der Verbindung）”指事物的构成方式，即一事物由哪些部分组成，各部分之间是什么关系等，这也体现了事物的合规律性。——译注

人们对于道德喋喋不休地说了许多话，但人们在能够成为有道德的人之前首先要弃绝非正义行为。人们必须放弃舒适惬意、奢华淫乐和一切提高我自己却贬抑他人的东西，这样我就不是压迫同类的人之一了，没有这样的决心一切道德都是不可能的。

一切道德都建立在理想的情感之上。因此在奢侈淫乐的状态下人没有道德可言，只有肉体的情感。在自然状态下，淳朴存在于真诚的情感之中，也存在于道德之中。

在白天的长度（一年四季）更平均的地方，居民更整洁，因而法国和英国的居民比彼得堡的居民整洁得多。因为彼得堡的居民在夏日的白天总是醒得很晚，冬天也是这样。

奢侈淫乐现在首先使王公贵族阶层陷入贫困，这是令人高兴的事情。

对于人类的不幸不必表示遗憾，而应予以嘲笑。德谟克利特。[1]

我们可以从远处眺望另一个世界，而重力却必然地使我们留在地球上，我们可以想望超越于我们之上的精神上的完美，但我们的本性却必然地使我们依旧是人。

如果人类使道德隶属于宗教（这只有在被压迫的下层居民中才是可能的和必然的），那么这种道德就是可憎的、伪善的、该诅咒的，但如果使宗教属于道德，那么道德就是善良的、友好的、正义的。

一切选择都与未来的趣味相关。

---

[1] 康德这里提到德谟克利特是把他当作一个对人类自身的缺点（愚昧、爱虚荣）进行嘲笑的哲学家。请参看《古希腊罗马哲学》（北京大学哲学系外国哲学史教研室编译，商务印书馆，1982年）第107—124页关于道德思想那一部分。——译注

真正的婚姻存在于其完美之中，有诗意的婚姻存在于其完美之中。完美的幸福就是宁静。

人的完美状态不在于知足常乐，也不在于奢侈淫乐，而在于从后一种状态返回到前一种状态。人类本质的特性是奇异的。这种完美状态就建立在毫末（Haaresspitze——毛发的末端）之上。淳朴和原始的自然状态不能长久延续，复归的自然状态会更持久，但却不再那么纯洁无瑕。

出入社交界的妇女不会再怕羞，当她作假时，更不像男人那样脸红。冒失鬼（étourdi）不会满面羞红。

骄奢淫逸的一个最有力的证据就是现在全国越来越贫困。民族的过失，持久的贫困。一切娱乐都令人陶醉，这就是说，一切娱乐都让人感受到极大的幸福。

有一个问题：是否能通过宁静的心灵推导出全部道德？这个问题在自然人身上可以得到很好的说明。轻松活跃和放荡不羁都是与宁静相对立的。性冲动只有在婚姻中才能找到宁静。侮辱他人也会使自己不得安宁。热情一般来说是令人不安的。如果一种德行不能给任何其他人带来益处，那是很糟糕的。

宗教决定了犹太人的生活方式。因为他们时时担心被其他人所强制，所以他们憎恨任何一种他们在其中不能充分享有自由的被强制的生活方式。因此，他们不耕种土地。

对宁静的心灵来说，友谊不是任何一种狂热，同情不是任何一种软心肠，温良不是任何一种客套。因此敏感的宁静的心灵不是在肉体和智能方面无所事事，而是在欲望和享乐方面没有企求。

在繁荣的国家里，店主和工人都彬彬有礼，并设法为买主和顾客服务，而买主和顾客却发号施令，人们都说那里勤奋多于金钱，这意思是说金钱本身有一种内在的增长原理。在贫穷的国家里则是金钱多于勤奋。

在所有民族之中，一旦社会被妇女点缀起来，男人酗酒的习惯就停止了。希腊人酗酒，古德国人酗酒，普鲁士人酗酒。英国人酗酒，那是因为那里妇女是被隔离的，她们处于专供女人用的房间里也确实更好。我们现在的生活方式似乎是田园牧歌式的，人们总是以社交、爱情和游戏来消遣。而家里则弥漫着不祥的忧虑、不和与烦恼。

如果年老的女人十分纯真又不卖弄风情，她们就不会在两性看来都是令人讨厌的对象。

行为之善的客观必然性或者是有条件的（受某种需求的善的制约），或者是无条件的。前者是有疑问的，而且当被认为是行为的必要条件的欲望不仅被视为可能的，而且被视为现实的之时，它还是一种智慧的必然性。为了认识它，就必须认识人类心灵的欲望和本能，以便有可能估量对于主体的喜好来说什么是更好的。而且，这不仅适用于现在的状态，也适用于将来的状态。对于一个行为（之善）的无条件的必然性不必花费那么多辛劳，只要求把事实应用于道德情感。

在一定的生活状态中，谎言也会有相当的用处，因此要按照聪明规则去欺骗，为此需要一种更广大的智慧和对于后果的预见能力。如果人们以道德的方式去考察后果，那么根据道德的淳朴性立刻就能知道应该做什么。

虽然虚假的见解有时对他人也可能相当有用，但如果不是由于一种严格的义务而不得不如此，那它就仍然是一种谎言。我们由此可以看出，真诚并不依赖于普遍的人类之爱，而是依赖于正义的感情，借助于这种感情我们就懂得准确地辨别真诚正直。这种感情在人类精神的本性中有其根源，由于有了这种根源，人们不是根据自己或他人的利益来判断什么是无条件的善，而是把这一行为转移给他人（即设想他人做自己的行为，亦即换位思考。——译者），然后，如果形成了对立和反差，就会令人不快，如果形成了和谐与一致，就会使人愉快。因此把自己置于他人位置上的能力就被看作是启迪学[1]的中介。从本性上看我们都是爱交游的社会性的，能够真诚地拒绝沾染我们所指责于他人的缺点。因为对于真和假的共通感官不过是被普遍采用为真假标准的人类理性，对于善和恶的共通感官也同样是真和假的标准。如果头脑反常，认识的可靠性就会丧失，如果心意反常，道德的可靠性就会丧失。

意志的善良来源于个人或公共的利益的作用，来源于对这种作用所感到的直接愉快，前者的根源在基本需要之中，后者的根源在于向善的力量之中，前者与个人利益相关，后者与公共利益相关，两者都与自然的淳朴相一致。但意志之善作为一种自由的始因不是由于从中产生那些利益而被认识的，而是由于它本身是可能的而被认识的。他人的幸福……

义务（当然是对人的义务）有一个确定的范围，而爱的责任则没有确定的范围。义务的确定范围只限于我自己愿意对别人承担的事情，我只能把属于他的（Seine）给他，由这样的行为产生的一切都是一样的。（同情不在此列）

耶稣基督试图通过宗教使人们达到单纯的知足常乐的境界，所用的办法是许给他们以天堂的豪华，他的话在犹太人那里只能引起反感，因为犹太人一直把他们的宗教置于毫无价值的概念之中，他们的宗教也仅仅建立在重建他们的王国的条件之上。

一切真诚都以一个平等的观念为前提，因此犹太人——在他们的信念中根本没有任何对于他人的义务——说谎骗人，而且毫无内疚地骗人。

荣誉可能不是任何一种基本欲望，除非因为它的目的在于博取他人的好评；如果酗酒和决斗成风，那么追求荣誉的人就有了正当的理由。

[1] 启迪学（heuristische）是研究解决问题的方法和过程的学说。——译注

女人从本性上就比男人更喜欢待在家里，因为她们要给孩子喂奶。我们那些没有孩子的风流女人和那些知道自己决不会去喂奶的少女就不喜欢待在家里，因为没有这个必要。她们要使家务整洁和护理病人的优美天性同时也反映在勤俭持家上。

男人的尊严和女人的妩媚在社会交往中会荡然无存。蒙塔古夫人[1]。

如果一个作者完全根除诙谐幽默，就会显得认真周密，就像粗俗的人显得老实一样。

为了像一个普通人那样善良，需要比做一个善良的王公更多的东西。一个王公只要不格外作恶，那就算是善良的了。

富于情感又有足够理智的年轻人很容易被女性的外表所征服和迷惑，他是实实在在地谦卑恭顺。而富有经验又刁滑奸诈的骗子早就看穿了那种外表的虚幻，因而他总是厚颜无耻，从不觉得难为情，因为他可使异性解除拘束，又小心谨慎地保持礼貌，所以异性在他身边就觉得愉快。

如果一个对象服从我的意志，它就是我的对象，但我似乎可以把我的意志

---

[1] 蒙塔古夫人（Lady Mary Wortley Montagu，1689—1762），英国诗人和散文作家。她原姓皮里庞特（Pierepont），是金斯顿公爵艾弗林·皮里庞特的女儿，后嫁给爱德华·沃特雷·蒙塔古，1716年随丈夫去君士坦丁堡（蒙塔古被任命为驻土耳其公使），在那里的三年里写了许多书信，1763年这些书信以《东方书简》为标题在伦敦出版，并被译成13种文字，在欧洲广为流传。蒙塔古夫人深得诗人蒲柏的赏识，他在1720年曾写了一首题为《致玛丽·蒙塔古夫人》的诗，对她的美貌和智慧大加称赞。后因故反目，蒙塔古夫人遭到蒲柏的猛烈攻击。在土耳其期间，蒙塔古夫人学会了接种牛痘的技术，回到英国之后就在英国推广这种预防牛痘的方法。但当时有很多人对这种方法心存疑虑，认为这要冒很大的风险，康德即是其中之一。在康德看来，美丽聪明的蒙塔古夫人做这类事情，有违女人优美的品性。蒲柏恶毒攻击蒙塔古夫人，尽失绅士的体面，他所说的“男人的尊严和女人的妩媚在社会交往中会荡然无存”，指的就是这件事。——译注

转移给另一个人。义务（Pflicht）或者是爱的义务（Liebespflicht），或者是责任（Schuldigkeit）。前一种行为是道德上自发的行为，后一种行为是道德上被迫的行为（这种被迫与政治上的压迫不同）。意志有两种，或者是个人意志，或者是人类的共同意志（义务就来源于人类的共同意志）。

义务即是某种产生于个别的善良意志或共同的善良意志的具有必然性的东西。正义，非正义。

如果一个行为从共同的人类意志的观点来看是自相矛盾的，那么它显然就不可能是合乎道德的（不允许的）。假设我正想去占有别人的果实，如果我随即看到没人（除了我之外）有条件夺走那个人所有的东西，于是我私下里本来愿意占有属于别人的东西，表面上却拒绝那个东西，这就是自相矛盾的情况。这就是说，假使某一事物完全取决于一个主体的意志，若是它自相矛盾，它就是不可能的。如果上帝希望有人类存在，而人类的意志又与上帝的意志相对立，那么上帝的意志就自相矛盾了。如果人想要与普遍意志相对抗，人的意志就是自相矛盾的。当普遍意志与个人意志相冲突时，普遍意志比个人意志更重要。

作为达到道德目的的一种手段的某一行为的（假定的）有条件的必然性是成问题的，作为达到现实目的的手段它是机智的必然性，只有无条件的必然性才是符合道德的。

决斗的真正起源在讨好妇女的骑士风气盛行的时代，那时一般的求婚过程中，美人都选择最有力的人，并会因为自己的情人使其他女人的情人害怕而感到骄傲。在美人受到侮辱时，她的情人只有通过英武有力来博得她的青睐。

谁想得到女人，谁就应谨守礼法。

在我看来，伊壁鸠鲁和芝诺的区别在于，前者竭力在超越道德障碍的宁静之中来显示善良的心灵，后者则在斗争中并通过操练来显示善良的心灵。安提西尼[1]没有任何这么高明的观念，他希望人们认清虚荣的奢华和虚假的幸福，最好选择做一个淳朴的人，而不做一个大人物。

男人和女人没有同一的感受（Sentiment），也不应该有同一的感受，正是由此产生了意向的从属性的统一，而不是对等的统一，因为男女之中每一方都觉得另一方对于自己最高的完美是必不可少的。友情是以协调一致的感情为前提的。

在道德极度堕落之时，少女保持贞操，而妇人则放荡不羁，因为后者只须对付义务，而前者则要遵守礼法。

荣誉的冲动或者是真实的需要，或者是虚假的需要。在斯巴达，它是一种真实的需要，因为人们通过荣誉保持了自由，在一个耽于享乐的国家，因为那里的自由已经丧失，荣誉就更为必要。同时，在性关系方面幻想性的荣誉出现得最多，最终充作享乐的手段的荣誉就为性而牺牲了。

奴隶有两种，或者是强权的奴隶，或者是幻觉的奴隶。后者又分两类，或者是由于对物（奢侈）的依赖，或者是由于对他人的幻想的依赖。后者比前者更荒谬也更有害，因为物远比他人的意见更受我的支配，而依赖于他人的意见则更可鄙。

自由的丧失或者是由于忠诚，或者是由于卑躬屈节。在前一种情况下，人由于其爱好（可以是对物的爱好，也可能是对人的爱慕，就像在恋爱和友谊中那样）而被控制，后一种情况下则是违背其爱好而被控制。前者是不能自拔的情感倾向的结果，而后者则是由于极度的胆怯。

在性关系方面追求荣誉的欲望最终成为纯粹的幻想。能增进自我保护的荣

[1] 安提西尼，古希腊哲学家，苏格拉底的学生，强调实践禁欲的生活是一种美德，犬儒学派的创始人。——译注

誉会促进这种纯粹的幻想，虚荣心是独身主义的一个根源。

在女人身上，荣誉的欲望无一例外地都指向性的结合，而且因此也就指向基本需要，因为她们注定要被选择，而男人则不一定是这样，他们只被生意所吸引，因而可能宁愿决定成为不光彩的人。

爱的幻想证明了，人们在所爱的人不在时比其在场时更爱他（她），而在友谊中则不是这样。

荣誉的欲望以平等和达到一致的欲望为基础。推动动物世界的似乎有两种力量。本能趋向于一致，这种一致可能是判断的思想中的一致，也可能是爱好上的一致。前者会造成逻辑上的完善，后者会造成道德上的完善。

一种完美的真实性在于所引起的愉快的大小，这种愉快不是唯一的。如果假象能够持久，并比真实更令人愉快，那么由这种虚假而来的愉快就是真实的愉快，尽管那是一种虚假的认识。

对他人温情亲热的自然本性存在于对异性和儿童的爱之中。对于其他人的友善只与平等和趋同有关。

一个人在其价值和福利两个方面相对地评价自己的欲望总要比追求名誉的欲望远为持久，并且把后者包括在自身之内。这种相对地评价自己的欲望不是天生的，它是通过与他人对比来认识自己的状况这种活动的附带结果。渴望名誉是科学的一种动力，它来源于把我们的判断与作为参照的他人判断的对比，因此它是以对他人判断的尊重为前提的。

印第安人奇怪地冷静，从不激动。

南美洲人淡然冷漠，反应迟钝。

黑人无忧无虑，爱好虚荣。

欧洲人活跃热烈，容易激动。

孟德斯鸠高超的原因，可以说在于他设定存在着那样一些人，这些人在参与社会活动和立法时总是有一种理性的根据。[1]

卢梭的主要目的在于使教育成为自由的，并培养出自由的人来。

我们必须尊重普通的理智和普通的鉴赏力。

女人的爱不如男人那么温柔，否则她就以为没能够控制他，这也表示她更爱他。她也知道她得到了更多的温情，如果男人缺乏这种精细的感情，她会称他为蠢货和无情汉。

有时假象比真实更好，因为假象所带来的愉快是真实的愉快。如果人们知道脸上涂的是胭脂，那它就不是什么欺骗了。

大家都注意到，我们推崇一个行为的善，不是因为它对别人，否则我们就不能做出比它所带来的益处更高的评价了。

我们有自私的情感，也有公共福利的情感。前者比后者更为古老，公共福利的情感产生于家族倾向。人是有所需的，基本需要更为强烈。在自然状态下，人会有更多的公益情感和更多的积极情感。在发达的状态下，人会产生想象出来的需要，会自私自利。人们参与恶事比参与福利事业更多，首先是施加于别人的不义。当同情与公益的力量一致时，它是真实的，否则它就是妄想的。如果同情

[1] 这个片段中所说的孟德斯鸠的高超之处，是指他在《论法的精神》一书中所表述的民主共和国的法制思想。——译注

不确定地指向我所能帮助的人之中的一个，或者确定地要帮助一个受苦人，它都具有普遍性，但要帮助每一个受苦人那只是幻想。道德文明产生了好心肠，但那是一种消极的情感，是一种道德的幻想。出于个人的好心肠人不会作恶，出于正义感人会尽他的义务。

一个最完美的人可能挂怀自然而不是艺术。

共同寻求欢乐的友谊和互相需要的友谊，这两者必须相当，否则就不能称为友谊而要称为酒肉朋友了。

友谊从来都是相互的，因此在父亲和孩子之间没有友谊，因为妻子从来不像丈夫那样渴求对方的友情，所以婚姻可能类似于最完美的友谊。

在淫乐的风气下婚姻肯定不会成为友谊。

存在于双方的良好愿望中却没有结果的幻想的友谊傻气十足，但却是美好的，存在于好交游的善良友爱与和谐的情感之中的友谊是最普通的，但这样的人也许是坦诚的、能守秘密的谈伴，但不是朋友。

卢梭的教育方法[1]是改善市民社会的表面繁荣的唯一手段。因为社会的繁荣一直在增长，由此也就产生了贫困、压迫、阶级歧视和战争，因而法律对此只能达到像瑞典所取得的那样的成果。由于有了立法，一切统治系统也都变得更有秩序了，战争也越来越少了，应该设立监察官（Censoren）[2]。最初的监察官出现在哪里？瑞士是唯一的国家。俄罗斯。

---

[1] 卢梭的教育方法是指《爱弥儿》一书中所阐述的顺乎人类本性、弃绝硬性灌输、最终使受教育者成为自由的人的教育方法。——译注

[2] 关于监察官的想法来源于卢梭，请参看《社会契约论》第4卷第七章（何兆武译本第167—170页）。——译注

我所采取的怀疑不是教条式的怀疑，而是一种迟延的怀疑[1]。探索派（Zetetici Sucher）[2]。我将从两个方面寻求根据。奇怪的是人们竟担心这会有危险。空想不是生活中必不可少的事情。关于生活所必需的事情的知识是切实的。怀疑的方法由于不是根据空想而是根据健全的理智和情感来呵护心境，因而是有益的。我寻求法比犹斯·昆克塔特的光荣。[3]

真实（Wahrheit）本身没有任何价值，不管众多世界的居民（Bewohnung vieler Welten）的意见是真的还是假的，都一样。我们一定不要把真实和真诚混淆起来。只有获得真实的方式才有一定价值，因为这种方式虽然会导致错误，在实践事务中却可能是有效的。

（男人）的殷勤有礼是表示爱的艺术。女人卖弄风情是造成愿意被征服的姿态的艺术。在婚姻中这两者都是可笑的。显示德行的艺术是彬彬有礼，显示贞操的艺术是端庄大方，趣味高雅而精到，矜持稳重，显示友好的艺术是客气，如琢如磨。那些深通这些艺术的人会造成最糟糕的婚姻。

最完美的女人。如果她自觉地抛弃理性的假象，就会是明智的，正直的，冷静的。不理家务会养成女性的傻瓜和笨蛋。

懂得满足其欲望的人是机智的，懂得控制其欲望的人是贤明的。明哲大智（Weltweisheit）。

---

[1] 迟延的怀疑（Zweifel des Aufschubs）是与教条式的怀疑（dogmatisch Zweifel）相对的，后者是彻底的怀疑，含有否定之义，前者则是暂时不予肯定，转而搜集证据，待有了正面或反面的证据时，再行做出肯定或否定的结论，所以称为迟延的怀疑。下面提到的探索派就是这种怀疑主义的实践者。——译注

[2] 探索派是皮浪所创立的怀疑派的一个支派，奉行的就是上述“迟延的怀疑主义”。——译注

[3] 法比犹斯·昆克塔特（Fabius Cunctator，前280—前203），罗马统帅，曾于公元前226年以精心策划的拖延战术击败了迦太基统帅汉尼拔。——译注

正如人的躯体的大小如果长得超过适当的标准，体质就会变弱，低于适当的标准也会变弱一样，人的道德品性和优美的素质也有适当的标准，过之或不及都会受到损害。

希腊罗马的脸型。各民族在交际中的特点，西班牙人、法兰西人、德意志人、英格兰人。

我们的青年和成年人做事如此幼稚，是因为他们以前没有得到足够的许可去当孩子。这就像有些树在秋季开花，是因为春天没有按规律使它们应时绽放。

单纯可分为无知的单纯、明智的单纯、聪明的单纯。

在所有的道德的定义中，“中庸（mediocritas）”一词是很糟的、模糊的，例如，在节俭（parsimonia）中“中庸”就是这样，因为它只表示存在着一种尺度，超越这种尺度就是不宜的，却并没有说出到底节约到什么程度才算是善的。

在“他懂得做给人看”和“他懂得生活”之间是有区别的。

我们可以说形而上学是限制人类理性的一种科学。对形而上学的怀疑并没有消除有益的明确性（Gewissheit），而是消除了无用的明确性，形而上学之所以有用，在于它消除了可能有害的假象。

有些人只迷恋于假象，有些人则喜欢真实。如果我们把大多数人的假象揭穿，那些人就会显得像人们所谈论的那个新娘一样，据说那个新娘摘掉美丽的丝绸面纱，除去一对象牙饰物，解开承托胸乳的绸带，散开精妙绝伦的发卷，擦掉脸上的脂粉之后，使他的新郎大吃一惊。

假象需要精巧和艺术，真实只需要单纯和平静。照斯威夫特的话来说，世界上的一切都披着外衣。

最可笑的是，人们在众人之前长久地装模作样，到后来自己也觉得那假象就是真实，小孩子对于宗教就是这样。如果在事实面前仍然企图保持假象，那就是妄想。

女人想要作为获得婚姻之爱的手段而表现出来的假象不是妄想，但要在婚姻条件之外。关于使无意义的东西显得重要的艺术。

有一个问题：为了把我的情感或者他人的情感激动起来，我应该到这个世界之外还是在这个世界之内来寻找一个支点？对这个问题，我的回答是：我到自然状态也就是自由中去寻找它。

生活中一切快乐都是吸引人的，因此我们都追求快乐。占有使我们变得冷漠，而使我们升华的精神荡然无存。因此利欲熏心的商人得到金钱时会感到千倍万倍的快乐。而当他此后思考如何使用这笔钱时，忧虑和担心又会使他感到千倍万倍的苦恼。陷入热恋的年轻人会因其美好的愿望而无比幸福，但当他的幸福达到顶点时，这种幸福也就开始日渐消退。

宁静的自信心和对他人的尊重以及善良结合起来会获得信赖和好感；反之，不愿意尊重别人的粗野态度则会招致仇恨和恶感。在辩论会上，精神的宁静和与人为善的态度以及对于对手的宽宏大度乃是力量的标志，由于这种力量理性坚信自己会胜利，很少人能够平静地当面忍受众人的嘲笑和鄙视，尽管他们知道这些人无知而又愚蠢。

在需要保持严肃的时候，笑起来会更加忍俊不禁。谁的面孔一本正经，谁就会受到更猛烈的嘲笑。强烈的笑会使人疲劳厌倦，就好像流泪不止的悲痛一样。让人觉得有趣的笑同时又使人难受。对于我所嘲笑的人，甚至在他给我造成危害时我也不能再生他的气。对某种可笑之事的回忆会使我们很痛快，不像其他会令人愉快的故事那样容易泯灭。看来笑的原因在于传遍整个神经系统的受到突然刺激的神经震动。当我听到某一表面上很生动与其他事物又很协调的事物，而它本身却完全没有意义或者渺小到微不足道时，被吸引到某一方向去的神经会因为这种表里不一恢复到原来的状态，并开始颤动。例如，假设我打了赌，其实我本不想打赌，但我却信誓旦旦地要人相信我时刻准备履行诺言。

基督教有两种完善道德的方法。第一种是从揭示隐秘开始，即期待由神的超自然作用来医治心灵。第二种是按照自然秩序来改善道德，在为此尽了最大努力之后，再期待来自与对神的预先启示的解释相符合的超自然力量的帮助。实际上，如果从启示开始，那就不能像从自然秩序的结果期待道德的改善那样从宗教期待这种改善。

虽然宗教能够带来与未来的幸福相关的利益，但自然的利益以及以此为基础的利益本身却这样指导我们的道德：使我们能够完成我们今世的使命。但如果这种利益今世就必须得到，那就应着力培养道德而不是宗教。

实用人类学（节选）

第一部分　人类学教程
第二卷　论愉快和不愉快的情感

分类

1. 感性的愉快；2. 理智的愉快。第一种或者是A，通过感官（快乐）表现出来的，或者是B，通过想象力（鉴赏力）表现出来的；第二种（即理智的愉快）或者是a，通过可表象的概念表现出来的，或者是b，通过观念表现出来的。愉快的反面，即不愉快，也是这样。

关于感性的愉快

A

关于对一个对象的感觉中的惬意的情感或感性的愉快

第60节

快乐是通过感官产生的一种愉快，使感官感到愉快的东西称之为惬意的。痛苦是通过感官产生的不愉快，引起痛苦的东西就是不适意的。愉快和痛苦互相之间的关系不是像获得和缺乏（正和零）那样，而是像获得和遗失（正和负）那样，这就是说，一个不仅作为对立面（contradictorie s. logice oppositum——矛盾，或逻辑上的对立）与另一个相对立，而且作为相反的东西（contrarie s. realiter oppositum正相反的，或实质的对立）与另一个相对立。——不关痛痒地对于表述何物令人愉快，何物令人不愉快，以及何物介于二者之间不加仔细区分，那是过于笼统了；因为它们也可能与理智相关：在理智的情况下它们就不会与快乐和痛苦相关了。

我们也可以通过我们对自己的状态的感觉在心灵上所发生的影响来说明这些情感，直接（通过感官）迫使我离弃我的状态的（从我的状态中走出来）对于我来说就是不惬意的，这会使我感到痛苦；而促使我保持我的状态（停留在我的状态之中）的，对我来说就是惬意的，它会使我感到快乐。我们一刻不停地在时间之流以及与时间之流结合在一起的感觉的变换中前行，虽然离开一个时间点与进入另一个时间点是同一个行动（变换的行动），但在我们的思想和意识中这种变换却是一种时间序列；这是与原因和结果的关系相适应的。这里就发生了一个问题：脱离当下状态的意识，或者进入一种未来状态的憧憬是否会在我们心中引起快乐的感觉。在前一种情况下，快乐不过是一种痛苦和否定性的东西的消除；在后一种情况下，则是一种舒适的预感，也就是愉快状态的扩大，因而是积极的。但也可以预先猜测，只有前一种情况才可能发生；因为时间拖着我们从现在走向未来（而不是相反），而且我们不得不首先从当下的状态中走出来，却不能确定我们会进入什么样的一种状态，只知道那是另一种状态，只有这才能成为惬意的原因。

快乐是生命被促进的情感，痛苦则是一种生命被阻滞的情感，而生命（动物的）正如医生们早已指出过的那样，乃是被促进和被阻滞这两种状态的继续不断的对抗性的活动。

因此在每种快乐之前都有痛苦先行，痛苦总是在先的。因为，从不能超过一定限度的生命力的持续不断的促进，除了因愉快而来的更迅速的死亡，还会引出什么其他结果呢?

也没有任何一种快乐能够直接跟随另一种快乐而来；相反，在一段快乐与另一段快乐之间必定会有痛苦。正是对生命的一些轻微的阻滞以及夹杂在其中的对生命力的促进，构成了健康的状态，这种状态被我们错误地认为是一种持续感受到的舒适；实际上健康状态只是由一阵一阵的（带有总是夹杂其间的痛苦）互相连续的惬意的情感所构成的。痛苦是活动的刺激物，而在活动中我们首先感觉到的是自己的生命；若没有活动就会陷入寂灭状态。

那些缓慢消逝的痛苦（例如，一种疾病从发生到逐渐痊愈的过程，或者失去的资本慢慢地又被重新赚回来）不能产生任何作为结果的强烈的快乐，因为这种过渡不能被觉察到。——我心悦诚服地赞同维利伯爵[1]的这一原理。

用例证来加以说明

为什么游戏（首先是赌博的游戏）会如此具有吸引力，而且，如果不是太过唯利是图的话，在长期殚精竭虑的思考之后它还是最好的消遣（因为无所事事只能使人恢复得更慢）？因为这种游戏是一种持续不断地互相交替的恐惧和希望的状态。赌博之后的晚餐吃起来更有滋味，消化也会更好。为什么戏剧（不管是悲剧还是喜剧）会如此吸引人？因为在所有戏剧中都穿插着困境——在希望和快乐之间穿插着恐惧与窘迫——这样，戏剧在一出终了时就以互相冲突的情感促进了观众的生命，因为戏剧使观众的内心处于动荡不安之中。为什么一部爱情小说要以婚礼结尾，为什么出自一个笨伯之手的描写婚后生活的一个附加的续篇（例如在菲尔丁那里）是如此令人反感和乏味呢？因为嫉妒，作为恋人的快乐和希望之间的痛苦，在婚前对于读者是一种调料，但在婚后生活中却变成了毒药了；因为，用小说的语言来说，“爱情的痛苦的结束同时也就是爱情的结束”（不言自明，爱情是与激情联系在一起的）。为什么工作乃是享受生命的最好的方式？因为工作是辛苦的事情（工作本身是令人不快的，只是因结果才使人高兴），只有长时间的劳累消除之后的休息才能成为可感觉到的愉快和快乐，否则它就没有任何享受可言。烟草（不管是吸烟还是嗅鼻烟）首先是与一种不适意的感觉结合在一起的。但正因为（人体的）性质（通过腭部和鼻子分泌黏液）转瞬之间就把这种苦涩的感觉消除了，烟草（首先是被吸的那种）就通过消遣和不断引起新的感觉甚至新的思想而成为一种社交的方式；虽然这些思想在此是颇为飘忽不定的。——最后，谁要是不能被任何一种积极的痛苦激发而去活动，那至少也会有

[1] 维利伯爵（Pietro Verri，1728—1791），意大利经济学家、记者，写有《关于快乐本质的思考》（*Idee sull'indole del piacere*，1763），该书德译本（*Gedanken über die Natur des Vergnügens*）于1777年在莱比锡出版，康德所说的原理就来自该书。——译注

一种消极的痛苦，即作为感觉上的空虚的无聊——这种无聊是习惯于感觉变换的人会在自身觉察到的，因为他竭力要以感觉来充实生命欲望——经常这样来刺激他，以至于他觉得做某些不利于自己的事情，也比被迫什么事也不做要好。

关于无聊和消遣

第61节

因此，一个人感觉到他的生命，因享受生命而感到快乐，那不过是他感到自己不断地被驱使从现在的状态走出来（因之这种状态也必然是同样经常复现的痛苦）。由此也就可以明白无聊对于所有注意其生命和时间的人（那些有教养的人[1]）都是令人窒息的甚至是可怕的重压。使我们脱离我们置身其中的时刻并过渡到下一个时刻这种压力和驱迫是促进加速的，并可能增长到使某个人决心结束他的生命的程度，因为淫乐之人一切种类的享受都尝试过了，没有任何东西能够再度引起他的新鲜感；正像巴黎人关于莫当特勋爵（Lord Mordaunt）所说的那样：“这些英国人自缢是为了消磨光阴。”[2]——在自己内心所觉察到的感觉的空虚会引起一种恐惧（horror vacui——空虚的恐惧），那似乎是对于一种缓慢的死亡的预感，这种预感被认为要比命运迅速地截断生命之线还要痛苦。

由此也可解释，何以快乐与消磨时间被认为是一样的事；因为，我们度过的时间越快，我们就越会感到精神振作。例如有一伙人，他们乘火车出去做一次愉快的旅行，一连三个小时谈笑风生，要下车时，其中的一个人看了看表，然后

---

[1] 加勒比人由于天生的缺乏生气而免除了这种重压。他能一连数小时手擎钓竿坐在那里，即使什么也钓不到；缺乏思想乃是缺乏对于活动的刺激，而活动在任何时候都伴随着一种痛苦，加勒比人因不活动而摆脱了痛苦。我们具有高雅趣味的广大读者总是因杂志的诱导而保持着对于贪婪地广泛浏览（一种无所事事的方式）的好胃口，但这并不是为了使自己有教养，而是为了享受；以至于在那样的浏览中头脑依然空空如也，一点也不用担心摄取过多。因为他们以此给他们忙碌的懒散以一种工作的外观，好像这样消磨时间是颇为值得的，而这样消磨时间丝毫也不比《豪华与摩登杂志》（*Journal des Luxus und der Moden*，创刊于1986年，由F. J. Bertuch和J. M. Kraus编辑出版）给公众提供的消磨时间的方式更好。——原注

[2] 康德这里的引文出自《勒·布兰克神甫书信集》（*Letters de Mr. l’Abbé Le Blanc*, 1751），该书于1770年出版了德文版，改名为《关于英国人的通信》（*Briefe über die Englander*）。——译注

高兴地叫道："我怎么没有感觉到时间是怎么过去的！"或："时间怎么这样短呐！"反之，如果对时间的注意并不是我们总是竭力要避开的痛苦的注意，而是对一种快乐的注意，那么人们当然会对每一段时间的流逝感到惋惜。有些交谈，其中很少有话题的交换，就要被称为无聊的，正因为如此也是沉闷的，而一个善于消遣的人即使不被认为是一个重要人物也会被认为是一个受欢迎的人物，只要他跨进屋门，所有客人的脸上都露出开心的表情，就好像因为从一种重压下解脱出来而感到快乐一样。

但是，我们如何解释如下现象呢：假如有一个人，这个人一生的大部分都遭受无聊的折磨，以致他觉得每一天都很长，而在行将就木之时却抱怨生命苦短。——其中的原因可以从与其他类似现象的类比中显示出来。为什么德国的里（切勿误解为正常的里或者像俄里那样由里程碑标志的里）离首都（例如柏林）越近，就显得越短，而离大都会（例如波兰城市波莫瑞——Pommern）越远，就显得越长？原因在于，当看到的对象很多时（乡村和农舍）会在记忆中对于一大段走过的路程产生幻觉式的影像，因而也对走过这一段路程所花费的时间产生了幻觉式的影像，似乎走过的距离更远（所包含的里数更多），时间也更长。而在后一种情况下（离大都会远时），一路上空空荡荡，所看到的东西记忆中留下的很少，因而就引起了一种幻觉。似乎走过的路程更短，花费的时间也比时钟所显示的更少。——与此相同，以多种多样不断变换的工作为标志的人生后半部分被分割成许多时间段，这许多时间段在老年人身上引起一种想象，似乎所度过的生命时间要比按年计算的要更长一些（所包含的年数更多），由按计划进行的奔向一个伟大的既定目标的事业来充实时间（"vitam extendere factis——事业延长生命"，这是由维吉尔的诗句"virtutem extendere factis——事业增加勇气"转化而来。——译者）是使一个人的生命变得快活同时使生命感到满足的唯一可靠的手段。"你想得越多，做得越多，你生活得就越长久（甚至在你自己的想象中）。"——这样来结束生命会使人心满意足。

但在生命过程中满足（acquiescentia）又是什么情形呢？——对于人来说这种满足是不能达到的：不管是在道德方面（因自己品行而感到满意）还是在实用方面（对他自以为由技巧和聪明所营造的幸福感到满意）。大自然把痛苦作为活动的刺激物安放在他身上，使他无法逃脱这种痛苦，以便不断地向更好的状态前进；并且在生命的最后一刻，对生命的最后阶段的满意也只能说是相对的（这一方面是因为我们把自己的命运与他人的命运相比较；另一方面也是因为与我们自己相比较），而从来就不是纯粹和完全的。——生活中（绝对地）感到满意，乃是无所事事的静息和内在动力的停顿，或者是感觉以及与感觉联系在一起的活动的麻木。这样一种状态同样也不能与人们的理智生活共存，就像一个动物体内的心脏停止了跳动，如无一种新的刺激（通过痛苦）出现，就不可避免地导致死亡一样。

附注：在这一部分中还应该讨论激情——作为超越人的内在自由的局限之上的愉快和不愉快的情感——，只是因为这与另一部分即讨论欲求能力的那一部分中所讨论的狂热（Leidenschaften）常常混杂在一起，而且两者之间也确实存在着密切的亲缘关系：因此我将在第三卷（论欲求能力）中的适当地方再加以探讨。

第62节

时时保持欢乐的心情，虽然大半是一种气质特性，但也可能常常是一种原则的结果；就像伊壁鸠鲁的享乐原则那样，别人就是如此称呼那一原则的，他也因此受到诋毁，而这一原则本应意味着智者永远快乐的心境。一个不快乐也不悲伤的人是冷静的，他与那种对于生活中的偶然事件漠不关心、感情麻木的人截然不同。乖张的性情与冷静不同（乖张的性情起初可能被称为lunatisch——患夜游症、梦游症的），乖张的性情是一个主体一时心血来潮忽乐忽悲的倾向，对于这种倾向主体自己也不可能道出其中原因，忧郁症患者最可能具有这种倾向。这种倾向与幽默的才能（如巴特勒或斯太恩[1]的才能）大异其趣，幽默的才能是有智慧的头脑把对象置于故意颠倒的位置（好像那些对象是头朝下倒立着），以滑稽可笑的纯真使听众或者读者因自己的行止正常而感到快乐。敏感与上述冷静并不互相对立。因为敏感是一种同时容许愉快和不愉快的状态而又不妨碍心灵的能力和力量，因而它有一种选择。与此不同，感伤则是一种软弱，由于对那些似乎是随意玩弄听者或观者感官的其他人的状态的同情而不由自主地使自己激动起来。

---

[1] 萨缪尔·巴特勒，英国诗人，写有《霍迪布拉斯》（*Hudibras*）一书。斯太恩（Laurence Sterne，1713—1768），英国小说家，生于爱尔兰，最著名的作品是《漫游法兰西和意大利的感伤旅行》（*A Sentimental Journey through France and Italy*）。这两位作家都有幽默的风格。——译注

敏感是男子汉所具有的性情，因为男子汉想要使一个女人或一个孩子免除艰辛或痛苦，他就必须具有必要的丰富的细腻情感，以便不至于按照他自己的力量而是按照她（他）们的软弱性来判断她（他）们的感觉，而他的情感的细敏也必然会达到慷慨宽容。与此相反，他的情感方面的空洞的同情，即自己的情感与他人的情感产生感应性的共鸣，只是消极被动地被激发起来的，实际上却是无谓的，幼稚的。因此，可能而且应该有一种保持良好情绪的虔诚；同样，人们能够也应该以良好的心情去从事虽然困难但又是必要的工作；甚至应该怀着良好的情绪告别人世，因为如果怀着恶劣的心境和郁闷的情绪去做或经受这一切，那么它们就会失去其价值。

关于痛苦——人们执意把痛苦看作一种只能与生命一同结束的东西——人们这样说：每个人都为某种事情（一种坏事）而担心。但一个人不必为任何事情而担心，因为不可改变的事情必须从心中抛开，不需挂怀，想要使已发生的事情不发生是荒唐而无意义的。可以改善我们自己，这也是我们的义务；妄想改善我们对之无能为力的事情，却是缺乏理智的想法。但把某种被理解为善意的建议和教诲——这是人们决心要关注的东西——放在心间，却是要把自己的意志与实现这一意志的足够强烈的感情结合起来的审慎的思想倾向。自我折磨的人不是迅速地把自己的信念运用到一种更好的生活行为上，而是代之以忏悔，这是纯粹的徒劳无益之举，而且还会产生很坏的结果。——他以为只通过悔恨就把他所欠下的诸般孽债一笔勾销了，因而现在也就不必再以理性的方式为改善自己而加倍地努力了。

第63节

有一种享乐方式同时就是一种教养：即对享受更多这样的快乐的能力的扩大；以科学和美的艺术来享受就属于这一类。另一种享乐则穷奢极欲，这使我们将来继续享受的能力越来越差。那我们应当沿着什么途径去寻找快乐呢？就像上面所说的那样，有一条基本准则，即要这样来调节自己的享乐：使享乐还有可能不断地提高，因为享乐的过分餍足会使人产生恶心之感，对于一切欲望都被满足的人来说，这会使生命本身成为重负，并使妇女因情绪恶劣而消瘦。——年轻人！（我再重复一遍）请热爱自己的工作；拒斥享乐，但这不是要完全弃绝享乐，而是为了尽可能总是把它们保持在前景之中；不要因过早的享受而使对于享受的敏感性变得麻木！有的老年人从不抱怨任何一种物质享受的缺乏，这种成熟性甚至会在这种牺牲中为他保存一份满足的资本，这种资本不依赖偶然事件，也不依赖自然规律。

第64节

我们也通过我们自身的一种更高的满意或不满意（即道德性的满意或不满意）来判断快乐和痛苦：我们到底应该拒绝还是沉湎于其中。

1. 对象可能是令人愉快的，但对于它的享受却可能是令人不满意的。因此就有苦涩的愉快这种表达式。——如果一个人身处尴尬的幸福状态中，如他从父母那里或一位可敬的而又乐善好施的亲戚那里继承了一笔遗产，他就不可避免地对他们的去世感到高兴，但他不必为此而责备自己。一个助手所尊敬的前任上司去世了，他在葬礼上怀着并非假装的悲伤之情，这时他心中所产生的正是上面所说的那种心情。

2. 对象可能是令人不愉快的；但它所引起的痛苦却可能是令人愉快的。因此而有甜蜜的痛苦这样的表达式：例如，一个被亡夫抛下的富有的寡妇不想被别人安慰，常常不正确地解释为装模作样。

另一方面，快乐也可能是令人喜悦的，这是因为一个人由于他所从事的给他带来荣誉的事业而获得了愉快；例如，他以美的艺术来娱乐，而不是追求单纯的感官享受，而且还为他（作为一个文雅的人）有能力享受这样的快乐而满心欢喜。同样，一个人的痛苦除了其他一切结果之外也会使他产生反感。一个被侮辱的人的任何一种仇恨都是一种痛苦；但一个思想健全的人不能不自责的是，在得到赔罪之后，仍然一直在心里保持着对于欺辱他的人的怨恨。

第65节

由自己的力量（合法地）获得的快乐会在两方面被感受到：一方面是作为收益；另一方面也作为功绩（即自己就是这种快乐的首创者的内在意识）。用劳动换来的钱是令人快乐的，这种快乐至少要比在赌博中赢的钱所引起的快乐要长久得多。虽然人们对于碰运气的一般害处避而不谈，但在由此获得的利益中毕竟有某种必然使思想健全的人感到羞愧的东西。——一桩不幸事件，如果它是由一种外在的原因所造成的，那是令人痛苦的；但如果是人自己造成的，则是令人悲伤，令人痛心的。

可是，对于由他人的过错所造成的不幸事件会有两种不同的说法，我们如何解释和统一这种情形？例如，一个受害者说："假如我在那件事上只有很少一点罪责，那我愿意使自己感到满意的。"另一个受害者却说："我对那件事没有一点过错，这使我感到安慰。"无辜遭难是令人愤慨的，因为这是他人所带来的祸害。由自己的过错而受苦是令人痛心的，因为这是内在的自责。我们很容易看出，两者之中，后者当是个更好的人。

第66节

下述情形无论如何不是人身上最可爱的标志：使自己的快乐因为与他人的痛苦相对比而得到提升，使自己的痛苦因为与他们类似的或更大的灾祸相对比而减少。但这种影响只是心理上的（按照对比原理：opposita iuxta se posita magis elucescunt——互相对照，以便比较更鲜明），与道德领域没有任何关系：如希望别人遭遇不幸，以便更好地感受到自己状态的舒适。一个人借助于想象力来同情他人（例如，如果有人看见任何人因失去平衡就要跌倒，他就下意识地向那个人弯过身去，好像是要扶他站起来，这时他感到高兴的只是：自己没有被卷进同样的命运中去[1]）。因此许多人怀着强烈的欲望跑去看一个死囚被押赴刑场开刀

[1] 此处康德在注释中引述了卢克莱修《物性论》第2卷"序诗"开首的四行诗：

Suave, mari magno turbantibus aequora ventis,
E terra magnum alterius spectare talorem,
Non quia vexari quenquam est iucunda voluptas,
Sed quibus ipse malis careas quia cernere suave est.

方书春所译《物性论》把四行诗译为六行：

当狂风在大海里卷起波浪的时候，
自己却从陆地上看别人在远处拼命挣扎，
这该是如何的一件乐事；
并非因为我们乐于看见别人遭受苦难，
引以为幸的是因为我们看见
我们自己免于受到如何的灾害。

见《物性论》，第61页，商务印书馆，1960年。——译注

问斩，好像看一出戏剧一样。因为死囚的面孔和行动上表现出来的内心活动和情感在围观者心中引起同感，并在他们一阵恐惧之后通过想象力（想象力的强度由于处决罪犯时的庄严隆重而得到提高）留下了温和而又严肃的放松之感，这种放松使随后而来的生命享受更加可被感受到。

即使一个人把他的痛苦与可能发生在他自己身上的其他痛苦作一对比，他原来的痛苦也会因此而变得更加容易忍受一些。一个人断了一条腿，假如人们对他说，他险些身首异处，他就会因此觉得自己现在所遭受的不幸更加可以忍受了。

减轻一切痛苦的最彻底最容易的手段就是一种想法，我们可以假定每一个有理性的人都会产生这样的想法，这种想法就是：一般来说，生命，如果对它的享受依赖于幸福的处境，那么它就完全没有自身的价值，只有这种享受指向某种目的时，生命才会有价值，这种价值不是幸福所能造成的，只有智慧才能给人带来这种价值；因之价值就在一个人的掌握之中。谁要是因为价值的丧失而惶恐担心，他将终生没有愉快。

B

论美感，即在反思直观中部分是感性的，部分是理性的愉快，或者趣味[1]

第67节

趣味一词本来的意义，正如上面所说过的那样，是指一种感官（舌、腭和喉）由溶解在食物或饮料中的某种物质的特殊的刺激而产生的性质。这个词在其使用中，要么仅仅被理解为对口味的辨别（Unterscheidungeschmack），要么被理解为良好的口味［Wohlgeschmack，例如，某种东西是甜的还是苦的，或者所吃的东西（甜或苦）是否可口］。前者在如何为某种物质命名的方式上可能达到普遍的一致，后者则永远不能得出一种普遍有效的判断：普遍有效的判断是说，某物（例如苦的东西）使我们觉得可口，其他每一个人也都会觉得可口。其中的

[1] 趣味，即Geschmack，兼有口味、趣味、鉴赏、鉴赏力等含义，以下译文中译为口味、趣味、鉴赏、鉴赏力的，在原文中都是Geschmack，这个词的英文为taste，法文为goût，俄文为вкус，其含义也都是这种情形。——译注

理由很清楚：因为愉快或不愉快不属于对于客体的认识能力，而是主体的规定性，因而不能被归于外在对象。因此适口同时包含着由满意而做出区分的概念，在知觉或想象中我把这种区分与对象的表象联结在一起。

但同时趣味一词也被认为是一种感性的评估能力，这不仅是指根据感官感觉为我自己进行选择的能力，而且是指根据一种被想象为对每个人都有效的既定规则进行选择的能力。这种规则可能是经验性的，但这样一来，它就不能要求有任何真正的普遍性，因而也就不能要求必然性（即在可口方面要求其他每一个人的判断都必须与我的判断一致）。例如，在膳食方面，在德国人中通行的品味规则是以一道羹汤开始，而在英国人中通行的程序则是以固体食品开始，这是因为一种由模仿而逐渐广泛传播的习惯使那种先后次序成了一顿饭的程序规则。

此外还有另一种良好的趣味，这种趣味的规则必须先验地建立起来，因为它宣称有一种必然性，也就是对所有人的有效性，尽管对象的表象是要在与愉快或不愉快的关系中被判断（因之，理性在这里也不知不觉地参与活动，虽然这种判断不是从理性原理中推导出来的，也不能按理性原理来证明）；我们可以把这种趣味与作为感性趣味的经验趣味区别开来，称之为理智性的趣味（理智趣味是反思的趣味——gustus reflectens，经验趣味则是反射的趣味——gustus reflexus）。

一个人的个性或技艺的一切带有趣味的展示都以一种社会状态（可互相交流的状态）为前提，这种状态并非一向都是乐于交际的（即关注和分享别人的愉快），而是在开始时表现出一种野蛮的，不爱交往的，一味争斗的特征。在完全的孤独中，没有人打扮自己或装饰房屋；如果他这样做了，那不是为了他自己的人（老婆和孩子），而只是为了别人，以展示自己的优越。但在鉴赏力（选择能力）中，亦即在审美判断力中，对一给定对象的愉快不是直接由感觉（对象、表象的质料）引起的，而是由自由的（创造性的）想象力借助于创造，亦即借助于形式（这种形式是对于对象所感到的愉快产生出来的）把那种质料（感觉）组织起来而引起的，因为只有形式才能为愉快的情感要求一种普遍规则。对于感官感觉——这种感觉因主体的感官能力的不同而可能有相当大的差异——我们不能期望会有这样一种普遍规则。因此，我们可以这样来说明鉴赏力："鉴赏力是做出普遍有效的选择的感性判断力的机能。"

因此，鉴赏力就是想象力中对于外在对象做出社会性判断的机能。在这种活动中，心灵感受到它在想象活动（因而也就是感性活动）中的自由；因为与他人交往要以自由为前提，而这种情感就是愉快。而这种愉快对所有人的普遍有效性——由于这种普遍有效性，鉴赏的选择（美的选择）就与通过单纯感官感觉（单纯主观的满意）亦即舒适的选择区别开来了——本身包含着一种规律的概念；因为只有依据规律愉快的有效性才能对于所有判断主体具有普遍性。对于普遍性的表象能力就是知性。因此鉴赏判断既是感性判断，又是知性判断，但要在两者的统一（也就是说，这里的知性判断不是纯粹的）中来思考。通过鉴赏而对一对象做出的评估是想象力的活动中的自由与知性的合规律性之间的协调一致或互相冲突的一种判断，并且因此就只与要对之做出审美评估的形式（感性表象的和谐）相关，而与在其中知觉到上述形式的产品的产生毫无关系。因为产生那种产品的可能是天才，他那滚滚沸腾的活力也常常需要由鉴赏力的稳重来加以缓和与限制。

美只是属于鉴赏力的东西；而崇高虽然也属于审美判断，但却不属于鉴赏力的范围。但崇高的表象本身可能而且应该是美的；否则它就会是粗糙的，野蛮的，违背趣味的。甚至祸事和丑恶的表象（例如弥尔顿作品中作为死亡之化身的形象）也可能甚至必须是美的，一旦一个对象应该审美地被表现出来时就必须是这样，即使是一个忒耳西忒斯[1]也不例外；因为否则他们就毫无意趣，或者令人恶心：这两者都包含着把能提供享受的表象拒之门外的倾向；与此相反，美自身则包含着趋向于和对象最紧密地相结合的概念，也就是趋向于直接享受的概念。人们用美的心灵这个术语来表达一切使心灵达到与对象最内在地结合在一起的目的的东西：因为心灵的伟大（Seelengroße）和心灵的力量（Seelenstarke）都关系到质料（达到某些目的的工具），而心灵之善则是纯粹形式，一切目的都必须在这种形式之下统一起来，因此不管这种形式出现在什么地方，它都像神话中的厄罗斯[2]一样，是首创性的，但也是超越凡尘的——这种心灵之善更是一个中心点，鉴赏判断围绕着它把一切关于能与知性的自由相结合的感性愉快的判断都集中起来。

---

[1] 忒耳西忒斯（Thersites），荷马史诗《伊利亚特》中的一个普通士兵，因为不是贵族出身，就被站在贵族立场上的荷马描写得极其丑陋，后因嘲笑阿喀琉斯而被杀。——译注

[2] 厄罗斯（Eros），希腊神话中的小爱神，曾与混沌、地神、冥神等并列为世界的创造者，后来则专管予人以爱情的职司，手操爱情之箭。——译注

解说。如下情形怎么可能发生：首先是现代语言用一个只能指向某种感觉器官（口腔内部）以及通过这种器官对于可享用之物的辨别和选择的词语（gustus——口味，sapor——滋味）来表达审美判断的能力？感性和知性在享受中的协调一致在任何场合都不如在一群好友欢宴的餐桌上保持得那样长久，那样可以经常令人欢快地重复。但在这里欢宴只能被看作朋友之间消遣娱乐的手段。东道主的感性鉴赏力会在其对于适合大家口味的事物的选择技巧中表现出来，而这种选择单单靠他自己的感官是不行的：因为他的客人们很可能更喜欢另一种饭菜或食品，每一个人都按照自己个人的感官来选择。因此他把他的宴会布置得颇具多样性：使每一个人都能找到一些适合其感官的东西，这就表现出一种相对的普遍适宜性。在目前这些问题中，还不能讨论东道主甚至为了互相之间共同的消遣娱乐选择客人的技巧（这也被称为鉴赏力，但实际上这里有别于鉴赏的理性，这与鉴赏力是不同的）。所以，由一种特殊感官而来的官能感觉可以为一种理想的，亦即一种感性的普遍适宜的一般选择命名。更奇怪的是：通过感官来测试某物是否是同一个主体的享受对象（滋味）——这里不是要测试这种选择是否普遍适宜——这种技巧甚至可以上升到充当智慧（sapientia——智慧、才智、多谋）之名；这大概是因为，一个无条件的必然目的不需要任何思虑和试验，而是好像通过有益于健康的滋味直接进入心灵之中。

第68节

崇高（sublime）是按其规模和程度来说都能引起崇敬之感的那种伟大（magnitudo reverenda——令人畏惧的大），它吸引人们去接近它（以便能用他自己的力量去衡量它），但人在他自己的评估中与那伟大相比较时因自己极其渺小而感到的恐惧同时又使人不敢接近它（例如，我们头上的惊雷或高耸荒凉的山峰）；但如果人自己身处安全之地，把他自己的力量聚集起来去把握那种现象，同时又担心它的伟大不可企及，这时就会激起惊赞之感（由持续不断地战胜痛苦而产生的一种愉快的情感）。

崇高虽然与美相对，但却不是与美不相容的：因为要把自己提升到可以把握（apprehesio——抓住）这类对象的努力和尝试会在主体身上激起一种对他自己的伟大和力量的情感；而关于对象的思想表象（Gedankenvorstellung）在描绘或表现中却可能而且必须总是美的。因为否则惊奇会变成恐惧，这与作为一种评价的赞叹——这种评价始终伴随着惊奇之感——是颇为不同的。

违背目的的庞大（magnitudo monstrosa——奇异古怪的大）是令人惊惧的大。因此，那些意欲赞颂俄罗斯帝国辽阔疆域的作家们并没有达到目的，因为他们把它称为令人惊惧的广大，而这种说法中就包含着一种谴责，就好像那辽阔的疆土对于这个帝国的唯一统治者来说是过于庞大了。有的人有一种想要亲历某些真实事件的倾向，而这些真实事件类似于小说中所描写的那种情节，这样的一个人就是离奇荒诞的。

因此，崇高虽然不是一个鉴赏对象而是一种打动情感的对象，但在描绘和表现中（在次要的东西上，parerga——点缀、细节）这类对象的艺术表象却可能而且应该是美的，因为否则它们就将是野蛮的，粗俗的，令人反感的，同时也是违背正常趣味的。

鉴赏包含着一种从外部促进道德的倾向

第69节

鉴赏（似乎是对于形式的感官）在于把愉快和不愉快的情感传达给他人，并且包含着一种敏感性——通过这种传达本身所激起的愉快来与他人（社会性的）共同感受其中的快乐（complacentia——喜悦、满意）的敏感性。据此，这种快乐就不仅要被看作对于感受主体是有效的，而且要被看作对于其他每一个人也都是有效的，换言之，就是要被看作是普遍有效的，因为它必须先验地包含着这种快乐的必然性，亦即先验地包含着它的一种原理，这样它才能被看作是这样一种快乐，这种快乐是对于主体的愉快按照一种普遍规律与其他每一个人的情感协调一致所感到的快乐，而这里所说的普遍规律必须来源于感受者的普遍立法，亦即必须来源于理性，也就是说，根据这种快乐做出的选择按其形式来说是服从义务原则的。所以，理想的鉴赏有一种从外部促进道德的倾向。使一个人就其社会地位来说变得文雅善良，虽然还不完全意味着对他进行道德上的善的（合乎道德的）教导，但却使他通过使同一阶层的其他人感到满意的努力为此预先做好了准备（成为可爱的或值得赞赏的人）。在这个意义上我们可以把鉴赏称为外在现象中的道德属性；尽管这种表述从字面上看包含着一种矛盾，因为文雅善良已然包含着道德之善的外表或礼节，甚至在一定程度上还包含着赋予这种道德之善的外表以一种价值的倾向。

第70节

温良文雅，落落大方，端庄持重，仪态得体（戒除粗俗），这一切都只是鉴赏的消极条件。这些想象中的品性的表象可能是某一对象的一种外在直观的表象方式，或者是某个人自己与鉴赏相关的个性的表象方式，但这种表象方式只适用于两种感官，适用于听觉和视觉。音乐和造型艺术（绘画、雕刻、建筑艺术和园林艺术）要求鉴赏力有一种对于外在直观的纯粹形式的敏感，音乐要求听觉方面的敏感，造型艺术要求视觉方面的敏感。与此相反，通过口语或通过文字而创造出来的推理性的（diskursive）表现方式则包含着两种艺术，其中鉴赏力会自行呈现出来，这两种艺术就是演说术和诗歌艺术。

关于鉴赏的人类学说明

A

论顺应潮流的鉴赏

人有一种很自然的倾向，即在其行为举止中把自己与一个重要人物相比（儿童与成年人相比，平头百姓与名公巨卿相比），并模仿他的方式风范。这种模仿——只是为了显得不比别人更卑微，而且不顾及任何用处——就称为时髦。因而时髦要算在虚荣心的范围之内，因为其中没有任何内在的价值；同样也要算在愚蠢的范围之内，因为这种行为中有一种强制，迫使人们奴颜婢膝地被社会上许多人所提供的范例所左右。赶时髦——这是鉴赏的事情；那不赶时髦保持旧有习惯的人，要被称为守旧的人；那甚至认为不赶时髦竟有一种价值的人，就是一个怪人（sonderling）。如果人们一般地想把蠢人这个贬义的名称加给上述虚荣心的话，那么成为一个时髦的蠢人总是比作为一个游离于时髦之外的蠢人要好；而如果在追求时髦时为了虚荣心而牺牲了实在的利益甚至义务，那么这种追求时髦的人倒确实要领受蠢人这一名号。一切时髦按照其概念就已经显出是不断变化的生活方式；因为如果模仿活动被固定化，那么模仿就变成了习惯，这样一来，就根本不会再注意鉴赏了。因此新鲜性是使时髦受欢迎的要素，在多种多样的外在形式方面富有独创性，即使这种创造性常常沦为荒诞离奇甚至部分地变得丑陋，也仍然是上流人物的风尚，而首先是太太们的风尚，其他人则急不可待地紧随其后，并且在始作俑者早已把那些形式抛弃之后，还长久地在低级的水平上固守着它们。——因此，从根本上说时髦不是鉴赏的事情（因为它可能极为违背正常趣味），而主要是与纯粹的虚荣心有关，是互相之间用以竞争的事。（Die élegants de la cour, sonst petits maîtres genannt, sind Windbeutel——那些宫廷中的风雅之士，也称为纨绔子弟，是一些轻浮的人。——这段文字法文和德文混在一起使用。——译者）

真正理想的鉴赏应该与壮丽亦即某种同时又是优美的崇高结合起来（例如，壮丽和星空，或者，如果不显得过于低微的话，还有罗马的圣彼得大教堂）。但豪华，一种展示出来的华丽，虽然也可能与鉴赏相关联，但却不能不被鉴赏力所拒斥，因为豪华是为了迎合大多数群众的，其中有许多粗俗卑贱的家伙，大众的鉴赏力很是迟钝，他们更需要感官的感受，而不是判断能力。

B

关于艺术鉴赏

在这里我只考察语言艺术：论辩术和诗歌艺术，因为这两种艺术是以一种心灵情绪为对象的，这种情绪会直接促使心灵去活动，因此在我们根据从人自身可能发现的东西来认识人的实用人类学中它们就占有一席之地。

我们把通过观念使心灵富有生气的心灵原则称为精神。鉴赏力只是对想象力中把杂多统一起来的形式的范导性的判断能力；而精神则是为先验想象力的那种形式提供典范的创造性的理性能力。在精神和鉴赏力这两者中，前者是为了创立观念，后者是为了那种符合创造性的想象力的规则的形式而限制这些观念，所以是原创性地（非模仿地）把那些形式塑造（fingendi——形成、塑造、创制）出来。一件显露出精神和鉴赏力的作品可以一般地被称为诗，并且是一种美的艺术作品，不管它是借助于眼睛还是借助于耳朵直接呈现给感觉的，都可以被称为诗艺（poetica in sensu lato——拉丁语所谓poetica）；它可以是绘画艺术、园林艺术、建筑艺术或者音乐艺术和押韵的艺术（poetica in sensu stricto——狭义的诗歌艺术）。但与论辩术相对的诗艺之所以区别于论辩术，只是因为知性和感性之间互相从属的关系不同；诗艺是由知性所安排的感性游戏，论辩术则是由感性赋予生气的知性的事情，但演说家和诗人（广义的诗人——所有的艺术家）一样都是创作者，并以他们的想象力由自身产生出新的形象（感性事物的安排组合[1]）。

因为诗人（广义的诗人）的天赋是一种艺术技巧，并且在与鉴赏力相结合时就是一种美的艺术的才能，而美的艺术的目的一方面在于欺骗（尽管是甜蜜的欺骗，但也常常有间接的益处），因而在生活中使其发挥有限的作用（虽然常常是有害的）是不可或缺的。所以，关于诗人的特性，或者关于他的事业对于他本人和其他人的影响，以及对这种影响的评价，倒是值得提出一些问题，并作一些解释。

为什么在美的（语言的）艺术中为了达到同一个目的，诗比论辩术赢得了

---

[1] 一个概念的表象的新鲜性是美的艺术对于创作者的首要的要求，即使概念本身不一定是新的，但对于知性来说（抛开鉴赏不谈），人们用以下表达式表述我们的知识由新知觉而来的扩大：发现某物，首次觉察到早已存在的事物，例如美洲，磁石指向极地的磁力，大气中的电，等等。发明某物（把尚不存在的东西变成现实存在），例如，指南针，热气球。寻得某物，就是通过搜寻而重新发现遗失之物。构想出和设计出某物（例如，为工匠设计出工具，或者机器）。虚构出某物，即有意识地把不真实的东西想象为真实的，如在只为消愁解闷而创作的小说里。但冒充真实的虚构却是谎言。（Turpiter atrum desinit in piscem mulier formosa superne. Horat）——原注

以上注释中的拉丁文是康德引述的罗马诗人贺拉斯《诗艺》第一章开头部分的二行诗，直译为：上半身是一个美女，下半身却丑陋地以一条黑色的鱼尾结束。缪灵珠先生译为：“随意挥毫画成上半身是美人艳影，下半身却是丑陋不堪的一尾鱼精。”（见《缪灵珠美学译文集》，第1卷第41页，中国人民大学出版社，1987年。）杨周翰先生译为：“上面是个美女的头……下面长着一条又黑又丑的鱼尾巴。”（见《诗学·诗艺》，第137页，人民文学出版社，1982年。）——译注

更高的评价？因为它同时又是音乐（可歌唱的），亦即本身令人愉快的声调，单纯的语言就没有这种优点。甚至论辩术也从诗艺中借用了某种接近于声调的声音，即重音，如没有重音，语言在平静和兴奋之间就缺乏必要的瞬间停顿。诗歌不仅比雄辩术赢得了更高的评价，而且也胜过其他每一种美的艺术：胜过绘画（也包括雕刻艺术），甚至也胜过音乐。因为音乐只是由于充当了诗歌的工具才成为美的艺术（不单单是令人舒适的艺术）。另外，在诗人中，也不像在音乐家之中那样，有那么多肤浅的头脑（对于事业一无用处），因为诗人也要诉诸知性，而音乐艺术家则只诉诸感官。一首好的诗是使心灵获得生气的具有穿透力的媒介。不仅对于诗人，而且对于所有美的艺术的代表人物都可以这么说：他必须是为他所从事的艺术而生下来的，而且绝不可能通过努力和模仿而达到他的目的。同时，艺术家为了使他的事业获得成功，还要有一种突然而来的幸运的情绪，似乎产生了一种稍纵即逝的灵感（因而他也被称为vates——赋有灵感的宗教诗作者），因为按照律条和法规而制作的东西结果必然是毫无精神的（没有创造性的），而一件美的艺术作品不仅需要可能建立在模仿之上的鉴赏力，而且还需要思想的独创性，这种独创性在自身获得生气时，就被称为精神。手持画笔或者鹅毛笔（后者用来写散文或诗）的自然画师（Naturmaler）并不具备美的精神，因为他只是模仿；只有观念画家（Ideenmaler）才是美的艺术的大师。

为什么人们习惯于把诗人理解为创作诗的人，也就是创作一种顿挫有致的语言（类似于音乐的、合乎节拍的说话方式）的人？因为他以一种必能满足最精细的鉴赏力（依其形式）的庄严态度预示了一部美的艺术的作品，否则那作品就不是美的。但由于这种庄严态度是崇高的美的表象所最需要的，因而那一类装腔作势的不以诗行来表现的庄严态度（根据雨果·布莱尔[1]的说法）就要被叫作“发疯的散文”。另一方面，一行行有节律的文字还算不上是诗，如果它缺乏精神的话。

为什么在当代诗人的诗作中的韵律幸运地含有思想时，就能满足我们这一地区（欧洲）的鉴赏力的最高要求呢？另一方面，为什么它（韵律）如果出现在

[1] 雨果·布莱尔（Hugo Blair, 1718—1800），苏格兰长老会牧师，曾任爱丁堡大学修辞学教授，写有《修辞学教程》（1783）一书，“发疯的散文”就出自该书。——译注

古代作者的诗作中，就会令人不愉快，例如，德国的无韵诗很少叫人喜欢，而维吉尔用拉丁文写的有韵的诗则更不能叫人喜欢？这可能是因为，对于古代的古典诗人来说，作诗法（韵律学）是确定的，而现代语言则大部分还没有这类作诗法，因而每一行诗结尾与前一行诗相和谐的韵脚就使听觉得到了补偿。在庄严的散文演说中，如果偶尔在其句子之间夹杂着韵脚，那就是很可笑的。

那种演说家所不应得到的有时破坏语言规则的诗的自由从何而来呢？这可能是由于形式规则还没有把演说者束缚到不能表达深刻思想的程度。

为什么一首平庸的诗令人难以忍受，而一篇平庸的讲词倒还可以听下去呢？原因显然在于，在每一篇诗歌作品中，声调的庄严都会引起很高的期望，由于这种期望落了空，这篇作品就往往会降低到比它理应得到的散文价值更低的水平。如果一首诗的结尾是一行可以作为警句的诗句，就会在回味中产生一种快乐，并因此而使一些外在形式方面的东西再度添彩；因之这也属于诗人的一种技巧。

诗人到了老年便江郎才尽，而同一年龄段的头脑聪慧的人在科学领域却仍然显示出良好的健康状态和从事工作的精力，产生这种情况的原因很可能在于：美是一朵花，而科学则是果实。这就是说，诗必须是一种自由的艺术，这样的艺术由于多样性而要求轻盈灵活，人到老年这种轻灵的感觉（这是顺理成章的事）就丧失了；另一方面，沿着同一方向继续从事科学事业的习惯却仍然保持其轻灵性，而诗歌在其每一部作品中都要求有独创性和新鲜性（这要求机智敏捷），这对老年人是很不适应的；除非在那些讽刺性的幽默故事、箴言和格言中，但在这里诗已经不单是游戏，而成了比游戏更严肃的事情。

诗人不能像律师和其他职业学者那样有这种好运气，其原因早已存在于天才诗人一般所要求的那种气质禀赋之中：即通过交际性的思想游戏来驱散烦忧。但诗人的个性特征，既没有任何坚定性格，又是反复无常，乖张任性和不可信赖（但没有恶意），随意树敌，但又并不仇恨任何人，辛辣地嘲笑自己的朋友，又不想伤害他，这一事实的原因在于一种控制着实践判断力的，部分地与生俱来的古怪的机智的禀赋之中。

论豪华

第72节

豪华（luxus）是在公共活动中显示鉴赏力的社会享受的过度（因之这种过度是违背社会福利的）。但这种过度如果缺乏鉴赏力，那就是公然纵情享乐（luxuries——过剩、豪华、挥霍）。如果我们考察两者（豪华和纵情享乐）对于福利的影响，那么可以看出，豪华是多余的挥霍，会导致贫穷，而纵情享乐则会导致疾病。豪华尚可与民族的不断发展的文化（在艺术和科学方面）相协调；而纵情享乐却是淫乐过度，最后导致恶心、厌倦。两者都比享受本身有更多的浮夸成分（追求外表的光彩）。豪华是为了理想的鉴赏而修饰（例如在舞会上和剧院里），纵情享乐则为了口味的感官而极力营造过剩和多样性（为了肉体的感官，例如上流社会的一场宴席）。政府是否有权通过消费法来限制这两种倾向，是一个不能在此回答的问题。但美的艺术和享受的艺术——这两者都能部分地软化民众，以便容易控制一样，都会由于一种粗暴严厉的介入而产生恰与政府意图相冲突的结果。

好的生活方式是幸福与社会交际（因而也就是与鉴赏力）的适应。我们由此可以看出，豪华使良好的生活方式受到损害，而被一个有钱人或显贵的人所使用的“他懂得怎样生活”这个表达式意味着他在社交享乐中选择——这种选择包含着冷静清醒——的熟巧，这会从两个方面使享受成为有益的，并可期望存在得更长久。

我们由此可知，从根本上说豪华不能被归于家庭生活，而只能被归于公共生活，在国家公民与社会的关系中如果涉及在不得已时宁愿舍弃利益也要美化装饰自身或事物（例如在节日、婚礼、葬礼等直到待人接物的良好风度）来竞争的自由，那就很难以禁止浪费的法令来设置障碍；因为豪华有利于使艺术富有生气，因而可能在公共活动方面造成浪费的那笔开销又归还给了社会。

“人类学”反思录

论美感

即在反思的直观中部分是感性的，部分是理性的愉快，或者趣味[1]

618. 引人注目的——自然的东西或者素朴（在知性的运用中，如果自然显现为艺术，那就叫作天真淳朴），出乎意料的——自然的东西。[2]

诗的艺术是思想的一种游戏。当我们不以思想来工作时——在工作时我们的思想必须有一个目的——我们就以思想来游戏。

所有的心意能力被置于和谐的游戏状态时，也都是这样。这就是说，它们一定不会互相妨碍，也不会妨碍理性，尽管也不能促进理性。例如，图像的游戏、观念的游戏、情感和兴趣的游戏，最后还有时间划分[3]单纯印象的游戏，以及对现实的模仿（Verart——诗艺）和谐音（Reim——押韵）。感性的游戏属于……（句子到此中断）

广义的诗包括：（1）诗的艺术；（2）雄辩术：思想的协调（以及想象力的协调）。B[4]（1）绘画和音乐：直观和感觉的协调，两者都要借助于与思想的关系。

[1] 这一部分各片段之前的数字是《康德全集》编者为《“人类学”反思录》所加的统一编号，有关美感的思考片段从第618条开始，到第996条止，共379条。“论美感”这个标题也是《康德全集》的编者所加。——译注

[2] 这两行不是完整的句子，从中很难揣摩康德的确切想法，现照录原文供参考：Das Auffallend–naturliche oder Naïve (im gebrauche des Verstandes, wenn die Natur als Kunst erscheint, heißt es naivetät), das unerwartet–naturliche. ——译注

[3] 时间划分（Zeitabteilung）指音乐中的节奏，此处也代指音乐。——译注

[4] 这个B前面并没有A，从上下文看，A应在“广义的诗”之前。——译注

诗的知识无助于工作，因而也算不得什么职责。诗人没有让我们学到任何东西，对此我们应该谅解他；他必须不使游戏成为任何一种工作。理性也会败坏游戏，常常使游戏变得愚蠢可笑。诗是一切游戏中最美的游戏，因为我们把一切心灵能力都投入其中。音乐应该有节奏。如果没有音节和韵脚的规则就没有合规律的游戏，就没有舞蹈。

思想的感性游戏存在于语言的游戏（诗的艺术）和词语（韵脚）的游戏中。要很好地适应音乐。要唤醒心灵。

诗人不是说谎者，颂诗除外。但颂诗通过谎话消解了神谕。

印象（Eindruck）的游戏是音乐。情感的游戏是小说、戏剧。

思想、感觉（图像或形体——戏剧）和印象的游戏：诗。印象只能借助于语言（来表达），因为它要伴随着思想。

诗既不以情感也不以直观和理解为目的，而是要把心灵中的一切机能和动力置于游戏之中；它所描写的图景不必有助于对于对象的理解，只应有助于使想象活跃起来。它要有一种内容，因为知性都是有规则、有秩序的，知性的游戏会引起最大的快乐。

每一个行动要么是一种事业（它有一个目的），要么是一种游戏（它服务于消遣，它有一种意图，但没有任何目的）。在游戏中行动没有任何目的，它本身就是活动的原因。

在一切自然产品和人工产品上面都有两种属性，一种只与一定目的有关，另一种只关系到现象与心灵状态的和谐，也就是格调、外观。当人们不思考任何目的时，各种各样诸如花的形态和颜色、音乐的音响与和弦、建筑中的对称之类的东西就构成了这种格调和外观。

（Suaviter in modo, fortiter in re——外观的美妙，实际上的强大）

619. 我们的知识的第一笔财富是感觉，人们把表象称为感觉，在表象上人的心灵只被看作是被动的，因为表象是由事物的存在而产生的。表象似乎构成了我们的一切知识的材料，而后来的形式则是由心灵自身的活动来提供的。感觉在其只显示主体状态这个范围内称为情感；但当它涉及外在对象时，则称为现象。我们由此看出，我们的一切表象都伴随着一种情感，因为它受到心灵状态的影响。

620. 人类心灵的第一种能力并且构成其他能力的条件的就是感官，通过感官心灵感受到作为对象存在的结果的表象，而不是自己生出表象。感官的表象作为某种属于主体状态的东西，称为情绪；但作为某种与对象相关联的东西则称为现象。存在着缺乏可感觉的现象的情绪，也存在着缺乏可感觉的情绪的现象，但两者总是形影不离。

621. 所有的艺术可分为两种，一种是可传授的有规可循的艺术，一种是天才的艺术，前者有其先行的规则，并且可以学习。美的艺术不以任何科学为基础，是一种天才的艺术。

甚至一种理性推论也包含着美，作为知识它与客体相关，作为一种被感觉到的心意状态，它与主体相关。

622. 关于美的理性知识只是一种批判，不是解释现象的科学，但它的证明是后天的。

科学与艺术；后者要么是模仿的艺术，要么是天才的艺术。

一切现象或者是继时性存在的，或者是共时性存在的；前者是……后者是图像。

良好的趣味只存在于健康的时代，但不只是存在于敏锐的理性之中。

对一件事物的趣味并不始终存在于那同一事物之中，例如音乐。

情人的判断，专家——他必须了解诸多规律——的判断，大师的判断。

在感觉方面我始终只是主观地做出判断，因此我的判断对他人无效；在经验方面我却是客观地做出判断。决定是否美和完善的根源以及判断它们的规则（与某种东西）处于一种神秘的关系中，例如，一个美的人常常有一个善良的心灵。

精细的善感（feine Empfindsamkeit）属于对能使每一个人都感到愉快的东西的判断；敏感（Empfindlichkeit）属于自己的状态；前者适合于男人，后者适合于女人。善感必须由随意性所控制，对随意性的节制就是容易知足（apathia，淡漠）。

如果美不与虚荣心相连，它就只能通过魅力激起欲望。

623. 我们没有为一种趣味进行辩护的先天理由，只有在一个理性判断的时代里的普遍的一致性。

必须把自己的或者个人情感与可替换的[1]情感区分开来；后者可能是一种令人不愉快的模仿，但就个人而言却可能是令人愉快的。善在可替换的情感中总是令人愉快的。

624. 在一切直观认识中感性认识是最完善的；这种认识只是偶然地表现出混乱。

在鉴赏方面表象是感性的，也就是综合的，并且不借助于理性；其次它是直觉的；第三，它直接与情感的比例相关。因此鉴赏力不是客观地判断，而是主观地做出判断；不是通过理性，而是后天地通过愉快和不愉快来下判断；此外，鉴赏力不是一种单纯的情感，而是某种由比较的情感[2]产生的东西。鉴赏力判断的不是有用的和善的性质，而是偶然的令人愉快的无关紧要的方面（在这个范围内其现象与情感能力的规律相一致）。

625. 在一切按照鉴赏力应被赞同的东西上，必须有某些使多样性的区分（分割开）变得更容易的东西；必须有某些提高可理解性的东西（关系、比例）；必须有某些使概括成为可能的东西（统一）；最后，还必须有某些能突出与其他一切可能事物的区别的东西（明确化）。

美有一种主观的根源，即与直观认识的规律相协调；但这并不妨害审美判断对于众人的普遍有效性，如果认识是一致的话。

在爱的对象上，人们愿意把魅力刺激与美互相调换。

我们根本不能说服任何一个具有错误鉴赏力的人；但我们可以劝说另一个虽然错了，却愿意借助于范例改变看法的人。

626. 在直观中有观念作为基础。美的事物，认识。

现象中令人愉快而又没有魅力刺激的东西，就是漂亮的（hübsch），适当的（schicklich），体面的（anständig），［和谐的，对称的］。如果魅力刺激来源于直接的感觉，那么美就是感性的；但如果它来源于附带的目的

[1] 可替换的（substituirt）是与个人的（persohnlich）相对的，指多数人普遍具有的，因其既适用于甲又适用于乙的，故称为可替换的。——译注

[2] 比较的情感（verglichenen Empfindung）是康德人类学美学中常用的概念，指的是人与人之间在情感方面自觉或不自觉地互相比较，当个人发现自己的情感与众人的相异时，就会弃异趋同，最后形成了大致相同的情感，是比“共通感”稍弱的情感，最终会达到“共通感”。——译注

（Nebengedanken），那就称为理想性的。几乎一切美的魅力刺激都建立在附带的目的上。

鉴别美的根据只是主观的，这一点从以下情形中就可以看出来：我们不能想象一个有理性的存在者有比人更美的形体。

关于一件产品（Produkte——既指自然产物，也指人工产品。——译者）的一切知识要么是批判（判断），要么是理论（教条），要么是科学。如果构成美的形式的关系是数学的（这就是说，在这种关系中总有同一种统一性作为基础），那么对美的认识的第一个根源就是经验以及对经验的批判；其次，一种理论也是必要的，这种理论可提供某些足以决定其实现的规则（就像概率论那样），这里也需要一种科学，只是这种科学的原理是经验性的。

如果构成美的基础的关系是性质的关系，因而也就成了哲学的对象（例如同一性和差异性，对比，生动性），那就不可能有任何一种理论，更不可能有科学，而只能有单纯的批判。建筑艺术（广义的建筑艺术，包括园林艺术等）有一种理论，音乐也是这样。因为前者取决于对空间的令人满意的划分，后者则取决于对时间的划分。因此学校的教学内容必须避免成为审美性的，因为学校的课程不允许有这样的对象。人们能够巧妙地给淫荡的蛊惑力配上某种艺术辞藻。

存在着直接的感性感觉，也存在着假定的（并且是可替换的）感觉。前者来源于与我们的状态相关的东西，并且我们自己成了我们考察的对象。后者则产生于如下情形：我们仿佛把自己变成了一个陌生人，并从我们自身虚构出一种我们所赞同和渴求的善感性（Empfindsamkeit）。敏感性（Empfindlichkeit）总是与我们自己的状态以及这种状态的好坏有关。善感性与我们所模仿的他人的可能的或现实的状态有关。人们可能在如下状态或行为中产生这种可替换的感觉：在这类状态或行为中人们没有任何个人的或者独特的感觉，例如，一场病痛之后想象出来的整洁的生活，还有当人们想象中了一项奖金很高的彩时的那种慷慨大度。伏尔泰以罗马人的名义表现出最卓越的道德感情，特别是在悲剧中。这种可替换的情感既不能造成幸福，也不能造成不幸，除非它间接地与我们的状态相关联。它只是审美性的虚构，并且总是令人愉快的。

627. 鉴赏是按感性规律对普遍令人愉快的东西的选择。它主要与感性形式相关，因为这方面存在着对一切人都有效的规律。

628. 一件事物的内在的完满性与美有一种天然的关系。因为多样性对于一种目的的归属要求多样性的东西按照普遍规律的一种互相协调。因此，使一座建筑物显得美的那种属性对于它的质量也是有益的，一张脸孔符合其目的的形象也必然是符合美的形象。我们看到许多自然事物的美，但没有看到其目的；人们认为，诸多自然事物的现象所引起的快乐并不是其目的，而是它们的目的所产生的结果。

629. 能促进理性并使知性更明晰的知识之美是独立不依的。

630. 在一切美的事物上，美属于愉快，并且是主观的，因为对象的形式使知性的活动变得轻松；同时它又是客观的，因为这种形式普遍有效。

631. 就令人愉快或不愉快的事物而言，与其他令人愉快或不愉快的事物相结合根本上说是属于幻觉（Illusion）。我们无法抽掉一个优雅女人的性因素。

632. 哭和笑产生一种舒适，这种舒适从表象出发通过身体又返回来。两者有相似的特征，都要抽噎。因对他人的慷慨高尚的感动而流泪是最令人愉快的，特别是在他人温和而又宁静时。

633. 当一个人以他独有的稀世奇珍来担保，甚至以他自己所创造的幸福来担保，才肯讲述一个愉快的故事时，人格的魅力就显示出来了。这里的魅力更多的是以虚荣心为基础的。

634. 每一个事实似乎都是一幅图像的实现，以至显得思想先于事实，观念先于实体。原型是其他一切实际事物所从出的观念；因为从大的事物中完全可以产生小的事物，但如果不事先对大的事物有所认识，就不能从小的事物中产生出大的事物[1]。与原型一样的东西是完善的；在原型不被看作存在物时，它称为理想。

635. 独立不依的美必须建立在一个稳固的根源之上；而实际上没有任何一种认识比对事实本身的描述更恒定不变的了；因而这种根源是与理性的一种结合。

636. 美（以及丑）有一种特性，即对它的直观实际上不属于我们的状态，也不能改变我们的状态。因为如果美使我们感到愉快，我们可以（似乎是以虚荣

[1] 这里康德为"不能从小的事物中产生出大的事物"这半句加了一个限制性的"如果不事先对大的事物有所认识（wenn dieses——代指前文的großere-nicht vorher bekannt ist）"，大概是指人类的创造活动，世间万物之中唯有人类能创造出比自己大的东西来，而人类的创造则要事先对将要创造的事物有所认识。对这个条件句的其他解释都很难说得通。——译注

心或者好感）去占有它，如果它使我们感到不愉快，我们也可以对它弃置不顾。由于在一切本原的情感中，不快总是比快乐更强烈，因而如果我们有鉴赏力的话，我们在审美方面就有权扩大快乐，缩小不快。精细的鉴赏力对此也是有益的；不过精细来源于孱弱，由于孱弱，人就不能抗拒占有的幻想。

637. 颜色的对比对于眼睛就像谐音（Consonantz）对于耳朵一样。如果多种颜色混合在一起，那就形成了真正意义上的谐音，如果多种颜色互相并列，那就构成了和声（Harmonie）。

638. 这里有一个问题：感觉的游戏或者直观的形式和形态是直接地使人愉快，还是因为它们在需要概括极度的多样性时为知性提供了把握的捷径和轻松，同时又在全部表象中为知性提供了明晰性才使人愉快。

属于形态的不仅有现象中的对象在空间关系方面的形式，而且还有质料，也就是感觉（颜色）。

639. 一种认识的感官形式（或者感性形式）或者是作为感觉的游戏而使人愉快，或者是作为一种直观（直接的）形式而使人愉快，或者是作为过渡到善的概念的中介而使人愉快。第一种是魅力刺激，第二种是感性的美，第三种是独立不依的美。形式上的魅力刺激或者是直接的，就像拉梅奥[1]所认为的那样，在音乐中就是如此，或者是间接的，如笑和哭的时候，后者是理想性的魅力刺激。视觉对象既不能通过直接的魅力刺激也不能通过间接的魅力刺激使人愉快。如果对象的形式符合各种现象互相协调的规律，并使感性的明晰性和范围更便于把握，那么对象就能直接地令人愉快。建筑中的对称和音乐中的和声就是这样。当对象能够通过一个在感性形式中令人愉快的概念被表达出来时，对象就会在直观概念中令人愉快。

习惯的或者自然的鉴赏力。

640. 我通过情感所判断的根本不是事实本身，因而这种判断也不是客观的。因此，如果我选择了（与别人）不同的情感对象，我不会认为我有什么错误，我也不会与别人争论。一座奇形怪状的低劣建筑，一本可笑的书，都叫人发

[1] 拉梅奥（Jean-Philippe Rameaus，1683—1764），法国音乐理论家，他认为和声是全部音乐的基础，音乐的审美效果也全在于和声，旋律是次要的因素。——译注

笑，但它们并不因此就令人愉快；最美的建筑为观赏它的人而存在，如果这座建筑不是因新奇和稀少而吸引人的话……通过鉴赏我对对象做出判断，我的状态可能因此而或多或少受到感染。如果我称对象为美的，那么我不仅表明了自己的愉快，同时也宣布其他人同样应该感到愉快，当我们的鉴赏与他人的鉴赏不一致时，我们会觉得羞愧。在鉴赏活动中，我们必须把感官刺激与美区分开来，前者常常先行于后者，或者还有损于美，但美依然存在。精心打扮的女人总是美的，但她们会随着情人的死亡而失去其魅力，不同的求爱者会选择不同的对象。温克尔曼说，这种美的概念是肉欲性的（wollüstig），这是说，人们没有把魅力与美区别开来，因为实际上魅力和美在古代与现代一样是连在一起的（也许并不互相混杂），不过在想要表述它们的艺术家的概念里这两者却是界限分明的。[1]

美人以其形态令人愉快，以其性别给人以魅力刺激。假如你对着一个人的耳朵说，这位令人惊叹的美人是一个缺乏男子汉气概的男歌手，那么魅力会立刻消失，而美则依然如故。要把这类魅力从美分离出来是困难的，但我们可以把那些使我们同其他人相区别的特殊需要和私人关系消除，这就只剩下非关个人情绪的鉴赏判断了。一座关押欠债人的监狱，在可能心怀憎恶的鉴赏家眼里仍然是美观的建筑，不过这种判断里没有丝毫魅力刺激。这种监狱在鉴赏中令人愉快，在情绪上却令人不愉快。

641. 正如鉴赏判断与感觉混杂在一起一样，善恶的判断也从来不是完全纯粹的，而是带有浓重的混杂的表象，掺和着美或者魅力。乐善好施由于受到尊敬、赞美，由于善意地自诩关心他人的幸福而获得了被四处传扬的有力的动因。如果一个年轻美貌的女子引起了慷慨高尚的情怀，那么她的一切魅力都会因为对她的性的判断而增强。

642. 如果意向全都是为了追求荣誉——不管是内在的还是外在的——那么这种意向就全都与道德类似。而追求荣誉，如果那是恒常不变的荣誉，最后，如果那是真正的荣誉，它就与每个人由衷敬佩的东西有关，与每个人觉得值得敬重的独立不依的尊荣有关，而且绝不会因为个人的关系而失去光辉。

第一种意向属于情感的自由，不属于舒适安逸，这种意向使人不必被迫去

[1] 这里是转述温克尔曼在《古代艺术史》第一部第四章第二节所表述的思想。——译注

虚伪地阿谀奉承，或者充当罪恶的工具。

第二种意向属于能够达成善良目的的能力。

第三种意向就是社会的意向。

643. 一切感性中都有一种人类理性认识所没有的完善性（Vollkommenheit），那就是直观，还有一种不完善性（Unvollkommenheit）：感觉和现象的形式。理性只表述相对概念，而在直观中被思考的则是对象的绝对的和内在的东西。不过，我们的各种直观只涉及事物对我们的感官的关系，这一点则是一种不完善性。

至于明晰性，它能很好地与直观相结合，因为明晰性取决于一个整体表象中多样性的区分。如果这一部分认识是借助于普遍概念来加以思考，那么明晰性就是知性的一种结果；如果这一部分认识是借助于个别概念，明晰性则是感性的一种形式。前者是由从属关系而产生的，后者是由并列关系而产生的。在音乐中，我们没有关于声音的概念，只有对于声音的感觉，而且我们不是从数的角度来辨别声音，而是直观地把它们区分开来。

644. 一个孤零零的人，每一件奇异的事物都会使他吃惊，而且总是带着一种纯粹的反感来观察它。有一些人在那事物上不会找到任何愉快；（为了不至于对那事物产生反感并得到愉快）这里需要有一大群人，还要有一种最先传播这一奇异事物的兴趣，也还需要一些怀疑者。不合规律性只有在它于事无害并且人们对合规律性已然感到厌倦时，才会使人感到愉快。

645. 新鲜的事物，稀奇的事物，奇异的事物各不相同。惊奇与单调只有主观上的差别。

646. 如果一个表象中含有空间和时间的形式，这个表象就是感性的；如果它与感觉结合在一起（颜色），那就更加是感性的了。按照直观规律组合起来的美的对象是令人愉快的。对象的美的外观，例如图画。

647. 从根本上说，鉴赏力就是与他人一致地选择感性地令人愉快的东西的能力。因为感觉中的一致性并不像在现象中那样具有必然性，因此鉴赏力与现象的关系比与感觉的关系更密切。如果我们因为一个人缺乏鉴赏力而指责他，那我们说的不是他没有趣味，而是说他不合其他人的趣味。此外就是反常的趣味，只对丑陋和有害的东西感兴趣。

648. 对现象的鉴赏以空间和时间关系为基础——这种关系对于每一个人都

是可理解的，也以反思的规律为基础。

正因为鉴赏与某种同时也使他人感到愉快的东西有关，所以鉴赏活动只能存在于社会之中，也就是说，只有在社会里，鉴赏才具有一种吸引力。

649. 我们可以把世界上一切皆善并各有目的这一点归于协调一致的原理，因为正是由于人们预先设定了一种目的，才揭示出一种真实的状态，或者，从这种状态中发现一种目的。（费马[1]）一个完善整体——其各部分也是完善的——的理想就是典范，我们按照这一典范调整我们的道德；因此上帝把通过社会风习来改善道德的本性赋予我们，为了改善社会风习就产生了情感，意向爱好则不是为此而产生的，而理性却是为此而创造的，认识则不是。

650. 我们的一切表象，如果我们根据它们所表象的东西来考察它们，可分为两大类：感性的和理性的。感性表象是以对象与我们可被对象刺激或以某种方式发生变化的固有能力的关系为内容的。而理性表象则绝对地与对象相关，因为它们是在与主体的敏感性没有任何关系的情况下被观察到的。

感性表象要么是感觉，这需要感官，要么是现象，这要以直观能力为基础；前者是主体状态由于对象的存在而产生的变化，后者是对象本身的表象，这时对象脱离了与感官的关系。

存在着两种理性认识：一种是借助于思考（理性的思考）的认识；另一种是借助于理性概念的认识。几何学包含着关于对象的理性思考，但仅仅借助于感性概念。理性思考（反思）对于一切认识都是共通的。

651. 一个概念仅仅是由于它是普遍的才是一个知性概念，知性概念之间的关系是逻辑性的。一个概念如果不以任何感性为基础，它就是一个理性概念，而非逻辑的感性关系是现实的。

我们赋予陈述（思想的表述）的感性的东西是：使其风格化、集中化或者生动化。过度的风格化是学究气的，过度的集中化和生动化则令人眩晕或者流于调笑。我们一定不能使表述躲在思想背后，而要赋予思想以形态。

---

[1] 费马（Pierre de Fermat，1601—1665），法国数学家。提出过著名的“费马猜想”，他曾与笛卡儿及其学生克莱西里（Cleselier）就光的折射问题展开争论，认为自然竭力要在最短时间内达到它的目的，由此他得出结论：光要在尽可能短的时间内由一种介质的一点达到另一种介质的一点，然后在同样短的时间内返回来。——译注

愉快和不愉快的情感显然不能与我们一般借以感知某物的感官脱离关系，每一种感觉要么是愉快的，要么是不愉快的，因为感觉与自我意识或敏感性要么是协调一致的，要么是互相冲突的。但事实的表象以及现象或概念与感觉不是一回事，因而就只与一种特殊的愉快或者不愉快相关。所有单色都引起同样的愉快，声音或暖、冷、甜、酸、苦、涩也是这样；如果它们很弱的话。上述感觉只有很强烈时或者混合在一起时才会引起厌恶。

652. 道德由其纯粹原理而与内在的诱惑协调一致要胜过每个人心中这两者因利害关系而产生的结合。我既没有为这两者创立有趣而迷人的艺术的技巧，也没有这种意向。

653. 鉴赏活动中令人愉快的从根本上说并不是其特有的直观的轻松化，而首先是现象中普遍有效的东西，也就是使单纯个人的情感与普遍的直观或者情感的普遍规律相一致。因为在感觉的关系中也有某种普遍有效的东西，虽然每一种感觉在舒适方面只能有一种个人的有效性。

感觉的轻松当然能产生愉快，但那不是认识的轻松，除非我们所认识的东西与我们的状态有一种关系。因此在孤独中感性的各种比例不可能产生任何愉快，而在社会中属于我们自己的东西却会引起愉快之情，因为在社会中人们的感觉、情感才有互相印证、互相协调的可能，属于我们的东西才有普遍意义。

654. 在美中有某种与他人有关的东西：对称；还有某种只与占有者有关的东西：舒适和有用。后者还不同于直接的魅力刺激。

655. 烟火中也有形态和感觉的游戏，因为在现象中存在的要么是一个对象——对象总是被置于空间之中，要么只是一种感觉——这种感觉是按时间关系而存在的，前者称为形态，后者称为活动，两者常常共存。人们所感觉到的要么是他活动时自己的状态，要么是受动时自己的状态，在这两种情况下，人们或者感到自己是自身状态的一种根源，或者感到自己是受支配的。因此感觉要么是主动的，要么是受动的。为了作比较而对现象的形式产生的感觉是主动的。主动的感觉本身总是适意的，而一切能促进主动感觉的受动感觉也是适意的。只是它们不是任何关于对象的感觉，而是内在的感觉。一切个人的感觉，即他自己作为一种活动的根源的感觉，都是主动的；而把他自己作为异己力量的一个对象的感觉则是受动的；感觉越是单纯受动的，也就越是令人不快的。受动的愉快看来只有借助于把它带入活动之中的主动的动力才能强化。

656. 我们看到，自然之中几乎一切脱离普遍的物质团块而自行构成其属性的东西[1]在人类的眼中都是美的；由此可见，美是完善的一种结果，对完善的感性直观必然建立在完善本身依据概念立于其上的同一个基础之上。因此，对完善的认识对于人类来说也许是第一位的；对它的感性直观是美，它出现在感觉中就是舒适。

知性由一切外在的感觉构成了空间关系；但因为空间关系不能对感官产生影响，因而感觉中就必须有某种任何知性都不能清晰构成的东西，那就是绝对和实在。这一点正是完善中的绝对知识对于知性来说成为不可能的原因，因为意志及其完善总是以一个善的对象为前提。看来以下情形是不可能的：有一个不同于上帝的本原的善，对这种善的认识为我们构成了作为意志的一个对象的可能的善的表象。

657. 一般来说与愉快和满意具有一种不确定的普遍关系的东西——即或者愉快作为可疑的东西（problematisch）被确定下来，或者根本不予确定——就是善，还有绝对意义上的完善，例如理智、健康等；两者虽然一般来说是愉快和满足的条件，却仍是达到完善的中介。但因为一个自由意志一般要选择愉快，把愉快包含在自身之中，排斥一切其他感情，所以自由意志的普遍有效性就是唯一内在的善。

658. 时间与感觉的关系有关，空间与感觉的对象中的关系有关。

感觉与感官相关；在对象是感官的客体的范围内现象与对象相关；概念与一般对象相关，这是就对象不是相对地被视为与感官有联系这一点而言的。属于第一类的是感性，属于第二类的是知性，属于第三类的是理性。因为知性不能构成任何普遍概念，它只能使已被给予的概念互相并立，是一种赋予对象以形式的能力，这种能力通过各部分的互相并立而构成一个整体。意识能够达到所有这些概念，但并不能因此就给出或创造出这些概念，而只能发现它们。通过意识不能产生图像，而只能清晰明白地认知图像。

---

[1] “普遍的物质团块（allgemeinen Klump der Materie）”可能指混沌无形的物质，脱离物质团块而“自行构成其属性的东西”可能指由原始物质中产生的形态各异的自然产物。只要人以审美态度对待它们，它们就都可能是美的。——译注

659. 感觉是在效果方面来观照同一类事物的，虽然在最初的表象中这些事物就是异质的，例如烹调艺术和文体、美的艺术。我们比较不同种类的快乐和痛苦，并判断它们是相同的或不同的，好像它们是同一种类的。

我们关于可能性的判断也正是这样，这种判断中两方面的理由是不同种类的，也不能比较。

660. 属于美的艺术的有制造家具的艺术、服装艺术、装饰艺术，还有雅观得体地把一个随员安排在队伍中或集会上的艺术。燃放烟火。属于舒适的艺术的有烹调艺术。把一天分成工作、娱乐、学习、修身、休息几部分。

（把菜肴端上桌，安排客人。）

661. 我们可以从事物直接使我们愉快的角度来观察它们（间接的愉快来自有用性），这或者是在感觉中，或者是在现象中，或者是在概念中。我们也可以从事物属于我们自己而使我们愉快（自爱）的角度来观察它们。这种占有的快乐可能与他人对于属于我们的东西也感到愉快有关，这就是说，我们因外在现象而感到愉快。其原因是：（1）因为使所有人都愉快的东西接近于善；（2）因为我们的一切欲求以及我们的理性认识都是从整体走向部分，从普遍走向特殊，从无限走向有限，因此，我们只让我们个人的赞同总是在它好像是能从普遍赞同中引导出来的情况下有效，并且与普遍赞同协调一致。因此在与我们自身有关的一切事物中，荣誉是最接近真正绝对的善的东西。这本来涉及沽名钓誉，而沽名钓誉只具有否定的意义，只是它避开了蔑视甚至极度的憎恨，而且它算不上是竭力扬名的那种追求光荣之心。

一切有用的东西都从属于普遍有用的东西，这普遍有用的东西就是金钱。由此在一些情况下有用的东西得到比美的东西更高的评价，在另一些情况下则相反。但比起善来有用的东西总是微不足道的。有用的东西作为善的必要条件属于生活必需品。只限于与某种舒适或美相关的有用之物只是一种手段，不如目的那样有价值。但可普遍应用的东西，例如金钱，更受欢迎。但因为它只是一种手段，对它的直接兴趣就要比直接对美的兴趣更低微、更鄙俗、更无价值。

662. 小的事物只能被看作借助于大的事物才可能，才被给予，这或者是包含在大的事物中，或者是通过大的事物显现。这首先是因为：小的事物只有通过包含一切综合于自身的东西亦即空间和时间中的互相联结才能构成大的东西。理性总是必然地设想自己在对付极大的事物，在追求洞察一切。善和完满也是这样。最高的善不能由许多小的善聚合起来而构成。

全体不能由杂多而构成，而只能由统一产生。因为由互相结合而产生的东西虽然本来会构成较高的一级，但这种结果却不能通过把许多小的东西聚合起来而达到。

663. 一切分析，作为一种清晰化的手段，要么是使表象并立，要么是使表象从属。如果表象不是一个从属于另一个而只是互相并立的，那就不能从其中之一引导出另一个，就一定是明晰性亦即部分概念（Teilbegriffen）的较大的清楚性的外在手段；如果表象是从属的，不管是互相从属，还是个别概念从属于普遍概念，亦即低级概念从属于高一级的概念（不是从低级概念的抽象中产生高一级的概念，那是理智的明晰性），那么较高级的概念就可通过对较低级概念的注意和对某些低级事物本身的注意而被认识。

664. 年轻人一般具有严肃的、高尚的、悲剧性的同情心；老年人则具有笑意，具有经验、智慧和喜悦的心情。有一种文风倾向，会以一种可笑的方式使可鄙的事物崇高化，以一种嘲讽的方式把丑恶的东西描绘为高贵可爱的，把懒惰可笑地描绘为功勋卓著。反之，又以一种令人发笑的不关痛痒的方式把不幸和痛苦压在读者心上，把最崇高的道德描绘为傻事，把微末的事物放在伟大的事物之上。

正是深深地射入人类心中的利箭（Pfeile，大概指人心中先天的善。——译者），赋予人们以温柔开朗的心情，使人们只奉行平常的道德准则，而不遵从浮夸的道德原理。因为严肃的精神境界中伟大的东西并不先于如下的人而存在：这种人由于他周围的一切都很渺小，就更习惯于鄙视罪恶而不是仇恨罪恶，习惯于在符合义务的行为中寻求愉快，在相反的行为中发现丑恶，而不是去追求英雄式的德行。

665. 善感属于判断能力（Beurteilung）。敏感属于知性。

666. 本原的善必然是一种愉快的对象，而且在一切事物中都必然是这样。只有它才是一切事物的最高原因。因而善总是只存在于形式中，质料则是情感。如果情感是个人的，那善就只能是间接的善；如果它在一切之中都必然是一种愉快的根源，它就成了普遍的形式：完善性（Perfectum）。

667. 如果我们的一切目的都在于概念，那就根本不会有任何感情。

668. 在情感中有某种类似鉴赏力的东西，那就是机灵熟巧（Geschicklichkeit）——猜中和选择一致意见的机灵熟巧。

669. 愉快是A；漠不关心是非A；不愉快是-A。不存在任何完全漠不关心的情感，只有相对偏向于某一面的情感，因为对于一切主体状态总有适意和不适意可言。关于美和善也正是这样。不过存在着一种平衡状态：A-A=0。人们谈论：愉快，漠然，不愉快；满意，漠然，憎恨；美，平庸，丑；善，无价值，恶；尊重，不关心，鄙视；恨，冷漠，爱。因为正如一切单纯的情感都是令人愉快的，只是由于矛盾冲突才令人不快，所以一切单纯的积极的感性关系和理性关系都是善的，只是由于矛盾冲突才变成恶。

670. 在美或者鉴赏方面除了艺术就只有批判、观察以及通过分析把对象与鉴赏力加以对照。美的科学只是解释鉴赏现象的一种尝试。

671. 鉴赏力是判断的根基，而天才则是施行的根基。批判是按普遍规律的判断。但因为这种规律本身以鉴赏力为基础，所以一个具有鉴赏力的人要优于一个饱学的批判家。另外还有一种判断的学说，这种学说以理性的普遍原理为基础，例如逻辑学、形而上学和数学。

有的人总是对自己十分满意，这样的人只满足于有一定能力，他的判断不再追求完善。缺乏天才的鉴赏力对于自己总是不满意，由于自己缺乏足够的能力而做出严厉的自我批判，以致具有这种特点的人根本不写什么，或者胆怯而艰难地写作。相反，富有天才但缺乏鉴赏力的人却创造出粗豪而可贵的作品。

672. 我们已经谈论过某种东西，它是我们的状态[1]所需要的，或者能刺激我们的状态，并关涉到我们的福利的东西，在这个范围内它也是使我们愉快的东西。现在我们要谈论本身令人愉快的东西，我们的状态可能因它而发生变化或不变，这种东西也因为它被认识而不是被感觉到而使人愉快。因为每一个感性对象都与我们的状态有一种关系，甚至在属于认识不属于情感的东西中，亦即在多样

[1] “我们的状态（unsere Zustand）”一语在康德的人类学著作中经常出现，它的实际含义主要是作为主体的人的感觉、感受、情感、反应、理智、伦理倾向等，是一种综合性的心意状态，甚至也含有生理因素。——译注

性与形式的比较[1]中也有这种关系（这种比较，由于它使我们感到劳累或使我们感到轻松，使我们全部的认识行动活跃起来或阻碍这种行动，就刺激了我们的状态），因而在每一种知识中都有某种令人愉快的东西；但这里出现的赞同不涉及客体，美不涉及被认识东西，而只是被感受而已。对象上面使人愉快的东西，被我们当作对象的性质看待的东西，必然存在于对每个人都有效的东西之中。空间关系和时间关系就是对每个人都有效的，不管一个人可能有什么样的感情。因此，在一切现象中形式是普遍有效的；这种形式也按照并立的普遍规律而被认识，因此必然使每个人都感到愉快，而且美的东西也是适应空间和时间中的并存规律的。在对美的观照中产生的愉快关系到一个整体的可理解性，而美则关系到这种合适关系的普遍有效性。

善令人愉快肯定是与现象的条件无关的。

673. 一座钟，从它为每一个人报时这个角度看，它是令人惬意的，从它供每个人观赏这个角度看，它是美的，从它一般地能为一个可能的意志，亦即一般地为众人划分时间——不管那人是否感到舒适——这个角度看，它是善的，并且因而与个人的状态无关，而与个人的状态发生关系就可能激起美感。

自由必然地使每一个人感到愉快，因而是善的，理智也是这样。一个人热爱他自己的自由，这是出于追求舒适，而热爱普遍的自由则是因为这种自由是善。独有这种爱本身是善的；谁热爱普遍的自由，谁热爱普遍的福祉，他就会致力于为每一个人争得自由和福祉，因而他的意志也就会使每一个人感到愉快。

674. 人们把通过人类本性中所没有的中介达到最高的善的能力称为精神，把只通过人类本性达到最高的善的能力称为肉体（Fleisch）。在这两方面，以清晰明白的原理为基础的道德和幸福的根源是理性，而存在于情感中的则是心灵。我们不应该从心灵开始，也决不应以心灵的感觉去把握某物，因为在这种场合里一种基本的道德情感会把理性的一切欺骗称为善。

---

[1] 多样性与形式的比较：这里表述的是康德认识论的一个重要环节，其中“多样性”指的是感官所摄取到的感性杂多，是认识的质料，“形式”是指先验感性所提供的时空形式以及知性纯粹概念（范畴）。“比较”是把感性杂多纳入时空形式或概念、范畴之前的一个必要的思维过程，其目的是鉴别当下的感性杂多适用于哪一种概念和范畴，然后即进行归属，形成知识。——译注

675. 内在的价值（bonitaet，源于拉丁文bonitas——善良、仁慈、公正。——译者）在于一件事实与对一切可能的目的都适应的性质的必然的结合。

676. 就对象而言，一种认识的完善是逻辑性的，就主体而言，认识的完善则是审美性的。后者由于它通过主体在其中将其感官指向对象的关系，并通过占有而增强了主体对于自身状态的意识，同时也增强了生命意识，因而被称为活泼生动的。抽象的观念几乎会断送生命意识。

677. 在鉴赏方面不同的判断并不因为是不同的判断而互相冲突，但在某物是善还是恶这个问题上，不同的判断却互相冲突。我们不能假设在后一种情况下双方具有相同的情感，因为从不同判断的对立中必然要产生矛盾冲突。

678. 我们直接通过感性就可发觉舒适和美，不必借助专注于原因和结果之关联的知性来判断。而有益则只有理性才能认识。这种有益存在于作为手段的某物与令人愉快的东西的关系中，这可能显现为快乐或只显现为美。事实可能或多或少令人愉快，而完善的手段本身就是善的，并且完全令人愉快。这里存在着一种最伟大的快乐，更确切地说是一种快乐的协调一致。如果目的不同，那么各种各样的手段都会以特有的方式成为完善的。一个目的一般来说是愿望的对象，因此，与一般意志必然地协调一致的东西就是善。虽然快乐与享受快乐的人的意志必然地一致，但它并不是必然地与每一个人的意志相一致。如果目的本身成问题，就很少有人去追求手段。

679. 使人快乐的东西并不因此就是绝对的善，而只是对一些人善。如果快乐经久不变，那也不是善，而是使某一个人舒适，因为善乃是一个客观性的谓词，不只有主观的有效性。（因为舒适一般说来必然什么也不是）

善不过就是意志。没有任何意志的东西，只具有相对的善，甚至在它具有理智时也是这样。一个很聪明的人，如果他的意志与他的整个人格，亦即与他全部感官和能力的基本状态相一致，他就可能是很善良的。我们可以设想，这个人的目的就是实现他的全部愿望，他的本性就适应这些愿望，而追求实现这些愿望并不是另外一个与他的意志相一致的外人的目的，而是他自己的目的；如果他的意志与这些目的协调一致，他也就与自己协调一致了。追求人们所期望的东西，这在客观上是必然的；因而一个人的意志与他的基本目的协调一致就是善的。

占有是从我们的状态所要求的东西出发，最后达到我们人格的价值。衣冠楚楚的人受人尊重……他自认为比其他人更有价值，并且鄙视穷人，因此招致穷人的忌恨。

必然性有两种：一种是原因上主观的必然性，一种是价值上客观的必然性。我们不仅仅要问：事物凭什么必然存在；还要问：它为什么是必然的，这也就是说，为什么它存在着就是善的。这叫作基本的目的，但不是创世者的基本目的，而是希望把意志当作他唯一亲在（Dasein）的人的意志的基本目的。这种根本的善或者最高的本原的善是不可能澄清的。

680. 我们的一切表象的源泉是感性、知性或者理性。感性是下述知识的根源：这种知识表达了对象与思维主体的特性的关系，即表达了思维主体如何被对象所刺激，或者对象按照主体的特殊规律产生了什么样的表象。知性关系到对象本身；感性知识只表达了对象对于主体能够显示出什么，这种知识只有个人的有效性，而知性知识则反映对象本身的状况，并且对每个人都有效。感性可以按其质料或者形式来考察。感性的质料是感觉，感觉的能力是感官；感性的形式是现象，产生现象的能力是直观。一切错误都起源于：按感性规律相结合、相比较的东西被当作由理性所思考的东西，把只对一定主体具有有限效力的东西与对象联系起来，被视为对每一个人都有效，或者本身被视为真实的。

681. 在综合的秩序里善和完满性是一切愉快的必然条件，美和崇高，还有可爱的东西、感人的东西，都以此为基础。但按照人类的倾向来说一切都处于相反的秩序中。

在感觉中既没有明晰，也没有混乱，因为只有在现象中才能由诸多局部感觉构成一个整体。但在现象中，混乱并不是因为感性之故才成为明晰的障碍，而是因为，只要某种东西是感性的，理性就尚未对表象予以加工。

关于占有：这是对象对于个人感觉的一种关系。

关于善：它是与人们所期望的东西的一种协调一致。

在舒适方面，人类情感的本性提供了质料，在美方面，是由人类鉴赏力的本性提供了形式，在善方面，既不是由人类某种本性提供了质料，也不是由这种本性提供了形式，而是由一般的理性，亦即由事实本身提供了一致赞同。

682. 感觉要么是人格的感觉，要么是一个人的状态的感觉。如果某物不只是我们表象的对象，而是与我们的人格一同被视为与我们自身有关的东西，那么就从中产生了一种新的感觉。粗心草率会损害我们的善，仇恨或恶会损害我们的人格。在某种活动中失败，如果这是由灾祸而造成的，将被视为仅仅与我们的状态相关；但如果是由自己的笨拙造成的，那就与我们的人格相关了。

683. 由于我们表象中的感性具有一种确定的形式，因此不仅需要总括（Zusammennehmung），还需要联结秩序（Zusammenordnung）。这种协调是一种并列之物的结合，不是隶属或者从属，理性所做的正是隶属和从属。一切并列的基础，亦即感性的形式，就是空间和时间。一个对象按空间关系而形成的表象是形态（Gestalt），对形态的模仿就是图像。不含有一个对象的表象的现象的形式只存在于感觉按时间关系的联结秩序之中，而现象则称为一个后果。所有对象都只能在一种形态之下被感性地或直观地认识。其他现象完全不能表象出对象，只能表象出变化。人的形体的一个连续系列的直观形式是哑剧，按时间节奏而活动的连续系列是舞蹈；两者结合起来就是舞剧。舞蹈对于眼睛就像音乐对于耳朵一样，只是音乐中要有比例精确的微小的时间划分。艺术要么是造型的（bildend），要么是模仿的（nachbildend）。后者包括绘画、雕塑。造型的艺术要么只构造形式，要么也塑造质料（Materie bilden）。只塑造形式的是园林艺术，同时也塑造质料的是建筑（甚至包括家具制作）；甚至战术也属于美的安排，军事演习也属于美的表演，属于造型艺术的一般来说有各种创造美的形态的艺术，例如，美的容器，金银首饰，象牙雕刻，家具，甚至还有一间房屋的华丽装饰以及建筑。与此相似的还有礼貌和劳动。

如果人们不想使异性感到愉快，跳舞就失去了魅力。因此已婚的男人对跳舞的兴趣不能持久；女人则到老仍保持这种兴趣，因为她们始终想使人愉快。在现象与对象相关这个范围内，现象是感官的一种表象。如果现象只与主体相关，它就是感觉。被反映的现象是形态，被反映的感觉……（句子到此中断）

684. 使感觉舒适亦即获得快乐的艺术是单纯经验性的，甚至连批判都经不起，除了从经验中抽取出来的法则之外，没有任何普遍的规律。

685. 形体的游戏和感觉的游戏首先需要时间的相等的分割（时间单位的一致性）或者说节奏，其次需要一种从局部变化的关系中抽取出来的可理解的比例。舞蹈的魅力要么是肉体性的，这种魅力以全部四肢的适当的运动为基础；音乐的魅力以由声音所引起的肉体纤维的合比例的运动为基础。理想的魅力以一种关系为基础，这是不断运动的形体姿态与情感的关系，或者互相伴随的音响与人声以及情感表达的关系。

686. 对美的考察是一种判断，不是享受。这种现象当然会产生一些快乐，但与对美所引起的愉快的判断根本不相称，美所产生的愉快只存在于关于对象所引起的愉快的普遍性的判断之中。由此可见，由于这种普遍有效性是没有实际用处的，因而一旦离开社会，美的一切魅力就随之消失。同样在孤独状态下很少产生对美的兴趣或爱好。

687. 对现象的较高的判断能力是健全的知性；对事物性质的较高的判断能力是健全的理性。就使我们感到愉快的东西而言，对现象的判断力是正确的鉴赏力，对事物性质的判断力是情感。

理性要么是教条式的，要么是经验性的。后者重视不包括在普遍规律之中的东西，并以此代替了规律的多样性。甚至，因为经验性的原理只有一种不必苛求的普遍性并且在大多数场合都是适用的，因而健全的理性就改善了可能由教条式的理性所带来的缺点。教条式的理性只是综合经验对象时的一根拐杖，人们用它来减轻一些劳累。它不能把一切多样的经验都纳入规律之下，更不能把如下条件纳入规律之下；在这些条件下，每一个特殊情况都可被归属于普遍规律。既然是那样，我们就必须信赖一种试探性的健全理性，虽然如此，健全理性在下述科学中还是没有什么益处；这类科学的本质在于一切都要从普遍的纯粹的理性概念中推导出来，例如数学和形而上学。没有人能教会别人具有健全的理性。

688. 回味的愉快（例如幽默和真实的想头）只有在美的魅力中和善的情感中才会遇到，对舒适感觉的回味不会产生愉快。

689. 感觉常常是不舒适的，但感觉的游戏却是舒适的，例如，一段生活，其中祸事与幸运、恐惧与希望交替出现，而最后却黄袍加身。假使对象不使人愉快，对对象的模仿也不使人愉快，但其中仍然含有愉快的根源。在不和谐的表象、可怕的表象和可怜的表象上舒适的根源只在人的躯体中，只在人被表象所刺激的方式中，在这里一切都与人的气质相关。

690. 绘画艺术中含有：设计（das Facrum——行动），布局（gruppiren——编排），这样它才能作为一个整体出现在眼前。不存在任何不包含对比的好的布局。（燃放烟火时有形态的游戏）

691. 幸福或者舒适，荣誉或者高尚，价值或者优雅的行为。

692. 善一般来说是和愉快，亦即和意志普遍一致的东西，同时善也可作为达成某一确定目的的手段，不管这目的是什么，或者说，善是获得每个人所期望的东西的手段。

693. 理性生物自身具有完善性的关系点（Beziehungspunkt）。这种关系点也可能存在于理性生物之外；但它从来不是合乎善的规律的，这正是因为它外在于理性生物，这就是说，这些理性生物是为其他理性生物而存在的。

694. 协调一致有两种：（1）部分与整体的协调一致（或者是质料上的，或者是形式上的）；（2）原因与结果的协调一致；后者是一种归属性的结合。多样性对于一个确定目的协调一致是相对的完善；与一般愿望协调一致的形式是绝对的完善。

695. 在属于我们的表象的一切之中，在作为对于对象的一种认识的东西和只涉及主体被对象的存在所刺激的方式以及属于主体状态的东西之间有着根本的区别。第一种是知识，第二种是感觉。在作为感觉的原因的对象之前还存在着某种东西，由于这种东西的存在，主体就成为受动的，而且只有受动的主体能有感觉。莱布尼茨认为对某一客体的感觉就是对这一客体的认识。只是因为那些不能通过其表象把握对象本身的原因的生物，必须首先以某种方式被对象所刺激，这样才能获得关于对象存在的知识，所以感觉虽然肯定是外在表象的条件，但还不是这种表象本身。我们也不能反过来说客体的表象不过是感觉，因为否则感觉就是观念性（idealism）的了。因为知识是客观的，感觉是主观的。一切认识可分为两种，一种是对作为感觉对象的物的认识，一种是对自身的认识。前者是感性的认识，后者是理性的认识。

696. 一切完善都似乎存在于一件事物对于自由的协调一致之中，因而也就是存在于合目的性之中，存在于普遍适应性等之中。因为一切事物在经验性的理解中本来只是在符合感性规则的情况下被表象出来的普遍接受的东西，所以经验对象的完善就是与感性规则的协调一致，而这种协调一致作为现象就称为美；应该说，这是完善的外在方面，对象因为被单纯观照才令人愉快。对象通过鉴赏以及情感的共鸣而引起了愉快，因为对象以此被普遍赞同而又看不到它借助于直观或者有用性对主体情感所产生的影响。在某物只与感官相关时，只有鉴赏才能使它得到普遍赞许；在某物由理性判断时，则是意识使它得到普遍赞许。最符合全部感官活动的东西就表现出与人类感性的协调一致，并因此而表现出完善性，因为完善性最终导致了与幸福的一致。

697. 一件事物通过情感而引起的愉快有三种：（1）由感觉而来的直接的愉快；（2）由于占有这一对象而在我们的状态上产生的愉快；（3）对我们自身的愉快。如果第一种愉快不含有第二种愉快，它就成了判断。

698. 美的事物本身不如其现象更能引起愉快。如果我们关于人类躯体的表象由眼前所见的各部分所构成，那么我们关于它的概念中就不包含任何美的东西。

理性认识中也存在一种美。甚至有用性也可能是诸现象的综合。

699. 就其对每个人都有效而言，一件事物的内在价值可以依据感性规律、鉴赏规律或者理性规律来评估。我可以在那上面发现一种特殊的愉快，但我不愿意别人把这算在我身上。这不是事物的内在价值。

700. 我们不应该说：自然中的一切美只是旋律，理智世界中的美是节奏。

701. 有某种东西不仅因为当它被认识时可能普遍地令人愉快，而且因为它现实地普遍令人愉快而被我们喜爱，这种东西就是尊荣。或者：有某种东西因为既能使其他人愉快，又能使我们愉快，这种东西就是美；有某种东西只因为使其他人愉快才使我们愉快，这种东西就是礼貌。尊荣在于某种事物因为使他人满意而具有的魅力。这种判断的理由要么是经验性的，要么是理性的。某物因为使其他人满意（gefallen），它也使我颇为愉快（vergnugen），但它不能使我喜欢。情感倾向于值得尊敬的东西，鉴赏只以魅力来打动我们，亦即只以能赢得尊荣的东西来打动我们。对尊荣的淡漠要么是不在乎任何耻辱的那种淡漠，要么是对黑暗毫无憎恶之情的那种淡漠。憎恨黑暗的人是追求荣誉的；害怕耻辱的人是热爱荣誉的；不在乎任何耻辱的人是没有荣誉的人；心满意足的人应深自韬晦，暗自得意。鉴赏需要追求荣誉的欲望。

由于我们创造美好的事物，对人彬彬有礼而赢得了尊敬；由于从事使人快乐的事情而赢得了爱。因此一个女人可以期望敬重和爱。甚至作家也因善意、谦逊和公正而期望别人的爱。重要的人物则期望别人的敬重。

702. 因为按照感性规律空间和时间是对象之可能性的普遍条件，所以现象或者感觉在空间和时间关系中与依据形式产生表象的主观的普遍规律的协调一致属于必然与每一个人的感性相一致的东西，因而也就属于鉴赏力。相反，与感觉的协调一致却是偶然的。鉴赏是社会性的。音乐。

703. 非恶意的行为被称为善的；出于对他人的正义的尊重而产生的行为是受人欢迎的，甚至出于对并不完美的正义的尊重而产生的行为也是如此。在个人的人格里体现了人类尊严的人会受到高度评价，最后，关心他人幸福的人会受到崇敬。

704. 一幢美观的建筑物就是这样受欢迎，不管人们是无数次看到它还是只见过一次。它甚至不会引起明显的占有它的欲望。

705. 使其知识普遍化的能力，亦即后天地达到普遍概念的能力，就是知性。普遍原理就是知性借助于归纳法产生出来的，而且这种原理也适用于生活中出现的事件。先验地认识普遍性的能力，先验地认识某物不经验证就知其普遍有效的能力，这种能力不凭借归纳而是凭借演绎，亦即不只凭借后天借用来的目的，而是凭借客观的目的就能勾画出普遍性的东西并把特殊包含在其中，这种能力就是理性。理性与善有关，知性与自利（Eigennutz）有关。

706. 愉快和不愉快不仅与欲望有别，而且并不能总是限制积极的欲望，因为意志是自由的。除了赞同的理由之外，肯定还存在着一种奉献的动因（Principium）；因为赞同的理由能打动一些人的意志，同时也能打动所有人的意志（例如，某些人向往正义，以至使得所有人都有了正义感），而奉献的动因则只影响到个别的主体而不顾及其他人，甚至在其他人提出异议时也是这样。如果一种被普遍接受的行为才是善的，在它还没有被普遍注意到时，我就应该受它的约束，为它承担义务，为什么会这样呢？或者说，为什么我应该痛苦地遵循一种规则，这种规则在人们所可能制定的规则中虽然是有益的，但却总是不被普遍理解？

我们可以把爱利亚学派的基本原理“感觉不是科学”用于鉴赏和道德情感。这类原理仅仅由归纳而产生，而且只与主体的偶然状态相一致。

“鉴赏无争辩（de gustu non est disputandum）”这个命题，如果“争论”一词的意思是“双方都通过理性根据为自己辩护”，那就是完全正确的。但如果那意思是“其中根本没有任何规律可言，亦即没有任何合理的反对意见”，那么它就是一个非社会性（Ungeselligkeit）的原理，一个粗野的原理，也是一个无知的原理。

707. 值得注意的是：人们更憎恶道德上的恶（罪行），而对于不幸则只是希望它不要发生。如果我的朋友被人偷窃，我就不会希望作案人根本不想去偷。我们憎恨偷窃行为，但只要不是我们的朋友被偷，我们对它的存在（Dasein）就会漠不关心；因而憎恨是件评价判断之事，不是情感或欲求之事。反之，没有人憎恨疾病，但人们都希望不要得病。希望我不要遇上祸事和希望祸事一般不要发生这两者之间是有区别的。可以说，憎恨是一种希求某事不要发生的普遍愿望。但正因为它是普遍的，它也就无限薄弱。因为德行和罪恶是值得期望的幸福以及不幸的首要根源，所以在没有任何偏爱的地方，人们就不要求任何一个人有道德或者免除罪恶。人们可能出于忌妒或仇恨而期盼某人遭遇不幸，但从不期盼别人犯下纯粹的罪恶，除非那罪恶乃是一条通向耻辱之路。

人们可能确实普遍地希望道德存在。（这就是说，希望一切人都有道德的，但如果有一个陌生人，我们以及我们的朋友从不会遇见他，我们就不期望他有什么道德情操。）

708. 虽然由知性可以产生赞许和同意，但不能产生快乐。一切情感总是与作为人的我联系在一起，而且只能经过肉体的中介而被感受到，尽管引起这种赞同的概念是从知性中产生的。

709. 一切理性的普遍概念和普遍规律通过知性都成了实践性的；因为知性使经验或事件的概念具体化，并由此而选定了某种规则，依据这种规则通常要有某一事物产生。

710. 鉴赏与普遍令人愉快的事物有关，这种事物或者是在感觉之中，或者是在现象之中。在这两种情况中，愉快都不如对普遍性的赞同所引起的愉快那么大。情感与不需要个人感觉而被普遍赞同的东西。

以下情形对每一个人都是好的：他的鉴赏力并不同时成为偏好，而只是帮助他去判断使所有人都愉快的东西，并使他在社会中成为合群的人。对于孑然独立的人来说，不经特别的选择就使善的东西和轻松的东西成为令人满意的追求目标是最好的事情。

711. 与一般知性规律相符的是真正的或逻辑上善的。与一般感性规律（必然地并且因而是普遍地）相符的是美的（因为一切感性都带有优美或不舒适的成分，激发起活动的东西是使人舒适的，如果这种舒适是普遍性的，它就是令人愉快的）。与个人的感性（感觉）规则协调一致的东西是使人舒适或快乐的。与一般的意志规律必然相符的是善。但因为意志本来就是一种按照某种认识而发生的活动，而且意志要么是在个人的关系中来考察主体，要么是在一种普遍有效的关系中来考察主体，因而与主体依据知性规律而发生的活动普遍协调一致的东西就是善的。

712. 如果我把自己看作感性世界的一个个体，那么与我自己协调一致就使我舒适；与作为受全部感性世界制约的我相和谐的是美的；与作为理智世界的一员的我协调一致的是善的；首先是与作为一个独立的个体的我协调一致，其次是与作为整体之一员的我协调一致。

713. 感性的鉴赏要求：使人快乐的东西并不排斥许多其他使人快乐的东西。在这方面需要强烈刺激的人是缺乏鉴赏力的。颜色。清淡的菜肴。［自由而丰盛的选择。自行扩展的感觉的次序（Ordnungen der Empfingungen）。］属于对现象的鉴赏的，首先是想象的轻松。在某一种类的事物中经验一定会给出原型（Urbild——典范、典型），这种原型就称为美的。

714. 为了把事物区分开，我们与它们之间有两种关系：（1）通过辨认事物是什么（表象）来区分事物；（2）通过它们对思维主体意味着什么（判断），亦即通过它们的价值来区分。在两种情况中都要把实际存在的和应该存在的区分开，要把主体关于事物的表象与主体应有的表象区分开，把事物对于主体的价值与事物应有的价值，亦即把主观价值与客观价值区分开。或者说，把只对个人有效的东西与普遍有效的东西区分开来。

715. 符合主体个人规则的东西在感觉中令人愉快（舒适）。

与一般主体规则（人类的）普遍协调一致的东西，在现象中令人愉快，这就是美的东西。

与一般主体（可以是人类主体或者其他主体）协调一致的是善。事物的价值总是关系到与主体的适应。

716. 普遍性的先验感性论，先验逻辑或者形而上学。关于特殊（事物）的感性论（愉快和不愉快）。鉴赏学。关于实践哲学。关于人类理性的使命。解释。

717. 感情（sentiment）是对作为原理之根源的东西的直观，或者说是根据具体规律所下的判断，因为抽象的规律就是原理。

718. 因为唯有感性魅力才促使人尽情地活动，嘲笑一切原则，并使聪明人成为傻瓜，所以想以理想的魅力和诙谐幽默之美来巩固本能欲望的并不是情感。

令人迷惑的本能欲望在我们对天堂的期待中时时把我们引入黑暗，并使我们成为小孩子玩的八音盒中的发声器（Spielwerk）。一个人更应该把他的诙谐幽默用于协助高尚的情感和理性的法度对抗上述本能的专横统治的事业，以便清除他的幻觉，使他学会服从道德和社会法则。

719. 就像在教育中把某些游戏与一些假设的憎恨结合起来一样，人们也可以把某些直接的憎恨与关于本身被视为恶的罪行的理性观念结合起来。因而在教育中纯粹的道德品性也能与具体的情感结合起来，但不是以上述道德品性为基础，而是以纯粹概念为基础。

720. 我们对某人心怀憎恨，或者对这个人的状况心怀憎恨。对这个人的憎恨要么出于感性原因，要么出于理性原因。对我们自身的憎恨可能常常因为对我们状态所感到的快乐而被克服消解，而在非法侵占别人时对自己憎恨则会增强。

对自己状态的不满是不愉快；对事情（或他人）的不满会成为谴责；出于要判明责任而对某人不满则会成为训斥。人们指责的要么是一个人的自然禀赋，要么是这种自然禀赋的运用；后者要么是针对知性的运用，要么是针对意志的运用；对意志的指责是严厉的。对知性的指责含有侮辱的意味，对意志的指责则含有惩罚的意味。只有意志的赞许才会补偿指责。

721. 鉴赏力不在于因我们所享用的东西而感到快乐的能力之中，因为这只与饮食胃口有关，而在于我们的敏感性与他人的敏感性的协调一致之中。一个人的胃口在他人面前没有任何优越性可言，除非他极容易满足，而且不与他人的口味相反。但与使每个人都普遍舒适的东西相关的鉴赏却优于胃口。如果一个人使他的口味越来越精细，又使他的鉴赏力降低到胃口的水平（哪怕是一点点），都是不可取的。因为鉴赏是由一种社会根源而发生的。缺乏鉴赏力的人是落落寡合的人，并且如果不是尚有一种对他人的联系即爱阻止他们，他们就会有一种对人漠不关心的强烈倾向。

722. 原型（Urbild）、典范（Muster）和模型（Modell）是关于事物的三种概念，它们有相似之处，也有不同之处，第一种是在创造中为天才所有，第二种供模仿，第三种供复制。维吉尔在学苑中是典范呢还是模型？古人难道没有被误用为模型吗？

规则，范例，制作。假如普遍的理性原理都是准则……

723. 舒适和满意之间是有区别的。舒适只与感官相关，满意则与欲望相关。要使欲望得到满足需要某种对象，我们在这种对象上所感到的快乐的原因乃是我们自己，我们是在不触动对象也不依赖对象的情况下自我享受，例如：朝霞，田园生活等。关于这类事物，人们说：它们应使每一个人都感到快乐。一种最大限度的舒适并不一定使人感到满意，在人们感到满意时心灵并不一定感到舒适。使人满意的是荣誉，不是舒适。满意是否定性的（Die Zufriedenheit ist negativ）。赏心悦目、轻松愉快既不属于舒适，也不属于满意。知足是无赏心悦目可言的满意。基本需要。

724. 心灵的三种财富是：一个健全的理智，一颗快乐的心，一个支配着我自己的自由意志。如果一个人除此之外还有一个健康的身体，这个人就有了一切内在的财富。外在的财富是自由（安逸）、快乐（富裕）和尊荣。自由和尊荣不是供享乐的财富。

有人以感官去帮助理智，以快活去帮助心灵的情感，以主动性去帮助意志；在外在的方面，舒适的状态有助于情感，荣誉有助于理智，自由有助于意志。

关于普遍有效的判断能力。善也是某种被外在地普遍赞同的东西。这是证实理智关于善或美的判断的外在手段。

725. 感觉的鉴赏与观照的鉴赏是对立的，两者都是能作比较的感性。

726. 有人问，在鉴赏中是否有协调和一致在主宰着。这里肯定有对于鉴赏一词的含义的误解。因为如果我们探究一下鉴赏一词在大多数场合所具有的意义，就会发现，鉴赏的意义正在于它对令人舒适和愉快的东西的判断的一致与和谐之中，而且人们毋宁应该问：是否到处都有像鉴赏这样的活动，而不是在令人愉快的事物中只能见到一种个人的判断，这种判断只是偶然地与他人的判断相符？

这一问题也可在如下问题中解决：我们在对于使他人愉快的事物上是否得到了直接的快乐，并且还有一种不必通过观察而学得的直接判断这种快乐的手段？

看来人类本性并不含有一种特殊的有关信任、善良和友谊的禀赋。真诚和谦恭几乎构成了人的社会特征中的一切完善性。因此，在社会交际中非虚夸的鉴赏大概就是我们必须在其中付出辛劳的最重要的事情。

727. 在艺术方面我们必须有巨匠，在科学方面我们必须有导师。

728. 对满足幸福的必要程度的估价，从积极的方面看包含着现在和未来状态的舒适程度，从消极方面看包含着我们从事娱乐时所怀有的那种幻想，包含着生命的缩短。这使人们认识到可以缺少某些娱乐，并在自我占有中感到满足。人们可能以赞同的态度期待于他人的是：他们生活着并且能互相交往。

729. 情感和魅力会增强感性欲望，鉴赏力会促进理智，并从而提高意志的自由决定。

整洁是鉴赏的基础或条件；法国女人对此所知不多。她们属于富有情感的类型。关于气味。野蛮人。

730. 关于美的不稳定性，或者对偶然地具有美的属性的东西的新奇性的鉴赏。

731. 一切道德似乎都是人的内在价值（尊严），不管是在对自身的关系里，还是在对他人的关系里。所谓与他人的关系，即是指与他们的人格的及其价值的关系，也指与他们的状态的关系。

732. 个别的与情感相关的知识含有与感觉的关系相同的基本关系；可能性，必然性，实体。

733. 视觉对象仅仅因为以含有极少感觉因素的现象从而表现出客体最接近纯粹直观才可能具有的美的属性。因此，颜色作为明显的感觉更属于魅力刺激而不属于美。

734. 丑是令人作呕的，卑下令人鄙视。

735. 通过社会观念令人愉快的东西，是在想象中使人愉快，这种美是偶然的，例如遗迹。音乐表达了情绪。女人和性因素。属于这一类的还有以艺术使人愉快的东西。

736. 情感的判断从来不会错。当我感觉到某物时，它使我感到舒适，这总是真实的。关于其他一切客体的判断，甚至通过单纯的认识对我自己的判断，都可能是错误的。对于自己的幸福的判断也是同样情形。

737. 健全的知性在于有关原因和结果的经验规律之中，健全的理性在于有关道德的普遍理性规律之中。如果问一个未受过教育的人，什么是正义（他可能不知如何作答），但他知道什么是对的。健全的知性是实践的，因为它懂得如何把规律运用于具体事件。受过教育的知性如果从普遍的（以及不确定的）东西抽象地推论出确定的东西来，它就有些僭越了。如果普通的知性把它的规律普遍化，它就有些胆大妄为了。健全的知性比学识更为必要，通过学识得不到其他任何东西。更有经验的头脑，更善于思辨的头脑，更教条的头脑。

因此一切逻辑规律都停留在理论上，因为人们不能通过普遍规律去认识具体事物，这里健全的知性就显得必要了。

738. 解释（以及表述）和目的中的简洁只能是健全知性的特征。成熟的知性。

一切精神产品中都表现出天才、鉴赏力和健全的理性。英格兰人表现出许多天才和健全的理性；德国人表现出同样多的健全的理性，较少的天才和较多的鉴赏力；法国人比德国人表现出较少的天才，较多的鉴赏力和较少的健全的理性。一切都关系到比例。

或者更确切地说就是：在鉴赏中可能是天才或健全的理性更为突出；在法国人中天才比健全的理性更为突出；在英格兰人中健全的理性比天才更为突出；在德国人中模仿的能力比天才和理性更为突出。

739. 某一方面的秩序会使整个心境条理分明，在处理一切事情时都能有条不紊，例如，整洁的房间，一个衣着得体的人。因此花园中的聚会总是秩序井然。

740. 精神是灌注生气的东西。因而精神也就是赋予演说和作品以生命的一种知性。天才就是本来意义上的精神。

741. 鉴赏不同于鉴赏能力（Geschmacksfahigkeit），或者说鉴赏的本质不同于鉴赏的技巧。没有鉴赏能力的人只缺乏某一种感受力，而在鉴赏方面生性反常或有怪癖的人则缺乏任何社交方面的美德，尽管他可能真诚正直。随和的，尽管又显得迟钝的鉴赏力更在于人们对它的评价，而不在于人们是否具有它。这种鉴赏力是从社会产生的，同时也产生了典范和模仿。

742. 富有感情的谈话要么出现在一个人只表达他自己的情绪时，要么出现在事物的概念和表象如此生动，以致这些概念和表象同时打动了他自己以及他人的情感之时。以赞美诗来颂扬上帝之伟大的善男信女和天文学家，把他自己心情的激动隐藏在对于打动心灵的事物的详细描述背后，会造成最有力的表述。这不仅因为他从事实本身出发，而且因为没有人愿意屈从于别人的情绪，人们都想隐秘地获得理性的真理。

743. 鉴赏判断是一种社会性的判断，服务于社会交往，而且也为社会化的舒适服务。高雅的鉴赏力选择使人长久地感到愉快的东西。本原的美就是按照感性规律与事物的概念相符的东西，在这里，表示事物应该是什么的概念作为前提出现。

744. 因为情感的激动尽管是我们所关切的，但它总还算不上是道德，而只是起源于主体个性的东西，所以这种激动不是社会性的，亦即不是与鉴赏相适应的。因为年轻人还没有完全走入社会，因而他们的情感多于鉴赏力，而已走出社会的老迈之人则既缺乏情感，又缺乏鉴赏力。女人不懂得本原的美。这种美为指导性的鉴赏力所有。女人只有一种顾影自怜的虚荣的鉴赏力。

745. 不能把在一个对象上所感到的愉快与这一对象的存在（Dasein）所引起的愉快混淆起来。前一种是判断中产生的愉快，后一种是感觉中的愉快；后一种愉快是由使人满足的东西而来，前一种愉快是由令人愉快的东西而来。判断要么是从一种Geg……（句子到此中断）

746. 值得注意的是，愉快和不愉快不是完善性的表象，倒是完善的表象以愉快和不愉快为前提；因此，由于协调一致会使我们产生愉快，所以协调一致对于我们才显得是一种完善；但不是每一种愉快都意味着一种完善，只有通过知性的愉快才意味着完善。

747. 人们在衣食足时才根据趣味来选择，因而野蛮人不是按照趣味来选择。胃口和其他基本需要也是互不相同的。

748. 关于美的判断不是来源于解释，对于美的产生和对美的认识理性不能充当法官，而只能在那些不能充分理解感性语言的人面前充当辩护士。关于形式推论我们已经知道很多，对于我们意识中所思考的东西，理性只能使它们互相对比。

749. 我们的判断是主动的；但如果我们应该判断的就是这种主动性本身，那么除了我们能够判断这种素质之外，我们就没有任何足够大的判断尺度了。因此我们也就满足于这种素质。正因为这样，每个人都满足于他自己的知性，满足于他的鉴赏力，但不满足于他的天才、记忆、感官、爱好和道德。在道德方面判断是受动的，或者说是受他所不满意的动力催促之下的被动性（passibilitaet）。

750. 我们很可能不是在音响之间进行比较，而是在比较声音所引起的印象以及对我们的状态所产生的影响，因而那不是数的概念，而是使我们感到愉快的印象之中的一种秩序，以及我们的状态的一种感受。——这种感受使我们感到快乐。

751. 感觉，判断力，精神和鉴赏力。

752. 感觉，感性，判断力，精神，鉴赏力，这一切都在直观之中，而不在反思之中。

在感觉或直观中。事物只有在观照中才能多次使人感到愉快，例如贝壳。有时从感觉的和谐游戏中产生直接体验，例如音乐。在时间的相等的延续中的升高和降低（指声音。——译者）。

判断力把事物的现象或者表象与它们应该是的东西（was sie sein soll，指事物的概念。——译者）联系起来，也就是与本质性的目的联系起来。

属于这一类的还有一种与目的相符的看得见的方式；秩序，平衡，对称。

753. 美的艺术的基础不是对自然的模仿，而是自然的本原的丰富多彩。

754. 天才就像一片森林，自由和富饶的大自然在其中把它的财富展现出来。艺术就像一座花园，其中一切都安排得井井有条，人们在这里按规则行事，孰先孰后均有定规；与此相反，自然在天才中提供了充作规则的素材和范例。

755. 因为感觉不可传达（不管是在理解中还是在共同感受方面），所以它在审美的完善性中处于最低等级。这首先是一种传达自身的可能性的结果。观照（直观）可以被描述出来，并可以被保存在形象中。感觉不能以任何方式来评价，每个人的感觉都是正确的，而且对于知性毫无益处。

756. 感官的变化就是感觉；感觉的对象就是现象及其形式；空间和时间（因为被表象为外在于我们的某物是以空间为前提的）。

757. 人们不能臆造简单的感觉。感觉的理想（Das Ideal der Empfindung）只是感觉的扩大或者另一种组合，例如，为一种幸福的晚年去冒险。美的理想（Ideal des Schönen）总是一种由自然预先确定的构图为前提，例如人体。痛苦的理想（Ideal des Elendes）、丑的理想也是这样，鸟身女妖（Harpyie）——恶的理想。（这一片段中的"理想"兼有"典型"的意义。——译者）

758. 关于感觉我们应该注意，某些事物在一定程度上可以用感官去思考（通过形象），而不必因此而被意识到。与愉快相比，痛苦会被更强烈地感受到。

759. 感性的形式可以通过理性来判断和分析（空间和时间），感觉的质料却不能。因此，对于形式的鉴赏与理性有关。

760. 画家可能更喜欢画历史和寓言，而不喜欢画纯粹的观念。这就使得绘画需要对象征做出解释，而且象征必须是众所周知的。

761. 才能（Talent）的特质是天才（Genie）——模仿的精神只与个别事物

有关，而且也不是独特的。气质的特质是心境情绪。原则的特质是性格，动机的特质是性情。

一般来说才能就是精神。某些才能可能赋有生命，但没有精神，例如一种插科打诨或者过分强烈的表演，但生命并不在思想中。

才能不同于能力，这是因为它超越了中庸的尺度。普通的知性没有才能，它们是伟业的对立物。

762. 为了显示出天才，现在人们从规律出发。这在规律由对精神的限制中产生出来并超越这种限制的地方固然是好的，但在规律仅仅与日常的并且是偶然的东西相关时，它就需要在这方面保持温顺谦恭，因为否则由于其他每一个人也都自由行动，最后一切都会失去规律。

763. 我们在社会交往中所感受到的一切会更深切地打动我们。可以说我们也是为了他人而感受。一席好的谈话在较大的社交场合会比一人独处时更使人感到愉快。虔诚在大庭广众之间会更令人喜悦，更激动人心。在直言不讳的人面前我们会感到羞愧和恐慌。所有这些感觉也都返回到说话者自身，他使自己感到兴奋，同时也通过众人的判断发现自己处于惊恐之中。一个突然产生的有趣念头在社交场合比独处时对人的影响更大。在良好的社交环境中一切都更有趣味，更有益处。

764. 鉴赏力是对按照感性规律普遍令人愉快的事物的判断能力。它有一种规则，但不是由推理知识而来的规则，而是直觉的规则。

765. 个人的天赋存在着差异：一些人只喜欢单一和个别的感觉，因为他们不能保持各种感觉，也不能把它们构成整体；另一些人能保持以前的感觉，并使之与后来的感觉并存，这些人更喜爱和谐与秩序。在北方一切印象都是持久的；因此那里的人们避免使直观中能使以前的感觉暗淡模糊的感觉更强烈。因而北方人的天赋与观念的关系更密切，反之，东方人的天赋只与感性相关。

外在的和内在的印象必定在一段时间内保持飘忽不定的状态。

766. 有关爱的天才作品由于人们把它们与道德结合起来而有助于满足一种自然所赋予的倾向。

767. 鉴赏是对于令人满意的事物的一种社会性的判断，这种判断不是直接通过感官，也不是通过理性的普遍概念。鉴赏有三种，一种与舒适相关，一种与美相关，一种与感动相关。最后这一种不是本来意义上的崇高，虽然其效果常常带有崇高性。这是并非由外在影响或者自身的损失而产生的痛苦的开端，这种痛苦是虚构条件下的一种痛苦，因之也就不是我们个人的真实痛苦，而是一种想象的痛苦。魅力与感动是一致的。魅力不是对象通过印象（Eindruck，此处指对象对主体的直接作用。——译者）而引起的舒适，而是把我们置于舒适的虚幻境界的一种动因，例如美丽的风光就是这样。一张有魅力的面孔不是因其本身而令人愉快，而是因其性的诱惑力。因此小男孩的脸蛋虽然漂亮可爱，但却没有魅力。绿地和花坛有一种魅力，因为它们给了我们一种机遇，使我们进入无忧无虑和悠闲惬意的幻想的境界之中。鉴赏使享乐可以传达；因此它是联结众人的一种手段，也是一种结果。主客体之间应互相契合，在对对象感兴趣的人看来精致的东西在其他人看来却是粗糙的。全面细致的人观看或阅读了某种东西，他对那种东西还不会产生完全的快乐，因为他并不只是从他个人的观点出发来观察，而是要从社会的观点来观察（没有先入之见的观察者）。迂腐的人由于笨拙而犯下粗糙的毛病，因而受到嘲笑。缺乏鉴赏力或者对于鉴赏完全反感和冷漠总是反映出一颗狭隘的心灵，他把他的快乐只局限于自身。魅力和感动打动人时并不顺从意志，而且总是不顾廉耻的，因为它破坏了别人的平静。鉴赏与判断力相关，不是与情感相关，因为情感是转瞬即逝的。但天才却与情感相关。因而鉴赏力是判断力的精炼化。在这方面我们似乎必须放弃使别人愉快的念头。谦虚和乐于助人是以鉴赏力为基础的性格。这里虽然没有什么原理，但却有为原理打开方便之门的东西。倔强弃绝了许多东西，从而妨碍了传播，所以道德必须从鉴赏力借鉴使人接受之术。

768. 情感、直观和概念是诗人所追求的三种不同的目的。读者越是粗俗，情感起的作用就越大，然后是直观，最后是概念。直观和情感必须只对概念起辅助作用，但不是使概念模糊不清或被淹没。法国人对于强烈的印象不那么柔弱，但在选择方面过于精细。一个人不应与自己开玩笑，那样会搅扰自己。

769. 在善之中有某种属于普遍性的东西，道德鉴赏力就是在这种普遍性的东西上发现愉快的能力。感性的快乐中也有某种属于普遍性的东西，审美的鉴赏力就是在这种普遍性的东西上发现愉快的能力。

道德鉴赏力涉及目的，审美的鉴赏力涉及达成目的的手段。

道德情感是被作为一种动因的美德打动的素质。

770. 阅读每一本书时我们都寻求如下几种东西：

（1）消遣。消磨时光。常常也会读一本引起大惊小怪的书，对于这样的书，我们只能说“已经读过它了”。

（2）教养。这包括鉴赏或语言方面的教养，或者理性和条理方面的教养。尽管此后人们就忘记了内容。一般有害的书也有这些益处：伏尔泰（吸取其趣味和风格）。

（3）教训。学到某种新东西，或者变得更聪明，或者为社交收集谈资。

（4）改善性格：道德方面或宗教方面。鉴赏力的大众化或者谦虚；鉴赏的宫廷方式。骄傲的风度有时在隆重豪华的场面、在庄严的庆典上是可取的。

771. 谁到处在知性和理性的井然有序的反思的地方安放直观（即为那种只能存在于概念之中，我们又不能给出任何一个直观的东西提供直观），谁就是个异想天开的人。这样做的必然结果就是：他把他的情感、心灵和活动、图像、在他激动的心灵中浮现的半是梦幻半是虚构的概念都当作事实本身，这些所谓事实显现出来的实际上是他身上的一种特殊的能力。他越是使自己难以理解，就越是陷入语言和理性之贫乏的境地，并成为一切明晰性的敌人，因为他不是通过概念，也不是通过图像，而是通过心灵的活动来表述。感情丰富的作家们表现的也是他们的情绪。所有作家都可能具有天才，富于情感和精神，也可能有些鉴赏力，但却缺乏判断力的严格、仔细和冷静。一切明晰的东西都向他们相继展示出事物的一个侧面，然后再展示出知性概念；但他们想一下子看到所有的侧面。他们在充满幻想的作品或者古代秘闻中所看到的一切神秘的东西在他们看来都是好的；而新东西因为不容含糊并且给他们躁动不安的精神戴上了枷锁就被他们认为是平淡无味的。

772. 如果某人具有轻易地使某一事物令人开心的天赋，他在理性的交谈中就会把它误用为嘲讽的能力。

773. 起初使人类扩散开来遍布各地并形成部族，后来又导致了联合与民法强制的那种本能冲动（Trieb），在最近的状态中又造成了社会的强制，这种强制造成了人们的完善、公正、谦恭、善良、正直、趣味、礼貌，但还有一点保留，即每个人对别人的戒心。这不是任何一种坦诚，但也不是任何一种粗俗的冷漠（Vernachlässigung）。游戏是艺术性的（Das Spiel ist kunstlich）。

774. 我们看到自己总是在社会性的礼仪的强制之下；我们感到自己被某种规则束缚着（受到约束）；我们呼喊着反抗这种强制；但我们是第一批因自己的需要而支配其他事物的存在者。我们身穿睡衣在可信赖的朋友中间或者在乡村得到休息，但社会的约束使我们不能自由地谈论某些事情。我们通过这种强制而文明化，而实际上这仍然是一种强制，因为我们不愿意处于它的力量之下。如果消除这种强制，那么一切人都将是粗俗、野蛮、无礼的。甚至加勒比人都说，如果他不用胭脂树的红色文身，他就要赤身露体了。因为这种规则是从单纯的外在现象而来，也是从趣味而来，因而它们是人为的，而且因为它们不包含任何本质性的东西，所以它们就变动不定。

775. 有些人只热衷于概念，他们力图发扬一种深思熟虑的明晰确定的表述，这是徒劳无益的。他们想在这方面有所得，结果却会完全一无所获。为了显示肤浅的头脑所能领会的理智，他们一定会把自己和他人弄得头昏脑涨。他们必须使他们的天才不致因停滞而僵化寂灭。不期而降的念头是天才的灵感。人们必须对此提出警告，而对于与他们意见相左的人的反驳也完全不能泰然处之。如果他们迁就那些冷漠的学者，他们就只能发挥十分普通的作用。他们可能像流星一样发光。

776. 某些习惯，甚至把社交中和生活中的朋友们的行为举止纳入概念之下的习惯，也可确定某种普遍性的东西。

777. 德国人在饮食方面似乎比英国人更有鉴赏力，并且因此而更为社会化和好客。因为他们喜欢长时间地就餐，这反映出他们的迟钝。

778. 德国人是有才能的模仿者。这一雅号的声誉比它应得的更为不佳。模仿完全不同于复制，复制又不同于猴子学样（Nachäffen）。模仿离天才并不像想象的那么遥远。如果没有人们由模仿而来的知识，也就没有任何精神的进步，没有任何构想。因此牛顿模仿了苹果的坠落，开普勒在他模仿和谐的比例时当得起一个行星运行规律的立法者的荣名。被模仿的范例对天才来说是入门的教科书。但不是生搬硬套，也不是对个人的模仿，而是对个人精神的模仿。生搬硬套就叫作猴子学样。弥尔顿模仿伟大的诗人，但不是把伟大的诗人当作复制的样板，而是当作学徒的导师，向导师学习的目的是要胜过他。模仿是天才的便捷可靠的路径，天才以他所选取的这条路径为其他人开辟了道路。不存在不曾模仿过别人的大师，也不存在与先行的事物毫无关系的发明。一切都处于前后相继的关系之中，完全孤立的东西，互相之间以及与古人之间隔以鸿沟的东西，属于幻想的世界。但愿我们在学校里学习的是作者的精神而不是词句，但愿我们不只是复述他们，这样我们德国的作品就会包含更高的趣味。不过复述也可能含有博学多识的因素，而猴子学样对我们完全没有益处。这种猴子学样可能到处都在被遵循仿效，这不可能不造成损害。而更有甚者是想要在风俗习惯方面给异端邪说以天才的外貌的怪念头。

779. 属于鉴赏理论的有：（1）由感觉而来的心灵的激动（以及活动）——感性；（2）通过概念的规定——判断力；（3）由概念引起的心灵的激动（以及活动）——精神；（4）通过感觉的规定——趣味。

感觉与概念一样可能含有某种独特的东西和某种普遍有效的东西。心灵的激动（以及活动）取决于心灵的独特性质，因为这种性质与生命和主体能力的比例有关。与此相反，规定（Anordnung——安排、指令、规定）则取决于对每一个人都成为知识的东西（不管它诉诸每一个人的理智，还是诉诸每一个人的感性），因而它与普遍有效的东西有关。

780. 一切艺术和科学的规律要么以感觉（直观）为基础，要么以概念为基础。在前一种情况下那规律是美，在另一种情况下……（句子到此中断）

781. 为了提高德语语音的和谐程度，有人前往英国取经，这种做法恰如有人为了使一个瑞士人更加文明就把他送往荷兰一样，也像一个施瓦本人前往奥地利的蒂洛尔去学习高地德语一样。我们必须借助于一种与意大利语相似的语言来学习柔和的语调，并且不是删除冠词和音乐性，而是要在不破坏语言，不使话语佶屈聱牙的前提下增进它们。

782. 精神情感以一个人感觉到他是一个理想整体的一分子为基础；例如，在一个理想的整体中，别人所遭到的不公正也是我们所遭到的。理想的整体是理性的基本观念，也是与理性相结合的感性的基本观念，这是必然会从中引导出在每个人看来都是正确的判断的先验概念。道德情感本身把对自己的义务设想为对人类的义务，并以此来评价自己，因为这种情感为人类所共有。能把个别判断为普遍的人类素质就是感情。同情与此完全不同，它只与个别事物相关，尽管是与他人相关；（在同情中）人们不是进入总体观念，而是站在另外一个人的地位上。

783. 情感方面的大师是没有情感的（Der Meister in Empfindungen ist ohne Empfindung），至少是没有真正重要的情感，情感在他自身乃是一种想象的游戏。人们从他们的行为看出，他们是没有原则的，他们在天才的事业中不会创造出一点有教益的东西。人们必须把他们看成是鉴赏和情感方面的神秘主义者。

784. 自然总是试图使事物个别化，也就是形成特殊的状态。其次，自然总是从统一出发走向多样性，但却从来不从多样性出发走向单一性。

785. 观念先于概念，但必须被引向概念，观念自身也要与感觉相结合；但感觉不是观念的对应物，而是观念的感性相关物，完全无助于使观念得到理解。因此常有这样的情形：有些优秀的有理智的头脑有能力对付观念，但对观念的展开却总是无能为力，而且，因为词语不能完全表达观念，这些头脑就始终停留在感觉上。

若是德行被引向感觉而不是引向概念，那该有多么不同啊！

786. 如果有一场竞赛，看谁的语言日后可能成为一种固定化的（也是普遍化的）学术性的语言，那就需要一种改善其现在语言的规则。不经约定俗成就创造词语的自由会造成一种特例。这种特例发展到后来就会成为不理会规则的粗野任性。

787. 如果失去了良好的鉴赏力，也就失去了精神产品，因为鉴赏力会使知性与感性达到完美的和谐，并使知性的生硬的加工令人愉快、活泼生动，因为它赋予知性一种招人喜爱的功能。

788. 人们把由健全理智而来的对于总体的粗略估计也称为感觉，但它总是不可靠的。

789. 但愿我们还没有打扰东方的智慧；人们可能没有从那里学到什么，世界也从来没有从那里学到诸如机械工艺、天文学、数学等。当我们已经通过希腊人形成了西方文化时，我们就可能凭借东方的著作设想他们的知性，但那些著作本身却从未清晰地解释过知性。虽然也曾有过一个与其民族完全不同的智者，他还传谕过健康的实践宗教，他按他那一时代的习惯不得不给这种宗教穿上形象和古代传说的外衣，但他的教义很快就陷于一种被全部东方的客套所淹没的状态，并成了一切理性的绊脚石。

790. 巴塞多夫[1]想首先把善良的行为植根于心灵之中，因此他也就不能从他对善良行为的支持和赞助中期待善良行为。他对善有一股热情，因为善趋向于普遍。弗兰克[2]是一个空想家。

791. 天才带有许多幻觉，特别是情感方面的幻觉。平庸的头脑（allgemeine Kopfe）在所有方面都会被胜过，唯独在总体上不能被胜过。一般性的头脑（Kopf der Allgemeinheit），亦即面向全部价值的头脑是以性格为基础的。平庸的头脑大多是装模作样的人（Windmacher）。

792. 为了教授或评价一种技巧，可以把它纳入规律之下，这样的技巧就称为艺术；为教授而纳入规律的技巧是模仿的艺术，为评价而纳入规律的技巧是天才的艺术（批判）。能够被纳入规律之下的知识是科学：或者是原理，或者是教条。原理主要是头脑的教养，其次才是有关未知之物的知识。

793. 文章、喜剧、音乐、社交除了快乐之外还带有某种令人振奋的东西，如同一种精神的饮料。

794. 如果我们认为，在控制着科学而且像驯养家畜一样增殖学者并压迫他们的君主的个人头脑中会因为缺乏艺术和科学的常识而造成愚昧无知，那我们就必须承认科学是健全理性的工具。但科学本身也许还是某种扎根于奢华的产物。

795. 最亵渎情感和富于激情的文笔的是如下情况：那些在这方面最为耀眼的人在情感和激情方面最为空虚，例如成功地扮演悲剧角色的演员。文笔热情的作家们常常是最为漫不经心的人，写出令人恐怖的作品的诗人本人是最为乐天的，像杨格或理查森[3]那样的人的性格并不是无懈可击的。善感是朴实的，它尊重规则和谨慎周到的品性，害怕极端的事物，庄重文静。情感的激动就像做瑜伽功的印度人一样，在精疲力竭之后会感到一种舒适。

---

[1] 巴塞多夫（Johann Bernhard Basedow, 1724—1790），德国教育改革家，1774年在德骚创立了模范学校，提倡学习自然科学，技能训练，著有《方法论》等。——译注

[2] 弗兰克（Sebastian Franck, 1499—1542），德国宗教家，罗马天主教牧师，1525年改信路德新教，后来又与路德派决裂，走向神秘主义。写有《悖论》等神学和哲学著作多种。——译注

[3] 杨格，即爱德华·杨格，英国诗人和理论家，著有诗歌《哀怨》和悲剧《勃拉立斯》等。理查森，即塞缪尔·理查森，英国感伤主义小说家，著有小说《帕美拉》《查尔斯·格兰迪森先生》等。——译注

796. 有一句谚语是很恰当的：一切都取决于一个人如何自处。这意思就是：某人是什么样的人，他意欲何为，都要按他个人的行为和心意状态来判断。一个人不气馁，不自卑，不屈服，或者不暴躁，不自私，等等，都会落在别人眼中。对于与我们有关的人身处其中的状况的看法在很大程度上决定了我们的判断。自处与驾驭他人、对他人具有优势的方式和态度有关。

797. 一切爱好，甚至精神的爱好，最终似乎都落脚在肉体的兴奋上。为了使情感激动起来，才有游戏。为了通过固执己见使自己激动起来，社交中才有辩论。在谈论欲望的社交中有追求快乐和可笑的倾向。一切都以快乐舒适为目的，因此愉快的交谈之后最好继之以饮宴。

798. 傲慢、虚荣并且为此而伪装之人喜欢侈谈道德格言和枯燥乏味的道德准则。这确凿无疑地证明了一种对一切都持有一种批评的、尖刻的看法的意向，而其心地并不善良。

799. 关于以一种自信的语调讲出来的话语的表面上的细微性中的错觉或者诱人的假象，关于准确的划分及语言中词汇的重音。关于古代华丽风格中的同样情况。

800. 关于在社会中一种权力被篡夺（的情况），关于建立在使他人屈从之上的妄自尊大的优越感。

801. 一个人想使他的心境持久地保持宁静是徒劳的。心灵希望被激动，因此人们都寻求能打动心灵的对象。激情。游戏。目的虽然在于获得满足，但其隐秘的动机却在于维护我们的本性，即活动。表象的和谐的游戏对于平静的心灵来说就是美（本身令人快乐的表象、直观或者现象）。

社会交际有两种目的：（1）为了在较长的时间里不致感到寂寞；（2）为了振作。前者是游戏，后者是饮宴。

802. 在许多情况下人们可以以心灵来掌握肉体。影响神经系统并从而影响到全身的兴奋（Belebung）的真正源泉是心灵；因而社交、感官的游戏和娱乐就是有力的促进手段。所有这些动因都只能在社交中发挥作用，因此社交被认为是特别富有生气的。（促使肉体活动的还有机械的、化学的、心理的力量）

803. 自然给了我们鉴赏的范例，但不是模仿的范例（典范。它是教养的学校），而是教养的范例。我们也能通过鉴赏领略到那范例的美。在社交中，会由于令众人愉快的直观形象的比例关系（Verhältnis）而培养起鉴赏力。大自然本身显示出一种豪华。单纯直观形象所引起的愉快如果能够传达，就是美。形态的游戏以及感觉的游戏（都属此类）。

804. 为什么一首小曲，一个可笑的想头，或者一段趣闻逸事会引起很大的愉快感？为什么后来那愉快越来越少，最后就引起反感甚至使人厌倦，叫人难以容忍？对于宗教歌曲人们就不会这么快就感到厌倦。

805. 作诗一般来说是想象力的功能，它有助于理性或意向的发挥。

把经过知性整理过的事物以直观的方式表现出来的艺术是绘画和雕刻。最后只诉诸听觉和视觉的艺术是音乐和舞蹈。技艺高超的演奏家和作曲家。燃放烟火。

806. 使人愉快的事物有三种：

第一种是在感觉中使我快乐的东西，即使人喜欢，以魅力刺激人、激动人的东西，这是感受方面的事，结果是舒适。

第二种是在直观中使人愉快的东西，其对象是使人感到轻松的东西，事物的性质状态，大小，这是鉴赏方面的事，最后的结果是产生美、崇高、高尚。

第三种是在概念中令人愉快的东西，即间接或直接令人普遍赞同的东西，这是理智方面的事，结果是善。

直接的——间接的

感觉——想象

享用——以预感去占有

（Besitz mit Vorhersehen）

美直接令人愉快，不是有用的，不能根据舒适与否来判断。鉴赏力与感觉是不同的。食欲越旺盛，鉴赏力就越少，鉴赏力不属于感性，而属于判断力。

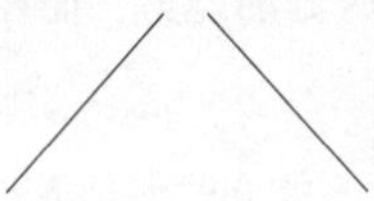

对于一种感官　　对于一个人的状态的全部情感

应该按鉴赏力来处理的必须是普遍令人愉快的。

在自家的餐桌上吃得津津有味的人——有胃口。

在别人家的餐桌上吃得津津有味的人——有鉴赏力。

因此，存在着快乐的普遍可传达性。

鉴赏力是社会性的。

不爱交际的人没有鉴赏力，但不能说没有鉴赏力的人不爱交际。

鉴赏判断不仅仅具有个人的有效性。它不是一种随意的习俗。

但鉴赏是以主观的规则为基础的。按主观的规则普遍令人愉快的（就是美）。

主观的规则，按照这种规则某物在感觉中，或者在直观中，或者在概念中令人愉快。其中第一种（在感觉中令人愉快）不是必然地具有普遍性，因而是建立在经验之上。其他两种都是认识。因此在主体中提高和促进感性表象或者知性活动的东西是符合鉴赏力的。

与美混杂在一起的魅力刺激很少有鉴赏意义。

道德含有很多的情感、很少的鉴赏力。

英国人的情感要多于鉴赏力。

与美相结合的一定是一种温柔细微的情感，不是粗俗野蛮的情感。

感觉与印象相关。情感与本能冲动相关。前者是表象方面的事，后者是欲望方面的事。前者要达到的是区分和感受，后者要达到的是行动。

就使人不舒服的事物而言，必然的情况是：敏感性已然达到区分（细微的事物），但很少有感情，这是为了不致被感情所驱使。

道德感觉用于区分，道德情感用于打动（Antrieb）。

人们希望印象（Eindruck）不要成为动力（Triebfedern），因为人们在这种动力之下是受动的。反之，理解（Einsicht）却应该含有动因（Bewegungsgrunde），或者说，在共通感（sens commun）中道德概念应该与情感相结合，因为人们在这里是以理智推动感性的。如果感性缺乏这种敏感，人就失去了道德情感。“道德性的感觉”是一个矛盾的概念；道德情感不在于区分的能力，而在于使这种变态（moclification）成为可能的感性的欲求能力。

在感觉方面使人快活的东西正因为要通过感觉就不能同时使他人也感到愉快。

鉴赏的益处是：使人变得更文雅，以便使感性的判断得以共享。激情和感动是不能共享的。因此，从根本上说鉴赏力就是根据愉快或不愉快把事物与感性相比较的知性。

美的对象和对象的美的表象不含有单纯享受的快乐和自私自利的性质，并使心灵接近道德，因为来自直观形象的愉快是客观的。

美的对象和对象的美的表象会把感性给予知性，使知性健全起来并具有实践性；同时也会使观念直观化，并以此促使道德与感性的愉快结合起来。

本质的美在于感性直观与观念的协调一致，或者使人主观地感到愉快的东西与使人客观地感到愉快的东西的协调一致。

总而言之，鉴赏从单纯的感性解放出来，并使知性成为可感觉的。

因此一切促进我们的认识机能的生命力的东西在鉴赏中都会使人愉快。动物的生命是通过感觉被促进的。感动和魅力刺激肯定与善的观念并行，但不能代替它。

鉴赏不容许教条，只容许批判。它需要实践的知性，而且为了获得这种知性，它还需要典范。

一切使我们的直观轻松愉快，并使对象轻易地与知性概念接近的东西，或者把感性赋予理智的东西，使我们的机能进入自由游戏的状态的东西，都是使我们主观地感到愉快的东西。当现象与观念协调一致时，就产生了本质的美。魅力是由与我们的癖好与新奇和特殊的事物的一致产生的。

虽然事实本身令人不快，但其表象却令人愉快。这说明其根源是纯粹主观的。

感觉，判断力，精神和鉴赏力。判断力要么是感性的，要么是反思的，其要点是把表象转变为一种图像或者转变为一个概念。布局与目的、构思或者主题有关系。应该说音乐是一种美的感性认识。

形象方面的判断力只针对图像的安排或者促进这种安排，因此就有了统一性，多样性，对照性。这种判断力与建筑物、人体、服装的用途或者间接使人愉快的东西、细微的方面、坚固耐久的东西无关。

这里不需要任何有意的劳心费神，不需要任何苦思冥想，只以一种轻松的、明朗的、令人愉快的方式来把握对象。

妇女使用书籍的目的正像她使用表一样，她们很少关心表走得是否正确或者是否在走，而只是因为那是戴起来时髦的东西，表壳是按新潮款式制作的。

有些作者应该把他们的声望归功于德语的败坏。情绪语言掩盖了许多缺点，因为它超越了判断力。在思想和图画中，作者自己就是大师，而且有他自己的风格，但在语言中他就要服从裁判员。一次语言的创新只有得到最高法官即公众的同意才成。

能够依据规律被学会的制作不属于天才，例如数学；一切天才都与独特的感性判断力相关，与游戏相关，与对象方面的情形无关。

可客观传达的在逻辑上是好的。

在音乐中艺术是没有精神的。

天才可能是粗野的。要使它文雅起来须从精神内涵中借取某些东西。

虽然在一切快乐的传达中都有某种有益于社交的东西，但却有两种情况：一个人或者因此而只关注自己，或者随机应变，以便关注他人，并使自己与每一个人相适应。

一个狡猾的爱开玩笑的人。

可笑的事属于滑稽诙谐。引人发笑的人。这种人如有严肃的外表，那就是狡猾的。

鉴赏力属于才能（Talent），善心（同情）属于思想品质（Gesinnung）。

直观的游戏（不是形态的游戏，直观要通过形态）：赋予形态的自然和艺术。

感觉的游戏。音乐。思想的游戏。诗歌。

鉴赏力是判断力或天才的完善。

如果只有选择而没有发现，就不可能有学识。

完善性（Geschlossenheit）是只使人舒适的事物中叫人满意的性质（Gefälligkeit）。判断力是针对普遍性的一种恰当选择的能力。一种自爱和对他人的尊重的合适的结合。

缺乏鉴赏力的人也就没有社会的选择能力。缺乏好心肠的人不会从社会性的选择中得到任何快乐。

鉴赏力可能是个人独有的，善心则是众人都能领会的。

鉴赏与直观感觉的关系要比与饮食享受的关系更密切，因为直观的感觉在社会中具有普遍性，在直观的感觉中判断可能更多地依据规律，并且是客观的。

社交的（sociabilis）倾向是对他人的快乐感到愉快的心意。社会性的（socialis）选择能力（鉴赏力）是选择普遍令人愉快的东西的能力，也是对某种选择做出社会性的评价的官能。按照社会趣味来选择的冲动是荣誉感的冲动和善良意愿。

风格就在于：讲演中不仅要叙述应交代的内容，还要让人觉得有趣；辩才在于：使某种事物深入人心。有趣一方面有利于求知，一方面有助于使知识容易感知。

富于趣味的、充满情感的、充溢着精神的写作，不同于只传达论题的、认识性的、机智的写作。

鉴赏力是对心意中感觉的和谐的游戏的判断能力。

与各种各样的人的快乐协调一致的东西符合表象的游戏中的和谐的普遍规律，反之亦然。

和谐要求：多样性、和缓、增强、合规律性。但也需要由出乎意料的事物所引起的生动性。

和谐要么是与一般的敏感性的和谐，要么是与另一种感觉的和谐。情感（理想的）是崇高所需要的。崇高感是在一个对象的表象上意识到自己的力量的能力。

807. 自然的（艺术）和偶然事件（Zufall）的游戏。前者与一种观念相对应。观念与游戏。

事业与游戏有别。事业是为了某种观念，而且有一个目的；游戏是一种没有目的的活动。

印象的游戏（音乐）。概念的游戏（风格）。图像的游戏（诗歌）。感觉的游戏，情感的游戏。上瘾的游戏（赌博，盲目的碰运气的游戏）。

技巧的游戏和天才的游戏。

游戏有它的规则，依其目的而定。

自由的游戏。（一种强制的游戏是个矛盾的概念。）野性的自由游戏。

游戏一定不能成为认真的或者有目的的，例如毁灭某种事物的悲剧。

直观的游戏要么是有关形体的，要么是有关姿态的（手势、表情）。

直观的游戏体现在建筑物上，家具上，衣着上，公园里。外形的游戏。外观的（optisch）。

描摹的游戏，或者（求得）相似的游戏。

一切安排要么是有目的的，要么是游戏。

一种印象的游戏，直观的游戏，想象的游戏，反思的游戏，感觉的游戏，思想的游戏，激情的游戏。

模仿；我们在心中模仿一切；感官什么也不模仿。流动的形态：波纹线。

游戏需要天才，目的需要规律。

游戏使爱交际的心灵感觉到快乐，或者至少使社交界的心灵感到快乐。

808. 本身使人愉快的活动是娱乐；只以其目的使人愉快的是工作。

809. 静态的活动是交谈。交谈有两种，一种是预先确定的思想交流，另一种是未经预先确定的思想交流；前者包含一种企图，是一种劳作，后者是游戏。

810. 轻易地达到平衡就是宁静；工作（努力）进行之时是令人不快的，只有其结果，亦即其目的才使人快乐。游戏在进行时是令人愉快的，它是一种无目的的活动；因而它结束时并不使人快乐，只有在游戏进行时才叫人感到乐趣。音乐没有任何目的，还有社交聚会等，花有无目的的美的形态，它能使我获得乐趣。

游戏和事业。没有目的的活动不是事业，而是游戏；为了某一目的而进行的活动是工作。

811. 我们的生命有活动也有休闲。活动包括工作和交谈。没有活动我们就感觉不到我们的生命。享受物品和享受生命是完全不同的。后者只能通过活动来实现。

事业和游戏必须互相交替，就像工作和休闲必须互相交替一样。事业给我们的能力带来压力和负担，因为它使我们的能力指向一个确定的目的；游戏使我们的能力进入自由活动，在这种活动中我们的能力是合比例的，活跃的，这是有趣的娱乐，与此相反，事业则是有目的的。没有目的我们的能力就不能互相结合；没有游戏我们的能力就不会有足够的训练。

因此，我们的游戏必须有一种观念或者一个主题，这是一个独一无二的表象，这一表象贯穿全部活动的始终，由于与这一表象的结合，生命就更加完美。

812. 勤奋和天才。前者需要学习的能力，后者需要精神（一种内在的生命）。

天才是创造不能学习的东西的能力。存在着科学和天才的艺术。非天才的制作是一种劳动。天才需要灵感，劳动需要计划安排。天才从原始的本原中取得作品。

须经勤奋而得的艺术需要能力（Fähigkeit），天才的艺术需要天赋才能（Talent）或精神，也就是说，天才要从自身产生出某种作品。天才的形式是自由，勤奋的形式是僵化的模式，精确的尺寸。存在着观念的天才或者制作（常常是模仿）的天才。实行的天才是手法的天才，被称为技艺高超。音乐、绘画艺术、建筑艺术都容许并且要求天才，园林艺术也是这样。勤奋的艺术知道并需要一个典范；天才的艺术是创造性的，这就是说它按照一个观念行事。判断力和鉴赏力为天才规定了界限，因为没有这种限制天才就会发疯。天才的真正领地在诗歌艺术之中，因为诗歌被称为创作，所以一般的表达可能是没有任何诗意的陈述。正因为如此，一首缺乏天才的诗是叫人难以忍受的，而诗人不应是平庸之辈。天才表现在创新和除旧上，高超的技艺表现在风格或手法上，能手表现在勤奋的劳作上，也就是表现在合规律性上。天才超乎规律之上，而且还制定规则。天才在诗中表现出更多的精神和情绪，在演说术中则表现出更多的判断力和鉴赏力。说“这个人有天才”和说“他是一个天才”是有区别的。天才与心境密切相关。随着年龄的增长，精神日益枯竭，判断力却日益增长。在数学中，天才主要表现在方法的创造上。

感觉（直观）是与经验知性（empirischen Verstand）相关的最重要的东西，判断力是与理性相关的最重要的东西，精神是与一般的实践相关的最重要的东西，鉴赏力是与道德相关的最重要的东西。

发明要么是出于精神，要么是由于勤奋。

原始性的东西属于天才。

德国人受到他们天赋的条理性的妨碍，受到他们语言的客套的妨碍，受到传授他们天才的自由活动的风格时那种刻板方式的妨碍。他们总是被束缚在交际之中。英国人教养不足，但他们是自由的，而且他们的教育虽然是自由的，无拘无束的，不受礼仪的强制，但却因此而产生了有利于天才和独创的优越性，尽管缺乏鉴赏力。法国人不受风俗习惯的约束，但却受时尚的驱使，因而他们有足够的自由发展天才，不过仍要受到礼仪的限制。人们可以根据一种精神本身的价值或者把它当作有益于某一时代的产物来思考它。在后一种理解中，一种精神可能常常得到赞同，而根据精神本身的价值则不是这样。例如，是打油诗人首先使我们的风格变得轻松了。

天才在于创造一件作品时的独创性的观念。

813. 判断力是把一个对象上的多样性与其目的联系起来的心智的活动能力。

814. 在一切感性判断中都有情感，但没有很大的价值。使知性和理性的使用在感性方面变得轻松是最重要的事情。关于由感动的外在表征、浮夸的言辞、过分夸张所造成的情感错觉。（例如，一个人一脸惊讶相，好像要说出什么奇闻怪事，结果却什么都没有讲。）感觉常常从身边的事物而来，以心境为基础，因而是短暂易逝的，且无助于认识，也无权要求别人的同意。

判断力是把行为与一个作为目的的观念联系起来的能力。如果判断的结果导致那一观念，并与之协调一致，它就显示了判断力。如没有观念任何规定都无法理解，因为现象缺少一个联结点。判断力超越了知性（乏味的人富于知性）。在家庭里判断力具有女性的特征。对于一座建筑物的庄严外观的判断力，对于符合其目的的装饰物的判断力，它们都选择天才所提供的东西。

815. 眼睛和耳朵没有任何“胃口（Appetit）”，因为它们不“享用（genießen）”任何东西。因此它们的鉴赏力是最纯粹的，这就是说，它们没有掺入感觉因素。但我们不能说，嗅觉和味觉就没有它们的鉴赏力（Geschmack，此处意指口味。——译者）。这两种鉴赏力的判断方式是不同的，纯粹鉴赏力的判断是运用知性来比较，嗅觉和味觉的判断是运用感官来比较。

816. 法国人多的是鉴赏力，英国人多的是精神，德国人多的是判断力，意大利人多的是感觉。德国人赋有秩序和方法的精神，合规律的精神，诚实的精神，求真的精神。精神和感觉一起构成了天才。

817. 精神是使心灵振奋的东西，亦即使心灵的活动进入自由游戏的东西；奇闻逸事，远处的景色就有这样的功效。判断力确定了一件事物本来应该是什么的观念。事物所显现的形态必须符合观念。因而判断力约束着并限制着感性的活动，但判断力赋予这种活动以真正的统一，并以此加强了它所产生的印象。心灵由于感动而产生兴趣，因精神而振奋和活动起来，经历了事物的多样性而达到观念，又从观念返回，并在其选择以及与观念的关系中达到某种比例。这就是鉴赏，在它服务于使心灵的全部敏感性合比例地活动，亦即使心灵的敏感性不致因任何矛盾而受到损害这个范围内，它不过是对于印象的程度的判断，因而鉴赏的作用首先是否定性的；肯定性的作用取决于天才，而天才是由感觉、判断力和精神构成的。

818. 鉴赏力是感性判断力的理性类似物（Vernunftahnliche）。这就是说，在这里人们似乎是能够先验地判断什么东西会普遍地使他人感到愉快。社交活动要求我们能够判断什么东西会使我们的朋友感到愉快，先验地断定会使广大的社交界感到愉快的东西。如果一个人多次置身于不喜欢虚荣的人中间，他最后会处于这样的规律之中：事物符合这种规律时就会普遍地令人愉快。

819. 在感性地使人快乐的事物中感觉以及情感和判断力都意味着对于适当事物的区分能力，亦即对于符合已被给予的观念的事物的区分能力。这不是手段对目的的关系，而是自身能够与目的结合在一起，并且会做出否定性的规定的能力。因此某些人虽然没有在社交中使人快活的才能，但却有判断力，这样他就可以说：我知道什么是不适当的。感性的判断力必然是这样：它不能通过抽象规律行事，而只能在具体的直观中实行判断，就像在一切属于原因和目的事物方面健全知性的情形一样。

适宜性是互相接近的事物中的一致性。

精神和机智（Witz）还是有区别的。前者使人富有生气，后者适于游戏。气质属于感觉，才能属于判断力，天才属于精神，教养属于鉴赏力。

除了纯净的道德之外没有什么能改善鉴赏力，如果一切感性冲动都被消除，如果心灵中与理性的准则不甚相符的模糊的活动被消除，如果宗教对象的幻想的直观形象也被消除，同时使道德在其纯粹图式中被认识，使宗教在其准则中被认识，那么……（句子到此中断）

820. 我们的一切知识都是由感性和知性构成的。我们通过感性对象获得知识，通过知性对象获得思维。只有知性才能无直观、非应用地进行思考。感性为知性提供直观和应用（Anwendung）。

821. 宴会上的感性的选择是：最高贵的位置在宴席的正中，面对屋门。因为中间位置有利于听觉而不利于视觉。走路时右面的位置是最有利的。对于女人来说则应占据右面的位置。这样男人就要充当护花使者了。

822. 情感来源于我们对与我们有关的某一事物的兴趣。如果这一兴趣起源于感觉，它就没有任何普遍性了；但如果它直接与直观形象相合，那么它就是普遍性的判断，并使由此而来的快乐成为美。因此某一事物要么是为了感性的感觉而被接受，要么是为了直观而被接受。

823. 事物本身有许多保持不变的性质，它们未被任何有理性的生物所认识，也不会有什么价值（不管是感觉方面、现象方面还是概念方面），除非与认识了它们并把它们当作选择对象的生物发生了关系。因而有理智的生物就是中心，而且决不能成为单纯的手段。快乐和不快乐的价值与可能的选择有关，亦即与任意性（Willkür）有关，因而也就是与生命的本原有关。什么可能成为我们选择的对象呢？就是给我们带来幸福的东西，也就是能增强生命活动的东西，因而促进或阻碍生命的感觉就是快乐和不快乐。（我们是否在自己身上发现了产生它的能力无关紧要，只要我们在自己身上看到了促使生命活动的根源就足够了）不过我们有一个动物的生命，有一个精神的生命，也有人的生命。通过动物的生命我们能够感受满足和痛苦（感觉），通过人的生命我们能够感受由感性判断力（鉴赏力）而来的愉快，伊壁鸠鲁说：一切快乐都是由肉体的参与而来，尽管其最初的原因在精神之中。

自然与艺术。矫揉造作的东西与偶然的东西相对立。巴洛克趣味（Gout baroc）。偶然的和有目的的。自然游戏（Naturspiel）。自然把艺术和偶然的东西联系起来。艺术：自然的和偶然的东西。心灵能力的活动和进程中偶然的东西。这里还有个方法问题。在表象的冲突或变换中，即在如下情形中：某种本来是艺术的东西可能仍显得是偶然的，某种本来是自然的东西可能仍显得是艺术，原本就存在着愉快。

824. 精神生命的感觉与理智和自由有关，因为人自身包含着认识和选择的根源。一切与这种根源一致的东西就称为好的。这种判断不依赖主体个人的特性，它与事物的可能性（事物通过我们方才可能有这种可能性）有关，它在于对每一个意志都普遍有效；因为否则另外一个对立的意志就会成为生命的最大障碍。一切使我们感到愉快，以致使我产生依赖感的东西，都不受我们的控制，并且显示出一种对于最高生命的阻碍，也就是对于自由意志使自身及其状态保持自由的权力的阻碍。它使人感到满意，但并不同样使人愉快。

生命情感在感觉中更强烈，但我在自由的盎然生气中感受到一种最强烈的生命，而且在道德上感到生命的最重要的始因（principium）。

接近于鉴赏的社交态度就是好的品德。敏感性。选择交际方式时的鉴赏力。

825. 嬉闹，愚蠢可笑的：心情。

矫揉造作，学究气的：智能（Witz）。

紧张，奇异：精神或者洞察力（Scharfsinn）。令人头晕的（Schwindelich）。

在所有这些之中，都有机灵（Geschicklichkeit）在内。

在媚态和热烈中都含有奉承（schöntun）。假作聪明（Klugtun）。文风中的卖弄是令人不快的，真正有功绩的人是谦虚的，表达必须确切。如果一个人想在别人看来优雅得体，不致引起反感，就必须专注于他的对象，而不要专注于观者。

826. 不均衡有时会引起一种有益的惊异，如果它转变为和谐，就会引起有关伟大的幻觉，但我们不能从这种不稳定的现象中抽绎出一种规律。（使用）外国词要么显露了必须掩藏起来的贫乏，要么显露了语言上的粗俗。其中使人不愉快的是那种打补丁的感觉和外国气味。

827. 美一定不能显示出任何利害关系，而是要无私地令人愉快。为了显示出艺术，不需要任何虚假造作；为了显示出财富，不需要任何奢华；为了显示出善，不需要任何魅力刺激；为了显示出节俭，不需要任何穷困相。它们必须像道德一样以自身令人愉快。

828. 行为方式属于习惯，文笔风格属于训练和规则，方法依赖于多种法则和规律。

行为方式来源于天性（例如善于书写的特殊的手）。风格来源于模仿（模仿典范）。方法来源于普遍原理。方法显示于结构的安排中。

829. 在一切艺术和科学中我们都能把机械性和天才区分开来；机械性只要求熟巧，天才则要求有精神。机械性需要法则、规律和方法。德国人更喜爱机械性，离不开规律。天才恰恰在于它以一个观念为基础，没有任何规律。一切诉诸机械性的东西（例如拉丁风格，examinatoria——评论家）只可作为天才的基础。反之，规律不是教条，而是天才的戒律。天才没有戒律就是粗野的。在那里我们必须设法把一切都引上规律的轨道。

感觉、判断力、精神和鉴赏力都属于天才，不能按照规律来教授，因此还要把它们归于感性，因为它们不是由理性而来。

830. 我们可以相当恰当地使鉴赏的要素达到概念，但不能从概念推导出鉴赏来，也不能把鉴赏建立在概念之上，即不能以概念确定鉴赏。

从根本上说，鉴赏判断关涉到普遍有效性和一个对象因这种普遍有效性而引起的愉快。因此，对鉴赏进行争论也是可能的。

美是外在地令人愉快的东西（就像感官所把握到的那样），并且是普遍性的。在我们的品行中，不光要有道德，礼貌和规矩也很重要。外在的东西是知性概念的外衣；这种外衣就是图景和一切直观媒介：语言（首先是风格）；语言本身的外表是发音和拼法。这不是房屋外观那样的东西，因为当我不考虑建筑物的技术优点时，一个房间的内部也是一种外观。友谊的外表是谦恭殷勤，诚实的外表是正派可敬，有教养的外表是彬彬有礼。

831. 精神是生命的隐秘源泉。它不服从任意的意志，它的活动源于自然，反思以意图和努力为基础。由精神而来的东西是本原性的。可以说，如果精神超过了反思，判断力就可能发生错误，但判断力将不会觉察到自身所有的一切违背生命的东西。

832. 习俗的新潮就是时尚。习俗是许多身为楷模、众人效法的人的行为的恒常方式。礼貌是那些按其本性来说受理性制约的行为中的习俗（国家礼仪）。礼貌实际上不过是由典范所确立的戒律。时髦者是那样一种人，这种人把习俗中的新潮当作首选目标。时髦倾向和赶时髦。一种行将过去的习俗（以及属于此类的东西）是业已陈旧的东西。一个决心不追随时尚的人是怪人。时尚的始作俑者或者说时尚的发明家是那些纨绔子弟（他们只把自己当作时髦的典范）。猴子一般模仿纨绔子弟的人就是一心赶时髦的人。把范例当作一种律条来遵守是愚蠢可笑的，与此相反，也有些人出于固执而抗拒范例。一种时尚在其存在的全部时间里都处于形成过程中，从一种变化无常的现象变成一种稳固的威严庄重的习俗。因此没有交替变换就没有时尚。时尚要比陈旧的习俗（或传统）优越。时尚是以鉴赏中偶然的、随意的东西而做的一种游戏；至少属于判断力的稳定的本质性的东西是不应屈从于时尚的。时尚起源于突发的想法；最初的动机是要成为敢为天下先的人中的一员。志同道合的人起初所奉行的时尚往往是令人讨厌的。唯一能使时尚生长起来并使其存在的土壤是虚荣心（即喜欢只与人们的突发想法相关的事物）。与此相反，某些事物可能由于单纯的习惯逐渐地受到欢迎。一人提倡，众人奉行。

833. 在建筑艺术、绘画、诗歌艺术中，尤其是在哲学、道德、宗教中，都不可能有时尚。但在室内家具、服饰、舞蹈和娱乐中却完全可以有时尚。

834. 时尚只与眼见之物有关。饮食趣味会形成习惯而流行起来。

835. 时尚和无思想的（gedankenlos——漫不经心的、下意识的）美一样，必须把它们的幸运寄托于它们兴盛之时。

836. 最高统帅的话听起来比战地指挥官要好，陆军总司令的话听起来比陆军元帅要好，大使的话听起来比公使要好。

837. 与认识的主观规律普遍有效地协调一致的东西会使感性判断力感到愉快。

838. 鉴赏力的分辨建立在经验根据之上，但那是内在的经验，并且是我们当作自然的、普遍有效的东西而注意到的那种经验。这就是（知识的）传播、统一、一致、反思的主观条件，甚至也是舌头品味的主观条件。外在的经验锻炼了这种内在的判断能力，使它得到改善和发展。

839. 存在着隶属性的统一（逻辑的），也存在着集中的统一（现实的）。后者属于直观，由特殊即部分达到普遍即整体和目的的直观。这种能力称为判断力，不能称为理智。这是知性的感性准备。

840. 在民众中，鉴赏只能按高雅的道德概念，特别是社交中高雅的道德概念进行。因此东方没有鉴赏，狂热也不能鉴赏。

841. 精神取决于观念的伟大高尚，判断力取决于合规律性。如果说英国人赋有更多的精神，那意思只是：在判断力方面他们有更多的精神。如果说德国人更有判断力，那意思只是：在理智和鉴赏方面他们更有判断力。一切都取决于比例。多样性与鉴赏和新奇感有关。观念的内容与精神有关。

842. 就像理性从普遍出发达到特殊一样，反过来感性判断力就从特殊出发达到总体概括，从多样性出发达到统一（构成整体的统一，或者观念和目的的统一，这会把上述活动置于活泼的游戏之中）。

843. 魅力和庄严结合起来就构成了美；礼貌是庄严的要素。端庄持重。惹人过分亲昵、让人觉得庸俗的东西是不美的。美必须引起人们的尊敬和重视。庄严是使人显得渺小的东西。它通过以下情形使人愉快：我们把自己置于主人的地位上，并且心怀自豪感，或者心怀战胜他人的傲气。

844. 感觉和机智是一种短暂的活动。精神则要求一种持久的心灵激动。存在着一种内在的活动根源。在精神熠熠生辉的地方，人们对一切缺点都不会感到遗憾。

845. 为了限制粗野的激情，荣誉感和鉴赏力必须尽最大的努力。为了使心灵获得内在的满足，科学必须尽最大努力。对全人类的爱很有意义，但一个自由民族的尊严才是最高的。

846. 首先是关于情感；其次是关于舒适、美和善。本身令人不舒适的东西通过使心灵产生激动而有助于舒适。

847. 判断不可学习的东西的能力就是鉴赏力。

848. 书呆子并非缺乏机灵，而是不通世故。

849. 何谓教导（conduite）？

850. 美必须掺混着朴素单纯，就好像被分割开的部分之间有个间隔。

有时单纯和美共处于一件作品中，就像一座雕像那样，但可能完全被忽略。

851. 在一切美中，对象都必须通过反思直接令人愉快，不能以印象使人愉快，因为这只是舒适。美的对象必须按感性判断的规律普遍地令人愉快，也就是在现象[1]中令人愉快。包含着现象的鉴赏更多的是自我相关，而不是与美相关：它也关涉到舒适。舒适要被看成是一种选择的对象，因为它使我们受到浸染。如果说美包含着选择的根据，那就是魅力刺激性的美。而纯粹的美则是感性直观中非自私性的快乐的单纯对象。

852. 自己能够创造美的作品的人，在探索美的问题时，要比哲学家做得更好。他却把这件事让给思想家去做！

853. 我想问：在一篇庆典致辞中从外国语中借取词汇听起来是否像一个八音盒或一枚金属片。德语中官阶的名称，如大使、统帅等，听起来更雄壮。德语是繁琐的，它不是综合性而是分析性的；含有大量在经验中不适用的知性概念式的表达方式。正规的德语中有大写的他（Er）和您（Sie）这样的称呼。我们可以把后面这类客套用语舍弃。但前者（指德语的分析性和多用概念的表达方式。——译者）我们却不能感到多余。这是我们对于其他民族的优越性。我们可

[1] 康德所说的现象与一般所说的现象大不相同，它虽然与物自体有关，但主要是由主体的感性能力构造出来的。人的感官从对象上摄取到的直观材料（光、色、声、触觉、味觉等）在康德哲学中叫作感觉（Empfindung），原初的感觉是杂多的、无条理的、不成形的，要由主体的先验感性能力提供时空直观形式对杂多的感觉材料进行整理，才能成为有定形的知觉表象，这就是现象（Erscheinung）。现象的主要方面是主观的，因为感觉材料（感官在对象刺激下的反应）和时空形式都是主观的。这个片段中所说的“感性判断的规律”指的就是上述现象形成的过程。由于现象不只是感觉材料，而且包含着时空形式，有了一定的形体结构，因而也含有“外在显现”也就是外形的意思，所谓“在现象中（in der Erscheinung）”就是“以其外形”之义。同时因为现象中本来含有感觉材料的成分，所以下文说“它也关涉到舒适（纯感性的快感）”。——译注

能从法国人那里借鉴轻松活泼的情调，从英国人那里借鉴富有内容的特点，但不能借用风格，我们有自己的风格。我们必须使语言更纯净、更丰富、更准确，但不能改变它。它是在全欧洲都有可翻译的语言。德国在欧洲的中部。

854. 天才需要情绪（Laune）。

855. 诙谐幽默的头脑是骑士风气的社会的蛊惑者（Demagogen）。如果我们能使他们与哲学结合起来，那就是一件好事；至少与他们搞坏关系是危险的。

856. 鉴赏力是对于那些按照感性规律普遍地令人愉快的东西的分辨能力。因此这里必须除去个人情感方面的局限条件，其对象也必须在与一切种类的情感的关系中去考察，以便得到所有人达到最大一致的那种比例。由于一切感觉类型对于每一个人来说都是共通的，因而某一事物就可以由鉴赏力去先验地并且普遍有效地加以判断。但比例是不同的。这里也会出现某种经验性的东西。这就是说，在不同的敏感程度下适中的比例是不同的。在鉴赏判断中心境是平静的，并且会生发出平静，就像呼吸与运动的关系一样。可以说，我是以我全部的感觉情感来估量对象的，这有两种方式，或者是通过我注意到的对象与所有认识能力的活动的适应性来估量它，或者是通过轻松、柔和的游戏来估量它。由于知性在直接的直观中也要遍历（durchlaufen）其他各种表象，以便使对象达到一个普遍性的视点，因而鉴赏也需要知性。真正的鉴赏可使思想更轻松，并主观地与概念相协调。

857. 年轻人喜爱充满感情的事物，因为他们还是轻率的，而且由于可塑性的缘故，他们的印象也就易于消逝；同时也因为他们还不了解控制自己心情的重要性。一个有同情心的法官，一个恋人。感情充沛（Gefülvoll）。

858. 判断力针对着在观念上与事实相适应的适当的东西；鉴赏力针对着与主体相适应的可爱的令人愉快的东西；两者都与形式有关。感觉与精神，前者与触动或刺激主体的东西有关，后者与激发或唤起主体能力的东西有关。

859. 理性只能服务于对鉴赏现象（phaenomena）的解释，而不是为它制定规则，因为鉴赏的真正根源不在客观事物，而在于内在情感的形式。

860. 鉴赏和基本需要在某些情况下是互相依存的，例如在就餐上，尽管在就餐时人们并不对人体的基本需要给予特别的注意。理想的鉴赏与社会性的需要互相依存。

861. 美的精神（schöne Geister）以舒适来使我们愉悦，我从所有这些舒适出发做出判断，但我是像一个客人那样做出判断，而不是像一个厨子那样做出判断。我是否因此就做出更好的判断，我自己无法确定。

862. 卓越的外观是舒适的，矛盾的外观要么只是奇异的并且因而是神秘的、有趣的，要么是令人眼花缭乱并使人快活的。

关于笑：这是舒适的。

对象本身可以是丑陋的，精美的，有趣的。

863. 社会鉴赏力的危困起因于如下一类事物：这类事物本身包含着未经理智选择就被感官摄取的令人讨厌的东西。毫无用处的煞有介事的庄严场面：盛装的游行队伍，（婚礼，）装腔作势的布道演说，辩论。某些虔诚的风俗习惯，其中有些是无益的，有些还可能违背良心。礼仪。习惯势力的专横，这种专横在僵化的规则下运用礼节或者叫作生活方式，也就是人为规定的礼仪（decorum）。接待好朋友时的繁文缛节和奢侈浪费（耗费金钱的游戏）。人人都抱怨这类事，人人都看到其中的麻烦和无益，但人人都顺从习惯。这种累赘从何而来？为什么在人们彼此友善并感到快乐的地方不能由理性和真正的鉴赏力来主宰？

864. 对于一个对象或者一缕思想或者一段陈述来说，其偶然的装饰物都不如其本质性的东西更令人愉快，例如，建筑物，服装。在奢侈浪费的事物上鉴赏力是（崇高）节俭的。花费许多金钱造成的美显示出鉴赏力的缺乏。

865. 缺乏鉴赏力的过多的繁饰显得蠢笨可笑，表露出简陋匮乏的鉴赏力则会显得贫乏。有鉴赏力的时代往往是掩盖着极端的贫困的时代。但仍然是鉴赏力先行败坏，浮夸的虚荣心最后泯灭，因为人们所想象的最大的不幸乃是被别人轻视。人们甚至认为死（与被人轻视相比）都是一件较小的不幸。在游戏中，自尊和爱交际的情感急剧地变换着，这加快了血液循环、出汗和消化。人固不可没有钱就去玩，但至少可以以这种兴高采烈的心境去游戏。

866. 游戏乃是一种对比，即互相之间按单纯自爱的规律去行动的对比，同时虽然是按自爱的规律，但并没有烦恼、贪婪或者幸灾乐祸的成分在内。

867. 按照普遍的感性规律令人愉快的东西（被想象为使人愉快），亦即似乎是必然地传达生命情感的东西……（句子到此中断）

868. 鉴赏力表现在如下情况中：一个人不仅因为有益有用而选择了某一事

物。因此一颗瓷纽扣要比一颗银纽扣更美。顶点之类在于它不能长久存在。颜色娇嫩明净的衣服受人欢迎是因为那种颜色不能长久保持。花儿的美也是短暂易逝的。

大自然赋予供食用的东西（或提供食物的东西）以最少的美。母牛，蜜蜂，猪，羊。大自然赋予食物中新鲜的东西以较多的美：水果。大自然赋予芳香的东西以及只供视觉享受的东西以最多的美。

道德的善也是非自私性的。

869. 有些东西在感觉中令人愉快，有些东西在感性直观的判断中令人愉快，有些东西在知性概念中令人愉快。

870. 强烈的颜色不是很美，因为它们更属于感觉而不是属于现象（指知觉形象。——译者）；它们必须转变为另一种相近的颜色，而且是转变为适中的颜色才好。

871. 看得见的艺术是美的（Ars aspectabilis est pulchridudo）。使视觉形象的艺术表现得清晰、轻松的是美。因此艺术肯定不能通过理性去理解，亦即不能以把（艺术）事件当作媒介的方式去理解艺术，而是要在（艺术）事件本身中去理解艺术。合规律性，比例，准确的划分。正多边形。一种纯粹的颜色；有魅力的颜色组合（郁金香，山鸡）。合比例的声音。现象（phaenomeni）与一个一般观念的协调一致；知性与美有关。现象与本质性的目的协调一致是较高级的美。一切纯粹的颜色都是美的，因为不混杂的颜色已经显示出艺术。

872. 诱惑力要么是饮食方面的，要么是情感方面的。

与造型能力的规律相符合的是美的：质料的和形式的（materialiter and formaliter）。创造一些感性概念，通过它们之间的互相比较就会转化成知性概念。

873. 鉴赏是选择（不是间接的，而是直接的），不过应该是普遍有效的选择。感觉、判断力、精神和鉴赏力：这一切全都是快乐的主观根源。（由于是可传达的和可共同感受的，所以就是社会性的。）

情感不做判断，它什么也不教给我们，它是不可言传的。

874. 最后再谈谈鉴赏力。有四种东西人们不能学习：感觉、判断力、精神和鉴赏力。这些构成了天才。虽然还有更多的能力属于天才，但这四个方面真正构成了天才的本体。

875. 一切不能从客观的根源而只能从主观的根源抽绎出其规律的东西，如鉴赏、情感等，都属于人类学。

876. 借助于共通感的判断能力就是鉴赏力（Facultas clijudicandi per sensum communem est gustus）。人类的感官有某种只限于个体有效的东西，也有普遍有效的东西。对于我们的感官有共通性的东西与其他人的感官也是相适应的：现代人的感官与古人和未来人的感官都是相通的。餐具。这里说的不是一个人一时的胃口，而是审查和品尝的感觉。

天才处于鉴赏力的审判台下。鉴赏力不喜欢任何昂贵的东西。

877. 一个理论判断必然普遍有效这种情况建立在矛盾律之上。一个道德判断必然对每一个人的理智都有效，从而也对每个人的意志都有效，这种情况建立在……（句子到此中断）

878. 花园，仙丹（Elixier——中世纪炼金术士所想象的灵药。——译者）。如果某物使我们感到舒适和满足，它就在感觉上令人愉快。

某物以表象令人愉快，这或者是由于它与主观规律（表象能力的主观规律）协调一致并因而是美的，或者由于它与快乐的客观条件协调一致，而这要么由于其根据是普遍有效的——因为它可以由理性去认识（有益），要么由于快乐是普遍有效的——因为它是由一个普遍的根据而来（善）。

与人类认识（不是感觉）的普遍的主观规律相一致的东西是美的，它在反思中令人愉快，因为它只与反思的条件协调一致。美的东西只在社会中使人快乐，但也使单独的一个人感到愉快。

主观的规律虽然不能被先验地认识，但它们的普遍性却可以不借助外在现象而由我们的内省来认识。也存在着普遍有效的感觉，例如性感或冷热的感觉，也可以说存在着一种与他人感觉的融洽性，我们可以从自身认识到这种融洽性。这属于趣味，但不属于对美的判断力。

879. 在直观中唤起促进生命的意识的那些现象是美的，在感觉中激起促进生命的意识的那些现象是令人舒适的。

880. 鉴赏力是社会性的感觉。

在美方面对象或认识是与反思的主观规律相协调的，在品鉴方面对象或认识是与感觉的普遍的主观规律相协调的。

881. 在情感、鉴赏和理智的喜悦方面，愉快被视为直接的。因为间接的愉快没有特别的名称。在情感方面，愉快来源于感觉；在鉴赏方面，愉快来源于与一种经验规律的协调一致；在理智的喜悦方面，愉快来源于一种先验规律。第一种愉快具有最大的主观的感动能力，第三种愉快具有最大的客观的感动能力。情感：主观的量；鉴赏：客观的量。善不必借助经验，只由理智来认识即可。

882. 经验属于鉴赏力，非经验（Unerfahrenheit）属于情感。

883. 间接的善是有益。一物要么只是作为状态（感觉）的变化主观地令人愉快，要么是作为知识客观地令人愉快。对象或者是普遍地使感性愉快：美的；或者是普遍地使理性愉快：善的。

884. 由各部分组合而成的整体形态，如果各部分的目的不互相冲突，就是最美的形态。面孔是最美的，那里所有五官七窍都安排得体。因此如果五官七窍之一显得突出，就一定会惹人发笑，因为这破坏了美。

人是最美的动物，因为人的造型与一个有生命的创造物的观念最为吻合。

885. 关于在某人（这人有某种怪癖）说话很少，并且说出深思熟虑的东西时，我们的判断中的错觉。轻率的话会引起对浅显的知识的怀疑。

886. 一切显示出一种目的东西，例如观念或者造型设计（dessein），如果它们显得轻松并且不受基本需要的强制，就是美的。因此花朵的颜色是纯净的，否则就会偶尔被视为肮脏污秽的。一定程度的随便自然，例如花朵所显示出来的意态，是令人愉快的。过多的理智、在一切事情上都处心积虑是惹人厌烦的。自然，艺术的自然（die Natur der Kunst）以及艺术，自然的艺术（die Kunst der Natur）如果在风格上看起来相似，就称为朴素的（naiv）。

887. 人们借助于社交所寻求的是：（1）消遣（休闲、恢复精力）；（2）娱乐；（3）振奋。第一种是工作和操劳之后的休整。这就像音乐的情形和发笑时的情形一样，自我交谈（Selbstsprechen）产生了最佳的兴奋状态，快乐是直接来自观念和肉体的活动。

888. 观看一次社交聚会和一场游戏足以使人得到休整。游戏本身或者与一个人交谈足以使人得到娱乐。一件伟大的事业以及我们亲身参加的由形形色色的人组成的社交活动足以使我们振奋。

889. 正如存在着一种明显的或者引人注目的朴素单纯一样，也存在着富丽豪华。

890. 我不能为了掌握来自故纸堆的大半被湮没的古老知识就使自己的头脑变成羊皮纸。有些人从事档案工作，但最终还得有人通过理性去运用那些档案，帕乌[1]手头的资料不足什一，而且不一定正确，但他的纯粹的精神探索（要思考而又不想露出思考的痕迹）却是值得称赞、值得仿效的。我们确实也不应为掌握自然之物的名称和形态就使自己的头脑变成一份目录或者一家美术馆。布丰竟以其声誉为某些阿卡基亚博士[2]的肤浅讽刺去冒险，因为他企图把所有这些现象都算作理性的新的希望。我不赞同他的冒险行动，但这种单纯的企图……（句子到此中断）

891. 心灵不能通过安静而得到休息恢复，除非在睡眠之中，只有通过活动——不过必须是自由的活动——才能得到休息恢复。因此大家都喜欢游戏。这种休息恢复不同于消遣。

892. 一个理想之物就是以形象的方式出现的观念，也就是以一种虚构出来的具体表象的方式出现的观念。由于具体化（指使观念转化为具体形象。——译者）的障碍，理想之物永远不能完全地表现出观念，而观念正是据以判断理想之物的根据。

893. 人们可能从一幅好的肖像看出它是从一个现实的人描摹下来的。贺加斯。拉法特[3]。

894. 如果情感性的语言只采取简要的文体，以无明显格律的无韵诗行写出来，那么想象就会像踩高跷行路一样（意谓直挺、僵硬。——译者）。这就好像人们扮出一种情感的鬼脸，并把自己降到那鬼脸的水平，或者就像客套的礼节一

[1] 帕乌（Cornelis de Pauw, 1739—1799），荷兰哲学家，德王腓特烈二世曾邀请他到柏林科学院和普鲁士宫廷供职，均被他拒绝。康德在70—80年代的讲课中常常提到这位哲学家和他的思想。——译注

[2] 阿卡基亚博士（Doktor Akakia）是伏尔泰虚构的人物，是作者讽刺的对象。1752—1753年，伏尔泰写了一系列短篇著作，后来以《阿卡基亚博士和本地人德·圣-马洛的故事》结集出版。在这些短文中，伏尔泰虚构了一个阿卡基亚博士，这个人对世事进行了尖刻的嘲讽和批判。——译注

[3] 拉法特（Johann Kaspar Lavater, 1741—1801），瑞士诗人、哲学家、神学家，西方相面术的奠基者，著有《永恒中的希望》《有关促进人类知识和人类之爱的相面术片段》等。——译注

样，徒具空洞的外表。错觉。

895. 有关痛苦的表达和语言或者对于痛苦的描写。激动中语言不连贯的原因在于想象通往一些相近的思想，而激情又不断地阻拦，并引出一系列节外生枝的思想。

896. 想象的剪影（Schattenriß）并不是一个作为所谓理性的图纹标记（Monogramm）的观念，也不是一种指向某种原理的正规的图像。

关于从表面分离出来的一种想象力的介质[1]。这不是任何一种观念的图式。关于精神直观的神秘主义言论（adeptensprache）。精神直观是我们自己内部隐秘的监视者（Epopten）。我们不必担心它会普遍化。它的情形就像点金石一样。如果它普遍化了，它就失去了一切价值。

天才的神秘术士当然希求天才，并且只期望有天才的人的赞许，这些术士是一些具有一种不可言传的、只能通过普遍的灵性而体验的感应性的悟性的人。我们必须让这些人的悟性去做自己的事情，不必为其担心。因为我们当然不会与精神（Geist，也有心灵、才智、灵魂、圣灵之义。——译者）相冲突，也不反对精神。（神秘术士的）技巧（Kunststuck）在于把科学和学识的鸡零狗碎与独创的精神的假象结合起来，也在于对其他人的批评，以及一种深藏的宗教精神，这样一来就可使空话获得俨然的外貌。

德国已经发明了某种使其他国家无法模仿的东西……

897. 只有两种有效的认识源泉：理性科学或者批判的学识。除此以外就是：由这两者的鸡零狗碎积累而成的杂烩，因一种灵性精神而获得了生气。所以这类狂热者谈论的都是宗教。

我们不应担心这类神秘术士的言论广为传播，因为一旦它们普遍化，它们就会失去价值，这又是由于它们的全部目的就是显得与众不同。

理性不是要使自己孤立起来，而是要普遍地联系和交流。理性还要阻止判断方面的一切自私的原则，而且因此也就脱离了单纯的感觉。我们只有在普遍的理性中才能认识特殊事物。

---

[1] 这一句讲的是德谟克利特、伊壁鸠鲁等人的认识论，其中“介质”一词德文为Idol，但不能解作“偶像”。Idol是希腊文eidula的德文拼法，这个词原来是指从对象表面脱离出来刺激我们的感官从而产生感觉印象的那种东西，故译为“介质”。——译注

898. 德国人富有秩序精神，谨慎周到的精神，原则精神，服从规则的精神，公正的精神，谦虚的精神，精确的精神，遵守习惯的精神，甚至在语言中也能表现出来的乡土精神，温和的精神，坚持不懈的精神，追求完满的精神，保持语言纯净的精神，以及整洁的精神。谁模仿另一个人的某些方面，他就有可能在这些方面赶上那个人，甚至完全超过那个人。但在荣誉方面却不是这样。谁在风范方面模仿而不是独创，谁就不可能企及被模仿者。谁永不停止，谁就可能远远地胜过最初的楷模，就像牛顿对于开普勒一样。我们德国人是为了永不停歇地进行理性发现而被创造出来的。独创性的思想方法和一种深藏的感性灵感不同于理性。占卜者的立法或者神秘术士的表达方式也有它们的技巧。

899. 天才并不是授予灵感和天启的魔鬼。如果天才获得了一种素材（Stoff），人们还必须研究某些其他的学问或形式、方法方面的东西。天才也不是一种特殊的认识方法和源泉；天才必须对于每一个人都能传达，都可理解。只是天才能达到才干和勤奋所达不到的地方。但如果天赋的颖悟陷入暗昧而又不想接受启迪，不想经受磨炼，如果天赋的颖悟不能达到一种理性观念，那么想象就会漫无目的地东游西荡，而且由于其产品毫无意义，因而就不能说它是天才的作品，而只能说是幻象（Blendwerk）。

900. 看来似乎是：我们差不多就是一种美的理想，我们先天地具有作为一种道德理想的形体，因为我们很难从现象中抽象出对相貌的判断（法则）。拉法特的新言论[1]用在这里是很恰当的，那些言论并不清晰明确，只是一些可供具体运用的非规律性的概念。

901. 单纯消遣性的鉴赏一定不会刺激任何一种深藏的情感，只能使敏锐的感受性活跃起来，并使之文雅化，因为这是一种游戏。但作为活动的伴随物它必然会使情绪愉快，使心灵真诚勇毅，而不是怯懦和衰竭。

902. 良好的情绪和良好的心地建立在情感之上，并且可以通过情感而文雅化；善良的性格建立在概念之上，这类概念不必是思辨性的，只是普遍的实践理性概念即可，但仍要从普遍的善中抽取出来。心灵的真诚可能与愚笨共存；而属

[1] 拉法特的新言论指他于1775—1778年间所发表的“相面术片段”，其中的一个基本思想是：人的外貌先天地表现了人的思想、道德、性格和命运，但并没有什么规律，每个人的情形都是独特的。——译注

于正派性格的真诚则从来不显得愚笨。

把一切都归结为情感的人，即诗人，是没有任何性格的。

903. 除了技巧之外，学识所提供的东西还会使人变得文雅，亦即消除交际中粗俗的举止，尽管它还不能到处都产生交际中令人愉快和显现出教养的东西，这是因为（学识）由于缺乏与多种社会状态的联系而没有达到普及化。

仅仅出于对自己的学识的价值的谦虚评价和对学识所带来的自负、自私（只要有学问就会有这种现象）的缓解，一些有学识的人，才产生某种意识，这种意识使他不致对自己做出错误判断，也不致使他过分相信自己的能力。

我称这样的博学者为独眼巨人。他是一个学识上的利己主义者，他还必须有另一只眼睛，以便从其他人的视点来观察他的对象。有学识的人格就在这里，这是一种判断上的友善宽容，这种态度会使人听从他人的判断。人们可以真正学习并不断增长的，不必受到检验也不必纳税的（理性）知识本来就是独眼巨人式的知识。文学上的独眼巨人是最固执的；也有神学的独眼巨人，法学的独眼巨人，医学的独眼巨人，还有几何学的独眼巨人。这些独眼巨人中的每一个都配有一只来自特殊作坊的眼睛。

医学配有我们自然知识的批判的独眼，法学家配有我们道德知识的独眼，神学家配有形而上学的独眼，几何学家配有一般理性知识的批判的独眼。因而第二只眼睛就应是人类理性自我认识的眼睛，没有这只眼睛我们就不会有测量我们的知识范围的眼力。这只眼睛为测量提供了基准线。

这些科学中的一些是如下情形：对它们的批判削弱了它们的内在价值；只有数学和语文学（philologie）与此不同，尚能经得起检验，法学也是这样；因此它们也是最为固执的。由于这些学科把本学科内的理性的使用远远地扩张了，并认为有足够的理由延伸到其他学科，自尊自大的意识也就膨胀起来。

在这里不是强大的力量而是一只眼造就了独眼巨人。了解其他许多科学也是不够的，还应该有知性和理性的自我认识。应该有先验人类学（Anthropologia transscendentalis）。

904. 存在着一种感觉方式的友善态度和一种思想方式的友善态度。后者只存在于一种受过教育同时又是善良的品格中；因而这种友善态度的根基就是道德。

声誉是文明化的结果，人性是道德化的结果。

东正教是神学的独眼巨人。

905. 缺乏鉴赏判断的鉴赏倾向是反常的鉴赏。

鉴赏与互相关联中的适宜性有关；正因为判断是从整体出发而且存在着无限多样的关系，所以鉴赏就不能纳入规律。热衷于纤细妩媚的反常的鉴赏是乏味的，热衷于迷人之物的鉴赏是令人倒胃口的，热衷于惊心动魄的鉴赏是古怪荒诞的。

906. 有三种强制，使我们屈从于他人的判断：（1）由肉体的需要而产生的强制；（2）法制的强制；（3）由精神需要而产生的强制。由于我们自己的判断而产生的其他强制是：（1）数学的强制；（2）要与一般理性的使用相一致的强制；（3）要与一般理性的实践使用相一致的强制。

907. 人类要享受社交快乐的欲望促使人们竭力互相接近。而要使自己在与他人交往中引人注目的欲望又使人们互相保持距离，就像女人在自己周围形成一个固定的小圈子一样，在社会中每个人也都是如此。

908. 在交际中（以及文学社团中）每个人都小心提防圣徒和天才。前者作为一个被推崇的人像法官一样把其他一切人都当作堕落的人来谈论，而后者作为预言家则把其他所有人都当作傻瓜来教训。如果一个人身兼二者（这是很少有的），既是一个由单纯天才而来的未经渐进的道德教育的圣徒，又是一个由神圣虔诚而来的未曾努力学习科学知识的天才（通过内在的顿悟），那么他必然合情合理地从社交中孤立出去，成为一个具有超群精神的疯子。谦虚不过是别人的合理要求对他的要求的限制。每一个这类角色都是不知足的冒昧者。公平合理意味着：每个人都有权要求某种东西，但不可强制得到。在社交中，决定互相之间的态度的必须是公平合理的原则，这一原则构成了社会交往中的权利（不是公民权利）。在社交中，冒昧的圣徒不会显得光彩夺目，因为他不能展示任何东西；但在舞文弄墨时他却拥有这种光环，从这光环本身我们无法断定它是从天堂撒下来的，还是从泥沼中升起来的[1]。

909. 有令人舒适的艺术（厨艺、服侍的艺术），有叙说的艺术、推理的艺

[1] 这一段的内容明显是在批评某一康德所不赞成的人物，但我们无法知道他心目中想到的是谁。——译注

术和戏谑的艺术、交际的艺术、美的艺术，也有实用的东西和科学。美的艺术是以单纯的手法使人愉快的艺术。

问题不在于我们是否能使生活的幸福得到保障，而在于我们是否能以聪明的行为取得一种真正的幸福。

910. 天才的普及化就是精神活动中的鉴赏力。

911. 赫尔德极力反对以纯粹思辨的思想方法对理性的误用，因为这会使人忽视具体的东西。在自然学说中自古以来的习惯就是这样。但普遍的东西并不总是抽象的，有许多事物是一种独立的普遍性的东西。所有不依赖具体经验的判断都是这样，甚至需要先验原理的经验判断也是这样。这里不可能从具体事物开始。

912. 赫尔德以如下方式败坏了某些人的头脑：他使他们鼓足勇气不经周密思考就以单纯的经验理性做出普遍性的判断。

913. 一部著作可能是折磨头脑或折磨心灵的，因此它会耗尽生命力。一个谨防毁坏自己头脑的作者常常写出毁坏读者头脑的作品，因为读者会为了理智地从所有那些华而不实的赝品中获得一丝理性而精疲力竭。作者是在戏弄读者，或者直截了当地否认他有分享这种秘密的能力。那种狂热的幼稚的企图，即抛弃作为认识的舵轮的理性和经验，到无限广阔的知识海洋去冒险，那是很危险的。

914. 天才的特性在于：一个人所能做的事情其他许多人都不能做，只有他才能办到；而其他人就叫作庸众。（人的）特性是一些使人们互相区别的行为方式，如果其他人愿意，也可以模仿这些特点。热烈狂想的文风是怪人的文风，没有任何独创性，因为许多人都能模仿它。天才的独创性取决于禀赋的一种特殊的和谐的情调，这种情调很少在其他人身上见到。克洛普史托克[1]很容易被模仿，但弥尔顿却难于模仿，因为他的形象是独立的。

915. 我们阅读报纸，是为个人交际做准备。我们阅读学术著作，是为公共的社会交往做准备。我们认识愉快的事情，目的不是为社会交往做准备，而是因为这类事情会使我们爱交谈、优雅、知礼、敏感和活泼的社会性的特性变得更高雅。我们穿衣打扮，我们置办家具，我们为社会而建造。这就是所有人用以努力获得一致的媒介。

---

[1] 克洛普史托克，德国诗人，写有宗教史诗《救世主》《玫瑰花带》等。——译注

916. 感觉　判断力　精神　和　鉴赏力

表现　绘　画　结构　　色　彩[1]

917. 某些光彩夺目的现象只能在某一地区或某一国家大放异彩，在陌生的地方会完全被忽视。这样的现象应属于较低级的环境。它们是流星。其他光彩夺目的现象最后会被全世界所注意到，而且，即使它们有时会迅速消失，它们的合规律性仍然会使人们猜测：在它们的时代终了之后，有朝一日还会重新出现，并成为永久的天体。精神产品也是这样。某些石头闪耀着金属的光芒，但经不起火炼；含有一些硫化铁的矿石可以拿去欺骗外行（使他们误以为是黄金），而行家却称它为云母或者猫金（Katzengold）和猫银（Katzensilber）。如果翻译文句差不多失去了一切（原文的意蕴），它还可能偶然地与本民族的表达方式相近，成为某种想象的暗示，但没有任何独立的美。时间会自行筛选一切著作，但人们现在就已经决定了许多著作的命运。

918. 存在着一种经验理想和一种精神理想，两者要么是感性的（直观形象），要么是理性的（借助于概念）。经验理想是以（某一类的）全部直观形象为基础的，从那些直观形象出发又通过对某些部分的限制就确定了（这一种类的）全部形态。精神理想是一种自我生成的产物，它构成了原型，并且与形象的一切最末端保持同样距离。

变形造像[2]可以由一幅人的面孔变化出一切可能的动物头脸。因为人类是（一切动物的）平均中间型，所以人类就是最完美的。如果一个人的形象向动物形态靠近，那么在他的人格中也会出现与动物相似的特性。

理智的理想也只能根据无论如何都令人愉快的东西来确定。

经验理想不可能含有真正的美；因为我们到底凭什么判定它是美的呢？道德理想也是这样（指经验性的道德理想不是真正的善。——译者）。

919. 违背道德的高谈阔论是神秘术士的流行语言。

920. 仿效是追随。模仿以发明中的独创性为前提，而相似性则以风格上的

[1] 这一段中，上、下两行各自独立，没有对应关系，阅读时请予注意。——译注

[2] 变形造像（anamorphotische Bilder）是对正常形象歪曲变态的改造，如同从哈哈镜里所反映出来的形象。这是通过不同的反射面和不同的投影方式造成的，例如，凹面镜、凸面镜、波状镜、锥形镜等就会反映出与正常形象相去甚远的形象。——译注

独创性为前提。模仿是制作副本，猴子学样仅具手法上的相似而无模仿内容的能力，例如，只是词句、表述、约力克[1]。

为了模仿古人，我们必须像他们那样更多地研究世界，而不是研究书本；为了……（句子到此中断）

921. 论天才［在猴性天才（Genieaffen）之后是一种享有特权的才能］

也有虽然狂热但仍属良好的头脑。狂热的天才在运用观念方面做得过分，热情的天才在按本身是真实的观念行动时或者在这类观念的实践运用中做得过分，二者都有些夸大其词。卢梭是一个可敬的狂热者；柏拉图热衷于一般的理念。如果人们使本来是真实的已被证明是可靠的观念延伸到一切可能的经验界限之外，那就是一种狂热的思想方法。如果人们只有一种与基本理念（Hauptidee）相伴的动机，其性情就会被认为是热情的。拉法特头脑中充满了一些观念，沉浸在这些观念中他就不会与正教相冲突。由于他使观念完全延伸到经验知识的范围之外，因而他是个狂热者。但这不是因为头脑衰弱，也不是一种概念的混乱——在这类概念中也许通常承认基本原则的人要胜过他；而是因为他蔑视某些人，这些人有意炫耀上述前提（指使观念延伸到经验知识的范围之外。——译者），但同时又对（这些前提做出一些限制，即它们可能与实际经验相一致）的策略。我确实可以向狂热的天才学习，因为要么他的基本观念是符合理性的，要么其结论是可靠的、明晰的，并因此而揭露出（通行的）基本原则中的缺点，这些缺点由于精心安排和伪装而一直被掩盖着。富有热情的人会使实现目的的决心更加坚定，会使行动的心情振奋起来。

天才们会留下一些见识，这些见识会扩大普遍原则。

天才必然有一种创造能力，并且会提供某种实实在在的东西，这些东西与观念——这些东西乃是观念的实现——的关系可以诉诸知性。天才所提供的东西，要么是情感和想象的单纯游戏——对于情感和想象有一种通过观念的统一，以便获得纯粹的娱乐和振奋，就像诗人和为鉴赏而创作的作者所做的那样；要么是一种有益有用的产品，就像一架机器那样；要么是对知性认识和理性认识的扩

[1] 约力克（Yorick），18世纪英国小说家罗伦斯·斯泰恩的感伤主义小说《游历法兰西和意大利的感伤旅行》中假托的旅行者，是一个牧师。这部小说表现出一种不合逻辑的奇怪风格，康德提到约力克就是指对这种风格的猴子学样式的模仿。——译注

大。如果从这一切之中不能产生任何明确的、证明自己是正确的东西，不能产生与娱乐相关或者与扩大知识相关的东西，那就是空想。一切不以单纯的感性表象的游戏为目的的精神产品都可能只与知性有关，因而在它们从一切感性手段和形象的表达方式解放出来之后，就必须服从理性的熔炼。一小粒金银也是精美的金属。如果一切都是渣滓，其中就不会有任何内容，就是纯粹的欺骗。因而幻想式的文笔并不是柏拉图式的狂热的文笔，也不是某某（这里原文是一条横线，不是本该有的人名。——译者）式的热情的文笔，而是炼金术士和神秘术士的文笔，其作者（炼金术士和神秘术士）深知自己（在一种浮夸的，听起来华丽异常的风格之下）经不起任何精细的、不易被迷惑的眼光的审查，因此（他们的著作）就掺入了零星的实验化学材料，掺入了纯净的发光物质，掺入了行星，尤其是其中还有相当分量的通神论，并以一种狂呼乱喊来搅扰业已生疑的学徒的耳蜗，以使使他调动每一种摄取现象的感官去倾听智慧的声音。

表面上看他说的是一种内行的话（面面俱到，对其中的任何一个方面都不甚理解），但并没有揭示出奥秘所在，对论题也没有更多的了解。这类内行话就像莱布尼茨想加入炼金术协会时的讲话一样。[1]

922. 人的才能（Talent）不受常规束缚和规律的强制的自由在某些美的艺术中是必要的。在诗中这种情况最为突出，诗的功能只是一种游戏和消遣，而规律无助于实现这样的目的。当然这里仍然是以规律为基础和指针，但这不是为了创造出作品，而是为了使活动变得和谐。这里首先需要的是一种属于才能的机械程序，最后超越这种程序的则是天才。雄辩术比诗更需要规则的强制或引导。机械程序（常规）在各种科学中都是服从规律的，如在历史学、计算技术、数学中。

---

[1] 莱布尼茨很关心自然问题，热衷于研究自然现象，对自然科学的许多方面都有较为深入的了解，并写有一些自然科学方面的著作。当时在纽伦堡有一个炼金术士的协会，这个协会的活动主要是以各种方式试验点金石（Stein der Weisen）。莱布尼茨出于对自然知识的关心，很想切近地了解这个协会的活动，于是他翻阅了炼金术士们所写的混乱不堪的著作，又写了一封信转交给协会的领导人。在这封信中，莱布尼茨指出了炼金术著作中许多含混不清之处，同时也顺便谈到一些自然科学的问题。炼金术士们当然看不懂有关自然科学的理论，但他们越是不懂，就越觉得那封信充满智慧，并就此得出结论：莱布尼茨是一个真正的炼金术士！同时还请他担任炼金术协会秘书处的工作。莱布尼茨所说的在炼金术士看来是他们的内行话，但实际上完全不是一回事，这里提到这件事，取的就是这层意思。——译注

天才需要经过天才作品的先例的培育（启蒙、教育、训练），要经过帮助它掌握规律的批评的培育，要经过人们允许他们享有的按这种规律活动的自由的培育。

辅之以勤奋和努力的机械性的才能是有益的。专事游戏的天才更使人快乐。一切首创的发明都需要天才；但在后续的时间里博学多艺的实践才能更有益处。

（1）在规律不可能先于实行时；

（2）在规律虽然先行却不可能产生结果时；

才能就要解脱典范的束缚。

①少数才能（Talent）中所包含的勤奋；②少数天才身上的才能；③少数认识和科学中所包含的天才。

才能的自由不是弃绝任何规律。解脱规律的强制关系到思想，而不是关系到语言。（从规律的束缚中解脱出来的自由）尽管不可言传，但仍然要符合规律。它要与规律相协调，或者本身含有规律，而不必有先行的规律。摆脱强制是勇敢的行为，摆脱规章及其引导是天性使然。学习的能力是天赋的。自然在其中置入有助于艺术的素质的才能就是天才。好学者是：热心尽力的（Willig）。博学多才是：有能力学习，善于学习。数学本身就是纯粹的规律。

从模仿和习惯中抽取出的规律是与才能因而也与天才最为抵牾的。诗艺的自由是最大的自由。就鉴赏和情感而言，天才是依赖于心境的，特别是就情感而言。（感觉、判断力、精神和鉴赏力。）

感觉的游戏是：音乐。借助于思想的感觉是：诗歌。思想和感觉的游戏与一种合目的的事业相结合：雄辩术。形体的游戏：舞蹈。

923. 不能从规律的引导和强制之下解脱出来的才能（Talent）只有在规律是经验性的场合，并且只有在才能本身提供充作规律的产品的条件下才会获得自由。因此德国人更与规律有缘。

924. 依据一种规律的不需要判断力的操作程序是机械性的。机械地按照规律行事的技巧是机械性的。通过训练而获得的习惯会产生一种机械性。在机械性方面别人走在我们前面，我们只能去模仿。当然，模仿要超越于机械性，因为在机械性方面我们不仅有一个典范，而且还有其他某种东西的引导，例如：样板。自由的模仿。

925. 常规是判断力的一种习惯，因而不是机械性的。掌管规则的人所使用的最终只是常规。

926. 精神中原初的要素就是天才。能使心灵获得生气的禀赋就是精神。

927. （雄辩术会造成天才。风格。）天才的要务是发明，高超技艺的职能是实行。业余爱好者的事情是吸收。鉴赏方面的高深见解是固执的，自负的……天才是谦虚的，令人喜欢的……当高深的造诣谦虚自抑时，就近乎天才。文笔上的高超技艺，诗艺上的高超技艺。轻松，活泼。

928. 德语中的Sie（您）、Ihr（您的）、Er（大写的“他”，表示尊敬）必须废除。

929. 一般来说德国人缺乏精神，法国人缺乏个性。在英国有学问的人占优势。

930. 独特的精神就是天才。法国人富有精神，但不是独特的精神；因为鉴赏力不能容忍独特性。悖谬之中包含着精神。知性、理智没有精神。天才一词的翻译问题。

931. 心情含有精神，程序则没有精神。装模作样的理智没有精神。精神看来没有任何目的。它为机械性灌注生命，它不受任何强制，而是自由的。

932. 才能（Talent）。心地善良是天生的。善于学习的天性，善于发明的天才。想象力，判断力，精神，鉴赏力。

能力。天赋（Gabe）。天才（Genie）。理解、学识和天才。富有天才的人没有一个能长期忍受军队中强制的机械行为。他会退避三舍。

我们所理解的独特精神不是灵魂本身，而是似乎能促进我们的能力的那种精神，借助于这种精神的灵感我们能够做出某些勤奋和模仿都无能为力的事情。独特精神是我们心灵能力之灵感的本原。人们自己并不了解这种独特的精神，这种精神的活动也不受人的控制。

首先我要探究一下名称。因为一个新的词汇如果不恰当，就不会立刻被人接受。在我们内部存在着诱惑和驱迫心灵能力的动因，这同时也是使心灵能力振奋起来的动因；这种内在的源泉有其完全独特的本质和规律。按照精神它只能使某种普遍性的东西——心灵要先于一切特殊事物去把握这种普遍性的东西——获得生气，而且由此也不能形成其前景（Aussicht）或其产品。因此天才就在这种创造普遍性的东西和理想性的东西的能力之中。

933. 产生观念的根源是精神。因此只有在以一个原始的观念作为基础的发明中才能见到精神。因为观念——按照它会生产出产品——在其多产性中会走得更远（指更能发挥作用、更能显示其本质。——译者），要超过单一产品的实现，所以个别产品的实现只有借助于观念才能打动心灵。感动人的力量在那些通过与其观念的关系而获得统一性的产品之中。

多种多样的规律之下的统一性是以许多理念为基础的，而这也显示了精神。通过把多样性紧密结合起来的感性来表现观念就显示了精神。积聚越多，越缺乏系统，从形式上看就越没有精神。

突发的想头是没有观念的。观念的投影。

感性灵感通过观念就是精神。

天才是灵感。抓取天才是痴心妄想。

观念首先要使知性获得生气，然后再使感性获得生气。如果把这个次序颠倒过来，那就不是灌注生气，而是使人变得狂热。

我们也可以以"精神"一词代替"天才"使用。但使用时不能带冠词。男人不仅有技巧，而且还有精神。精神不是特殊的才能，而是一切才能的灌注生气的源泉。我们不能给"精神"一词加上形容语，如"细致的精神"之类，这样的形容语适用于头脑和才能；精神是能使一切获得生气的东西。能力。才能。精神。

934. 精神是思想（心灵能力）的灵感的内在的（灌注生气的）源泉。心灵是被灌注生气的东西。精神使一切才能获得生气。它从自身引导出一系列的思想，也就是观念。

精神是本原性的灵气，这种灵气来源于我们自身，它不是派生的。天性是心灵能力感受外物的素质，才能是心灵能力自发性的素质。

我们说的不是：der Geist（带定冠词的"精神"，表示特定的精神），而是：Geist schlechthin（全部的精神、无条件的精神、精神总体）。

富有精神的（不是富有天才的）著作不是巧妙的著作或者形象化的著作或者辞藻华丽的著作。

建筑艺术的精神、音乐艺术的精神与结构严整和机械性质有区别。

935. 通过一个概念对一个整体的规定就叫作观念。

936. 像女人那样不知任何义务和束缚她的规则，就是自由的。

一个情绪振奋的天才总是不知感激的，妄自尊大的，不可遏制的，爱嘲弄人的。正如因为母鸡痛苦地为我们生了一个蛋我们就必须容忍它的咯咯声一样，正如因为孕妇为生孩子而身受十月怀胎之苦我们就必须允许她们聒噪不休一样，我们也必须容忍受孕于大自然的同时也是专横、高傲、自大的天才，因为它在想象力辛苦的奔波、迷狂中，在丧失健全理性的危险中为我们生下了看上去美观可爱的孩子。但是，由于它超尘脱俗的起源，在人们剥去其神秘语言的外壳之后，它就会倏忽之间消融于太空之中。人人都会受到它的责难。因为充溢着灵性的天才视一切都在自己之下，而这又是由于它把自己提高到健全理性的普通植物在其中生长的物质空间之上。

它从不使什么停顿下来，对于在人们眼前有力地盘旋飞舞的许多理性的有节制的偶像（enthaltenden idolen）来说它是取之不尽、用之不竭的。

937. 如果我们从某一确定的视点出发把一种才能与其他一切才能恰当地联系起来，精神就会受到激动和陶冶，因为有了那种关系之后全部心灵能力就会受到触动，普遍的生命（allgemeineleben）也会被激发起来。

感觉的飘荡（Schwebende der Empfindung）。

938. 由于特定的精神（der Geist）指向普遍性，因而可以说它是一片神性的光彩（divinae particula aurae），是从普遍精神中产生的。因此特定的精神并没有特殊的性质，而是根据它所寓居的不同的禀赋和敏感性分别获得生气，但因为禀赋和敏感性极其多样，每一个精神又确实有某种独一无二的方面。我们不能说：Die genies（诸天才，天才们）。它是世界灵魂的统一体。

939. 因为哲学能够使用作家或狂热的独创精神所提供的一切，所以它就重视某一特定的心灵能力在他们（作家和狂热的独创精神）的领域中所表现出来的一切。此外，它还习惯于采取不同的立场，甚至怀疑它自己对于最卓越的事物的判断，因为它看到了总体的不可理解性。因此哲学谦恭自抑，或者说它只向往观念，不愿与其他学科相比较。谦恭（Demut）针对与规律的关系，谦虚（Bescheidenheit）针对与他人的比较。哲学在自我评价时保持谦恭的态度，在评价其他学科时则采取谦虚的态度。

940. 天才是一种会受到打扰、受到妨害的东西，起初必须由另外一个人加以解释。以图像代替事实。

941. 天才的艺术是这样的艺术：其诉诸感性的作品能够由观念赋予生气。勤奋的艺术（指无天才的普通人通过努力制作的艺术。——译者）是这样的艺术：在这种艺术中，目的依据规律使作品成为可能。手工业产品是按照样板和准绳制作出来的。

（或者是直观中表现出来的观念）

942. 精神是通过观念来（为才能、心灵能力）灌注生气的源泉（因而也就是一种合目的的富有生气的想象力）。如果一个观念能很好地把想象力置于多样性的活动之中，它就有了生气。甚至在社交中精神也是这种情形。一部著作中的许多情绪、感觉都应该反复思考。一种习惯在多种目的中的前景……（句子到此中断）

943. 一个人可能在不知观念时就精神振奋，富有生气，但我们还是应该设想那人有一个观念。

由于富有生气属于感性，因而天才总是与完善的感性有关。但因为它依赖一个观念……某一事物可能成为使我们获得生气的机缘，但不是一个灌注生气的源泉，例如只能使想象力活跃起来的图画。唯有天才的感受力才能内在地被同情心所激活，获得生气。天才的艺术以观念为前提。

独创性的精神是：它的观念同时可被新奇的和独特的事物激活。

一个人只有在不经指引而返顾观念时才能感受到天才。一句风趣的话（bon mot）可能具有幽默和精神。精神是严肃的，而幽默则是惹人发笑的。数学不是观念的领地，而是直观地构成概念的领地；它不是从整体走向部分，而是从普遍走向特殊。

一种全新的方法仍然要以一个观念为前提。

哲学是观念的真正家园，但不是观念获得生气的地方。而自然（及人类知识）以及与之竞争的试图超越直观现象的艺术却是赋有生气的观念的领地。因此天才的艺术虽然以自然为原型，但却要以通过人去灌注生气的规则为条件，依据这种规则，一件新的作品才能被创造出来，而且这件作品也有它自己的规则。

944. 法国人用genie（法语守护神、天性）一词（来表示精神），因为在法语中“精神（Esprit）”一词有才智、风趣之义。

深入到事物的精神之中。

945. 观念是概念的统一性（知识与之相关的原型，构造事物的统一性），这种概念是与之相符的直观中杂多现象的规定性的一种本原。一切部分都是为其他部分而存在，整体为每一个局部而存在，就像一个动物的构造那样。

各个部分不是联结和凑合在一起的，而是相辅相成有机生成的。精神是诸总体中的总体，是每一部分中的总体。

946. 感觉可（使人）激动，观念可由一种始因而（使人）获得生气，因为它本身带有一种活动的普遍基础。

947. 判断力是感觉的监察官（Censor），其职责是分清这种感觉是否可归属于观念并与之相结合，是否会妨碍和遮蔽观念。

感觉要么是伴随并紧跟着直觉，要么只是由一种人们无法传达的直觉而来的激动。后者对观念无所贡献，因而它没有比单纯的消遣更高的价值；单纯的消遣什么也留不下，因为只有观念是独立不依的，并能容纳感觉。

948. 感觉虽然可（使人）激动，但不会（使人）富有生气，因为它没有任何持久的赋予生气的源泉。

949. 天才不是一种特殊的心灵能力（否则它就要有一种确定的对象），而是其他一切心灵能力借助于人们所向往的对象的观念而获得生气的一个源泉。

发明要以认识能力的生气勃发为前提，不光要有敏锐的学习能力。但这种生气勃发必须通过产生一个观念而指向一个目的，否则它就不是发明，而是一种偶然的发现。

950. 观念使想象力富有生气，而想象力反过来又给观念以生命，即给观念以富有生命力的质料，也就是给观念一种类似动物生命的那种感性特征。

951. 由一个观念产生的激动是一种精神振奋，未经观念而产生的激动是狂热的火焰。

952. 演说是一种技巧，而雄辩却需要精神。充满精神的演说就是雄辩。缺乏艺术的精神是粗野的。

953. 显得不合目的的事物中的精神是单纯质朴的。

954. 强制会造成技巧，窒息（或僵化）精神。

955. 并不是一切有生命的形式都有精神，而是本身缺乏生命的形式被灌注生气之后才显得有精神，而且离自然的生命越远，就越是这样，越显得有精神。雕塑和绘画。

956. 富有精神的艺术，费力制作的艺术。

957. 模仿照做，亦步亦趋（Complier）。因此客套起来就屈身鞠躬。打动人的（frappant）：引人注目的，异乎寻常的（auffallend）。

958. 精神是产生许多须思考之物的东西。感觉是产生许多要被感觉的事物的东西。[1]判断力试图使诸感觉之间依据对象而互相协调。鉴赏。个人意识转变为普遍有效的意识（有局限的表述，只有自己才能理解）。

存在着园林艺术这样可能有精神的艺术，也存在着手工业产品这样缺乏精神的艺术。可能有精神的东西仍然可能成为无精神的。

959. 与自然（现象中的自然）竞争的造型能力称为美的艺术，它必须有自己的规律，但这种法则包含着主观原理，也就是与我们的能力的自由实现的规律的一种适应性。它是一种按照我们的感性创造出来的作品。

这不是模仿的作品，因为艺术像自然一样有其特殊的规律，也有其特殊的领域，那就是现象界。

960. 我所探讨的不是天赋才能——如想象力、记忆力等——的肉体根源，因为想象力、记忆力等并不受我们的控制，而是为天赋素质确定方向的导向能力，因而只是形式性的本原。

961. 观念是规律的本原。原型。观念是知性的一种产物，不是知性从想象力的物质材料中抽取出来的抽象物。观念只能与总体的统一相关。

规律是总体中分配的或组合的统一性，组合的统一性是建筑学的术语。

962. 一切美的艺术都建立在直观与概念的结合上，也就是建立在感性与知性和理性的结合上。概念越是在直观中闪耀光芒，越是在直观中表现出来，艺术就越伟大。但概念一定不能是经验性的，亦即不能从直观借取，否则它就只是一种技巧，而不是艺术了。如果直观显得只是按感性规律表现出来的，概念显得只

[1] 这两个句子是康德以主体为中心的认识论的另一种表述。精神是一种超感性的综合性的主体能力，有了精神才能思考某种精神事物，如没有精神，任何事物都不会成为精神的对象，从这个意义上说，精神对象是精神所造成的。第二个句子中的第一个“感觉（Empfindung）”是名词，在这里它是感受外物的主体能力，不是被外物刺激后的主体状态；第二个“感觉（empfinden）”是动词，是感受能力的具体活动。在康德看来，有了感觉能力，才能感觉事物，事物才能成为被感觉的对象，从这个意义上说，被感觉的事物是由感觉能力造成的。——译注

是按知性规律表现出来的，但二者完美地互相协调，那么美的艺术恰好就存在于这种互相协调之中，因为合规律性本来就是艺术性的，合规律性与一种感性的单纯游戏的结合就是美的。

美的自然显得像是艺术但仍然是自然。同样，看起来像是自然的艺术就是美的艺术。

963. 一切（每一个感性表象）只通过概念才可能的东西都属于艺术；一切依据（典范的）形式才可能的东西都属于手工业产品。

964. 美的本质就在于与概念的协调一致，或者至少在于与普遍概念的关系的协调一致。感觉的和谐；由此而来的与知性的一致。因为知性是我们的一切表象的统一的根源。

965. 自然的进程就如艺术一般。

966. 天才的科学。新方法的发明。科学的精神。

967. 鉴赏力的差异对于把握极端的多样性——多样性在每一个别的人那里都必须具有统一性——是有益的。但在同一民族和阶层的人之间必须有形式的统一性。

银色是花园的颜色，金色是房间和壁炉的颜色。金色适合于黄色占主导地位的环境；银色适合于蓝色（不是绿色）占主导地位的地方。

968. 可能有无精神的才智和科学。无精神的秩序，无精神的严谨准确。

969. 趋向于偶然想头的才能（Talent）不是趋向于观念的天才。也许没有比人们能设法测定光速[1]更为高明和令人惊异的发明了。不过这只是一种由木星的卫星变暗而使某一聪明的（虽然还不是独创性的）头脑获得的偶然的念头，但这类事件并不能使一个聪明的头脑获得一个（可实现可解释的）观念。

970. 一个人认为自己的主张有其合理性是一回事，一个人向别人宣扬他的主张时义正辞严是另一回事。因为可能合情合理的事情却并不因此而成为毫无争议的正确而又真实的，而且宣布反面意见毫无意义，宣布自家的原理确定无疑，都可能是很不正确的。

[1] 光速的测定最初是由丹麦天文学家奥勒·罗默（Ole Rømer，1644—1710）于1667年完成的，他所测得的光速是每秒14万公里。据说罗默是因木星卫星的光度减弱而想到测量光速的。——译注

971. 审美意义上的兴趣就是心境的同化融合，审美意义上的资源（resource）则是辅助性的源泉（Hulfsquelle）。

972. 作为现象的美要么是印象上的，要么是直观上的。颜色。声音。绘画，建筑艺术，亦即造型艺术。形态的游戏。

知识的美：语言艺术。

魔幻的（或者有魅力的、激动人心的）或者吸引人的美。前者不会引起心境的同化融合。

魔幻的美要么是戏耍……（句子到此中断）

973. 从质料角度看，即根据感官（所提供的材料），对感觉的和谐的判断是各不相同的，只有纯粹主观的根据；但从形式角度看，感觉的和谐却服从客观规律。

974. 富有精神的艺术和缺乏精神的艺术，后者是机械的艺术；前者或者是语言艺术；或者是造型艺术。语言艺术包括雄辩术和诗艺，后者包括绘画和音乐艺术。

在这一切之中都有知识和精神在主宰着。

在创造和风格中独创性的主观原理与要素必须是全新的，因为天才既不会被规则所引导，也不会被典范所引导。全新是就形式而言的某种东西，虽然在想象力的活动中也有质料在起作用。天才是罕见的。对天才的机械模仿。令人发笑的文风，粗鲁的文风。一般的才能和勤奋不那么光彩夺目，但却更有用。天才为规律提供一种本原。

975. 善于掌握熟练技巧的禀赋是气质或精神。气质有助于学习，精神有助于发明创造。因而就有勤奋的艺术和天才的艺术（学习的艺术或创造的艺术）。勤奋的艺术是由规则或典范来指引的。

976. 德国人有更多的分析（判断）的才能，所以德语是高度分析性的。英国人更善于综合（更有综合精神），所以他们（说起话来）更简明扼要。

977. 如果德国人和英国人与法国人具有同样多的理智，那么，可以说法国人的理智结合了更多的精神，亦即想象力的活跃性，德国人的理智结合了更多的判断力，英国人的理智结合了更多的理性。德国人试图使一切都更成熟，法国人则试图使一切保持青春。

从根本上说天才是建立在想象力之上的；想象力包含着才智（再生的）和创造能力（原创的）。精神是想象力的机灵活跃，这种机灵活跃可在多方面表现出来。

德国人的判断力较强，惯于追根问底。

豪奢的意大利人长于想象，执意追求顶点。

法国人之所长在鉴赏力，他们向往繁华兴盛。

978. 德国人是出色的手工业者（在洋铁工艺、制造火药和钟表等方面），英国人是较为优秀的艺术家。素质和精神。

979. 令人眼花缭乱的文风。有人声称，骑在一匹既无缰绳又无鞍鞯的烈马上会比骑在一匹驯服的、懂规矩的马上显得更轩昂、更豪迈，从观者方面看他是完全正确的。因为在骑士一会儿甩掉了帽子，一会儿甩掉了假发时，当他把田地践踏得一塌糊涂，又遭到勤劳农夫的申斥时，观者得以看到足够稀罕的令人解颐的情景。

980. 鉴赏即是选择某种令人愉快的东西，这也表现在执拗、专横、傲慢自负的人从来都缺乏鉴赏力这一点上。在他们那里一切都是呆板僵化的。

981. 繁星闪烁的天空所表现出来的创造的庄严崇高包含着我们由扩展我们的心灵、驰骋想象遨游八极而产生的感动。（造物主的）创造中的艺术奇观引起的是一种完全不同的情感，即对预先的筹划和善的满意的情感，这种情感可使我们对创造给予高度的评价，可使我们对创造产生敬爱。神的庄严崇高的教科书。

982. 关于音乐的影响。（音乐）可缓和因蠕虫引起的痉挛。关于音乐对疲劳的骆驼的影响。听觉与发声器官具有相同的感应，所以一只鹦鹉不经练习就能学人说话，同理，小孩子起初不会说话，后来就能说话了。

983. 鉴赏不是针对有用性的，但必须与有用性相协调。那是知性和感性的一种协调一致的游戏。那是一种社交性的，因而具有社交意义。

不存在任何个人独有的鉴赏。（公共的判断。筵席。）鉴赏有普遍的规则，但不是先验的普遍规则，只关系到感性交流的形式。变化是令人喜欢的。不一定有艺术，不一定有财富和福利。清风明月不用钱买。轻松。对有色之物和无色之物的鉴赏。交谈中的鉴赏：庄重大方。音乐。花园。楼宇。戏剧。

984. 美的艺术是令人愉快的风格的艺术，鉴赏力就在其中（体现出来）。

鉴赏是高雅精微（delicat）的事情。（不同于）好的胃口，好的厨师。

鉴赏力是某种原初的东西，不能学习，属于天性。

即使一切都优雅美观，仍然可能是某一事物更适应一种鉴赏趣味而不是另一种鉴赏趣味。鉴赏是最伟大的文明。美的光彩。人们只能通过鉴赏对鉴赏做出判断（durch Geschmak über Geschmak urteilen）。

古人的著作是鉴赏力的永恒的典范。没有这种典范就不会有经久不变的标准。死去的语言。

985. 在属于魅力刺激的东西方面，自然采取否定的态度。自然使这类东西很少见，它甚至不利于经常享用这类东西。因此女性有一种抗拒的本能，因为否则她们就会由于过度施用魅力刺激而失去魅力及其影响。但她们采取的是一种妩媚的拒绝方式。这是对她的性别所感到的骄傲。如果江河流淌的都是牛奶和蜂蜜，我们对这两种东西很快就会感到厌恶。童话中的极乐世界（Schlaraffenland）。技艺高超的大师是固执的。道德会扩大美的魅力。婚姻是性为自己所付出的代价。魅力也希望被敬重，受欢迎，为人所向往。卖弄风情的抗拒和有道德的抗拒。

986. 休谟如下的意见是否正确：较高级的美之所以稀少，是因为只有稀有的美（或者美本身）才被称为高级的美，亦即由于同义反复所致？[1]美是通过比较才被称为高级的，还是自身有其理想？

大自然在其中遇见了接受吸引力和拒斥吸引力之间的中立物的环境气氛（clima）是最幸运的。花园。

沙漠的吸引力。挪威的牧场。

如果没有任何理想作为尺度，人们就不会知道什么是美的或者什么是高级的美。

987. 谈谈人类学。一个人不会独自游戏。他不会打台球，不会去玩九柱戏、绳球戏[2]、滚珠戏[3]。如果他独自一人干这些事情，那他只是为了此后展示

---

[1] 这里康德是指休谟在《论人类本性的尊严和卑下》一文中所表述的思想。——译注

[2] 绳球戏（bilboguet），一种法国游戏，玩法是：把一个小球用长绳系在一根小木棒上，然后用木棒的尖端把球接住。——译注

[3] 滚珠戏（solitaire），一种法国游戏，游戏时设法使盒子里的圆珠或圆柱分别嵌入盒底小孔。——译注

给其他人看。他自己是严肃认真的。这里他对于美毫不在意，他肯定是在期待将来有朝一日被别人欣赏、称赞。这当然也属于游戏。也许他会像塞基尔克[1]那样与猫和山羊做游戏，不过他是把它们当作人来看待的，他统治它们，取得它们的信任，赢得它们的爱戴和尊敬。做游戏没有人观看会被看作是荒谬的事情。可见所有这一切都与社会有一种本质性的关系，我们自己直接在那上面所感受到的是根本无足轻重的。参与和从中反射到我们自身的东西才是唯一吸引我们的因素。

988. 一个不是由客体的概念所确定的客观有效的判断如何可能？须知一种对每个人都有效的规律必须适用于客体，因而客体的概念对于每一个人来说都能有效地决定判断，所以对于我来说也能有效地决定判断。

如果判断表示的是所有认识能力的关系在对一个对象的认识上协调一致，那仅仅表明认识能力彼此之间的互相促进，就像被感受到的那样。因为没有任何一个对象的概念能产生这样一种情感，而只能生成更多的概念。

如果判断与客体相关（只有借助于客体的概念才能与主体相关），但仍然不是由任何一个客体的确定概念，也不是由任何一种可依据规律来确定的对于主体的关系来构成判断，那么判断必然是通过一般的心灵能力与一般客体相关。因为这里判断的根据不在概念之中，而只在于可通过一般概念来传达的所有认识能力被激发的情感之中。

愉快就产生于这类判断中，不是产生于被判断的对象上。

这里所说的认识能力是才智（Witz）和想象力，它们与知性是一致的。判断力只是能使才智和想象力（在某一场合）具体地协调起来的能力。敏感是发觉这两种能力的微弱的协调或冲突的能力，这也是判断力的性质。

愉快一般来说是生命受到促进提升时的情感，感性的生命受到促进提升时的情感通过感觉反映出来就叫作快乐，其反面则叫作痛苦。认识能力的游戏中生命被促进提升的情感就叫作鉴赏。理智能力的生命受到促进提升时的情感会得到格外的赞同。

---

[1] 塞基尔克（Alexander Selkirk，1676—1721），苏格兰水手，1695年参加了威廉·丹皮尔所组织的探险队前往南方海域，因与船长发生争执，于1704年自愿提出留在费尔南德斯群岛中的马斯亚提拉岛上，直到1709年才被人救出。他是笛福的小说《鲁滨孙漂流记》中鲁滨孙的原型。——译注

一个判断或者一般来说一个表象是否伴随有愉快，我们永远不会从对象的概念看出来；但如果自由是意志的本性，并预先设定了这种愉快，那么这种情形（意志自由伴随着愉快）一定是分析性的。事情是这样：哪一种认识方式会产生愉快，这不能先验地认识；但如果认识本身含有动力（Triebfedern），认识能力活动时的愉快就会自行产生，不管感觉是否令人舒适，都会引起愉快的情绪。

989. 尽可能发现生命之快乐的最重要的媒介就是社交。社交的倾向和需要就是由此而来，但在经历了长期的社交生活之后，就会产生去过离群索居的退隐生活的渴望，产生厌世之感，产生真正意义上的恐人症（Anthropophobie），最后的避难所则是退回家庭，就好像避开芸芸众生逃到荒岛上一样。人类同气相求，同声相应，而自然则希望矛盾冲突，以便不断地产生活动的刺激。紧密无间的友谊只是一种观念。爱好社交的人希望能成为每一个社交团体的受欢迎的成员。我亲爱的朋友，世上根本没有朋友。（这是西方流传很广的口头禅，文学作品里也经常出现。——译者）

人类之间互相造成巨大的灾祸。因此社会苦难（vexation）通过惯例、克制和希望来发挥它的作用。在一个人自己看来，他只能通过他所做的事情而不是他所享用的东西赋予他的生命以一种价值；一个有用的人同时也是一个幸运的人，他越是抑制自私自利之心，就越是如此。否则在追逐幸福的乐趣中，心灵就会因孤独而变得空虚，走向可怕的寂寞与荒凉。在青年时代人们是按强度来评价快乐的，在老年时代则是按其持续的长短来评价快乐的。

关于鉴赏

因其存在而使人愉快的东西，因而也使人感兴趣的东西，不管它从何而来，是令人满意的，令人快乐的。没有任何利害关系却使人愉快的东西是美的。令人感兴趣的东西，只要它由主体而来，或者被视为由于主体才可能的东西，是善的。

由客观根源使人愉快但并非通过概念使人愉快的东西是美的。它必须先验地使人愉快，因为否则它就不能必然地被别人当作美的东西来接受。这里没有经验原理，也没有先验的法则。

（1）在感觉中使人愉快的——舒适；

（2）在反思中使人愉快的——美：直接的；

（3）在概念中使人愉快的——善：间接的或直接的。

理性对于想象力的全部力量的优越性，这是人们所感受到的。

990. 我放弃如下荣誉：处理极为棘手的关系到（需要）天才的问题。我只能学究式地严格按规律和法则来解决它。如果说在这方面坚持不懈的努力和谨慎小心的工作方式竟然获得成功，那么把那种工作方式与崇高的精神冲动结合起来，同时使干瘪原理的应用灵活起来的任务就仍然有待于真正的天才（不是那些专干无中生有的勾当的人）。

诗艺本来就是精神的生机勃发。含有诗意的口才就是真正的雄辩术；否则那就是修辞学或者……（句子到此中断）

991. 如果雄辩术在一个民族中达到很高的水平，这个民族就得衰落，因为它已被假象所迷惑。用词朴素的演说就已经显示出欺骗而不是证明和劝说。

音乐和诗只能通过想象和悦耳的声音来打动人。

雄辩术试图借助于感性的假象来征服（听众的）理智。诗只使感性愉悦，不过问知性。

口才出众，善于辞令，雄辩术。第一种是语言表达中思想的外衣所具有的华丽；第二种是语言表达中思想的外衣所具有的令人舒适的特性；第三种则兼而有之。雄辩术与前两种并不一致。善于辞令而又有理有据是较好的。

音乐、诗、雄辩术都有欺骗和取悦感官的力量，因为它们是使感官离开思想，只引起想象的倏忽即逝的游戏。一幅画倒还能持久地展示出一个对象。

992. 如果一个判断具有如下特点：它被宣布为对每个人都有效，但同时又排除了有关那种必然的（众人的）一致性的一切经验的以及其他的先验证明，那么它就不能把它的表象与我们认识能力的超感性使命的一个原理联系起来。因为这里的判断应该普遍有效，因而它就必须有一个原理；但这里又不可能有任何证明根据，也不可能有感官对象方面知性或理性运用的任何一种规律，所以它必须有一种认识能力之运用的原理，这种原理建立在我们认识能力的某种超感性的使命之上，或者与这种使命相关联；由于这种使命可能是纯粹僭越的，也可能是有根据的，因而只有在顾及这种使命时才能做出上述性质的判断。

A. 有关自然美的审美判断力的演绎；

B. 有关自然界的崇高的审美判断力的演绎。

对于自然界这两个方面的文化教养是道德情感的准备：前者关系到不完善的义务（unvollkommenen pflichten），后者关系到完善的义务（vollkommenen pflichten）。因为在两者之中都含有自然的主观合目的性。前者的主观合目的性是在质的方面，后者的主观合目的性则是在主体合目的的使命的量的方面。

关于鉴赏的兴趣——关于共通感——感觉的可传达性。人性（Humanitas）。关于艺术的美和崇高以及美的艺术和科学。

导论：（内容的）划分。

两种审美判断中的内容都是人们想要普遍传达的主观合目的性。在两种审美判断中，决定判断的都是直观。想象力包含着对于知性和理性都普遍可传达的综合。[1]

---

[1] 第992条以及后面的第993条的后半部分，可以看作《判断力批判》最初的大纲，这显示出康德美学的人类学来源。——译注

993. 美与崇高

鉴赏判断要求普遍赞同，这里就会有某种逻辑性的东西，同时也就与另外一种感性判断，即只对个人有效的感觉判断有所不同。

但由于这种普遍有效性不是建立在表象方式与客体的协调之上，而是以表象方式（Vorstellungsart）与表象能力（Vorstellungsvermogen）（这属于认识）在主体心中的协调为基础，而且主体各不相同，这又使鉴赏判断不同于逻辑判断。

因此不存在鉴赏判断的规律，即这样一种规律：根据这种规律就能决定什么是合适的，什么是不合适的。这样的规律是不可能有的，除非那是从各种鉴赏判断中引申出来的。

社会交往的鉴赏力或者爱交流的素质。

因此鉴赏判断永远只能是一种单称的判断，而且我们不能为鉴赏判断提出任何其论证的力量足以说服另一个人的根据，因为鉴赏判断不是认识判断。

愉快的普遍有效性因为不是借助于概念而是直观性的，所以是一个困难的问题。

对于某一单独对象的认识如果要成为可传达的，就要以如下两种能力为前提：提供概念的知性和处理直观的想象力。这两种能力为了认识而在一个对象的表象中的协调一致包含着普遍规律，在主体中这种协调一致也包含着普遍规律，虽然这些规律不能被单独地考察。（“鉴赏”一词与饮食有关，饮食的动机是吃饱不饿。）

社会交往的鉴赏力・女人。

培养良好的鉴赏力是为道德做准备。

关于崇高。有某种东西，在其表象（想象力的表象）中心灵感受到自己的使命或者天职，正是这种东西扩展到超越一切感性尺度之上的境界。

在我们自己的超越感性界限的本性中似乎发现了一个深渊。由此我们突然产生了敬畏之感，不寒而栗。由此也产生了一种恐惧，这种恐惧又不断地被自身安全的意识所排除，又产生了一种好奇心，这种好奇心超越了我们的把握能力。

山脉与平原。大自然仿佛处于狂暴的破坏之中，关于巨人的童话就是由此而来。它引诱（人们）去狂热地想象，使心灵陷入恐惧和高度的紧张之中。博克——弥尔顿——克洛普史托克。伊尼斯的冥府之行。[1]精灵们居住的荒野。黑夜是崇高的，白日是美的。被遗弃的荒凉的城堡。

有道德的心灵的深处是崇高的。

关于善的情感。

994. 判断力的原理是作为如下情形的基础的原理：使自然服从我们的理解能力，我们借此可以按照我们的认识能力所需要的主观的规则（当然也算是一种规则）来设想偶然的事物中所表现出来的自然（这是判断力的需要）。

995. 一个美的人在众人之中可能比一人独处时显得更美。所有人都承认，在每一个物种中，单独的个体与大多数相比较才能显得美，人类的情形与此相似。只是动物之美在一般的判断中无非是合规律性和对其目的的适宜性。否则人就不是美的动物了。[2]

996. 独创性与传统是对立的。习惯与新潮是对立的。

一切生命都要孕育降生，那微末的新芽就堪称美。

---

[1] 伊尼斯（Aeneis）是罗马诗人维吉尔的史诗《伊尼特》的主人公，他是特洛伊战争中特洛伊方面的英雄，故国沦陷后他四处流浪，曾与女仙西比尔相识，西比尔领他进入冥界，看到了许多亡灵，经历了许多奇事。康德把他的经历当作引起崇高感的一个例子。——译注

[2] 这一句过于简略，康德的意思没有完全清楚地表达出来。动物的形态之美仅仅是合规律性与对其目的的适应性，而人的美还要表现出理性、精神和道德，这就无限地高于动物，所以康德称人为最美的动物。“否则人就不是美的动物了”这一句可能含有“人的形体在单纯合规律、合目的这两点上不如动物明显”的意思。——译注

“逻辑学”反思录

认识的逻辑的完善性和审美的完善性

1747. 这种解释［指迈耶尔《理性学简编》（即康德所用的逻辑学教本）对完善性的解释。——译注］是不明确的；完善可以就量的方面而言，也可以就准确性而言。[1]

美是使人愉快的，但它是通过与……的协调一致而使人愉快的……（句子到此中断）

1748. 对完善性的一种感性判断称为鉴赏。一种认识，如果它被感性判断力判定为完善的，那就称为审美的、哥特式的鉴赏趣味。一件事物中多样性与一个总的目的相协调称为完善性。如果一切都按照低级认识能力的规律而协调一致，那就是感性的完善。这就是说，这种协调是只通过感性能力觉察到的，因而其中的愉快是被低级能力激发起来的，例如对史诗的认知，对文字说明中的插图的认知。如果认识是由高级能力完成的，那也能产生一种愉快，但这是一种有时不含有魅力刺激的明晰的（deutlich）愉快。

1749. 一种历史知识可能与理性知识结合起来而不至于失去其美的特征，哲学知识可能与审美的东西结合起来而不至失去其缜密有据的性质。

人必须读书，必须取得经验。一切知识都从感觉开始。

1750. 定义不是固定的，请看以前的定义。

可以说，每个人都有一种关于义务的理性知识而不一定有一种哲学知识。

[1] 以下每个片段前面的序号是科学院版《康德全集》编者所加，是与《“人类学”反思录》各片段的序号相连续的。在《“逻辑学”反思录》中，从第1747条到第1934条前面的总标题：认识的逻辑的完善性和审美的完善性，也是《康德全集》编者所加。——译注

1751. 博学和哲学知识是一种理性知识，这种知识在更高的层次上是完善的，它通向第一原理（指关于存在的本原及其性质的学说。——译者）。

1752. 完善性与愉快、美有所不同。

1753. 每一种完善性中都含有一种规律或目的，此外，还含有一种对于规律和目的的适宜性。人们的认识主要有两个目的：增广见识，获得愉快，或者二者兼而有之。增广见识只能通过明晰的观察来达到，获得愉快有两种方式：或者欣赏对象的美，或者观看表演（Vortrag）而感到快乐。因为美和快乐不能通过完全明晰的表象而得到，所以它们是知识的感性表象。

明晰的认识无须审美性（要素）的辅助，只需对象的刺激和逻辑的完善，这就是正确性和条理性，就像通常所看到的那样，它们自身含有一种愉快的根源，这种愉快高于对具体时空现象[1]的审美的（感受）。就像阿基米德在洗澡时（发现浮力定律）的愉快，或开普勒发现某个定律时的愉快。

美学（感性学）只是使情感过于柔弱的人习惯于论证和阐释之严格性的一种手段。这就像成人给孩子用的壶嘴上抹蜜糖一样。

一种引起愉快的严谨科学的例子——地质博物学。什么人开创了审美科学？

1754. 明确性，详尽性，正确的阐释。代数学。

1755. 完善性或者关系到对客体的认识，或者关系到认识的方式。

1756. 一种逻辑上完善的知识如果以如下方式表达或陈述出来，就可能是丑的：概念引起令人讨厌的模糊表象，混乱不堪，例如，对生育物理学（指人类生殖行为的力学等方面。——译者）做了观察之后，就对人体构造和生物行为做出污秽的描绘。

正如我们从不因一个人背离他未曾信守也不应信守的规则而责备他一样，我们也不能因一种知识不理会与另一种知识相适宜的规律把任何一种不完善性归于它。

---

[1] 这里译为“时空现象”的是Groß和Dauer两个词。Groß是“量”的意思，在康德哲学中宜包含着单一性、多数性、总体性三个一般概念（见《纯粹理性批判》的“范畴表”），这都是现象所具有的属性。Dauer是延续、持续之义，是时间中永恒实体的主观意识（柏格森和海德格尔所说的“绵延”也是这个词，法文为durée）。如果直译大概要译成“对于量和持续的审美（感受）”，显然十分别扭。实际上，康德要说的可能是对存在于时空中的客体的形态的审美感受，姑且译为“时空现象”，还请读者指教。——译注

我们不能说，那种没有审美的完善性的知识是丑的。几何学和代数学是丑的吗？有哪一个智者说它们是丑的？莱布尼茨没有这样做过，莫培督[1]和达朗贝尔也没有这样做过。丑是那足以引起厌恶之感的东西。

1757. ［《理性学简编》第23节有这样的话：一种知识在多大程度上是不完善的，它就在多大程度上是一种不完善的知识。知识的不完善性或者是在知识是明晰的情况下存在于其中，或者是在知识是不明晰的情况下存在于其中。康德在这段文字的“明晰的”一词旁边加了下面半句］或者不如说应该是。

［《理性学简编》第14节有这样一段与上面引文相联系的话：前者被称为知识的逻辑的不完善性，后者称为知识的丑。康德在“丑（Hasslichkeit）”一词旁边加了如下两个词］粗俗的表达。

1758. 我们可以说，一切完善性都是美。因此一切知识都能唤起愉快。感性的愉快或者由想象的图景所激起的最接近于感性的愉快是一种特殊的愉快；后面这种愉快（由想象的图景激起的愉快）是易逝的。有时两种完善性（逻辑的完善性和审美的完善性）是互相冲突的。

1759. ［《理性学简编》第21节有如下一段话：（学术性的知识）或者只具有知识的逻辑完善性即根本不美，同时还是丑的，或者除了逻辑完善性之外还具有知识之美。在这段的旁边康德写下如下两个词］粗野的词语（barbarische Worte）。

1760. 如果诸规律互相矛盾，那就会互相削弱，例如传统的形而上学。

1761. （《理性学简编》第25节有这么一句：我们知道得越多，我们的知识越完满。在这一句旁边康德写下了下面的词句）博学的人。莱布尼茨。莫尔霍夫[2]。

这样一种博学就好像一座占地若干胡符（Hufe——德国土地面积单位，约合7—15公顷）的花园。［这一句是复述迈耶尔在《理性学简编》中所说的话：一种广为流传的学问就像一座大花园，它占地许多胡符，其中有数以千计的各种果树，生长着几百种可供人类享用的园艺植物。（大意）——译注］

[1] 莫培督（Pierre de Maupertuis，1698—1759），法国数学家和文学家，曾奉路易十五之命率探险队赴拉普兰测量地球纬度。——译注

[2] 莫尔霍夫（Daniel George Morhof，1639—1691），德国文学家，著有《德意志语言与诗歌讲义》《文学博览》等著作。——译注

1762. 客观的量。外延的量：广阔。内涵的量：重要性。

1763. （《理性学简编》第26节有如下一句：我们的知识越是广博和重要，就越是完善，因为一个大的事实包含着许多东西。在这句话旁边康德写下了下面几个词）主观的量。明晰。正确性和确定性。

1764. 因为一种知识可能包含较多或较少的内容，所以有一种量。

学术知识的量不同于重要性。

量由被认识对象的数量来衡量；其次由被认识对象的明晰性和完整性（Vollstandigkeit）的程度来衡量。

（知识的）重要性取决于被认识对象的价值，例如关于世界和上帝的知识就是重要的。

1765. 如果一种具有审美意义的知识只能使人愉快的话，那么它可能是虚假的。

知识的真实性或正确性是知识的一种逻辑特性。

真理是观念或认识与对象的符合（Veritas est convenientia ideae vel cognitionis cum objecto）。

1766. 明晰性与认识的形式有关，在感性的认识中只要清楚即可。

1767. 确定性是被认识到的真实性。它有程度上的差别，而程度取决于知识的明晰性。

在一个判断或思想中可能有真实性，但这还不是确定性；例如在苏格拉底关于灵魂不灭的意见中就是这样，或如塞涅卡[1]关于彗星的说法。

对于社会中的某种事物可以这么说：被请去作证的人指出它是确实的，另一个人则可能指出它是不确实的。

1768. （《理性学简编》第30节有这样一段话：如果一种学术知识有助于确定我们的自由行动，它就是实践性的，其中包含着知识的第六种完善性。在这段话旁边康德写下了以下一行字）

一种重要性；其结果或者是在知性中，或者是在意志中。

---

[1] 塞涅卡，古罗马政治家、哲学家。他曾说过：将来有朝一日人们将会像计算日月的运行一样计算彗星（的运行）。——译注

1769. （与上一个片段相衔接）关于普救说（universalism）的经院学说就不是实践性的。实践的和有用的不是一回事。

1770. 我们必须从逻辑的完善性开始，才可以在没有审美完善性的情况下来处理它。

没有人在一间房屋在其还缺乏应有的坚固性之前就去粉刷它。

1771. 我们吃喝，不仅是为填饱肚子。

我们穿衣不仅是为了防寒。

1772. [《理性学简编》第33节有这样一段话：一种学术知识可能：（1）在逻辑上同时是完善的和不完善的，例如一种正确的、明晰的、确定的知识可能具有如下缺陷——它不是实践性的；（2）在较高的层次上逻辑的完善好像是不完善的。或者不完善好像是完善；（3）在逻辑上是完善的，同时又是美或丑的；（4）在逻辑上是完善的，同时既不美也不丑；（5）在逻辑上是不完善的，同时又是美或丑的。在这一段话旁边康德写下了以下的词句]

数学有其逻辑的完善性，但也有其不完善性。

十分正确，但不清晰。

没有什么明晰而又正确的东西是无用的。

十分清晰，但却微不足道。

淡然冷漠，例如普通逻辑。

1773. 如果美的规律与逻辑的完善性互相冲突，那就应舍前者而取后者，但要有助于人们的目的。

1774. 有人想把所有地方都装饰起来，这种倾向类似于哥特式的趣味或者娇艳女人的打扮。应该用普通的语言，良好的理性评判能力和感性的评判能力（来表达）。

1775. （《理性学简编》第35节有这样一段话：如果在学术知识中有些完善性不能同时达到，那我们就必须舍弃较微末的和不必要的完善性，以便保留较重要的和必要的完善性。因此我们必须常常在学术性的知识中稍许减弱逻辑的严格性，以便达到较大程度的知识之美。康德在这一段话之后写下以下一行字）

不是要损害真理，虽然在方法上有所损失。

1776. 如果历史知识是呆板枯燥的，它就可能完善而不美。

1777. 学者：博学的人。

1778. 博学在质料或形式上与普通的知识有别。在质料的意义上是历史的博学，在形式的意义上是理性的博学；后者或者是数学的博学，或者是哲学的博学。

理性知识来源于规律。

1779. 逻辑的完善性：真实性，明晰性，普遍性。

1780. 逻辑的完善性关系到客体，美关系到主体。

与主体有关的知识的质料是感觉。与主体有关的知识的形式叫作现象。一切愉快都是协调一致，并且当它建立在与主体的情感或趣味协调一致之上时，它就是主观的；当它建立在与客体协调一致，而且普遍有效时，它就是客观的。

1781. 对美的批判和美的历史属于博学，但艺术却不是这样；艺术一般属于天才的技巧，不属于博学，这就好像哲学和美的艺术之间的区别。

1782. 与客体协调一致是逻辑的完善性，因而这种完善性是一切知识的本质方面。情感的激动是偶然性的，所以一切美都要求逻辑的完善性。在历史知识中也必然是这样。

如果只注意逻辑的完善性，知识就会枯燥无味；如果同时也注意到美，那就会有一定程度的逻辑的完善性。

1783. 知识只能以客观的完善性使最完善的主体（dem vollkommensten Subjecte）感到愉快。（鉴赏力与理性形式的冲突可能就在这里，因为综合是与分析相对立的。）

与理性的完善性协调一致的鉴赏力是正确的鉴赏力，甚至在综合中也是这样。

情感与理性形式是最为矛盾的。

感觉成分越少，鉴赏力就越高。

1784. 理性的完善性与归属有关，审美的完善性与互相协调的并列（coordination）有关；前者是在抽象中观察具体，后者是在具体中观察抽象。

1785. 就确定性而言，不是就明晰性而言（这一句康德写下又勾掉了）。

1786. 逻辑的完善性部分是历史的，部分是理性的；前者是思辨的。

感觉的或者鉴赏力的审美的完善性。

有用的实践性或者道德的实践性。

1787. 鉴赏不允许有任何先验的规则，因为鉴赏应该是一种感性判断，这类判断不能根据先验规则使人愉快，而只能在感性直观中使人愉快。

规则只能服务于对鉴赏的解释和批判，不能作为硬性规定。

鉴赏的标准是范例，不是模仿的范例，而是评判的范例。

1788. 关于鉴赏学说。一切技巧或者是天才的技巧，或者是手艺的技巧。（一个人可能是）一个天才的学者，或者一个有手艺的学者。（一个人可能是）一个天才的工匠，或者是一个有手艺的工匠。有手艺的工匠或者属于工艺，或者属于手工业。对于天才的人，我们不能允许他不主动自发地去创造。这里丝毫不依赖于任意专断，只有对自然禀赋的钟爱。鉴赏不需要天才，它是长期养成的对于风格、手法、样式的习惯。

1789. 只能由关于对象的感觉（亦即质料）所引起的愉快会形成魅力，引起感动，这称为情感。

只能由客体的形式引起的愉快叫作鉴赏，而且因为关于形式的知识不能由客体对感官的作用而产生，而只能来源于主体的活动规律，因而愉快的根源主观上与质料（感觉）有关，客体上与形式的根源有关。

1790. 浓荫披覆的森林在感觉上是令人舒适的。

现象在如下一点上与感觉相区别：感觉是感性中构成主体本身状态之一部分的东西，而现象是认识能力——认识能力与作为感觉的原因的客体相关——的一种真实的活动。

1791. 鉴赏与愉快的普遍性相关，而且正因为如此才与符合感性的普遍规律的对象形式相关。而与我们心意能力的规律相协调的则是舒适。虽然这种舒适在个人境况中——就我们自身状态而言——微不足道，但与此相反，它却被设想为在社会上是普遍有效的。在孤寂状态下对美是冷漠的。年轻人感情充沛却很少有鉴赏力。对象的形式美的条件是与空间和时间关系相协调的表象。美的认识的条件是：新颖性，鲜明的对比，多样性。

1792. 同一个事实能以几种方式表现出来，但关于这些不同表现方式的概念却是一致的。因而在善的方面使人愉快的东西是普遍有效的。一切知识或者具有知性的完善性，或者具有鉴赏的完善性；如果没有鉴赏的完善性，它们就是枯燥无味的；如果没有知性的完善性，它们就是肤浅的。

善永远使人愉快，美使所有人愉快，但不总是使人愉快，鉴赏力喜爱变化。

1793. 美在于（形式或现象）与感性规律协调一致。秩序，统一。

魅力刺激在于与客体协调一致：在客体按照感性规律改变我们的状态（客体刺激主体）时，就会令人感到新奇。

鉴赏力是认知感性的、普遍令人愉快的东西的能力。美的对象，仿制的美的表象或者关于对象的认识的美的表象。

善是在概念中令人愉快的东西，因而是普遍的，并且与客体相称。

知识因与客体协调一致而在逻辑上是完善的，因而是符合知性规则的；审美的完善性是在感性中令人愉快的，因而是主观的。

1794. 按照形式来说逻辑的完善性在于真实（在概念中）及其媒介（Mitteln）。按照形式来说审美的完善性在于直观中的可把握性（Faßlichkeit）。

使知性的完善性变得令人感到轻松的感性形式是独立不依的美，它有助于使普遍概念直观化，并能通过普遍概念使现象为达到明晰而做准备。

1795. 对质料的判断要通过感觉来完成（表象与主体的关系）。

对于形式的情感就是鉴赏力。但因为形式只能通过反思来认识……（句子到此中断）

1796. 通过感觉来判断对象不是普遍有效的，通过真正的鉴赏力来判断对象对于每个人都有效，这两者都是主观的；而通过理性来判断对象则是普遍有效的。如果客体在质料上与主体的情感协调一致，那就会使人感到舒适，对人有吸引力，使人激动；如果客体在形式上与主体的情感协调一致，那就是美的；但如果与情感的协调一致是抽象的，那就是善。

1797. 美的形式有两个方面。第一，直观中的可把握性（明白、清晰），与知性规则协调一致。第二，在……（句子到此中断）

1798. 美的基本形式在于直观与知性规则的协调一致。音乐。比例。范例中的准则。

1799. 完善的感性就是美。（一切美都在于表现）而感性在于与主体活动的规律协调一致，其形式在感性方面是客体中并存部分的互相配合，在理性方面则是诸客体的互相归属。

抽象有助于逻辑的完善性，联想有助于审美的完善性。抽象是孤立的，枯燥的，沉闷的；具体则是完整的，活泼的，轻松的，由特殊不能得出普遍的结论，普遍中的特殊事物的知识缺乏直观性。

1800. 一般知识的完善性：a. 真实或与自身一致。b. 量与多样性。

逻辑的完善性：（真实）通过普遍概念（而产生的）明晰性，确定性。（普遍性，精确性）

审美的完善性：直观中的明晰性。（形式，质料）

具体中的普遍性。肤浅或枯燥。逻辑上的损失，审美上的损失。

（1）一般知识的完善性可分为两种：逻辑的和审美的。

（2）知识中的完善性可按量和质来划分。

从质上看完善性或者是逻辑的，或者是审美的。从量上看完善性或者是外延的：量的扩展的完善；或者是内涵的：程度上的完善。

理论的完善性和实践的完善性。这里所讨论的只是理论的完善性。

1801. 关于与逻辑的完善性相适应的审美的完善性。秩序（并列部分互相协调），统一（隶属关系）和感性。

1802. 与知性一致的知识的审美的完善性在于可以通过这种完善性从一件事物认识到许多事物；而在逻辑的完善性中则是从众多事物出发思考少量的事物。审美的完善性是艺术，不是科学。

1803. 通过阅读古代作品我们可以使感受性更敏锐，但不能提高鉴赏力。

维吉尔比荷马更有鉴赏力。

1804. 完善性或者与量有关，或者与质有关。质的完善性或者是质料上的，或者是形式上的。质的完善性或者是符合知性和理性的规则，或者符合鉴赏力（感性）的规则，或者符合意志的规则。（认识、情感和欲求）

逻辑的完善性或者关系到质料：真实性；或者在于形式：明晰性。

逻辑的完善性（按照概念），审美的完善性（按照直观）和实践的完善性。

明晰性与美是对立的，例如判决词和谜语之间的关系就是这样。

1805. 按照理性规则或鉴赏的规则与理由（Grunden）相关联。按照鉴赏规则起作用的是如下准则（canones）：别人所说的是对的，他们所做的是好的。按照这条准则，与可笑的东西相似的东西本身也是可笑的。

1806. 鉴赏学说的缺陷在于：它在审美的完善性中所显示出来的更多的是感觉（刺激和被触动）而不是直观，而正是直观才把概念在具体事物中表现出来，把知性通过抽象活动从你那里夺去的东西又归还给你。本质的美。

存在着创造性的直观，它与经验性的直观不同。存在着欺骗性的直观或者虚幻狂热的直观，因为这种直观实际上不是生动而形象地描绘事物，而是幻想的结果。

1807. 逻辑的完善性或审美的完善性是否必须还要前进？审美的完善性必然带有偶然性的痕迹，因而它不是矫饰的（gesucht）。

从逻辑完善性的角度看，审美的完善性不是多余的，它自身具有一种统一性。它必须永不脱离天真淳朴。

1808. 什么是博学，什么是学术知识？

1809. 逻辑的完善性与客体相关（并且关系到质或者量），并且或者是真实性（质料上的或质的完善性），或者是明晰性（形式上的完善性），或者是（有效）范围（量上的完善性）。主观的完善性在于与情感（审美的）或者意志的（实践的）关系之中。

实践的关系：或者就知识本身而言，或者就事实及其影响而言。

1810. 不存在任何鉴赏的原理。因而也不存在任何关于想象力的鉴赏学说。

感性的完善关系到认识或者关系到单纯的愉快情感。前者是一种事业，后者是游戏。

如果事业看上去像是游戏，就会令人愉快。如果游戏看上去像是事业，就会令人不愉快。使感性与知性在促进认识方面达到协调一致，这是一种事业。与此相反，使感性与愉快的情感按照普遍规律而协调一致却是一种单纯的游戏，因为这对于认识无所贡献，就像音乐，朗诵或者感动人的声响那样。因而不存在认识上的审美的完善性，只有单纯鉴赏的完善性。如果我们在传授知识的讲演中发现了鉴赏方面的矫揉造作，那就令人很不愉快。

1811. 知识的有用性不是美。

1812. 感性地选择令人愉快的风格、外观（不是爱好）就是鉴赏。鉴赏及其主体有助于文化而不须通过训导，这就是潜移默化地使人变得优雅。

符合理性规律的认识的完善性是逻辑性的，符合感性规律的认识的完善性是审美性的。认识的审美的完善性或者在于认识与使内在的活动进入游戏状态的主体的感性的关系中，或者在于认识与主体的知性的关系中。前者是情感，后者是鉴赏力。例如秩序、统一等。知性属于鉴赏力，而且由于鉴赏力本来就是一种主观协调（一致赞同）的知性，它就会使每一个人都感到愉快。

1813. 对象是美的，对它的直观会感性地引起愉快。

1814. 美是独立不依的，因为感性与符合理性（规律）的完善性按照普遍规律协调一致；因而就其与主体相适应而言独立不依的美就在知性之中。本原的美（Originalschönheit）也不可能从经验中抽绎出来；毋宁说经验是判断美的中介；但从经验中知性却似乎取得了自然的目的。

1815. 构想美的对象是创造性精神的职能，但仍然必须由理性或经验提供事实本身，具有建筑才能的头脑只能按照鉴赏力来安排和造型。

1816. 造型艺术（bildend Kunste）不同于摹拟的艺术（abbildend Kunste），前者针对美的对象，后者针对对象的美的表象。（1）表现事实；（2）……（到此中断）

1817. 看来情形似乎是这样：一切从个人感觉出发，亦即从作为始基的部分出发来判断的东西，都要经受从普遍、亦即从整体出发来判断的东西的批判，因而可变的东西要经受恒常不变的东西的检验。

1818. 存在着美的对象也存在着关于对象的美的描绘，这或者是由各种对象塑造出来的美的图景，亦即美的表象，或者是把美带入理性表象之中。

1819. 钟点交替[1]之时的庄严场面看起来是美的，而对于所有者来说其好处（Gut）是不必观察而后知的。

1820. 普遍有效性要么是外在的，要么是内在的：外在的普遍有效性与所有人相关，并且是主观的和偶然的；内在的普遍有效性与一般对象相关，并且是客观的和必然的。

美与舒适和有用不同。在仅仅着眼于用处时，有用性只引起间接的愉快，

---

[1] “钟点交替”的原文是Stundenabwechselung，这是康德自造的复合词，有两个词根：Stund（小时）和abwechselung（交替）。据《康德全集》的编者说，其中Stunden在手稿中模糊不清，有点像Wunder或Munder，但最后刊印时还是确定为Stunden。如果是Stunden，这个复合词就应理解为“钟点交替”，即前后两个小时相接的时刻。《康德全集》的编者认为康德说的可能是一架艺术时钟，这类时钟装有巧妙的机械，每到整点时，小门自动打开，同时有机械人飘然走出，按时刻打钟数下之后再返身回去。此情此景看起来颇为庄严。——译注

美则引起一种直接的愉快。美的事物显示出人在世界中是适意的，他对事物的直观与他的直观规律协调一致。

1821. 一切认识都包含着直观或者概念（两者都可能是明晰的或不明晰的）。借助于概念的认识就是思想。直观的能力是感性，思考的能力是知性（先验地思考的能力是理性）。这两种能力都是认识所需要的。在直观中，知性能力作为一种较高级的能力与把握和显现质料的低级的感性能力相对立。（因此直观形象属于感性，而概念属于知性。）

符合感性规律的知识的完善性是审美性的，符合知性规律的完善性是逻辑性的。前者是与主体的协调一致（愉快或不愉快），后者是与客体的协调一致，如果两者都符合普遍规律，那就在逻辑或经验上具有普遍性。前者具有新颖性、轻松性、生动性、广泛性。我们在直观中被激动时就是这样。后者具有真实性、普遍性、纯粹性。两者都具有明晰性、普遍性，但种类有所不同。本原地创造两种知识的能力是天才。感性中客观的东西是直观，因而直观与知性相适应，而且按其本性来说是普遍有效的，因为否则人们便不能互相理解。情感具有个体有效性。

不存在有关鉴赏的先验教条，但存在着对鉴赏的批判。其规律不是理性的。

1822. 感性的愉快有两种用途：第一，直接的快活；第二，提高完善性，这是与理智的愉快的关系。就逻辑的完善性而言，属于后一种用途的有：使知识感性化，亦即在具体（直观）中把知识表述出来；其次，促使和推动知识进入实践。这是一种游戏，它使严肃的事业令人喜爱。

1823. 我们不是从一种规则出发做出鉴赏判断，而是从直观出发来下这种判断，因为这里的规则不是先验的。

1824. 判断力驯服和安排情感，鉴赏力驯服和安排精神、消除单调乏味。

1825. 感觉，判断力，精神和鉴赏力。美的艺术。

协调一致要么是与（普遍的）感性规律，要么是与（普遍的）知性规律。

与主观规律的协调一致。感觉，直观，轻松性。与客观规律协调一致的是逻辑的真实性，明晰性，与认识规律相一致的……（句子到此中断）

1826. 因为在每一个表象中具有本质意义的都是事物的观念，所以一切审美的完善性都是一种主观与客观的结合。

1827. 鉴赏力在于判断什么在直观中令人愉快。

1828. 事物的性质及其价值。

1829. 确定事实是什么（事实本身与客体相关，其他方面则与主体相关）以及它如何使人愉快，这是两种方式。使人愉快的东西或者是间接使人愉快，或者是直接使人愉快。直接使人愉快的东西也分为两种：或者只是个人的，只具有个体有效性；或者是共同的，具有普遍有效性。前者只是满意、快乐。普遍使人愉快的东西也有两种作用方式：或者是依据人类感性的普遍规律使人愉快，或者是依据理性规律使人愉快。前者是美，后者是善。

在现象中……这种判断是普遍有效的，而关于魅力刺激的判断则只有个人的有效性。对于在现象中使人愉快的东西，我们必须从中分离出所有主观的成分及主体所感到的舒适；一个美的对象上的感性魅力会随着时间消逝，而关于美的判断不仅会继续存在，而且会显示出同一程度的美。

1830. 对象的美的描绘。生动的描绘（hypotypose）。美的对象。美的认识。美的科学。批判。

1831. 美是感觉、情感的和谐。

1832. 知性并不是因为它有优越性而被称为高级能力（感性也不是因为它价值微小而被称为低级能力），而是因为它所做的事情先验地与应该做的事情一致。否则没有知性的感性还算是某种东西，而没有感性的知性就什么也不是了。

一定要明白：知性要被当作仅仅是推理能力的一种人类的知性来看待，直观要被看作感性能力。但因为一般的直观可能部分是感性的，部分是纯粹的，所以知性也要被看作一种直观能力，不过不是人类的直观。

1833. 必然有某种东西因为与感性规律或者知性规律协调一致而构成一种完善性。善。

1834. 知性和直观构造了认识中客观的东西。主观的东西与感觉、判断力、精神和鉴赏力有关。

感觉和精神属于内容（与内容有关），判断力和鉴赏力属于形式（与形式有关）。

感性认识的最后目的是真实和良善（Gutartigkeit）。因此它借助于主体的中介而与知性和意志相协调。

1835. 历史地或教条地陈述某种东西。

1836. 美并不与明晰性对立，而是与认识的深刻相对立。一切都要从原始的粗糙的东西开始。美使底蕴（Grundlichkeit）成为不可认识的。

魅力刺激，亦即对感觉、情感的影响不是美，而是次要的点缀（parergon）。

1837. 通过一个观念而构成的知识是建筑学意义上的知识。通过组合集装（aggregate）而构成的知识是技术性的知识。城市。

1838. 从质料上看，认识的逻辑的完善性就是真实性（与客体一致），从形式上看就是作为符合知性规律的真实性的条件的明晰性。

从质料上看，感性的（审美的）完善性是感觉（情感）；从形式上看，感性的（审美的）完善性是直观（生动性）。因为作为一种认识来看待的感觉与对象有关，而直观则只把形式赋予对象。尽管直观本来是客观的，而感觉本来是主观的。

感性的（审美的）完善性：直观和情感。

1839. 一切逻辑完善性的目的都是：把一切引向概念（达到普遍性），并使概念具有明晰性。

一切感性的（审美的）完善性的目的都是：把一切引向直观，并使直观具有生动性。但两者都必须有秩序，必须在一个观念中达到协调一致。

与客体一致——真实性。

与主体一致——舒适性。

1840. 培养鉴赏力的科学，古代诗人和演说家称之为博学（Belesenheit），因为这种科学能够提高人性，并通过在感性上普遍令人喜爱的东西亦即通过知识的社会共赏性（Gesellige der Erkenntnis）来缓解科学的枯燥，促进人类更容易地接受教诲，促进古代学说与当代学说的融合。通过这种……（句子到此中断）

有时感性的完善性是为了促进知识的传播，这样的完善性是一件工作（意即不是审美性的游戏。——译者）。

1841. 审美的完善性是游戏（好像悠闲无事一般——tanqvam per otium），逻辑的完善性是工作（好像是在做事——tanqvam per negotium）。如果工作看起来像是游戏，又仍然保持逻辑的完善性，那就会使鉴赏力感到愉快，同时它还是有用的。如果游戏像工作那样进行，就会令人不快，因为它既无用处又很沉闷。矫揉造作的美是令人不愉快的。

最高级的逻辑完善性如果仅仅应该是逻辑性的，那就是真实性。最高级的审美的完善性如果仅仅应该是感性的，那就是感觉、情感。

像游戏那样做事。肤浅的头脑。

合目的性与合规律性有所不同，雄辩术属于前者，诗属于后者。

1842. 判断力针对着的应用，知性针对着完善性的形式。（1）感性认识之间的协调一致；（2）感性与知性的协调一致。

1843. 在鉴赏中每一个人的头脑里始终都有典范或原型。

1844. 感觉和精神都会激动，判断力和鉴赏力要起引导作用，使其缓和下来。

1845. 完善性一般在于与普遍规律（何物普遍必然地令人愉快）的协调一致。这或者是与普遍的客观规律——借助于这种规律认识就会获得与对象的一致（明晰性、彻底性）——协调一致，或者是与主观规律——借助于这种规律认识就与主体的本质相一致——协调一致。后者是审美性的。使我们的心意能力进入轻松而强烈的游戏状态的东西是令人感到快乐的。使心意能力进入一种和谐状态的东西是美的。同时能使高级的心灵能力进入一种与感性相协调的状态的东西是善的。

1846. 唤醒和激活知性的东西属于精神（这是激活全部认识能力的东西）；唤醒感觉的东西属于感性。

在形式上与知性一致的东西属于判断力；在形式上与感性相一致的东西属于鉴赏力。

1847. 感觉和精神属于天才。判断力和鉴赏力什么也不能产生，只能依据对象发挥作用，或者互相作用。

与知性的主观规律协调一致的东西就有精神。

灌注生气的东西属于感觉和精神；起保持和保护作用的东西属于判断力和鉴赏力。

天才是建筑学性质的（意即有主动创造能力。——译者）。判断力和鉴赏力的任务是管束制约。

1848. 人们深思熟虑而后才选择某物（因为它称心，因为它有益），或者按口味（爱好）去选择，或者因鉴赏去选择。正因为如此，一所房子就显露出选择的出发点：到底是经过深思熟虑，还是出于爱好或出于舒适的愿望来选择的。

1849. 内在的知觉（愉快）属于感觉。

认识的最大的完善性在直观之中；感性应该弥补知性所舍弃的东西。

1850. 普遍有效地进行选择的能力是鉴赏力。把普遍规律应用于具体事物的能力是判断力。情感只能辨别自身；情感判断对其他人无效。鉴赏是社会性的。

1851. 鉴赏是否有永久的、普遍的规则？这不能先验地（抽象地）认识，而只能具体地认识。有一种对所有人都有效的感性判断力。感性只能具体地做出判断，否则那就是知性了。一切规则都舍去了许多具体的东西。规则（Regel）不是造成审美的完善性并具有普遍性的规律（Gesetz）。

1852. 谁不能选择出普遍令人愉快的东西，谁就没有鉴赏力。

1853. 鉴赏的个人主义（egoimus）。个人的鉴赏力不是一成不变的。败坏的鉴赏力。培养和保持鉴赏力必须有一个典范。典范不是供模仿用的，而是用来引导判断的，不是样板（Modell），也没有客观意义，而是被用为一种平均值，但它不能用于自身。

1854. 感性地选择普遍使人愉快的东西的能力是鉴赏力。

1855. 美的媒介（Mittel，也有手段、方法、平均值等含义。——译者）是艺术，美的规则是自然。自然不是美的典范（而是美的样品），因为美存在于观念之中，但自然却是美的基质。在美中自然意味着无拘无束。在美中艺术意味着合目的性和秩序，而矫揉造作则令人不快。一切看起来遵循有效原因的普遍规律而产生的东西都是自然的。

如果艺术类似于偶然的东西，偶然的东西类似于艺术，那就是出乎意料的事情。

美是一个对象或者一种认识的性质，这类性质可使认识能力处于和谐的情调之中。

1856. 鉴赏力是判断力的优雅化（politesse）。人们只能通过交往变得文雅。感性判断力有其理想但不是鉴赏力。鉴赏力有其范例（exempel），但不是典范（Muster）。原型（Urbild）不是范例。普拉克西泰勒斯[1]的维纳斯不能当作样板。

[1] 普拉克西泰勒斯（Praxiteles，前370—前330），古希腊雅典雕塑家，著名作品有《赫尔墨斯带婴儿给狄奥尼修斯》等。——译注

观念是从许多实例中抽取出来的。

使强烈保持适度，使柔弱保持适度，在这两种行为中都能显示出鉴赏力。鉴赏不需付出代价而使人感到愉快，就好像是殷勤有礼的、幽默逗趣的人，不使任何人感到辛劳沉重一样，是一种出于内心倾向的德行。

1857. 勾画轮廓是判断力的事（图画、素描），画出细部是天才的事，加工装饰着色是鉴赏力的事。

观念……（句子到此中断）

1858. 关于美的观念。美的对象和美的认识。

1859. 鉴赏的标准不是普遍的法规，而是范例。

1860. （依据共通感的）感性判断是鉴赏。依据个人感觉的感性判断是欲望（appetitus）。鉴赏是社会的判断或者社会性的判断。

东方的野蛮的美。

1861. 判断力和健全的理智是一回事，都是知性能力的运用。

1862. 简单会提高普遍有效性；因为能够很容易地表现出来、能够很容易地被把握的东西是适应普遍的理解力的。鉴赏力力图避免粗野，也力图防止违背习俗。它以美和高尚为前提，而且还要使圆滑、客气接近于美。

1863. 关于鉴赏的典范。关于天才。

1864. 感觉和判断力一起造成了感性直观。感觉与情感不同，感觉是感性认识的质料，情感是满意、快乐的主观方面，或者是感动，或者是为魅力所吸引。情感会因意气用事而破坏知性的判断。真正的美必须在直观中令人愉快；对美的事物有利害关系的人（趣味）会被干扰，不可能做出没有偏见的判断。谁根据吸引他、打动他的要素进行判断，谁就不再是对客体下判断；这是一种纯粹主观的判断，这种判断对于知性没有益处，与本质的美无关。本质的美是直观中的善（但一切直观都是感性的）。属于判断力的有：设计（dessein）、秩序、精确性、自然真实。不是从感觉中产生的愉快造成了满意，而是从上述四个方面（设计、秩序、精确性、自然真实）共同产生的满意造成了愉快。

1865. 从质料上看，历史的知识与教条的知识是互相对立的，因为前者的客体是感性对象，后者的客体是知性对象。如果一种知识建立在方法论的普遍法则——根据此类法则这种知识能够先验地产生——之上，这种知识在形式上就是推理性的。但如果它建立在理性运用的一个特殊实例之上，它就是历史性的。最后我们要想到哲学。第二种情况（历史性的知识）下的学徒会使第一种知识（推理的知识）的学徒感到羞愧。这后一种学徒看起来是个愚昧无知的人，而前一种学徒则显得是一个博学的人。长此以往，前一种学徒会成为一个明智的人，后一种学徒则会成为一个傻瓜。

教授法中，历史的方法或者推理的方法。

普通知识（堆积起来的）和科学（系统的）的区别在于：科学把某一种类的知识纳入一个整体之中，而普通知识中包含的只是不属于任何整体的片段。因此，科学除了各部分知识之外还包含着对整体的概览和这一整体中每一种特殊知识的适当地位。历史知识是使某种已然发生的事情得以被认识的知识。一切历史的知识要么是质料性的，要么是形式性的；前者是在对象被给予时的情形，后者是关于对象的一种知识被给予时的情形。哲学在质料上是理性知识，但如果有人只学习另外一个人的哲学，那就可能在形式上是历史性的知识。亦步亦趋地学习别人的哲学不能造就探讨哲学问题的哲学家，只能训练出一个知晓哲学的人。

理性科学要么是数学，要么是哲学；历史知识的总体乃是博学（Gelehrsamkeit）。

历史知识和理性知识的逻辑完善性。关于理性科学的历史科学。

某些理性科学是可以学会的，另外一些则只能通过天才及对天才的培育而获得。前者属于博学。博学的工具就是哲学。

数学能够先验地证明它的普遍法则，其具体应用则是直观的。在哲学中诸原理亦可先验地证明，其具体应用却不是直观的。

1866. 普通知识和科学；后者是系统的知识。

科学的主要问题是我们怎样认识事物。属于科学的有两大类：一是博学，这是历史知识的总体；二是对事物的透彻理解（Einsicht），这是理性知识的总体。

艺术的主要问题是我们如何以及通过什么方式能够创造出某种东西。属于艺术的也有两大类：一是机械性的可学习的艺术（手工业）；二是天才的艺术。

认识和能力。

在所有这些之中都可以看到逻辑的完善性和审美的完善性。问题在于哪一方面是主要的。感性的完善性可能具有个人的特征和协调性，或者与一般完善的感性有关。在后面这种情况下，感性的完善性就是美。

科学与普通知识的关系就像艺术与手工业（机械的）亦即人们可以按照规则学会并操作的手艺的关系一样。

1867. 作为准则和作为推动力的知识是实践性的；作为准则的知识之所以是实践性的，是因为它有约束力，作为推动力的知识之所以是实践性的是因为它能打动人。这两者都不属于逻辑的完善性。

审美的完善性在于出色的协调关系。

1868. 认识的完善性是：（1）理论的（与认识有关）；（2）实践的（与意志有关）。后者不属于逻辑。前者或者是逻辑的（客观的），或者是审美的（主观的）。

审美的完善性必然与逻辑的完善性有一种关系，有某种观念作为基础。

轻松，因为是偶然性的（游戏）。表现客体的社会性的方式。具体直观中的知性。生动性，范例，感性的明晰，不是感动或魅力。普遍概念。淳朴自然。广泛的影响。

苦心经营的美看上去是不好的。轻松的风格。逻辑的和审美的互相妨碍，但也互相促进。

对于感性认识能力是明晰的东西和对于知性是暗昧或混乱的东西：前者是就在一般现象中对事物进行认识而言；后者是就把事物归属于概念之下而言。知识的美是一种点缀，我们必须这样来看待它。

1869. 对于美有意义的不是法规（规则）而是典范（实用的范例）；而且这种典范不是被用来模仿的，因为模仿本身与美相冲突，而是取其类比的一致性。写作风格的典范是古人。正因为他们是我们的典范，我们不可能胜过他们。如下行为可算是一种勇气；企图战胜最初的典范（自然），这种企图还说得过去，因为自然并没有把一切都造成使我们的感性感到愉快的东西，而是也造成了有用的东西（意即艺术是专为审美而创造的，与有用性关系不大，故而人在艺术上超过自然是可能的。——译者）。当代没有一个人能成为真正的典范。原型是完全非借用而来的典范。它只存在于观念中。道德需要法规，不依靠典范，但容许有榜样。

1870. 鉴赏是最后的教养，要通过观察良好的范例作预备训练。

1871. 知性本身就已经具有普遍性（判断：普遍有效，感官只有个体有效性）；因此我们不能说：共同的理智（intellectus communis），而要说：一般的理智（intellectus vulgaris），也就是具有经验能力的知性。但人们也把这称为共通感（sensus communis），因为首先被感官接受再由知性来判断的事物是属于感性的。

鉴赏只能通过许多感性判断互相比较来实现。

1872. （鉴赏力是）选择使每一个人的感性都感到愉快的东西的能力。经由共通感的判断能力（Facultas diiudicandi per sensum communem）。感性地、普遍有效地进行选择的能力就是鉴赏力。鉴赏力更多的是与感性形式相关，而不是与感性的质料相关。

普遍有效的规律不是在任何情况下都一成不变，这要看它是如何起作用的。知性按照普遍规律来判断，也就是按概念来判断。

1873. 想象力和知性是表象的两个主动的根源。感性是受动的。

1874. 审美的完善性或者是与必然的感性规律协调一致，或者是与偶然的感性规律协调一致，前者与逻辑规律相符合；或者是舒适，或者是美，或者是魅力，或者是感动。

审美的完善性不是依据先验规律或教条，而是依据准则（normen）。

1875. （《理性学简编》第19节有这样一句话：完善的历史知识是一种美的知识。在“美的知识”之前康德如下字句）在描述中（in der Darstallung）与主体协调一致。美与描绘和表现有关。

1876. 审美的完善性：一事物的表象中认识能力的主观的协调。（因此不是概念，而是愉快的情感，但却是普遍有效的情感。知性和感性。）

逻辑的完善性：概念（普遍的）。明晰性。

知性：也是经验性的，规则是客观的。理性：先验的。判断力：知性和感性的关系。反思的。

1877. 爱信念（philodoxie）不是爱智慧（philosophie——哲学）。历史的知识或理性的知识。

1878. 一切历史知识的总和称为博学。博学本来就是科学中的历史知识。

1879. 作为科学的历史知识就是博学。

1880. 激发心灵能力去扩展其使用（范围）的精神不同于枯燥的知识。有的艺术显示不出任何精神。

1881. 轻松、新颖只是主观的完善性。

1882. 形式的历史知识的总和称为博学，即学识渊博（erudition）；属于这一类的有文学和哲学。哲学的精神和美的精神两者都不可学而得之。透彻理解和科学或者博学。艺术有两种：实用的艺术和美的艺术。与客体（质料）一致：真实性。明晰性（在概念中）：形式。

透彻，枯燥。美，轻松。

简洁性是生动的透彻性。具有重要意义的是："使其感性化。"

真实性：在于与客体一致，与主体一致的是：在概念和直观中的明晰性。

1883. 历史科学就是博学。

1884. 逻辑的完善性针对的是在普遍中认识特殊，审美的（感性的）完善性针对的是在特殊中认识普遍。前者把一切都纳入概念，后者把一切都纳入直观。两者在形式上互相促进。前者进行抽象，后者把众多事物结合在一个总体中。

1885. 杂多与统一。量与质。从质上看是真实性，从量上看是秩序。

1886. 普遍性，真实性（以及明晰性），多样性与统一性，这是一切知识所要求的。

明晰性，亦即秩序和统一，只是手段。

1887. 主观的真实性在现象之中，主观的明晰性在直观之中；主观的普遍性在共同意识（sensus communis——共通感）之中。

1888. 关于逻辑的完善性与审美的完善性的结合：

（1）普遍性，特殊中的普遍：共同意识，使思辨的知识（抽象的或具体的）对于普通知性成为可理解的。

（2）由少数特征造成的明晰性：抽象；由未经抽象的许多事物造成的生动性。

（3）与客体有关的真实性；主观的真实性：与主体的思想方式有关，现象中的真实性。

（4）必然性。（源于概念）经验的必然性：通过经验、习惯（外在的以及内在的），例如在道德和情感中。

审美的完善性与逻辑的完善性的冲突。因此，美看起来像是自然的艺术的一种产物。

1889. 情感至少要与鉴赏力相结合。

1890. 假象的真实性只需一点类比，例如寓言故事，而且就像想象中的事物要由内在的语言来描述一样，有些真实性我们在判断它们时让它们与我们的状态相应：回声。

1891. 只由表象方式的形式因素所引起的直接愉快属于鉴赏，由质料（对于感官）所引起的愉快是舒适和不舒适的感受。由理性对善所感到的间接愉快是精神境界。

1892. 在逻辑中，完全不能顾及实践的完善性。

没有任何关于美的科学，只有美的艺术。

艺术是一种不能按照规则来学习的创造能力。在这里“知道”和“能够”是有区别的。因为对认识的描绘和表现（Darstellung）并不等同于认识。描绘和表现的规则是主观地普遍有效的，而且是先验的。

对美的选择以认识为前提。通过认识培养对于美的判断力是优化人性（humaniora）。

1893. 没有先行的逻辑—审美形式的情感激动是违背鉴赏力的。

1894. 本质性的审美的完善性是有助于一般认识的。完善性不是情感，而是使知性概念具体化的直观的东西。

直观的观念是本质性的东西、实体。

感觉仅仅是主观的，而直观却是客观的。

感觉，判断力关系到感觉如何与概念一致。

精神（天才）：由观念灌注生气。鉴赏力把它与普遍感性进行比较。

由组合的多种感觉产生的灵感不同于由多种感觉互相结合的普遍原则产生的（灵感）。

由组合起来的多种感觉灌注生气不同于由多种感觉相结合的普遍原则灌注生气。

灌注生气的工具或者原则。

幻想的领域及其统一。

我们所讨论的只是认识的美，不是对象的美。

1895. 与一种表象方式的规律协调一致的东西就使人愉快。直接使人愉快的东西有两种可能：或者普遍令人愉快，或者只是个人的愉快。前者也有两种方式：或者依据感性规律，或者依据知性规律。美和善，虽然都有感性愉快的先验根据，但它们都是不能证明的，其标准只是经验。

1896. 仅仅使我自己愉快的东西是令人舒适的。

称为美的东西必须普遍令人愉快。

1897. 愉快的普遍性或者是先验的，或者只是通过经验来认识和证明的。

1898. 感动和魅力不属于客体，而只是主观的，因而不属于仅仅是偶然之事的美。但与概念相适应的直观……（句子到此中断）

1899. 一般的审美的完善性，或者有助于此的东西。

1900. 每一个富有内在的有生命力的认识源泉的人，都有一种天才。

1901. 逻辑是教条，美学是批判，因为其原理不是先验的，而是经验的，虽然它包含着形式方面的普遍的主观原理。鉴赏力讨人喜欢，知性则是命令性的。

1902. 感觉原本只是主观的，属于感性，直观是客观的，属于知性，因而精神涉及感觉，判断力涉及直观。判断力和直观一起构成了鉴赏力。

1903. 认识：与普遍的直观（感性）规律（直观条件）一致，或者与普遍的思维规律一致。

感性的形式就是直观。感觉。

审美的完善性与逻辑的完善性。本质的东西。直观的统一与思维的统一。目的。

1904. 逻辑的完善性，形式方面：明晰性，质料方面：真实性（通过概念）。

审美的完善性：直观的明晰性和真实性。

与全部认识能力的主观条件的和谐（harmonie）是审美的，与客观条件的和谐是逻辑的。（主观的条件就是现象的条件。）

主观的和谐，客观的和谐。

感觉中的普遍有效性：审美的，思维中的普遍有效性：逻辑的。（感觉会削弱逻辑的完善性。）

（审美的完善性具有）类似概念的普遍性，其规则具有经验上的普遍性；

像直观和感觉那样的个别性。感觉构成了审美完善性的偶然因素。

1905. 客观的完善性关系到对客体的认识。直观也关系到客体，但却与主体有关，亦即与人的全部本性有关。

1906. 能够提高逻辑完善性的审美的完善性是兴趣，不是感情；传教士一定不能让人哭泣。

1907. 那种其表象中感性和知性与一种认识协调一致的东西是美的。（意即：有一种东西，在它的表象中感性和知性与一种认识协调一致，这种东西是美的。——译者）

1908. 一种按照感性规律普遍地使人愉快的根源就是美，按照特殊规律使人愉快的是魅力；与美有关的是知性。与魅力有关的是感觉。

1909. 想象力和知性互相结合的好处（Interesse——利益、兴趣）。

1910. 本质性的审美的完善性是直观与概念的协调一致，偶然的审美的完善性是直观与感觉的协调一致。

独立不依的美。

1911. 美的认识（schöne Erkentnis）。概念的表现（Darstallung der Begriffe——指用具体事物来表达抽象概念。——译者）。善于辞令、雄辩术、诗艺。

1912. 在概念的表现中认识能力的主观的协调一致。

通过词语对思想的优美的描绘是美的表述（不是美的认识）。能够普遍传达的：人性。

1913. 本质性的审美的完善性，亦即与知性的协调，是感觉，而这会妨碍概念。

1914. 美所具有的普遍性是经验性的（知性）。还有一种理性的普遍性，这种普遍性是必然的。

1915. 认识与认识之所以可能的主观条件的协调一致。

1916. 美的认识可以由其主观的完善性来解释，但却不可以此来解释美的对象。

1917. （1）作为单纯认识的完善性。（2）与意志相关的完善性。

1918. 质：明晰性（主观的，生动的，个别的）。审美的完善性：直观的清晰。

关系：真实性。（现象中主观的真实性。关系在审美方面是主观的。）

量：普遍性。（主观的。特殊中的普遍。对所有人都是主观的。）

模态：确定性，必然性，一般知识的必然性。习惯，风俗。（经验的必然性。普遍赞同。习惯性的。鉴赏力。）

1919. 内涵的量。

1920. 审美的完善性从质料上看存在于感觉中，从形式上看存在于直观和多样性中。

1921. 感觉只能做到灌注生气，却使我们不能更好地认识对象。

1922. 妨碍我们心灵能力的自由游戏、与我们心灵能力相冲突的东西是令人不愉快的。同样，在普遍规律方面与感性相冲突的东西也是令人不愉快的。

1923. 知识的美（Schönheit der Erkentnis）是想象力的自由与知性的合规律性在概念的表象中的协调一致。诗歌艺术以想象力的自由为目的，雄辩术以知性的合目的性为目的，出众的口才以两者为目的。

1924. 认识能力，愉快和不愉快的情感，欲求能力。

如果遵循原则的认识能力成了愉快的根源，它同时就是欲求能力了，也就是说，认识成了实践性的。

1925. 一切逻辑的完善性都是客观的；如果它被造成主观的，又不与那种客观性相冲突（虽然有其局限性），那么它就是审美的完善性了。

1926. 鉴赏不允许有规章和法则，因为这里是想象力在提供规律，是想象力的普遍性的判断，这种判断是自由的。（因为这里起作用的是主观的判断力，它不依据概念来下判断，而是根据愉快和不愉快来下判断。）

1927. 知识对于鉴赏的必要性。鉴赏像在宴会上摆设餐具安排饮食次序一样，也要以逻辑的完善性为基础，但在这里只是与普遍感性（共通感）有关的完善性。

1928. 美和道德在如下一点上是互相一致的：它们都是根据一般人的愉快而不是根据个人的快乐来下判断的。它们都需要一个对共同的愉快感兴趣的观察者。只是有如下区别：审美活动中愉快的根源是纯经验性的，而根本没有先验的必然性；但在道德判断中愉快的根源却是理智性的，并且必然会使每一个人都感到愉快，因为这种判断建立在与一般的有理性的存在者的目的互相协调之上。鉴赏力和感受力（Sentiment）都是无私的，（高雅的）鉴赏力和（敏锐的）感受力可使人获得尊严、荣誉。鉴赏力只能在长时间中由许多人的判断互相一致表现出来，敏锐的感受力要由每个人的理性来证明。在自然中，美是供感性享用的，有用性对于理性来说是一种目的；在自由中，礼貌使感性满意，道德则是理性的目的。其中的一方面为另一方面做准备。

1929. A. 认识能力；B. 愉快和不愉快的情感；C. 欲求能力。

逻辑的，审美的，实践的。

知性，判断力，理性。

1930. sensus communis：共通感。一种有教养的、高雅的感官能力的普及（Popularitaet）就是鉴赏力（gustus）。鉴赏力要求有教养的文雅的感性判断。随流俗选择粗俗的东西是缺乏鉴赏力的。感性地选择普遍令人愉快的东西就表明有鉴赏力。违背感性地进行选择的倾向是虚假的，表现出一种反常的鉴赏力。

1931. 因为美自身没有任何利害关系，也就是说，它的存在对于我们无关痛痒，但仍然会使我们感到愉快，所以它必须能激起关于我们感兴趣的某种事物的情感，这就是知性与感性为达到一种一般认识而产生的和谐。

因此并不是美使人快乐，而是认识能力的和谐使人快乐。知性与感性的结合对于所有目的都是好的，而单纯知性的运用，例如数学，只能对于一种目的是好的。表象与感性规律的协调一致。如果针对着认识，就只能有普遍性（而不能使人愉快）。

1932. 在一种认识中感性和知性的协调一致就是美。美不是建立在感觉、刺激和感动之上，因为它们对于认识无所贡献。（感觉根本不属于认识）

两种认识能力的这种和谐的情感构成了对于美的愉快。

1933. 审美的完善性要么是鉴赏的完善性，亦即感性形式的完善性，要么是感觉质料的完善性，亦即情感的完善性。前者是普遍愉快的基础。

1934. 在概念中使人愉快的是善，在感觉中使人愉快的是舒适，在反思中使人愉快的是美。

1935. 美只与一部分认识有关，那就是对于概念的感性表现，不是逻辑地在抽象中表现，而是审美地在具体中表现。

美的认识是一种无意义的表现（Ausdruck ohne Sinn）；因为我越是注意主观

的东西，就越无助于表象方式中客观的东西，也就是知识。但一个对象的美的表象作为一个概念的表现却在于两种属于认识的表象能力互相之间的协调一致，而其中的每一个又都遵循着自己的规律。这就是想象力的自由与知性的合规律性的结合。鉴赏力是感性的、主观的（审美的）判断力，而判断力或者是归属于一个给定概念之下的判断力，也就是把那一概念表现出来——为了陈述一种认识——的判断力，或者是对于作为一个美的对象的感官对象的判断力（想象力与知性在一种一般认识上的协调）。想象力的自由与知性的合规律性互相协调；表象方式的审美的完善性没有任何确定性的规则，因为想象力正是应该在其自由中与知性协调一致。一个表象方面的完善性通过想象力而关系到情感（不是借助于认识与情感相关），这并不是美，而是魅力或感动。

注意：这里讨论的不是美的对象，而是通过想象力对概念的所做的美的表现、描绘（schönen Darstellung），那对象也可能是丑的。

为了认识而产生的协调一致是逻辑的完善性。

美是一种表象方式，在这种表象方式中可以感受到想象力的自由游戏与知性的合规律性的协调一致。鉴赏力是审美判断力。

不存在关于这样的美的科学。人们需要一种普遍的愉快，正因为是普遍的愉快，因而就不仅仅是情感；舒适不可能以其他东西作为愉快的规则，而舒适的愉快也不可能建立在普遍规则之上。

《判断力批判》第一导论

一、作为体系的哲学

如果说哲学是理性知识的体系，那么它在很大程度上就不同于纯粹理性的批判，这种批判虽然也包含着对理性知识的可能性的哲学研究，但却并没有形成那种体系的各个组成部分，只是提出和分析了这类体系的思想本身。

从根本上说，体系可以分为两个部分：形式的部分和质料的部分，其中第一部分（逻辑）只包括规则体系中的一种思维形式；第二部分（现实的部分）在理性借助于概念来认识对象的范围内，系统地考察思维对象。

这种哲学的现实体系本身可以分为——一定要与其对象最初的划分，以及它所包含的建立在对象之上的科学原理的极其重要的划分相适应——理论哲学和实践哲学。因此一部分应该是自然哲学，另一部分应该是道德哲学；前一部分可能同时包含着经验原理，后一部分（因为自由不能无条件地成为经验对象）则只包含纯粹的先验原理。但在什么应该被看作“实践的”——在其有资格成为实践哲学的对象这个意义上——这个问题上，存在着很大的误解，这种误解给科学陈述的方式本身带来了危害。一般认为，可以归属于实践哲学的有政治学、政治经济学、家政法规，还有待人接物的艺术、保持健康和身心营养的规则（为什么不把手工业和艺术也算在内？），因为所有这些自身都包含着某种实践关系。但实践关系虽然不同于自身包含着事物的可能性及其定义（以概念的方式）的理论关系，却决不能以此在内容上与理论关系相区别；在内容上与理论关系相区别的只有以建立在律令之上的自由为考察对象的学说，其他学说基本上只是与事物的本质相关的理论，这种理论只能运用于如下运作方式：借助于这种方式我们就可能按照某种原理把事物构造出来，这就是说，似乎可以通过随意的活动（这种活动也属于自然原因）把事物的可能性表现出来。例如，力学问题的解决——找出杠杆的力臂对于给定力（这种力应该处于与重物的平衡之中）的适应关系——虽然也以实践性的公式表达出来，但它只包含杠杆力臂的长度与作用力和重量成反比的理论关系，如果它们处于平衡状态的话。只是这种比例按其起源来说只有通过某种原因——这种原因的规定根据乃是上述比例的观念——才能被表现为可能的。一切只关涉到对象的创造的实践关系的情形就是这样。如果有了关于如何增进幸福的规定，而且所谈的例如只是关于自己作为一个人为了获得幸福应该做什么的问题，那么，就只有幸福之可能性的内在条件，如简朴、节制那些不应成为狂热嗜好的倾向等被设想为属于主体本性的东西。同时，这种平衡状态（即寡欲状态。——译者）的产生表现为由于我们自身而可能的因果性，因而一切都表现为与关于我们自身本性的理论（我们自身即是原因）相关的客体理论的直接结果。因此，在这里实践的规则在形式上确实有别于理论的规则，但在内容上却并非如此，这样一来，在一种特殊的哲学中就不包含为达到原因与其结果相联系所需要的必然性。一言以蔽之，一切从作为原因的任意性中引申出可能包含着自然事物的实践关系，在总体上都与作为自然知识的理论哲学有关。只有那种为自由立法的实践关系才在内容上与理论哲学有特殊的区别。关于前一种实践关系（指只在形式上区别于理论哲学的实践关系，即非关自由、道德的技术性的实践关系。——译者）可以说：它们构成了*自然哲学*的实践部分，只有后一种实践关系才造成了特殊的实践哲学。

注释

准确地按其组成部分来确定哲学，同时又并不为此目的把那种只是哲学的结果或应用、不要求有特殊原理的东西，附加在作为体系的哲学的分类数目之上，是很重要的。

实践关系区别于理论关系，要么是由于其原理，要么是由于其结果。如果是因其结果而不同于理论关系，实践关系就不能构成科学的特殊部分，而要属于作为科学的一种特殊结果的理论部分。事物依据自然规律的可能性按其原理来说根本不同于依据自由规律的可能性。但这种区别并不在于在自由规律的条件下原因存在于意志之中，而在自然规律的条件下原因存在于事物自身之中并且与意志无关；实际情况是，如果意志遵循知性由以考察何物按自然规律而可能的同一种原理，那么，那种包含着对象由任意的因果性而来的可能性的关系就可称为实践的关系，但在原理上它完全没有与关系到自然事物的理论关系区别开；不仅如此，它还要从理论关系中借取自己的原理，以便使客体的概念具有现实性。

可见，其内容只涉及被表述的客体之可能性的实践原理，只是全部理论知识的不同应用，不能构成科学的特殊部分。实用几何学作为独立的科学是不成立的，虽然在这门纯粹的科学中包含着很多实践性的原理，但其中大部分作为问题在解决时都需要特别的提示。如下任务：用已知线段和直角作正方形，是实践问题，但它却是理论的纯粹结果。土地测量学（agrimensoria）无论如何也不能给自己冠以实践几何学之名，或总是称自己为几何学的一部分；它属于对几何学的诠释，亦即属于这一学科的实际应用。[1]

甚至在以经验原理为基础的有关自然的科学中，也就是在本来意义上的自然科学即物理学中，冠以经验物理学名义，以揭示未知的自然规律为目的的实践活动也没有提供任何理由称那种物理学为作为自然哲学组成部分的实践物理学。实际上，我们以经验与之相对应的原理永远应该从自然知识中抽取，也就是从理论中抽取。这的确有助于关系到在我们心中随意地创造某种精神状态，例如，想象的活跃或抑制状态，爱好的满足或缓和状态（但却不能成为独立的科学部门）。不存在作为有关人类本性的哲学的特殊部分的实践心理学。问题在于，人的状态的可能性的原理应借助于艺术从我们的规定性的可能性的原理中借取，从我们的本质的特性中借取，而且，虽然它们包含在实践关系之中，但所有这些关

[1] 这种纯粹的而崇高的科学在它承认它作为初等几何学需要工具——虽然只需要两种工具，即圆规和直尺——来建构自己的概念时，似乎贬低了自己的成就；不过它把上述建构称为几何学的，把高等几何学概念的建构称为力学的，因为建构高等几何学概念需要更为复杂的器械。前者（初等几何学的工具）不能理解为真正有效的工具，它们永远不能以数学的精确性做出所需要的图形，它们只能先验地显示出描绘想象——没有一种工具能够模仿想象——的最简单的方法。——原注

系都不能构成经验心理学的实践部分，因为这里没有特殊的原理，只是对经验心理学的注释。

一般来说，实践关系（它们可能是先验的，也可能是经验的），如果它们能够通过我们的任意性（Willkur）直接确证对象的可能性，那么它们就总是属于自然知识，并且属于哲学的理论部分。只有如下关系才能够也应该有自己独特的原理（包含在自由的观念中）：这种关系作为必然情势，只通过行为的形式的表象（按照一般规律），直接展示这种或那种行为的规定性，而不涉及这种行为所造成的客体的状态。甚至如果它们把意志（最高的善）对象的概念建立在那些原理之上，这种概念（作为结果）也只能间接地属于实践法规（这类法规现在称为道德法规）。这种概念的可能性也不能借助于自然知识（理论）来考察。因此，只有上面提到的冠以实践哲学之名的学说才属于理性知识体系的特殊部分。

为避免误解起见，所有其他有关实际行动的学说都不能称为实践的，而应该称为技术的。实际上它们与实现人们想要达到的目的的技艺有关。在已经建立起来的理论中，这种技艺始终只是结果，不是这种或那种律令的实际组成部分。所有行事的规则都与技术[1]有关，并因而与有关自然的理论知识相关，是这种理论知识的结果。以后我们将在如下场合以如下方式使用技术一词：在考察自然对象时，把它们的可能性想象为似乎是建立在艺术之上。在这样的场合里，判断不是理论的，也不是实践的（在我们所指出的意义上），因为它们既没有确定客体的性质，也没有确定产生客体的方式，而只是按照与艺术的类比来判断自然本

[1] 这里要纠正我在《道德形而上学基础》中所犯的错误。实际上，在我说过行为的绝对命令只能间接地规定目的，也就是只能在纯粹可能性亦即不确定的条件下规定目的之后，我就把类似的实践规则称为不确定的（可疑的）绝对命令；但这种表述中存在着矛盾。我本应称它们为“技术的”绝对命令，也就是技艺性的绝对命令。实用的绝对命令，或者说在现实的甚至主观必然性的条件下规定目的的健全理智，现在确实也要受技术法规的影响（如果这种健全理智不是自由人为了自己的意图运用其天生禀赋和倾向的能力，那又会是什么呢？）。我们为自己和他人所提出的目的，亦即幸福，并不属于纯粹任意的目的之列，这种情形赋予我们采取技术性的绝对命令这种特殊名称的权力，因为这里的任务不仅要求确定以什么方式实现目的（就像本来的技术性绝对命令的情况那样），而且要求确定是什么构成了这种目的本身（也就是幸福）；在一般的技术性绝对命令情况下，这应该被看作已知的。——原注

身，同时，只与我们的认识能力有一种主观的关系，不是与对象有一种客观的关系。这里我们将不把判断本身称为技术的，而是把判断力称为技术的，判断就以判断力的规则为基础，自然也要与判断力相适应。由于这种技术不包含客观的确定的关系，就不能构成理论哲学的组成部分，而只能构成对我们的认识能力的批判。

二、作为哲学基础的高级认识能力的体系

如果所讨论的不是哲学的分类，而是我们需要借助于概念的先验认识能力的分类，也就是仅仅考察思维能力（这里不考察纯粹直观能力）的纯粹理性的批判，那么思维能力的系统阐述就要分为三个部分，即：第一部分——一般（规则）的认识能力（知性）；第二部分——把特殊归属于一般的能力（判断力）；第三部分——通过一般来规定特殊的能力（建构原理的能力），即理性。

专门考察一切先验认识（还有对其中所包含的属于直观的东西的认识）的源泉的纯粹理论理性的批判提示了自然的规律，纯粹理性的批判提示了自由的规律，这样一来，一切哲学的先验原理就似乎已经齐备了。

但如果知性提供了先验的自然规律，而理性提供了先验的自由规律，那么按照类比我们就应该期待使两种能力之间的联系得以实现的判断力也会像那两种能力一样提供自己特有的先验原理，并且可能为哲学的特殊部分奠定基础；但最后这种原理作为体系只能由两部分组成。

不过判断力是如此特殊，完全不是独立的认识能力，因为它与知性不同，不能提供概念，又与理性不同，不能提供关于任何对象的观念，所以它只是（把表象）归属于并非由它给予的概念之下的能力。因此，如果应该有起源于判断力的概念或规则，那么它就应该是在自然与我们的判断力相适应这个限度内的自然事物的概念，并且所表示的是如下的自然性质：对于这种性质，只能在下述条件下构造概念——建构这种概念要与我们把已知的特殊规律归属于未知的更一般的规律之下的能力相适应。换言之，这本来应该是自然对于我们认识自然的能力的合目的性，我们需要合目的性的概念，以便使我们能够像判断包含在一般概念中的概念那样来判断特殊概念。

作为依据经验规律构成的体系的经验概念就可充作这类概念。实际上，虽然经验按包含着一般经验之可能性的条件的先验规律构成体系，但如此无限多样的经验规律以及与个别经验相关的自然形式之间仍可能有如此巨大的差异，以致根据这些（经验的）规律关于系统的概念可能与知性完全格格不入，并使系统整体的可能性尤其是必然性变得不可理解。但尽管如此，按照永恒的原理总是互相联系的个别经验在经验规律的系统联系中也还是需要的，这会使已达到最高的经验规律以及与之相适应的自然形式但仍然完全是经验性的东西，对于把特殊归属于一般之下的判断力来说成为可能的，这样也就把已知的个别经验的集合看成它们的系统，要知道，没有这种先决条件，就不可能有任何涵盖一切的合规律的联系[1]，亦即经验性的统一。

这种由判断力（仅仅为了自己的利益）预先在自然中设定的偶然的合规律性本身乃是我们无条件地设定的自然的形式的合目的性。这并没有建立起任何关于自然的理论知识，也没有建立起关于自由的实践原理，但是，却提供了观察和研究自然的原则，以便为这一或那一个别经验找出普遍性的规律；我们应该按照上述原则来把握个别经验，以便揭示那种系统的统一，这种统一对于联结经验是必要的，我们有充分的理由来设定这种系统的统一。

最初来源于判断力并为它所特有的概念是有关作为艺术（指把自然看作人工有目的地创造出来的产品。——译者）的自然的概念，换言之，就是有关自然

[1] 一般经验的可能性就是作为综合判断的经验知识的可能性。因此它不可能仅仅由一种被比较的知觉中分析地引申出来（就像通常所设想的那样），因为在对象的概念中两种不同的知觉的联结（为了认识对象）是一种综合（正是这种综合才使经验知识，亦即经验成为可能），只能遵循现象的综合统一的原则，也就是要符合使现象归属于范畴的基本原理。这些经验知识与它们必然共同具有的东西（也就是上面提到的自然的先验规律）相适应，形成了一切经验的分析性的统一。但不是那种作为系统的经验的综合性的统一——这种统一在一个原理之下把各种经验规律结合起来。当然，之所以谈到统一、结合，正是由于它们互相之间存在着差异（各种经验规律的多样性可能达到无限的程度）。有一种作为范畴对每一个别经验都有效的东西——这就是自然（同样也是在其个别规律方面）对于我们的判断力的合目的性或适应性，按照我们的认识能力，自然不仅显现为机械性的，同时也显现为技术性的；与范畴不同不能客观地规定综合性统一的概念，却能在研究自然时提供充当引导线索的原则。——原注

在其个别规律方面的技术的概念。这种概念没有确证任何理论，并且也像逻辑一样，没有包含关于对象及其性质的知识，而只是为遵循经验规律前进提供了某种原则，由于这种原则对自然的研究就成为可能。但这并没有以任何一种个别的客观规律增进有关自然的知识，而只是为判断力规定了准则。按照这种准则来观察自然，把自然的形式与它相比拟。

这里哲学成了自然知识的学说体系，而自由并没有因此而成为一个新的部分；要知道作为艺术的自然的概念只是一种观念，这种观念在我们研究自然时充作原理，因而仅仅对主体有效，其目的是使我们把系统的联系尽可能引入经验规律的无序杂乱之中，把我们这种要求附加给自然。相反，我们关于自然的技术的概念——作为观察自然的诱导性的原理——与对我们的认识能力的批判有关，这种批判揭示了是什么促使我们去构造关于自然技术的观念，这种思想（关于自然技术的概念）从何而来，以及它是否存在于先验的根源之中，同时也揭示了这种思想的应用范围和界限；换言之，这种研究会成为纯粹理性批判的组成部分，而不是学理哲学（doktrinar philosophie）的组成部分。

三、人类所有心灵能力的体系

人类所有的心灵能力无例外地可以归结为三种：认识能力、愉快和不愉快的情感、欲求能力。不过因其思想方式的合理性而值得称赞的哲学家们确实宣布说这种区分只是臆造的，并极力把所有能力都归结为唯一的一种认识能力。但我们可以很容易地指出，而且从某一时期以来人们就已经明白，把一致性引入人类能力的多样性的企图（这是真正的哲学精神中广泛采取的态度）是徒劳无益的。实际上在表象之间总是存在着巨大的差异，因为在它们只与客体以及对客体的认识相关时属于认识；在它们被视为对象的现实性的原因而被归属于欲求能力时，在客体方面也存在着巨大的差异；如果表象本身成了直接获得在主体内部存在的根据，并因而被视为与愉快的情感相关，它们就只关系到主体。这种情感无疑不是认识，也不能产生认识，虽然也可以把它设定为规定根据。

对于对象的认识与由对象的存在所引起的愉快和不愉快的情感的结合，或者趋向于创造经验对象的欲求能力的规定，的确早已为人所共知，但因为这种联系没有建立在任何先验原理之上，所以心灵能力只能构造出无序的堆积（agregat），而不能构造出体系。现在确实已成功地揭示了愉快的情感和另外两种能力之间的先验联系，而且，如果我们把先验知识，亦即关于自由的理性概念与作为自由的规定根据的欲求能力联系起来，那我们就在这种客观的规定中找到了主观地包含在意志的规定中的愉快的情感。不过，从方式上看，认识能力不是借助于愉快或不愉快与欲求能力相联系的。实际上，愉快或不愉快并不先行于欲求能力，而是或者只遵循欲求能力的规定，或者也可能只是这种意志的规定性（通过理性）的感受，因而并不是特殊的情感，也不是要求有一个特殊的心灵本性的独特的敏感性。但因为在心灵能力的划分中一般来说无可争议地要有愉快情感的位置，这种情感不受欲求能力的规定的制约，甚至还可能是欲求能力的规定根据，但却是愉快的情感与另外两种能力结合为一个体系所需要的，其目的是使愉快的情感像其他两种能力一样，不以纯粹经验根据为基础，而是建立在先验原理之上，——这样作为体系的哲学思想就同样需要（虽然不是作为学理）愉快和不愉快的情感的批判，因为它不能以经验来证明。

根据概念，认识能力在纯粹知性中（在其关于自然的概念中）有自己的先验原理，欲求能力在纯粹理性中（在其关于自由的概念中）有自己的先验原理。因此，在心灵性能中就还剩下一个居间的能力，或者说敏感性（Empfindlichkeit），也就是愉快和不愉快的情感（尚无先验原理），同样在高级认识能力中还剩下居间的判断力（尚无先验原理）。因而如果设想判断力也含有关于愉快和不愉快的情感的先验原理，那就是再自然不过的事了。

这里如果不解决这种联系的可能性的问题，就不能透彻认识判断力和愉快的情感之间的某种一致；上述可能性问题的解决可作为这种协调一致的规定根据，或者在其中找到这种根据；如果以概念来划分认识能力，我们会看到知性和理性把自己的表象与客体相比较以便获得关于客体的概念，而判断力就仅仅与主体有关系，并且它本身不能产生任何概念。同样，如果在普通心灵能力的一般划分中，认识能力和欲求能力包含着表象之间的客观的关系，那么，与此相反，愉快和不愉快的情感就只是主体规定性的敏感性，因此如果说判断力一般应该规定某物本身，那么，这一某物也许只可能是愉快的情感，反过来说，如果愉快的情感一般应该有其先验原理，那就只能是在判断力中。

四、对判断力而言成为体系的经验

我们在《纯粹理性批判》中已经看到，作为所有经验对象的总体的整个自然界按照先验规律构成一个体系，这种先验规律是知性本身先验地提供的（这是为现象而提供的，因为现象在与认识相关时构成了经验）。正因为如此，经验就应该（在思想中）按照普遍规律和特殊规律构成可能的经验知识的体系，如果被客观看待的经验一般来说是可能的话。事实上，自然界的统一要求这种体系，这符合包含在一切现象的总体之中的所有事物之间存在着普遍联系的原理。因而按照先验的知性原理一般经验要求被看成体系，而不是简单的无序堆积。但由此不能得出如下结论：自然按照经验规律对于人类认识能力也是一个可理解的体系，经验中的自然现象的普遍系统联系对于人来说是可接受的，因而作为体系的经验本身是可能的。实际上，经验规律的多样性和驳杂性可能如此之大，以致虽然对我们来说，有时按偶然发现的个别规律在经验中把知觉联系起来也是可能的，但却永远不能使这些经验规律达到在普遍原理之下的种类上的统一，也就是说，在这种情况下（在知性所能先验地解决的范围内），如果这些规律以及与之相符的自然界的形式的多样性和驳杂性无限巨大，并且以原始的混乱堆积的形态显现于我们眼前，那就不会显示出丝毫系统的痕迹，虽然按照先验规律我们应该设定这种系统。

实际上，在时间和空间中自然的统一以及对我们是可能的经验的统一是同一件事，因为自然只是现象（表象方式）的总体，而现象的总体唯有在经验中才能有其客观实在性；如果把自然设想为体系（好像这也是应该的），经验本身作为符合经验规律的系统也就应该是可能的。因而上面提到的令人不安的经验规律的无限的驳杂性和自然界形式的异类性并非自然所固有，而且，由于个别规律在更普遍的规律之下的亲和性对于作为系统的经验是适宜的，上述驳杂性和异类性就是主观上必要的先验假设。

这种先验假设构成了判断力的先验原理（的前提）。实际上，判断力不仅是把特殊置于普遍（普遍概念已被给予）之下的能力，也是反过来为特殊寻找普遍的能力。知性在其先验地为自然立法的活动中舍弃了可能的经验规律的一切多样性；它在这种活动中只注意一般经验按它（知性）所提供的形式而可能的条件。因而在知性中就不能显示上述个别自然规律互相亲和的原理。只有旨在把个别规律——这也是因为它们不同于那些普遍的自然规律——置于更高的，尽管仍然是经验性的规律之下的判断力才会把这种原理纳入自己的活动方式的基础之中。要知道，在自然形式的杂乱迷茫中，判断力会把这些形式与普遍的经验性的，但却是更高级的规律的一致看成是偶然的；如果个别的知觉有时幸而显得与经验规律相适应，那就更加是偶然的了，不仅如此，多种多样的经验规律还似乎与可能经验（在其全部联系中）中自然知识的系统的统一相适应，而不必借助于先验原理在自然中预先设定类似的形式。

所有这些符合如下公式的情形不过是判断力在为作为系统的经验，也就是为自己的需要构造原理时的先验表现，这个公式是：自然走最短的路径——它从不做白费力气的事，它从不在多样的形式中跳跃，它外观富丽，但在种类上却不肯奢侈（衍生出多余的种类）。不管是知性还是理性，都不能先验地证明这类自然规律，实际上，很容易看出，自然在其纯粹的形式规律（由于这些规律自然才一般地成为经验对象）中与我们的知性相适应，但在个别规律方面，在其多样性和非同类性方面，自然却不受我们为其立法的认识能力的一切局限性的制约；而这不过是判断力的假设——为的是时刻把自己的应用从经验性的个别事物上升到更一般的同样是经验性的东西，以便使确定上述原理的经验规律达到统一。无论如何不能把这类原理归于经验，因为只有在这种原理存在的情况下，才可能赋予经验以系统性的特征。

五、反思判断力

判断力可以被视为单纯地根据某种原理为了因给定表象而可能产生的概念反思那一表象的能力，也可以被看作为给定的经验表象确定作为根基的概念的能力。在第一种情况下，它（判断力）是反思的判断力，在第二种情况下它是规定的判断力。反思（沉思、深思、反复思考）本来意味着使给定的表象要么与其他表象相比较并结合，要么与自己关于概念的认识能力相比较并结合。反思判断力也称为评判的能力（facultas diiudicandi）。

反省（这种行为甚至在动物身上也会发生，当然只是本能的，亦即不是对于因此而产生的概念的反省，而是对于由这种本能冲动所确定的东西的反省）像规定活动一样为了我们而（的利益）要求原理（在规定活动中，作为基础的有关对象的概念为判断力确定了规则，因而也就代替了原理）。

关于给定的自然对象的反思原理在于：对于一切自然事物都可以找到经验性的规定概念[1]。这一原理意味着，在自然产物中永远可以设定按照我们所知道的一般规律而可能的形式。实际上，如果我们不能设定这种形式，在我们观察经验表象的依据中不规定这种原理，一切反思就只得碰运气，盲目行事，于是也就对反思会与自然相符这一点失去确信。

对于普遍的自然概念——只有在这种概念之下，某一经验概念才是可能的（不需特殊的经验定义）——来说，反思在一般的自然概念亦即在知性中就已经有了自己的预示（Anweisung），判断力也不需要特殊的反思原理，而是先验地以图式化的方式来表示反思，并把这种图式运用于每一个经验性的综合，没有这种综合，任何经验判断都是不可能的。在这里，判断力在自己的反思中像规定的能力一样行事，它的先验图式对于它也同样成了准则，所给出的经验直观就要归

[1] 这一原理初看起来不像是综合的和先天的判断，而毋宁说像是同义反复的，只属于逻辑的判断。因为，逻辑教导我们如何可能把给定的表象与其他表象相比较，如何可能借助于作为普遍有效性的标志而显示出这一表象与其他不同表象具有共同性的东西构造出概念。但逻辑关于自然是否应该为每一个客体揭示出其他许多在形式上与之有共同性的客体作为比较的对象这一点却丝毫没有涉及；此外，把逻辑运用于自然的可能性的条件构成了对于我们的判断力显现为系统的自然表象的原则；在自然表象的系统中，种类和外观上的多样性借助于比较使所遇到的一切自然形式都达到概念（获得或多或少的普遍性）成为可能。不错，纯粹知性就已经教导（也是借助于综合的基本原理）我们把一切自然事物设想为包括在某种依据先天概念（范畴）构成的超验系统之中；但除此之外，只有同样也为经验表象寻找概念的那种判断力（反思的）还为此目的做出如下假设：自然在其无限的多样性中实现了把这种多样性按种类和外观来划分，这种划分使我们的判断力有可能在比较众多的自然形式时发现足够的和谐，并达到经验概念及其互相之间因上升到更普遍的但仍然是经验性的概念而产生的联系，这就是说，判断力也按经验规律来设定自然的系统，而且是先验地设定这种系统，因而也可以说是借助于先验原理来设定。——原注

于这种准则之下。

但为了给定的经验直观尚需去寻找的概念，设定特殊的自然规律的概念（只有与这种自然规律相符，个别经验才是可能的），判断力需要特殊的反思原理，也需要先验的反思原理，并且不能为反思指明已知的经验规律，不能简单地把反思变成已然有了概念的经验形式之间的比较。实际上，这里出现了如下问题：如果自然（像可能设想的那样）由于自己的经验规律之间的巨大差异而把这些形式显现为如此巨大的异质性，以致一切比较，或者说至少大部分比较，在确立其中的外观和种类的完全协调方面徒劳无功，怎么能期望借助于比较各种知觉来达到具有不同的自然形式的东西的经验概念？为了认识自然事物中的经验规律，以及与之相适应的特殊形式，一切经验表象的比较终究都要假设自然在其经验规律方面遵守与我们的判断力相适应的节约性（Ökonomik）（原则），同样也遵守我们容易理解的形式上的一致性，而且这种假设作为判断力的先验原理应该先行于一切比较。

所以，为了把已知的现象归属于有关一定的自然事物的经验概念之下，反思判断力不是图式化地处理那些现象，而是技术性地处理它们，不是纯粹机械性地像理性和情感所操纵的工具那样来处理它们，而是以艺术（Kunst）的方式依据普遍性的，且是某种系统中自然的合目的性的构造的非规定性的原理来处理它们，就好像是要适应我们的判断力在自然的个别规律（关于这些个别规律知性无所述说）和作为系统的经验的可能性之间的协调方面的活动。若无这种假设，我们就不能期望在可能的个别规律的多样性的迷宫中辨明方向。因此，判断力先验地把自然的技术（Technik der Natur）当作自己反思的原理，并不是为了解释——或者更确切地说是规定——自然，或者为此目的（解释或规定自然）而提供普遍的自然概念的客观的规定根据（从对事物本身的认识中），这也是判断力力所不及的。只是为了它能够一般地按照自己特有的主观规律进行反思，以适应自己的要求，但同时又符合自然规律。

不过反思判断力的原理——根据这种原理自然被设想为符合经验规律的系统——只是判断力的逻辑应用的原理；按照其自身的起源来说，这种原理确实是先验的原理，但只是为了先验地把自然看作在经验规律之下的（自然本身的）多样性的逻辑系统（所有的原理）。

这一或那一系统的逻辑形式仅仅在于已知的普遍概念（这里就是一般的自然概念）的一种划分，用这种划分就可以按照某种原理把个别事物（此处是经验事物）连同其差异设想为隶属于普遍性的东西。为达到这一目的，如果要采取经验性的行动，并且由个别走向一般，那就需要对多样性进行分类，也就是需要在许多种类、等级（其中的每一种都从属于确定的概念）之间进行比较，而且，当这些概念在全体范围内按照它们共有的特征被给予时，它们就趋向于归属到更高的概念之下，直到自身包含着一切分类原理的概念（并构成最高的种类）。如果从普遍概念开始，通过彻底的分类下降到特殊概念，那么这种活动就被叫作为普遍概念之下的多样性规定特征（Spezifikation），因为这实现了从高级种类到低级种类、从种到属的过渡。如果不说（就像通常的词语用法那样）必须为从属于普遍（概念）的特殊概念确定特征（Spezifizieren），而说在把多样性归属于普遍概念时为普遍概念确定了特征那就更准确了。实际上，种（从逻辑上看的种）好比是质料（Material），或者是原始的基质，这种基质是自然通过个别的种和属的规定性的繁多而精心制作出来的，因此可以说，自然按照某种原理（或者系统观念）为自身规定了特征，法学家们在谈到为某些笼统的材料确定特征时，对这个词的使用就与此类相似[1]。

现在已经很清楚了，如果反思判断力不预先设定自然甚至按某种原理为自己的先验规律规定特征，那么根据它的本性，它就无法尝试按照自然的经验差异来说明全部自然的特征。上面所说的原理可能只是与判断力本身如下的能力相适应的原理，这种能力是：按照可能的经验规律在事物的无限多样性中寻找足够的相似性，以便有可能把这些事物归属于经验概念之下（种类、等级），同时又把经验概念归属于更普遍的规律（最高的种）之下，并以此达到自然的经验系统。正如这种分类不是通常的经验认识，而是带有艺术特征的认识一样。自然如果被设想为按照这样的原理为自身规定特征，那么自然也要被视为艺术。因此判断力必然先验地与自然的技术原理有联系，根据先验的知性规律，自然的技术原理由于以下原因而不同于自然的立法（Nomotetika）：立法可以把自己的原则用作法律，而自然的技术则只是必要的假设。

[1] 亚里士多德学派也把种称为质料，而把特殊的差异称为形式。——原注

因此，判断力的独特原理是这样的：自然为了判断力在经验规律中按照逻辑体系的形式为自己的普遍规律确定了特征。

这里就产生了自然的合目的性的概念，并且是作为反思判断力的特殊概念，不是理性概念。一般认为目的完全不在客体中，而只存在于主体内部，并且仅仅存在于主体的反思能力中。——实际上，我们把如下的事物称为合目的性：这种事物的存在在我们看来是以那同一事物的观念为前提的。有些自然规律似乎是判断力为了自己的需要而创造的，它们由此才被确立起来并互相依存，这类自然规律与某些事物的可能性有相似之处。这种可能性是以作为这些事物的基础的关于它们的观念为前提的。这样，借助于自己的原理，判断力就在以经验规律呈现出来的自然形式的独特性中设想了自然的合目的性。

但被设想为合目的性的不是这些形式本身，而只是它们（不顾它们极度的多样性）对于经验概念的逻辑体系的关系和适应性。如果除了这种逻辑的合目的性之外自然对我们显示不出任何更多的东西，那么，虽然我们已经有了赞叹自然的理由，但既然从知性的普遍规律出发我们不能为此指出任何根据，除了先验哲学家之外，其他某一个人就未必会如此赞叹，而且甚至这另外一个人也不能指出某一确定的场合，在那里这种合目的性呈现于具体事物之中，而只能在一般的特征中来思考它。

六、作为特殊系统之集合的自然形式的合目的性

有的形式被自然在其经验规律中赋予如下特征：好像它对于作为经验知识的体系的可能经验是必然的，这样的自然形式包含着逻辑的合目的性，也就是在经验总体中经验概念的可能的联系方面，像自然对于判断力的主观条件的适应那样的合目的性。但从这里无论如何不能推论出自然与其产品中的实在的合目的性相适应，或者与在系统形式中创造众多的个别事物相适应的结论。因为与对这些个别事物的观察相符合的永远可能只是无序的堆积，然而又是依据与其他规律在逻辑分类体系中相联系的经验规律而可能的。这里没有必要为了它们的独特性设定专门的概念，也就是充当其基础的自然的合目的性。例如，我们看到，土壤、岩石、矿物质等似乎都没有形式上的合目的性，它们就是简单的无序堆积，但它

们在内在特征方面，在认识它们的可能性的原理方面，都是如此相似，以致看起来似乎与经验规律之下自然体系中众多事物的分类相适应，而在它们自身中却没有表现出任何系统形式。

因此，我把自然形式的绝对的合目的性理解为具有如下特征的外观或内在结构：在这些外观或内在结构的可能性的基础中必定有我们的判断力对于它们的观念。事实上，合目的性就是偶然事物本身的合规律性。在自己作为无序堆积的产品时，自然机械地行动，这时它仅仅是自然；在自己作为系统的产品时，例如在结晶体中，在各种各样的花卉形式中，或者在植物和动物的内在构造中，自然却是技术性地活动，也就是说，像艺术一样（意即如同有目的地创造艺术品一样。——译者）。这两种观察自然产物的方式之间的区别唯有反思的判断力能够划分出来，这种判断力颇长于此道。而且，大概应该认为在客体本身的可能性方面规定的判断力（这种判断力隶属于理性）没有为自己提供的东西是可能的，规定的判断力可能想把一切都导向解释事物的机械方式。因为对现象的机械论的解释——这种解释使理性的事业与客观原理相协调——与依据反思对象的主观原理来观察那同一对象的技术性的准则完全可以并行不悖。

虽然有关自然的合目的性的判断力原理在普遍的自然规律的特殊化中无论如何也没有扩展到能包括合目的性的自然形式的产物（因为按经验规律构成的自然系统没有合目的性的形式也是可能的，判断力有理由设定的仅仅是自然的系统），但既然我们有理由为自然的特殊规律制定合目的性原理，经验又向我们展示了自然产品中的合目的性的形式，那么把这些形式归因于合目的性建立的同一根基就永远是可能的、允许的。

虽然这种根基本身甚至可能在超感性的领域中找到并且越出了我们认为可能的自然观的范围，但正因为如此我们才能达到如下目的：为在经验中发现的自然形式的合目的性在判断力中找到自然的合目的性的超验原理。尽管这一原理对于解释那些合目的性的形式并不充分，但至少还允许我们把类似合目的性这样的特殊概念运用于自然及其合规律性上，虽然这一概念不可能是客观的自然概念，而只是从自然对一种心灵能力的主观关系中借取来的概念。

七、作为有关自然技术的观念之基础的判断力的技术

正如上文所指出的那样，只有判断力能使如下情形成为可能的甚至必然的：在自然的机械必然性之外，还在自然中设想一种合目的性，如无这一假设，按照经验规律对于特殊形式的详尽彻底的分类中就不可能再有系统的统一。首先要指出，既然这种合目的性的原理只是自然分类和确定自然特征的主观原理，它在自然产品的形式方面就什么也不能规定。这样一来，这种合目的性就只能存在于概念中，而且，虽然为了判断力在经验中的逻辑应用确立了自然按其经验规律而统一的准则，以便把理性运用于自然对象，但在自然中，这种特殊的系统统一——即依据目的观念的统一——的对象并没有作为与这种自然形式相适应的产品而存在。我将把自然在其作为目的的产品的形式方面的因果作用称为自然的技术。它与自然的机械性相对立，自然的这种机械性通过没有任何概念——这里指作为自然的联结方式之基础的概念——的多样性事物的联系而包含在自然的因果关系之中，这大约就像某些负载重物的机械一样，它们能为任何目的发挥作用而不必有作为那种目的的基础的观念；例如杠杆、斜面都被我们称为机械，但不称为艺术作品，因为它能被用于任何一种目的，而不仅仅对于某种目的才可能。

这里产生的第一个问题如下：自然在其产品中的技术如何能被觉察到？合目的性的概念绝不是构成性的经验概念，不是与有关对象的经验概念相关的现象之规定性，因为合目的性的概念不是范畴。在我们的判断力中我们领悟了合目的性，因为判断力只是反思给定的对象，假如它反思的是它的经验直观，那就是为了把这种直观引向某一概念（某种不确定的概念），如果它反思的是经验概念本身，那就是为了把包含在其中的规律引向普遍原理。因此，判断力本来就是技术性的；而自然只是因为它与上面提到的判断力的活动方式相适应并使那种方式成为必要的才显得像是技术性的。我们要马上指出反思判断力的概念——这种概念使对表象的合目的性的内在领悟成为可能——和因之而可能运用于对象的表象的方式。

每一个经验概念都需要三种独立的认识能力的活动，这三种活动是：1. 摄取（apprehensio）杂多的直观（内容）。2. 统觉，也就是把上述杂多的认识综

合统一于对象的概念之中（appeceptio comprehensiva）。3. 展示（exhibitio）在直观中与上述概念相符的对象。第一种活动需要想象力，第二种活动需要知性，第三种活动需要判断力，如果事关经验概念，判断力就将是规定的判断力。

但因为在对于知觉的纯粹反思中涉及的不是规定性的概念，而是应该依其反思知觉——这是为了作为提供概念的能力的知性——的准则，那么显而易见，在纯粹反思判断中，想象力和知性被视为处于互相关联之中，一般来说，它们在判断力中才有如下关系：这种关系与它们实际处于给定的知觉中所有的那种关系构成了对照。

如果经验直观中的某一客体的形式具有如下特点：对于这一客体的杂多的感性材料的摄取在想象力中与知性概念（某种不确定的概念）的表现协调一致，那么在纯粹反思中知性和想象力也就会协调一致，互相促进，对象会被感到只对判断力是合目的性的，因而合目的性本身会被认为只是主观的。这种情形不会产生也不需要任何有关客体的规定性的概念，这里的判断也不是认识判断。——这样的判断被称为审美的（感性的）反思判断。

如果经验概念以及经验规律已经依据自然的机械作用被给予，判断力又把这种知性概念与理性及其系统的可能性的原理进行比较，那么，如果上述形式在对象中遇到，合目的性就被视为客观的，而事物就被称为自然的目的，而此前事物只被看作不确定的合目的性的自然的形式。对于自然的客观的合目的性的判断称为目的论的判断。这种判断是认识判断，但仍然只属于反思判断力，而不属于规定的判断力。实际上，自然的技术，不管它是纯粹形式的还是实在的，一般来说只是事物与我们的判断力之间的相互关系，而且只有在判断力中才能找到自然的合目的性的观念，也只有在与我们的判断力的相互关系中，这种观念才被加于自然。

八、关于推论能力的感性学（Ästhetik）

“感性的（ästhetische）表象方式”这个表达式如果被理解为表象对于作为现象的对象的关系（为了认识这个对象），本来完全不会有歧义；因为在这里ästhetische这个词意味着这一表象必然具有感性的形式（不管以什么方式影响到主体），而且这种形式必然会被转移到客体（但只是作为现象的客体）。这就是为什么作为科学的与认识能力相关的先验感性学是可能的。但在很久以前就习惯于把表象方式称为ästhetische，也就是感性的。但同时也含有另一层意思，即这个词不是指表象与认识能力的关系，而是指表象与愉快和不愉快的情感的关系。虽然我们通常也把这种情感（Gefühl）称为感觉（sinn）（我们的状态的变化），因为我们没有其他的表示法，这种感觉也不是用来认识对象的客观的感觉（因为以愉快的情感来观照某物，或者换句话说，体察某物，这不是表象与客体的简单关系，而是主体的敏感性问题）。它对于认识对象毫无帮助。正因为情感的一切规定都只有主观的意义，可以说，没有任何情感的感性学（Ästhetike des Gefühl）能像认识能力的感性学一样成为科学的感性学。如果人们把这一表达式有时理解为能引起愉快和不愉快的情感的表象方式，有时理解为只与认识能力相关的表象方式，因为其中留有可使我们认识仅仅作为现象的对象的感性直观的位置，那么，“感性的表象方式”这个表达式就必然总是有歧义的。

同时，这种歧义也可以被消除，只要不把感性的一词用于直观，尤其是不把它用于知性表象，而只用于判断力的活动即可。如果想把“感性判断”一语当作客观的规定来使用，它就会表现出明显的矛盾。实际上，虽然直观也可能是感性的，但判断却完全是对于知性（广义的知性）的关系，而感性地做出判断，或者以情感做出判断，既然应该是对于对象的认识，那么甚至感性被容纳于知性并使知性具有了复杂的方向时，它（感性地做出判断）也是一种矛盾；此外，客观的判断永远只能由知性来实现，因此不能称为感性的。这就是为什么我们的认识能力的先验感性论能够讨论感性直观，但永远不能讨论感性判断，因为认识能力的一切判断都应该是逻辑性的，这是由于它只与规定客体的认识判断发生关系。因此，“关于客体的感性判断”这个术语本身就已经表示：虽然给定的表象与客体相关，但在这种判断中被注意到的不是对于客体的规定，而是主体及其情感。事实上，在判断力中，知性和想象力被视为处于互相关联之中，这种关联首先可以被客观地注意到，好像它是属于认识的（就如同在判断力的先验图式论中那样）；其次，两种认识能力的关联也可能被视为纯粹主观的，因为在同一个表象中一种能力促进或妨碍另一种能力，而这就对心灵状态发生了影响，成为可感觉到的关系（在任何其他认识能力的特殊使用中都不会有这种关联）。虽然这种感觉不是关于对象的感性表象，但终因它通过判断力主观地与知性概念的感性体现相关联，它就可能被归属于作为主体状态的感性表象的感性，在这种主体状态中反映出上述能力的活动的影响。判断也可能被称为ästhetische，即感性的（根据主观的影响，不是根据规定性的根据），虽然对某一事物的判断（即客观的判断）是知性（作为一般的高级的认识能力）的行为，而不是感性的行为。

每一个规定的判断都是逻辑性的，因为这种判断的宾词是某一给定的客观概念。当没有为给定的直观准备好概念的判断力（在把某一对象与其他对象相比较之前）把想象力（只在对这一对象的把握中）与知性（在一般概念的表现中）相对照，并领悟到两种认识能力的相互关系——一般说来，这种关系构成判断力的客观运用时的、主观的、仅仅是感觉的条件（也就是这两种能力之间的协调）——时，对于这一对象的纯粹反思判断就可能是感性的。但感觉的感性判断（ästhetische Sinnenurteit）也可能是这样的，那就是判断的宾词不可能是关于客体的概念，因为判断与认识能力无关。例如，“酒是令人愉快的”，这里宾词（令人愉快的）表达的是表象对于愉快情感的直接关系，而不是对于认识能力的关系。

这样，如下判断就可在一般意义上称为感性判断：这类判断的宾词永远不可能是认识性的概念（即关于对象的概念，尽管这种概念也可能包含着认识的主观条件）。在这种判断中，充作规定根据的是感觉。永远不能成为关于对象的概念的被称为感觉的只有唯一的一种，那就是愉快和不愉快的情感。它是纯粹主观的，而所有其他感觉都可能对认识有所帮助。因而感性的判断将是如下一类判断：这种判断的规定根据包含在感觉之中，直接与愉快和不愉快的情感相关联。在感觉的感性判断中，感觉是直接反映关于对象的经验直观的感觉；在反思的感性判断中，感觉是在主体内部引起两种认识能力——想象力和知性的和谐游戏的感觉，这时在给定的表象中，想象力的摄取活动和知性的表现活动互相施加影响。这种相互关系在这种场合里只通过形式引起充作判断的规定根据的感觉，因此这种判断就称为感性的判断，并且作为主观的合目的性（无概念的）与愉快的情感相关联。

感觉的感性判断自身含有质料的合目的性，而反思的感性判断则含有形式的合目的性。但因为前者完全不涉及认识能力，而是通过外感官直接与愉快的情感发生关系，所以只有愉快的情感应该被视为建立在判断力的特殊原理之上。这就是说，如果对于给定表象的反思先行于愉快的情感（作为判断的规定根据），那么主观的合目的性就要被设想为它的作用已经被感觉到了，而且，在这方面，感性判断按其原理来说就属于高级的认识能力，属于判断力，关于对象的表象就要被归属于判断力的主观的但又是普遍性的条件之下。但因为判断的纯粹主观的条件不能容纳有关这种判断的规定根据的规定性概念，所以这种根据就只可能存在于愉快的情感中，不过这要有一个条件，那就是：感性判断应是反思判断。反之，那种不以表象与在判断中共同活动的认识能力相比较为前提的判断是感觉的感性判断，这种判断也把给定的表象与愉快的情感联系起来，但不是通过判断力及其原理。应该用以确定这种区别的标志可能只有在结果本身中才能指出来。这种标志在于判断对于普遍有效性和必然性的要求。实际上，如果感性判断自身包含着这类要求，那么它同时也就要求它的规定根据不仅仅要包含在愉快和不愉快的情感本身之中，而且同时要包含在某种更高的认识能力的法规之中，主要就是包含在判断力的法规之中，因而对于反思的条件来说这种法规就是先验立法的法规，并且确定了自律性。但这种自律性（不同于知性对于自然的理论规律的自律性或者理性对于自由的实践规律的自律性）没有客观意义，即不是通过事物的概念或可能的效用，而是只对于来自情感的判断具有主观意义。这种判断，如果它能够要求普遍有效性，那会证明它的产生是以先验原理为基础的。这种立法其实应该称为自治自律（heautonomie），因为判断力不是为自然和自由制定法规，而只是为自己制定法规，而且不能构成关于客体的概念，只能把正在发生的事情与从其他领域借来的概念相比较，并先验地指明这种联系的可能性的主观条件。

从以上的论述中可以看出，为什么判断力作为纯粹的反思能力在自己所从事的活动（没有关于客体的概念作基础）中，在已知表象与自己的法规之间的关系的情况下，不是使给定的表象与自己的法规发生关系，而只是直接使反思与总是伴随着愉快或不愉快的感觉发生关系（其他任何一种高级认识能力都不是这样）。正因为法规本身仅仅是主观的，所以只有在同样只反映对于主体的关系的东西中，亦即在作为判断的标志和规定根据的感觉中，才能依据这种法规来认知、体验，——正是因为如此判断才被称为感性的，而且，这样一来，我们按照高级认识能力的程序的所有判断就可以分为理论的、感性的（审美的）和实践的三种。我们只把感性的判断理解为仅仅与作为高级认识能力的判断力的某种原理相关的反思判断，而感觉的感性判断则直接处理表象和内感官（在某种程度上也是情感）的关系。

注释

这里有必要首先考察一下作为关于对象的完善性的感性表象的愉快的定义。根据这种定义，感觉的或者反思的感性判断永远是关于客体的认识判断；因为完善性是以关于对象的概念为前提的规定性，根据这种概念，赋予对象以完善性的判断根本不能同其他逻辑判断区分开来，除非（就像人们没有根据地所确信的那样）那概念具有模糊性（人们冒昧地把这种模糊性称为感性），而这种模糊性又无论如何不能构成判断的特殊差别。实际上，在这种情形中，不仅无限多的知性判断，甚至无限多的理性判断也应被称为感性的，因为在这类判断中对象不是因明晰的概念而被判定的，例如，关于正义和非正义的判断，因为，没有几个人（甚至哲学家们）对于什么是正义有明确的概念[1]。关于完善性的感性表象是一个明显的矛盾，而且，如果已经达到统一的多样性的协调应该被称为完善性，那么完善性就要由概念表达出来，否则它就不能被称为完善性。如果我们希望，愉快和不愉快不过是通过知性对于事物的单纯认识（只是在这里知性没有认清自己的概念），它们只以感觉与我们相关，那么，就不应该把通过愉快和不愉快对

[1] 一般可以说，事物永远不应由如下性质而被视为有特殊的差异：这种性质只因其程度的扩大或缩小就转化为另一种性质。概念的明晰和不明晰之间的区别只取决于对标志的认识程度，取决于在何种程度上把注意力转向它们。因此，在这方面，一种表象方式与另一种没有特别的差异。直观和概念之间具有特殊的区别，因为它们不能互相转化、过渡。尽管对这一或那一个的认识以及它们的标志可能增加或减少。实际上，借助于概念（例如正义概念）的表象方式的最大的模糊性终究还能保持这种表象方式来源于知性的特征，而直观的最大的明晰性丝毫也不能使直观接近于概念，因为这种表象方式植根于感性。逻辑的明晰性与感性的明晰性之间的差别有如天壤，当然，感性的明晰性也存在，虽然在这里我们不是通过概念来表述对象。——原注

事物的判断称为感性的，而要完全称为理智的，而外感官本质上就是构造判断的知性（虽然对自己的活动还没有足够的认识），感性的表象方式与逻辑的表象方式就没有特殊的区别，“感性的”和“逻辑的”这两种表达式之间的差别也就完全没有意义了，因为这样一来完全不可能在两者之间划出一条界线。（这里不是讨论关于世上的事物的神秘的表象方式的场合，这种表象方式除了感性直观之外，一般不容许任何有别于概念的直观，因此对于这种表象方式来说，除了直观的知性之外不存在任何其他东西。）

可能有人要提如下问题：“难道我们关于自然合目的性的概念不是意味着与完善性的概念相同的东西吗？与此相应，难道对于主观合目的性的经验认识或者由某一对象所引起的愉快情感不是对于完善性的感性直观吗？（有些人就是想要这样来解释愉快）”

我的回答是：如果有许多成分构成一个整体，那么完善性就是这些成分达到最充足的状态，达到极限时的情形。这是本体论的概念，这一概念与某种复杂事物的整体（通过无序堆积中多样性的和谐配置）概念相同，或者与作为某种系列中的根据和结果的从属性概念相符，与愉快和不愉快的情感毫无关系。事物在其多样性方面所显示出来的完善性对于其概念来说只是形式的。如果我谈到某种完善性（在事物的同一概念上这类完善性可能不止一种），那么作为根据的总是作为目的的某一事物的概念，对于这一目的，上述本体论的概念——导向多样性事物和谐统一的概念——是适应的。但这种目的并不始终都可能是以对象的存在所引起的愉快为前提或者自身包含着这种愉快的实践目的；它也可能与技术相关，也就是说，它只关涉到事物的可能性，显示为对象中多样性的偶然的统一本身的合规律性。这里可以充作例子的是正六边形的可能性中必然被想象到的合目的性，因为在一个平面上六条直线正好构成一个等角的图形是完全偶然的；要知道，这种合规律性的统一是以正六边形的概念是可能的为前提的。在自然事物中被观察到的客观的类似的合目的性（尤其是在有机界中）被设想为客观的和实质性的，并且必然与自然的目的（实有的或者虚构出来附加于自然事物之上的）概念相关联，我们也由此赋予事物以完满性。对于这种完满性的判断被称为目的论的判断，它与愉快的情感无关，正如这种情感一般不应在关于纯粹因果联系的判断中去寻找一样。

于是，作为客观的合目的性的完善性概念一般与愉快的情感彼此没有任何关系，就像后者对于前者也没有任何关系一样。对于客观合目的性的判断需要有关客体的概念，而在通过愉快所作的判断中这种概念是完全不需要的，这种判断可以由纯粹经验直观来达到。对于客体的主观合目的性的表象和愉快的情感完全是一回事（这完全不需要有关合目的关系的抽象概念），但在主观的合目的性和客观的合目的性之间却存在着一条深深的鸿沟。实际上，为了确定一物是否具有主观合目的性以及客观合目的性，不仅需要详尽的实践哲学的研究，也需要自然技术或者艺术的研究，也就是说，为了发现事物中的完善性，需要理性；为了在事物中发现愉快的东西，只需要外感官；为了提示事物中的美，除了对给定的表象进行反思（不必借助任何概念）之外，什么也不需要。

由此可见，感性的反思能力只评判对象的主观的合目的性（不是评判完善性）。这里就出现一个问题：它（感性的反思能力）是否只凭借在（in）愉快或不愉快中所体验到的东西甚至关于（über）愉快或不愉快所体验到的东西来下判断，以致判断同时要确定对象的表象应该（soll）与愉快或不愉快相关联？

正如上文所说，这里在很大程度上还不能解决这个问题。只有在其结果中来考察这种判断才能弄清它们是否含有使我们有权从先验的规定根据中把它们引申出来的普遍性和必然性。在这种场合里，通过认识能力（主要是判断力）的判断似乎是先验地规定了某种东西，虽然也是借助于愉快或不愉快的感觉，但同时也是对这种感觉与给定表象的关系之规则的普遍性的规定。如果判断只能包含表象对于情感的关系（没有认识原理这个中介），就像感觉的感性判断（这种判断既不是认识判断，也不是反思判断）中所发生的那样，那么所有的感性判断就全都属于纯粹的经验领域了。

我们早就知道，不可能仅借助于对象的概念，就能从认识过渡到愉快和不愉快的情感（既然对象应该与愉快和不愉快的情感相关，这种过渡初看起来似乎是可能的），因而也不能期望先验地规定在我们心灵中引起（愉快或不愉快的）的情绪的现象，就像以前我们在《实践理性批判》中所做的那样，在那里我们曾指出作为规律的先验地包含在我们的道德判断中的那种情形：意志的普遍合规律性的表象同时也应该决定自由，并以此唤起敬重的情感，但我们并不能从概念中引申出这种情感。对反思的感性判断的分析也正是这样向我们展示了包含在这种判断之中的以先验原理为基础的有关对象形式的，但同时又是主观合目的性的概念，这种概念本质上与愉快的情感一致，但不可能从如下类型的概念中引申出来：当表象能力在关于对象的反思中对心灵产生影响时，这类概念就与表象能力发生了关系。

一般所认识到的这种情感的定义，不管它是否伴随着外感官的感觉，或者反思，或者意志的规定，都应该是超验的[1]。例如愉快是一种心灵状态，在这种状态里表象与自身和谐一致，并成为以下两种情形的基础：一种是单纯保持这种状态（因为互相影响的心灵能力在表象中保持着自身），另一种是产生出愉快的

[1] 对于作为经验原理来使用的诸概念来说，运用超验定义是有益的，如果有理由假设那些概念与纯粹的认识能力具有先验的亲缘关系的话。在这种场合，要像数学那样行事，数学以如下方式使自己的任务在很大程度上变得更加容易：抛开不确定的经验材料，只把它们以综合符号的形式纳入纯粹算术的表达式中。但有些人反对我关于欲求能力的这种定义（见《实践理性批判》序言），他们认为，不能把这种能力断定为通过自己的表象就成为这些表象的对象的现实性的原因的能力，因为纯粹欲求也可能不被认为可以产生出自己的客体。但这只能证明，即使在欲求能力与自己相矛盾时，也仍然存在着这种能力的规定性。虽然对于经验心理学家来说这是很值得注意的现象（就像对知性产生误导的考察对象对于逻辑学家一样），但这不应对欲求能力的定义发生影响，只要我们客观地观察这种能力，亦即照它本来的样子，在尚未有什么使它偏离自己的规定性之前来观察它。在现实中，一个人可能以最积极的方式、执着地期望那种他相信不能得到的或者完全不可能的东西。例如，希望已经发生的事情没有发生过，希望令人难堪的时间赶快过去，等等。坚决地对这类空洞的、虚幻的希望提出警告在道德中是很重要的，这些希望常常是由浪漫故事的蛊惑而产生的，有时也产生于与浪漫故事相似的有关超人的完美和极乐世界的神秘观念。但这类使心灵不堪重负，并使心灵委顿的空洞的欲望和癖好对精神的影响，以及精神因其力量枯竭而产生的疲惫都充分证明，这些精神力量实际上屡次由于观念而紧张起来，为的是使它们的客体获得实在性，但却常常迫使精神重新意识到自己的无能为力。对于人类学来说，研究大自然为什么赋予我们这种白白浪费力量的倾向，例如那些空幻的希望和癖好（当然它们在人类生活中起着很大的作用）是相当重要的任务。我觉得大自然在这里像在其他一切地方一样，是在有智慧地巧妙安排，因为如果我们不被客体的观念激励使精神力量紧张起来达到如下地步，似乎我们已经证实了我们的能力足以创造客体，那么这种力量的紧张仍然大部分是无用的。须知我们是由于试用我们的力量才学会认识它们的。可见，自然在我们认识到自己的某些能力——这些能力常常是由于起初被精神本身认为不过是空幻的欲望那类倾向而产生的——之前就把我们的力量的效用与有关客体的观念联系起来了。智慧有义务限制这种本能，但它永远做不到这一点，或者说，它永远不会要求根除这种本能。——原注

对象。如果前一种情况发生，关于给定表象的判断就是反思的感性判断；如果后一种情况发生，那就是感性的病理学（pathologisch）判断或者感性的实践判断。由此不难看出，非认识方式的愉快或不愉快不是认识方式，它们本身一般不会被置于定义之下；它们应该被体验而不是被观察，因此只能借助于表象通过这种情感对精神能力的活动的影响来为它们定义，这种定义是不完备的。

九、目的论的考察

我用“自然的形式的技术”这个术语来指称自然在直观中的合目的性；用“自然的实在的技术”来指称自然符合概念的合目的性。前者为判断力提供了合目的的形态，也就是形式，在观照这种形式时，想象力和知性为了概念的可能性而互相协调。后者意味着关于作为自然目的的事物的概念。所谓“作为自然目的的事物”是这样一种事物：这种事物的内在的可能性是以目的为前提的，因此那概念就是作为条件存在于产生那些事物的因果关系的根基之中的概念。

如果判断力创造合目的性的形式是为了以适宜于构造概念的方式来把握事物，那么它（判断力）本身就能先验地提供和构成合目的性的直观形式。而目的，也就是本身被视为其对象（作为结果）的因果性的条件的观念，一般来说在判断力为了使多样性事物协调一致而考察其条件之前就应该被给予（不管从何而来）。如果这些目的应该是自然目的，那么某些自然事物就应该能够被这样来观察：它们似乎是某一原因的产物，这一原因的因果作用只能由关于客体的观念来决定。

对于自然事物中的合目的性——这种合目的性被视为那些事物的可能的基础（作为自然目的）——的判断被称为目的论的判断。虽然感性判断本身不可能是先验的，但在作为体系的经验之必然性的观念里先验原理却是已被给予的，这些原理包含着自然对于我们的判断力而言的形式的合目的性的概念，并由此先验地显示出以先验原理为基础的反思的感性判断的可能性本身。自然不仅在其先验规律方面与我们的知性相适应，而且在其经验规律方面与判断力以及判断力所具有的以想象力在对自然形式的经验把握中描述那些经验规律的能力相适应。这里可能也证明了在上述适应性（与判断力）方面自然的形式的合目的性的必要性。但作为目的论考察的对象，自然也应该被设想为依据目的概念与理性相适应，这种目的概念是理性为自己构造的，符合它的因果关系。这超过了可能要求于单纯判断力的，判断力当然可能含有自己观察形式的超验原理，但并不含有关于事物产生的概念的超验原理。因此，自然的实在目的的概念完全在判断力的界限之外，如果判断力谨守本分的话。而且因为判断力作为特殊的认识能力在表象中充其量只能观察想象力和知性（在其相互关系中），并由此发现了对象对于认识能力在把握这一对象（以想象力）时的主观的合目的性，因而在作为自然目的的事物的目的论的合目的性（teleologische Zweckmäßigkeit）——自然目的只能通过概念来表达——中，判断力应该使知性与理性互相对比（理性对于一般经验不是必需的），以便把事物设想为自然目的。

对于自然形式的感性观察可以在纯粹的经验直观的把握（不以对象的概念为基础）中发现某些存在于自然中的对象是合目的的，当然只是对于判断力的主观条件而言。这样，感性观察就不需要也不能产生任何关于客体的概念；因此，感性观察不是在客观的判断中宣布客体为自然的目的，而只是主观地宣布客体对于表象能力是合目的的；这种形式上的合目的性像自然的技术一样可以称之为比喻的。

目的论的判断以客体的概念为前提，并按照因果联系的规律来判断客体的可能性。因此这种自然的技术可以被称为造型的，这里要有个条件，就是“造型的”这个词不是在更一般的意义上来使用，亦即不是为了表示自然之美以及自然的意向。因此，如果你愿意的话，可以称它（自然的技术）为自然的有机技术。这个术语意味着合目的性的概念不仅适用于表象方式，而且也关系到事物本身的可能性。

但是，对此比什么都更具有重要性、更具有本质意义的是：把对自然的目的论考察与依据普遍的机械规律对自然的考察区别开来的自然的终极原因的概念仅仅属于判断力而不属于知性或理性的证据，这就是说，虽然自然目的的概念也可能在客观的意义上作为自然的意向来使用，但这种已然有些诡辩意味的用法却完全不能在如下这类经验中找到根据：这种经验虽然也可能以目的为前提，但无论如何不能证明那些目的同时就是自然的意向；可见，在被归属于目的论的经验中所遇到的东西只包含着经验对象对于判断力的关系，亦即判断力借以为自己

（不是为自然）确立规律的基础，这也就是说，这里所讨论的已经过渡到反思判断力了。

目的与合目的性的概念当然是理性概念，因为人们把对象的可能性的根据赋予了理性。但自然的合目的性或者作为自然目的的事物的概念把理性安排在与这类事物的关联之中充作原因，而在这种关联中我们完全不能从经验上认识到理性就是那类事物可能性的根源。实际上，只有在艺术作品中我们才能认清理性对于客体的因果关系，那些客体因此才被称为合目的性的，或者被称为目的，只有与我们自己的能力的因果性相关的经验才允许我们称理性对于它们（上述客体）是技术性的。但把自然设想为与理性相似是技术性的（并以此赋予自然以合目的性甚至目的）——这种观念是我们在经验中不可能找到的概念，只是判断力置入关于对象的反思中的概念，目的是按照它的指引依据局部的规律来把握经验，也就是依据系统之可能性的规律来把握经验。

自然的一切合目的性，或者被看作自发形成的（forma finalis nature spontanea），或者被看作有意安排的（intentionalis）。经验本身只支持第一种表述方式；第二种表述方式是补充上述作为自然目的的事物的概念的假设的解释方式。关于作为自然目的的事物的第一种概念（自发形成的合目的性）主要是与反思的判断力相关（尽管不是感性的反思判断力，而是逻辑的反思判断力），第二种概念（有意安排的合目的性）则与规定的判断力相关。第一种概念也需要理性，但只是为了应该依据原理而实现的经验（也就是内在应用中的理性），第二种概念则需要提升到界限之上的理性（超验使用中的理性）。

在经验中，自然依据纯粹的机械规律联成一体，我们能够也应该（既然我们有能力做到）努力在这种因果联系中去研究自然，因为在这些纯粹的机械规律中包含着解释自然的真正的物理根据，这些物理根据的联结构成了关于自然的科学知识（通过理性）。但在自然产物中我们发现了一些特殊的同时又十分常见的种类，它们自身就包含着这种有效原因的联系，如果我们只是想要把握经验，亦即按照与经验的可能性相符的原理来观察（经验），那我们就应当以目的概念作为这类原因的基础。如果我们仅仅想按照机械规律来观察经验形式及其可能性——机械规律不应以效用的观念作为其原因的可能性的基础，而应当反过来以机械规律作为效用观念的基础——，那么就不可能从这些自然事物的特殊形式中得到任何一种允许我们从作为原因的内在结构过渡到效用的概念。问题是，有些机械过程，由于其中每一种都没有自己独特的原理，有的只是所有机械过程共有的原理，它们就成了在其中所观察到的效果的原因。但是，如果整体成了部分的因果关系的可能性的原因——更准确地说是部分已被给予，然后由部分出发去理解整体的可能性——这一点明显地与物理机械原因所形成的自然相矛盾，如果先于部分的可能性的特有的整体表象不过是一种观念，而这种被视为因果关系的基础的观念被称为目的，那么，很明显，如果存在着这种自然产品，研究它们的特性及其原因甚至在经验中也是不可能的（更不要说以理性去解释它们了），不可能按照某种目的原理确切地想象这类自然产物及其形式和因果关系。

现在已经很清楚，在类似的情况下自然的客观合目的性的概念只能用于反思对象，而不能用于以目的概念来规定对象，而且，对于自然产物的内在可能性的目的论判断不是规定的判断，而是纯粹反思的判断。例如，当人们说眼睛里的水晶体有一个目的，即通过来自同一光源（发光点）的多种光线的再次折射重新在视网膜的一个点上把它们结合起来，这只意味着：在考察眼睛的构成时，之所以设想出自然的因果关系中有一个目的，是为了以这种想法充作原理，以便于我们进行对于上述眼睛中的那些部分的研究，也是为了可能构想出一些方法来增进前面提到的眼睛的功能。但这并没有把一个依照目的观念起作用的原因归于自然本身，也就是说，预先就确定那是目的论的判断，而且作为这样的判断，它是超验的，因为它预设了一种超越于自然界限之外的因果关系。

因而，自然目的的概念仅仅是反思判断力为自己的需要而构造的概念，以便于研究经验对象中的因果联系。在借助于目的论原理来解释这些或那些自然形式的可能性时，它们的合目的性到底是预先有意安排的还是并非有意安排的仍是一个未确定的问题。肯定这一或那一事物的判断已经不是纯粹的反思判断，而是规定的判断了，自然目的的概念也已经不是单纯判断力为了内在的（经验的）运用而设定的概念，而要与某种被加于自然的有计划地起作用的原因的理性概念相关联；这种概念的应用可能是超验的，不管在这种情况中是肯定的还是否定的（判断）。

十、探寻技术性的判断力的原理

如果对于一切创造物都只应寻找解释的根据，那么这种根据就可能是经验原理，也可能是先验原理，或者由这两种原理组合而成，就像我们在对物质领域的事件所做的物理—机械解释中所看到的那样，这种解释把自己的原理部分地置于一般的（理性的）自然科学之中，部分地置于包含着经验性的运动规律的自然科学之中。当人们为了解释发生在我们心灵中的事情而寻找心理根源时，也会出现类似的情况，但（与物质领域的事件）有一个区别，那就是，据我所知，有关这种根源的原理全部都是经验性的，只有一个例外，那就是一切变化都保持恒定（意谓变化既已发生就成为历史，不会再有变化。——译者）的原理（因为时间只有一个维度，而时间构成了内在直观的形式条件），这一原理先验地存在于这些知觉的根基之中，但由此几乎不能为解释（心灵事件）引申出任何东西，因为关于时间的一般学说不同于关于空间（几何）的纯粹学说，不能为整个科学提供足够的材料。

因此，如果需要解释我们称之为趣味的东西最初如何在人身上出现，为什么某些对象会比另一些对象引起更大的兴趣，为什么在某些地方和某一社会中产生了关于美的判断，是什么原因使趣味发展到奢华的程度等，那么在很大程度上应该到心理学中去寻找解释这类问题的原理（在类似的情况下人们都只把心理学理解为经验心理学）。于是，道德家就要求心理学家解释使他们感到奇怪的吝啬现象，悭吝之人只把为过富裕生活（或者为任何其他目的）而占有财富视为绝对价值，然而却从来没有享用这些财富的意向；或者要求心理学家解释虚荣现象，有虚荣心的人只在没有其他目的的单纯荣耀中寻找这些价值，道德学家要求为他们解释这类现象，是为了让他们有可能使自己的律令适应于消除妨碍道德法规发挥作用的障碍，而不是适应于道德律本身。但在这方面必须承认，与物理解释相比，心理解释的情形是很糟的；因为心理解释完全是假设性的，而且除三种解释根据之外可以很容易想出第四种同样虚幻的解释根据，因此许多这类想象中的心理学家就能为由戏剧、诗歌和自然对象所引起的每一种心灵的激情和波动找到原因，并把这称为他们的哲学机智，而这种机智是专门为科学地解释物质世界中最普通的现象而生就的。这些心理学家不仅没有显露出任何知识，甚至也没有显露出获得知识的能力。从事心理观察（就像博克在其关于美和崇高的著作中所做的那样），也就是为将来必需的在经验规则体系中的统一收集材料，同时又不期望解释这些规则，——经验心理学唯一真正的任务就是这样，这种心理学未必有朝一日会奢望获得哲学科学的荣名。

但是，如果判断冒充为普遍有效的，因而妄想使自己的论断具有必然性，那么，不管这种虚妄的必然性是建立在关于对象的先验概念之上还是建立在先验地充作根据的概念的主观条件之上，承认这种判断的僭越要求，以从心理学上解释判断的起源来证明这种判断的正确性，都是荒谬的。因为这样做的结果将与自己的愿望相反，而且，如果所要寻找的解释完全得到了，那么恰恰因为可能指出它的经验性的起源，就证明判断不能无条件地妄求必然性。

审美的反思判断正是这样（以后我们将分析这种判断，那时我们将称它们为鉴赏判断）。它们奢望必然性，它们所表述的不是每一个人都如此这般地判断（对这种判断的解释是经验心理学的任务），而是应该如此判断，这就等于说它们自身具有先验原理。假如这类奢望必然性的判断与这样的原理没有关系，那就应该承认判断因为它确实普遍有效（就像观察所证明的那样）而可以要求得到普遍有效性；另一方面，也应该承认从每一个人都确定不疑地做出判断这一点就可推论出他应该如此判断，而这显然是荒谬的。

审美的反思判断确实存在着困难：它们无论如何不能建立在概念之上，因而也不能从任何确定的原理引导出来，否则它们就是逻辑判断了；关于合目的性的主观观念无论如何不应成为关于目的的概念。但在判断要求必然性的地方可能也应该存在对于先验原理的关系，而我们这里所讨论的正是这种判断以及这种要求的可能性；理性的批判正是由于这种要求而被驱使去探究作为基础的尽管又是不确定的原理，它可能成功地找到这种原理，并且承认它是主观地也是先验地存在于判断的根据之中，虽然从来没有也不可能提供有关客体的确定概念。

因此必须承认，目的论的判断建立在先验原理之上，没有这种原理目的论的判断就是不可能的，虽然我们只是根据经验才在这类判断中发现了自然的目的，若无经验我们甚至不可能知道这类事物是可能的。虽然目的论的判断也把关于目的的规定性的概念——目的论的判断把这种概念当作某些自然产品的可能性的基础——与客体的观念（审美判断中没有这种观念）联系起来，但它永远只是反思判断，就像审美判断那样。无论如何不能确认自然（或者其他任何借助于自然之手的存在物）在这种客观的合目的性中确实是有目的有计划地发挥作用，也就是说，不能确认在客观的合目的性或者其原因中有一种关于目的的思想在决定因果关系；我们应该做的只是按照这种类比（因果关系）来利用自然的机械规律，以便认识这类客体的可能性并获得关于它们的概念，这种概念能够把客体在应该系统化的经验中联结起来。

目的论的判断把自然产品的概念按照这种产品的实际状态与这种产品应该是什么样进行比较。这里充作观察自然产品的可能性之基础的是目的概念，这种概念先验地走在自然产品之前。不难想象艺术作品中的这种可能性。但设想自然产品应该是什么样，并以此来判断它实际上是否这样，这就已经预先设定了一种不可能从经验（只显示事物是什么的经验）中抽绎出来的原理。

我们直接认识到我们能用眼睛看，认识到眼睛的外部构造和内部构造，而眼睛的构造包含着它这种可能的使用的条件，因而也就包含着符合机械规律的因果关系。我也能用石头来砸坏某一物件，或者用石头来建造随便什么东西，而且这些功用也可能与其作为目的的原因有关系，但我不能根据这种理由就说石头应该用于建筑。只是对于眼睛我才能做出如下判断：它应该适宜于观看，虽然眼睛的外形，眼睛的所有组成部分的特性及其配置都被看作是符合纯粹机械规律的，对于我的判断力来说完全是偶然的，但在眼睛的形式和构造中我仍然思考一个定要如此构成的必然性，也就是按照先行于形成这一器官的原因的概念来构成的必然性；若无这种概念，根据任何自然的机械规律我都不能理解这类自然产品的可能性（上面所举的石头的例子中情形就不是这样）。这种“应该”中包含着明显不同于物理—机械必然性的必然性，按照这种必然性，事物只有符合主动活动的原因的规律才是可能的（不必有先行事物的观念），而且这种“应该”也不可能由纯粹物理的（经验的）规律来确定，就像审美判断的必然性不能由心理规律来确定一样。如果判断力是反思判断力，这种“应该”就要求一种判断力中的独特的先验原理，目的论的判断就服从这种原理，从这种原理出发，上述“应该”也必须根据其效用和局限来确定。

由此可见，一切关于自然合目的性的判断，不管是审美的判断还是目的论的判断，都服从先验的同时又只属于判断力的原理，因为这些判断都是纯粹反思的判断，不是规定的判断。正因为这样它们就成了纯粹理性（最广义的理性）批判的对象，在这种批判中，目的论的判断比审美判断更缺乏自我处理的能力，它们呼唤理性去从事可能在超验领域中失效的推理，而审美的判断要求细致耐心的研究只是为了甚至按照自己的原理它们也不仅仅被局限于经验之中，因此也就不会放弃对于每个人都必然有效的要求。

十一、纯粹理性批判体系中判断力批判的百科全书式的导论

任何一种关于著述的导论或者是与已有学说相联系的导论，或者是把要阐述的学说引入它在其中构成一个组成部分的体系的导论。前一种导论先行于要阐述的学说，后一种导论理应成为这一学说的结论，其目的是指出按照基本原理它在学说总体（普遍原理把它与其他学说联结成为总体）中所占的地位。前者可称为入门的导论，后者可称为百科全书式的导论。

入门的导论通常是为要阐述的学说做准备的，这类导论从已有的其他学说和科学中引入为新学说所必需的先在的知识，以便使过渡成为可能。如果在这类导论中努力细心地把新学说特有的原理（domestica——自家人）与属于其他学说的原理（peregrina——外乡人）区分开来，那么这样的导论就是为确定科学的界限而设的，——这是一种永远不能看作过分的预防措施，因为如果没有它，某一学说就不能期望严密彻底，基础坚实，在哲学知识中尤其如此。

百科全书式的导论不以为新学说做准备的同类学说为前提，而是以一个全靠这个导论才能变得完善的系统观念为前提。因为类似的系统是不能依靠搜集和积累多种多样的在探索之路上发现的材料来实现的，而只有在有可能借助于自身包含着整体划分的先验原理的整体的形式概念，彻底地揭示某种知识的主观或客观的源泉时系统才能成立，由此就不难明白，为什么百科全书式的导论——不管它们是否有益——如此稀少。

因为这里需要寻找和研究其独特原理的能力（判断力）赋有如此独特的性质，以致它本身不能提供知识（不管是理论的，还是实践的），并且，尽管它的原理是先验的，却仍然不能构成作为客观学说的超验哲学的组成部分，而只能构成另外两种高级认识能力（知性和理性）之间的联系环节，——这就将允许我在

规定那种不能达到学理而只可批判的能力的原理时，偏离在所有其他情况下都必不可少的程序，并在这种批判之前写出一篇简要的百科全书式的导论，而且不是导入纯粹理性的科学体系，而只是导入对一切先验的规定性的心灵能力的批判，因为它们一同在心灵中构成一个系统，并以此把入门的导论和百科全书式的导论统一起来。

在借助于概念的纯粹认识能力的体系中，判断力所含有的东西完全以其独有的先验原理为基础：自然在知性的先验规律（作为一般自然的可能性的原理）的特殊化中，也就是在自然的经验规律的多样性中，是按照自然划分的体系观念来活动的，目的是使作为系统的经验成为可能。这种情况最先（并且是先验地）提供了客观上是偶然的、主观上（对于我们的认识能力）是必然的合规律性的概念，也就是自然的合规律性概念。虽然这一原理在特殊的自然形式方面什么也没有规定，但自然形式的合目的性却总是应该由经验给出，然而对于这些形式的判断（作为纯粹反思判断），由于给定表象对于判断力的主观合目的性与上述关于自然在其一般经验的合规律性中的合目的性的判断力的先验原理之间的关系，仍然要求普遍有效性和必然性。所以审美的反思判断可以看成是建立在先验原理之上的判断（尽管它不是规定的判断），而从事反思判断的判断力认为自己有权在高级的纯粹认识能力的批判中占有一席之地。

如果自然合目的性（作为技术性的合目的性与实践的合目的性有本质区别）的概念不应把我们借助于自然所创造的东西冒充为自然本身，那么它（自然合目的性的概念）就是不同于任何教条哲学（实践哲学也像理论哲学一样是教条哲学）概念的特殊概念，这种概念只以前面提到的判断力的原理为基础，而这种原理先行于经验规律，并且唯有判断力的先验原理有可能使诸多经验规律的互相协调达到系统的统一。由此可见，反思判断力（审美的和目的论的）的两种使用方式中，只有先行于任何关于对象的概念的判断，亦即只有审美的反思判断在判断力中有自己的规定根据，这种根据与任何其他认识能力都不相干。而关于自然目的的概念的目的论判断——虽然这种概念在判断本身之中只用作反思判断力的原理，不是规定的判断力的原理——只能借助于理性与经验概念的联结来构成，因此，对于自然的目的论判断的可能性可以很容易地解释明白，不必以判断力的独特原理作为其基础，因为判断力（一般判断力）只遵循理性原理。感性的且建立在先验原理之上的唯一的反思判断的可能性，亦即鉴赏判断的可能性，如果能证明这种判断确实有权要求普遍有效，它就一定需要判断力（作为像知性和理性一样具有特殊的先验原理的能力）的批判，而且仅仅因为这一点判断力才适宜于被纳入纯粹认识能力的体系之中。之所以如此的原因在于，审美判断不以自己的对象的概念为前提，但又赋予对象以普遍有效的合目的性，以便把原理包括在判断本身之中。反之，目的论的判断要以关于对象的特殊概念——理性把这种概念归属于按目的联系的原理之下——为前提，虽然判断力只把这种自然目的的概念运用于反思判断而不是规定的判断。

所以，其实只有在鉴赏中，并且是对于自然对象的鉴赏，判断力才展现为具有独特原理的能力，并因此而有理由要求在高级认识能力的批判中占有一席之地，而人们本来并不期望这种批判中会有判断力的地位。但如果判断力作为先验地为自己确定原理的能力已被给出，那么也就必然地确定了这种能力的范围，而且这种批判的完备性要求其审美能力与目的论的判断能力（作为包括在同一种能力之中的并且建立在同一原理之上的能力）一起被认识；因为关于自然事物的目的论判断和审美判断都属于反思的（不是规定的）判断力。

但如果鉴赏力的批判通常只是为了改善和巩固鉴赏力，那么从超验的观点来看，在补充我们认识能力体系的不足的同时，它（鉴赏力的批判）还显示出令人惊异的，并且在我看来是极有希望的通向全部心灵能力的完整系统的前景，因为心灵能力在其规定性中不仅与感性的东西相关，而且与超感性的东西相关，在这方面没有变动由严格的批判而确定下来（为了精神能力的终极运用）的界限的必要性。如果我在这里把（心灵能力的）这种系统联系作一概述——这种概述像整个这一部分一样应该位于本书的结尾部分——，读者也许会更容易了解以下考察的相互关系。

全部心灵能力可以归结为以下三种：

认识能力
愉快和不愉快的情感
欲求能力

但在所有这些能力的使用的基础中，总有认识能力（在起作用），虽然并不总是认识（因为与认识能力相关的表象可能是纯粹直观，也可能是无概念的经验直观），这样一来，既然讨论的是依据原理的认识能力，那么与心灵能力相应就会有如下高级认识能力：

认识能力——知性
愉快和不愉快的情感——判断力
欲求能力——理性

结果发现：知性包含着认识能力的先验原理，判断力只包含着适用于愉快和不愉快的情感的先验原理，而理性则包含着欲求能力的先验原理。这些形式原理为如下必然性提供了根据：这种必然性在某种程度上是客观的，在某种程度上是主观的，在某种程度上由于它是主观的，也就具有客观的有效性，此外这些原理通过与之对应的高级认识能力规定了与这些高级认识能力相适应的心灵能力。

认识能力——知性——合规律性
愉快和不愉快的情感——判断力——合目的性
欲求能力——理性——同时也是规律的合目的性（义务）

最后，归入上述形式的可能性的先验根据的还有作为其产物的东西：

心灵能力——高级认识能力——先验原理——产物
认识能力——知性——合规律性——自然
愉快和不愉快的情感——判断力——合目的性——艺术
欲求能力——理性——同时也是规律的合目的性（义务）——道德

可见，自然把自己的合规律性建立在知性的先验原理之上；艺术在其合规律性中先验地与关于愉快和不愉快的情感的判断力相适应；道德（作为自由的产物）服从如下这种合目的性的形式的观念：这种观念可视为一种普遍规律，它作为理性的规定根据与欲求能力相对应。所以，由每一种基本的心灵能力所特有的先验原理产生的判断就是：理论判断、审美判断和实践判断。

这样就展现出一个与自然和自由相关的心灵能力的体系，其中的每一种能力都有其独特的规定性的先验原理，因此它们就构成了作为教条体系的哲学的两个部分（理论哲学和实践哲学）；同时也展现出（两者之间）通过判断力的过渡（判断力以其特殊的原理把两个部分联系起来），这就是从哲学的第一部分的感性基质（Substrat）向哲学的第二部分的理智性的基质的过渡，这种过渡是借助于判断力的批判而实现的。判断力只是一种中介联系，因而它本身确实不可能提供知识或对教条做出某种贡献，但被称为审美判断力——这种判断的原理是纯粹主观的，并且不同于那些应该具有客观基础的（可以是理论的，也可以是实践的）被称为逻辑判断的判断——的判断是如此特殊的一种判断，因为它们把感性直观同关于自然的观念——如果没有自然对于某种超感性基体的关系，自然的合规律性就无法理解——联结起来，本书将要对此加以证明。

对于第一种判断力的批判，我们将不称它为美学（因为这个词的意思好像是关于外感官的学说），而称为审美判断力的批判，因为前一个术语含义过于宽泛，可能意味着与理论认识相关并为逻辑（客观的）判断提供材料的直观的感性。因此我们预先确定美学这个词只用作认识判断中与直观相关的宾词。如果因为判断力不是把客体的表象与概念联系起来，从而也就不是把判断与认识联系起来（这种判晰不是规定的，而是反思的），就称它（判断力）为审美的，那就不必担心发生歧义。事实上，对于逻辑判断力来说，直观虽然也是感性的（ästhetik），但还是应该从一开始就达到概念，以便为对客体的认识服务，而在审美判断力方面情形则不是这样。

十二、判断力批判的划分

为了把这种或那种知识的领域造成一个体系，对它们进行分类具有重要的、尚未被充分认识的意义，但也带有常常被忽略的困难。如果这种可能的整体的各个部分被视为已被完全给予（已然存在），那么分类就是机械地、只以比较的方式进行的，整体就成了无序堆积，大概就像以如下方式构成的城市那样：来到城市中的居民不顾警察的管制按个人的意愿瓜分了城市中的土地。但如果关于按某种原理所构成的整体的观念能够并且应该在各部分的规定性之前就已经被设定，分类就是科学地进行的，而且只有按这种方式整体才能成为系统。在讨论到先验知识（与其原理一起建立在主体特殊的提供规律的能力之上）的范围时，上述要求总是合适的，因为在这里主体所提供的规律的应用范围是由判断力的独特性质先验地决定的，由此也决定了部分的数量及其对整体的关系。但是，如果不同时构造整体本身，不事先在整体所有部分中完全地设想出整体来（虽然只是按批判的规则），有根据的分类是不可能进行的。为了以后把这一整体引向系统学说的形式（如果对于这种认识能力的本性只有这样的学说是可能的），只要求把整体观念应用于特殊部分时的慎重认真和准确精细。

为了对判断力批判进行分类（这种能力虽然也建立在先验原理之上，但永远不能为理论提供材料），必须首先划清以下界限：规定的判断力没有先验原理，只有反思判断力才有自己的先验原理；前者只以图式化的方式活动，服从另一种能力（知性）的规律，只有后者（按照自己的规律）技术性地活动，其活动方式的基础是自然的技术原理，也就是合目的性概念，这种合目的性应该先验地在自然中设定，而且，虽然合目的性必然是反思判断力主观地按其原理设定的，也就是为这种能力本身设定的，但其中也包含着可能的客观合目的性的概念，也就是作为自然目的的自然事物的合规律性的概念。

被视为纯粹主观的合目的性没有也不可能建立在任何概念之上，因为它是纯粹主观地被观察到的，这种合目的性乃是对于愉快和不愉快的情感的关系，对这种合目的性的判断是审美的（同时也是唯一可能的审美的判断方式）。但是，如果这种情感只与对象的感性表象相伴而生，也就是与关于对象的感觉相伴而生，审美判断就是经验判断，并确实需要特殊的敏感性，但不需要特殊的判断力；此外，如果判断力被确定为规定的判断力，其基础应该是关于目的的概念，因而合目的性作为客观的东西就不应该被审美地对待，而应该被逻辑地对待——那么，作为特殊能力的审美判断力就必须被理解为仅仅是反思的判断力，而愉快的情感（关于主观合目的性的表象）不应该被视为属于关于对象的经验表象中的感觉和对象的概念，而只应该被视为属于反思及其形式（判断力的特殊作用），由于反思及其形式，判断力总是竭力从经验直观走向被视为根据先验原理与之相联系的概念。

这样，反思判断力的“美学（Ästhetik）”就构成了这种能力的批判的一部分，就像名为目的论的这同一种能力的“逻辑学（logik）”构成了这一批判的另一部分一样。在这两个部分里自然本身都被视为技术性的，亦即被视为在其产物中是合目的性的，在前一种情况下是只对于主体的表象方式的主观的合目的性，在后一种情况下是与对象本身的可能性相关的客观的合目的性。此外我们还看到，现象中形式的合目的性是美，而判断美的能力就是鉴赏力。由此似乎可以推论出：把判断力划分为审美的和目的论的这种分类方式本身包含的只是关于鉴赏的学说和关于目的的物理学说（对于作为自然目的的事物观察方式）。

但一切合目的性，不管它是主观的还是客观的，都可分为内在的和相对的；前者的根源在于对象本身的表象之中，后者的根源只在于这种表象的偶然运用之中。与此相应，首先，对象形式可以被反思判断力当作本身就是合目的性的来领悟，也就是无概念的单纯直观中的合目的性，这时主观的合目的性就被赋予事物和自然本身；其次，在被领悟时对象本身对于反思可能没有任何在其形式的规定性方面的合目的的东西，然而为了引起主体的情感（例如，主体的心灵能力的超感性的使命的情感）在运用于先验地存在于主体中的合目的性时，客体的表象也可能构成符合先验原理（当然只是主观的原理）的审美判断，但与前一种判断不同，不是与自然对于主体的合目的性相关，而只是借助于纯粹反思的判断力依据感性直观的形式与某种感性直观的可能的合目的的运用相关。所以，即使第一种判断（关于美的判断）把美赋予自然对象，而第二种判断（关于崇高的判断）把崇高赋予自然对象，两者都只通过审美的反思判断做到这一点，没有关于对象的概念，仅仅在想象中感受到了主观的合目的性——两种判断也并不完全相同，对于崇高的判断我们不必预先设定任何一种自然的特殊技术，因为这里一切都只取决于表象的偶然的运用，表象的这种运用不是为了认识对象，而是为了另一种情感，也就是心灵能力的禀赋中内在的合目的性的情感。然而不应该从反思判断力的美学（感性学）的分类中排除对于自然界的崇高的判断，因为它也表达了不以对象的概念为根据的主观的合目的性。

自然的客观的合目的性，亦即作为自然目的的事物的可能性的情形也与此相同（不应从反思判断力的批判中排除出去），尽管对于这类合目的性的判断只能依据关于它们的概念来构成，也就是说，不是审美地（对于愉快和不愉快的情感）而是逻辑地来构成这类判断，并且被称为目的论的判断。客观的合目的性或者是对象的内在可能性的基础，或者是对象的外在结果的相对可能性的基础。在前一种情况下目的论判断按照包含在事物自身中的目的来观察事物的完善性（因为事物中的多样性互为目的和结果），在第二种情况下关于自然对象的目的论判断只涉及对象的有用性，也就是对于某种包含在其他事物中的目的的适应性。

与此相应，审美判断力的批判就包括：第一，鉴赏力（判断美的能力）的批判；第二，精神情感（geiste Gefühl）的批判，我暂且把关于对象中的崇高的表象能力称为精神情感——因为目的论的判断力把自己有关合目的性的观念通过概念而不是借助于情感与对象联系起来，所以为了辨别包括在其中（目的论判断力之中）的能力——内在的能力和外在的能力（在两种情况下都是客观的合目的性），不需要特别的标志，这是由于它总是把它的反思与理性（而不是与情感）连在一起。

还应该注意，这里合目的性作为判断力的范导性概念是在自然技术的范围内被考察的，不是在被称为艺术（在这个词的本来意义上）的人类表象能力的因果性技术的意义上被考察的，要注意这里不是在寻找美或艺术作品的完善性的原理，虽然被视为有技术的自然的活动方式可以被称为技术性的，也就是说，自然的活动好像带有某种技术；这是一种类比，按照这种类比自然的因果性应该与艺术的因果性相提并论。当然，问题所涉及的不是规定的判断力的原理，而是纯粹反思的判断力的原理（这是人类所创造的一切艺术作品的基础），在这种判断力那里合目的性应被视为非有意造成，因而就可能只为自然所具有。因之对于艺术作品的美的判断就应被看作那些充作判断自然美的根据的原理的推论。

这样一来，与自然相关的反思判断力的批判就将由两个部分组成——由关于自然事物的审美的反思判断力的批判和目的论的反思判断力的批判组成。

第一部分将包括两卷，其中之一是鉴赏力的批判，或者说对美的判断的批判，另一卷是精神情感的批判，或者说对崇高的判断的批判。

第二部分也包括两卷，其中之一是在自然事物的内在可能性方面把对作为自然目的的事物的观察纳入原理之下，另一卷是把对于自然事物的相对的合目的性纳入原理之下。

上述的每一卷都包括判断力的分析论和辩证论两篇。分析论占据首位，它首先要对自然合目的性的概念试作阐述，然后再对这种概念试作演绎。

判断力批判

序言（初版，1790年）

我们可以把从先验原理出发的认识能力称为纯粹理性，把对它的可能性和界限的研究一般地称为纯粹理性批判：尽管人们只把这种能力理解为理论运用中的理性，就像在我们的第一部著作（指《纯粹理性批判》。——译者）中以纯粹理性这个术语所表示的那样，而在那里我们还不想按其特殊原理来研究它作为实践理性的机能。[1]因此，那一批判只关涉到我们先验地认识外物的能力，也就是只考察与愉快和不愉快的情感和欲求机能无关的认识能力；并且，在各种认识能力中，只按照先验原理来考察知性，不考虑判断力和理性（作为同属理论认识的能力），因为在认识过程中，没有一种其他的认识能力可像知性那样提供构成性的先验认识原理。出于这一原因，纯粹理性批判按照每一种认识能力在认识的确定总体中可能占有的自以为是出自自身根源的那一份，全面地考察了所有的认识能力，最后只保留知性先验地确定的作为自然规律的东西，而自然则被视为现象的总体（其形式同样也是

[1] 开头这一句是康德重新确认他所使用的术语，强调把一般理性在理论中的运用称为纯粹理性是可以的，以便为纯粹理性、实践理性、判断力三分法打下基础。康德认为人有一种最高的统一的理性，它不涉及经验，因而只有它才配称为纯粹理性，它在认识中的使用应称为“理论理性（知性）”，在实践（伦理道德）中的使用应称为“实践理性”。但在《纯粹理性批判》一书中，“纯粹理性”这个术语却不是指最高理性，而是指理论理性。这种术语上的混淆本来是不允许的，但却发生了，这不免令人困惑，因之要重新确认一下。James Meredith的英译本（*The Critique of Judgement*, Oxford, 1952。以下提及英译本时，指的都是这一版本）把句中的冒号改为句号，后面还加上了原文中没有的this is permissible（这是允许的）三个词，使隐含的逻辑语义突出来，更便于理解。——译注

先验地被给予的）。[1]其他纯粹概念则被放逐到理念世界中去，理念对于我们的理论认识能力显得空泛虚浮[2]，但却不是毫无用处或可有可无的，它们可以用作范导原理：一方面它会遏制知性令人担忧的僭越，好像它因为能够先验地规定它所要认识的一切事物的可能性的条件，所以也就能一般地把一切事物的可能性也包蕴其中；另一方面，它可以引导知性自身按照某种完善的原则——尽管它永远无法达到完善的境地——去观察自然，并从而促进一切知识的最终目的。

因此，在我们的各种认识能力中，正是知性才有其特有的领地，因为它包含着先验的构成性的认识原理，并且与其他一切竞争者不同，通过一般被称为纯粹理性的批判它应该获得可靠的独一无二的财产。同样，在欲求能力方面具有独特的构成性的先验原理的理性在实践理性批判中被赋予一份财产。

现在还有一个判断力，它在我们认识能力的序列中处于知性和理性之间，构成一个中间环节，它是否也有自己的先验原理？这种原理是否也是构成性的，抑或仅仅是范导性的（因而也就没有自己的领地）？它是否能为愉快和不愉快的情感——愉快和不愉快的情感是认识能力和欲求能力之间的中间环节——提供先验法规（就像知性为认识提供先验法规，理性为欲求［伦理］提供法规一样）？这正是目前这部《判断力批判》所要解决的问题。

如果对于判断力（判断力也是一种认识能力，而且作为认识能力它要求有自己独立的先验原理，而不是被当作纯粹理性批判的一部分来处理）的批判没有单独进行过，那么一种纯粹理性的批判，也就是对我们按照先验原理进行判断的

---

[1] 这一句是说，除知性以外的感性、理性、判断力、想象力等也顽强地要在对自然的理论认识中发挥作用，要像知性那样从自身提供某种认识形式（范畴、概念）和规律，但这是不可能的，因为它们没有这种功能，只是一厢情愿。因此《纯粹理性批判》只考察知性的功能和界限，没有对其他能力进行“批判”。另外，这个句子较长，“按照……一份……考察了……认识能力”这种表达法也稍嫌费解，Meredith英译本把这一句译为“the Critigue which sifts（筛选）these faculties one and all, so as to try the possible claims of each of the other faculties to a share in the clear possession of knowledge from roots of its own［纯粹理性批判筛选了所有的认识能力，从而也审查了（除知性以外的）其他每一种认识能力在清晰地占有知识方面分享出自身根源的一份的潜在要求］”较为容易理解。——译注

[2] 空泛虚浮，原文是überschwenglich，本义是感情奔放，过于热情。康德使用这个词的意思是：Idee（观念或理念）虽高超却是虚幻的，对于认识没有什么帮助。——译注

能力的批判，就是不完善的；尽管它的原理不能在纯粹哲学体系中构成理论部分和实践部分之间的特殊部分，而是在必要时可以临时归属于二者之一。因为，如果这一体系一旦在形而上学的普遍名义下安身立命——这一体系完全彻底的实现既是可能的，又对于理性在各个方面的运用都有重要意义——，对于这座大厦的基础的批判考察就必须预先深入到最深处，达到独立于经验而能提供原理的各种能力的最底层地基，这样这座大厦的每一部分才不至于沉陷，而部分沉陷就必然导致整座建筑的坍塌。[1]

但我们可以由判断力的本性（判断力的正确运用是如此必须和普遍地不可缺少，以至于在我们说到人类的良知良能时，没有一种主体能力像判断力那样更有资格担当此名）很容易地看出，要发现它所特有的一种原理必然带有巨大的困难（因为它必须在自身中先验地包含着不管是什么样的原理，否则作为一种特殊的认识能力它就不会受到最普通意义上的批判了[2]），虽然这种原理不能先验地从诸概念引导出来，因为概念属于知性，而判断力仅仅与知性的运用有关。因此，判断力本身应该提供一种概念，这种概念不是用来认知某物，而是判断力可以把它用作自身的法规，但又不是判断力的判断必须遵从的客观法规，因为这样又需要另一种判断力，以便能够判定在某一情况下适用这种法规。

这种由一种原理（不管它是主观的还是客观的）而来的窘境[3]主要存在于人

[1] 这一段是说，康德所创立的批判哲学体系就是未来的形而上学，它的每个部分（认识、伦理、审美和目的论，亦即知性、理性和判断力）都要经过彻底的批判考察，追问到最终一环，找到最后的根基，这样整个批判哲学的大厦才能立得稳。对判断力的批判就是这一系统工程之一。——译注

[2] 这是说判断力不管与知性和理性有多大的区别，它本身还是要含有某种先验原理，这种先验原理虽然不同于知性所提供的构成性的原理，但仍不失其先验性。假如没有这种先验原理，判断力就没有资格成为批判的对象，因为康德的“批判”就是要找出某一领域的先验原理，不包含先验原理的东西不能置于批判的名义之下。——译注

[3]“窘境”是指判断力本身必须有某种先验原理，必须提供某种概念，但它所提供的概念又不同于知性概念，无助于对事物的认识，只是作为判断力自身的法规，同时又不是判断力的判断必须遵从的客观法规，因为在康德看来如果判断力所提供的概念是判断力据以判断的客观法规，那么在实际运用中就还有个对这种法规的使用是否正确和恰当的问题，就要有另一种主体能力来加以检验和评判，因而就需要另一种判断力。换言之就是判断力必须提供先验概念，但这概念又没有客观的有效性，于是显露出一个触目的矛盾，这就是所谓“窘境（Verlegenheit）”。——译注

们称为审美的判断里，而审美判断是与自然或艺术中的美和崇高相关的。同时，在审美判断领域，对于判断力的某种原理的批判研究是对这种能力的批判的最重要的部分。因为虽然这种研究本身对于认识事物没有丝毫贡献，但它还是完全在认识能力的范围之内，而且证实了这种能力依据某种先验原理与愉快和不愉快的情感所具有的一种直接关系，而不与可能是欲求能力的规定根据的东西混在一起，因为欲求能力在理性概念中有其先验原理。至于对自然的逻辑性的评断[1]，它适用于如下情况：关于感性事物的普遍知性概念不足以达到理解和解释某些事物时，经验就在这些事物上建立起一种合规律性，同时，判断力也会从自身获取一种原理——自然事物与不可认识的超感性事物的关系的原理，而且必须只为自身之故把这样一种原理运用于对自然的认识。因为在这种情况下，把这样一种先验原理运用于对世界上存在之物的认识，既是可能的又是必要的，此外还展示了有利于实践理性的前景。不过这里却没有对于愉快和不愉快的情感的直接关系，这正是判断力原理之中的谜，解决这个谜必须在对判断力的批判中构成一个独立

[1] 关于“逻辑性的评断”：“逻辑性的评断”不同于认识论中的“逻辑判断”。康德讲到“逻辑判断”时一般用的都是logische Urtheil，而这里的“逻辑性的评断”用的却是logische Beurtheilung，二者是有区别的，后者指的是目的论的判断，主观评价的成分更重一些。下面直到段末，讲的都是既不同于认识中的逻辑判断，又不同于审美判断的目的论判断。因为这种判断有内在目的或客观目的，是有概念的，故而类似于逻辑判断，所以称为“逻辑性的评断”。之所以需要这样一种判断，是因为有些事物，如动植物的形态构造等，单纯运用知性概念就无法解释，而低于知性认识的经验却能直观地为事物设想出（反思）某种合规律性；同时，反思判断力又可以从自身取得一种原理，这种原理乃是感性事物与超感性事物的关系的原理。所谓超感性事物，是指上帝、灵魂、自由等理性观念，所谓关系就是把自然产品与这些超感性的力量联系起来，把某些自然物的结构形态看成是这些力量为某种目的而设计出来的，因此都显示出某种合目的性。在某些情况下，我们就可以把这种合目的性当作一种原理运用于对自然的理解和解释。但这种原理没有客观的有效性，只是一种设定，对客体无所规定，仿佛是反思判断力在与自己打交道，为自己的目的而运用自己提供的原理。因为这种原理涉及目的，而一般目的之中包含着最后目的，与理性观念和道德有关，所以说“展示了有利于实践理性的前景”。由于与伦理道德相关，就应包含着愉快和不愉快的情感，但实际上并非如此，目的论的判断与情感没有直接关系，这就构成一种矛盾，或者说是一个谜，要解决这个谜，就要在判断力批判中有一个特有的分支。有概念的逻辑判断应属于哲学的理论部分，也就是应在《纯粹理性批判》中去解决，但“逻辑性的评断”所依据的概念是主观性的目的概念，因而并不是逻辑判断，不是理论哲学的内容，充其量只能附属于这种哲学。——译注

的分支，因为依据概念（从概念中永远不可能引导出有关愉快和不愉快的情感的推论）的逻辑性的评断至多只能附属于受到批判限制的哲学的理论部分。

因为这里对于作为审美判断力的鉴赏能力的研究目的不在于趣味的培养和高雅化（趣味将像过去一样，在未来也会在没有这些研究的情况下继续走自己的路），而仅仅是为了先验的意图（做些先验的研究）。因此正如我自认为的那样，这种研究没有顾及培养和提高趣味这一点，应该受到宽容的评价。但就先验的意图而言，这种研究必须受到最严格的检验。同时，由于这一问题的本性如此错综复杂，解决起来必会遇到巨大的困难。我希望，这种困难可以成为我在解决这一问题时，仅仅正确地指出并相当清晰地阐明了基本原理，却尚有某些难以完全避免的晦暗之处而请求原谅的理由。我承认，从这种原理引导出判断力的各种现象的方式不是完全清晰，而这种清晰性在事关依据概念来认识的场合是十分必要的，我相信，我在本书的第二部分已做到了这一点。

我以此结束我全部的批判工作。为了在渐入老境时还能赢得相对有利的时间，我将毫不迟疑地着手学理的（doctrinale）阐述。显而易见，在学理的阐述中并没有为判断力保留特殊的部分，因为在涉及判断力时，批判代替了理论（Theorie）；而按照哲学划分为理论的和实践的两部分，纯粹哲学也被同样划分，自然的形而上学和道德的形而上学就构成了那种理论工作。[1]

[1] 这一段里的“学理”康德用的是doctrinale一词，它与“理论”一词有时相通，指的是康德所创立的批判哲学体系。康德认为人的全部认识能力有两个领域，即自然概念的领域和自由概念的领域，因之哲学也分为理论的和实践的两个部分，判断力并不是能够提供构成性先验原理并且与知性和理性平起平坐的主体能力，因此判断力的批判只是以上两大领域的中介和桥梁，不能构成一个独立的理论分支。“学理的阐述”是指下面的“导论”。——译注

导论

一、哲学划分

如果因为哲学包含着通过概念对事物进行理性认识的原理（不像逻辑那样仅仅包含着不分对象的一般的思维形式的原理），人们就习惯地把它分为理论的和实践的两部分，那么这样做是完全正确的。但随之就必须把那些概念——这些概念为理性认识的原理确定了对象——加以明确的区分[1]，因为概念不加区分，它们就没有资格被分类，而这种分类又总是要有一个前提，那就是属于一门科学不同部分的理性认识的原理之间的互相对立。

但只有两种概念容许有相当数量的关于对象的可能性的不同原理，那就是自然概念和自由概念。因为自然概念使按照先验原理的理论认识成为可能，而自由概念在理论认识方面只带有一种否定性的原理（一种简单的反题原理），但却为意志的规定性建立起扩展其活动范围的基本原理，这种原理因而被称为“实践的”。因此哲学有理由按其原理被划分为两个完全不同的部分，即作为自然哲学的理论部分和作为道德哲学的实践部分（因为理性按照自由概念的实践立法就是这样被称呼的）。可是至今为止，在自然哲学和道德哲学这两个术语运用于不同原理的划分以及哲学的划分时，出现了严重的误用，因为依据自然概念的实践与

[1] 康德认为理性认识的原理是由主体先验地提供的，这种原理适用于哪一领域，适用于哪些对象，要由不同种类的概念来确定，自然概念为知性原理确定了对象（自然事物），自由概念为理性（实践理性）原理确定了对象（伦理道德，人的行为）。因此，要对哲学进行分类，又需要对概念（包括纯粹概念和经验概念）进行分类。——译注

依据自由概念的实践被等量齐观，结果虽然在相同的理论哲学和实践哲学的名义之下实行了划分，而实际上却根本没有做出区分（因为被区分出的两个部分可能有相同的原理）[1]。

作为欲求能力的意志乃是世界上许多自然原因（Naturursache）之一，亦即那些按照概念而起作用的自然原因之一；而一切通过意志才能（或必然）被想象的东西称为实践—可能的（或必然的），以便与某种结果的物理上的可能性和必然性相区别。对这类结果，其原因不是由概念所决定才产生因果作用的（而是像无生命的物质通过机械性、动物通过本能那样来产生因果作用）[2]——这里在实践能力方面，为意志的因果作用提供法规的概念到底是自然概念还是自由概念，仍是一个尚未确定的问题。

上述区分具有本质意义。因为假如决定因果作用的概念是一种自然概念，那么其原理就是“技术—实践的（technisch-praktisch）”；假如它是一种自由概念，那么其原理就是“道德—实践的”。同时，因为理性科学的分类完全取决于对象的区分，而认识对象需要不同的原理，因而“技术—实践的”原理就属于理论哲学（作为自然学说），而“道德—实践的”原理则构成了哲学的第二部分，即实践哲学（作为道德学说）。

一切技术—实践的规则（也就是一般技艺和熟巧和规则，或者还要加上聪慧机智，这是对人及其意识产生影响的技巧），就其原理基于概念之上而言，必须只被算作理论哲学的附属部分。因为这些规则只涉及自然概念之下的事物

[1] 这里是说，在自然事物的范围内，某些行为可以被称为是实践，在涉及意志自由时某些行为也可被称为是实践，但这两种实践是不同的，前者与对自然的认识相关，后者则与伦理道德相关，康德所说的实践专指后者，不包含改造自然的活动之类。——译注

[2] 康德认为，世界上有许多事物，其运动和作用不是通过概念而产生和确定的，如无生命的物质的运动和影响就是由机械性决定的，天体的形成和运动即是著例；虽有生命却无理性和意识的生物如野兽之类则是靠本能行动，它们头脑中没有任何概念。另有些事物，如没有概念就不可想象，有了概念它们才存在，才能发生作用，如道德、善、恶等就是这样，它们是靠概念来规定的，并且是依据概念来判定的，其因果作用也是由概念来决定的。而概念是人造的，创造和确立概念是人的纯粹理性和实践理性的功能，而这两种理性又属于人的最高理性。在康德哲学中，最高理性有时就等同于意志，所以说意志乃是世界上许多自然动因之一。这里的“自然”不能理解为自然事物，而应注重它的“本源的”和“原初的”意义。——译注

的可能性，属于这些规则的不仅有在自然界所能发现的实现技术—实践目的手段方法，而且从意志可能按这些规则被自然动机所决定这个角度看，甚至还有意志（作为欲求能力，因而也就是作为自然能力）本身，但这样的实践规则（Regeln）却不可称为（如像物理规律那样的）规律（Gesetz），而只能被称为准则（Vorschrift），因为意志不仅处于自然概念之下，而且也处于自由概念之下。[1]在与自由概念相关时，意志的原理被称为规律，由于这些规律所导致的结果，它们就单独构成了哲学的第二部分，或者说哲学的实践部分。

因此，正如纯粹几何学问题的解决不能完全划归几何学的一个特殊部分，或者像土地丈量术不能完全担当起实践几何学之名，从而作为一般几何学的第二部分区别于纯粹几何学一样，做实验或从事观察时使用的机械或化学技术更不能归于自然学说的实践部分，最后还有家政学、农业经济学、政治经济学、社会交际术、饮食制度，以及一般的幸福学说，甚至连对嗜好的抑制、对情绪的约束等都不能算在实践哲学之中，也不能构成一般哲学的第二部分；因为它们全部仅仅包含着技巧性的规则，因而只是技术性的实践规则，这些规则会导致产生一种依据因果性自然概念而可能的结果，而因为这些自然概念属于理论哲学，它们就要屈从于那些仅仅作为从自然科学引申出来的附属部分的规则，并且因而不能要求在被称为实践哲学的特殊哲学里占有一席之地。与此相反，那完全基于自由概念，而又完全排除了源于自然的意志的规定根据的道德性的实践准则却构成了一种特殊的准则，这些准则恰如自然所服从的法则一样，绝对可以称为规律，但不是像自然法则那样依靠感性条件，而是基于一种超感性的原理之上，并且在实践哲学的名目之下单独要求成为一种与哲学的理论部分相伯仲的另一部分。

[1] 这里要注意规律（Gesetze）和准则（Vorschrift）的区别。规律是指物理定律那样的自然法则，照康德的说法，这种规律属于自然概念的范围。意志是人的欲求机能，也是最高理性运用的一个方面，而最高理性也是自然赋予人的，是自然产物，因而具有某种自然属性，被动机所决定，所以说作为欲求能力的意志也是一种自然机能，有时也属于自然概念的范围，而且，在这个范围内，也有一些与意志有关的“技术—实践规则”，那就是人际关系之中待人接物的方式，亦即“对人及其意志产生影响的技巧”，显然这类技巧虽是一种规则，却不能称为规律，而只能是仅有规范意义的人为准则。——译注

由此我们可以看出，哲学所给出的实践准则的总和并不能因为它们是实践的就构成了与理论哲学并列的一个特殊的哲学分支，因为即使这些准则的原理完全取自关于自然的理论知识（作为技术性实践的规则），它们也可能是实践的，实践准则的总和之所以构成了与理论哲学并列的一个分支，其真正原因在于，它们的原理不是从永远以感性为条件的自然概念借用而来，因而它们就建立在超感性事物——只有自由概念借助于形式规律才能使超感性事物成为可认识的——之上，所以它们是道德性实践的，就是说，它们不仅是为这种或那种意图而设定的准则和规则（Vorschriften und Regel），而是与任何目的和意图都没有先在关系的规律（Gesetze）。[1]

二、一般哲学的领域

先验概念的运用范围，正好与我们依据原理的认识能力以及哲学的运用范围同样广泛。

为了使对于与先验概念相关的对象的认识成为可能，这类对象的总体可以按照我们的能力对其认识时胜任或不胜任来加以划分。

某些概念，如果它们与对象相关，不管对于这些对象的认识是否可能，都有它们的领域，这一领域仅仅是依照其对象与我们的一般认识能力的关系而被确定的。这种领域中，对我们来说认识是可能的那一部分，就是那些概念以及为认识对象而必需的认识能力的封地（territorium）。这一封地中，认识能力在其上面立法的那一部分，就是这些概念以及与之相应的认识能力的统治区（ditio）。因此，虽然经验概念也在作为一切感性对象之总和的自然中有其封地，但却没有自己的统治区（而只有其暂居地，即dimicilium），因为它们虽然是被合法地生

[1] 这一节（导论第一节）的要点是：哲学要分为理论的和实践的两个部分，前者基于自然概念，后者基于自由概念，前者是为自然立法，所得结果是确立了认识自然的规律，后者是为道德立法，所得结果是确定了指导人们道德行为的法规和准则。康德估计到一般读者对“实践的”一词的理解与他会有不同，还对他所使用的这个词的意义作了澄清和规定，指出批判哲学中所说的“实践的”不是人们从事劳动改造自然的那种行为，而是专指人的伦理道德。——译注

产出来的，却没有立法能力，以它们为基础的规则是经验性的，因之也是偶然性的。

我们的全部认识能力有两个领域，即自然概念的领域和自由概念的领域，认识能力就通过这两个领域先验地立法。哲学也依此分为理论的和实践的两个部分。但哲学（理论哲学和实践哲学）在其上建立统治区和行使立法机能的封地却永远只是一切仅仅被当作单纯现象的可能的经验对象的总和，因为否则在涉及经验对象时知性的立法就不可想象。

通过自然概念的立法是由知性来实行的，并且是理论性的。通过自由概念的立法是由理性来实行的，并且只是实践性的。只有在实践事物中理性才能立法，在事关（对自然的）理论认识时，它只能（作为知性显示规律的媒介）通过推论从已给出的规律中引申出结论来，而且这结论始终只能被限制在自然界。另一方面，我们不能说在规则是实践性的地方理性就一定具有立法功能，因为这些规则还可能是技术性实践的。

因此知性和理性在一个并且是同一个经验基地之上有两种不同的立法，而不致互相损害。因为自然概念对通过自由概念的立法很少影响，正像自由概念很少干扰为自然立法一样。两种立法和属于这两种立法的能力在同一主体中并存至少可以被设想为没有矛盾，这种可能性已被纯粹理性的批判所证明，在那个批判里，通过揭示其中辩证的外观而消除了反对的理由。

但是，这两个不同的区域虽然在其立法方面并不互相限制，却在感性世界中发生作用时互相干扰，不能统一，其原因在于：自然概念虽然在直观中有其对象，但这种对象不是作为物自体本身，而是作为单纯现象，而与此相反，自由概念虽然在其对象中使物自体得到表现，但不是直观地表现，因而两种概念之中，没有一种能够从作为物自体的客体（甚至也包括思维的主体在内）中获得一种理论知识，因为物自体是超感性的，我们虽然必须把理念作为一切经验对象的可能性的基础，但理念却永远不会被提升和发展为一种知识。

因此对于我们的全部认识能力而言就存在着一种不受限制的但又难以达到的领域，也就是超感性的领域，在这个领域里我们不能为自己找到一块封地，因而在这上面既没有使知性概念达到理论认识的区域，也没有使理性概念达到理论认识的区域。为了理性的理论运用以及实践运用我们必须以理念去占领这个超感性区域，但在关涉到由自由概念而来的规律时我们只能使这些理念获得实践的实在性[1]，因而不能把我们的理论认识向超感性世界推进一步。

现在，虽然在作为感性事物的自然概念的领域和作为超感性事物的自由概念的领域之间一条难以逾越的鸿沟被固定下来，以致从前者不可能过渡到后者（以理性的理论运用为中介），就好像它们是完全不同的两个世界，自然概念的世界对自由概念的世界不可能发生影响，但后者却应该对前者有影响，也就是说，自由概念应该把由它的规律所设定的目的在感性世界里实现出来，而且因此自然也必须这样被思考，即它的形式的合目的性至少与按自由规律要在自然中实现的目的的可能性相协调。因此就必须有作为自然之根源的超感性世界[2]与自由概念以实践的方式包含于自身之中的东西相统一的基础，虽然既不能从理论上也不能从实践上获得对这一基础自身的认识，因而没有独特的领域，但却使从按一种原理的思想方式（Denkungsart）向按另一种原理的思想方式的过渡成为可能。[3]

---

[1] 实践的实在性（praktische Realität）：相对于理论的实在性而言，超感性世界是非直观的物自体的世界，关于这个世界我们不能直接认识，不能获得关于它的理论知识，而只能用理性自身所提供的理念去把握这个世界。当我们用自然概念（范畴和经验概念）去认识自然界的直观事物时，我们会得到有关对象的切实知识，能够用感性直观形式（时空）和经验概念构造起现实的对象，看得见，摸得着，是一种客观的实在性。反之，当我们把上帝存在、意志自由、灵魂不灭、至善等运用于超感性世界，所得到的只能是可以想象的虚幻观念，不能诉诸感官，因而只是"实践的实在性"，即只对人的实践理性才存在的非现实的事物。——译注

[2] 作为自然之根源的超感性世界：超感性世界就是物自体的世界，康德认为，物自体虽是不可认识的彼岸世界，却也是现象的来源，没有不可知的物自体，也就没有可认识的现象，而现象的总和就是自然，所以说超感性世界是自然的根源。——译注

[3] 这一节的要点是：人的认识能力最重要的有两种——知性和理性，知性提供的是自然概念，理性提供的是自由概念（意志自由、灵魂不灭等），两种概念各有自己的领地，前者用于对自然的理论认识，后者用于伦理道德，哲学也因之分为理论哲学和实践哲学两部分。这两个领域因为所使用的概念来源、性质和功能都有本质的区别，就很难沟通，就如中间有了一条难以逾越的天堑。认识无法影响伦理，自然概念不能作用于自由概念，但后者却要对前者产生影响并且也可能产生影响，这是因为伦理高于认识，理性高于知性，因而理性就可以而且必须引导知性。这样，哲学两部分的统一就有了可能。——译注

三、判断力批判作为使哲学的两部分结合为一个整体的中介

对认识能力的批判在涉及它们能够先验地提供的东西时，本来在对象方面没有其特有区域，因为批判不是学理（doctrin），而只是根据我们的能力所具有的性质来研究一种学理是否以及如何可能的问题。批判的封地一直延伸到一切它们（认识能力）自认为有权占有的地方，以便把这些非分要求安置在其合法界限之内。而那不能进入哲学分类的，如果它包含着既不能用于理论也不能用于实践的原理，就仍可以作为一个主要部分被纳入纯粹认识能力的一般批判之中。[1]

包含着一切先验理论认识之基础的自然概念，建立在知性的立法之上。——包含着一切不受感性限制的先验实践法则之基础的自由概念，建立在理性的立法之上。因此，两种能力除了按照逻辑形式可被应用于不管来源如何的原理之外，两种能力之中的每一种又按照内容各有自己的立法，在这种立法之外它（两种能力之中的每一种）不能提供其他的（先验）立法，同时由此也证明了把哲学分为理论的和实践的两个部分是正确的。

但在高级认识能力的家族中，在知性和理性之间，还有一个中间环节，这就是判断力。我们有理由按类比法来猜测，虽然它没有自己特有的立法，但仍有自己的原理，根据这一原理可以发现某些规律，尽管那原理只是一种先验地包含

---

[1] 这一段是要引出判断力批判。批判哲学所说的批判，是对认识能力的批判，而且主要是研究各种能力所提供的先验概念和原理，在这个范围内批判是有界限有领域的。但正因为批判所考察的是各种先验原理，是与经验对象无关（但却要用于经验对象）或者说是剔除了经验对象的纯粹学说，在对象方面就没有划定界限，没有明确的区域。另外，康德认为批判只是要从认识能力的性质出发来探究某些原理（先天综合判断之类）是否可能，如何可能，本身还不是一种教条理论（doctrin，原指西方的宗教教条、教义），不是对客观事物的具体规定和解释，因而也不能在对象方面占有某一特殊区域。康德还认为，人的认识机能都有一种非分要求，想把自己的作用和影响扩展到应有的界限之外，康德称这种倾向为Anmaßung，意为狂妄或僭越，例如，知性就想要认识超感性的彼岸世界。因为认识能力有这种僭越的倾向，批判就得跟随它们到任何它们想去的地方，考察它们的要求是否合法，然后再为它们划定合法界限，使它们各自从事自己力所能及的事情。由于批判本身不受限制，可以达到任何地方，原来被划在哲学之外，在哲学的分类中没有席位的另一种主体能力——判断力——也可成为批判的对象，因为它的原理既不能归属于理论哲学也不能归属于实践哲学，必须独立门户，判断力批判于是成立。——译注

于自身的主观原理。虽然这种原理在对象方面没有一个区域作为自己的疆土，但仍可有某种特殊性质的基地，而对于这种特殊性质，唯有那种（判断力的）原理才有效。

不过，对此还有（按照类比来判断）一种新的理由把判断力与我们表象能力的另一种秩序联结起来，这似乎比与认识能力家族的亲缘关系更为重要。因为全部心灵能力或智能可以归结为三种，这三种机能不能从某种更深一层的一般根基中引导出来：这就是认识能力、愉快和不愉快的情感和欲求能力。［以下做法是有益的：对于我们当作经验原理来使用的各种概念，如果我们有理由猜测，它们（概念）与纯粹先验的认识能力具有先天的亲缘关系，我们就尝试为这种关系给出一种超验定义，那是一种由纯粹范畴给出的定义，而纯粹范畴本身又足以指示当下的概念与其他概念的区别。在此我们且举数学为例，数学家让他的问题中的经验数据处于不确定状态（即以字母代之。——译者），只把它们在纯粹综合中的关系归于纯粹数学概念之下，并且由此而把数学问题的解决普遍化了。——人们因我曾有相似的做法（见《实践理性批判》，序言，第16页）而指责我，（译者按：在《实践理性批判》的序言中，康德认为经验之中没有必然性，如果从经验中推演必然性，那就如石中取水，是绝不可能的事，因此只有从人们普遍具有的理性先验地引出纯粹形式性原理，才能具有必然性，能够运用到一切经验对象上去，就如数学家以字母代替具体的数，研究数量之间可能有的逻辑关系，这种纯粹关系适用于任何具体的数。当康德把这种先验方法运用于伦理道德，从而推导出普遍有效的道德律令时，曾受到过经验主义者的批评。关于这一点，《实践理性批判》的序言中曾有一个注释，说得很明白，读者可以在商务印书馆1999年出版的韩水法译《实践理性批判》第6页上找到这个注释。在另一注释中，康德也指出数学与伦理之间的不同。）并且还指责我为欲求能力所下的定义，即把欲求能力当作一种通过其表象而成为这些表象的对象的现实性的原因的能力（这句话已见于《实践理性批判》序言中的一个注释里，见韩水法译《实践理性批判》第7页。欲求能力属于实践理性，属于意志自由，也是一种主体能力，它与对象发生关系时，也能主观地构造表象，这种表象除与对象的客观存在相关之外，还反映了主体的欲望和需求，因此表象所从出的对象才成为欲求对象，没有欲求能力，就不会有欲求对象，所以说欲求能力是其对象的现实性的原因。简言之就是，欲求能力是对象之所以为欲求对象的根本原因。——译者），因为单纯的欲望也是欲求，而每个人都知道，绝不可能从单纯欲望创造出对象来。——但这不过是证明了在人的内部存在着欲求，这欲求使他与自己相矛盾。因为在这种情况下，他试图用表象来产生出他的对象，对此它不能期望有结果，因为他自己知道，他的机械力量（如果我可以称呼这种非心理的力量的话）必然被那表象所决定，这种机械力量或者不足以产生对象（因为是间接的），或者完全不可能产生对象，就好像使已经发生的事情没有发生（O mihi praeteritos, etc 这是康德引述的罗马诗人维吉尔的史诗《伊尼特》中的诗句，有省略。原句意为：但愿朱庇特为我追回已逝的年华！——译者），或者在焦急的等待中能够消除到达所盼望的那一刻的间隔一样。虽然在这些幻想的欲望中我们意识到我们的表象不足以（或者甚至是不适于）成为其对象的原因，但在每一种欲望中仍然包含着同样的作为原因的关系，也就是它们（欲望与对象）的因果联系的表象，特别是在欲望是一种激情亦即渴望（Sehnsuht）时，这种情形就更为明显。这一点可由下述情况加以证实：这些欲望使心脏负担过重并使其委顿，从而耗尽力量，表明这些力量因那些表象一次一次地紧张起来，但在意识到（实现它们）不可能时，又一再重新使心灵陷入疲惫之中。甚至为要避免巨大的，并且据我们所见是不可避免的灾祸而做的祈祷以及要达到以自然的方式无法达到的目的的一些迷信手段之类，也证明了表象与其对象的因果关系，这种因果关系在意识到它们不足以产生结果时也不妨碍因此而做的努力。——至于何以在我们的本性中有一种对可意识到的空洞欲望的偏好，那是一个人类学目的论问题。情况似乎是：在我们确信我们自己的能力足以产生一个对象之前，不决心使用我们的力量，我们的能力就将在很大程度上是毫无用处的。因为一般说来只有通过使用我们的力量，我们才初次认识到它们。因此空洞欲望中的那种迷惑只是我们本性中一种良好素质（Anordnung，本义是安排、布置、秩序、规章等，此外指人的本性中固有的心理结构，英译为disposition，除上述义项之外，此词还有气质、性情、意向等含义。——译者）的结果。——原注］

对于认识能力，唯有知性来立法，如果这种能力（一定要就其本身来观察，而不与欲求能力相混）作为理论认识能力与自然——只有联系到自然（作为现象）时，通过本来就是纯粹知性概念的先验自然概念来提供规律对于我们方才可能——相关的话。——对于欲求能力作为一种与自由概念相关的高级机能，唯有理性（只有在理性中自由概念才有其地位）来先验地立法。现在，在认识能力和欲求能力之间存在着愉快的情感，一如在知性和理性之间存在着判断力。因此至少可以猜测，判断力自身也同样含有一种先验原理，而且因为愉快或不愉快必然地与欲求机能相关联（愉快或不愉快或者像在低级欲求能力的情况下那样先行于那种先验原理，或者像在高级欲求能力的情况下那样只是通过道德律令从那种原理的规定中引导出来[1]），从纯粹认识能力，亦即从自然概念的领域向自由概念的领域的一种过渡就能够实现，就像它（判断力）在逻辑运用中使从知性向理性的过渡成为可能一样。

因此，尽管哲学只能被分为理论的和实践的两部分，尽管我们关于判断力的原理所能说的一切在哲学中都必须划归理论部分，亦即划归依据自然概念的理论知识，但纯粹理性的批判——这种批判为了批判体系的可能性在这一体系形成之前就必须处理好所有这些问题——还是要由三个部分组成：纯粹知性批判、纯粹判断力批判和纯粹理性批判，由于这些能力可以先验地立法，就被称为纯粹的。[2]

四、作为一种先验立法能力的判断力

一般来说，判断力是把特殊当作包含在普遍之下的东西来思考的能力。如果普遍（法则、原理、规律）已被给予，把特殊归于普遍之下的判断力（即使它作为超验判断力先验地规定了一些条件，并且只有按这些条件才能把特殊归于普遍，情况也是这样）就是规定的判断力。反之，如果仅仅是特殊被给予，判断力要为这特殊去寻找普遍，那么判断力就只是反思的。

规定的判断力在知性所提供的普遍的先验规律之下只有归属功能，对它来说，规律是预先确定的，因此它没有必要为自己想出一个规律，以便把自然中的特殊事物置于普遍之下。——不过自然界存在着如此多样的形式，似乎普遍的超验自然概念有如此众多的变态，这些变态并不被纯粹知性先验地提供的规律所规

[1] 括号里的这两句是说，愉快或不愉快有不同的种类，每一种都有自己的特殊性质。康德的分类根据是看愉快和不愉快的基础是什么。当愉快和不愉快出自低级欲望（饮食男女之类），就是感性的和经验的，如果它们是通过道德律令（普遍立法、意志自律、人是目的）从那种先验原理产生出来，就是出自高级欲望，就是理性的和先验的，如果来源于对客体形式的直观，就是审美的。——译注

[2] 这一节的要点是：提出判断力居于知性和理性之间。康德认为知性和理性都有自己的立法，根据类比原则，判断力也就该有自己的立法，也会产生自己的先验原理。与知性相关的是认识，与理性相关的是道德，与判断力相关的则是愉快和不愉快的情感，由于情感一边与感性对象相关联，一边与理性（高级欲求机能）相关联，这就使从自然到自由、从知性到理性的过渡成为可能。——译注

定，因为这些规律只与自然（作为感性对象）的一般可能性相关，之所以如此又是由于对此还必须有一些规律，这些规律作为经验性的规律虽然按照我们的知性洞见可能是偶然的，但如果它们应该被称为规律（就像一种自然概念所需要的那样），那么也必须根据一种我们尚未知晓的多样统一的原理把它们看成是必然的规律。反思判断力，它的职责是从自然中的特殊事物上升到普遍，因此需要一种原理，但它不能从经验中提取这种原理，因为它正应该在同样是经验的但却是较高级的原理之下建立一切经验原理的统一，因而也就在各种经验原理之间奠定了系统的隶属关系的可能性。因此，反思判断力只能由自身来提供这样一种作为规律的超验原理，而不能从另外的地方取得（因为否则它就是规定的判断力了），它也不能用那原理去规定自然，因为对自然规律的反思本身要调整自己以适应自然，而自然却不必调整自己以适应某些我们据以努力获得一个自然概念的条件，就这些条件而言，那种自然概念完全是偶然的。

现在，这种原理只能是：因为普遍的自然规律在我们的知性中有其根基，知性为自然确定了这些规律（虽然只是按照它作为自然的普遍概念），就自然之中未被这些普遍规律所规定的东西而言，特殊的经验规律必须按照一种统一（规则）来加以观察，就好像同样有一个知性（虽然不是我们的知性）因为要使一种经验体系按照特殊的自然规律成为可能，就把这种统一的规则提供给我们的认识能力一样。[1]但这并不意味着必须真正假定有这样一种知性存在（因为此处说的只是反思判断力，是这种判断力使那种观念成为原理，目的是为了反思，而不是为了规定）；反之，这种能力却以此只为自己而不是为自然提供了一种规律。

现在因为一个对象的概念，就其同时包含着这一对象的现实性的根据而言，称为目的，一物与只依据目的才可能的诸事物的特性之间的协调一致称为该

[1] 这是说，自然之中有许多事物都可归于普遍规律之下，都可用普遍规律加以解释，受这些规律的约束，被这些规律所决定，例如星球的运动就是由万有引力以及向心力和离心力这些规律所决定的。但另有一些事物就不能归于普遍规律之下，用普遍的自然规律无法解释，例如有的牛长角，有的牛却秃头，有的鱼眼睛长在头两侧，有的则长在同一边，这时我们最好假定有一种不同于人类知性的智能，例如上帝或造物主的智能，这种智能为了把自然中各种人类知性难以解释的经验现象构成一个统一的系统，就为我们的认识能力提供了一种安排这种统一的经验规律，也就是下一节将要论及的自然的形式的合目的性。——译注

事物的形式的合目的性；因此在事关一般经验规律之下的自然事物的形式时，判断力的原理是自然在其多样性中的合目的性。这就是说通过这一概念自然要被这样来想象——似乎有一个知性包含着它的经验规律的多样性统一的基础。

因此，自然的合目的性是一个特殊的先验概念，这种概念的根源只存在于反思判断力之中。因为我们不能把任何自然与目的关系之类的东西归于自然产品，而只能在涉及自然现象的联系——这种联系是按经验所给予的——时，把这一概念应用于对自然产品的反思。同时，这一概念又与实践的合目的性概念完全不同，虽然它是按照与后者的类比被思考的。[1]

五、自然的形式的合目的性原理是判断力的一个超验原理

超验原理是这样一种原理，我们通过它先验地表述出某种普遍条件，唯有在此条件下，事物才能一般地成为我们认识的对象。[2]与此不同，如果一个原理先验地表述出某种条件，唯有在此条件下，那些必定由经验赋予概念的对象才能先验地被进一步规定，那么这一原理就被称为形而上学的原理。[3]因此，对于作

[1] 这一节的要点是：首先给出一般判断力的定义，然后把判断力分为规定的判断力和反思判断力，规定的判断力的功能是把个别事物置于普遍规律之下，判别哪些事物属于哪些规律。反思判断力是在个别事物被给予时为它思考一个普遍原理。因此判断力必须自己提供一个原理，这个原理不能应用于自然，只是使某些不能被普遍规律所规定的事物统一为一个系统的经验法则。然后提出了目的和合目的性的概念，以便过渡到下一节。——译注

[2] 这一句是解释何为超验原理。在康德哲学中，超验原理是人的知性或理性提供的纯粹原理。一物在与人无关或不被人注意时，不是认识对象，当它被人注意时，人的先验感性就提供时空形式，知性则提供概念和范畴（在实践范围内则是理性所提供的自由概念和道德律令），它们用感觉材料构成意识中的物象，这物象因被归于某种概念而成为某种某类，因运用范畴而显示出质、量、关系、模态方面的情况。在这个过程中，是主体提供的时空形式、概念和范畴使一物成为对象的先验条件，表述出这些条件的原理就是超验原理。——译注

[3] 这一句是说，某些对象的概念来自经验，如《未来形而上学导论》第二节所提到的黄金，按康德的说法就是经验概念，某物符合黄金的概念，我们就可判定其为黄金，并由此而知道了它的一般性质，但如果我们并不就此罢休，继续追问黄金何以是黄色的，是谁把它送给人类，就要对它作进一步的规定，就要引出外在于黄金的条件，包含这种条件的原理就是形而上学的原理。——译注

为实体并且作为可变实体的物体的认识原理，如果它表述的是“物体的变化必然有一个原因”，它就是超验原理；如果它表述的是“物体的变化必然有一个外在的原因”，那么它就是形而上学的原理。因为在前一种情况下，为了先验地认识这一命题，对于物体只需借助于本体论的谓词（纯粹知性概念），例如作为实体，来加以思考；但在第二种情况下，一个物体（作为在空间运动之物）的经验概念必须被当作这一命题的基础，这样做之后，就可以完全先验地看出，后面那个谓词（由于外在原因而运动）是适用于那一物体的。因此，像我马上就要指出的那样，自然的合目的性的原理（在自然的经验规律的多样性之中）是一个超验原理。因为对象的概念在这些对象被置于这种原理之下而被思考时，只是一般可能的经验认识的对象的纯粹概念，它并不包含任何经验的东西。反之，那种必须在自由意志的规定观念（ldee）中被思考的实践的合目的性原理是一种形而上学的原理，因为，作为一种意志概念的欲求能力的概念必然是经验地给出的（不属于超验的谓词）。尽管如此，这两种原理仍然不是经验的，而是先验性的原理，因为谓词与判断主体的经验概念相结合并不需要任何其他经验，毋宁说那种结合完全可以被先验地认识到。

一种自然的合目的性的概念属于超验原理，这一点可以充分地从判断力的准则（Maxime）看出来，这种准则在我们考察自然时被先验地当作基础，而且仍然仅仅与经验的可能性亦即对自然——但又不只是作为一般的自然而是作为特殊规律的多样性所规定的自然——的认识相关联。这些判断力的准则，作为形而上学智慧的箴言（Sentenz，格言、警句），出现于某些我们不能从概念出发来说明其必然性的规律（Regel）之中，也常常充分地然而又是分散地出现在自然科学的历程之中。“自然选择最短的路程（lex parsimoniae——节省的规律），它也不跳跃，不管是在它变化的顺序中，还是在各有特征的不同形式的组织联系（Zusammenstellung）中（lex continui in natura——自然界连续的规律），自然在其经验规律中的极端多样性仍然是在少数原理之下的统一（principia praeter necessitatem non sunt multi plicanda）——如无必要，原理不可擅增”，等等。

但是如果有人想指出这些原理的根源，并试图通过心理学的途径做到这一点，那就完全与这些原理的意义相违背了。因为这些原理所阐述的不是发生了什么事情，也就是说，它们没有说出我们的认识能力实际上按什么法则活动以及如何做出判断，而是告诉我们应该怎样来判断；同时，如果这些原理仅仅是经验的，这里也就不会显露出那种逻辑的客观必然性。因此自然的合目的性从认识能力及其使用——自然的合目的性从认识能力及其使用中明显地表露出来——来说是一个超验的判断原理，并且因而也需要一个超验的演绎，借助于这种演绎，要如此判断（so zu urtheilen）的根据肯定会在先验的认识源泉中被寻找出来。

我们在一种经验的可能性的基础中所发现的首先当然是某种必然的东西，亦即普遍规律，没有这种普遍规律，自然（作为感性对象）一般说来是不能被思考的；而这些普遍规律是建立在范畴之上的，如果一切（对我们来说是可能的）直观的形式条件（先验的时空形式。——译者）也是先验地被提供的，那么普遍规律也可运用于这些形式条件。在这种规律之下判断力是规定性的；因为它们所做的不过是（把某物）归属于已给定的规律之下。例如，知性说：一切变化都有其原因（普遍的自然规律）；在这里先验判断力除了指出归属于当下的先验知性概念的条件之外，就没什么可做的了，这就是同一事物的各种规定性的连续性（Succession）。对于一般自然（作为可能经验的对象），那种规律（指“一切变化都有其原因”那一知性原理。——译者）将被认为是绝对必然的。——但是，经验认识的对象除了那种形式上的时间条件之外，还被某些方式（Art）所规定，或者在我们能够先验判断的范围内，也可以说那些对象是可规定的，所以各有特征互不相同的自然物，除了它们作为属于一般自然之物所具有的共同东西之外，还可能以无限多样的方式成为原因[1]，而那些方式中的每一种都必然（按照一种一般的原因概念）有其规则，这规则是一种规律，因而自身带有必然性；虽然由于我们认识能力的性质和局限，我们完全看不到这种必然性。因此，就自然的单纯经验规律而言，我们必须在自然中思考各种经验规律的无限多样的可能性，这些经验规律对于我们的明察洞见（Einsicht）来说仍是偶然的（不能先

[1] 这一句是说经验对象除时间条件之外，还有其他属性和形式，如大小、形状、结构、颜色等，因而自然物各有特征，显示出无限的多样性，在无限多样的自然物的序列里，每一物都可能成另一物的原因，形成一种特殊的因果关系，这里康德说的实际上就是事物之间的合目的性关系。——译注

验地被认识），就此而言，我们也把依据经验规律的自然的统一，以及经验统一——作为一个经验规律的系统——的可能性评价为偶然的。但是，这样的一种统一必须被先行设定和采纳，因为否则就不能有把经验知识统一为经验整体的贯穿一切的联系纽带。普遍的自然规律虽然把诸事物之中这样一种按种类——作为一般的自然物，而不是作为特殊的自然存在物——的联系纽带给予我们，判断力却还必须设定如下情形为先验原理：对于人类的明察洞见来说，特殊的（经验的）自然规律中偶然的东西仍然包含着一种我们虽然不能探究却仍可思考的规律的统一——把自然的多样性综合为一个自身可能的经验的统一。于是，因为在一种我们虽然依据必然的目的（知性的一种需要）但同时又作为本身是偶然的东西而认识到的联系之中的规律的统一被表述为对象（在此是自然对象）的合目的性，所以就归属于可能的（尚需去发现的）经验规律之下的各种事物而言判断力只能是反思的，在与经验规律相关时，必须按照对我们的认识能力的合目的性原理来思考自然，这一原理已在上述判断力的准则中得到了表述。这一自然的合目的性的超验概念既不是一个自然概念，也不是一个自由概念，因为它除了在我们为了使经验成为普遍联系的整体而反思自然对象时，表述出一种我们必须依从的方式之外，根本没有把任何东西赋予自然对象，因而那只是判断力的一个主观准则（Maxime）；因此，如果我们遇见了这样一种单纯经验规律之下的系统的统一，我们就会感到愉快（真正说来是摆脱了一种需要），好像那是对我们的目的颇为有利的幸运之机。同时，虽然我们必须设定这样的一种统一，但却不能透彻认识和证明它的存在。

为了使我们自己确信当下这一概念（自然的合目的性）的演绎的正确性，以及假定它作为超验认识原理的必要性，且让我们想一想如下任务的重要性：我们要从包含着经验规律的无限多样性的自然所给定的知觉中构成一个互相关联的经验，这一任务先验地存在于我们的知性中。[1]知性虽然先验地拥有自然的普遍

[1] 这一句是说关于自然合目的性的原理的演绎（论证）是正确的和必要的，要证明这一点不须其他论述，只要知道我们的知性具有一种先天的动机或欲望，执意地想从自然事物所给予我们的无限多样的知觉中理出一个贯穿其中的线索，从而把杂多的自然构成一个互相连续的整体即可，而满足和实现这种动机和欲望对于人类理性的批判（分析、检验、论证）至关重要，就可以了。——译注

规律，没有这些普遍规律自然就不能成为经验对象，但它（知性）此外还需要自然的特殊法则中的某种秩序，这种秩序只能从经验得知，而且从它那一方面来看，这种秩序又是偶然的。如果没有这些法则，我们就不能从一般的可能经验的普遍类比达到特殊的东西；知性必须把这些法则当作规律（亦即当作必然的）来思考，否则将无法构成任何一种自然秩序，尽管知性并不了解它们的必然性，也不能在某个时候窥见这种必然性。因此在涉及多样性的对象时，知性不能先验地规定什么，但为了追踪查验这种经验性的所谓规律，知性仍然必须有一个原理作为反思自然对象时的基础，以便依据它们使一个可认识的自然秩序成为可能。如下一些命题表述了同样的原理：在自然之中，有一种我们能理解的种和类之间的从属性；那些种又按一种更一般的原理而互相接近，于是从一个过渡到另一个并从而过渡到更高一级的种成为可能，对于我们的知性来说，以下情形似乎从一开始就是不可避免的：必须为自然作用的互不相同的多样性设定同样多的因果关系的种类，而它们又可以归属于我们要去寻找的少数原理之下，如此等等。为了按其经验规律对自然进行反思，判断力先验地把自然对我们的认识能力的协调一致作为前提，同时知性又客观地肯定那种协调一致是偶然的，只是判断力把它作为先验的合目的性（与主体的认识能力相关）附加给自然的：因为如果不先行设定这一点，我们就不会有依据经验规律的自然秩序，因而也就不会有把一个经验与那些经验规律在其一切多样性中联系起来以及探究那些规律的指导线索（Leitfaden）。

因为完全可以想象，尽管自然事物按照普遍规律——没有普遍规律就根本不会有一般经验知识的形式——具有一致性，但自然的诸多经验规律及其作用的特有差异仍然可能很大，以致使我们的知性不可能在其中发现一种可把握的秩序，不可能把自然产品划分为种和类，从而把说明和理解一个产品的原理应用于对另一个的说明和理解，也不能把杂乱无章的（其实只是无限多样、我们的理解能力无法把握的）材料整理成一种互相连贯的经验。

因此判断力也有一个用于自然的可能性的先验原理，但仅仅是主观的原理，通过这种原理不是为自然［作为自律的（als Autonomie）］，而是为判断力自身［作为再自律的（als Heautonomie）］反思自然提供了一种规律，在涉及自然的经验规律时，我们称那一规律（指判断力反思自然时为自身提供的规律。——译者）为“自然的特殊化规律”。那一规律不能在自然中先验地认识到，而是判断力为一种秩序而提出的——判断力试图把特殊规律的多样性归属于自然的普遍规律之下时，要对普遍规律做出分类，在这种分类中，我们的知性可以认识到那种秩序。因此，如果我们说：自然按照对于我们的认识能力的合目的性原理，亦即按照与知性及其要为感性知觉所提供的特殊事物寻找普遍（原理、规律）的固有职能相适应的原理，把它（自然）的普遍规律特殊化了，同时又在为不同种的事物（对于次一级的类来说它们当然也有普遍性）在原理的统一中寻找联系，那么我们并未由此而为自然指出一条规律，也并未通过观察而从自然得到一个规律（尽管这种方式可以使所说的原理得到证实）。因为这里所说的不是一个规定判断力的原理，而只是反思判断力的一个原理；我们只想，不管按其普遍规律来说自然的秩序和结构是怎样的，我们都必须依据上述原理以及以此为基础的准则来彻底研究自然的各种经验规律，因为只有在那种原理可以应用的范围内，我们才能使用我们的知性在经验中前进并获得知性。[1]

[1] 这一部分讲的是目的论原理及其一般性质。按康德的观点，我们可以通过先验的普遍规律来认识自然，从而把自然产品在这些规律之下统一起来。但如上所述，自然产品的形式是极其多样的，知性所提供的范畴和规律难以把它们全部统一起来，而人类智能却执着地要把各种事物统一为一个连续的整体，这就需要另一种规律。这种规律只是一种经验规律，遇见一种事物的形式我们就为它思考一个原因，想出一个规律（这就是反思），而且适用于此物的规律不一定适用于彼物，所以说这种经验规律是偶然的。例如，生活在同一环境中的蛇和蜥蜴，前者没有腿，后者有腿，两种生物就不能用同一个规律去解释。这些经验规律虽然各不相同，却有一个共同点，那就是合目的性。经验规律都是偶然的，但概括全部经验规律的“合目的性”却可以先验地提供，因而“合目的性”是反思判断力的一个先验原理。由于合目的性原理是主体为事物反思出来的原理，因而又是判断力的主观原理。说自然的合目的性原理“根本没有把任何东西赋予自然对象”，是要把目的论原理同认识原理区别开来。认识论原理可以让我们知道对象的性质，对于对象有所认识，而目的论原理则不能。例如，“翅膀能使鸟飞起来”这个目的论就没有表述出翅膀的形式、结构以及由什么组成的。同样，说“圆形适用于作车轮，方形不适于作车轮”，也没有讲出圆和方的几何性质。同时康德还指明，合目的性是一个超验原理，因为它可以与经验无涉，通俗地讲就是“合目的性”是个极为抽象的概念，具有康德所说的纯粹性。其次是论述我们在反思自然产物时必须有这么一个原理来帮助我们把各有特点互不相同的事物统一为一个整体，使我们有可能为个别事物思考一个普遍原理，而这正是人类知性固有的倾向和职能。——译注

六、愉快的情感与自然的合目的性概念的联结

那种被构想出来的、自然在其特殊规律的多样性中与我们为它（自然）寻找原理的普遍性的需要的协调一致[1]，必须按我们全部的明察洞见被判定为偶然的，但对于我们的知性需要仍然是不可缺少的，因而也就要被判定为合目的性，自然通过这种合目的性与我们仅仅指向认识的目标相协调，普遍的知性规律——它们同时就是自然规律——虽然起源于自发性（Spontaneität），对于自然却像物质运动规律一样是必要的；自然规律的产生不以我们的认识能力的任何意图为前提，因为我们只有通过它们才从会成为关于物（自然的）的知识的东西中获得一个概念，同时它们必然适用于作为我们的一般认识对象的自然。就我们所能见到的而言，自然在其一切超越我们认识能力的至少是可能的多样性和异质性中的秩序，实际上还是与我们的理解能力相适应，然而这一点却是偶然的；发现这种秩序是知性的一件工作，这件工作要实现一个必然的目的，即把原理的统一引进自然中去。而这种目的是由判断力赋予自然的，因为这里不可能由知性给自然规定原理。

每一种目标的实现都伴随着愉快的情感；如果有一个先验表象作为实现目标的条件例如这里是一般反思判断力的原理，愉快的情感也就因之被一种先验的根基所决定，并且对所有人都有效；而且仅仅是借助于对象与认识能力的关系，合目的性概念在这里丝毫没有涉及欲求能力，因此也就与自然的一切实践的合目的性完全不同。

实际上，我们没有也不可能在我们自己身上发现一丝由感性知觉与依据普遍自然概念（各种范畴）的规律相契合而来的对于愉快情感的影响，因为知性在这里必然不是有意地按它的本性行事的；另一方面，如果发现两个或更多的经验性的异质的自然规律可以在一个包含着它们双方的原理之下协调一致，那就是一种非常明显的愉快的基础，还常常是一种惊赞的基础，这惊赞甚至在我们对其对象足够熟悉之时也不停止。虽然我们在自然的可理解性及其划分为种和类——只

[1] 为保持语气和连贯，这句译得比较长，如果分解开来其意义就是：我们构想出一种协调一致，这是自然在其诸多特殊规律中与我们的需要之间的协调，而我们的需要则是指主体要为自然寻找原理的普遍性。——译注

有通过这种分类经验概念才是可能的，而借助于经验概念我们才能按自然的特殊规律来认识自然——的统一中不再觉察到任何明显的愉快，但愉快确曾在相应的时机出现过，因为没有愉快，连最普遍的经验都是不可能的，所以它（愉快）就逐渐与单纯的知识混合起来，而不再引起特别的注意。——在我们对自然下判断时，需要某种促使我们注意自然对我们的知性来说是合目的性的东西，也就是一种要把不同种类的自然规律尽可能置于更高一级的但仍然永远是经验性的规律之下的努力[1]，以便在成功之时我们能在自然与我们认识能力的协调一致——我们把这种协调一致视为纯粹偶然的——上面感受到愉快。与此相反，某种自然表象会令我们完全不愉快，人们通过这一表象预先告诉我们，在作最低限度的超越最普通的经验的研究时，我们将会碰到经验规律的异质性，对于我们的知性来说这种异质性使自然的特殊规律置于普遍的经验规律之下成为不可能：因为这违反自然在其种类里主观合目的性的特殊原理，在这方面也违反我们的反思判断力。

就自然对我们的认识能力的理想的合目的性所能伸展的范围而言，判断力的这种前提是如此的不确定，以致如果有人对我们说，一种由观察得来的更深入或更广泛的自然知识最终必然会使我们碰到人类知性无法归结为一种原理的规律的多样性，我们也会对这种说法感到满意，虽然越是深入到自然的内部，或者能更好地把自然的内部与尚未认识的外在部分相比较，我们就越会发现自然在其原理方面更为简单，我们的经验越丰富，我们就越会发现自然的经验规律表面上的异质现象具有一致性。因为是我们的判断力命令我们按自然对我们的认识能力的适应性原理行事，当然要在那一原理所能达到的范围内，而不确定它是否有界限（因为并不是规定的判断力把这一法规提供给我们的）：因为虽然我们在认识能力的合理使用方面可能有确定的界限，但在经验领域确定界限却是不可能的。[2]

[1] 努力一词的原文是studium，在现代德语中这个词的解释是学习、研究、考察，但康德所用studium是拉丁文，其本义是努力、勤奋、热情，英译为endeavour。——译注

[2] 这一节主要论述合目的性伴随着愉快的情感。任何目的的实现都会使人愉快，反思判断力在达成其目的时也是这样。在这一节里，康德反复提到合目的性乃是自然及其经验规律对（zu）我们的认识能力的协调一致（Einstimmung），也就是后面将要论述的主观的合目的性，愉快就是由此而来。这一节还有一点要注意，康德认为把自然产品的多样性理出一个系统来，把诸多异质的经验规律纳入一个更高的原理，我们就会感到满足，也就会感到愉快。——译注

七、自然合目的性的审美表象

一个客体的表象上面单纯主观的东西，也就是与主体而不是与对象相关的东西，就是表象的审美性质；而表象上面成为对象的规定性或可能被用为对象的规定性的东西是它的逻辑有效性。在对一个感性对象的认识里同时有这两种关系。在外在于我们的事物的感性表象里，我们在其中直观到的事物的空间性质乃是表象里纯粹主观的东西（通过它，作为客体的事物自身是什么仍是未决的问题），因为通过这种关系，对象也只能单纯地被当作现象来思考；而空间尽管具有纯粹主观的性质却仍是作为现象的事物的一种认识要素。感觉（这里是指外在的）也同样只表达出我们关于外在事物的表象中单纯主观的东西，但从根本上说表达的只是表象的质料（实在，通过质料某一存在才被给予我们），就像空间只是对诸物的直观的可能性的纯粹的先验形式一样；而感觉也仍然被用于对外物的认识。

一个表象中那种完全不能成为认识要素的主观的东西，就是与表象相联系的愉快或不愉快，因为我无法通过愉快和不愉快来对表象的对象有所认识，虽然它们（愉快和不愉快）很可能是某一认识的结果。一物的合目的性就其在知觉中被表现出来而言，也不是客体本身的性质（因为合目的性这样一种性质不可能被知觉到），尽管它可能由关于物的认识而来。因此，先行于对一客体的认识，但又甚至在不想把它的表象用于认识时也仍然与客体的表象直接相关的合目的性，是表象中主观性的东西，这种东西完全不能成为认识要素。因为对象只是因为其表象直接与愉快的情感相关才被称为合目的性的，而这样的表象本身就是一种合目的性的审美表象。问题仅仅在于，是否存在着这样的合目的性的表象。

如果愉快与对一直观对象的形式的单纯领悟（apprehensio）相结合，而与一个用于规定性的认识的概念没有联系，那么这表象就与客体无关，而只与主体相关；并且愉快只能是客体对我们的认识能力的适应性，这些能力在反思判断力中进入游戏状态（in Spiel sind），正因它们处于游戏之中，因而也就表达出了对象的一种主观的形式的合目的性。因为如果没有反思判断力无目的地把（对象的）形式至少与它（判断力）联结直观与概念的机能相比较，那种在想象力中对形式的领悟永远不会发生。现在，如果在这种比较里，想象力（作为先验直观的能力）与知性（作为概念能力）通过给定的表象处于无目的的协调之中，并且由此引起了愉快的情感，那么这对象就会被视为对于反思判断力是合目的的。这样的判断是一种关于客体的合目的性的审美判断，这种判断不以对象的任何现有概念为基础，而且也不提供任何一种概念。当一个客体的形式（不是指其作为感觉的表象的质料）在单纯对它的反思行为里（不考虑由它获得概念）被判定为对这一客体表象的愉快的基础时，这愉快也必然被判定为与这一表象相结合，因之也就不仅仅对领悟这一形式的主体有效，而且一般地对每一个下判断者都有效。这对象因而被称为美的；而通过这样的一种愉快（因此也是普遍有效的）来判断的能力，就被称为鉴赏力。因为这里愉快的根据仅仅被安置在被反思的对象的形式之中，所以也就不是在关于对象的感觉中，同时也不与包含任何一种目的的概念相关联，因此只是在主体的一般判断力的经验使用（想象力和知性的统一）中的合规律性与反思——其条件先验地普遍有效——中的客体表象协调一致；又因为对象与主体能力的这种协调一致是偶然的，所以它在主体的认识能力方面就引起了对象的一种合目的性的表象。

这里说的是一种愉快，它像一切不是通过自由概念（亦即通过由纯粹理性而来的高级欲求能力的预先规定）而产生的愉快一样，永远不能从概念出发把它（愉快）视为必然与一个对象的表象相结合，而一定要每时每刻只通过反思的知觉（reflectirte Wahrnehmung）把它看作是与这一表象相关联，因此就像一切经验判断一样，不能预示任何客观的必然性或要求先验的有效性。但鉴赏判断像其他一切经验判断一样，实际上提出了对每个人都有有效的要求，而这要求尽管有其内在的偶然性，却总是可能。令人惊异和显得悖谬的地方仅仅在于：不是一个经验概念，而是一种被鉴赏判断强求于每一个人的愉快的情感（因而也就不是任何概念），似乎正好成了与对客体的认识相结合的一个谓词，而这就意味着情感与客体的表象相联结。

一个单独的经验判断，例如某一个人的判断，这个人在一块水晶里看见一滴活动的水珠，他有权要求其他每一个人必须同样看到，因为他是根据规定的判断力的普遍条件在可能经验的一般规律之下来下判断的。同样，如果有一个人，他在对一对象的形式的单纯反思中不涉及概念而感到愉快，虽然他的这种判断是经验的而且是单独的判断，他还是有权要求人人赞同：因为这种愉快的基础虽然是主观的，但依然存在于反思判断的普遍条件之中，也就是存在于一个对象（不管它是自然产品还是人工产品）与每一种经验认识都必需的认识能力之间的关系（想象力的和知性的）的合目的性的协调之中。因此，鉴赏判断里的愉快虽然依赖于一个经验表象，而且不能先验地与任何概念相关联（我们不能先验地规定一个对象是否合乎鉴赏趣味，我们必须对此进行试验），但它（愉快）仍是这种判断的规定根据，只有我们自己知道，它仅仅基于反思以及反思与对一般对象的认识相协调的普遍的但仍然是主观的条件，而客体的形式对于这些条件是合目的的。

这正是鉴赏判断为什么在其可能性方面须经受一种批判的原因，因为鉴赏判断的可能性以一个先验原理为前提，尽管这种原理既不是关于知性的认识原理，也不是关于意志的实践原理，因而完全不能先验地规定。

对一种由关于事物（自然产品以及人为的事物）形式的反思而来的愉快的敏感性不仅显示了客体在与主体的反思判断力的关系中按照自然概念的合目的性，而且反过来还显示了主体在涉及对象时按照自由概念依据对象形式甚至无形式的合目的性，由此就发生了如下情况：审美判断不仅作为鉴赏判断而联系到美，而且也作为来源于一种精神情感的判断联系到崇高，因此审美判断力的批判必须相应地分为两个主要部分。[1]

八、自然的合目的性的逻辑表象

一个在经验中被给予的对象可以表现出合目的性：这种合目的性或者是来自一种纯粹主观的根据，也就是在无任何概念地领悟对象形式时，这一形式与认识能力的协调一致，这些认识能力本来是要把直观与概念结合起来提升为一般知识的；或者是来自一种客观的根据，也就是对象形式与事物本身的可能性之间依

[1] 这一节论述的是审美表象及其性质，这种性质就是：只与纯粹形式（在崇高的判断里则是无形式）相关，不涉及任何概念，最终结果是主体的愉快，审美表象上面的合目的性只是对象形式与认识能力之间的协调，因而不能构成认识要素。最后从形式和无形式的差异中引出崇高，从而指出要把审美判断力批判分为“美的分析”和“崇高的分析”两部分。——译注

据对象概念的协调一致，这一概念先行于对象并且包含着对象形式的基础[1]。我们已经看到：第一种合目的性的表象建立于单纯反思中从对象形式直接感到的愉快；而第二种合目的性的表象，因为它并没有在领悟客体的形式时把形式与主体的认识能力联系起来，而是在一给定的概念之下把形式与关于对象的确定的认识联系起来，因而与对物的愉快情感毫无关系，而是在对物的判断中与知性相关。如果一个对象的概念已经给定，那么判断力在把那一概念运用于认识时的功能就在于展示（Darstellung，英译为presentation，康德自注拉丁文为exhibtio。——译者），也就是在于把一个相应的直观置于那概念之旁，这里的情形可能是这样的：或者由我们自己的想象力来执行，就像在艺术里那样，在那里我们实现了一个预先设想的关于对象的概念，而这概念是被我们当作目的放在面前的；或者由自然的技巧（就像有机体的情形那样）中的自然（Natur in der Technik derselben——指处于技术活动中的自然。——译者）来执行，在这种情况下我们在判断自然产品时把直观置于我们的目的概念之下，这里展示的不仅是物的形式中的自然的合目的性，而且是自然产品本身作为自然目的被展示出来。——虽然我们关于自然在其形式中依据经验规律的主观合目的性的概念完全不是有关客体的概念，而只是判断力的一个原理，这原理的功用是在自然的无限多样性里为判断力自身提供概念（为了在其中能够辨清方向），我们还是由此依据与一个目的的类比，似乎把对于我们认识能力的一种关照（Ruchsicht——照顾、留意、考虑，英译为regard，俄译为отнощенце——态度、对待。——译者）赋予了自然；因此自然美可以被看作形式的（单纯主观的）合目的性概念的表现，而自然目的可以被看作是实在的（客观的）合目的性概念的表现。其中之一我们通过鉴赏（审美的，通过愉快的情感）来判断，另一个则通过知性和理性（逻辑的，按照概念）来判断。

[1] 关于“概念先行于对象并且包含着对象形式的基础”须作简要解释。在康德哲学中，概念是由知性先验地提供的，是认识外物的主观形式，只有通过概念对象才能被认识，所以说先行于对象。一对象呈现于意识之前的只是杂多的感性材料，借助于时空形式和各种概念的整理才构成一个对象（这对象与我们一般说的外在对象不同，是认识能力的构造物），是概念使它显示出形式特征，所以说概念包含着对象形式的基础。“事物本身的可能性（Moglichkeit des Dinges selbst）”指的也是现象而不是物自体，这一点要充分注意。——译注

判断力批判之所以划分为审美的和目的论的两部分是基于以下理由：前者（审美的）被理解为通过愉快和不愉快的情感来判断形式的合目的性（也被称为主观的）的能力，后者（目的论的）被理解为通过知性和理性来判断实在的合目的性（客观的）的能力。

在一个判断力的批判里，包含着审美判断力的部分本质上就属于这种批判，因为这一部分单独含有一个原理，判断力反思自然时完全是先验地把这原理当作基础。这就是自然的形式按其特殊（经验的）规律对于我们的认识能力的合目的性原理。没有这一原理，知性在自然中就会感到不适意。而对于为什么会存在自然的客观目的，亦即为什么会存在只有作为自然目的才可能的事物，却完全不能提供任何先验的根据，甚至也不能从作为经验对象的自然的概念——不管是就其普遍方面还是就其特殊方面——出发来解释其可能性。只有判断力，它本身虽然并不含有那样的先验原理，却在实际发生的情况（出现某种产物的情况）下，在上述先验原理已使知性准备好把目的概念（至少是就其形式方面）运用于自然后，包含着为了理性的利益而运用目的概念的法则。

但那超验的基本原则（Grundsatz），也就是把一物的形式上所表现出来的自然与我们的认识能力的主观的关系中的合目的性作为评判自然的原理的那种原则，并没有确定在什么地方以及在什么情况下我们必须把对象判断为依据合目的性原理的产物，而不是单纯凭据普遍的自然规律的产品。[1]它把确定自然产品

[1] 这一句中要注意把基本原则和原理区别开。前者康德用的是Grundsatz，后者用的是Princip，这两个词在一句中出现应是有区别的。“超验的基本原则”是指人类理性要把极其多样的自然产品组成一个统一的系统而设定的一种法则，这种法则不能由经验来提供，不能从关于自然的理论知识中获得，必须由我们的判断力预先设定。这个法则虽然与合目的性密不可分，但不是等同的，它高于合目的性，出现于合目的性之前，是理性要统一经验事物，找到贯穿于事物的多样性之间的联系线索的先天冲动，必须设定这样一种统一的系统是一个超越感性经验的原则。英译本忽视了两个词的区别，一律译成Princip（原理），在语义上成了“……原理使……合目的性……作为原理……表现出来（principle by which a finality of nature... is represented... as a principle...）”在逻辑上稍嫌悖理。此外，Princip一词在国内出版的外语工具书中其首要义项往往被定为“原则”，这与康德的用法不同。在康德时代，学术性的德语尚未充分成熟，康德所用的Princip实际上是用德文拼写的拉丁文词汇，在拉丁文中，Principium（即Princip）的义项主要是开端、起源、原理、始因、本源等，中文之所谓“原则”这层意思微乎其微。宗白华先生把Princip译为“原理”是正确的。——译注

（它的形式方面）与我们的认识能力的协调一致（这一任务）作为一个鉴赏问题交给了审美判断力（即不是通过与概念的符合，而是通过情感来判定）。与此相反，用于目的论的判断力明确地规定了一些条件，某物（例如一个有机体）就在这些条件之下按照自然的目的观念（Idee）加以判断；但它却不能从作为经验对象的自然概念里为下述权力提出任何原理，即把一种目的关系先验地赋予自然，或者甚至不确定地从实际经验出发在自然产品上预设这种关系：之所以如此的理由在于，为了有可能从单纯经验来认识某一对象上的客观合目的性，必须把大量的特殊经验搜集起来，并且在它们的原理的统一之下加以考察。——因此审美判断力是按照一种法则而不是按照概念来判断对象的特殊能力。目的论的判断力不是一种特殊能力，而只是一般的反思判断力，就像理论认识中的情形一样，它总是按照概念来活动，但涉及某一自然对象时要依据特殊原理，也就是一种单纯反思的，于对象无所规定的判断力原理来活动，因此按其应用来说它属于哲学的理论部分，同时，由于那些特殊的原理不是像在一种教义中那样必须是规定性的，因此它也构成了批判的特殊部分。与此不同，审美判断力对于其对象的认识毫无贡献，因而必须只能算作对判断主体及其认识能力的批判，因为它们可能有一先验原理，不管它们除此以外可能有什么用处（理论的或实践）。这一批判是一切哲学的初阶。[1]

九、知性的立法与理性的立法通过判断力的连接

知性先验地为作为感性对象的自然立法，以便我们可以在一可能的经验里获得关于自然的理论知识。理性先验地为作为主体中超感性事物的自由及其特有的因果性立法，以便我们可以获得一种无条件的实践性的知识。自然概念的领域

[1] 这一节的要点在于区分两种合目的性，一种是主观的合目的性，它与概念无关，是对对象形式的单纯反思，其规定根据是主体的情感；另一种是客观的合目的性，它与概念相关，得到的是关于对象的知识。前者呈现的是对象的审美表象，后者呈现的是对象的逻辑表象。同一对象就既可能产生审美表象又可能产生逻辑表象，其决定性的因素是主体的心意状态。当判断力被用于客观合目的性时，就是目的论的判断力，它也应是判断力批判和对象，尽管它比较接近于理论认识。——译注

处于一种立法之下，自由概念的领域处于另一种立法之下，二者之间完全没有可能有的互相影响（各按自己的基本规律），这是因为它们被超感性（世界）和现象（世界）之间的宽阔鸿沟阻断了。自由概念在对自然的理论认识方面不能规定任何东西；自然概念在自由的实践规律方面也同样不能有所作为；因此，在这个范围内，不可能建立起一座由这一领域通向另一领域的桥梁。——不过，虽然依据自由概念（以及自由概念所包含实践法则）的因果性的规定根据并不存在于自然之中，感性的东西也不能决定主体中超感性的东西，但反过来却是可能的［虽然不是在关于自然的认识方面，而是关涉到由前者（自由概念）而来的对后者（感性事物）的作用］，这一点已经包含在自由的因果性概念之中了，而自由的因果性作用要按自由的形式规律在世界中产生影响。“原因”一词用于超感性事物时，仅仅意味着一种根据，这种根据决定自然事物按照其特有的自然规律而发生作用的因果性，但同时也与理性规律的形式原理相和谐，这种根据当它的可能性难以窥测时，仍然可以完全清除据说它包含着矛盾的指责。[1]——按照自由概念（而产生）的结果是终极目的，它（或者它在感性世界里的现象）是应该存在的，它的可能性的条件在自然（在作为感性存在物，亦即作为人的主体的自然）

[1] 在自然的因果性与通过自由的因果性的根本区别里所能设想的各种困难之一就表现在人们对它所提出的反对意见之中，即如果我谈论自然所设置的对于按照自由规律（道德规律）的因果性的障碍，或谈论借助于自然对上述因果性的促进，那么我就是承认了前者（自然的因果性）对于后者（通过自由的因果性）的影响。但是只要人们愿意理解这种说法，这种误解就很容易防止。这种阻碍或者促进不是存在于自然和自由之间，而是存在于作为现象的自然和后者作为感性世界中现象的自由的影响之间；甚至自由的因果性（纯粹的和实践的理性的因果性）也是隶属于自由之下的自然原因的因果性（被视为为人的主体的因果性，因之也就是被视为为一种现象的主体的因果性），而且这种因果性的规定根据包含在可理解性（lntelligible）之中，这种可理解性是以一种不能进一步解释，也不能作另外解释的方式在自由之下被思考的（就像那可理解性构成了自然的超感性基体时的情况一样）。（译者按：关于自然的超感性基体须稍作解释。出现在认识中的自然是作为现象的自然，这是被感官所把握的自然，也就是感性的自然。但自然事物背后还有更基本的存在，还有不能被感官所把握的方面，那要靠理智去推论和想象，或者说用人类理性去构造，那构造物就是物自体或彼岸世界，亦即自然的超感性基体。还要注意的是，在人和外在自然中都同样存在着超感性基体。这一段康德原注中的“可理解性”的原文是das lntelligible，是形容词作名词用，实际上与“理智”同义。）——原注

中已被预先设定。它是被判断力先验地而且不顾实践地预先设定的。判断力以它自然的合目的性的概念，为我们提供了处于自然概念和自由概念之间的中介概念，这一概念使得从纯粹理论的（领域）向纯粹实践的（领域）[1]过渡以及从按照自然概念的合规律性向按照自由概念的终极目的的过渡成为可能。因为通过这一概念我们就认识了终极目的的可能性，这终极目的只有在自然之中并且依照它的规律才能实现。

知性通过其将先验规律用于自然的可能性提供了一种证据，证明自然只能作为现象被我们认识，因而同时也提示了自然的超感性基体，但却让这个基体完全是不确定的，判断力通过按照可能的特殊规律判断自然的先验原理为这种超感性基体（我们内部的以及外部的超感性基体）提供了由知性能力而来的可规定性。而理性也通过它的实践规律为那种超感性基体提供了规定性。于是判断力就使从自然概念的领域向自由概念的领域的过渡成为可能。

说到一般心灵机能，在被视为高级的，亦即包含着自律能力的范围内，在认识（对自然的理论认识）能力方面，知性就是一种含有构成性的先验原理的能力；愉快和不愉快的情感是由判断力提供的，而且不依赖那些与欲求能力的规定性有关联并从而可能直接具有实践性的概念和感觉（Empfindung）；在欲求能力方面则有理性，它不以任何一种不管来自何处的愉快为媒介而成为实践性的，并且为作为高级能力的欲求机能确定了终极目的，这种终极目的同时伴有对于客体的纯粹理智性的快乐。——判断力关于自然的合目的性的概念也属于自然概念，但只是作为认识能力的范导性原理，虽然对于某些产生概念的对象（自然的或人为的）审美判断在涉及愉快和不愉快的情感时也是一种构成性的原理。各种认识能力——它们的协调一致包含着这种愉快的根据——活动的自发性使此处所讨论的概念（指判断力的概念。——译者）成为自然概念的领域与自由概念的领域相连接的适宜的中介，而这又同时促进了心灵对道德情感的感受性。——下面的表

[1] 英译本在“纯粹理论的”之后加括号注以legistation of understanding（知性的立法），在“纯粹实践的”之后加括号注以legistation of reason（理性的立法）。——译注

可以使从系统统一的角度概览一切高级能力的活动变得简单容易。[1]

全部心灵机能	认识能力	先验原理	应用于
认识能力	知　　性	合规律性	自　然
愉快和不愉快的情感	判 断 力	合目的性	艺　术
欲求能力	理　　性	终极目的	自　由

[1] 人们认为我在纯粹哲学的划分中几乎总是使用三分法这一点颇值得怀疑。但这种做法在自然中有其原因。如果一种划分要先验地进行，那么它或者是分析的（按照矛盾律），因而也就总是二分的（Quodlibet ens est aut A aut non A，一物或者是A，或者是非A）；或者是综合的。如果在综合的情况下，分类应当由概念导出（不是像在数学里那样从与概念相应的直观里导出），那么就必须按照综合统一所不可缺少的东西，即1. 条件，2. 被条件所限定者，3. 概念，这概念是从被条件所限定者与其条件的结合中产生出来的。因而分类必然是三分的。——原注

上卷　审美判断力的批判

第一部分　审美判断力的分析

第一章　美的分析

鉴赏判断[1]的第一个要点，从质的方面来考察[2]

第1节　鉴赏判断是审美的

为了确定某物是否美，我们不是由知性把表象联系于客体以取得知识，而是由想象力（也许要与知性相结合）联系于主体及其愉快和不愉快的情感。因此，鉴赏判断不是任何一种认识判断，从而也就不是逻辑的，而是审美的，人们把这种判断理解为其规定根据只能来自主体的判断。一切表象的关

[1] 此处作为基础的鉴赏的定义是：它是判定美的能力。但为了把一对象称为美需要什么，必须分析鉴赏判断才能发现。这种判断力在反思中所要注意的各个要点，我是按照判断的逻辑功能的指示去探究的（因为在鉴赏判断中总包含着与知性的关系）。我首先考察的是质的方面，因为关于美的审美判断首先要顾及这一方面。——原注

[2] 康德给鉴赏判断规定了四个要点，之所以是四个，是因为他认为事物都有四个方面，即量、质、关系、模态，因此《纯粹理性批判》的范畴表就有四组范畴。那个批判是探究理论认识如何可能，认识对象主要是存在于时空之中的感性对象，这类事物最先呈现于感官，最先被把握的是其量的方面，所以范畴表的顺序就是量、质、关系、模态。由于鉴赏判断是情感性的反思判断，其量的方面极为特殊又极为不确定，因而就以质为先，量被排在第二位。——译注

系[1]，甚至感觉的关系，都可能是客观的（在这里这种关系就意味着一种经验表象的实体），唯独愉快和不愉快的情感方面的关系[2]不是这样，通过情感没有任何客体方面的状况被表达出来，情感只是主体被表象打动时所体验到的源于自身的东西。

用某人的认识能力去把握一座合规律也合目的的建筑（不管是在清晰的还是模糊的表象方式里），与他以喜悦的情绪去感受这一表象是完全不同的。在后一种情况下，表象完全是与主体相关，更确切地说则是与被称为愉快和不愉快的情感的主体的生命感（Lebensgefühl）相关：这种情感建立起一种非常特殊的区分能力和判断能力。这种能力对于认识无所贡献，只是使被给予的表象在主体心中与全部表象能力相对照，心灵就在其状态的感觉[3]里来感受那些表象。在一个判断里，被给予的表象可能是经验的（因而是感性的）；但如果在一判断中，所给予的表象只与客体相关，那么通过这些表象所下的那一判断就是逻辑的了。反之如果所给予的表象完全是理性的，但在一判断里只与主体（他的情感）相关，那么这种判断就永远是审美的。

[1] 表象的关系（Beziehung der Vorstellungen）不是指表象与表象之间的关系，而是指上文所说的表象与客体或主体之间的关系，如果表象与客体相关，那么这种关系就是客观的，如果只与主体（感觉、情感、精神、意识等）相关，这种关系就是主观的。——译注

[2] 情感方面的关系［die auf das Gefühl，关系代词die指上文提到的Beziehung（关系）］，是指情感与对象或主体自身的关系，具体来说，就是指情感来源于何处，它反映的是客体的性质还是主体的心意状态。——译注

[3] 心灵在其状态的感觉里（das Gemuth im Gelühl seines Zustandes）：心灵的状态是指精神和意识的活动情况，人的心意有时处于认识状态，有时处于道德状态，有时完全被情绪所控制，此处所说的就是处于愉快和不愉快的情感之下的状态。在这种状态里，心灵对于自身有一种内在的体验和感受，这时心灵就要对所获得的表象作不同于认识和伦理的特殊处理，即后文将要谈到的想象力和知性的自由游戏。——译注

第2节　决定鉴赏判断的愉快没有任何利害关系

与一对象存在的表象相结合的愉悦，我们称为利害关系。[1]因此这种利害关系总是同时与欲求机能有关，或者是作为欲求能力的规定根据，或者是作为与那种规定根据相联结的东西。但是，如果问题是某物是否美，我们就不想知道，事物的存在对于我们或任何其他人是否或能否有意义；而只想知道我们在单纯观照（直观或反思）里如何下判断。如果有人问我，我眼前所见之宫殿是否美，我就可以说：我不喜欢这一类只供人们呆看而制作的东西，或者像那位易洛魁部落（北美印第安人）的酋长那样来回答，他在巴黎没有发现比小食铺更使他喜欢的事物，此外我也可以以卢梭的气势责骂那些名公巨卿的豪华虚荣，他们竟把民脂民膏用在毫无实际用途的事物上；最后我还能够很容易地相信，如果我身处一座荒无人烟的岛屿上，毫无重回人间的希望，即使我只须一动意念就能魔法般地变出玉楼华堂，我也不会为此而操心费力，只要我有一座住起来足够舒服的茅屋就心满意足了。这一切都会被承认和称赞，但现在要谈的不是这个。人们只想知道，对象的单纯表象在我心中是否伴随着愉悦，而不管我可能对这表象之后的客体的真实存在多么漠不关心。人们很容易看出，为了断定一个对象是美的，并且证明我有鉴赏力，取决于这表象在我心里所生成的意义[2]，而不取决于使我依赖于对象之存在的因素[3]。每个人都必须承认，关

[1] 对象存在的表象：此处指的是事物的物质存在，或这种存在在主体意识中的映象。凡与对象的物质方面有关的愉快，或对象的物质方面引起的愉快，都是因为对象满足了主体的实际需要而产生的，都是对主体有利的。对象存在的表象是与对象的形式相对的，只与对象形式相关的愉悦就没有利害关系。另外，Interesse一词本义为利益，因此第2节的标题译为“决定鉴赏判断的愉悦与任何利益无关”亦可。——译注

[2] 我在自己心里由这表象生成的东西（was ich aus dieser Vorstellung in mir selbst mache），即表象在主体中的意义，实际上是主体自身素质和心意的反映，近似于马克思所说的“本质力量的对象化”，也可以说是主体赋予表象的意义，英译本就直接译成“the meaning which I can give to this representalion，——我能赋予这表象的意义”，可供参考。——译注

[3] 这半句的原文是nicht auf das, worin lch von der Existenz des Gegenstandes abhinge，确切含义是：不取决于某物或某种情况，在这一物或情况里，我要依赖于或联系于对象的存在，换言之，就是要与对象的客观性质相关，主体被客体所决定，这与审美的情形正好相反。这是康德美学思想的突出特征，要特别注意。——译注

于美的判断哪怕掺杂着一丝利害感都会是十分偏狭的，因而就不是纯粹的鉴赏判断了。要在鉴赏活动中充当法官，一个人必须对事物的存在毫无偏爱，态度漠然。

对于这个极为重要的命题，除了把鉴赏判断中纯粹无利害[1]的愉悦与那种与利害相结合的快乐对立起来以外，我们不能有更好的解释，特别是如果我们也能假定，除了现在提到的利害关系之外再没有其他种类的利害关系了。

第3节　对舒适的愉悦是与利益相结合的

感觉中使感官喜欢的就是舒适（Angenehmen）。这里立刻就出现了一个机会，让我们来批评和注意感觉（Empfindung）一词可能有的双重意义之间习以为常的混淆。所有的愉悦（人们说的或想的）本身都是（一种愉快的）感觉。因而一切使人喜欢的东西，正因为它使人喜欢，也就是舒适的［按照不同的等级或与其他舒适感觉的关系，舒适可分为优雅的（anmuthig）、令人着迷的（lieblich）、轻松愉快的（ergötzend）、令人高兴的（erfreulich），等等］。但如果承认了这一点，那么决定爱好的感官印象，决定意志的理性原理，决定判断力的单纯反思的直观形式，就其对愉快情感的影响而言，全都是同一的，因为这是一个人在其状态的感觉里的舒适，而且因为我们的能力的一切劳作最终目的都在于实践，并在实践中像在其目的中那样统一起来，我们就不能期望它们（指人的各种主体能力。——译者）对事物及其价值有不同于它们所能感到的满意中形成的那种赏评的其他评价。至于它们达到这一点的方式，归根结底是完全无关宏旨的；而且因为这里只有方法的选择能够有所区别，所以人们只能互相指责对方愚蠢和缺乏理智，却从不能指责对方卑鄙和恶毒：因为人们全都各自按照自己对事物的看法追求同一目的，这目的对每一个人都意味着前面所说的快乐满意。

如果愉快和不愉快的情感的一种规定性被称为感觉，那么这术语（感觉）

[1] 关于一个愉悦对象的判断可能完全是无利害关系的，但可能是很有趣的，这就是说，它不基于任何利害关系，却产生出一种兴趣：所有纯粹的道德判断都属于这一类。而鉴赏判断本身没有建立起任何一种利害关系。只有在社会里，具有鉴赏力才是令人感兴趣的，之所以如此的理由将在后文指明。——原注

就意味着与我称一事物的表象（通过感官，作为一种属于认识能力的感受）为感觉时有完全不同的意义。因为在后一种情况中，表象与客体相关，而在前一种情况下则只与主体相关，而且完全不是服务于认识，也不是服务于主体借以认识自身的那种东西。

但在以上的说明中，我们把感觉一词理解为一种感官的客观表象；而且为了不致陷入被误解的危险，我们想把任何时候都必定是纯粹主观的，绝对不能构成一对象的表象的感觉，用惯用的名词“情感”来称呼。草地的绿色属于客观的感觉，那是对感官对象的知觉；但对绿色所感到的愉快却属于主观的感觉，通过这种感觉没有任何对象被表现出来，也就是说，这种感觉属于情感，通过情感对象被视为愉快（不是关于对象的认识）的客体。

现在，我对于一个对象的判断——通过这判断我宣告对象是令人舒适的——表现出对象上面的一种有益于我的性质，这从以下情形中即可了然：由感觉激起对这对象的一种欲求，因而那愉快不以对它的单纯判断为前提，而是以这一对象的存在与我被它刺激时的状态的关系为前提。因此，对于舒适人们不仅要说：它使我满意，而且还要说：它使我快乐。我奉献给舒适的不是一个单纯的称颂，而是由它所引起一种偏爱；而且，在舒适十分强烈时，关于客体性质的判断就完全被排除了，以致那些总是一味追求享受（这就是人们用以表示强烈满足的那个词）的人愿意放弃一切判断。

第4节　对于善的愉悦是与利益相结合的

借助于理性通过单纯概念而令人愉快的是善的。我们称某些仅仅作为手段而令人满意的东西为对某物是好的（即有利的）；但与此不同的由于自己本身的原因就令人满意的东西，我们说它自身是好的。在二者之中总有目的概念，亦即理性对于（至少是可能的）意志的关系，因而也就包含着有关一客体存在的愉悦，或者关于一种行为的愉悦，换言之，就是包含着某种利益在内。

为了发现某物是善的（好的），我必须时刻知道这对象应该是什么样的事物，也就是说，我要有一个关于它的概念。为了发现某物的美，我不必对它有一个概念。花，自由的素描，无目的地互相缠绕在一起，被冠以卷叶饰

(laubwerks)之名的纹线等，什么意义都没有，与任何确定的概念都没有关系，却令人喜爱。对于美的愉悦必须独立于导致任何一种概念（不管是哪一种）的关于对象的反思，同时也因此与完全基于感觉的舒适区别开来。

在许多情况下舒适与善显然是同一的。因此人们经常说：一切（首先是持久的）舒适本身都是善的（好的）；这差不多就等于说：持久舒适的和善的是一回事。可是人们会立刻注意到，这纯粹是错误的词义混淆，因为相应于这些表达式的概念是决不可互换的。作为一种只是在与感官的关系中显示对象的舒适必须首先通过一目的概念被置于理性的原理之下，才能作为意志的对象而被称为善的。但当我把使我满足的东西也称为善的时候，与愉悦的关系就完全不同了，这一点可以从以下情况中看出：关于善总要问一问它是间接的善还是直接的善（是有用的还是自身本质上就是善的）。与此不同，在舒适方面根本不会有这个问题，因为这个词（舒适）总是指直接使人满足的东西（正因为如此它就与我称之为美的东西相近）。

甚至在最普通的谈话里人们也把舒适与善区别开来。对于一道由香料和其他调味品改善了口味的菜肴，人们会不假思索地说，它是令人舒适惬意的，同时也会承认，它不是善的：因为它虽然直接使感官舒适，却间接地令人不愉快，这就是说在惯于展望结果的理性看来，它是令人反感的。甚至在关于健康的评判中我们也会看到这种区别。健康使每一个拥有它的人直接感到舒适（至少是消极的亦即消除了一切肉体的病痛）。但要说健康是善的，我们还必须通过理性把它与目的联系起来，这就是说它是一种使我们对一切事业都充满热情的状态。最后，从幸福着眼，每个人都相信，生活中最大限度的舒适快乐（无论就其量还是就其持续的时间来说）就可称为真正的，甚至是最高的善。不过理性却要对此表示反对。舒适快乐是享受。但如果单纯追求享受，那么在选择获得享受的手段方面顾虑重重就是愚蠢的了，也就不必介意是被动地因大自然的慷慨大方所获得，还是主动地由我们自己的努力而达到。一个只为享受而生活的人（为此目的他忙忙碌碌），甚至在追求享受时也竭尽所能地为与他一样只顾及享受的人服务，自己成了工具——这是因为气味相投而能与他们一块享受——这样的人的存在本身也有一种价值，但对此理性却永远不认可。一个人只有全然自由地、不顾大自然消极地给予他的东西，通过不为享乐而做的事情，才能赋予他的存在——作为一个人的存在——以绝对的价值；而幸福连同其舒适快乐的餍足还远非无条件的善。[1]

尽管享乐和善之间存在着所有这些区别，在如下一点上二者却是互相一致的：它们总是与其对象上面所有的某种利益相结合，如第三节所述，不仅仅是舒适和那作为任何一种享受手段而令人满意的间接的善（有利的），而且还有那绝对的——不管从哪个角度看——的善，也就是本身带有最高利益的道德的善也是这样。因为善是意志的客体（也就是由理性所规定的欲求能力的客体）。想望某物与对它的存在感到愉悦，也就是可从其存在中获得一种利益，这是一回事。

第5节　三种不同性质的愉快之比较

舒适和善两者与欲求能力都有关系，而且前者伴随着受病理学限制（通过刺激，stimulos）的愉快，后者则伴随着纯粹的实践性的愉快，这种愉快不仅被对象的表象所决定，而且还被主体与对象的实存之间的想象的结合[2]所决定。不仅是对象，而且对象的存在也使人满意[3]。与此相反，鉴赏判断却是单纯静观的，就是说，它是这样一种判断，这种判断对于对象的存在漠然视之，只管把对象的性质与愉快和不愉快的情感联系在一起。这种静观本身也不指向概念，因为鉴赏判断不是认识判断（既不是理论上的，也不是实践上的），因而也就不是建立在概念之上，也不以达到概念为目的。

因此，舒适、美、善表述了表象与愉快和不愉快的情感之间三种不同的关

---

[1] 一种对于享乐的义务显然是无稽之谈。同理，为全部目的仅仅在于享乐的行为规定义务也必定是无稽之谈：不管人们如何愿意把这类行为设想为赋有精神（即有精神价值。——译者）的，或者是一种神秘的，所谓天上的享乐。——原注

[2] 表象性的结合（vorgestellte Verknupfung），当人与客体发生对象性关系的时候，人要以自己各种机能去把握它，在头脑中形成客体的表象，这时主体与客体之间就是一种表象性的结合。在这类结合中，主体可能产生情感反应，或愉快，或不愉快，而且愉快或不愉快因表象性结合的方式不同而有所差别，例如，有感性的愉快，知性的愉快，理性的愉快，鉴赏的愉快等。——译注

[3] 这一句中对象（Gegenstand）和对象的存在（Existenz des Gegenstande）是不同的，对象是指事物的现象，亦即反映在人的意识中的映象，是意识性的存在；对象的存在指的是客体的物质方面，这种区分在康德哲学中是很重要的。——译注

系，根据这些关系我们把各种对象或表象方式彼此区分开来。这样我们用来指称各种愉快的术语也就各不相同。舒适是指使一个人快乐的东西，美是指单纯使人愉快的东西，善是指为人所珍视和赞赏的（approved）东西，这就是说，他在其中确立了一种客观的价值。舒适也适用于无理性的野兽；美只对人，也就是对虽为动物却是理性的存在物，但又不是仅有理性的存在物（例如，神灵就是这样的存在物），而是同时作为动物性的存在物[1]才有效；而善适用于每一个理性的存在物；这一命题在下文里才能得到辩护和说明。我们可以说：在所有这三种愉快之中，唯有对美的鉴赏的愉快是一种无利害关系的自由的愉快；因为没有一种利害关系，无论是感性的还是理性的，能强迫别人赞同。因此，对于愉快人们可以说：在上述三种情况里，愉快是分别与偏爱，或者赞赏，或者敬重相联系的。赞赏是唯一自由的愉快。一个偏爱的对象和一个由理性规律驱动我们去追求的对象，都不能给我们以从中创造出一种愉快的对象的自由。一切利害都以需要为前提，或者产生一种需要；因而作为赞同的规定根据，它们不允许我们对于对象做出自由的判断。

至于舒适方面的偏爱的利害关系，每个人都说：饥饿是最好的调味品；对于具有健康食欲的人一切可吃的东西都有味道；因而这样的一种愉快不能证明其选择是依据鉴赏力。只有在需要得到满足之后，人们才能确定众人之中谁有鉴赏力，谁没有鉴赏力。同样，也存在着没有道德的礼貌，缺乏善意的谦恭，失去真诚的儒雅派头等。因为在道德规则行使权力的地方，对于应该做什么客观上没有选择的余地；在一个人执行道德规则的方式中来展示他的鉴赏力与表现他的道德情操是完全不同的。因为道德情操里包含着一种律令，并产生出一种需要，而道德的鉴赏却只是与愉快的对象游戏，并不依附于一个对象。

从第一个要点里总结出的对美的说明

鉴赏力是依据完全无利害关系的愉快或不愉快对一对象或一种表象方式的判断能力。这样一种愉快的对象就称为美的。

---

[1] 此处是说人既是动物又有理性，这与动物和神灵不同，前者是没有理性的感性存在，只知道何为舒适，后者是没有感性的纯粹精神性的存在，只知何为善而不知何为舒适。——译注

鉴赏判断的第二个要点，从量的方面来考察

第6节　美是不依赖概念而被设想为一个普遍愉快的对象的东西

这一关于美的说明可以从前一个对美的说明——美作为（als）完全无利害关系的愉快的对象——推导出来。因为当一个人意识到他在对象上所感到的愉快对于他本身没有任何利害关系时，他就只能判定这一对象包含着使每一个人都愉快的根据。因为这里的愉快不是基于主体的任何一种偏爱（也不基于任何其他精打细算的利害关系），判断者在他由对象所引起的愉快方面感到自己完全是自由的：他找不到作为愉快根据的任何一种只与他的主体性相关的个人条件，因此就必须认为这愉快的根据存在于他所设想的其他每一个人都具有的素质之中。这样他就必然相信，他有理由要求每一个人都会有相似的愉快。因之他会这样来谈论美，好像美是对象的一种性质，好像对美的判断是逻辑判断（通过对象的概念获得有关对象的知识），尽管那只是审美的，而且只含有对象的表象与主体的关系：正因为它与逻辑判断有相似之处，人们才能设定审美判断对每个人都有效。但这种普遍性又不能来源于概念。因为从概念到愉快和不愉快的情感没有通路（纯粹实践规律中的情形是个例外，但实践规律本身带有一种利害关系，而纯粹鉴赏判断并不与利害发生关系）。结果是鉴赏判断因意识到自身与任何利害都没有关系，便必然只要求对每个人都有效，但不对客体提出普遍性的要求，这就是说，与此相关的只是一种主观的普遍性的要求。

第7节　美、舒适和善按照上述特征的比较

在舒适方面每个人都承认，他的判断——这种判断基于个人的感觉，并且表明某一对象使他满意——仅对他个人有效。因此如果他说：加那利（群岛）葡萄酒是舒适可口的，而另外一个人出来改正他的表述，并提醒他应该说：它对我是舒适可口的，他对此是会感到满意的。并且不仅在舌、腭和喉的品味中，就是每个人的耳朵和眼睛所感到的舒适也是这样。紫色对于某一个人来说是柔和可爱的，对于另一个人则是阴郁死板的。一个人喜爱管乐器的声音，另一个人喜爱弦乐器的声音。在这方面进行争论，当别人的判断与我们自己的判断不同时就指责别人的判断不正确，好像这两种判断之间的对立是逻辑性的，这种做

法是愚蠢的；就舒适而言，如下原则是适用的：每个人都有他自己的口味（感官的）。

关于美，那完全是另一回事了。与上述情形相反，如果有人自夸他的鉴赏力，想以如下的说法替自己辩解：这个对象（我们所看到的这座建筑物，那个人穿的衣裳，我们正在听的乐曲，正待品评的诗作）对我是美的，那就显得可笑了。因为如果一对象仅仅使他一个人满意，他就绝不能称它为美的。有许多事物可能对他具有魅力，使他舒适快乐，对此没有人出来干预，但如果他尊奉某物为美，他就要期望别人也有同样的愉快：他不单是为自己，也是为所有人下了一个判断，这时他谈到美时就好像它是对象的一种性质。他因此会说：这事物是美的。而且说出这一判断时，他似乎并不是因为曾多次发现在关于愉快的判断中别人与他的意见一致就依赖这种一致性，而是向别人要求这种一致性。如果别人做出另一种判断，他就会责备他们，而且会蔑视他们的鉴赏力，还会要求他们应该有与他相同的鉴赏力；在这方面我们不能说：每个人都有其特殊的鉴赏力。这种说法无异于说：根本就没有什么鉴赏力，也就是说，没有什么有权要求每一个人都赞同的审美判断。

即使在舒适快乐方面我们也能发现，在众人对它（舒适快乐）的判断中也有一致性，由于这种一致性，人们就贬低一些人的鉴赏力，承认另一些人有鉴赏力，并且不是在感官的意义上，而是在一般舒适快乐方面的判断能力的意义上来说的。所以对于每一个懂得用舒适快乐的东西（由一切官能来享受的东西）来招待客人，以使大家全都高兴的人，人们就说：他有鉴赏力。但这里的普遍性是就比较而言的普遍性；这里只存在着一般的（general，经验性的东西全都是这样）而非普遍的（universale）规则，而后一种规则正是关于美的鉴赏判断所采用的，也是它所要求的。如果一个判断基于经验规则，那它就是一个社会性关系中（in Bezieung auf die Geselligkeit）的判断。在善的方面，诸多判断虽然也有理由提出对每个人有效的要求，但善只是通过一个概念被表现为普遍愉快的对象，反之，无论是舒适快乐还是美的情况都不是这样。

第8节　在鉴赏判断中愉快的普遍性只表现为主观的

在鉴赏判断中所遇到的审美判断的普遍性这种特殊的规定性，是一种很值得注意的现象，虽然这不是对逻辑学家，而是对先验哲学家而言，为了发现这一规定性的根源，先验哲学家要付出不少辛劳，但这也揭示了我们认识能力的一个特性，不经详尽剖析，这一特性就仍将是个未知数。

首先，人们必须确信：人们通过（对美的）鉴赏判断把一对象所引起的愉快推广于每一个人，而又不是以概念为基础（因为如基于概念那就是善了）；对于我们描述某物为美的判断来说，这种关于普遍性的要求是如此具有本质意义，以至于不考虑这一点，就没有人会想到使用美这一术语，而一切无概念地使人满意的东西，都将属于舒适快乐，在这方面每个人都有他自己的想法，并且没有一个人要求别人赞同他的鉴赏（口味）判断，而在对于美的鉴赏判断中，却总是期望别人赞同。我可以把第一种（关于舒适快乐的判断）称为感官鉴赏，把第二种（关于美的判断）称为反思的鉴赏，因为前一种只是个人的判断，后一种则是所谓普遍有效的（公共的）判断，而两者都是在表象与愉快和不愉快的情感的关系的范围内对一对象的感性鉴赏的[1]（不是实践性）判断。令人惊异的是：关于感官的鉴赏不仅经验表明它的判断（对某物的愉快或不愉快的判断）不是普遍有效的，而且每个人都自觉地不要求别人赞同（虽然在这种判断里实际上经常发现相当广泛的一致性），而反思的鉴赏，如同经验所展示的那样，也常常尽力容忍它（关于美）的判断对每个人都普遍有效的要求被拒绝，但它会发现，（像它实际所做的那样）提出一种可以要求普遍赞同的判断是可能的，实际上每个鉴赏判断都要求所有人的普遍赞同，而下判断者并不因为这种要求的可能性而争论，只是在特殊情况下不能就这种能力（反思鉴赏力）的正确运用取得一致意见。

这里首先要注意的是：一种不基于客体概念（即或只是一些经验概念）的普遍性完全不是逻辑性的，而是审美的（感性的，鉴赏的。——译者），这就是说，它不含有判断的客观的量，而只有一种主观的量，对于这种主观的量，我用普遍有效性（Gemeingultigkeit）这个术语来表达，这个术语表示的不是一个表象与认识能力的关系方面的有效性，而是表象对每个主体的愉快和不愉快的情感的

[1] 感性鉴赏的，原文是ästhetische，就是鲍姆加登之前用来表述“感性的”，在鲍姆加登之后用来表述“审美的”那个词，此处康德不是用其“审美的”那层意思，而是用其原义，即感性的，但也包括审美的意思在内，因此译为“感性鉴赏的”。——译注

关系上的有效性。（人们也可以用同一个术语来表示判断的逻辑的量，只要另外指出这是客观的普遍有效性，以便把它与仅仅是主观的而且总是审美的普遍有效性区别开来。）

同时一个客观的普遍有效的判断也总是具有主观的普遍有效性，这就是说，如果这判断是对一切包含在一给定概念之下的事物都有效，那么它也就对每一个用这概念来表示一个对象的人有效。但从一种主观的普遍有效性，亦即不以任何概念为基础的审美的普遍有效性，是不能推导出逻辑的普遍有效性的，因为前一种判断（审美判断）完全不是指向客体的。正因为如此，被赋予一个判断的审美的普遍性必然是一种特殊的普遍性，因为这种普遍性不是把美这个谓词同对象的概念在其全部逻辑范围内相联结，但却仍然扩展到全部判断主体。[1]

就逻辑的量而言，一切鉴赏判断都是单称判断。因为我必须把对象直接与我的愉快和不愉快的情感相联结，而且还不是通过概念，因此这样的判断不可能具有客观的普遍有效的判断所具有的那种量；虽然当鉴赏判断的客体的单个表象，按照规定鉴赏判断的条件，通过比较而转化为一个概念，也可能由此而成为一个逻辑上普遍的判断，例如，我正在观看的玫瑰，我通过鉴赏判断宣称它为美的。与此相反，通过比较许多单个的玫瑰而产生的如下判断：玫瑰（这里用的是复数，指全部玫瑰。——译者）一般是美的，所表述的就不再是单纯的审美判断，而是一个基于审美判断的逻辑判断。而如下这种判断：玫瑰（在嗅觉上闻起来）是令人舒适的，虽然也是一种感性的和单称判断，但却不是鉴赏判断，而是一种官能的判断。这种判断不同于前一种判断，因为鉴赏判断具有一种普遍性的审美的量，就是说这种判断对每个人都有效，而这一点在关于舒适的判断里却见不到。只有关于善的判断，虽然也规定了某一对象是令人愉快的，却具有逻辑的

---

[1] 这一段中的“全部逻辑范围”是指一个概念的全部外延，亦即那概念所包含的全体对象。审美判断中，美这个谓词不是与属于某一概念的全体对象相联结，而只能与个别对象相关，换言之，审美判断只能是单称判断，而不能是全称判断。例如，P为一概念，X_1、X_2……X_n为其全部外延，我们只能说X_1是美的，X_2是美的，不能说X_1至X_n都是美的，那样说就不是审美判断而是逻辑判断了。但在主体方面，一个审美判断却要涵盖全体判断者，这就是主观的普遍有效性，这也是康德美学思想的重要特点，应予注意。——译注

而不仅是审美的普遍性；因为善是与客体相关的，是对客体的认识，并且因此对所有的人都有效。

如果我们只按概念来判断客体，那么一切美的表象就都消失了。因此就不可能存在一种每个人都要被迫承认某物是美的的规则。一件衣服，一栋房子，一枝花是否美，人们不可能根据任何一种理由或原理来下判断。我们只想用自己的眼睛去观察对象，就好像我们的愉快依赖于感觉；但如果我们把对象称为美的，我们就会相信我们是在以一个共同的声音在说话，并提出每个人都赞同的要求，与此相反，每一主体个人的感觉只能由观察者本人及其愉快来决定。

由此可以看出，在鉴赏判断里，在涉及不依赖概念的愉快时，只能设定这样一种共同的声音，因而也就设定了一种同时被视为对每个人都有效的审美判断的可能性。鉴赏判断本身并没有设定每个人都赞同（只有逻辑性的普遍判断才能做到这一点，因为它能提出理由来）；它只能期望每个人的赞同，就像那种不是由概念，而是由他人的同意来证实的规则的情形那样。因此，共同的声音只是一种观念（这种观念以什么为基础，暂时不加研究）。一个相信自己做出鉴赏判断的人，实际上是否按这种观念来下判断，是无法确定的；但他把判断与那观念联系起来，而且那判断应是一个鉴赏判断，这两点却因使用美这一术语显示出来了。对于他自己，他可以通过把一切属于舒适和善的东西从他所感受到的其他愉快分离出来的单纯意识[1]而肯定这一点（按观念来下判断）；他指望每个人的赞同，这就是一切；在这种条件下，他有权提出这种要求，只要他不经常违反这些条件做出一个错误的鉴赏判断。

第9节　研究如下问题：在鉴赏判断中，愉快的情感是出现在关于对象的判断之前还是之后

这一问题的解决是鉴赏力之批判的关键，因而值得十分注意。如果对一给定对象的愉快先行出现，却还要承认对一对象的表象的鉴赏判断中愉快的普遍可传达性，这样的程序就自相矛盾了。因为这样一来那愉快就只能是感官感觉

[1] 这是说人在意识之中把审美愉快与舒适和善的愉快分离开来，也就是说，一个人在意识中把单纯感官的愉快和道德的愉快消除掉，剩下来的就是审美愉快。——译注

（Sinnenempfindung）中的单纯的舒适快乐，因此按其本性来说只能具有个体的有效性，因为这种愉快直接依赖对象的表象，对象正是通过这一表象才被给予的。

因此在一给定的表象之中有一种心意状态的普遍可传达性，作为鉴赏判断的主观条件，这种普遍可传达性必然是鉴赏判断的基础，而对一对象的愉快则是其必然的结果。除了知识和属于知识的表象之外，不可能有什么可被普遍传达的东西。因为只有在认识的范围内，表象才是客观的，并且因此才有一个普遍的联结点，由于这个联结点，所有人的表象能力才必然会彼此协调一致。现在如果关于表象的这种普遍可传达性的判断的规定根据只应被设想为主观的，亦即没有关于对象的概念，那么它（普遍可传达性的判断的规定根据）只能是心意状态，在表象能力可把一给定表象联结于一般认识的范围内，这种心意状态可在各种表象能力互相之间的关系[1]里见到。

被给定的表象置于活动中的认识能力在这里就进入一种自由游戏状态，因为没有规定性的概念把它们限制在特殊的认识规则之中。因此这一表象中的心意状态必定是在一个指向一般认识的表象上面的表象能力[2]的自由游戏的一种情感。这样，一个对象由以被给予的表象为了能够成为一般认识的源泉，就须含有想象力，以便把直观的杂多（杂多的感性材料。——译者）收集在一起，还须含有知性，这是为了概念的统一，而概念又可把表象统一起来。伴随着一表象——通过这表象一对象被给予——的认识能力的自由游戏状态必须可以普遍传达：因为知识作为客体的规定——这规定必须与诸多被给定的表象（不论在哪一个主体之中）协调一致——是唯一对所有人都有效的表象方式

[1] 表象能力之间的关系：在康德哲学中感性、知性、理性、想象力都是表象的能力，所谓表象能力就是运用感官所获得的感觉材料构造表象的能力。各种表象能力之间会发生认识的、伦理的、审美的等关系，这些关系决定了主体的不同的心意状态，审美的心意状态是想象力和知性的自由游戏，其中没有任何概念在起作用。——译注

[2] 给定表象上面的表象能力（Vorstellungskraft an einer gegebenen Vorstenllung），即某一表象所反映出来的表象能力，亦即参与构造特定表象的主体能力。不同性质的表象会有不同的主体能力参与，主体处理表象的方式也有所不同，因而反过来就可以从不同性质的表象上看出背后的主体能力。——译注

（Vorstellungsart）。

在一鉴赏判断中的表象方式的主观的普遍可传达性，因为它不以规定性的概念为前提也可能存在，就只能是想象力和知性（就这两种能力想要达到一种一般认识那样互相协调而言）的自由游戏中的心意状态，因为我们意识到，这种适合于一般认识的主观关系必须是对每个人同样有效，并且因而能普遍传达，就好像它是一种规定性的知识，这种知识总是以那种作为主观条件的关系为基础。

这种对于对象或者对象由以被给予的表象的单纯主观的（审美的）判断就先于对于对象的愉快而出现了，而且这判断正是认识能力的和谐所引起的愉快的基础；另一方面，愉快的主观的普遍有效性就建立在上述对于对象的判断的主观条件的普遍性之上，而我们把这愉快同我们称之为美的对象的表象联系在一起。

一个人的心意状态——即使只与认识能力相关——能够传达出来，这本身就带有一种愉快，这一点我们可以很容易地从人类爱交际（经验方面和心理方面的）的天然倾向得到解释。但这对我们的目的来说是不够的。我们在鉴赏判断中所感到的愉快必然要期望于其他每一个人（也有这种愉快），就好像当我们称某物为美的时，美就被视为由概念所规定的对象本身的一种性质；虽然美若是没有对于主体情感的关系就什么也不是。但对这一问题的讨论我们必须留待如下问题解决之后，这一问题是：先验的审美判断是否可能以及如何可能。

现在我们要着手研究较为次要的问题：在鉴赏判断中，我们是怎样意识到各种认识能力彼此之间的一种主观的协调一致的，是感性地[1]通过单纯的内在感官和感觉而得知，还是理智地通过我们有目的地把认识能力带入游戏的那种活动的意识而得知？

如果引起鉴赏判断的某一表象是那样一种概念，这种概念在对一个对象的判断中把知性和想象力联系起来以求得有关客体的知识，那么对这种关系的意识

[1] 感性地：原文是ästhetische，也有“审美的”之义，但此处是与下面的“理智地”（intellectnell）相对，不能解释为“审美的”。——译注

就是理智性的（就像在批判[1]中所论述的判断力的客观图式论中的情形一样）。这样一来那判断就不再与愉快和不愉快相关，因而也就不是鉴赏判断了。但现在，与愉快和美这个谓词相关的鉴赏判断不借助于概念来规定对象，因而那种种关系（指知性和想象力的关系。——译者）的主观统一只能通过感觉而被知觉。两种能力（想象力和知性）趋向于不确定的活动，也就是趋向于因给定表象的作用而互相协调的活动的那种兴奋，亦即那种附属于一般认识的东西，就是感觉，而感觉的普遍可传达性正是鉴赏判断所设定的。一种客观的关系虽然只能被设想，但如果按其条件来说这种关系是主观的，它就还能在对情绪的影响中被感觉到：在不以概念为基础的关系（如表象方式对于一般认识能力的那种关系）里，除了由这种关系对心意的影响——这种影响产生于两种被互相之间的协调一致激活了的心灵能力（想象力和知性）的轻松游戏之中的感觉而来的意识（知觉、感受。——译者）之外，不可能有其他对于关系的意识。一个表象，它作为单独的并且不与其他表象比较就与普遍性的条件——这普遍性的条件构成了知性的一般事业——相一致的表象，就是一个把认识能力带入比例匀称的协调之中的表象，这种协调是我们的一切认识所要求的，并且因此而对每一个把知性和感性结合起来去判断的人（也就是对所有的人）有效。[2]

[1] 批判：这里原文只有kritik一词，没有限定是哪一批判，从上文正说到关于客体的认识这一点看，大概指的是《纯粹理性批判》。——译注

[2] 这一长句的主要意思是：表象有多种多样，如认识的、伦理的等，在认识活动中，我们的认识能力会把某一给定的表象与其他表象相比较，看它具有何种性质，属于哪一个概念。从事这一工作的是主体能力中最有活力的想象力，它确定了表象的性质及其从属的概念之后，就把它置于那概念之下而形成认识。认识活动中必须有几种认识能力（感性、知性、想象力）参与，表象必须在概念的制约下与几种认识能力协调一致，否则即不能形成知识。但如果有一表象，它独立存在，想象力并不把它与任何其他表象相比较，也不顾它属于哪一概念，但它却在无概念制约的情况下与认识能力相协调，或者说是促使认识能力进入融洽和谐（比例匀称）的活动之中，这显然就是一个不同于认识的特殊表象，即审美表象，主体能力的这种活动就是鉴赏活动，而表象与认识能力的协调一致就是鉴赏判断，由这种判断而产生愉快，这就回归了判断在先愉快在后那个基本观点。后半句是再强调一下鉴赏判断的普遍有效性的根源：知性的职能是提供普遍性的认识条件，有它参与，其结果就必然带有某种普遍性——不同于认识的主观的普遍性。——译注

从第二个要点中总结出来对美的说明

不凭借概念普遍令人愉快的东西是美的。

（也可译为：美的东西是不凭借概念而普遍令人愉快的。）[1]

鉴赏判断的第三要点，按照在其中观察到的目的关系来考察

第10节　论一般合目的性

如果我们愿意按其先验规定性（不以经验以及愉快的情感为前提）来解释何为目的，那就可以说，如果概念被看作对象的原因（它的可能性的现实基础），目的就是一个概念的对象；一个概念的因果性在其客体方面就是合目的性（forma finalis——合目的的形式）。因此，不仅是对一个对象的认识，而且对象本身（对象的形式或者对象的存在）作为一种结果，只有通过它的一个概念才被设想为可能的时候，人们便是在思考一种目的。结果的表象在这里是其原因的规

[1] 这里有必要对这个“说明”的译文作些解释。这一句的原文是：Schön ist das, was ohne Begriff allgemein gefällt。句子开头的schön（美的）是形容词，未加定冠词das，不能译作名词“美”。Schön作名词用时必须加冠词，如像“从第二个要点中总结出来的对美的说明”那一句中，“美”就是用das Schön（第二格为des Schönen）来表达的。当需要表达抽象的美的概念时，除了das Schön之外，康德还用名词Schönheit（这个词有名词性的词尾，不加冠词亦可），在关于美的第三个说明里用的就是这个词。这种区别不是无足轻重的。schön不同于Schönheit，康德用它们表达不同的意思。他用schön表达“某物是美的”，用Schönheit表达“美是……”。如果把第二个说明（及第四个说明）译成“美是不凭借概念而普遍使人愉快的东西（原文中的was）”那不仅与原文有距离，而且不符合康德的美学观念。在康德看来，美决不会是一个“东西”或“对象”（第四个说明中的Gegenstand），甚至也不是对于对象的认识，而只是对象形式与主体认识机能（知性和想象力）的协调。俄译本对这个“说明”的表述比较清楚：Прекрасно то, что всем нравится без [посредства] понятия，与原文完全吻合。句首与德文schön相对应的是短尾形容прекрасно，而俄语的短尾形容词是不能当名词用的。俄译本与原文一样，逐词直译出来就是：美的是那样的东西，那种东西使所有的人都愉快，却没有（不借助于）概念。译者认为，俄译者的理解和处置是正确的。对这个“说明”的广泛的误解可能是英译本造成的，Meredith英译本把这一句译为：The beautiful is that which, apart from a concept, pleases universally，凭空在beautiful前面加了一个定冠词，意思就成了“美是……”，这不符合康德本意。关于这四个“说明”的译法事关重大，必须充分注意。——译注

定根据，并在原因之前出现。[1]与主体状态相关的，对一个表象的因果性的意识（Bewußtsein der Causalität einer vorstellung），作为趋向于使主体保持那种状态的意识，在这里可以一般地表述人们称之为愉快的东西；与此相反，不愉快则是那样一种表象，这种表象包含着使表象状态[2]转变到与自己相反的方面去的根据（或者是阻碍这种状态，或者是消除这种状态）。

欲求能力，就其只能通过概念——亦即只能按照一目的表象来活动——来规定而言，就是意志。一个对象，一种心意状态，或者一种行为，虽然它们的可能性并不必须以一个目的的表象为前提，但仅仅因为在我们假定有一种依据目的的原因，亦即一种按一定规则如此安排的意志，作为它们的根据时，它们的可能性才能够被我们理解和解释，也可称为合目的性的。因此如果我们不把某一形式的原因置于一种意志之中，而只是从一种意志中引导出对它的可能性的解释，以使这种解释对于我们成为可理解的，这时，合目的性就可能是没有目的的。另外，对于我们所观察之物，我们并不总是必须通过理性（按其可能性）去探究。因此我们至少可以观察到形式的合目的性，并把它追溯到对象上去，而不以一种目的

[1] 这里是解释和规定何为目的。康德对目的的规定与一般的神学目的论、有机目的论大不相同，他提出的是一种先验的概念目的论。他把目的论与因果性联系起来，在因和果之中，果是目的。一物（现象，不是物自体）的表象由感官所摄取的感性材料所构成，至于它应该是什么，那要由概念来规定，没有概念，呈现于意识中的感性表象就不能被判定为某种东西，就不能作为具有明确规定性的事物而存在，就失去了成为某物的可能性，所以说概念是对象的原因，对象是概念的结果，也就是目的。但就呈现于意识中的次序而言，原因并不一定在前，结果也不一定在后，人们一般是先看到作为结果的对象，但知道它背后有一个概念，这概念规定了它是什么。"结果的表象"就是对象的表象，它先于原因（概念）而出现，人们是根据表象来反思其概念的，所以说"结果的表象是原因的规定根据"。再进一步说，"概念被看作对象的原因"，概念是对象的"可能性的现实基础"这类提法还含有对象的构造形态（主要是有机体）要由其概念来决定的意思，没有如此这般的概念，就不会有如此这般的构造形态。例如，鸟的翅膀的概念是"鸟类的飞行器官"，这就决定了鸟翅是扇形的，而且伸展自如，且配有发达的有耐力的肌肉。鸟的翅膀生成这个样子，就符合概念，也就符合目的。实际情况当然不是鸟一面思考翅膀的概念，一面生长翅膀，概念是人类总结抽象出来的，是人类对鸟类翅膀反思的结果，只有反思判断力才需要目的与合目的性概念。这是康德目的论的要点，要充分注意。——译注

[2] 表象状态（Zustand der Vorstellung）：主体构造表象时的心意状况，与表象伴生的感觉和情绪。——译注

[作为目的关系——nexus finalis（合目的的联结）——的质料]为其基础，只是通过反思来觉察。

第11节　鉴赏判断只以一个对象（或对象的表象方式）的合目的性的形式为根据

一切目的，如果被看作满意快乐（Wohlgefallen）的根据的话，便总是带有一种利害关系，这种利害关系即是对愉快对象的判断的规定根据。因此鉴赏判断不能以主观的目的为根据。但也没有一个客观目的的表象，亦即对象本身按目的关系的可能性，能够规定鉴赏判断，因之也就没有善的概念能够决定鉴赏判断：就因为那是鉴赏判断而非认识判断，鉴赏判断不涉及对象的概念以及对象由这一原因或那一原因所造成的内在的或外在的可能性，而是在诸表象能力被一个表象所规定时，表象能力互相之间的关系。

现在，一物作为美的对象的规定性中的这种关系，是与愉快的情感相结合的，同时这种愉快的情感通过鉴赏判断而声称对每个人都有效；因之伴随着表象的舒适快乐与对象的完善表象和善的概念一样，都不可能包含着鉴赏判断的规定根据。因此，只有一对象的没有任何（无论是客观的还是主观的）目的的表象中的主观合目的性，也就是一对象由以被给予的表象中合目的性的单纯形式能够产生那种我们无概念地判定为可普遍传达的愉快，构成了鉴赏判断的规定根据。

第12节　鉴赏判断基于先验的根据

先验地确定作为结果的愉快和不愉快的情感与作为其原因的任何一种表象（感觉或概念）的互相联系是根本不可能的；因为这是一种因果关系，这种关系（在经验对象之间）永远只能是后验性的（a posteriori），也只能通过经验本身才能被认知。我们确实曾在实践理性批判中，从普遍的道德概念里先验地引申出敬重的情感（作为既不和我们从经验对象得来的愉快相一致，也不和同样来源的不愉快相一致的情感的一个个别的独特的形态），但在那里我们也能够越过经验的界限，并引入一种基于主体超感性本质的因果性，也就是自由的因果性。但即使在那里我们实际上也并不是从作为原因的道德观念里引出这种情感，而只是从其中引导出意志的规定性。不过，一种不管怎样被规定的意志的心意状态本身就已经是一种愉快的情感，并与意志同一，因而心意状态不是作为结果从意志中引导出来的；这样一种结果，只有在作为善的道德概念先于由规律而来的意志而出现时，方才必须被设定；因为在那种情况下，要想从作为一种单纯认识的概念里引导出与概念相联系的愉快，将是徒劳无益的。

鉴赏判断中的愉快也处于类似的情况：只是在这里它是纯粹静观的，对于客体没有任何利害感，反之在道德判断里愉快却是实践性的。在一个对象由以被给予的表象所引起的主体认识能力的游戏中，那种单纯形式的合目的性的意识就是愉快本身，因为它包含着在主体的认识能力活跃兴奋之时主体活动的规定根据，也就是与一般认识有关但不限于某种确定的认识的内在因果性（即合目的性），因而就是鉴赏判断中一个表象的主观合目的性的单纯形式。这样的愉快又决非实践的，既不像由舒适快乐的病理原因（pathologischen Grund，指单纯官能性的原因。——译者）而来的愉快，也不像由被表现出来的善的理智原因而来的愉快。但它本身也有其因果性，也就是保持表象本身的状态以及诸认识能力的无其他目的的活动。我们在观照美时流连忘返，因为这种观照会加强和再造自身：这种情况与“对象的表象的魅力不断地唤起我们的注意，而我们的心意又是被动的”那种情况相类似（仅仅是相类似而已）。

第13节　纯粹鉴赏判断与刺激和感动无关

任何利害关系都会败坏鉴赏判断，并会剥夺其纯洁性，特别是当它不是像理性的利害关系那样使合目的性成为愉快情感的先导，而是把合目的性建立在愉快的情感之上时。在某物使我们快乐或使我们痛苦时，我们对这一对象的鉴赏判断中总是出现这种情况。因此这样刺激起来的判断或者根本不可能要求普遍有效的愉快，或者只能要求与上述那种感觉在鉴赏的规定根据里所占的分量成反比的普遍有效性。如果鉴赏为了获得愉快而要求掺进刺激和感动的因素，甚至把这类因素当作赞同它的尺度，那么这样的鉴赏就永远是粗野的。

然而刺激不仅常常作为加强审美的普遍愉快的因素而被算在美（美本来只应与形式相关）之内，而且它们还会被认作固有的美，也就是（引起）愉快的质料被误认作形式。这是一种误解，它像其他误解一样，也往往有某种真实的因素为根据，要经过对这些概念（指刺激、美、普遍的愉快等。——译者）的详细规定才能被消除。

一种不受刺激和感动的影响（虽然这两种因素也可能和美的愉快联系起来），只以形式的合目的性为规定根据的鉴赏判断，是纯粹的鉴赏判断。

第14节　通过举例来说明

感性判断同理论（逻辑的）判断一样也可分为经验的和纯粹的两种。前一种表述的是舒适快乐或不舒适快乐，后一种表述的是一个对象或对一个对象的表象方式的美，前者是感官判断（物质性的直感判断），后者（作为形式判断）才是本来意义上的鉴赏判断。

因此，一个鉴赏判断只有在其规定根据里没有任何经验性的愉快混杂在内时，才是纯粹的。在判断某物为美时，如果刺激或感动成为判断的因素，混杂的情况就总要发生。

这里又有某些反对意见被提出来，这些意见谎称刺激不仅是美的必要成分，甚至本身就足以担当美之名。一种单纯的颜色，例如草地的绿色，一种单纯的乐音（与声响和噪音不同），例如一把小提琴的声音，被大多数人认为本身就是美的；尽管两者显然只是以表象的质料，也就是单纯的感觉为基础，因而只配称为舒适。但人们同时会发现，颜色的感觉与声音的感觉一样只能在两者都是纯粹的情况下，才有理由被认为是美的，这是一种已经涉及形式的规定，并且是这一类表象中唯一肯定可以普遍传达的。因为不能设想，感觉本身的质（个人的实际感受。——译者）在所有主体中都是一致的，也很难认为，我们自己断定一种颜色或一种乐器的声音所引起的舒适胜过另一种颜色或声音时，其他所有人的判断中也会有同样的偏爱。

如果我们同意欧拉[1]的意见，认为颜色是以太互相接续的等时振荡，就像声音是空气的振动一样，而且更重要的是，心意不仅通过感觉对感官的兴奋活跃发生影响，而且还通过反思觉察到印象（Eindrucke，指感官所获得的声、色

[1] 欧拉（Leonhard Euler, 1707—1783），瑞士数学家和物理学家，曾任设在彼得堡的俄罗斯科学院教授和院士，他反对莱布尼茨的时空观，极力为空间的实在性辩护。——译注

等感觉材料。——译者）的有规律的活动（因而就是不同表象的结合之中的形式）——对此我毫不怀疑，如此，则颜色和乐音就不仅是感觉，而且还是感觉的多样性统一的形式的规定性，于是它们自身就可以被算在美之内了。[1]

但一种单纯感觉方式的纯粹性意味着感觉方式的一式性（Gleichformigkeit）不被任何不同种类的感觉所干扰和打断，而且仅仅属于形式：因为在这里人们可以抽掉（即不考虑。——译者）那种感觉方式的质（不管那种感觉方式是否表现出颜色和声音以及表现出何种颜色和声音）。因此，一切单纯的颜色如果是纯粹的，就可被视为美；而混杂的颜色就没有这种优点：这正是因为它们不是单纯的，我们没有任何尺度来断定它们应该被称为纯粹的还是不纯粹的。

至于因形式而被归于对象的美，人们竟认为可以通过魅力刺激而提高它，这是一个司空见惯的错误，也是一个对真正的原本意义上的纯净的鉴赏很有害的错误。当然，魅力刺激可协助美，使心意通过对象的表象对单纯的快乐之外的东西感兴趣，以便提高趣味，促进趣味的培养，特别是在趣味尚属粗野和未经陶冶之时。但如果魅力刺激成了对美的判断根据而把注意力吸引到自己身上，那实际上就破坏了鉴赏判断。因为魅力刺激远不能对美有所贡献，只有在它不损害美的形式，而趣味还贫弱且未经陶冶的情况下，它才能作为异质的成分被宽容地纳入鉴赏之中。

在绘画，雕刻艺术，甚至一切造型艺术中；在建筑艺术，园林艺术中，只要它们是美的艺术，设计构图[2]就是最重要的，在设计构图里，不是感觉中使人满足的东西，而是仅仅以其形式使人愉快的东西，成了鉴赏的基本根据。涂染轮廓的颜色属于刺激；虽然它们能使对象对于感觉显得活泼生动，但却不能使对象真正变得值得观看，也不能使对象变美。更确切地说，它们受到美的形式要求的严格限制，即使在魅力刺激被允许的地方，也是仅仅因为形式才变得更高雅。

---

[1] 这一段是说，颜色和乐音本身只是单纯的感觉，本身没有资格被看作美。但因两者都是等时的振荡，所以都是有规律的，这样其中就有了形式因素，就可能构成纯粹鉴赏判断，可能是美了。“以太”之说是当时科学界流行的看法。——译注

[2] 设计构图，原文是Zeichnung，本义是图画、素描、图样、花纹等，在此用以表达结构形式的轮廓线，只表现出物体的基本形态，在康德看来这种线条当属纯粹形式。英译本用的是design一词，俄译用的是рисунок（图域）一词。——译注

一切感官对象（外感官的对象以及间接的内感官的对象）的形式或者是形体（Gestalt），或者是活动（spiel）；在后一种情况下，或者是形体的活动（空间中的表情和舞蹈），或者是感觉的单纯活动（时间中的）。颜色或者乐器发出来的悦耳的声音的刺激会参与其间，但构成纯粹鉴赏判断的真正对象的却是前者中的设计构图和后者中的（乐音的）结构安排（Composition），而且如果说颜色和声音的纯净性，或者它们的多样性和对比似乎对美有所贡献的话，那并不是因为它们本身令人舒适就增添了形式上的愉快，而只是因为它们使形式更清晰、更确定、更完整地被直观到，此外通过它们的刺激还可使表象生动活泼，以便唤起和保持对于对象本身的注意。

甚至被人们称为装饰品（parerga）的东西，亦即在对象的整个表象中不是作为内在的组成部分，而只是作为外在附属物的东西，也能增强鉴赏的愉快，起到这种作用也仅仅是通过其形式：如像图画的画框，雕像的衣饰，或华丽楼堂的廊柱。但如果装饰品本身没有美的形式，而仅仅是作为黄金的框子被安装在一幅画上，以便由它的刺激唤起人们对那幅画的赞赏，那么它就会被称为虚饰，从而也就破坏了真正的美。

感动，即一种感觉，如果其中的舒适愉快是因瞬间的阻碍和接着而来的生命力的更强烈的奔涌而产生，那么它就不属于美。崇高（与它相联系的是感动的情绪）却要求与鉴赏的标准不同的另一种判断尺度；因此一个纯粹的鉴赏判断不含有刺激和感动，简言之就是不含有作为感性判断的质料的感觉为规定根据。

第15节　鉴赏判断完全不依赖完善性的概念

客观的合目的性只能借助于多样性与一种确定的目的的关系，也就是通过概念而被认识。由此就可知道：美——对它的判断只以一种单纯形式的合目的性，亦即一种无目的的合目的性为根据——完全不依赖善的概念，因为善的概念是以一种客观的合目的性，亦即对象与一个确定的目的的关系为前提的。

客观的合目的性或者是外在的，那就是有用性，或者是内在的，那就是对象的完善性。我们从一对象所感到的愉快——我们因之称那对象为美的——不可能以其有用性的表象为根据，这一点可从前面的章节里充分看出来：因为那样它就不是直接从对象上感到的愉快，而这一点却是对美的判断的根本条件。但一种客观的内在合目的性，亦即完善性，与美这个谓词已很接近，并且因此被著名的哲学家看作是与美同一的，不过他又加了一个限制条件：在它（完善性）被混乱地（verworren）思维之时。[1]在一个鉴赏的批判里，确定美实际上是否可归入完善性的概念具有极为重要的意义。

为了判断客观的合目的性，我们时时需要一个目的概念，而且［如果那合目的性不是外在的（即有用性），而是内在的］是一内在目的的概念，这种目的包含着对象的内在可能性的根据。一般来说目的就是：其概念可以被看作对象本身的可能性基础[2]，所以为了在一物上表现出一种客观的合目的性，就要先有一个这物应该是什么的概念，一物之中的多样性与它的概念（这概念为对象提供了统一的规则）的协调一致是一物的质的完善性。而量的完善性，作为每一物在其种类中的完善性（达到其种类概念所规定的标准的程度。——译者），完全不同于上述质的完善性，只是单纯的量的概念（完善性的概念），在这一概念中，

[1] 此句中的哲学家指美学之父鲍姆加登。鲍氏秉承莱布尼茨的哲学思想，把认识分为"明晰的认识"和"朦胧的认识"两种，前者是高级的认识，后者是较低级的认识。"明晰的认识"又分为"混乱的"和"明确的"两种，后者是指经逻辑分析的理性认识，前者则指直观的感性认识，审美即此类认识。——译注

[2] 目的概念在《判断力批判》中占有核心地位，康德先后给出过几个内容相同表述有异的定义，前面在第10节里已提出一个定义，我们在注释里已作了简要的说明，这里他又用一个句子给目的下了一个定义：Zweck überhaupt dasjenige ist, dessem Begriff als Grund der Mogrichkei des Gegenstandes selbst angesehen werden kann. 按原来的句法结构直译出来就是：目的一般是那样一种东西，这东西的概念可以被看作是对象本身的可能性的基础。前面的译者注释（第10节）已经提到，对象的可能性是来自主体的一些条件。在目的论中，这种条件就是某物的概念。概念规定了一物是什么，有什么性质，一物有了如此这般的结构和形态，才能达到概念的规定性，这就有了一种因果性，也就有了目的性。目的不是一个实体，不是一物，只是一种关系或观念，是人把它赋予事物之上。目的当然也不是事物固有的物质属性，而是人的认识能力的一种设定，有了这种设定，就可对事物的形态做出解释，使多样性有一个统一的线索。上述定义中，我们要特别注意"可以被看作（angesehen werden kann）"一语，这表明概念实际上并不是对象的可能性盼基础，对象的存在并不真的依赖于某一概念，只是人们要对事物的某些特征（非物理方面）加以把握时把概念"看作"对象可能性的基础，按照概念来衡量对象，而且还有"可以"一词，进一步强调了人为虚构的性质，当然，康德所看出的四种目的（形式而主观的、形式而客观的、实质而主观的、实质而客观的）在虚构方面强度也各有不同。请读者把这一注释与前面第10节第一条注释联系起来，就可对康德的目的概念有一个大致的了解。——译注

事物应该是什么已被看作预先设定的，问题只在于那事物是否具有为此（即达到规定事物是什么的概念。——译者）所需要的一切。一物表象中的形式方面的东西，即其多样性与统一性的协调（不考虑它应该是什么），本身完全不能让我们认识到任何一种客观的合目的性，因为如果把这种作为目的（规定了一物应该是什么）的统一性抽掉，那么在观察者的心意中除了表象的主观合目的性之外，就什么也不剩了。这表象的主观的合目的性显示出主体的表象状态的某种合目的性，在这种状态下，主体在努力把握想象力中给定的形式——不是把握在此不能通过目的概念加以思维的任何一个客体的完善性——时感到舒适愉快。例如，如果我在森林中遇到一块草坪，周围树木环抱，而我对此并不想象出一个目的，即并不认为它可以充作乡间舞蹈场地，那么就决不会通过单纯形式而得到一个完善性的概念。但设想一种形式的客观合目的性而又没有目的，亦即完善性的单纯形式（没有任何质料及与之一致的东西的概念，即使仅仅是一般合规律性的理念），乃是一真正的矛盾。

现在，鉴赏判断是一审美判断，也就是这样一种判断，它建立在主观的根据之上，而且其规定根据不是概念。因此，通过作为一种形式的主观合目的性的美，我们决不能去设想一种对象的完善性——这种完善性就是所谓形式的但又仍然是客观的合目的性；美的概念和善的概念之间的区别，如果以为二者只是按逻辑形式有所不同，前者只是一种混乱的概念，后者是一个清晰的完善性的概念，此外按内容和起源来说二者是同一的，那么这种区别是毫无意义的，因为那样在它们之间就没有特别的区别，而鉴赏判断也就同样是认识判断，就像表述某物为善的那种判断了。就像一个普通人，当他说，欺骗是不正当的，他的判断是建立在混乱的理由之上，而哲学家却是建立在清晰的理由之上，而从根本上说两个人都是以同一种理性原理为基础的。但我已经指出，审美判断是一种独特的判断，决不能提供对于客体的认识（连混乱的认识也不是），而认识只能通过逻辑判断产生，因为与此相反，审美判断只是把客体由以被给予的表象联系于主体，不是把我们的注意引向对象的性质而是引向与对象有关的表象能力的规定中合目的性的形式。一个判断正是因为其规定根据不是概念而是心意能力的游戏之中协调一致的情感（内感官的情感）才被称为审美的。——只要这种协调一致能被感受到。反之，如果有人想把混乱的概念和以它为根据的客观判断称为审美的，那么他就得有一种感性判断的知性，或者有一种通过概念来表现其客体的感官，而这两者本身都是自相矛盾的。（提供）概念——不管是混乱的概念还是清晰的概念——的能力是知性，虽然知性也参与作为审美判断的鉴赏判断，但它并不是作为对一个对象的认识能力而参与其间的，而是按照表象与主体和主体的内在情感的关系来规定判断及其表象能力而发挥作用，而且还要以这种判断是依据一种普遍规则才可能为条件。

第16节　一个鉴赏判断在一确定概念的条件之下对某一对象被表述为美，那么这个鉴赏判断是不纯粹的

有两种美：自由美（pulchritudo vaga——流动的美），和仅仅是依存的美（pulchritudo adhacrcns——附着的美）。前者不以对象应该是什么的概念为前提，后者却以这样一种概念以及对象按这概念（而显示出的）的完善性为前提。第一种美称为（为自身而存在的）这一或那一物的美；第二种称为依存于一个概念的美（有条件的美），被归之于隶属一特殊的目的概念之下的客体。

花是自由的自然美。一朵花应该是什么，除植物学家之外的人很难知道，甚至这个明白花是植物的生殖器官的人，在他通过鉴赏来对花加以判断时，也不会顾及这种自然目的。因为这里不是任何一种完善性，不是与多样性的整合相关联的内在合目的性作为这种判断的基础。许多鸟（例如鹦鹉、蜂鸟、极乐鸟），大量的海贝，本身就是美的，这种美完全不隶属于由其目的概念所规定的对象，而是自由地自身使人愉快。因此希腊风格的图案，边框和壁纸上的卷叶饰等本身没有任何意义：它们什么也不表示，也不是某一确定概念之下的客体，它们是自由的美。人们也可以把音乐中称为幻想曲（无标题）的，甚至全部无歌词的音乐，都算在同一类之中。

在对自由美（按照单纯形式）的判断中，鉴赏判断是纯粹的。这里没有任何指示多样性服务于（即统一于。——译者）客体并表示客体应该是什么的目的概念作为前提，这样的前提只会限制在观赏景物时似乎是在游戏的想象力的自由。

一个人的美（属于此类的有男人或女人或孩子的美），一匹马的美，一座建筑物（例如教堂、宫殿、军火库或者花园亭榭）的美，都以一个目的概念为前提，那概念规定事物应该是什么，因之也就是一种完善性的概念，从而这种美就

只能是依存性的美。就像舒适（感觉）与本来只关形式的美相结合妨碍鉴赏判断的纯粹性一样，善（多样性按照事物的目的对于事物本身是有益的这种情况即属此类）与美的结合也破坏了美的纯粹性。

只要一座建筑物不是教堂，我们就可以把观照中直接使人愉快的东西安置到那上面去，某一形体只要不是人体，我们就可以用各种各样的曲线和一些轻快而又合规律的纹饰把那形体美化起来，就像新西兰岛的原住民（指毛利人。——译者）的文身那样，如果不是定要显得像男子汉，不是定要显得威猛好斗，一个人本来可以有更悦目的面貌和更令人愉快的脸型轮廓。

一事物的多样性所引起的愉快，如果与规定事物的可能性的内在目的相关，就是一种基于概念的愉快，而美所引起的愉快则是不以任何概念为前提的愉快，这种愉快直接与对象由以被给予的表象（对象不是通过表象而被思维）相结合。如果后一种情况中的鉴赏判断依赖于前一种情况（作为理性判断）中的目的，并因而受到限制，那么它就不再是一种自由的和纯粹的鉴赏判断了。

虽然鉴赏因审美的愉快和理智的愉快相结合而获得了益处，即它被固定下来，同时，虽然它不再是普遍性的鉴赏了，却可能在某些按目的所确定的对象方面获得一些法则。但这些法则并不是鉴赏的法则，而只是鉴赏与理性的协调（Vereinbarung），也就是美与善的协调，通过这种协调前者（鉴赏和美）可用作后者（理性和善）的目的的工具，以便使自我持续的并具有主观普遍有效性的心意情绪置于那种经过辛苦努力才能保持但却普遍有效的思想方式之下。实际上完善性并不因为美而获得益处，美也不因为完善性而获得益处；如果我们通过概念把客体由以被给予我们的表象与客体（关于它应该是什么）加以比较，我们也就不可避免地要把它们与主体的感觉相对照，倘若两种心意状态（指表象与客体相比较时的心意状态和表象与主体感觉相对照时的心意状态。——译者）互相协调，我们全部表象能力的全部机能就会获得益处。

一个关于有确定目的的对象的鉴赏判断，只有在判断者对于这种目的没有任何概念，或是在他的判断中把目的抽掉时，才是纯粹的。但这个判断者在把对象判断为自由美时虽然做出了一个正确的鉴赏判断，却还是要受到另外一个只把对象的美看作依存的属性（从对象的目的上看）的人的指责，说他的鉴赏是错误的，尽管两个人各自都做出了正确的判断：一个人是根据出现在他的感官之前的东西来下判断，另一个则是根据他头脑中所想的东西来下判断。通过这种区分人们就可以调解美的评判者之间的一些争论，因为人们会向他们指出，争论的一方抓住了自由美，另一方抓住了依存美，前者下了一个纯粹的鉴赏判断，后者下了一个应用的鉴赏判断。

第17节　论美的理想

不可能有通过概念来规定何为美的客观的鉴赏规则。因为一切从如下源泉而来的判断才是审美的，即其规定根据是主体的情感而不是任何一客体的概念。寻找一种通过确定概念来规定美的普遍标准的鉴赏原理是徒劳无功之举，因为所要寻找的东西是不可能的，而且那种东西本身自相矛盾。在感觉的（愉快的或不愉快的）普遍可传达性——这种普遍可传达性不依赖任何概念就可实现——中，在一切时代一切民族对于特定对象的表象所表现出来的情感的一致性中，存在着经验性的，尽管是微弱的而且几乎达不到猜测程度的规范，这规范起源于被许多事例所证实的鉴赏，这鉴赏又来自深藏着的，人人共有的判断对象形式时互相一致的基础，而对象是借助于形式才被给予我们的。

因此人们把一些鉴赏的产物看作示范性的（exemplarisch）：但这并不意味着模仿他人就可获得鉴赏力。因为鉴赏力是生而与俱的，模仿了一个范例的人只能以他的成功表现出他的技巧，只有在他能评价这一范例时，才能显示出他的鉴赏力[1]。但由此可知，最高的范例，鉴赏的原型，只是一种观念，这种观念必须每个人从自己心灵产生出来，他也必须按这种观念来判断一切鉴赏的对象，一切鉴赏评价的范例，甚至每个人的鉴赏。观念本来意味着一个理性概念，而理想则意味着一个符合观念的个别存在物的表象。因此，那基于最大限度的不确定的理性观念之上，但又不能通过概念而只能由个别表象表现出来的鉴赏的原型，最好称之为美的理想，我们虽然并未拥有这样一种理想，却要努力在心中把它造出来。因为它不是基于概念，而是基于表象，它就只能是想象力的一个理想，而想

[1] 在语言艺术方面的鉴赏范例必存在于不再使用的和学术性的语言之中：第一种（不再使用的语言）可以避免活的语言（仍在使用的语言）必然要发生的那种变化，即崇高的词语变成了平庸的，平常的词语变成了陈旧的，新产生的词语只在很短的时间内流行；第二种（学术性的语言）是因为有一种不受随意变换的时尚影响的语法，而且有其不变的规则。——原注

象力则是表象的能力。我们怎样才能达到这样一个美的理想呢？先验地还是经验地？同样，哪一种美可能是美的理想？

首先我们要注意，应该为之寻找一个理想的美，不应是模糊的（vage）美，而应是由客观合目的性概念确定下来的美，因此它不属于一种完全纯粹的鉴赏判断的客体，而是属于一定程度的理智性的鉴赏判断的客体。这就是说，不管理想存在于哪一种判断的根据里，都必须有一理性观念按确定的概念作为基础，这观念先验地规定了目的，对象的内在可能性就建立在这一目的之上。美的花的理想，美的家具的理想，美的景色的理想，都是不可想象的。同时依存于一种确定目的的美，例如对于一座美的住宅，一棵美的树，一处美的花园等，也不可能有任何理想，这可能是因为目的没有足够地由其概念加以规定和确定下来，致使其合目的性几乎与模糊的美所表现出来的合目的性同样自由。只有那自身包含着其存在的目的的物类，也就是人，他能通过理性确定自己的目的，或者说，在他必须从外知觉中取得目的之时，仍然要把它（从外知觉取得的目的）与本质性的和普遍的目的相对照，然后才能感性地判断两种目的的协调一致：只有这样的人，才能是一个美的理想，就像世间万物之中只有以他为代表[1]的人类（作为的理智的存在者）才能成为完善性的理想一样。

美的理想包括两个方面：首先是审美的规范观念，这是一个单个的直观（想象力的直观），这个直观体现了我们判断作为一个属于特殊种类的动物的人的标准；其次是理性观念，就人类的目的不能被感性地表现出来而言，理性观念把这种目的当作判断人类形态的原则，人类的目的就通过作为其结果的人类形态在现象中显示出来[2]。规范观念必须从经验中取得判定特殊种类动物形态所需要

---

[1] “以他为代表”的原文是in seiner person，英译为in his person，俄译为в его лице，指以前面所说的那种通过理性为自己确定目的的人为代表，在指称这种人时，德文本、英文本、俄文本用的都是单数第三人称，表明这里是以一个单独的个体作为人类群体的代表者。——译注

[2] 审美的理性观念的基本含义是：人类的目的是创造文化和文明，是使自身不断完善，把德行和幸福结合起来而达到至善，而这些都属于最高理性，是不能被感性地表现出来的，不能成为直观。但人类因长期追求自己的目的，就要从事与此目的相应的活动，这些活动就要影响到人的体貌，使人的目的在其中显示出来，这就是所谓“作为其结果（als ihre Wirkung）”在审美地判断人类的体态形貌时，理性观念就以其是否体现了人类的目的为标准。这里所说的“现象”，也就是人类的体貌。——译注

的要素；而形态结构的最大的合目的性可充作对那一种类的每一个体作审美判断的普遍标准，即似乎是故意安排的作为大自然的技巧的基础的图像，只有某一类的全体（与之相符）却没有任何个别成员与之相符，只存在于判断者的观念里，但这一图像作为审美观念连同其全部比例却可以在一原型中充分地、具体地表现出来。为了在某种程度上了解这是如何进行的（谁能完全知晓自然的奥秘？），我们想试作一心理学的解释。

要注意的是：想象力不仅能以我们完全不了解的方式甚至在相隔很长时间之后在可能时把概念的符号（Zeichen）召回，而且能从不可胜数的不同种类的对象或者同一种类的对象中再生出对象的图像和形态；此外如果心意着眼于比较，我们就很容易猜测，它实际上会把一个图像叠加到另一图像上面去，尽管是无意识地，并且懂得由同一种类许多个体的一致性而发现一个中间值（mittlere Größe，平均轮廓），这中间值就成了衡量全体的普遍标准。每个人都曾见过数以千计的成年男人。如果他要判定由比较方法决定的标准尺寸，那么（以我之见）想象力就要把为数众多的图像（也许整整一千人）互相叠加，而且如果允许我在这里运用视觉表象的类比，那么在许多对象集于其中的空间里，在以最强烈的色彩涂抹过的轮廓线里，就可看出那中间值来，它在高和宽方面离最大和最小身材的极限距离相等，而这个中间值就是美男子的身材。［我们同样也可以机械地得到这一结果，如果我们测量一千个人中的每一个，把他们的高和宽（以及肥胖程度）各自相加，得到的总数再用一千去除。不过想象力做这件事却是凭借一种对于内在感觉器官的力学作用，这种作用源于对人类形体的不断地领悟。］现在如果我们以同样的方式为这标准化的男人寻找一个标准的头，为这标准的头寻找一个标准的鼻子等，那么这个形体就可以成为进行这种比较的国度里的美男子的规范观念的基础，因此，在这种经验条件下，一个黑人必然有一种不同于白人的形体美的规范观念，中国人有不同于欧洲人的规范观念。一匹美的马和一条美的狗（某一种类的）的范型（Muster）也是同样情况。这种规范观念不是从来自经验的作为规定性法则的比例得出来的，而首先是判断的法则依据它方才可能。规范观念是浮动于所有个体的不同直观之间的整个种族的形象，大自然把它当作同一种族中个体生育的原型，但自然似乎在任何一个个体中都不能达到这一原型。它绝不是这一种族中美的完整原型（Urbilde），它只是构成了一切美的不可忽视的条件的形式，因而也就只是这一种族表象中的正确（尺度）（Richtigleit，指合乎常态的形式。——译者）。它是法则，就像人们所说的波利克列特所创作的著名的持矛者所体现的那样[1]（米龙的母牛[2]也可作为同类动物中的典范）。正因为如此它也不可能包含着任何具有特殊性的东西，否则它就不是某一种类之中的规范观念了。它的表象也不是因为美而使人愉快，而仅仅是因为它不与能使某一种类的个体显得美的条件相矛盾才使人愉快。那表象只是合乎规格而已。[3]

还要把美的理想同美的规范观念区别开来，根据上述理由，我们只能在人的形貌上寻找美的理想。在人的形貌上，理想在于表现道德，如果不表现出道德，对象就不会普遍地而且积极地（不仅是消极地在一种合乎规格的表象之中）令人愉快。内在地控制着人的道德观念的视觉表现，当然只能从经验取得，但为了使道德观念与一切诸如心灵的仁慈、纯洁、坚强或沉静之类的品质——我们的理性把它们与道德的善在最高合目的性的观念里结合起来——的结合成为似乎可以在肉体的外形（作为内在东西的结果）上直观到的，也就是似乎可以由肉体体现出来，仅仅想要对这种体现做出评判的人，他身上就必须有理性的纯粹观念和想象力的巨大力量的统一，更不必说那些想要描绘这种体现的人了。这样一种美的理想的正确性可在如下情形中得到证明：在对客体的愉快里不允许混进任何一点感性刺激，却仍然对那客体怀有很大的兴趣，而这又证明，按照这种尺度

[1] 持矛者（Doryphorus），是古希腊雕塑家波利克列特（Polyklets，公元前5世纪与菲狄亚斯齐名的雕塑家）创作的雕塑作品，为一持矛的男子立像，体现希腊黄金时代人体美的理想，被誉为比例匀称的代表。波利克列特的原作已失，现在见到的是庞贝古城中发现的罗马人的复制品，藏于那不勒斯博物馆。——译注

[2] 米龙的母牛（Myrons Kuh），公元前5世纪希腊雕塑家米龙为雅典集市广场所作的青铜牛雕像。——译注

[3] 我们会发现，画家想请来坐在那里充当模特儿的人有完全合乎规则的脸，往往无所表现：因为它不包含任何特征，因此也就更多地体现了种的观念，而不是个人的独特之处。这种独有的特征如果过分夸大，亦即破坏了规范观念（种类的合目的性的观念）本身，就被称为漫画。经验还表明，那种完全合乎法则的脸在精神上一般也只能显示出一个平庸的人；推测起来（如果可以设想，大自然以外在特征表现了内心的比例）这可能是因为：如果心灵素质中没有什么超过必要的那种比例，就只能造就一个无缺陷的人，不能期望此人有人们称之为天才的任何东西，在天才中大自然似乎是为了独特的东西而脱离了心灵能力的一般关系。——原注

的判断永远不可能是纯粹审美的，依据一个美的理想的判断也不是纯粹的鉴赏判断。

从第三个要点总结出来的对美的说明

美是一对象的合目的性的形式，如果它并无一目的的表象而在对象上被感知的话。[1]

鉴赏判断的第四个要点，按照对于对象的愉快的模态来考察

第18节　什么是鉴赏判断的模态

对于每一个表象我都可以说：它（作为认识）与一种愉快相结合至少是可能的。对于我称之为舒适的表象，我可以说，它在我心中引起了实在的愉快。但对于美，人们设想它与愉快有一种必然的关系。这种必然性是特殊的一类：它不是理论的客观必然性，由这种必然性可以先验地认知每个人都将感受到被我称之为美的对象的这种愉快，这种必然性也不是实践性的，在实践性的必然性中，通过一个纯粹理性意志的概念——这种概念是自由行动的存在者的规则——这种愉快就成了一种客观规律的必然结果，而且只意味着人们绝对地（没有其他意图）按确定方式行动。反之，在一审美判断中被设想的那种必然性只能被称为示范性的（exemplarisch），也就是说，这是一种所有人都赞同一个判断的必然性，这判断被视为一种人们无法说明的普遍规则的范例。因为一个审美判断不是客观的或认识的判断，所以这种必然性就不能从确定的概念中推导出来，因而也就不是不可争辩的。这种必然也很难从经验的普遍性（对某一对象的美的判断的完全的

[1] 人们可能援引如下例子来反对这一说明：存在着一些东西，人们在它们上面看到一种合目的性的形式，却没有见到一种目的，例如，常常从古墓里掘出来的带有安装手柄的孔洞的石器，它们的形态虽然明显地显示出一种合目的性，而人们并不了解这种目的，因而也就不被认为是美的。但是，人们把它看作人工产品，这就足以使人必须承认它的形态与某种意图和确定的目的有关。因此对它的直观中也完全没有直接的愉快。反之，一朵花，例如一朵郁金香，会被认为是美的，因为在我们感知时遇到了一种合目的性，而在我们判断它时，它却不与任何目的相关。——原注

一致性的经验）总结出来。因为不仅从经验中很难获得这方面的足够数量的事例，从而这种判断的必然性的概念也就不能建立在经验判断之上。

第19节　我们赋予鉴赏判断的主观的必然性是有条件的

鉴赏判断要求每一个人的赞同，当一个人宣称某物为美时，他就是在要求每个人对眼前的对象都表示赞赏，并应该同样说这个对象是美的。因此，审美判断里的这个“应该”是根据判断所需要的一切材料而说出来的，但仍然只能是有条件的。我们寻求每个人的赞同，因为我们对此有一种每个人都有的共同根据，我们也可以指望这种赞同，只要我们总是确信，当下的情况确实应归属于那种作为赞同的规则的根据之下。

第20节　一个鉴赏判断预先设定的必然性的条件是一种共通感的观念

如果鉴赏判断（像认识判断那样）有一种规定性的客观原理，那么根据这一原理来下判断的人就会为他的判断提出无条件的必然性的要求。如果鉴赏判断没有任何原理，如像单纯的感官鉴赏那样，人们就完全不会想到这种判断的必然性。因此它必须有一主观的原理，这种原理只能通过情感而不是通过概念，但仍普遍有效地判定某物是否令人愉快。但这样的一种原理只能被看作一种共通感（commonsense），这种共通感与偶尔也被人称为共通感（sensus communis——共同的感觉）的一般理智有本质区别：因为一般理智不是依据情感，而是在任何时候都依据概念——虽然通常只是依据模糊地表达出来的原理——来下判断。

因此只有在这种前提下，即存在着一种共通感（我们不是把共通感理解为外在感觉，而是理解为我们的认识能力的自由游戏产生的结果），我认为只有在这样一种共通感的前提下，我们才能下鉴赏判断。

第21节　我们是否有理由预先设定共通感

知识和判断以及与之相伴的信念，必须能够普遍传达，因为否则就不能把与客体的一致归于它们：这样它们就全都是表象能力的单纯主观的活动，正如怀疑主义所主张的那样。但如果知识可以传达，那么心意状态，也就是认识能力与一般知识相协调的方式，还有认识能力与我们从中获得知识的表象（通过这表象一个对象才被给予我们）相适应的比例，也就可以普遍传达，因为若无这种普遍可传达性作为认识行动的主观条件，作为结果的知识便不可能产生。如果一个给定的对象借助于感官带动想象力去组合多样性的东西（指杂多的感性材料。——译者），而想象力又带动知性把多样的东西统一于概念，心意状态可普遍传达的情况实际上就时时在发生。但认识能力的协调因给定的客体的不同性质而有不同的比例。但还是必须有一个比例，在这种比例中，那种有助于激活（一种能力被另一种能力）的内在关系在一般认识（对一给定对象）方面最适宜于两种心灵能力，这种协调只可能由情感（不是依据概念）来决定。现在因为这协调本身必须能够普遍传达，从而那协调所产生的情感（在一表象上）也就必须能够普遍传达，而一种情感的普遍可传达性是以共通感为前提的，因此就有理由设定这种共通感，而且我们不是立足于心理观察之上，而是把它当作我们知识的普遍可传达性的必要条件，这种条件在每一种非怀疑论的知识的逻辑和原理中都必须作为前提而预先设定。

第22节　在一个鉴赏判断中被设想的普遍赞同的必然性是一种主观的必然性，这种必然性在共通感的前提下被表现为客观的

在一切我们宣称某物为美的判断里，我们不允许别人有不同意见，但我们的判断仍然不是以概念为基础，而仅仅是基于我们的情感：这里我们不是把它当作个人情感而是当作共同情感来充作判断的根据。为此目的而设定的这种共通感不能以经验为基础，因为它使我们有权做出包含着“应该”的判断：它不是说每个人都将与我们的判断一致，而是说应该与我们的判断一致。这里我提出我的鉴赏判断作为共通感的一个例证，并因此而赋予它以示范性的有效性时，共通感就只是一种单纯理想的规范，在此前提下，人们有权使一个与它一致的判断以及这判断里所表现出来的对一对象的愉快成为每个人的法则：因为这种原理虽然仅仅是主观的，但仍被设想为具有主观的普遍性（对每个人都有必然性的观念），在涉及不同判断主体的一致性时，它也像一种客观的原理一样，可以要求普遍赞同。

我们确实是预先设定了这样一种共通感的不确定的规范：我们自以为能够下鉴赏判断就证明了这一点。实际上这样一种共通感是作为经验的可能性的构成

性原理而存在呢，还是有一更高的理性原理把为了更高的目的预先在我们身上产生出共通感这一点仅仅作为我们的范导性原理？换言之，鉴赏力是一种天生的自然能力，还是仅仅是一种需要后天习得的技艺能力，以致鉴赏判断连同其对于普遍赞同的无理要求实际上只是一种追求感性方式的一致性的理性需要，而那“应该”，也就是每个人的情感与每个其他人的特殊情感的协调一致的客观必然性，仅仅意味着在这方面互相一致的可能性，鉴赏判断只是为这一原理提供了一个应用的例证？这些问题我们在此不想也不能加以研究，我们现在要做的是分解鉴赏能力的要素，最后再把它们统一于一种共通感的观念中。

从第四个要点中总结出的对美的说明

不凭借概念就被认为是一个必然使人愉快的对象的东西是美的。[1]

对分析论第一章的总注

从上面的分析中得出的结论实际上是，一切都依赖于鉴赏的概念：它（鉴赏）是一种与想象力的自由的合规律性相关的对一对象的判断能力。如果在鉴赏判断中，想象力必须在其自由中被考察，那么，它首先不是再生性的（reproductiv），像它服从联想律时那样，而是被设想为原创性的（productiv）和主动的（作为可能的直观的任意形式的创造者），虽然在把握一给定的感官对象时它被束缚于这一客体的确定形式，而且在那种情况下没有自由活动（像在诗歌里那样）可言，但我们还是能够理解如下事实：对象正好为它（想象力。——译者）提供了这样一种包含着多样统一的形式，如同想象力在自由活动时，在与知性的合规律性协调一致的情况下，设计出了那样的形式。但如果说想象力是自由的同时本身又是合规律的，也就是说它含有一种自律性，那就是一个矛盾。唯有知性才能提供规律，但如果想象力必须依据一种确定的规律行事，那么它的产品在形式上应该是什么样子就是由概念所决定的了，但正如上文已表明的那样，

[1] 关于这个“说明”的译法请参看前面有关第二个“说明”的注释（第9节末尾）。这一句的俄译是：Прекрасно то, что познается без [посредства] понятия как предмет необх одимо удовлвствия. 表述得非常清楚，与原文（Schön ist, was ohne Begriff als Gegenstand eines notwendigen Wohlgefallens erkannt wird）也完全吻合。——译注

这样一来那种愉快就不是对美的愉快，而是对善的愉快了（对完善性的愉快，尽管那不过是形式的完善性），而那判断也就不是通过鉴赏的判断了。因此须有一种无规律的合规律性，有一种想象力与知性的主观的而非客观的协调一致——这种客观的协调一致意味着表象与对象的规定性概念相关——这种无规律的合规律性和主观的协调一致能够与知性的自由的合规律性（也被称为无目的的合目的性）以及鉴赏判断的特性相符合。

合规则的几何图形，一个圆形，一个正方形，一个立方体，等等，常常被赏评家们引为最单纯、最无疑问的美的例证，但正因为人们只能把它们表现为赋予那些图形本身以规则（按照这种规则几何图形方才可能）的规定概念的单纯表象，它们仍然被称为合规律的。下述两种情形之中肯定有一个是错误的：或者是批评家把美赋予所设想的那些图形的判断；或者是我们认为无概念的合目的性对于美是必要的那种判断。

没有人会轻易地认为一个有鉴赏力的人必然在一个圆形上比在一个胡乱画出来的轮廓上感到更多的愉快，在一个等角等边的四边形上比在歪斜的，不等边的，似乎是残缺的四边形上感到更多的愉快，因为这仅仅属于普通的知性，完全谈不上鉴赏力。在有意图地活动的地方，例如，在判断一片场地的大小时，或者要理解各部分之间和各部分与整体之间的关系时，就需要合规律的图形，而且还需要最简单的图形；这时愉快不是直接源于对图形的观看，而是源于图形对各种可能的目的的有用性。一间墙角歪斜的屋子，一处同样别扭的花园广场，甚至一切被破坏的对称，不管是在一只动物（例如成了独眼）的形体上还是在一座建筑或一处花圃上，都是令人不愉快的，因为它是违反目的的，不仅在这类事物的确定用途上的实践方面，而且在一切可能意图的判断里都是如此，鉴赏判断中的情形就不是这样了，如果鉴赏判断是纯粹的，其愉快或不愉快就直接与对一对象的单纯观照相关而不管用途或目的。

与对象的概念有关的合规律性，对于在一个单独的表象里把握对象以及在表象的形式中给多样性以规定的活动，是不可缺少的条件（conditio sine qua non——必不可少的条件）。给多样性以规定就是在认识方面为它们设想一个目的；在这种关系里这种规定性时时与愉快（它伴随着每一个哪怕是可疑的意图的实现）结合在一起。但此处的愉快只是对某一问题的满意解决的单纯赞许，不是心灵能力与我们称为美的东西之间一种自由的，没有确定目的的合目的性的嬉戏。在这种嬉戏里，是知性为想象力服务，不是后者为前者服务。

在只有通过目的才可能的事物上，在一座建筑上，甚至在一个动物身上，寓于对称中的合规律性必然要表现出直观的统一，这种统一伴随着目的概念，而且也属于认识。但在只有表象能力的自由游戏（当然要在知性不受强制的条件下）持续进行的地方，在游乐园里，在房间陈设上，在形形色色颇具审美情趣的用具上等，其中反映着强制性的合规则性便被尽可能地消除了；因此英国式的园林趣味，对于家具的巴洛克式趣味，驱使想象力的自由几乎达到怪诞的程度，在这种对规则的一切强制性的拒斥之中，恰好存在着趣味在想象力的设计里展示其最大完善性的地盘。

一切僵硬的合规则性（接近于数学的合规则性）本身都有一种反趣味的性质：因为对它们的观照不能给我们以持久的乐趣；如果它不是明确地以认识或一种确定的实践目的为宗旨，我们就会对它感到深深的厌倦。反之，那能使想象力自然而然地、合目的地活动的东西，对于我们总是新鲜的，在观赏它时不会感到厌倦。马尔斯登[1]在他关于苏门答腊的记述中曾说，在那里大自然的自由的美到处包围着参观者，因此对他就很少有吸引力；与此相反，一处胡椒园，里面的胡椒藤缠绕的支架形成了平行的林荫道，当他在森林中遇见这片种植园时，对他产生了很大的魅力；由此他得出结论，那么经人工修饰的，从外观上看没有规则的美，只能使厌倦了合规则的美的人作为一种调解剂而感到愉快。但只要他做一试验，一整天待在他的胡椒园里以便在其中体会一下，如果知性因合规律性的作用而与它处处需要的秩序相协调，那么对象就不会长久地使他感到有趣，甚至还会给想象力以令人厌烦的强制：与此相反，那里在多样性方面达到过分奢侈程度的，不受任何人为规则限制的大自然，却能不断地给他的鉴赏以滋养。——甚至我们不能置于任何音乐规则之下的鸟儿的歌唱，显然也比严格遵从音乐艺术规则的人类的歌唱包含着更多的自由，更值得欣赏。因为，如果人类的歌唱不断地长时间地重复，也会使人深感厌倦。但这里我们大概是把我们对一个可爱的小动物

---

[1] 马尔斯登（William Marsden，1754—1836），英国人种学家，著有《苏门答腊史》（*The History of Sumatra*, London, 1783）等。——译注

的快乐的同情与它的歌声的美相混淆了，鸟的歌声，如果被人惟妙惟肖模仿出来（就像有时对夜莺啼声所做的那样），我们的耳朵就会感到毫无兴味。

我还要把美的对象与对于对象（对象常常因为距离远而不能被更清晰地看到）的美的观望（schönen Aussicht）区别开来。在后面这种情况里，与其说鉴赏力注意于想象力在这一视野内所抓取到的东西，还不如说更注意于想象力所获得的发挥诗兴的机会，也就是说注意于真正的幻想，在心灵被眼前所见的多样性不断打动时，心灵就以这幻想来消遣，就像观看一个壁炉火焰或一条流动溪水的变动不定的形态时的情形一样，这两种东西不是美，但它们本身对想象力仍然有一种魅力，因为它们维持着想象力的自由游戏。

第二章　崇高的分析

第23节　从对美的判断能力向崇高的判断能力的过渡

美和崇高在如下一点上是一致的，即二者都是自身令人愉快的。另外，在下述情形中也是一致的，即两者都既不以感官的判断也不以逻辑的规定判断为前提，而是以一种反思的判断为前提：因此其中的愉快不是像舒适那样与一种感觉相关，也不是像善的愉快那样，与一种规定性的概念相关，但又仍然联系到概念，尽管那不是规定性的概念；因之那愉快是与单纯表象或表象能力相关联，并使一给定直观中（所蕴含）的表象能力或者说想象力与知性的概念能力或理性的概念能力——在前者促进后者的意义上——协调一致。因此两种判断都是单称判断，但仍然声称对每一个主体都普遍有效，虽然它只要求愉快的情感而不要求对于对象有所认识。

但在两者之间仍然存在着显著的区别。自然的美关涉到对象的形式，而形式存在于限制之中；反之，崇高也可在一个无形式的对象上见到——如果这对象或由这对象的推动表现出无限制性［Unbegränztheit，与Unendlichkeit（无限）有别。——译者］，同时那无形式的对象的整体也被推想出来——这样看来美似乎被认为是一个不确定的知性概念的表象，而崇高则被认为是一个不确定的理性概念的表象。因而在美那里愉快是与质的表象相结合，在崇高这里愉快却与量的表象相结合。而且按种类来说崇高的愉快完全不同于美的愉快；因为后者（美）自身带有促进生命的情感，并因而可与魅力刺激和一种游戏性的想象力相关联；而前者（崇高的情感）是一种只能间接产生的愉快，也就是说，它是通过一种瞬间阻滞生命力的情感和随后生命力更加强烈的奔涌而产生的，因此崇高的感动不是游戏，而似乎是想象力活动中的严肃庄重。由于这一点崇高也不能与魅力相结合，而且因为心意不仅被对象所吸引，同时还反复不断地被拒斥，崇高的快乐（Wohlgefallen）所包含的积极的愉快就不如惊赞或敬重那么多，这就是说，这种快乐可以称为消极的愉快。

而崇高与美之间最重要的内在差异无疑在于：如果我们可以把注意力首先集中在自然对象的崇高上（艺术的崇高总是被与自然谐和一致的条件所限制），就会反过来发现自然美（作为独立的美）本身在其形式中带有一种合目的性，这使得对象好像是预先就被安排来适应我们的判断力，以致它本身就构成了使我们愉快的对象；反之，那未经理性的深思熟虑，只在直接把握中在我们心里激起崇高感情的东西，虽然按其形式来说与我们的判断力相违背，也不适应于我们表象能力，而且对于想象力显得强大威严，却因此而被判断为更崇高。

由此我们立刻可以看出，如果我们称某一自然对象是崇高的，那么我们的表达一般来说是不正确的，虽然我们可以完全正确地把许多自然对象称为美的；因为我们怎能用一个赞赏的词语去表达本身被看作不合目的的东西呢？我们只能说，某一对象适宜于表达藏于我们心意中的崇高，因为真正的崇高不可能被包含在任何一种感性形式里，而只能关联到理性观念：这种理性观念，虽然不可能有与之适应的表象，却正是通过可以感性地显现出来的这种不适应性而被激起并被召唤到情绪之中。因此，那辽阔的，被狂风激怒的海洋不能被称为崇高，那种景象只是令人恐怖的；如果人们要通过这样的景象而达到一种本身是崇高的情感，心里必须预先充满一些观念，这样心灵才能脱离感性，同时被激发起来与含有更高的合目的性的观念打交道。

独立的自然美向我们展示了自然的一种技巧，这种技巧使自然表现为一个合规律的体系，而这些规律的原理在我们的全部知性能力中无法找到。这原理是一种合目的性的原理，更确切地说，是把我们的判断力运用于不仅被判定为无目的的机械性的自然现象，而且必须被判定为与艺术相类的自然现象时所采取的一种合目的性原理。因此，这种原理虽然实际上并没有增加我们关于自然对象的知识，但却扩大了我们关于自然的概念，即从单纯机械性的自然概念扩大到作为艺术的自然概念：这会引导我们深入研究如此这般的形式的可能性。但自然之中我们通常称为崇高的现象里，却完全没有什么东西导向特殊的客观原理以及符合这种原理的自然形式，而这类现象在其混沌或最狂野最不规则的无序状态和肃杀毁灭中只要能显出伟大和力量，就可最大限度地激起崇高的观念。我们由此可以看出，自然的崇高概念远不如自然中美的概念那么重要，也没有那么丰富的推论；一般来说它并没有表现出自然本身任何合目的的东西，而只是在我们对自然的直观的可能运用（即人对自然的直观活动。——译者）中显示出合目的性，以便使与自然无关的合目的性在我们心中成为可感的。对于自然的美，我们必须在我们之外去寻找一个根据，但对于崇高却只能在我们内心和精神境界里去寻找根据，正是精神境界把崇高性带入自然表象中去的。这是一个十分必要的预备性说明，它把崇高的观念与自然的合目的性完全分离开来，并使崇高理论仅成为对自然的合目的性的审美判断的附属物，因为它没有给出自然中任何一种特殊形式的表象，而只是发展了想象力对自然表象的合目的的运用。

第24节　关于对崇高感的研究的划分

在崇高感方面对于对象的审美判断之要点的划分，仍可像在鉴赏判断的解析中所做的那样来进行。因为作为审美的反思判断力的判断，崇高的愉快必然像美的愉快一样，按量来说是普遍有效的，按质来说是无概念的，按关系来说是主观合目的性的，按模态来说要表现为必然的。因此这方面在方法上与前一章没有什么不同：只是要考虑到如下一点，即在前一章，审美判断关涉到对象的形式，要从质的研究开始；但在这里，我们面对的是被称为崇高的东西可能有的无形式性，所以要从量——作为关于崇高的审美判断的第一个要点——的研究开始，这样做的理由可以从上一节看出来。

但对崇高的分析必须做出一种在美的分析里所不需要的划分，那就是要划分为数学的崇高和力学的崇高。

因为崇高感包含着一种与对于对象的判断相关联的心意的波动作为其特征，而对于美的鉴赏则以心意处于安然的静观状态为前提，并保持着这种状态。而这种波动应被判定为主观合目的的（因为崇高使人愉快）：因为心意的波动通过想象力或者与认识能力相关，或者与欲求能力相关，在两种关系里当下表象的合目的性都只能联系到这两种能力（没有目的或概念）而被判断，在第一种情况下，是把想象力的数学情调赋予对象，在第二种情况下是把想象力的力学情调赋予对象，因此我们就有了上面所说的两种把一对象表现为崇高的模式。

A

关于数学的崇高

第25节　对崇高这个术语的解释

我们把绝对大的东西称为崇高。但"是一个大的东西"和"是一个巨大的东西"是两个完全不同的概念（magnitudo und quantitas——巨大和相当大）。同样，只说某物是大的，也完全不同于说它是绝对大的（absolute, non comparative magnum——绝对地、无比地大）。后者是超越一切比较地大的东西。这里要问，当我们说某物是大的，或者小的，或者中等的，我们是想表达什么样的意思呢？这类表达式所表示的不是一个知性概念；更不是一个感性直观；同样也不是一个理性概念，因为它本身并不含有任何一种认识原理。因此它必然是一种判断力的概念，或者来源于这类概念，并以与判断力有关的表象的主观合目的性为基础。如果大量同类之物聚合在一起构成为一个整体，我们立刻就可以从这东西本身不经与其他事物对比而得知它有一个大小方面的量。但它有多么大，就总是需要另一个也有大小之量的东西作为尺度。但因为量的判断不仅取决于量的大小（数），也取决于单位（尺度）的大小，而单位的大小又总是需要某一可与之比较的另外的东西作为尺度：由此我们看到，一切现象的量的规定性根本不能给我们提供任何有关量的绝对概念，而始终只能提供一种比较概念。

如果我无所保留地说，某物是大的，这时我们的意念中好像完全没有任何比较，至少是没有任何客观的尺度，因为这样说并没有确定对象有多么大。但衡量的尺度虽然只是主观的，那判断却一点也不降低对于普遍赞同的要求。而如下的判断：这个人是美的，和这个判断：他是高大的，它们都不仅仅限于判断的主体，而是像理论判断那样要求每个人的赞同。

在一个无保留地称某物为大的判断里，不仅表述了对象有一个量，而且是把一个超越许多同类之物的量赋予它，但又没有明确地指出这种优势的范围：因此虽然有一个尺度作为这一判断的根据，这一尺度预先被设定为每个人都认同，但又不能运用于对量的逻辑判断（确定的数学判断），而只能运用于对量的审美判断，因为它只是一种在主观地对量的反思判断中作为根据的尺度。此外，这种尺度可能是经验性的，例如我们所熟悉的人、某种动物、树木、房屋、山丘等的平均量；也可能是一种先验地给出的尺度，这种尺度由于判断主体的缺陷而被限制在具体的主观的表象条件之上：例如，在实践领域，某一德性的量，或者某一国家里公众的自由和公平正义的量；在理论领域，某一试验或测量的准确性和不准确性的量等。

这里需要注意的是：虽然我们对于对象没有利害关系，也就是我们对于对象的存在漠不关心，其单纯的量，甚至在对象被看作无形式时，也能引起一种可普遍传达的愉快，因此也就包含着我们的认识能力的运用中一种主观合目的性的意识；但那愉快不是像美的情形中那样在对象上面感到的愉快（因为崇高的对象可能是无形式的），在美的情形中，反思判断力发现自己与一般认识是合目的地互相协调，而在崇高的情形中，则是想象力自身的扩大产生的愉快。

如果我们（在上面提到的限制之下）无保留地说某一对象是大的，那么这绝不是具有数学规定性的大，而只是关于对象的表象的单纯的反思判断，那表象对于我们的认识能力运用于评估事物的大小时是合目的的；而且我们总是把一种崇敬与这表象结合起来，而对于我们无保留地称为小的东西，则把它与一种轻蔑相结合。此外，把事物评估为大或小的判断适用于一切事物，甚至适用于事物的一切性质；因此我们甚至连美都用大、小来称呼，这样做的理由在于，凡是我们能够按判断力的准则在直观中表现出来的东西（因之也就是审美地表现出来），全部都是现象，因而也是一个量。

但如果我们不仅称某物为大，而且无条件地，绝对地，在一切方面（超越一切比较）称它为大，亦即称它为崇高，我们马上就会看出：我们不能为该物找到一个适合于它的外在尺度，而只能在它内部去寻找这样的尺度。这是一个只与自身相等的量。由此可以得出结论：崇高不在自然事物之中，而只能在我们的观念里寻找；至于在哪些观念里，必须留待演绎部分去解决。

以上的说明也可以这样来表述：崇高的是与之相比一切其他事物都显得小的东西。[1]

由此很容易看出，自然界不可能有如下这样的东西：不管它被我们评估得有多么大，如果在另一种对比中来观察，它不会降低到无限小；反过来也不可能有一个小的东西，与一个更小的尺度对比时，它对我们的想象力竟不扩展为一个世间巨物。望远镜提供了丰富的资料使我们觉察到前一种情况，显微镜提供了同丰富的资料使我们觉察到后一种情况。因此，从上述视点来看，没有任何能够成为感官对象的东西，可被称为崇高的。但正因为在我们的想象力中有一种进展到无限（ad infinitum）的展望，而在我们的理性中又有一种对于作为现实观念的绝对整体的要求，于是我们对感性世界的事物之大小的评估能力与上述观念的那种不适应性本身就在我们内部唤起了一种超感性能力的情感；而且判断力为了超感性情感的利益以自然的方式对某些对象的运用才是绝对地大，并不是感性对象本身绝对地大，与上述运用相比，其他一切运用都是小的。[2]所以由某一吸引住反思判断力的表象所唤起的精神情调（Geistestimmung）才能称为崇高，而不是对象被称为崇高。

因此我们可以在以上对崇高的解释方式之外，再补充以如下定义：崇高的是只要能够思考它就会证实一种超越一切感性尺度的心灵能力的东西。

第26节　崇高观念所必需的对于自然事物的量的评估

通过数的概念（或代数中代表数的符号）对量的评估是数学性的，而在单

[1] 这一句的原文是Erhaben ist das, mit welchem in Vergleichung alles andere klein ist，与前面对美的第二个和第四个说明的句式相同，句首的Erhaben也是形容词，不能译为“崇高”，而应译为“崇高的”。这一句也可译为“与之相比一切其他事物都显得小的东西是崇高的”。在康德看来，崇高比美更具有主观性，更不可能是一个对象或一个“东西”。——译注

[2] 这一句是说崇高性的无限大不在对象，而在于主体的超感性能力。判断力是一种主体能力，它有不同的运用方式。判断力为认识而运用于对象，在量的方面可做出有限的判断；为超感性的情感而运用于对象，则可使对象显示出无限的大。但无限大并不在于对象，而在于主体心中，是主体能力的属性，主体能力的使用（Gebrauch）才能是无限的，绝对的。感官所见的世界不管多么大，实际上都是有限的。大洋望不到边，但终有岸；恒河沙不可数，但并不是真正无限的。我们觉得它们是无限的，其实是我们的判断的运用所产生的结果。——译注

纯直观中对量的评估（目测）则是审美的。我们能够通过数字（通过趋向无限的数列而接近）获得关于某物有多大的确定概念，这里数的单位就是尺度；在这个范围内，一切对量的逻辑评估都是数学性的。只是因为在这里尺度的大小必须被认为是已知的量，因而如果要对这个量进行评估，我们就必须求助于以另一个单位作为尺度的数字，这样我们又必须进行另一数学的评估，因此我们永远也不可能有一个初始的或基本的尺度，也就是不可能有任何关于一个给定量的确定概念。因此，对于基本尺度的大小的评估只存在于人们在直观中对这种尺度的直接把握[1]，并能够通过想象力用它来表现数的概念：也就是说，一切自然对象的量的评估归根结底是感性（即主观地而不是客观地被规定的）的。

虽然对于量的数学评估没有最大的量（因为数的力量趋向于无限），但对于量的审美的评估却存在着一个最大的量；对此我要说：如果它被判定为绝对的尺度，超越于它不可能有更大的主观性的（即对于判断主体来说）尺度，那么它本身就表达了崇高的观念，并唤起一种感动，这种感动是通过数字对量的数学评估不可能引起的（除非那基本的感性尺度同时被生动地保存在想象力中）：因为后者永远是与其他同类事物的对比中所显示出来的相对的大，而前者则是绝对的大，——当然是在心灵能在直观中把握它的范围内。

直观地把一个量纳入想象力之中，以便有可能把它用为通过数字来评估大小的尺度或单位，这需要想象力的两种活动：那就是把握（apprehensio）和总括（compuhensio aesthetica——感性地总括把握）。把握没有困难：因为这个过程可无限延续下去；但在把握不断延续时，总括却会越来越困难并且很快就达到极限，亦即达到估量大小时感性的最大的基本尺度。因为如果把握已经达到如下地步，即想象力把握到足够多的表象时，起初被把握到的感性直观的部分表象已开始在想象力中泯灭，于是它一方面得到多少，就在另一方面失去多少，而在总括中就会有一个不能超越的最大的量。

---

[1] “把握”的原文是Auffasung，康德自注拉丁文apprehensio，本义是抓住、捉住、占有等，此处是指想象力摄取对象的直观表象。“总括”的原文是Zusammenfassung，本义是把某些东西收集在一起，并使之联结起来，康德自注拉丁文comprehensio äesthetica，意指想象力感性地把许多表象聚集起来，结成一体。——译注

由此就可以解释萨瓦里[1]在其有关埃及的报道中所说的情形：为了从金字塔的伟大获得最大限度的感动，人们不可离它太近，也不可离它太远。因为如果离得太远，被把握到的细部（层层砌垒的石头）就只能有一个模糊的印象，其表象也就不会对主体的审美判断发生影响。如果离得太近，眼睛就需要一些时间以便完成从地面到塔尖的把握；在这一过程中，当想象力摄取到最后一层之前，原来把握到的那些一直在一部分一部分地消失，因而总览永远不可能是完整的。——这样的说明也足可解释参观者初次步入罗马的圣彼得大教堂时突然感到的震惊或者说一种窘迫——如人们常说的那样。因为这里有一种想象力不适应表现总体观念的情感，在总体观念里想象力达到它的极限，而在扩展这种极限的徒劳的努力之中想象力又回落到自身，但却因此而被置于一种令人激动的愉快之中。

现在我还不想讨论这种愉快的根源，这愉快与一种人们最不应在其中期望愉快的表象相关联，也就是说，与之相关联的是这样一种表象，它使我们看到它自身对评估大小的判断力的不适应性，亦即一种主观的不合目的性；我现在注意的只是，如果审美判断应该是纯粹的（不与任何作为理性判断的目的论判断混在一起），如果我们要给出一个完全符合审美判断力批判的例证，那么，我们就不应去描述艺术作品（例如建筑物、廊柱等）中的崇高，因为在艺术作品中人类的目的决定了形式和大小，也不应去描述其概念已含有确定目的的自然物（例如某些负有自然使命的动物），而应该去描述那原始粗犷的大自然（在这里也只是因为它们本身不含有魅力刺激，或者由实际危险而引起的激动），之所以描述这样的自然，只是因为它们具有一种巨大的力量。由于自然在这类表象中不含有任何巨大怪异的东西（也不含有华丽或恐怖的东西），被把握到的巨量只要能被想象力总括在一个整体中，就可以扩展到随便什么程度。如果一个对象的由于它的体积破坏了构成它的概念的目的，这个对象就是巨大怪异的。但庞大（Kolossalisch）这个词却可以用来称呼某种概念的单纯表象，这类概念几乎对于一切表象都显得过大（也就是说接近于相对的巨大怪异）；因为由于对象的直观

[1] 萨瓦里（Anne Jean Marie Rene Savary，1774—1833），法国将军，曾任拿破仑一世的警务部长，参加过拿破仑对埃及的远征。——译注

对于我们的把握能力显得过大，表现一个概念这一目的就遇到了困难。——而一个关于崇高的纯粹判断必须完全不以客体的目的为规定根据，如果这判断应是审美的并且不与任何一种知性判断或理性判断相混合的话。

* * *

因为一切无利害关系而又能使反思判断力感到愉快的东西必然在其表象中包含着主观的合目的性，而且是主观的普遍有效的合目的性，但在崇高的情形中，不是对象的形式的合目的性（如像美的情形那样）作为判断的根据，于是就要问：这种主观的合目的性是什么？是什么使它在对巨大的单纯评估中预先被定为标准，以便为这种评估中普遍有效的愉快提供一个根据？而况是在这样一种情况之下，即对大小的评估已被推到一个界点，在这个界点上我们的想象力的机能已对于表现一个巨量的概念显得不适应？

在表现巨大所需要的综合中，想象力自身无阻碍地向无限前进（ad infinitum），而知性却通过数的概念引导着它，为此想象力必须提供图式（Schema）：在这一属于对巨量的逻辑性的评估过程中，虽然有某种按一个目的概念的客观合目的性的东西（所有的测量都是这一类），但却没有任何在审美判断力方面合目的性的和令人愉快的东西。而且在这种有目的的合目的性里也没有任何东西驱迫我们使尺度的大小，因而也就是使多量之物纳入一个直观之中的总括的大小达到想象力的机能的界限，伸展到想象力在其表象活动中所能达到的远处。因为在对巨量的知性评估（在算术里）中，我们正好能走那么远，就像单位的堆积被推到数字10（像在十进制中），或者只达到4（像在四进制里）那样；巨量的进一步的产生要靠单位的连续聚集来实现，如果量是在直观里被给出的，就要靠（感性的）把握来实现，而且只是累进地（不是总括地），按照一种被采用的级进原则来实现。在对巨量的数学评估中，有两种方式：或者想象力把一个一眼就能把握到的量选作单位，例如一码或一杆；或者把一德国里，甚至把地球的直径选作单位，这两种长度的把握虽然是可能的，但却不能总括在想象力的直观里［就是说不能以感性综合的方式把握（comprehensio aesthetica），而要以逻辑综合的方式（comprehensio aesthetica）在数的概念里去把握］；在这两种评估中知性同样起到良好的作用并感到满足。同时在这两种情形中，对巨量的逻辑评估会毫无障碍地趋向无限。

但现在心灵在自己内部倾听理性的声音，理性对于一切被给予的量——甚至对于那些虽然（在感性表象中）被判定为已被整体给予，却永远不能被完全把握的量——都要求整体性，也就是要求被总括在一个直观中，同时还要求一种与上述级进递增的数列中的数相应的表象，而且甚至对于无限（空间和过去的时间）也坚持这种要求，更确切地说，就是必然把无限（在普通理性的判断中）看作被整体（按其整体性）给予的。

但无限是绝对的（不仅是相对的）大。与它相比，其他一切量（同类的量）都是小的，但最重要的是，只能把它（无限）当作一个整体来思考这件事，也表明了一种超越一切感性尺度的心灵能力。因为这里需要一种总括，这总括要提供一种作为单位的尺度，这尺度对于无限则要有一种确定的能以数字表示的关系：而这是不可能的。但是，哪怕是仅能思考被给定的无限而又无矛盾，也要求人类心灵中有一种超感性的能力。因为只有通过这种能力及其本体观念——这种观念自身不可能有任何直观，却可充当作为单纯现象的世界直观的基础——，对量的纯粹理智的评估中感性世界的无限才能被完全总括在一个概念之下，尽管在以数的概念的方式所作的数学评估中这是完全不可想象的。有一种能力，由于它的存在，超感性直观的无限能够被看作已被给予的（在其理性的基础里），这种能力也超越一切感性尺度，它大到超越一切比较，甚至包括与数学的评估能力的比较；当然不是在理论方面为了认识能力的目的，而是为了一种心灵的扩展，这心灵觉得自己能够在另一种目的（实践的目的）里超越感性的局限。

因此，自然界那些以其直观表现出自然的无限性观念的现象才是崇高的。而无限性观念只能由我们的想象力在对一个对象的量的评估中甚至尽最大努力都不能适应这种情况时才发生。而在对量的数学评估中，想象力完全有能力运用一个尺度去应付任何对象的要求，因为知性的数学概念能够以累进的综合构成适合于任何给定量的尺度。因此在对于巨量的审美性的评估里，我们能感觉到向着一种总括而努力的倾向，这种总括超越了想象力把累进地把握到的印象纳入一个直观总体的机能，同时又感觉到，在其进程中，这种不受限制的以知性的微小的努力去把握适用于对巨量的评估的基本尺度的能力的不适应，也能感觉到把这种尺度运用于这类评估的能力的不适应。大自然的真正不变的基本尺度就是自然的绝对总体，也就是作为现象的自然所囊括起来的无限。但因为这个基本尺度是一个自身矛盾的概念（由于一个累进的绝对总体而又没有止境是不可能的）；因而一个自然对象的那样一种量——想象力把它全部总括能力用于其上而徒劳无功——必然会把我们的自然概念引向一个超感性基体（这超感性基体充当了自然以及我们的思维能力的基础），它的大超越一切感性尺度，因此不应把对象，而应把评估对象时的心意情绪判断为崇高的。

因此，正如判断美时的审美判断力把想象力在其自由游戏中联系于知性，以便与知性的一般概念（不涉及概念的规定性）协调一致一样，审美判断力在判断一物为崇高时把想象力联系于理性，以便与理性观念（内涵不确定）主观地协调一致，也就是引起一种心意情绪，这种情绪符合另一种情绪并与之一致，后一种情绪会使确定的观念（实践的观念）对情感发生影响。

我们由此也可以看出，真正的崇高只能到判断者的心里去寻找，而不能到自然对象中去寻找，尽管是由对于这对象的判断引起了那种情绪。谁会把毫无规则的，狂乱地互相重叠的群山及其冰峰，或者阴暗狂怒的大海等称为崇高？但在观赏它们之时，毫不注意它们的形式，心意沉湎于想象之中，也沉湎于一种虽然完全没有确定目的却与之相连的单纯扩张这种想象的理性之中，它（心意）在自我评估中由于发现了想象力的全部能力仍然不适应理性的观念而感到自己被提高了。

在单纯直观中自然界数学的崇高的实例向我们展示了那样一些情况，在所有这些情况下，不是一个较大的数的概念，而是一个大的单位作为尺度（为了缩短数列）被给予想象力。我们按人的高度去估量一棵树，这棵树就可能为一座山提供尺度，如果这座山有一公里那么高，它就能充作表达地球直径的单位，以便使地球的直径直观化，地球的直径可充作我们已知星系的单位，而后者又可充作银河系的单位。无数银河系这样的体系被称为星云，这样的星云之间又可能构成同样的体系，以至使我们对此不能期望有一个止境。因之在对于这样一种不可能测量的整体的审美判断中的崇高，就不在于数量的巨大，而在于我们在前进之中总是不断地遇到更大的单位。宇宙的系统划分导致了这样的结果，这使得自然界一切我们觉得大的东西（与更大的东西相比时）又总是会显得小；或者更确切地说，这实际上是显示了我们的想象力——在其全部无限性中——以及大自然面对理性观念并试图获得一个与理性观念相符合的表象时似乎显得微不足道。

第27节　关于评赏崇高时愉快的性质

我们的能力无法达到对我们是一种规律的观念的情感就是崇敬。而那把每一可能被给予我们的现象都总括在一个总体直观中的观念，仍是由理性规律强交付给我们的，而理性除了绝对总体之外，不承认任何确定的、普遍有效的并且是不变的尺度。但我们的想象力，甚至在它所渴求的把一给定对象纳入一个直观总体（亦即达到对于理性观念的表达）方面，即使尽最大努力，也会显示出它的局限性和不适应性，同时也显示出，使自己与作为规律的直观总体相适应仍然是它固有的使命。因此，对大自然的崇高感乃是对我们自身使命的崇敬，我们通过某种不明的转移活动把这种崇敬归于自然（把对于我们自身——主体——中人类观念的崇敬转给了客体），这种崇敬的情感似乎也直观地展示了我们认识能力之中的理性使命对于最大的感性能力的优越性。

因此，崇高感就是一种不愉快的情感，这种情感是由想象力在对巨量的感性评估中与通过理性对巨量的评估的不适应性而来，但同时也产生一种愉快，这种愉快是由最大的感性能力仍不适应的判断正好与理性观念相符合而来，当然，这是就为达到理性观念而努力对我们是一种规律（意指追求达到理性观念，乃是人类的一种必然趋向。——译者）而言。这就是说把作为感性对象的自然中对我们显得大的一切东西，在与理性观念相比时评估为小，并使一切在我们心中激活超感性使命的情感的东西与理性规律协调一致，对我们乃是一种规律（理性的），并属于我们的本质规定。而想象力在表达对量的评估单位时的最大努力本身包含着一种与某些绝对大的关系，从而也就是与理性规律的关系，这理性规律只把那绝对大采纳为衡量大的东西的最高尺度。一切感性尺度与对巨量的理性评估都是不适应的，对这种不适应的内在知觉却正好与理性规律相符合，同时还是一种不愉快，这种不愉快在我们心中激活了超感性使命的情感。从超感性使命的角度看，发现每一种感性尺度都不适应理性观念正是合目的性的，因而也是一种愉快。

心灵在大自然的崇高表象中感到自己受到激动；而在对自然美的判断中心灵却处在宁静的观照状态。这种激动可以（特别是在其开始时）和一种震惊相比较，也就是与同一对象引起的快速交替的拒斥和吸引相比较，对于想象力来说，它所能达到的超乎寻常的东西[1]（想象力在把握直观时被驱赶到此处）似乎是一个深渊，它害怕自己消失在其中；但这个超乎寻常的东西对超感性的理性观念却不是高不可攀的，而是合规律的，会直接引导想象力去努力攀登，从而也就像对于单纯感性来说它是被拒斥的一样，又在同等程度上被吸引。但那判断本身始终保持着它的审美特性，因为它不以任何关于对象的规定性概念为基础，只是通过心灵能力（想象力和知性）的对照把它们的主观活动表现为和谐的。因为正如在对美的判断中想象力和知性通过它们的和谐一致引起了心灵能力的主观合目的性一样，在崇高的判断中想象力和理性也通过它们的冲突引起了主观的合目的性：也就是引起了一种情感，感到我们有一种纯粹的、独立的理性，或者一种估量巨量的能力，这种能力的优越性只能通过某些能力的无能为力而直观地表现出来，后面这些能力本身在表现有限的感性对象的量时竟也是不受限制的。

对一空间的测量（作为对它的把握）同时就是对它描述，即想象中的客观运动，也是一种累进。与此相反，把多样性总括在统一之中——这里说的不是思维的统一，而是直观的统一——因而也就是在一瞬间把渐进地把握到的东西总括起来，乃是一种倒退，这种倒退在想象力的进程中不断扬弃时间条件，并使同时存在成为可直观的。由于时间序列是内感官的一个条件，也是直观的条件，因而总括就是想象力的一种主观活动，通过这种活动想象力对内感官施以强制。想象力在一直观里所总括的量越大，这种强制就必然越明显。因之，把一个衡量巨量的尺度纳入一个单独的直观——把握这个尺度需要相当的时间——的努力是一种表象方式，主观地看，这种表象方式是不合目的的，但客观地看，对于巨量的评估却是需要的，因而又是合目的的：不过在这里，正是主体通过想象力而遭遇到的那种强制，被判断为对于心灵的全部使命是合目的的。

崇高感的质是：与审美判断能力相关的对于一个对象的不愉快的情感，这种情感同时仍被表现为合目的的，这种情况之所以可能，是因为主体自己的无能为力正好显露出那同一主体的一种无限能力的意识，也是因为心灵只能通过那种无能为力而构成后一种能力的审美判断。

---

[1] 超乎寻常的东西原文是Das Überschwinglich，意为“感情奔放的”“过分热情的”，英译为The point of excess（超常之点），俄译为Чрезмерное（过分的）。康德用此词可能是指想象力无力把握的东西。——译注

在对巨量的逻辑评估中，要通过对时空中感性事物的渐近测量来达到绝对总体的不可能性，被认为是一种客观的不可能性，就是说，是一种把无限当作已被给予的而不单是主观的东西来思维的不可能性，亦即一种把握无限的不可能性；因为这里注意的不是在一个作为尺度的直观中总括的程度，而是一切都取决于数的概念。而在一个对巨量的审美评估中，数的概念必然要被消除或改变。对这种评估来说，唯一合目的的是与尺度的单位有关的想象力的总括（巨量概念的产生是渐进的，这种渐进过程有一种规律，这规律的概念就因为审美评估中只有想象力的总括而被避开了）。——如果一个巨量逼近了我们把它总括在一个直观里的能力的极点，而想象力仍被数字的巨量（Zahlgrößen）——我们自己会意识到我们在这方面的能力是无限的——召唤去感性地把它（数字的巨量）总括在一个较大的单位里，这时我们心中就会感到自己被感性地限制在一个范围之内了。但就必须扩大想象力以适应我们理性机能中不受限制的东西，亦即绝对总体的概念而言，那相伴而生的不愉快，也就是想象力机能的不合目的性，对于理性观念及其呼唤仍然表现为合目的的。但正因为如此，审美判断对于作为观念源泉的理性才是主观合目的性的，所谓观念的源泉也就是一种理智性总括的源泉，与这种总括相比一切感性的总括都显得渺小，对象也就被承认是一种带有愉快的崇高，而这愉快只有借助于一种不愉快方才可能。

B

关于自然的力学的崇高

第28节　作为力量的自然

力量（Macht）是一种对于巨大的障碍具有优势的能力。如果它对于自身具有力量的事物的抵抗也有优势，就可叫作威力。在审美判断中被看作力量而对我们又没有威力的自然就是力学性的崇高的。

如果自然应该被我们判断为力学性的崇高的，它就必须显示为引起恐惧的东西（虽然不能反过来说我们的审美判断中一切引起恐惧的对象都被认为是崇高的）。因为在审美判断（无概念的判断）中，对于障碍的优势只能按照抵抗力的大小来评定。但（如果）现在我们努力抵抗的是一场灾难，而且，如果我们发现我们的力量不足以对付这场灾难，它就是一个恐惧的对象。因此，对于审美判断力来说，自然只有在被看作恐惧的对象时，才被认为是力量，因而也才被认为是力学性的崇高的。

但如果我们这样来判断一个对象：即我们只是想象一个场合，在其中我们想要对那对象实行抵抗，同时又认识到一切抵抗都是徒劳的，这时我们就可以把这对象看作是可怕的，而实际上并不对它感到恐惧。有道德的人敬畏上帝，但在他面前并不感到恐惧，因为他根本不必担心会产生反抗上帝和他的训诫的念头。但他又设想这种情况在他身上并不是不可能的，每当念及这种情况，他都把上帝看作是可怕的。

谁感到恐惧，谁就根本不能对自然的崇高做出判断，就像被偏爱和食欲所控制的人不能对美做出判断一样。感到恐惧的人会避开使他畏惧的对象而不敢看上一眼；在真切感到的恐惧之中是不可能发现愉快的。因此，从辛苦劳累中解脱出来的舒适是一种快乐。而由于脱离一种危险而产生的轻松则是另一种快乐，这种快乐含有永不再陷入此种危险的决心；人们甚至不愿回想那种危险的感觉，更不必说寻找机会重历险境了。

陡峭而悬垂的，似乎威胁着人的巨岩，堆集在天穹挟带着电闪雷鸣的乌云，正以毁灭一切的力量喷发的火山，所过之处留下片片废墟的飓风，狂涛汹涌浩渺无涯的海洋，巨流奔泻的高瀑，以及其他此类景象，和它们的伟大相比，我们的抵抗力显得微乎其微。但只要我们处于安全境地，则那些景象愈可怕，就愈有吸引力；而且我很乐意称这些对象为崇高的，因为它们把心灵提高到惯常的平庸尺度之上，并在我们心中激起了另一种完全不同的抵抗能力，使我们有勇气去与大自然表面上的无上伟大较量一番。

在大自然的不可量度性里，在我们的能力不足以获取一个适合于对大自然疆域的巨大作审美评估的尺度这种状况里，我们看到了自己的局限。但同时，我们也发现了另一种非感性的尺度，这种尺度把无限本身作为单位置于自身之下，与这种尺度相比，自然中的一切都是小的，并且在我们心灵之中也发现了甚至超乎无法量度的自然的优越性：同样，自然威力的不可抗拒性也迫使我们认识到作为自然存在物的人类虽然在物理上无能为力，但同时也展露出把我们自己判定为独立于自然的能力，显示了超乎自然之上的优越性，在这优越性之上建立着另一种自我维护，它不同于那种会受到外在自然的侵扰并可能陷入危险的自我维护。在前一种自我维护中，人类不会在我们身上被贬低虽然人类必然不敌自然的伟力。照这样，在我们的审美判断中，自然被判断为崇高的不是因为它引起了恐惧，而是因为它在我们心中唤起了一种力量（不是自然的力量），这种力量会使我们把我们所关心的东西（财富、健康和生命）看得渺小，并且事关我们最崇高的原则以及维护还是放弃这些原则时，不是把自然的伟力（我们无疑要遭遇到这种力量）看作施加于我们和我们的人格上的必须屈从的粗暴统治。所以自然在这里被称为崇高的只是因为它提升想象力去表现那些场面，在那些场面里心灵能够使自己感觉到自己使命的崇高甚至超过了自然。

这种自我敬重并不因如下事实而有所损失，即为了感受到这种令人激动兴奋的愉快，我们必须看到自己是安全的；也就是说不会因为危险是不真实的，我们精神能力的崇高性也可能同样是不真实的，因为这里的愉快只关系到这种场面中显露出来的我们能力的使命，就好像这方面的禀赋就在我们的天性之中；尽管发展和训练这种能力还是我们自己的事情，还是一个有待完成的任务。这里确实存在着真理，不管一个人把他的反思扩展到这里的时候，可能怎样意识到他当下真正的无能为力。

虽然这个原理显得牵强附会和难以捉摸，对于审美判断又显得言过其实：但对人的观察却证明了相反的情况，而且这原理可以成为最普通的判断的根据，尽管人们自己并不是经常意识到这一点。因为，什么才是——甚至对于野蛮人来说——最大的钦羡的对象呢？这就是：一个人不惊慌，不畏惧，也就是不避危险，同时又能以周密的思考精力充沛地去工作。甚至在高度文明的状态下，也仍然存在着这种对战士的崇高敬意。只是人们还要求他同时表现出和平时期的一切德行，如温和、同情心，甚至还有对自己人格应有的细心警醒；这正是因为在这里我们才能认识到他不避危险坚韧不拔的精神。因此，在政治家和将军相比哪一种人更应受尊敬这个问题上，尽管人们还有很多争论，但审美判断却肯定了后者。甚至战争，如果它是为了秩序和对公民权利的神圣尊重而进行的，本身也会具有某种崇高性，同时，为此而战的民族所遭遇的危险越多，越能在危难中维护自身，这个民族的精神风貌也就越显得崇高；反之，长期的和平则会使纯粹的商业精神以及卑微的自私自利、怯懦和软弱到处泛滥，会使民族的精神风貌日益败坏。

这里把崇高归于力量，对崇高概念的这种解释似乎与以下事实相冲突：我们习惯于设想在雷雨中，在暴风中，在地震中，在一切这类现象中，上帝是在显示他的狂怒，但同时也是在显示他的崇高，而在这里想象我们的心灵对于这些现象具有优越性，甚至想象对于这种威力的意图似乎也有优越性，那就是一种愚蠢，也是一种亵渎。在这里成为心灵情调的似乎不是对我们自己本性的崇高感，而是屈从、沮丧和完全软弱无力的感情，这种心灵情调才与这类对象的表征相适应，并且常常在同类的自然事件中与对象的观念相联系。在宗教里，一般来说五体投地、俯首跪拜、以悔恨恐惧的态度和声音面对上帝，似乎是唯一合适的举止，因此这类举止就被世界上大多数民族所采用，并一直保持着。只是这种心灵情调还远未与一种宗教的崇高理念以及宗教对象本身的理念必然地结合在一起。一个真正处于恐惧中的人，他在自身内部发现了恐惧的根源，他意识到以他卑鄙的信念去对抗一种威力，而这种威力的意志是不可抗拒的，同时又是正义的，这时他完全不能处于一种惊赞上帝之伟大的心情之中，因为这种惊赞需要一种静观的心境和完全自由的判断。只有在他意识到自己真诚、虔敬的信念时，那威力的作用才能在他心中激起对那些存在物的崇高观念，因为他认识到自己身上存在着与上帝的意志相符的信念的崇高性，因此他把自己提高到对自然的这种威力的恐惧之上，不再把自然的威力看作上帝怒气的爆发。甚至谦卑——这是一个人对自己缺点的严厉的评判，而这些缺点通常在意识到自己的善良信念时能够很容易以人类本性的脆弱来掩饰——也是一种崇高的心灵情调，是一种自愿地承受自我责备的痛苦的心灵情调，而自我责备有利于渐渐地消除产生那些缺点的根源。宗教只有以这种方式才内在地把自己同迷信区别开来，迷信不是以心灵之中对崇高的敬畏为基础，而是建立在对于具有无比威力的存在物的惊恐与惧怕之上，受了惊吓的人看到自己屈从于那威力无比的存在者的意志，同时对他（指上帝。——译者）却并不十分尊重；由此只能产生乞怜和谄媚，而不会产生一种旨在善行生活的宗教。

崇高性并不存在于任何自然事物之中，从我们能够意识到我们超越于自己内部的自然并因而超越于外部的自然（就其对我们发生影响而言）这个视角来看，崇高性只存在于我们的心灵里。一切在我们心中激起这种情感的东西——向我们的力量挑战的自然威力就属于这一类——才能被称为崇高的（尽管不是在本来意义上）。只有在我们心中的这种观念的前提下，在与这种观念相关时，我们才能达到那种存在物的崇高性观念，那种存在物在我们心中激起深深的尊敬之情并不仅仅是通过在自然中显示出力量，更多的是通过植根于我们心中无恐惧地评估那种力量的能力，也就是把我们的使命想象为超越于那种力量的能力。

第29节　对自然界的崇高判断的模态

存在着无数的美的自然事物，关于这些事物我们直接要求每一个人都赞同我们的判断，而且我们可以期望这种一致性而不致出大错；但在对自然界的崇高下判断时，我们却不能轻易地指望别人的赞同，因为在崇高的判断中，似乎不仅要求审美判断力有更高的修养，而且要求作为基础的认识能力的高度修养，这样才有可能对自然对象的这种优势做出一个判断。

对于崇高感的心灵情调要求有一种对于观念的敏感性；因为正是在自然对于观念的不适应性中——因而也就是只有在那种敏感性的前提下，在想象力努力把自然用作观念的图式的前提下——存在着对于感性具有威慑力的东西，这种东西同时对我们又具有吸引力，因为那是理性施加于感性的威力，目的是按照理性本来的领域（实践领域）来扩大感性，并使感性超越自身去瞻望无限，对于感性来说无限乃是一处深渊。实际上，如果没有发展到一定程度的道德观念，我们受过文化教养的人称为崇高的东西，对于粗野的人来说只会显得可怕。他在自然显示其破坏性的暴力时，在自然伟力——与这种力量相比他自己的力量会消失得无影无踪——的巨大规模上面，将只看到艰难、危险和困苦包围着陶醉于其中的人们。因此那善良单纯同时又通达事理的萨沃伊农民（如索绪尔[1]先生所说）不假

[1] 索绪尔：指贺拉斯-本尼迪特·索绪尔（Horace-Bénédict de Saussure, 1740—1799），瑞士哲学家和物理学家，系语言学家费迪南·索绪尔（Ferdinand de Saussure, 1857—1913）的曾祖，写有《阿尔卑斯山游记》（*Voyages dans les Alpes*），其中记叙了阿尔卑斯山的地理和地质情况，萨沃伊（Savoy）就是阿尔卑斯山脉中的一个地区，位于法国和意大利边界，现在大部分属于法国。——译注

思索地把所有的爱好雪山的人称为傻瓜。当那些参观者像大多数游客通常所做的那样，只是由于爱好，或者为了有朝一日能够写出有关那种景色的感人文章，就甘冒这里所遇到的危险时，谁又能说他完全没有道理呢？不过索绪尔的意图却在于给人们以教导，提高心灵的情绪，而这正是这位卓越的人物额外给予他的游记的读者们的。

对自然界崇高的判断需要文化修养（比对美的判断所需要的更多），但并不因此首先就是由文化产生出来的，也不是由纯粹的习惯引入社会的，而是在人类天性里有其根源。在具有健全理智的人期望每一个人都具有的并且可以向每一个人要求的东西之中有其根源，这种东西就是对于（实践的）观念情感的天赋能力，亦即对于道德情感的天赋能力。

他人对于崇高的判断与我们的判断互相一致的必然性就以此为基础，我们自己的判断就包含着这种必然性。因为正像我们指责某一个人，那个人在对于我们认为美的对象下判断时态度漠然，我们就说他缺乏鉴赏力：那么对那个面对我们判定为崇高的对象而无动于衷的人，我们也可以说他没有感情。我们要求每一个人都有鉴赏力和感情，如果一个人有些文化，我们就假定他具有这两种素质；只是要有这样一种区别，那就是在第一种情况（对美的判断）下，因为判断力在其中只把想象力联系于作为概念能力的知性，我们就直截了当地要求每一个人都要有鉴赏力；而在第二种情况（对崇高的判断）下，因为判断力在其中是把想象力联系于作为观念能力的理性，我们就只是在一种主观的前提下（对于这种前提我们相信我们有正当理由期待于每一个人）要求每个人都要有感情，也就是在人心中的道德感情的前提下提出这种要求的。[1]

由于这种设定，我们也把必然性赋予后一种审美判断（指对崇高的判断。——译者）。

在审美判断的这种模态里，亦即在审美判断所妄称的必然性的模态里，存在着判断力批判的一个最重要的要点。因为正是这一要点使一个先验原理在审美

[1] 这里前后出现了两个“感情（Gefühl）”，前一个带加重号的在原文中用的是斜体字，康德用它来表示鉴赏性的情感素质，是欣赏崇高的主观条件，没有加重号的“感情”是指属于实践理性的道德感情，它高于鉴赏性的感情，所以才能说在道德感情的前提下要求每个人都有感情。——译注

判断中显现出来，并把审美判断从经验心理学中提升出来——在经验心理学中，审美判断常常被埋葬在快乐与痛苦的情感之下（只是附带一个什么也说明不了的修饰语——精细的情感）——以便把它们并借助于它们把判断力本身安放进以先验原理为基础的那类判断中去，作为这样的一种判断，它们又被拉进超验哲学中去。

对于审美的反思判断力的说明的总注

在与愉快的情感相关时，一个对象或者被归于舒适，或者被归于美，或者被归于崇高，或者被归于善（绝对地）（用拉丁文来说就是iucundum, pulchrum, sublime, honestum）。

作为欲求的动机，舒适无例外地属于同一种类，不管它是从何而来，也不管其表象（客观地看，是感官的和知觉的表象）可能怎样地各不相同。因此，在判断舒适对于心灵的影响时，事情只与刺激的量（同时的和相继的）相关，而且似乎只关系到舒适感觉的强度；同时舒适感觉只能通过量使自己被感知。舒适无助于我们的教养，它只属于单纯的享受——与此相反，美却要求对象的某种质的表象，这种质也能使自己被了解，并被归于概念，（尽管在审美判断中是不能把表象归于概念的）；而且由于它同时也教导我们注意愉快情感中的合目的性，因而也教养着我们——崇高只存在于那样一种关系里，在这种关系里自然表象中感性的东西被判定为对于一种可能的超感性使用是适应的——绝对的善，主观地按照它所引起的情感而判定的绝对的善，（道德情感的对象）作为主体能力的可规定性——这种可规定性是借助于一种绝对强制性的规律的表象而产生的——首先是由于一种基于先验概念的必然性的模态而使自己与众不同，这种必然性不仅含有每个人都要赞同的要求，而且含有每个人都要赞同的命令，它本身不属于审美判断力，而是属于纯粹理智的判断力。[1]此外，它不能被归于自然，而是要归于

[1] 这一句括号中的“道德情感的对象”指的就是善的行为，“主体能力的可规定性（die Bestimmbarkeit der Krafte des Subjects）”指的是道德情感，与善有关的主体能力是理性，理性通过各种规律而使自己具有规定性，有一种规律，它就有一种规定性，可由这种规律所规定，也可由那种规律所规定，所以说它有一种“可规定性”。如果主体能力被一种绝对强制性的规律（绝对命令，道德律令）的表象所规定，就有了很强的必然性。——译注

自由，而且不是在一个单纯的反思判断中，而是在规定的判断中。但通过由这种观念而来的主体的可规定性，更确切地说是那样一个主体的可规定性，这个主体可能在自身感觉到感性方面的障碍，但同时由于克服了那种感性障碍而感觉到作为他自身状态之变体的对于感性的优越性，这种可规定性，换言之，就是道德情感，它仍然同审美判断力及其形式条件如此相近，以至于它可以把出于义务的行为的合规律性同时作为审美的，亦即作为崇高的或者作为美的表现出来，而不损害它的纯粹性：如果人们想把它与舒适的情感置于自然的联系之中，那么这种结果就不可能了。

如果我们要从以上对两种审美判断的说明中引出结论，那么就会从中得到如下简短的解释：

在单纯的判断中（因而也就不是借助于感官感觉按照一个知性概念而下的判断）使人愉快的东西是美的。由此直接就可推论出：它必然是不凭借任何概念而令人愉快的。

通过其对于感官兴趣的抵抗直接令人愉快的东西是崇高的。

对于审美的普遍有效的判断的这两种解释都关联到主观的根据，那就是说，一方面（对于美的判断）是感性的根据，这是就其有利于知性的静观而言；另一方面（对崇高的判断）则与此相反，那主观的根据在其与感性的对抗中对于实践理性的目的是适应的。但这两个方面在同一主体中仍是结合在一起的，在对道德情感的关系中都是合目的性的。美促使我们准备好去热爱某些事物，甚至自然，而又没有任何利害关系；崇高则促使我们准备好去崇敬某些事物，这甚至要违反我们的（感性）利益。

我们可以这样来描述崇高：它是一个（自然的）对象，这一对象的表象决定心灵把大自然的不可企及性当作观念的表现来思考。

准确地说并且逻辑地看，观念是不可能被（直观地）表现出来的。但是，如果我们为了直观自然而扩展我们的经验表象能力（数学的，或者力学的），那么理性就不可避免地要加入进来，它作为关系到绝对总体的独立自主的能力，还会唤起心灵努力去使感性表象适应这一总体，虽然这是徒劳无益的。这种努力和通过想象力无法达到观念的情感，本身就是我们心灵的主观合目性的一种表象，这种表象是在想象力运用于心灵的超感性使命时产生的。同时，这种努力和情感又迫使我们主观地把总体中的自然本身当作某种超感性之物的表象来思考，而不能客观地实现这个表象。

因为我们很快就会看到，空间和时间中的自然完全不能达到无条件的东西，也就是不能达到绝对的大，而这绝对的大正是最普通的理性所渴望的。正因为如此，我们也被提醒，我们只是和作为现象的自然打交道，而现象又必须被看作自然本身的单纯表象（自然本身存在于理性观念之中[1]）。这种超感性观念——虽然我们不能进一步规定它，也就是不能把自然当作观念的表象来认识，而只能对其思维——通过一个对象在我们心中被唤起，对这一对象的审美评判驱使想象力达到极限，这或者是就其扩张而言（数学的），或者是就其超越于心灵之上的力量而言（力学的）。因为想象力以心灵的一种使命感为基础（也就是以道德情感为基础），而心灵全然超越自然领域，对象的表象与心灵联系起来才能被判断为主观合目的性的。

实际上，一种对于自然的崇高的感情是很难想象的，除非这种感情是与一种类似于道德的心灵情调结合在一起。而且，虽然对自然美的直接愉快同样也预先设定并培养起某种思考方式（Denkungsart，也有精神境界之意。——译者）的自由，也就是说使我们的快乐脱离了单纯的感官享受，但由此表现出来的更多的是游戏中的自由，而不是在一种谨守规律的事业之下的自由，后者正是人类道德的真正特质，在道德方面理性必须把它的威力施加于感性。只是在对于崇高的审美判断中，这种威力显得像是通过想象力自身——作为理性的工具——而实现的。

因此，对于自然的崇高的愉快只是消极的（与此不同，对美的愉快是积极的），这就是说，这是一种想象的自由被它自己所剥夺的情绪，因为它是按照与它被用于经验时的那种规律不同的另一种规律被确定为合目的性的。由此它获得了一种扩展和势力，这种势力大于它所牺牲的，这种势力的根源对于想象力自身也是深藏不露的，作为补偿，它感觉到了牺牲或者被剥夺，同时也感觉到了它对之屈服的原因。观赏者在观看直刺青天的群山，无底深涧，涧中翻腾汹涌的激

[1]“自然本身”的原文是Natur an sich，与物自体（Ding an sich）的表达法是一样的，“自然本身”表示的是现象或表象背后的超感性本体，不能直观，不能认识，只是理性思维的结果，所以说“存在于理性观念之中”。——译注

流，浓重的阴影遮蔽着的惹人忧思的荒原，以及同类的景色时，就陷入因害怕而产生的惊奇、恐惧和神圣的战栗之中，如果观赏者确信自己处于安全境地，这一切都不会是真正的恐惧，只是一种企图，使我们以想象力深入那种境界，以便感受这同一种能力（想象力）的力量，这种力量会把由此引起的心灵的运动与心灵的恬静结合在一起，这样就能超越我们自身内部的自然以及外在于我们的自然，这当然是就这两种自然都可能对我们的幸福感产生影响而言。因为想象力按照联想律使我们的满意状态依赖于物质条件。但当想象力按照判断力的图式化原理而活动时（因而也就是在它从属于自由的范围内）却同时就是理性及其观念的工具，而作为这样的一种工具，它也是一种使我们在自然的影响面前保持独立的力量，也是一种把在自然范围内显得大的东西看得渺小的力量，从而也是把绝对大的东西安放在他（主体）自己的使命之中的力量。审美判断的这种反思把自己提升到与理性相适应的程度（但又没有确定的理性概念），又由于想象力即使尽最大努力客观上仍不适应理性（作为观念能力）的要求而把对象表象为主观合目的性的。

这里我们必须注意前面已经提到的情况，即在判断力的先验美学中必须只讨论纯粹的审美判断，因而就不可以从自然界那些以一个目的概念为前提的美的对象和崇高的对象中选取例证，因为那样一来合目的性就或者是目的论的，或者以一对象所引起的单纯感觉（快乐或痛苦）为基础，于是在前一种情况下就不是审美的合目的性，第二种情况下则不仅仅是形式的合目的性了。因此如果我们把布满星辰的天空称为崇高的，那我们就不可把这个判断建立在关于某些世界（那些世界里居住着有理性的生物，我们所看见的布满我们头上的空间的闪闪亮点乃是那些世界里众多的太阳，正在按确定的圆周运动）的概念之上，而是仅仅把天空看成一个包罗万象的辽阔的穹窿；我们必须把崇高性置于这种表象之下，崇高性是一个纯粹的审美判断赋予这个对象的。正因为这样，在观看海洋的景象时，我们不能根据充满头脑的各种各样的知识（这些知识并不是得自直接的直观）去思考它，把它看成一个生活着水生动植物的广大领域，或者一个巨大的水库，从中蒸发出蒸汽，蒸汽变成含水的云雾充塞空气，使大地富饶，或者把大陆和大陆分割开来的间隔，但同时又使大陆之间最大规模的商业往来成为可能——因为我们这样思考海洋时得到的只能是目的论的判断。与此不同，我们在观赏海洋时，必须像诗人那样根据眼睛所看到的印象，在风平浪静之时把它看作以天为边的一面水的明镜，在风起涛涌之时则把它看作要吞掉一切的旋转着的深渊，这样才能领略它的崇高性。对人类形体上的崇高和美也可以这样说。在这里，为了追溯判断的根据，我们切不可求助于由他的四肢所促成的目的概念，也决不能允许与这些目的的一致性影响我们的审美判断（那样一来就不再是纯粹的了），虽然不与这些目的相矛盾肯定也是审美愉快的必要条件之一。审美的合目的性是判断力在其自由中的合规律性。我们在对象上感到的愉快依赖于我们愿意把想象力置于其中的关系，而且这还要有一个附带的条件：想象力为了自己而维持着心灵的自由活动。另一方面，如果其他某种东西——不管它是感官感觉还是知性概念——决定了判断，那么，虽然它是合规律性的，却不是一种自由的判断力的判断。

因此，如果我们谈论理智的美或崇高，那么，首先，这种表述是不完全正确的，因为美或崇高是审美的表象方式，当我们处于纯粹的理智状态（或者如果我们在思想中把自己放在这种状态里）时，我们心中根本不会有这样的表象方式；其次，虽然理智的美和崇高两者作为理智的（道德的）愉快的对象，在不依赖任何利害关系的范围内都可能与审美愉快一致，但在它们与这种愉快相结合方面仍然存在着一种困难，因为它们的作用在于引起一种兴趣，而且，假设那表象应该与在审美评价中的愉快相一致，这种兴趣就只能通过一种在表象中与之相连的感性兴趣来实现了。但这样一来理智的合目的性就要受到损害，显示出不纯粹的性质。

纯粹而无条件的理智愉快的对象是正在展示其威力的道德律令，这种威力是道德律令在我们心中施加于一切先行的心灵动机之上的。而且，由于这种威力只能通过牺牲（Aufopferung）对我们显示为感性的（这包含着某种东西的丧失——虽然是为了内在的自由——同时也在我们心中揭示出这种超感性能力的一种不可窥测的深度，其影响伸展到肉眼所能见到的范围之外），因而这种愉快从审美方面看（与感性相关）就是消极的，也就是违背那种兴趣，但从理智的角度看，这种愉快又是积极的，并和一种兴趣相结合。由此可以得出结论：理智的，本身合目的性的（道德的）善，从审美角度来判断，就不能只被表现为美的，而是更要被表现为崇高的，因为它所唤起的崇敬感（这种情感是蔑视魅力刺激的）

要比爱和亲密的好感要多得多，因为人类的本性不是出于自身，而只是通过理性对感性所施加的强制才与那种善协调一致的。反之，在我们身外的自然中，或者在我们内部的自然中（例如某种情绪），我们称之为崇高的东西，只能被表象为一种能通过道德原则克服某些感性障碍的心灵力量，并因此而成为有趣味的。

我必须对上述最后一点再稍作说明。带有激情（Affect）的善的观念称为热情。这种心灵状态看来好像是崇高的，甚至有一种流行的说法，说如果没有它（热情）任何伟大的事业都办不成。但一切激情[1]都是盲目的，无论是在它选择目标时，还是在它通过理性获得了目标而要去实现这目标时都是如此。因为它是这样的一种心灵活动：它使得自由地思考基本原理以便按照它来规定自身成为不可能。因此激情无论如何称不上是一种理性的愉快。从审美角度看，热情还是崇高的，因为它是由观念唤起的一个人的力量的亢奋，这亢奋给心灵一种推动，这种推动比由感性表象而来的冲动远为有力，效验也更加持久。不过（看来很奇怪）甚至一个坚定地追随其永恒原则的心灵中的冷漠（Apatheia, Phelegma in significatu bono——不动感情，善意的冷漠）也是崇高的，而且是远为卓异的一种崇高，因为它同时具有纯粹理性的愉快。这样的一种心灵状态只能称为高贵：这个词以后也要被用于其他事物如建筑物，一件衣服、书法、体态等，如果这些东西不仅引起惊奇（出乎意料的新奇表象所引起的情绪），而且引起赞叹（这也是一种惊奇，它在新奇感消失时也不泯灭），当诸观念非故意地、自然地在其表象中与审美愉快协调一致时，这种情况就会发生。

每一种**刚毅强烈**的（wackern）激情［即唤起我们意识到自身的力量去克服一切障碍的激情（animi strenui——奋发的活力）］在审美方面都是崇高的，例如愤怒，甚至绝望（几乎失去希望，但不是丧失勇气）。但**疲软**的（schmelzenden）情绪［这种情绪把抵抗的努力本身转变为不愉快的对象（animum languidum——

[1] 激情和狂热之间有明显的差异。激情只与感情有关；狂热则属于欲求能力，而且是一种倾向，这种倾向使一切通过原则来规定任意性（Willkull）的可能性受到妨碍或者成为不可能。激情是冲动而未经深思的，狂热则是持久而经过思虑的；因此不满作为愤怒是一种激情，而作为仇恨（复仇的欲望）则是一种狂热。狂热永远而且在任何情况下都不能称为崇高的，因为心灵的自由在激情中尽管受到了妨碍，但在狂热中却被消解了。——原注

疲软的精神）］本身却没有任何高贵的东西能够被归于气质品性的美。因此那些有可能强烈到成为激情的感动之间也有很大的差异。有些人会产生*无畏*的感动，另一些人则会产生柔弱的感动。如果柔弱的感动上升到激情，那是完全没有用处的；沉迷于这种激情的倾向称为*感伤*。一种同情的悲伤——这种悲伤不愿被人安慰——或者，如果这悲伤关系到的是虚构的祸事，对于这虚构的祸事我们故意让步，以致允许我们的幻想欺骗我们，把那祸事想象为真实的，这就会证明并造就一个温良的但同时又是软弱的灵魂，这种灵魂显示出一种美的方面，而且无疑可以被称为美的，但决不能称作热情的。浪漫的传奇故事，感伤的戏剧，肤浅的布道，等等，都玩弄所谓（虽然是虚假的）高贵的思想信念，而实际上却使心灵萎靡衰弱，对严格的义务准则失去敏感，使人不再能够敬重我们人格中人性的尊严和人类的权利（这是与人类的幸福欢乐完全不同的东西），一般来说也不再能恪守一切永恒的原则。甚至一次宗教说教，它劝告人们匍匐在地，可怜巴巴地去乞求恩惠、阿谀奉承，放弃我们固有的抵抗心中丑恶的能力的信心，以取代力图用我们即使在最脆弱之时仍然残存的力量去克服各种癖好的坚定决心；那虚假的谦恭，它把自我蔑视，假装出来的哀伤的懊悔和一味忍受痛苦的心灵状态看作一种取悦于最高存在者的方式，这样的谦恭甚至不能与可算作美的事物为伍，更不要说算作崇高的事物了。

就是那些强烈的心灵活动，即使它们可能在感化的名义下与宗教观念相结合，或者仅在文化的范围内与包含某种社会利益的观念相结合，如果它们不能留下一种心灵情调——这种心灵情调影响到（虽然只是间接地）纯粹理智的合目的性所具有的东西（超感性的东西）之中坚强和果敢的意识——那么不管它们能把想象力扩展到什么程度，都不能要求有一种崇高表象的荣誉。因为否则所有这一切*感动*就只能属于人们为了健康而愿意有的*活动*。随着这样一种由激情的活动所造成的震撼而来的令人舒适的疲倦，是由我们自身内部各种生命力恢复起来的平衡而产生的健康的享受。最后，这种享受只能归结于东方的酒色之徒在叫人按摩身体，轻柔地按压和折屈所有的肌肉和关节时的那种感觉；只是在前一种情况下，引起活动的原则绝大部分在我们自身之内，而在后一种情况下却与之相反，那活动的原则完全外在于我们。于是有些人就使自己相信受到一种布道词的启发，而这种布道词却空无一物（没有任何善的原则体系）；或者在他只是因幸运地摆脱了寂寞烦闷而快活时，却使自己相信因为看了一出悲剧而变得更加高尚。因而崇高必须时时与我们的精神境界相联系，也就是与一些准则相联系，这些准则会使我们本性的理智方面和理性观念获得超感性的优势。

我们不必担心崇高感会因为这类对于感性的东西完全消极的抽象的表象方式而受到损害。因为想象力虽然在它可以安身立命的感性世界之外什么也不能发现，但感性障碍的消除使想象力产生了一种不受限制的感觉，而正是这种障碍的消除成了无限性的一种表象，虽然这种表象永远只能是消极的，但它仍然能扩展心灵。也许在犹太法典里没有什么比如下命令更崇高的地方了：你不应为自己制作偶像，也不可创造什么来比喻天上的东西，或者地上的东西，或者地下的东西。只有这种命令可以解释犹太民族在进入文明时代之后，把他们的宗教与其他民族相比较时，对自己宗教所产生的热情，或也可解释穆罕默德的宗教所激起的那种自豪感。同样，对于道德律令的表象和我们心中的道德禀赋也可以这样说。有一种忧虑：如果我们剥夺道德性中一切能诉诸感性的东西，那么它自身就只能是冷酷的、死气沉沉的赞同（Billigung），不再有任何动人的力量和感情，这种忧虑是完全没有理由的。情形正好相反：因为在感官什么也看不到的地方，在不能被误解的又不可磨灭的道德观念依然存留之时，更需要缓和那不受限制的想象力的亢奋，不让它高升到热情的程度，而不是因为害怕这些观念虚弱无力就设法以形象和幼稚的玩意儿来帮助它们。因此有些政府也乐于允许宗教大量置办这类附属物件，想以此减轻臣民的劳苦，但同时又使他们丧失把他们的精神能力提高到强加给他们的限制之上的能力，这样对这些无能为力的人的统治就会更加容易。另一方面，这种纯粹的，使精神变得崇高的，同时又仅仅是消极的道德性的映象不带有任何迷狂的危险，迷狂是一种妄想，这种妄想意欲窥见超越一切感性界限的东西，也就是依据原理去做梦（以理性来发狂）。崇高的道德表象的消极特征正好可以用来防止那种迷狂。因为自由观念的不可思议性截断了一切通向积极表象的道路。但道德律令本身是我们心中的规定性的充足的始基的源泉：因此它不允许我们在它之外去寻觅一种规定根据。如果热情（Enthisiasm）可以与疯狂（Wahnsinn）相比，那么迷狂（Schwarmerei）就可以同狂谵（Wahnwitz）相比。其中的后者（狂谵）是一切东西中最不能与崇高和谐共存的，因为它从根本上说就是荒唐可笑的。在作为激情的热情里，想象力是没有节制的；在作为一种根深蒂固的，郁闷的狂热的迷狂里想象力是无规则的。第一种是短暂的偶然情况，最健全的知性有时也会碰到；第二种是使人错乱的疾病。天真淳朴（非技艺的合目的性）似乎是崇高中的自然风格，也是道德中的崇高风格，而道德就是第二（超感性的）自然，关于第二自然我们只知道一些规律，却不能通过直观达到我们内部的超感性能力，这种能力包含着这种立法的根据。还要指出，虽然对美和崇高所感到的愉快不仅由于普遍可传达性而与其他感性判断有明显的区别，而且由于这种性质在社会（在社会里它可以传达）里获得了一种兴趣。不过尽管如此，我们还是必须注意如下事实，即与一切社会相脱离被视为某种崇高，如果这种脱离是以超越一切感性利益的观念为基础的话。由于可以自我满足，对于社会无所求，并不是不爱交际，即不是逃避社会，这类行为也与崇高相近，就像一切超脱需要的行为那样。反之，因为仇视人类就厌世，由于厌世就逃避人类，或者因为把人类当作敌人而惧怕，由于惧怕就得了恐人症（Anthrpophobia），于是也逃避人类，这就又可恨，又可鄙。还有一种厌世（这个术语很不恰当），在许多心地纯良的人中常常可以发现这种倾向，而且随着年龄而增强，就对人类的善意而言这种厌世情绪无疑还是足够慈悲的，但由于长期的悲苦经验而远离了在人类之中的快乐，由此就产生了隐居独处的倾向，产生了对于一种幽静庄园的幻想的愿望，或者（这表现在年轻人身上）梦想能在有生之年带着他的小家庭到一个世人不知的小岛上去享受安乐，鲁滨孙式的小说家或诗人很善于利用这些材料，在这一切之中我们看到了厌世的证据。虚伪欺诈，忘恩负义，邪恶顽劣，对我们自己认为重要而伟大的目的的幼稚轻率，在追求这种目的的过程中，人们互相之间所施加的一切能想象出来的恶行，凡此种种都是和人们只要愿意就能修成的人性的观念相矛盾，而且和想看到它们日益改善的热烈愿望相违背，以致为了不痛恨它们——人们不可能爱它们——放弃一切社交的快乐似乎是一种微不足道的牺牲。这是一种悲哀，这种悲哀不是对于命运所加于人们的灾祸的悲哀（这种悲哀的原因是同情），而是对于人们自己招致的灾祸的悲哀（这种悲哀源于原则意义上的反感），这种悲哀是崇高的，因为它以观念为基础，而因同情他们的灾祸而产生的悲哀则只能被认为是美的——前面提到的那位既有才智又仔细认真的索绪尔在他的《阿尔卑斯山游记》中谈到“邦豪姆（Bonhomme）”——萨沃伊群山中的一座山峰时说：“那里弥漫着一种枯燥乏味的悲哀。”这样看来他也可能感受过一种有趣味的悲哀，荒野的景象就会引起这种悲哀，人们可以设想自己身临其境，以求世事不入于耳，这种地方肯定是完全不适于居住的，只能为人提供一个极其可怜的避难所——我作此说明只是为了提醒：如果忧郁（不是沮丧的悲哀）有其道德观念方面的根据，也可能被归于强有力的情绪；但如果它是基于同情，同时又是可爱的，它就只能属于故作感伤的情绪。指出这一点是为了引起人们注意，只有前一种情况下的心灵情调才是崇高的。

* * *

现在关于审美判断的先验说明业已完成，我们可以把这种说明与博克以及我们中间许多思想敏锐的人士所作的生理学的说明作一比较，看一看对崇高和美的纯经验解释会把我们引向何处。博克[1]，这位先生在这类处理方式中可称最优秀的作者，他以如下论述得出结论（见他的著作223页）：“崇高感基于自我保护的冲动，基于恐惧，亦即一种痛苦，因为这种痛苦不会导致肉体部分的真正损害，就唤起一些活动，这些活动由于从较细或较粗的脉管里清除危险的沉滞的阻塞物，因而会引起舒适的感觉，但不是愉快，而是一种令人快活的战栗，一种与恐怖混在一起的沉静。”至于美，他把它置于爱的基础之上（他要把欲求和爱区别开来），并把它归结为（251—252页）“肉体纤维的松弛，缓和与削弱，也就是在快乐面前的一种软化，放松，疲惫，一种倾倒，寂灭，融溶”。证实他这种解释方式的，不仅有那些情境，其中想象力与知性相结合，可激起美感和崇高感，而且还有如下情境，其中想象力与感官感觉相结合也能激起美感和崇高感——作为心理学的解释，对于我们心灵现象的这些分析是极为精细的，而且为经验人类学的令人喜爱的研究提供了丰富的资料。不过此外也不能否认如下事实，即我们心中的一切表象，不管它们客观上是单纯感性的，还是完全理性的，在主观上仍然都可与快乐或痛苦相结合，无论这两者多么不易察觉（因为它们全都能影响到生命感，而且就其是主体的一个变态而言，其中每一个都不可能是无关紧要的）。我们甚至必须承认，如伊壁鸠鲁所主张的那样，快乐和痛苦即使是从想象或者甚至从知性表象开始的，归根结底总也还是肉体性的，因为如果没有

[1] 根据他的著作的德文本：《对于我们关于美和崇高的概念的起源的哲学研究》，里加·哈特诺赫出版，1773年。——原注

任何身体器官的感觉，生命就将是一个人的存在的单纯意识，而不是舒适或不舒适的感觉，即促进或阻碍生命力的感觉；因为唯有心灵本身是全部生命（生命原则本身），对它的阻滞或促进必须到心灵之外去寻找，到人自身内部去寻找，也就是到心灵与肉体的结合中去寻找。

但如果我们把对于对象的快乐完全归于对象通过刺激或通过感动而引起的满足，那么我们肯定就不能指望任何其他人赞同我们所下的审美判断；因为对于满足每个人都有权只问他个人的感官。但这样一来一切对趣味的检查都将完全停止；除非把他人由于有人对他们的判断的偶然赞同而举出的例证当作我们必须同意的命令。不过我们大概会反对这种原则，还要诉诸我们天赋的权利，要求使依赖于个人直接的舒适感的判断服从自己的感官，而不是服从他人的感官。

因此，如果我们认为鉴赏判断有权要求每一个人都赞同，这种判断就不能是一己独有的（egoisttisch），而必须按其内在本性，亦即由于其自身而不是由于他人根据自己的鉴赏所提出的例证被承认为对多数人有效（pluralistisch），那么它就一定要有某种（不管是客观的还是主观的）先验原理作基础，对于这种原理，我们永远也不能通过探究心灵中所发生的变化的经验规律来达到。因为这类经验规律只能给出我们如何判断的知识，并没有给予我们应该如何判断的命令，而且更重要的是，这种命令是无条件的；同时这种命令被设定为鉴赏判断的前提条件，由于它们要求快乐是直接与一个表象联系在一起的。因而，虽然审美判断的经验解释可以充当为更高级的研究积累材料的第一步，对审美判断力的先验考察仍然是可能的，而且这种考察本质上就属于鉴赏的批判。因为如果没有先验原理，鉴赏力就不可能参与对他人的判断的评价，对这些判断也只能以某种权利的假象来做出赞扬或否定的判决。

审美判断的分析的其余部分首先包括以下方面：

纯粹审美判断的演绎

第30节　对于自然对象的审美判断的演绎，不能指向自然中被称为崇高的东西，而只能指向美的东西

审美判断是必须以某种先验原理为基础的判断，这种判断要求对每个主体

都普遍有效，而这样的要求需要一个演绎（即证明其无理要求的合法性），在事关对象形式方面的愉快或不愉快时，这种演绎一定要成为对于审美判断的说明的一部分。对于自然美的鉴赏判断正是这样。因为在这里合目的性在客体及其形态中有基础，虽然它（合目的性）并不表明这个客体与其他对象有一种概念性的关系（那属于认识判断）；而是在对象形式在我们心里显示出既与概念能力相适应又与表现概念（这与把握概念是同一的）的能力相适应时，只与对形式的把握有关。因此在涉及自然美时我们也可以提出一些有关其形式的合目的性的根源的问题：例如，我们当如何解释大自然竟是如此慷慨地到处展示出美质，甚至在海洋深处，人类的眼睛难以看到的地方（只有对人的眼睛美才是合目的性的）也是如此？

而那自然的崇高——当我们对它下一个不与作为客观合目的性的完善性概念相混杂的纯粹审美判断时，因为完善性的概念会使判断成为目的论的——可以完全被视为无形式或无具体形态但仍是一个纯粹愉快的对象并显示出当下表象的主观的合目的性；这样就出现了一个问题：除了对这样一种审美判断里被思考的东西的解释之外，它是否还要求加上一个基于某种（主观的）先验原理的演绎。

对此我们可以这样来回答：把自然称为崇高是不恰当的，从根本上说，只能把崇高归于精神境界，或者更准确地说，应把崇高归于人类本性中精神境界的根源中去。对于一个通常无形式的、不合目的对象的把握只能提供一个机会，使我们意识到这种根源；在这种方式里，对象在主观合目的性的意义上被利用了，但它不是因其自身和它的形式而被判断为主观合目的性的（gleichsam species finalis accepta, non data——被当作合目的的东西来接受，并非真的合目的）。因此我们对于自然界崇高的判断的解释同时是对这种判断的演绎。因为如果我们分析那些解释里面的判断力的反思，我们就会发现其中有一种诸认识能力的合目的性的关系，这种关系必须先验地被当作目的能力（意志）的基础，因而是先验地合目的的：这当然立刻就已经包含着演绎，也就是包含着对于这类判断对普遍必然的有效性的要求的辩护。

因此我们可以把我们的探讨限制在鉴赏判断的演绎上，也就是限制在对于自然事物的美的判断的演绎上，而这对于全部审美判断力的问题也是一个令人满意的处置。

第31节　鉴赏判断的演绎的方法

一个演绎的任务，也就是要保证一种特殊判断的合法性的任务，只有在这种判断提出必然性的要求时才会出现。在判断要求主观的普遍性，也就是要求人人都赞同时，也会产生演绎的任务，虽然这判断不是认识判断，而仅仅是一种对于给定对象的愉快或不愉快的判断；这样就出现了使主观合目的性对每个人都普遍有效的无理要求，这种主观的合目的性不应建立在任何有关事物的概念上，因为这只是鉴赏判断。

因为在后一种情况下，我们讨论的不是一个认识判断，既不是以知性所提供的一般的自然概念为基础的理论判断，也不是以理性先验地给予的自由观念为基础的（纯粹的）实践判断；因而既不是表达一个事物为何的判断，也不是规定我为了把某物产生出来必须做什么的判断，于是我们就要先验地为这种判断的有效性进行辩护。因之，如果我们为一般判断力说明了那种单个判断——这种判断表达了某一对象形式之经验表象的主观合目的性——的普遍有效性，就可解释某物在对它的纯粹评价（没有感官感觉或概念）中令人愉快的可能性，并且，也可解释何以像为了一般认识对某一个对象的判断要有普遍法则一样，任何一个人的愉快也都可以被宣布为每一个他人的规则。

现在，如果这种普遍有效性不是依据集票表决，也不是依据遍问他人感觉如何的结果，而似乎是依据对愉快情感（在给定的表象上面所感到的）做出判断的主体的自主性，也就是依据他自己的鉴赏力，但又不应该是从概念中引导出来的；那么一个这样的判断——实际上鉴赏判断就是这样的判断——就是有双重的而且是逻辑的性质：第一，它有先验的普遍有效性，却不是依据概念的逻辑普遍性，而仅仅是单个判断的普遍性。第二，它有必然性（必然性必须永远建立在先验的基础之上），但这种必然性却不依据任何先验的证明根据的表象——通过证明根据的表象，鉴赏判断要求于每个人的赞同就可能被强求而得。

对这些逻辑特性——它们把鉴赏判断与一切认识判断区别开来——的解释本身就能达到这种特殊能力的演绎，只要我们在这里开始就不考虑判断的一切内容即愉快的情感，只把审美形式与被逻辑所规定的客观判断的形式加以比较即可。因此我们想首先通过例证来说明和阐释鉴赏的这种独特性质。

第32节　鉴赏判断的第一个特征

鉴赏判断在与愉快（作为美）相关的情况下规定它的对象时，含有一种人人赞同的要求，好像它是客观的判断。

说这花是美的，正好等于把它自己对每个人都要愉快的要求为它重说一遍。而它的香气引起的舒适却完全不能有这样的要求。这种香气使一个人舒适愉快，却使另一个人头昏脑涨。由此我们只能猜测：美必须被视为花本身的性质，这种性质不是使自己去适应各种头脑的差异和大量独特的感官，而是在众多的感官想要对花下一判断时，必须使自己（众多感官）适应于那种性质。但事实并非如此。因为鉴赏判断正在于，它只依据如下一种性质把一物称为美的：在这种性质中事物是按照我们摄取它的方式呈现出来的。

此外，我们要求每一个能证明主体有鉴赏力的判断都是来自个人自己的独立判断。这里绝没有必要到其他人的判断中去探索，也没有必要从他们对同一对象的愉快或不愉快获得教导。因此他的判断不应因为某物确实普遍地令人愉快就成为一种对他人的模仿，而应该先验地说出来。有人可能想，一个*先验*的判断必须包含着一个客体的概念，这概念则包含着认识那一客体的原理。但鉴赏判断完全不依赖概念，而且任何时候都不是认识，而只是一个审美判断。

因此，一个年轻的诗人不会让自己被说他的诗美的定论所左右，不管那是来自公众的判断，还是来自朋友们的判断。甚至在他听从他们时，那也不是因为现在他有了不同的判断，而是因为，虽然全部公众（至少就他的作品而言）可能具有错误的鉴赏力，他由于得到赏识的愿望仍然能找到理由使自己迁就公众的错误（甚至违背他自己的判断）。只有在以后，当他的判断因磨炼而更加锐利时，他才会自觉自愿地离开他从前的判断，好像对待他那些完全基于理性的判断那样来处理。鉴赏只对自主性提出要求。以别人的判断作为他自己判断的规定根据，则是他律性（非自律性）的。

我们有理由称颂古代的作品为典范，并称它们的作者为经典作家，仿佛是作家之中的一位贵族，他以其行为给民众树立了规则，这一事实似乎表明鉴赏的根源是*后天的*（a posteriori），并否定了每个主体在鉴赏方面的自律性。但我们同样也可以说，古代的数学家，他们至今仍被视为综合方法所具有的最高的严密性和完美性的不可代替的典范，这一事实也证明了我们具有的一种模仿的理性，也证明了这种理性没有能力以最深刻的直觉通过概念的建构从自身产生出严格的证明。如果每个主体都必须总是重新从天赋本性的粗糙素质开始，如果没有其他人以自己的尝试（这些尝试不是为了使后继者成为单纯的模仿者，而是为了以自己的活动为其他人指路，使他们在自己身上找到一些原理，从而走上自己的，并且常常是更好道路）走在他之前，那么，我们的能力的运用，不管这种运用如何自由，甚至包括理性（理性必须从普遍的先验源泉吸取其一切判断）本身的运用，都不能不陷入容易发生错误的尝试中去。甚至在宗教中，那里每一个人都必须从自身取得他的行为的准则，因为对此他要自己负责，不能把他的罪过的责任推到导师或先驱的身上，他通过一般戒律——这些戒律或者是从牧师和哲学家那里得来，或者是从自身得来——也决不会获得像通过一个道德的或虔诚的范典所获得的教益那么多，历史上所树立起来的这种典范并没有使由自发的本源的道德观念（先验的）而来的德行自律丧失意义，没有把这种自律变成一种模仿的机械过程。与一个先例有关但不是模仿的继承这个词，对于所有由典范作者的作品所加于其他人的影响都是恰当的表述，而这不过意味着：从首创者本人吸取过的同一源泉去吸取，而从先驱者那里只学习他从那源泉中吸取的方式。鉴赏，正因为它的判断不能由概念和律条来决定，在一切能力和才能中它就最需要由在文化进程中长期受到尊重的东西而来的范例，以免它很快又变得低俗，回落到最初尝试的粗野状态。

第33节　鉴赏判断的第二个特征

鉴赏判断完全不能用论证根据来规定，就好像它是单纯主观的。

如果有人没有发现一座建筑、一片风光、一首诗是美的，那么，就他内心深处的信念的情况来说，首先他不会允许自己被千百人异口同声地对那些事物的高度赞扬强制改变看法。他固然可以假装自己也很愉快，以免被人认为缺乏鉴赏力；他甚至可能开始怀疑他的鉴赏力是否已通过足够的某一种类的对象的知识而有了足够的修养（就像某一个人，他相信他在远处认出的景物像一片森林，而其他所有的人都认为那是一座城市，他就对自己眼睛的判断有所怀疑了）。但他仍然清楚地觉察到，他人的赞同根本不能为对美的评判提供任何有效的证据；他承认，他人或许可以替他观看眺望，他也承认，许多人以同样的方式看到的东西，对他来说，对于理论的因而也就是逻辑的判断是一种充分的论证根据，尽管他相信他所看到的是另一种情形；但使别人愉快的东西却永远不能成为使他做出一个审美判断的根据。他人所作的与我们的判断不一致的判断，虽然有理由使我们对自己的判断产生疑问，但决不会使我们确信我们的判断是不正确的。因此不存在任何一种能够强制所有人的鉴赏判断的经验性的证明根据。

其次，更不能有一种依据确定的规则来规定对美的判断的先验的证明。如果有人对我朗诵他的诗，或者领我去看一出从头至尾都不合我口味的戏剧，那么，即使他援引巴陀[1]或莱辛（Lessing），或者更早、更有名的鉴赏批评家的话，援引他们所提出来的所有法则，以证明他的诗是美的，证明某些使我不愉快的地方正好与美的法则（就像那些批评家所陈述的和普遍承认的那样）完全相符：我就会堵住我的耳朵，不听任何关于这个问题的理由和证明，而且更愿意假定批评家们的那些规则是错误的，或者至少这里不是运用它们的地方，而不想通过先验的证明根据来决定我的判断，因为那是一个鉴赏判断，不应是知性或理性的判断。

显然，这就是人们把这种审美的判断能力冠以鉴赏力之名的主要原因之一。因为可能有人对我遍数一盘菜的所有配料，并指出其中的每一种都会使我满意，还正确地介绍了这种食物如何有益于健康，这时，我将对这一切理由充耳不闻，而用我自己的舌头和味觉去品尝这些菜，然后（不是依据普遍原理）再做出我的判断。

实际上鉴赏判断永远是作为关于对象的一种单称判断被提出的。知性可以通过在愉快方面把对象与他人的判断相比较而做出一个普遍的判断：例如，所有郁金香都是美的；但这一判断已经不是鉴赏判断而是一个逻辑判断了，这一逻辑判断把一个对象对于鉴赏的关系当作某一类事物的谓词。只有那样的判断，通过它我看到一枝单独的郁金香是美的，就是说把我对它的愉快看作是普遍有效的，这样的判断才是一个鉴赏判断。而鉴赏判断的特性在于：尽管它只有主观的有效性，但它仍然提出对一切主体有效的要求，而这类要求只能在那个判断

[1] 巴陀（Charles Batteux, 1713—1780），法国美学家和批评家，其著作《导向一种原理的美的艺术》（*Les Beaux Arts réduits à un mere principe*, Paris, 1746）对百科全书派的美学思想产生过一定影响，并在德国引起讨论，门德尔松、莱辛、赫尔德都曾参与。——译注

为一客观判断时才能实现，它建立在认识的基础之上，并可以通过证明强制人们接受。

第34节　任何客观的鉴赏原理都是不可能的

鉴赏的原理意味着一种基本前提，我们可以把一对象的概念归于这个前提的条件之下，然后经过推理得出结论：那对象是美的。但这是绝对不可能的。因为我必须在对象的表象上直接感到愉快，而这是不能通过任何论证根据使我信服的。因此，虽然如休谟所说，批评家似乎比厨师更善于说理，但却仍然会有同样的命运。他们都不能把他们的判断的规定根据诉诸论证根据的力量，而只能诉诸主体对他自己的状态（愉快或不愉快）的反思，并拒绝一切律条和法则。

但批评家仍然能够和应该对此进行推理工作，因为这可以使我们的鉴赏判断得到改善和扩展：这不是在一个普遍可用的公式里来陈述这种审美判断的规定根据，这是不可能的；而是要探究这种判断中的认识能力及其功能，还要借助于分析实例来说明互相之间的主观的合目的性，在一个给定的表象中主观合目的性的形式构成了这表象的客体的美，这一点前文已经论述过。所以对鉴赏本身的批判只是主观地关联到对象借以被给予的表象：即是说，鉴赏的批判是把知性与想象力在一个给定表象之中的相互关系（没有与先行的感觉或概念的关系），因而也就是把二者一致或不一致置于诸规则之下的艺术或科学，也是在那些规则的条件下来规定那两种能力的艺术或科学。如果鉴赏的批评是以例证来展示那些条件，它就是艺术；如果鉴赏的批评是从这两种能力作为一般认识能力的本性里推导出这样一种评判的可能性，它就是科学。我们这里所涉及的，只是作为先验批判的后者。这种批判应该发展和辩护鉴赏的主观原理——作为判断力的先验原理。作为艺术的批判只是寻找生理学的（在此是心理学的）亦即经验的规则——鉴赏实际上就是按这些法则（不考虑它们的可能性）来进行的——并把它们运用到对于对象的评判中去，同时还评价美的艺术作品；而作为科学的批判则以评判那些作品的能力本身为对象。

第35节　鉴赏的原理是一般判断力的主观原理

鉴赏判断与逻辑判断的区别在于：后者是把一个表象置于一对象的概念之

下，而前者则根本不是把表象归于概念，否则那必然的普遍赞同就可通过论证来强制人们接受了。但鉴赏判断在如下一点上仍然与逻辑判断相似：即它预先设定了一种普遍性和必然性，但不是按照对象的概念，因而只是主观的普遍性和必然性。因为一个判断中的概念构成了判断的内容（这属于对客体的认识），而鉴赏判断不能通过概念来规定，因此它只能以一般判断的主观形式条件为基础。一切判断的主观条件都是进行判断的主观能力，或者说是判断力。在对象借以被给予的表象方面使用判断力时，要求两种表象能力的协调一致：即想象力（为了直观和直观中杂多的聚合）和知性（为了给这种综合统一的表象以概念）的协调一致。因为这里的判断没有任何客体的概念作为基础，所以它只能存在于想象力自身（在对象借以被给予的表象那里）对知性一般从直观达到概念的条件的归属之中。这就是说，因为想象力的自由正在于它无概念地图式化，鉴赏判断就必须建立在一种单纯的感觉之中，这种感觉即是自由活动的想象力和按合规律性活动的知性之间互相激活的那种感觉，换言之，就是建立在一种情感上，这种情感使对象被按照一种合目的性来评判，而这种合目的性乃是表象（通过表象对象被给予我们）对于自由游戏中的各种认识能力的促进的那种合目的性。鉴赏力作为主观的判断力含有一种归属的原理，但不是把直观归属于概念之下的原理，而是把直观或表象能力（也就是想象力）归属于概念能力（即知性）之下的能力，这就是自由活动的想象力对于合规律活动的知性的协调一致。

这里为了通过鉴赏判断的演绎找到这种情形的合法根据，只能把这类判断的形式特征——也就是只注意这类判断的逻辑形式——充作我们的指导线索。

第36节　鉴赏判断的演绎的任务

可以把一个对象的知觉直接与一个一般对象的概念——知觉由这概念获得了谓词——联结成一个认识判断，由此就产生出一个经验判断。这种判断建立在直观杂多的综合统一的先验概念基础之上，以便把它们（先验概念）作为一客体的规定性来思考。这些先验概念（范畴）要求一个演绎，这种演绎在纯粹理性批判中已出现过，通过这一演绎，如下任务也能得到解决：先天综合的认识判断如何可能？因此，这个任务关系到纯粹知性及其理论判断的先验原理。

但与一个知觉直接在一起的也可能是一种愉快（或不愉快）的情感和一种舒适，愉快和舒适都是与客体的表象相伴而来的，并充当客体的谓词，这样，一个不是认识判断的感性判断就出现了。如果这种感性判断不仅是感觉的反思判断，而且是一个形式的反思判断，这种判断把舒适快乐当作必然的东西期待于每一个人，那么，这样的感性判断就必定是以某种作为先验原理的东西为基础了，这种原理或许是一种纯粹主观的（如果一客观原理对这样一种判断应该是不可能的），但即使是这样一种判断也需要一个演绎，以使人们理解一个审美判断如何能提出必然性的要求。我们现在正在解决的就是如下问题：鉴赏判断如何可能？因此这个问题与审美判断中的纯粹判断力的先验原理有关，也就是说，不是在如下的判断里，在这种判断中（就像在理论判断中那样）纯粹判断力只须归属于客观的知性概念，并且在这里它要处于一种规律之下，而是说在另一种判断中，其中判断力自身成了主观性的对象，而且也是规律。

这一任务也可以这样来表述：如下的一个判断如何可能？这种判断只出于个别主体自己在一对象上感到的愉快情感，不涉及对象的概念，先验地对愉快做出评判，把那愉快判断为依附于同一客体在每一个其他主体心中所形成的表象，即认定每一个人心中关于同一客体的表象都带有那种愉快；所谓先验地，就是不需要等待别人的赞同。

鉴赏判断是一种综合判断，这很容易看出来，因为鉴赏判断超越客体的概念甚至客体的直观，而且某种完全不能成为知识的东西，也就是愉快（或不愉快）的情感作为谓词被附加进来。这些判断，虽然谓词（与表象结合在一起的个人的愉快）是经验的，但就要求每个人的赞同而言，仍然是先验的判断，或者应该被视为如此，这一点同样也包含在表达它们的要求的词语中；因此判断力批判的这个任务属于先验哲学的一般问题：先天综合判断如何可能？

第37节　在关于一个对象的鉴赏判断中究竟先验地宣称了什么？

一个对象的表象直接与一种愉快相结合这一点，只能被内在地觉察到，而且，如果人们除此以外不想再表示什么，就只能产生一个经验判断。因为我不能先验地把一种确定的情感（愉快或不愉快的）与任何一个表象联系起来，除非有一种规定意志的理性中的先验原理作为基础。这里的愉快（在道德感情中）是从那种理性的先验原理引申出来的结果，因此它不能同鉴赏中的愉快相提并论。因为它要求一种来自规律的规定性的概念；与此相反，鉴赏的愉快却应该先于一切概念直接与单纯评判相结合。因此一切鉴赏判断都是单称判断，因为它们不是把以愉快充当的谓词与一个概念结合起来，而是与一个给定的单个的经验表象相结合。

因此，在一个鉴赏判断中，被先验地表述为判断力的普遍规律，并对每个人都有效的，不是愉快，而是被感受到的愉快的普遍有效性，这种普遍有效性在心灵中被知觉为与一个对象的单纯评判相联结。这是一个经验判断，因为我以愉快知觉评判了一个对象。但如下判断却是一个先验判断：我见到它是美的，也就是我可以推想那愉快对每个人都是必然的。

第38节　鉴赏判断的演绎

如果我们承认，在一个纯粹鉴赏判断里对于对象的愉快是与对于对象形式的单纯评判相结合的，那么，我们在心里感觉到与对象的表象相联系的就不是任何其他东西，而只能是对象形式对于判断力的主观合目的性。由于在评判的形式规则方面，判断力没有任何质料（既无感官感觉又无概念），只能指向一般判断力（一般判断力既不局限于特殊的感觉方式，也不局限于一种特殊的知性概念）运用中的主观条件，也就是只能指向那种主观性要素，这种要素我们可以在所有人中设定（这是一般可能的认识所需要的）。因而一个表象与判断力的这种条件的协调一致就可以先验地设想对每个人都有效。换言之，对于一个一般的感性对象评判中的那种愉快，或者表象对于诸认识能力的关系的主观合目的性，我们有理由推断于每一个人都能具有。[1]

[1] 为了有权对于一种仅仅基于主观根据的审美判断提出普遍赞同的要求，我们只要承认以下几点就够了：(1)在所有人身上这种审美判断的能力的主观条件，就参与审美活动的认识能力对于一般认识的关系而言，都是一致的；这必定是真实的，因为否则人们就不能互相传达表象甚至认识。(2)这判断只顾及这种关系（即判断力的形式条件），而且是纯粹的，也就是不与对象的概念或感觉相混杂，不以它们作为规定根据。如果在纯粹性方面有了失误，那么这只关系到那种权力——这种权力是一种规律赋予我们的——不正确地运用到一个特殊（事物）的情况，上述权力一般不会由于这一情况而被扬弃。——原注

注释

这个演绎如此容易，是因为它不必证明一个概念的客观实在性；因为美不是客体的一个概念，鉴赏判断不是认识判断。它所表示的只是：我们有权设定我们在自己心中所发现的判断力的主观条件是每个人普遍具有的，而且我们正确地把给定的客体归属在这些条件之下了。虽然最后这一点具有不可避免的、与逻辑判断无关的困难［因为我们在逻辑判断中是（把表象）归属于概念之下，在审美判断中则是归属于一种在客体被表象出来的形式上面可感觉到的关系之下，所说的这种关系是互相之间交替规定的想象力和知性的关系，在这里归属可能很容易出错］，但鉴赏判断期望普遍赞同的要求的合法性并不因此而有丝毫损失，而这种要求不过是：判断原理的正确性由主观的根据就可判定为对每个人都有效。因为说到关于归属到那种原理之下所产生的困难和疑惑，那么这并不使我们对一个审美判断的这种有效性的要求的合法性，即原理自身产生怀疑，这正与逻辑判断力在把表象归属于原理时也可能出错（虽然不是经常和轻易地出错），却不会使我们对那原理——这里原理是客观的——产生怀疑一样。如果这个问题是：如何可能先验地把自然假定为鉴赏对象的总体？这样这个问题就与目的论发生了关系，因为自然界显示出众多的对我们的判断力来说是合目的的形式，这必须被看作自然的一种目的。但这种假设的正确性仍然很值得怀疑，虽然自然美的现实性明显地摆在经验面前。

第39节　关于一种感觉的可传达性

如果感觉作为知觉中实在的东西与认识相关，那么它就称为感官感觉，其性质的特殊方面可以被表述为在相同的方式里对他人是完全可传达的，这使我们假设，每个人都有与我们相同的感官；但这在感官感觉的情况里是绝对不能作为前提来设定的，对于一个缺乏嗅觉的人来说，气味之类的感觉就不能传达；而且在他不缺乏嗅觉时，我们也不能肯定他从一朵花所得到的感觉正好和我从那朵花得到的感觉是一样的。至于同一感官对象造成的感觉所引起的舒适或不舒适，我们必须设想人与人之间有更大的差异，最后我们绝对不能要求同一对象引起的愉快被每一个人所承认。这一类愉快，由于它是通过感官进入心中的，而我们在这里是被动的，所以它被称为享乐的愉快。

与此相反，一种行为引起的愉快因为基于道德性质就不是享乐的愉快，而是一种自主性的愉快，并与它的使命的观念相称。但这种被称为道德性的情感要求有概念，它所表现的不是自由的合目的性，而是依据法则的合目的性，因此它只能借助于理性来传达，而且，假如这愉快对每一个人都应是相同的，就要通过相当确定的实践理性概念来传达。

对于自然的崇高的愉快，作为理性化的静观的愉快，虽然也提出普遍分享的要求，但那是以另一种情感，即超感性使命的情感为前提的：这种超感性使命的情感不管多么模糊，却有一种道德基础。但我绝对无权假定，其他人也将注意到这一点，并且在观照大自然的蛮荒广大时获得一种愉快（这种愉快真正说来不能归因于自然的状貌，那状貌毋宁说是可怕的）。不过，考虑到在每个适当时机都应该注意于道德天赋，我仍然可以把那种愉快推断于每一个人，但只是借助于道德法则，而道德法则本身又建立在理性概念之上。

反之，对于美的愉快则既不是享乐的愉快，也不是一种合法则的活动的愉快，也不是按照观念的理性化的静观的愉快，而是单纯反思的愉快。这种愉快没有任何目的或用作准绳的基本法则，它伴随着对一个对象的一般把握，这种把握是通过作为直观能力的想象力与作为概念能力的知性相关联，再借助于判断力的一种操作而实现的，而判断力即使为了最普通的经验也必须使用这样的操作方式；只是在最普通的经验中，判断力必须按一种经验性的客观概念来活动，而在审美判断中，则是为了感受表象对于两种认识能力的自由和谐的主观合目的性的活动的适应和融洽，也就是以愉快的情感去感受表象状态。这种愉快在所有人那里都必须也必然地建立在相同的条件之上，因为这些条件是一般认识的可能性的主观条件，而鉴赏所要求的各种认识能力的之间的比例也是普通的健全的知性所需要的，这种知性我们可以设定是每个人所具有的。正因为如此，有鉴赏力的赏评者（只要他在这种意识里不发生错误，不把质料当作形式，不把刺激当作美）就可以把主观合目的性，也就是他对客体的愉快推想于每一个人，并假设他的情感是普遍可传达的，并且不借助于任何概念。

第40节　关于作为一种共通感的鉴赏力

在一个判断中，如果吸引注意的与其说是判断力的反思，不如说只是判断的结果时，人们常常把感觉之名给予判断力，人们会谈到真理的感觉，谈到对于礼貌和正义的感觉等。虽然人们知道，至少应该在相当程度上知道，一种感觉不可能是真理之类的概念安身立命之所，更不用说它并没有能力哪怕是在最低的水平上表达出普遍规律。相反，如果我们不能超越感觉上升到更高级的认识能力，我们的头脑中就永远也不会产生真理、礼貌、美、正义之类的表象。普通的人类知性，人们只把它作为健全的（未经教养的）知性而视为微不足道的东西，人们可以期望每一个要求被称为人的存在者都具有这种知性，因此这种普通的人类知性就获得了一种屈辱的荣誉，被授予共通感（sensus communis）之名；而且，人们一般把common这个词（不仅在我们的语言里确实具有多重含义，在一些其他语言中也是这样）理解为具有与庸俗相同的含义，也就是处处可见的平凡无奇之义，具有这样的含义绝不是什么荣耀或优点。

但我们必须把共通感理解为共有的感觉的观念，亦即理解为一种评断能力的观念，这种评断能力在其反思中会（先验地）顾及每一个他人心中的表象方式，以便使他的判断贴近整个人类的理性，以此避免那种由主观的、个人条件所造成的错觉，主观的个人条件可能很容易地被认为是客观的，而那由此而来的错觉则会产生有害的影响。避免错觉是通过以下途径而实现的：人们使自己的判断贴近他人的与其说是现实的不如说可能的判断，并让自己站在每个其他人的地位上，这只有在人们从自己的评判偶然陷入的局限性中解脱出来才能做到，而这又须通过如下做法来实现——人们把表象状态中的质料亦即感觉尽可能地排除，只注意表象的形式特性，或者表象状态的形式特性。把这种反思的操作赋予我们称为普通感觉的能力可能显得过于造作而不自然；但只是在我们以抽象公式把它表达出来时才显得如此；当我们寻找一个可以充当普遍规律的判断时，没有什么比从刺激和感动里解脱出来更为自然的了。

虽然如下普通人类知性的准则在此不是鉴赏批判的适当组成部分，但仍可用来解释其基本原理。这些准则是：1. 自己思考；2. 站到每个他人的地位上思考；3. 时时与自己一致地思考。第一条是无成见的准则，第二条是扩展的准则，第三条是连贯思考的准则。第一条是永不消极的理性准则。染上这样一种消极性，亦即对于理性的他律的偏爱，称为成见；一切成见中最大的就是想象自然不受如下规律的制约：这类规律是知性由自己的本质性的法则赋予自然并作为基础的，这（种成见）就是迷信。从迷信中解脱出来称为启蒙[1]；因为，虽然启蒙这个术语也被用于从一般成见中的解脱，但迷信仍然首先（in sensu eminenti）应该被称为那一类的成见，因为迷信所陷入其中的盲目性甚至要求把被他人引导完全当作一种义务，于是显示出一种消极的理性状态。至于思考方式的第二个准则，我们常常习惯于把那些其才不堪大用（首先是在强度方面）的人称为智短识浅（头脑狭隘，远见卓识的反面）。但这里所说的并不是认识方面的能力，而是指合目的地使用认识能力的思想方式，对于这种思想方式，不管一个人的自然禀赋对于它能达到多么有限的范围和多么低的水平，只要一个人在判断时使自己摆脱主观的个人条件——这种个人条件束缚了如此众多的其他人的思想——，从一个普遍的立场（只有把自己的立足点移到他人的立场上去，才能确定这种立场）上来反思自己的判断，就仍然能显示出一个具有远大开阔的思想方式的人来。第三条准则，即连贯的思考方式的准则，是最难达到的，同时也只能通过前两条准则的结合，并且经过由经常遵从那两条准则而渐趋得心应手之后才能达到。我们可以说：第一条是知性的准则，第二条是判断力的准则，第三条是理性的准则。

现在我重新捡起被这段插叙中断了的线索，并且说：鉴赏力被称为共通感要比被称为健全知性有更多的正当理由；审美判断比理智判断更有资格担当共通感[2]之名，而且，如果我们把“感觉”一词从单纯反思效果这一意义运用于心灵，那么我们就是把感觉理解为愉快的情感。我们甚至可以把鉴赏力规定为评判

[1] 我们很快就会看到，启蒙虽然在论题上容易，但在论题之外（in hypothesi——假设）（这里的“在论题上”的原文是拉丁文in thesi。“论题之外”原文是拉丁文in hypothesi，本义是“在假设中”，如按本义译出，这里的意思就成了“在论题上容易，在假设上难于实现”，无论如何都说不通。按在拉丁文中，前缀hypo是“在……下”之义，hypothesi当有“在论题之下”“低于论题”的意思，这里姑且译为在“论题之外”，似与上下文更吻合。宗白华先生就采取了类似的译法，不知何所本。英译本和俄译本照录拉丁原文，没有翻译，无法参考。——译者）却是一件实行起来困难而缓慢的事情。一个人在理性方面做到积极主动，时时自己立法，这对于一个只希望顺应他的根本目的，不想知道超越他的知性的东西的人无疑是很容易的事情；但因为求知是难以抑制的倾向，在那些允诺以更充足的信心满足这种求知欲的人那里，并不缺乏求知的努力：因此，思想方式（尤其是公众的思想方式）中的单纯否定（这构成了本来意义上的启蒙）就很难维持和立足了。——原注

[2] 我们可以用“审美的共通感（sensus communis aestheticus）”来表示鉴赏力，用“逻辑的共通感（sensus communis logicus）”来表示共同的人类知性。——原注

某物的能力，所谓某物，是指在一个给定的表象中使我们的情感成为不借助概念而能普遍传达的那种东西。

人类传达其思想的技巧也要求想象力和知性之间的一种关系，以便把直观联系于概念，再反过来把概念联系于直观，把二者在认识中统一起来。但这样一来，两种心灵能力的协调一致就要在规定性概念的强制下服从规律。只有在自由活动的想象力激活知性，而知性无概念地把想象力置于合规律的活动之中的情况下，表象不是作为思想，而是作为心灵的一种合目的的状态的内在情感，才能传达。

因此鉴赏力就是先验地判断与给定表象（不借助于概念）结合在一起的情感的可传达性的能力。

如果我们可以假设，我们的情感的单纯的普遍可传达性本身必须对于我们带有一种兴趣（这是一种假设，我们无权从一种单纯反思的判断力的性质中推导出来）：那么我们就能解释，鉴赏判断中的情感何以能像一种义务那样强求于每一个人。

第41节　对美的经验兴趣

鉴赏判断，通过它某物被宣布为美的，这种判断必须没有任何利益兴趣（Interesse）作为规定根据，这一点上文已经充分地论述过了。但从那里不能得出如下结论：一旦它被断定为纯粹审美判断，一种利益兴趣就不能再与之相结合了。不过这种结合只能是间接的，就是说，鉴赏必须首先被表象为与其他某种东西相结合，以便使对于一个对象的单纯反思的愉快能与对于同一对象的现实存在（全部利益兴趣都在其中）的愉快结合起来。因为在认识判断（对一般事物的判断）中所说的：a posse ad esse non valet consequentia（从可能到存在并无强有力的联系），也同样适用于审美判断。这里所说的“其他某种东西”可以是某种经验性的东西，例如人类本性所特有的一种倾向；也可以是某种作为意志特性的理智性的东西，这种东西可被理性先验地规定：这两者包含着由一客体的真实存在而产生的愉快，因而也就能为对下述事物的利益兴趣奠定基础：这种事物由自身并且不顾及任何利益兴趣而令人愉快。

对美的经验兴趣只有在社会里才存在。如果我们承认，对于社交的欲望是人类的天性，而对此的适应和倾向，也就是社交能力，是作为具有社会规定性的创造物的人类所必需的，因之也是属于人性的特征之一，那么，我们就应该把鉴赏力看作一种评判下述一切事物的能力，通过这些事物一个人甚至能够把他自己的情感传达给其他每一个人，因而也就是把鉴赏力看作实现每个人的自然倾向的促进手段。

一个被抛弃在荒岛上的孤独的人既不会为了自己去装饰他的茅屋，也不会去打扮自己，或者去采摘野花，更不会把野花栽起来，以此点缀环境；只有在社会里，他才会想到不仅要做一个人，而且要按照他所属的那一类人的风貌成为一个文雅的人（文明的开端）；因为人们把下面所说的那种人评判为一个文雅的人：这种人喜欢并善于把他的愉快传达给别人，如果他在一个对象上感到的愉快不能在社会中与人共享，他对这个对象就不会满意。而且每 个人都期望和要求他人顾及普遍可传达性，好像那是出自人类自己所制定的一份原始的契约；因此，起初无疑只有刺激，例如用颜色来文身（加勒比印第安人用橙黄色，易洛魁印第安人用朱红色），或用花卉、贝壳、颜色艳丽的羽毛等装饰自己，后来，在时间的进程中，那些完全不带有快乐，亦即不带有享乐性愉快的美的形式在社会上取得了重要意义，并且与很大的兴趣相结合；到了最后，已达到最高点的文明使这种社会交流工作几乎成了文雅倾向的最重要的事业，而感觉的全部价值也被系于它们可以普遍传达的水平上。在这一阶段，在某种场合，那里虽然每个人对一个对象所产生的愉快都微不足道，本身也没有什么值得注意的兴趣，而那愉快的普遍可传达性的观念却会使其价值几乎无限地扩大。

这种由社交的倾向而被直接系于美上的经验性的兴趣在此对我们来说并没有什么重要性，我们要做的只是去考察可能——哪怕是间接地——与鉴赏判断具有先验关系的东西。因为，假如在这种形式里都能够显露出一种社会交际的兴趣，鉴赏活动就一定能显露出我们的评判能力从感官享受到道德情感的一种过渡。这不仅意味着为鉴赏力的合目的的使用提供更有效的指导，而且还意味着鉴赏力被表现为人类先验机能的链条上的一环，一切立法都必须依靠这些机能。关于对鉴赏对象和鉴赏力本身的经验兴趣，我们可以这样说：因为鉴赏力不管如何文雅化，它还是服从癖好，并且喜欢与已在社会中达到最大的多样性的最高水平的一切癖好和热情互相融合，而对美的兴趣如果是以此为基础，那么它就只能提供一个由舒适到善的令人生疑的过渡了。但我们有理由去探究这种过渡是否能在某些方面通过鉴赏——假定它是纯粹的——而得到促进。

第42节　对美的理智兴趣

有些人怀有善良的愿望：他们希望人们被内在的自然禀赋驱使去从事的一切活动都指向人类的最后目的，也就是指向道德的善，他们把对于一般的美的兴趣看作良好的道德品性的标志。但这些人遭到了另一些人不无理由的反驳，后一种人求助于经验事实，即鉴赏方面的高超精深的人不仅是经常地，甚至是规律性地表现出虚荣自负，顽固执拗，并听命于有害道德的激情，大概比其他人更没有权利要求承认他们有忠于道德原则的优点。看来情形是对美的情感不仅（实际上也是这样）与道德情感有明显的区别，而且可能与美结合在一起的兴趣很难与道德兴趣相协调，更是绝对不能通过内在的亲合性统一起来。

我虽然愿意承认，对于艺术美的兴趣（我把人为地用于装饰亦即用于虚荣浮夸的自然美也算在内）也完全不能证明一种与道德的善相联系的心灵特征，甚至也不能证明仅仅具有这种倾向，但与此相反，我却主张怀有对自然美的一种直接兴趣（不仅要有鉴赏力，以便评判自然美）总是一个善良心灵的标志；我还主张，如果这种兴趣成为习惯，并乐于和对于自然的静观相结合，那它至少展示了一种有益于道德情感的心灵情调。但我们必须记住，我在这里指的实际上是自然的美的形式，而那经常与自然结合在一起的丰富的有刺激作用的魅力则与此相反，要放在一边，因为对于魅力刺激的兴趣虽然是直接的，却是经验性的。

有人孤独地（而且不想把他注意到的东西传达给他人）观看一朵野花、一只鸟、一只昆虫等的美丽形体，以便赞赏它们，爱它们，不愿意大自然中的这些生物离他而去，虽然观赏它们对他来说甚至会有某些损失，更不能指望获得什么利益，那么这个人对于自然美就有了一种直接的，实际上也就是理智的兴趣了。这意味着他不仅对自然产品的形式方面感到愉快，而且对于其现实存在也感到愉快，同时这种愉快之中没有掺进一丝感官刺激，他也没有把任何一种目的与自然产品联系起来。

这里值得注意的是如果人们暗地里欺骗了这位美的爱好者，把人造的花（人们能把花做得和真花一样）插在地上，或者把人造的雕刻的鸟放在树枝上，而他又发现了这个骗局，那么他原来对那些东西的直接兴趣马上就烟消云散了，而且可能有另一种也就是虚饰的兴趣代替了原来的兴趣，使得他用假花假鸟之类把房间装饰起来，以此向别人炫耀。自然产生了我们所说的那种美：这种想法必须与我们的直观和反思相伴；而且我们对那美的直接兴趣必须以此为基础。否则就只剩下一种无任何兴趣的单纯的鉴赏判断，或者只剩下一种与间接的亦即与社会相联系的兴趣相结合的鉴赏判断。后面这种鉴赏判断对于道德的善的精神境界并没有提供任何确实的表征。

虽然就形式而言艺术美甚至超过了自然美，但自然美对于艺术美仍有上述优越性，这种优越性仍然唤起一种直接的兴趣，并与那些具有经过陶冶的道德情感的人的高雅的、根基良好的思想特质相符合。如果一个人有足够的鉴赏力，能以最大的正确性和精细性来评价美的艺术作品，他就会乐意离开一间以下述方式装饰起来的屋子：在那间屋子里尽是为了浮华虚饰或者至少是为了社交快乐而造就的美，从而转向大自然的美，以便在这里体验到思绪的流程中永远不能完全参透的精神上的一种似乎是至极的欢喜；这样我们将以高度崇敬的心情来看待他的这种选择，并相信他有一个美丽的灵魂，这样的灵魂不是艺术行家或艺术爱好者凭他们对其对象所怀有的兴趣就可自以为具有的——那么，在单纯鉴赏判断中，是什么使我们对这两种难分高下的对象做出如此不同的评价？

我们具有一种无概念地对形式下判断的单纯的审美判断的机能，并在对形式的评判中获得一种愉快，同时我们使这种愉快对每一个人成为规则，而且这种判断不是基于一种利益兴趣，也不产生这样一种兴趣；另一方面，我们也有一种对于实践准则的单纯形式的理智判断的能力（就其自身有资格从事普遍立法而言），这是一种先验地规定愉快的能力，我们使这种愉快对每一个人成为法则，而我们的判断也不基于任何一种利益兴趣，但却产生出这样一种兴趣。前一种判断中的愉快或不愉快称为鉴赏的愉快或不愉快，后一种判断中的愉快或不愉快则称为道德情感的愉快或不愉快。

但理性对于诸观念（在道德情感里理性对于这些观念有直接的兴趣）也有客观实在性这一点感兴趣，也就是对于自然至少显示出一种迹象或者提供一种暗示，好像它自身包含着某种理由，让我们假定自然产品对于我们那种与任何利益兴趣都无关的愉快（我们先验地认为这种愉快对于每一个人都是法规，但不能把这种法规建立在论证上）有一种合目的性的协调一致：于是理性就必然对大自然对于这类协调的每一个显示怀有兴趣；因此，如果心灵不对自然感兴趣，也就不可能思考自然的美。这种兴趣按其亲缘关系来说是道德性的；一个人只有在他以前已把兴趣安放在道德之善的基础上时，才能对自然美怀有兴趣。因此，谁对自然美直接感兴趣，我们就有理由假定他至少有一种趋向于善良的道德信念的禀赋。

可能有人会说，以其与道德情感的亲缘关系来解释审美判断，从而把这种解释看作自然在其美的形式中形象地向我们展示的密码的真正解读，这看起来未免太勉强了。但首先，这种对自然美的直接兴趣实际上不是普遍的，只有那些精神境界已修养到善的程度的人，或者那些对这种修养极为敏感的人，才能具有这种兴趣；这样，在纯粹鉴赏判断（这种判断与任何一种利益兴趣无关，却给我们一种愉快，同时把这种愉快先验地表现为适应于全人类的东西）和道德判断（这种判断在概念的基础上做了与鉴赏判断同样的事情，它对于前一种对象和后一种对象都有同样直接的兴趣，但对这种直接兴趣也未做过清晰、透彻、着意的深思熟虑）之间就有了一种类似性：只是审美判断的兴趣是自由的，而道德判断的兴趣则建立在客观的法则之上。此外还有我们对于自然的惊赞，自然在其美的产品里把自己表现为艺术，这不单是通过偶然性，而且似乎是有意地按照合规律性的安排，作为合目的性而又无目的地表现出来的；因为我们在外在世界中永远不会遇到这样一种目的，我们就理所当然地在我们自身内部以及那构成人类存在的终极目的中，亦即道德使命中去寻找（对这样一种自然的合目的性的可能性的基础的探究，要到目的论中去讨论）。

纯粹鉴赏判断中对美的艺术的愉快并不像对于美的自然的愉快那样与一种直接的兴趣相结合，这一点很容易解释。因为美的艺术或者是对美的自然的模仿，甚至达到乱真的程度，在这种情况下它就能像自然美（我们误认为它就是自然美）一样产生影响；或者是明显地为引起我们的愉快而制作的艺术品；在这种情况下，这种作品所引起的愉快虽然是通过鉴赏直接产生的，但只能引起对于作为基础的原因的间接兴趣，也就是说，一种艺术只能由其目的引起兴趣，永远不能因其自身而令人感兴趣。也许有人会说，下述情形也是这样：一个美的自然对象，只有在这种美与道德观念相伴时，才能因其美而引起兴趣，但这里不是对象具有直接的兴趣，而是美的内在特性使对象适应了这种相伴关系，才直接令人感兴趣。

我们看到，美的自然中的魅力刺激似乎常常和美的形式融合在一起，这种魅力刺激或者属于光（在着色方面）的变体，或者属于声音（在音调方面）的变体。因为这些是唯一不仅容许感性情绪，也容许对这些感觉的变体的形式进行反思的感觉，因此它们自身好像包含着一种语言，自然就在这种语言里向我们倾诉，这种语言也使自然似乎具有了更高的意义。这样，百合花的白色好像是在引导我们的心灵达到纯洁无邪的观念，按照从红到紫的七种颜色好像分别要引导我们达到：（1）崇高，（2）勇敢，（3）坦率正直，（4）友爱，（5）谦逊，（6）坚强，（7）温柔等观念。鸟儿的歌声在倾诉它生存的快乐和满足。至少我们是这样来解释自然的，不管它的目的到底是不是这样。但这里我们对美所怀有的兴趣有一个必不可少的条件，那就是这种美必须是自然美，一旦我们意识到受了欺骗，我们所看到的不过是人工的艺术品，我们的兴趣就会完全消失，甚至我们的鉴赏力也不再能从中发现任何美，视觉也不再能从中见到任何魅力了。被诗人们所称赞的东西中，有什么高过寂静的夏夜，柔和的月光之下，藏在灌木丛中的夜莺所唱的令人陶醉的美好歌声？我们也有这样的例子：这里歌唱的并不是夜莺，而是一个生性快乐的小店老板，为使那些为了享受乡间空气到他这里投宿的客人们得到最大的满足，就让一个爱恶作剧的孩子藏在灌木丛中模仿夜莺的叫声（嘴里含着芦苇或竹片），惟妙惟肖。然而一旦发现这是个骗局，就不再有人耐心去听刚才还显得那么美妙、动人的歌声了；一切其他鸣禽的情况也是这样。必须是自然，或者被我们认为是自然，才能使我们对美本身产生一种直接的兴趣；如果我们可以期望他人也应对美产生兴趣，那就更不能离开真实的自然；事实上也正是这样，因为我们把那些对于美的自然缺乏感情（我们用这个词去称呼对静观美的自然时所产生的兴趣的敏感性），却只在饮宴之间追求单纯官能享受的人的精神境界看作是粗俗和卑下的。

第43节　论艺术一般

（1）艺术被区别于自然，就像制作（facere——实行）被区别于行为或一般的活动（agere——行动）一样。前者的产品，或者说结果，作为作品（opus——人工产品）被区别于后者的产品，即效果（effectus——产物）。

公正地说，只有通过自由而产生的产品，也就是通过一种以理性为其基础的任意的行动而产生的产品，才能称为艺术。因为虽然人们喜欢把蜜蜂的产品（合规律地建造成的蜂巢）称为一种艺术作品，这只是因为它们与艺术相似；只要我们想一想，蜜蜂的劳动根本没有真正的理性思考作为基础，然后就可以说，蜜蜂的产品是其天性（本能）的产品，作为艺术只能是创造者的作品。

如果像有时发生的那样，在探查一片沼泽时，我们偶然碰见一块砍削过的木片，我们不会说它是自然的产品，而是艺术（人工的）作品；产生这一木片的原因（创造者）曾设想过一种目的，木片的形式就是由这目的而来。此外，我们也在如下一切事物上见到艺术，这些事物是这样造成的：它们的形象必须在它们造成之前先行出现在它的原因（创造者）之中（甚至像在蜜蜂那里），虽然结果不一定被原因思考过。但是如果某物被绝对地称为艺术作品，以便把它与一种自然产品区别开，那么我们所理解的艺术就总是指人类的作品。

（2）艺术作为人类的技巧也被区别于科学（就像技能区别于认识），作为实践的能力区别于理论的能力，作为技术区别于理论（像土地测量术区别于几何学一样）。因此，只要人们知道应怎样做就能去做的东西，因而没有任何东西超过对于预想结果的足够知识，这种东西就不能称为艺术。只有那些虽然人们对于它已认识得很透彻了，但并没有具备立刻来做它的技巧的东西才属于艺术。坎贝尔[1]曾对如何做出最好的鞋有过详尽的描述，但他无疑不能亲手做出一只鞋来。[2]

（3）艺术也被区别于手工业；前者称为自由的艺术，后者可以称为赚钱的技艺。人们把前者看作好像只是一种游戏，也就是一种因其自身而令人愉快的事业，能够合目的地得出结果（成功）；后者则是一种劳动，是自身令人不愉快（困难的）的事业，也就是只能因其结果（例如工钱）而吸引人，因而可能是被迫从事的。在行会的等级表上钟表匠是否被认为是艺术家，铁匠是否相反地被认

---

[1] 坎贝尔（Pieter Camper，1722—1789），荷兰解剖学家，著有《解剖病理学论》（*Demonstrations anatomicopathologicae*, Amsterdam, 1760—1762）一书。——译注

[2] 在我居住的这个地区：一般人都说如果你交给一个普通人一个像哥伦布和他的蛋（哥伦布曾要他的水手们把鸡蛋立在桌子上，水手们没有一个能办到，而哥伦布把鸡蛋的一端敲成一个平面，就稳稳地立在桌子上了）那样的问题，他就会说，“这里没有艺术，那只是科学”：也就是说，你知道怎样做你就能做；对于魔术师的一切所谓艺术他也这样说。反之，对于走钢丝的艺术他却毫不犹豫地给以艺术之名。——原注

为是手工业者：这需要与我们这里所采取的观点不同的另一种评判观点，即作为这一或那一事业的基础的才能的比例。在所谓七种自由艺术中，是否有几种可算作科学，是否有几种与手工业相近，我在此还不想讨论。但是，在一切自由艺术里仍然需要某种强制，或者如人们所说，仍需要某种机械性的东西，如果没有这类机械性的东西，那在艺术中必须是自由的并使作品获得生气的精神就根本不能体现，从而完全散失殆尽；这一点是应该提醒读者注意的（例如在诗歌艺术中语言的正确性和丰富性都是必不可少的，此外还有诗体学和韵律学）。近来有些教育家相信，如果把自由的艺术从一切桎梏中解放出来，把它从劳动转变为单纯的游戏，那么自由的艺术就会得到最有力的促进。

第44节　关于美的艺术

没有关于美的科学（Wissenschaft des Schönen），只有对美的批判；也没有美的科学（schöne Wissenschaft），只有美的艺术。因为说到关于美的科学，那么在其中就应该科学地亦即通过论证根据来解决某物是否被认为美的问题；如果关于美的判断属于科学，那么它就不再是鉴赏判断。至于美的科学，既然它是一种科学，又要是美丽的，那是极其荒谬的。因为如果把它当作科学来看待，我们就要追问其理由和证据，而人们就会用漂亮的辞藻（妙语）来对付我们——至于是什么原因产生了通常所说的“美的科学”这么个术语，那无疑不是别的，如人们完全正确地注意到的那样，正是因为美的艺术在其全部完善性中需要很多科学的东西，例如，古代语言的知识、博览经典作家、历史、古代文物知识等。因为这些历史知识构成了美的艺术所必需的准备和基础，部分地也因为有关美的艺术作品的知识（演说术和诗艺）也包括在其中，由于词语的混淆就出现了“美的科学”这么个名称。

如果一种艺术与一个可能的对象的知识相适应，只是力求实现这一对象，并采取一切为实现这一目标所必需的行动，那么这种艺术就是机械的艺术。如果它的直接目的是愉快的情感，那么它就称为审美的艺术。这样的艺术或者是舒适的艺术，或者是美的艺术。如果它的目的是与被视为单纯感觉的表象相伴的愉快，它就是舒适的艺术；如果其目的是与被视为认识方式的表象相伴的愉快，它就是审美的艺术。

舒适的艺术是那些单纯以享乐为目的的艺术，一切魅力刺激都属于这一类，社交团体在宴席上就能得到这类享受，令人欢愉的叙说，以巧妙的方式引导合座进入无拘无束的轻松活泼的话题，以诙谐和玩笑造成欢乐的空气等。在这种场合，如人们所说，在觥筹交错之间可以无所不谈，谁也不为他说的话负责任，因为那只是为了一时的欢乐，不拘泥于一个需要思考和连续的话题。（属于这一类的还有为了享乐而安排筵席的艺术，在大型宴会上还有管弦乐队的演奏：这是一件奇怪的事情，这种音乐只是作为一种令人舒适的音响维持着欢乐的情绪，有助于邻座之间进行自由的交谈，没有一个人丝毫注意到演奏的是什么曲子。）另外一切游戏也都属于这一类，这类游戏除了使时间不知不觉地流逝过去之外没有任何其他目的。

与此相反，美的艺术是一种表现方式，这种表现方式以自身为目的，而且虽然没有目的，却仍然为了社会交际而促进心灵能力的陶冶。

一种愉快的普遍可传达性在其自身的概念中包含着这样一层含义：这种愉快不是来源于单纯感性的一种快乐，而必须是一种反思。因此审美的艺术，作为美的艺术，是以反思判断力而不是以官能感觉为准则的。

第45节　美的艺术是一种艺术，如果它同时显得好像是自然的话

在一件美的艺术作品上，我们必须意识到它是艺术而不是自然；但它的形式中的合目的性仍然必须显得自由而不受任何强制性规则的束缚，好像它是单纯自然的产品。在我们的认识能力的游戏——这种游戏同时又是合目的性的——的自由情绪之上，建立着那种唯一不依赖概念而又普遍可传达的愉快。自然是美的，如果它同时看起来像是艺术；而艺术只有在如下情况下才能被称为美的，即我们意识到它是艺术，但它在我们面前又显得像自然。

因为，不管我们遇到的是自然美还是艺术美，我们都可以一般地说：美的东西是在单纯评判中（不是在感官感觉里，也不是通过一个概念）令人愉快的东西，而艺术却总有要产生出某物的确定的意图。但如果这个“某物”只是单纯的感觉（某种纯粹主观的东西），这种感觉趋向于与愉快相伴，那么这个产品在我们对它的评判中只能借助于感官感觉而令人愉快了。如果这种想要产生一个确定客体的意图实现了，那么，在这种意图是通过艺术来实现的情况下，这客体就只

能借助于概念而使人愉快了。但在以上两种情况里，艺术都不是在单纯评判中，亦即不是作为美的艺术，而是作为机械的艺术而令人愉快的。

因此美的艺术作品中的合目的性虽然是有意图的，但仍然必须显得像是无目的的，也就是说，美的艺术必须看起来像是自然，尽管人们知道它是艺术。但一件艺术作品显得像是自然是通过如下情况实现的：虽然存在着与规则——只有按照这些规则那作品才能成为它应该成为的东西——相协调的一切准确性，却没有留下苦心经营的迹象，看不到生硬的教条形式，亦即没有露出一种痕迹，表明那些规则曾在艺术家眼前盘旋，给他的心灵带上枷锁。

第46节　美的艺术是天才的艺术

天才是给艺术以规则的才能（天赋的）。因为才能作为艺术家生而与俱的创造性的能力属于自然，所以我们也可以这样来表达：天才是生而与俱的心灵禀赋（ingenium——天性），自然通过它给艺术以规则。

不管这一定义有什么性质，不管是否只是随意拟定，也不管它是否和人们惯常与“天才”一词连在一起的概念相符（这将在下一节里讨论）；人们仍然能够预先证明，根据这里所设定的词义，美的艺术必须被视为天才的艺术。

因为每一种艺术都预先设定了一些规则，以它们为基础，一件应被称为艺术的作品才被设想为可能的。但美的艺术的概念却不允许把对于它的产品的美的判断从任何一条规则里推导出来，这种规则有一个概念为其规定根据，也就是以一个表示艺术如何可能的概念为基础。因此美的艺术自己不能想出据以制作作品的规则来。但尽管如此，由于没有先行的规则一件作品永不能称为艺术，因而主体内部的自然（并通过主体能力的和谐）就必须为艺术提供规则，这也就是说，美的艺术只有作为天才的作品才可能。

我们由此可以看出，天才是：（1）一种才能，一种产生出没有任何确定的规则可供使用的产品的才能；不是对于能够按照一些规则学会的东西的技巧能力，因而独创性必须是它首要的特性；（2）由于它也可能创造出独创性的怪物，所以天才的作品必须同时是典范，也就是必须是示范性的；因此，它不是通过模仿而产生，而它对其他人却必须成为评判的标准或规则；（3）它如何创造出它的作品来甚至是不能描述的，也不能科学地说明，而是它作为自然要提供规则；因此一件靠天才制作出来的作品的创作者甚至都不知道关于那作品的诸多观念是怎样在他心中产生的，也不受他的支配，不能根据他的心愿或按计划构想出来，并把它们传达给其他人，让其他人也能制作出同样的作品来。（由此可以推测，“天才”这个词是由拉丁文genius转化而来的，这是作为特殊的守护和指导的精灵在一个人诞生时给予一个人的，在它的启示下就得到那些独创性的观念。）（4）自然通过天才不是为科学而是为艺术制定规则，而且只是在艺术应该是美的艺术时才是这样。

第47节　对于以上关于天才的说明的解释和论证

所有的人都同意，天才和模仿精神是完全对立的。因为学习不过是模仿，所以那最伟大的能力，作为博学的能力[1]，仍然不能被认为是天才。即使一个人动用他自己的思想和幻想，而不是单纯接受别人已经想过的东西，甚至在艺术和科学方面有所发现：这仍不能构成正当的理由，让我们把一个这样的（常常是伟大的）头脑（与这样的头脑相反，那些除了单纯的学习和模仿之外别无所能的人要被称为笨人）称为天才。因为以这种方式完成的事情都是某种能够学会的（事情），因此仍然是走在按照规则来研究和反思的自然之路上，而且与经过勤奋努力能够由模仿而获得东西没有什么特别的差异。所以牛顿在他不朽的自然哲学著作中所陈述的一切——发现这些原理需要如此伟大的头脑——人们都完全能够学会：但人们却不能学会充满灵感地去写诗，尽管诗学的法则可能详细完备，诗歌的典范作品可能优越出色。之所以如此的原因是，牛顿把他从几何学最初的原理到他最伟大和深刻的发现所做的每一步，都不仅能对自己而且也能对每一个人直观地演示出来，并规定了仿效的方式。但不管是荷马还是魏兰德[2]都不能展示他

---

[1] 博学的能力：这里的原文是Gelehrigkeit（Capacität）als Gelehrigkeit，康德用同一个词表达两个意思，前一个Gelehrigkeit后面的括号中注有Capacität一词，义为理解力、能力，后一个Gelehrigkeit是形容词gelehrig（好学的）的名词化，应是博学、学问之义。英译为aptness as pupil（Capacity）。——译注

[2] 魏兰德（Christoph Martin Wieland，1733—1813），德国诗人、作家、翻译家，与歌德、席勒、赫尔德都有交往，是德国文学中洛可可风格的代表，主要作品有《约翰娜·格蕾夫人》等。——译注

们那些想象丰富而又富有思想的观念是如何出现并集中于头脑之中的，因为他们自己也不知道，因而也不能教给其他任何人。在科学事业里，最伟大的发明家与最刻苦的模仿者和学徒之间只有程度上的差别，与此相反，他们与被自然赋予美的艺术的才能的人却有本质的区别，当然，在把这些伟大人物与那些因其对美的艺术的天赋而成为自然之骄子的人相比之时，没有丝毫轻蔑之意，对于科学的巨人，人类应深怀感激之情。那些人把他们的才能献给知识的不断进步的伟大完善以及与此相关的效用，并使别人学得这些知识，正是在这些行为中表现了科学家们对于那些获得天才称号的荣誉的人的更大的优越性，因为天才达到某一点之后，艺术必然要出现停顿，好像有一个很可能早已达到却不能超越的极限。并且艺术的技巧也不能传授，而是每个人都直接得之于自然之手的赐予，因而也与人同时灭绝，直到自然有朝一日再一次把它赐给另外一个人，以便以同样的方式发挥他的才能，这个人只需要一个范例的启发。

既然天赋必须为艺术（作为美的艺术）提供法则，那么，这是一种什么样的法则呢？这种法则不能概括在一个公式里，否则对于美的判断就可能依据概念来决定了。这种法则必须从业绩中，也就是从作品中抽取出来，其他人可以在这作品上检验他自己的才能，以便使它成为一个典范，当然不是照样模仿，而是作为向导带路前行。这如何可能却难以解释。如果自然给一个学徒配备了与其师傅类似的心灵能力的比例，艺术家师傅的观念就能激起他的学徒产生类似的观念。因此，美的艺术的典范是把艺术传给后继者的唯一的传递工具：这不是通过单纯的描述所能做到的（特别是在语言艺术中）；而且在这类艺术中，也只有用古代的，现已废止的，只为学者所用的语言所写的作品堪称典范。

虽然机械的艺术和美的艺术——前者是建立在单纯勤奋和学习上的艺术，后者是天才的艺术——互相之间有显著的差别，但仍然没有哪一件美的艺术品其中不含有某种机械性的成分，可以按照规则来掌握和遵从，因而也就是有某种教条式的东西构成了艺术的本质条件。因为在艺术里必须设想有某种作为目的的东西，否则人们就完全不能把它（艺术）的产品归属于艺术，于是也就成了纯粹偶然的产品了。但为了把一种目的放进作品中，就需要规定性的法规，我们不能挣脱这些法规。因为天资的独创性构成了天才特质的一个（不是唯一的）本质部分，有些浅薄的头脑就相信，他们是如花绽放的天才，如果他们从一切规则的学究气的桎梏下解放出来，就会有更出色的表现；他们还相信，他们骑在一匹性情暴烈的马上要比骑在一匹训练有素的马上显得更有精神。天才只为美的艺术作品提供丰富的素材，对这些素材的加工和与之相适应的形式需要一种经过学校训练的才能，以便运用这些素材，并经受判断力的检验。但如果一个人甚至在严密的理性研究的事业中也像一个天才那样说话和决断，那就十足可笑了。人们不知道，是否应该嘲笑这个骗子，他在自己周围散布了片片浓雾，让人什么也看不清，但却更能驰骋想象；或者是否应该嘲笑公众，他们天真地想象，他们没有能力认清和理解这种有见识的杰作，他们认为他们的这种无能是因为新的真理以一整块被抛在面前，而细节（通过对原理的精确解释和学术性的考察的细节）对他们来说却显得像是生产的拙劣产品。

第48节　天才和鉴赏力的关系

判断美的对象本身需要鉴赏力，美的艺术本身，也就是美的对象的生产，则需要天才。

如果我们把天才视为对于美的艺术（包含着这个词语的特有的意义）的才能，而且如果我们从这种观点来分析那些集合起来构成这种才能的各种能力，那么首先必须准确地界定自然美和艺术美的区别：判断自然美只需要鉴赏力，而艺术美的可能性则需要天才（对于一个艺术美的对象的判断必须要考虑到这一点）。

自然美是一个美的物；艺术美则是一物的美的表象。

为了判断自然美本身，我无须事先有关于对象应该是什么的概念，也就是说，我不必知道它的物质方面的合目的性（目的），只需在不知其目的情况下，那纯粹形式自身在判断中会令人愉快。但是如果对象是作为艺术作品而被给予我们，并且作为艺术作品而被解释为美的，那么，因为艺术在其根源（及其因果性）中总含有一个目的作为前提，我们就必须首先有一个关于它应该是什么的概念为基础。又因为多样性在一物中与该物的内在性质——这种内在性质是作为它的目的而属于它的——协调一致构成了该物的完善性，所以在赏评艺术美时事物的完善性必须考虑在内，而在赏评作为美的自然美时，完善性则完全不相干。虽然在赏评中，特别是对于有生命的对象的赏评，例如人或马，为了判断它们的美，一般也要考虑到客观的合目的性，但这样一来那判断就不再是纯粹的审美判断，亦即不再是纯粹的鉴赏判断了。自然不再因其显得像是艺术而被评判，而是因其确实是（尽管可能是超人类的）艺术而被评判；这种目的论的判断是审美判断的基础和条件，审美判断必须顾及这一点。假如有这样的情况，例如，一个人说："那是一个美丽的女人。"实际上他所想的只是：自然在她的形貌里优美地体现了女性身体结构的目的；因为一个人必须把他的眼光扩展到单纯形式之外达到概念，才能使对象在这种方式里通过受到逻辑限定的审美判断而被思考。

美的艺术的优越性正在于：它能把自然中可能是丑的或令人不快的东西优美地描写出来，疯狂、疾病、战争的灾难等祸患之类的事物都可以很优美地描写出来，甚至能在绘画中加以表现。只有一种丑不能照它在自然中的样子来表现，如照自然中的样子来表现，就会破坏掉一切审美愉快，因而也就破坏掉艺术美，这就是那些令人恶心的东西，因为在这种纯粹基于想象的奇怪的感觉里，那对象好像强迫我们对它感到满意快乐，而我们则坚决抵制，于是对象的艺术表象在我们的感觉中就不能与这对象本身的实际存在区别开，因而也就不能被认为是美的了。而那雕塑艺术，由于在它的作品里艺术和自然几乎完全混在一起，就必须从它的作品中把丑的对象的直接表象排除出去，只允许用比喻或象征的方式来表现例如死亡（用美的神灵）或战争的豪勇（用战神马尔斯），以便其具有令人愉快的外观，这也就是间接地借助于一种理性的解释而不依靠单纯的审美判断力。

关于一个对象的美的表象的讨论到此为止，美的表象根本上说只是一个概念的表象形式，通过它概念就可以普遍传达。但把这种形式赋予美的艺术作品，却只需要鉴赏力。艺术家通过许多艺术或自然实例训练和改正过自己的鉴赏力之后，就可掌握他的作品，并经过一些常常是艰辛的使鉴赏力得到满足的探索之后，发现了使他感到满意的形式：因此形式似乎不是一种灵感的事业或心灵能力自由飞翔的产物，而是一种缓慢的甚至是痛苦的改善修正的结果，这样形式才能适应思想，而又不损害心灵能力的游戏中的自由。

但鉴赏力只是一种判断的能力，不是一种创造的能力；因而与其相适应的不是美的艺术作品；这类作品也可能属于实用的和机械的艺术，或者甚至是属于科学的根据确定规律而产生的作品。这些法则是能够学会和准确遵循的。但人们赋予那作品的使人愉快的形式却只是传达的媒介，似乎还是演示的方式，在这方面人们还能在一定程度上保持自由，尽管它与一个确定的目的结合在一起。所以人们要求，桌上的用具，或者一篇道德论文，甚至一次宗教演讲都要有美的艺术的形式，而又不显得矫揉造作；但人们并不因此就称它们为美的艺术作品。属于美的艺术作品的有：一首诗，一段音乐，一处画廊等，而人们可能常常在一件应该成为美的艺术的作品上觉察到缺乏鉴赏力的天才，在另一件作品上觉察到缺乏天才的鉴赏力。

第49节　构成天才的心灵能力

某些产品，人们期望它们至少在一定程度上应该表现为美的艺术作品，但人们却说：它们没有精神。尽管从鉴赏的角度看倒没有什么可指责的，一首诗可能令人喜爱而雅致优美，但没有精神。一段故事可能详尽而条理清晰，但没有精神。一场演说可能透彻而婉妙，但没有精神。一些谈话并不缺乏情趣，但没有精神。甚至对于一位妇女，人们也会说她漂亮，健谈，有礼，但没有精神。那么这里人们所理解的精神是什么呢?

在审美的意义上，精神就是心灵中赋予生气的原则。但这种原则借以使心灵富有生气的东西，即为此目的而运用的介质，就是那把心灵能力合目的地置于亢奋之中的东西，也就是把心灵能力置于自我维持的活动并为此而加强这些能力的活动的东西。

现在我认为，这种原则不是别的，就是审美观念的表象能力；我所理解的审美观念是那样一种想象力的表象，这种表象能引起许多思想，但又没有任何一种确定的思想，也就是概念能够与它相适应，因此也就没有任何语言能完全达到它并把它解释清楚。我们很容易看出，它是一个理性观念的对立物（pendant），理性观念与审美观念相反，是一个没有任何直观（想象力的表象）能与之相适应的概念。

想象力（作为生产性的认识能力）在由真实的自然所提供的素材中创造出似乎是第二自然的活动中，是一个强有力的动因。当经验对我们显得太平庸乏味时，我们就以它来娱乐消遣。我们甚至用它来改造经验；尽管仍然还是按照高悬在理性之中的诸原理（这些原理同知性据以把握经验自然的原理一样对我们来说是很自然的）；在此我们感到从联想律（联想律与想象力的经验使用相关联）解放出来的自由，虽然我们是按联想律从自然借得素材，但这种素材却能被我们改造成完全不同的东西，即超越于自然的东西。

我们也可以把想象力的这一类表象称为观念：一部分原因是它们至少趋向于某种超越于经验界限之上的东西，并试图接近一种理性概念（理智的观念）的表象，这就使这类表象获得客观现实性的外貌；另一部分原因也是主要原因在于，这类表象作为内在直观没有任何概念与之完全符合。诗人敢于把不可见的存在物之理性观念，例如天国、冥界、永恒、创世等变成具体可感的东西；或者把那些在经验中可以找到实例的事物，如死亡、忌妒，以及一切恶习，还有爱、荣誉等，借助了想象力在追逐一种最伟大的事物时努力效仿理性的先声，冲破了经验的限制在一种完善性中具体化了，而这种完善性自然中是没有实例的。事实上正是在诗的艺术里，审美观念的能力才能完全充分地体现出来。但这种能力从其自身来看，本质上只是一种天赋（想象力的）。

现在如果一个想象力的表象被置于一个概念之下——这想象力的表象属于这概念的一个表现——，而它独自引起了那么多永远不能总括在一个确定概念之中的思想，于是概念本身被审美地无限扩展了：在这里想象力起到一种创造性的作用，并把理性观念的能力（理性）带到运动之中，而在一个表象的推动之下所产生的思想（尽管这是属于对象的概念的东西）要多于表象中所能把握和清楚表现的思想。

有些形式，它们没有构成一个给定概念本身的表象，而只是作为想象力的附属表象表现出与那概念相联系的结果及其与其他概念的亲缘关系，我们把这类形式称为一个对象的（审美的）标志（Attribute），这一对象的概念作为一种理性观念，是不能恰当地表达出来的。例如，丘比特的天鹰和它脚爪里的闪电是这位具有无比威力的天帝的标志，而孔雀则是华贵的天后的标志。它们没有像逻辑的标志那样表现出我们关于创世的崇高和庄严的概念中的东西，而是表现了某种另外的东西，这种东西给了想象力一个机会，把自己扩展到一大堆同源的表象之上，这些表象激起的思想比由词语确定的概念所能表达的要更多。它们还提供了一种审美观念，这种审美观念服务于上述理性观念，作为逻辑表象的一种代替物，但从根本上说它为心灵打开了一个通向同源表象的无边领域的前景，以便使心灵充满生气。但美的艺术的这种功能或作用不仅表现在绘画或雕塑里（在这里标志一词经常被使用），而且诗的艺术和雄辩术也采取了使它们的作品富有生气的这种精神，这种精神是从对象的审美标志里吸取来的，这种标志与逻辑标志携手相伴，给想象力一种推动，使之在这里产生出比在一个概念里，亦即在一个确定的语言表达式里所能概括的更多的思想——尽管是未充分发展的思想——为了简要明确，我必须限于举出不多的例子。

当大王[1]在他的一首诗中这样说：

让我们毫无怨言地从生活中悄然退出，

因为我们此后把这个充满善事的世界留给了后人。

太阳走完了他一天的行程之后

仍然在天上播撒出一抹柔和的光彩；

它散布在空中的最后的余晖，

是对这世界的福祉最后的叹息。

在他的生命的尽头，他还这样通过想象力（回忆曾经度过的一个美丽的夏日晴朗的黄昏在我们心中唤起的愉快之情）为那表象所提供的标志使他那种世界主义的信念获得生气，而且这种标志还激起大量的感觉和附属表象，对于这些是找不到词语来表达的。另一方面，一个理智的概念甚至也可能反过来充当一个感

[1] 大王：指普鲁士国王腓特烈二世（Friedrich Ⅱ，1712—1786），1740—1786年在位。下面康德所引的诗是腓特烈二世用法文写的，被收入《腓特烈大帝文存》第10卷。这一节诗的法文原文是：

Oui, finissons sans trouble, et mourons sans regrets,

En laissant l'Univers comblé de nos bienfaits.

Ainsi l'Astre du jour, au bout de sa carrière,

Répand sur l'horizon une douce lumière.

Et les derniers rayons qu'il darde dans les airs

Sont les derniers soupirs qu'il donne à l'Univers;

康德引述时译成了德语的散文形式。这里的中译文也是分行的散文。——译注

性表象的标志，这时超感性观念就会使感性表象富有生气，但这只限于把主观地与超感性意识相联系的审美要素用于这里的情况。例如，某一位诗人在描写一个美丽的早晨时写道："太阳涌出来，如同沉静安详从德性中涌出。"[1]只要我们设想站在一个有道德的人的地位上，那道德的意识就会在我们心中播撒出许许多多崇高静穆的情怀和对幸福未来的无限憧憬，这是没有一个与确定概念相应的词语能够完全表达出来的。[2]

一言以蔽之，审美观念是一种与一给定概念相伴随的想象力的表象，这种表象在想象力的自由运用中与各部分表象的多样性结合在一起，以至没有一个表示特定概念的词语能把它表达出来，由于这一原因这种表象就允许在思想中用许多不可言传的东西来补充一个概念，而且这种表象引起的情感还激活了各种认识能力，并以语言——作为单纯的记录手段——把精神把握住。

因此，结合起来（在一定的关系里）构成*天才*的心灵能力就是想象力和知性。只是因为在想象力用于认识时，受到知性的强制，受到必须与知性概念相适应的限制；但在审美的目的中，想象力是自由的，这样他就能在与概念一致之外，主动地为知性提供内容丰富的未经发挥的素材，对于这些素材知性在其概念中尚未顾及，但知性可以使用它们，不过不是客观地使用于认识，而是主观地用于激活认识能力，因而也是间接地用于认识：所以天才从根本上说在于那种幸运的关系之中，没有一种科学能够教授这种关系，也不是刻苦勤奋所能学到的，科学和勤奋都不能使人为一个给定概念找到观念，另一方面，又不能为观念找到合适的表述——通过这种表述，由观念所引起的主观的心灵情调作为一个概念的伴

[1] 这两句诗引自德国诗人维特霍夫（Johann philipp Lorenz Withof, 1725—1789）的《学苑诗集》（*Academische Gedichten*），康德引用时有所改动，把原诗中的"善（Güe）"改成了"德性（Tugend）"。——译注

[2] 也许还从来没有比伊西斯（自然母亲）神殿上著名的铭文所说的更崇高的东西，或者被更崇高地表达的思想："我是一切正在存在的，已经存在的，一切将要存在的，没有一个会死的人掀开过我的面纱。"赛格纳（Johann, Andreas von Segner, 1704—1777，德国物理学家和数学家，著有《算术·几何基础》等。——译者）在他的《自然论》卷首插图的富有启发性的简介里使用了这一思想，目的是鼓舞他正要引进这座殿堂的学生，使他在门槛上就充满神圣的敬畏，把他的心灵导入庄严的意境。——原注

随物就可以被传达给别人。后一种才能本质上就是人们称为精神的东西。因为要使心灵状态中不可言传的东西由某种表象表达出来，并使之可以普遍传达，其表述就可以借助于语言，或者绘画，或者雕塑；这就需要一种机能来把转瞬即逝的想象力的活动捕捉住，并使之集中于一个概念（正因为如此，这概念才是独创性的，并揭示出一条新的规则，这规则不能从先行的原理或实例推导出来）之中，这概念可以传达而不受规律的限制。

* * *

如果我们做过这些分析之后，再回顾一下以上对于人们称为天才的东西的解释，就会发现：第一，天才是对于艺术的才能，不是对于科学的才能，在科学中必须有被清楚认识的各种规律先行引导，并由它们来规定程序；第二，天才作为艺术才能是以一种关于作为目的的作品的确定概念为前提的，因之它也是以知性为前提的，但也需要一种（虽然不是确定的）关于素材的表象，也就是直观的表象来表现那种概念，需要想象力对于知性的一种关系；第三，与其说天才在表现一个确定概念时因实现了预定目的而展示了自身，还不如说是在审美观念——审美观念包含着为实现那预定目的所需要的丰富材料——的演示或表现中展示了自身。从而想象力摆脱了规则的羁绊而自由活动时仍能表现出对于给定概念的表象是合目的的；第四，也是最后一点，想象力对于知性的合规律性的自由协调中那自如的无意图的主观的合目的性，是以这两种能力如下的比例和情调为前的：好像不是遵守规律——不管是科学规律还是机械模仿的规律——所能产生的，而只是主体的天性使然。

依据这种前提，天才就是：一个主体的自然禀赋在其认识能力的自由使用中的典范式的独创性。按这种方式，一个天才的作品（就这作品中那些可归属于天才东西，而不是归属于可学习的或学校中可教授的东西而言）不是供模仿的范例（因为这样一来其中天才的东西和构成作品精神的东西就要消失），而是另一天才仿效的榜样，后来的天才通过它可唤醒自己的独创性的感觉，在艺术里从规则的强制下解放出来，而艺术由此获得了一个新的规则，这样，天赋才能就表现了典范性。但因为天才是自然的宠儿，人们就把它看作稀有的现象，因而他的范例就成了其他优秀头脑的学校，也就是依据规则的程式化教育（场所），只要人们能从那些富有精神的作品及其独特性质中把规则抽取出来。在这个意义上，美的艺术就成了那些优秀头脑仿效的材料，自然通过天才为他们提供了规则。

但是，如果学生照原样复制一切，直到天才不得不保留的畸形的东西，那就成了猴子学样（Nachaffung），因为那些畸形的东西是天才为不削弱观念而无法删除的。这种勇气只有在一个天才身上才是一种功绩；表现方面的大胆以及一般来说对于普遍规律的背离对于天才来说是适宜的，但决不值得仿效，那本身永远是一种缺陷，是人们必须设法避免的，天才似乎对此有特权，因为他的精神翱翔的不可模仿性会因为谨小慎微而受到损害。矫揉造作是另一种猴子学样，也就是一种对一般怪癖（独创性）的猴性仿造，目的是尽可能远离某些模仿者，但又没有同时成为典范的才能——实际上为了表达一个人的思想一般有两种组织方式，一种叫手法（modus aestheticus——审美的方式），另一种叫方法（modus logicus——逻辑的方式）。两者之间的区别是：前者的标准不过是表象中协调一致的情感，后者在这里则遵从确定的原则；与美的艺术相适应的只有前者。只有在一件艺术作品中演示观念的手法只注重特异性，并且不设法符合观念时，那作品才称为造作的。夸耀卖弄的（precieux），勉强的和不自然的风格，为了把自己同一般化（但没有精神）相区别就坠入此道，这类似于那样的人的行为：这个人，正如人们所说的，他只注意自己的声音，或者站立并走动，好像他是在一座舞台上，为了让别人盯着他看，这个人时时显露出拙劣低能之相。

第50节　美的艺术作品中鉴赏力与天才的结合

如果问题是：在美的艺术中什么更重要，是显示天才呢，还是显示鉴赏力？那么这说等于问，在艺术里，是想象力更重要，还是判断力更重要。想象力会使一件艺术作品更配称为富有精神（geistreiche）的艺术，而只有判断力才能使作品被称为美的艺术作品；因此判断力至少作为不可缺少的条件（conditio sine qua non）在人们评价艺术（作为美的艺术）时首先要被重视。具有丰富的独创性的观念对于美不是那么必需的，倒是想象力在其自由活动中对于知性的合规律性的适应更为重要。因为想象力的一切机能本领在其无规律的自由中只能产生无意义的东西（Unsinn），与此相反，判断力则是使想象力适应知性的能力。

鉴赏力如同一般的判断力一样，是天才的戒律（或管教），它可剪掉天才的翅膀，使其更守纪律，更有训练，但同时也给它以指导，使它知道为了保持合目的性，它应该向哪个方向飞，应该飞多远。它把清晰和条理带入思想的富足之中，同时也使诸观念获得稳定性和永久的普遍的赞同，并使之能被后人继承和持续不断地改进。因此在一件作品的两种特性的斗争中要牺牲一种的话，那首先就要牺牲天才；而判断力，它在美的艺术的事业中由自己的原则出发做出决定，宁可损害想象力的自由和丰富，而不损害知性。

因此美的艺术需要想象力、知性、精神和鉴赏力。[1]

第51节　美的艺术的分类

人们可一般地把美（不管是自然美还是艺术美）称为审美观念的表现：只是在美的艺术中这种观念必须由一客体的概念来引起，而在美的自然中，对于唤起和传达观念——客体被看作这种观念的表现——不需要有关对象应该是什么的概念，对于一给定直观的单纯反思就足够了。

因此如果我们要对美的艺术进行分类，我们为此目的所能选择的合适的原理——至少是试验性的——莫过于把艺术与人们为了尽可能完满地互相传达概念以及情感在语言中所使用的表达方式作类比。[2]这些表达方式是：词语、姿势和声调（发音、姿态、音调）。只有这三种表达方式结合起来才能把表述者的意思完满地传达出来。因为思想、直观和感觉会以这种途径同时地综合地传达给他人。

所以只有三种美的艺术：语言艺术、造型艺术和感觉（作为外感觉）游戏的艺术。这种分类也可以安排成二分法，这样美的艺术就将被分为思想表现的艺术或直观表现的艺术，而后者又按其形式或质料（感觉）再行划分。只是这样一来这种分类会显得太抽象，不那么符合一般概念。

---

[1] 前三种能力通过第四种才得以结合。休谟在其历史著作中使英国人明白，虽然他们在他们的作品里前三种特性的迹象分别看来不次于世界上的任何民族，但在三种特性的结合方面，却不及他们的邻居法国人。——原注

[2] 读者不应该把这种对美的艺术的可能的分类的框架看作一种深思熟虑的理论。它只是可能和必须作的各种尝试中的一种。——原注

（1）语言艺术是演说术和诗歌。演说术是把知性的事情当作想象力的自由游戏来对待的艺术；诗歌艺术是把想象力的自由游戏当作知性的事情来处理的艺术。

因此演说家所宣示的是一种事业，他从事这种事业时好像那只是一种观念的游戏，会使听众感到愉快。诗人宣示的是一种快乐的观念游戏，结果却为知性提供如此丰富的资料，好像追求知性的事业就是他的目的。两种认识能力（感性和知性，它们虽然不能互相缺少，但它们互相结合却不能不互相牵制和损害）的结合与协调必须显得是无意的，自然而然地发生的，否则那就不是美的艺术了。因此必须避免其中的矫揉造作和令人不愉快的东西，因为美的艺术必须在双重意义上是自由的艺术：它不是以赚钱为目的的劳动，这种劳动的量要按照一个确定的标准来评估、强制或付酬；另一方面，在美的艺术中，心灵虽然在工作，但那工作没有其他目的（与工资无关）而令人感到满足和兴奋。

演说家虽然提供了某种他没有允诺的东西，也就是想象力的令人愉快的游戏，但他也损害了一些他所允诺的东西，损害了一些他所宣示的事业，也就是使知性合目的地从事活动。反之，诗人允诺的很少，只宣示一种观念的单纯游戏，但却完成了某种值得去做的严肃的事情，就是说，以游戏为知性提供了食粮，借助于想象力使知性概念获得了生命。因此可以说演说家所做的少于他所允诺的，诗人所做的则多于他允诺的。

（2）造型艺术，或者说在感性直观中表现观念的艺术（不是通过语词所引起的单纯想象力的表象），或者是感性真实的艺术，或者是感性假象的艺术。前一种叫作雕塑艺术，后者叫作绘画艺术，两者都是在空间中创造形象来表现观念；前者所创造的形象能为两种感官——视觉和触觉（虽然对于触觉来说目的不在于美）——所感知，后者只能为视觉所感知。在想象力中，两种艺术都以审美观念（原型——Archetypen、范型——Urbild）为基础；但构成审美观念的表现的形象（副本——Ektypon、摹本——Nachbild）或者在其形体的广延（像对象自身）中被给予我们，或者以它在我们眼中所形成的图像的方式被给予我们（按照它在一个平面上的显现）。另外，在第一种情况下，反思的条件或者关联到一个实在的目的，或者仅仅关联到这一目的的假象。

雕刻艺术和建筑艺术属于雕塑，是第一种美的造型艺术。前一种是按事物在自然中可能存在的样子立体地表现事物的概念的艺术（作为美的艺术要顾及审美的合目的性）；后一种是表现那样事物的概念的艺术，这些事物只有借助于艺术才可能存在，而且它们的形式不是自然中业已存在的，而是以任意的目的为规定根据的；这种艺术表现概念即是为了这种目的，同时又带有审美的合目的性。在建筑艺术中，人造对象的某种用途是主要的事情，审美观念也要受到它——作为建筑艺术的条件——的限制。雕刻艺术中，审美观念的单纯表现是主要的事情。所以人、神、动物的雕像等属于雕刻；而神殿，用于公众集会的华丽建筑物，还有住宅、凯旋门、圆柱、纪念碑等作为纪念物而建立起来的，都属于建筑艺术。甚至一切家具（木匠的工作以及其他等等，为使用而造的东西）也可划归这一类；因为产品对于某一用途的适合构成了建筑作品的本质要素；反之，一件单纯的雕塑作品，只是为观赏而制作，并因其自身而令人愉快，它作为形体的表现是对自然的单纯模仿，当然也要顾及审美观念：因为在这里感性的真实不应走得太远，以致它不再是艺术，而显得像是任性的产物。

绘画艺术，作为第二种造型艺术，它把感性假象艺术地与观念结合起来予以表现，我想把它分为对自然的美的描绘和自然产品的美的安排[1]。第一种是本来意义上的绘画，第二种是园林艺术。因为第一种只提供了立体广延的假象；第二种虽然在提供假象时是依据真实存在（的事物），但也只提供了有用性和用于其他目的的假象，这其他目的是指想象力在静观其形式时的单纯游戏之外的目的。[2]后者不过是以自然对我们的视觉展示出来的那种多样性（青草、花卉、

---

[1] 对自然的美的描绘和自然产品的美的安排（schönen Schilderung der Natur und schönen Zusammenstellung ihrer Producte）这里的“对自然的美的描绘”的意思不是描绘自然美，而是说不管自然是否美都可“美丽地”加以描绘，原文这层意思很清楚，译成中文之后容易造成误解。“美的描绘”中“美的”本应是状语“美地”，但因原文的中心词“描绘”是名词，故仍用定语“美的”。“美的安排”亦应如是理解。——译注

[2] 园林艺术可以当作一种绘画艺术来看待，而它的形式却是立体地表现出来的，这好像很奇怪。但因为它的形式确实取之于自然（大树、灌木、草坪、花卉都是从森林和野地取来，至少原来是这样），因之它不是像雕塑那样的艺术。另外，园林的安排也不以对象或者它的目的的概念（像雕塑中那种）为条件，而只以想象力静观时的自由游戏为条件，因此它就和没有固定主题（空气、陆地、水，通过光和影令人愉快地结合在一起）的单纯审美的绘画相一致。——读者一般会把这看作将美的艺术结合在一个原理之下的一种试验——这原理在此应是表现审美观念的原理（按照与语言的类比）——而不是看作一种确定的、深思熟虑的推导。——原注

灌木丛，以及树木，甚至还有水、丘陵、山谷）来装饰庭院广场，只是用另一种方式，按某种观念来安排的。但立体事物的美的安排也只是为了视觉观看，就像绘画那样；触觉器官不能获得这种形式的直观表象。另外，我还要把用壁纸、饰物以及一切美丽的家具来装饰房间也算在广义的绘画之内，因为这些装饰只供观看。同样，符合趣味的穿戴艺术（指环、小盒等）也可归属于广义的绘画。栽满各种花卉的花圃，拥有各种饰物的房间（甚至包括太太们的服饰）在一个喜庆之日也构成了一幅画，这幅画像真正意义上的画（它们的目的不在教人历史和自然知识）一样只为观赏而存在，目的是使想象力在与观念的自由游戏中获得快乐，无确定目的地使审美判断力活动起来。在所有这些装饰中的作品在机械性方面可能有很大差别，并需要完全不同的艺术家，但鉴赏判断在判断这种艺术中美的东西时却总是使用一种方式来决定：那就是，判断力只按照对象自身呈现于我们眼中的形式（不考虑目的），可能是单独的形式，也可能是组合起来的形式——根据它们对想象力的影响来判断——至于造型艺术何以能被归于语言中的表情姿势（按照类比）这个名目之下，可由以下情形得到解释和证明：艺术家的精神通过这种形式就可能把他的思想的本质和特征具体地表现出来，并使事实似乎是表演式地诉说自身；这是我们的幻想的一种司空见惯的活动，会根据无生命的事物的形式赋予事物以精神，而精神又把事物当作自己的喉舌。

（3）*感觉的美的游戏的艺术*（这些感觉从外界产生，但仍然必须可普遍传达）只能涉及不同级别的感觉所隶属的感官的不同程度的情调（紧张度）的比例，也就是感官的调子（Ton）。在“调子”一词的引申意义上，这种艺术可被分为听觉方面的感觉的艺术游戏和视觉方面的感觉的艺术游戏，也就是被分为*音乐*和*色彩艺术*。值得注意的是：这两种感官除了对于印象的敏感性之外，还需要更多的敏感性，以便借助于这些印象获得外在对象的概念，还要有能力感受到一种特殊的与之结合在一起的感觉，对于这种感觉我们不能确定它是建立在感官上，还是建立在反思上。有时这种易感性还可能缺少，虽然在涉及用于对客体的认识时，感官绝不缺乏易感性，而且十分精细出色。换言之，我们不能肯定地断言，一种颜色或一种声音只是一种舒适的感觉，还是它们本身就是一种感觉的美的游戏，并因此在被审美地赏评时其形式就带有一种愉快。如果我们承认，光的振动速度，或者，在第二种情况中空气的振动速度，很可能远远地超过我们所有直接靠知觉来判断时间间隔比例的能力，我们就应该相信，我们所感觉到的只是那些振动在我们身体的弹性部分所造成的一种效果，但其中的时间间隔并没有被注意到，也没有被纳入我们的判断之中，因而与颜色和声音结合在一起的一切都只是舒适，不是与它们的结构相联系的美。但与此相反，如果我们考虑到，第一，我们对音乐中和对音乐的评判中这些振动比例所能说出来的数学关系是确定的，并可合情合理地按照与音乐的类比来评判颜色的差异；第二，让我们看看另一些人的例子虽然为数不多，他们有最好的视觉却不能区分颜色，有最灵敏的听觉却不能区分音调，而那些具备这种能力的人却能感受到色谱和音阶里不同强度的变化的质（不仅是感觉程度的质），再进一步说，如果注意到，色谱和音阶的数量关系对于可把握的区分也是确定的；那么，有了这些认识之后，我们就可能感到不得不承认那两种感官所提供的感觉不是单纯的感官印象，而是对多种感觉的游戏中的形式的一种判断的结果。[1]对音乐基础的判断中，这种意见或那种意见所提出来的不同之处，只能在如下范围内改变其定义，即或者像我们已经做过的那样，把它解释为感觉的美的游戏（通过听觉），或者解释为舒适的感觉。只有按照第一种解释方式音乐才完全被表述为美的，而按照第二种解释它就被表述为舒适的感觉（至少是部分地）。

第52节　各种美的艺术在同一作品中的结合

演说术可以在戏剧中与（演说）主体以及客体的绘画表现相结合，诗和音乐可以在歌唱中相结合，而歌唱又可以在歌剧中与绘画的（戏剧的）表现相结

---

[1] 这里康德意在区分声音和颜色中的感觉要素和形式要素，以及不同的人对这些要素的敏感程度。声波和光波刺激听觉和视觉，产生听觉印象和视觉印象，这是感觉要素，与反思性的美无关，因为其中没有形式因素。声波和光波的振动虽有一定的频率，可以测量并用数字表示出来，有可能构成形式因素，但因振动的频率太快，我们的感官无法感受到，因而实际上这种形式因素在鉴赏判断中不起作用。另一方面，如果声音继时地连接起来而构成旋律，共时地聚合而成为和弦，各种颜色构成色谱，这样就形成了可感的形式因素；可以充当审美对象。有人有听觉却不辨音律，有人有视觉却不能领略色彩的变化，是说他们只有声音和颜色的感觉而不能感受其中的形式因素。反之，另一些人则生有富于音乐感的耳朵，敏于色调变化的眼睛，他们就能领略到声音和色彩的非感性意蕴。——译注

合，音乐中感觉的游戏可以与舞蹈中形体的游戏相结合，等等。甚至崇高的表象，就其属于美的艺术而言，也可以在诗体悲剧中，在教诲诗中，在圣乐中，与美相结合，而且这种结合会使美的艺术更富有艺术性：但是否更美（因为不同的艺术种类会互相引起那么多不同的性质的愉快），在所举的某些例子中可能受到怀疑。在一切美的艺术中，本质性的要素都在于形式，这形式对于观赏和判断是合目的的。在这里，愉快同时就是陶冶，并使精神与观念相称，更容易感受这种愉快和娱乐。感觉的质料（刺激或感动）在这里不是本质性的要素，感觉中只有单纯的享乐，而享乐在观念里没有留下任何东西，并且还使精神迟钝，使对象渐渐地变得讨厌，使心灵乖张，不满于自己，这是因为它意识到它在理性判断中的反目的性的倾向所致。

如果美的艺术不是或松或紧地与道德观念结合在一起，只是自身带有一种独立的愉快，那么前面所说的那种情况（指单纯感官的享乐。——译者）就是艺术的最终的命运了。这样，美的艺术就只为娱乐服务，人们越把它们用作娱乐，就越需要它们，以便消除心灵对自己的不满，结果一个人就会变得越来越没用，对自己越来越不满。一般说来，自然美对于前一种目的（促进道德观念）最为有益，如果人们能更早地习惯于观赏它，评判它，赞叹它，那就好了。

第53节　各种美的艺术互相之间审美价值的比较

在一切艺术中，诗艺（它的根源几乎完全要归于天才，极少依赖法规或范例的指导）占有最高等级。它以如下方式扩展心灵：它把想象力置于自由之中，并在给定概念的范围内，在可能的与概念相协调的形式的无限多样性之下，提供了把概念的表象与思想的丰富性结合起来的形式（对于这种思想的丰富性没有任何语言表达式能够完全适应），从而把自己审美地提高到观念。诗歌使心灵感觉到它的自由的、主动的、与自然规定毫无关系的能力，这种能力按照自然本身在经验中既不能给予感性也不能给予知性的外观来观赏和评判作为现象的自然，并把这种外观用作超感性的东西的一种图式。诗歌以假象来游戏，这假象是它随意创造出来的，但不是为了以此骗人；因为它公开承认它的事业只是单纯的游戏，尽管这种游戏能被知性合目的地用于自己的事业。演说术，就我们把它理解为说服的艺术，亦即通过美的假象来骗人的艺术（雄辩的艺术），而不是单纯的杰出口才（雄辩和富有感染力）而言，是一种论辩术，它从诗艺中只借用了为使听众的心情在对问题做出权衡之前站到演说家这一边来而剥夺他们思考的自由而必需的东西；这种事情既不能诉诸法庭，也不能诉诸宗教讲坛。因为如果这是为了民法，为了个人的权利，或者为了日常的教育或引导人们的心灵正确认识和认真遵守他们的义务的话，那么演说术哪怕只让人看到一点过分炫耀智巧和想象力的痕迹，让人们看出那是一种劝说的法术，是为某个人的利益而效力的手段，它就不符合这类重要的事业的庄严性了。因为虽然演说术有时也可能被用于合法合理并值得赞赏的目的上，但仍会由于在这种情况里原则和信念会受到主观的损害（尽管行为在客观上是合目的的）而令人唾弃：因为光做正当的事是不够的，我们还必须出于正当的理由来做。另外，这类人类事业的简单明晰的概念与实例之中一种生动活泼的表象相结合，并且不违背语言优美化的规律，不违背理性观念的表达的恰当性（这些综合起来就构成了演说技巧），这本身对人的心灵已有足够的影响，不必再附加劝说的巧计了，这种巧计对于把美丽的光彩或伪装加于罪过和错误这一目的同样有效，因而不能完全摆脱被暗暗怀疑为是在巧施诡计。在诗的艺术中，一切都真诚坦率，它公开表明，它所追求的是想象力的单纯娱乐性的游戏，而且按其形式来说与知性规律相协调，但不要求通过感性表象来欺骗和纠缠知性。[1]

在诗的艺术之后，如果我们从魅力刺激和心灵的兴奋着眼，我将把下一个位置给予语言艺术里最接近诗，并很自然地与诗的艺术结合在一起的艺术，那就

[1] 我必须承认：一首美妙的诗总能使我感到纯粹的愉快；而阅读一个罗马人或现在议院以及教堂里最出色的演说家的讲词时，时时会因讨厌那种欺骗的伎俩而产生不愉快的情绪，那些人懂得如何在重要的事务中把人当作机器，驱使他们达到一种判断，而这种判断经过静心思考将会显得对他们没有什么重要意义。雄辩和巧言（合起来就是雄辩术）属于美的艺术；而巧辩术（ars oratoria），作为一种为了自己的目的而利用人们的弱点（不管这种目的在动机上是善意的，还是在事实上是好的），则无论如何是不值得尊重的。此外，在雅典和罗马演说术也曾达到最高水平，但那种情况只有在国家业已沉沦，真正的爱国精神已然消失之时才能发生。谁能清楚地看到结局，谁能掌握语言的丰富性和纯洁性，谁能在表达思想时拥有活跃、动人的想象力，谁的心对于真正善的事物怀有强烈的同情——谁就是vir bonus dicendi peritus（无巧饰的演说家），他能给人以最深刻的印象，就像西塞罗曾经向往的那样，虽然他可能并不总是忠于他的理想。——原注

是声音的艺术。因为虽然这种艺术无概念地通过单纯感觉来说话，因而不像诗那样给我们留下某种可供反思的东西，却更能多样性地激发我们心灵，而且，尽管只是转瞬即逝，却更能深入人心；当然这种艺术的效果是享乐多于教养（它所附带引起的思想活动似乎只是一种机械联想的结果）；从理性角度来判断，它比其他每一种美的艺术更缺少价值。因此它像所有享乐那样需要不断变换，不能多次重复而不致引起厌倦。这种艺术的可以普遍传达的魅力刺激似乎在于：语言中的每一个表达里都有一个相关联的适合于它的意义的音调。这种音调或多或少地显示出说话者的一种情绪，并且也使听者产生这种情绪，在他心中引起了在语言中用那音调所表达的观念。此外，正像音调变化似乎是人人都能懂得的普遍的感觉语言一样，音乐艺术独立地利用这种语言的充足的力量，也就是把它当作一种感情的语言来使用，这样，按照联想律，那自然地与此相结合的审美观念就可以普遍传达。但是，因为那种审美观念不是任何一种概念，也不是确定的思想，这些感觉（和声与旋律）组合的形式就只能代替一种语言的形式，借助于各种感觉的合比例的情调（因为这种情调在音调中建立在同一时间里空气振动的数的关系上——就声音共时地或相继地互相结合而言——就能被数学性地纳入特定的规则之下）来表达如下审美观念：这种审美观念包含着按照某种主题联成一个整体的不可言传的丰富的思想，而所说的主题则构成了乐曲中占主导地位的情感。只有在这种数学性的形式上——虽然没有通过确定概念表现出来——才结合着那样的愉快，这种愉快把对于大量互相伴随或前后相继的各种感觉的单纯反思与感觉游戏——作为对每个人都有效的美的条件——结合起来；只有依据那种普遍有效的美的条件，鉴赏力才自以为有权预先宣布每个人的判断。

但在音乐所引起的刺激和心灵活动方面，数学实在没有起到丝毫作用，它只是诸多印象的结合与变化中的比例的必不可少的条件（conditio sine qua non），通过这些条件才有可能把那些印象把握住，防止它们互相破坏，并使它们结合成一个连续的运动，通过与这运动相协调的情感激活心灵，从而产生一种惬意的自我享乐。

另一方面，如果我们按照美的艺术对于心灵的陶冶来评估它们的价值，并以那些在判断中为了认识必须综合起来的各种能力的扩展为标准，那么，因为音乐只是以感觉来游戏，它在美的艺术中就要占据最低的地位（正如在按其所引起的舒适来评价的艺术中，音乐也许要占据最高地位一样）。从这个观点看，造型艺术要远在音乐之上；因为造型艺术把想象力置于一种自由的同时又是适应于知性的游戏之中，因而它同时也在从事一种事业，完成一件产品，这种产品作为永久的和自行向我们表述的媒介服务于知性概念，使它们与感性结合起来，同时也似乎促进了高级认识能力的文雅化。两种艺术采取了完全不同的路线：音乐从感觉走向不确定的观念；造型艺术从确定的观念走向感觉。后者给人以持续的印象，前者给人以流动的印象。想象力能够召回造型艺术的印象，并以之消遣娱乐；而音乐的印象则或者完全消失，或者，当它被想象力无意识地重复时，也会使我们更多地感到厌烦而不是舒适。除此之外，音乐还在一定程度上缺少文雅化，这主要是因为乐器的性能使其影响超过了人们所需要有限度（对于邻人的影响），因而好像是强制他人，剥夺了音乐圈外的人的自由。那种只供人看的艺术则不会产生这种后果，如果有人不愿意接受那种印象，只要把眼睛掉开就行了。这里的情形几乎同人们由于广泛散发的香味所感到的愉快一样。一个人从口袋里掏出洒了香水的手帕来招待周围的客人，不管他们喜欢还是不喜欢，如果他们想呼吸，就不得不分享这种愉快，现在这种行为已从风习中退出。

在造型艺术中，我将给绘画以优先地位；部分地是因为它作为描绘艺术是一切造型艺术的基础；部分地是因为它能更深地渗透进观念领域，并按照观念把直观的领域扩大到其他艺术无法达到的地方。

第54节　注释

正如我们经常指出的那样，在判断中单纯地使我们愉快的东西和使我们满足（在感觉中令人愉快）的东西之间，存在着本质的区别。后者不能像前者那样推断于每一个人，满足（它的根源可能也在观念之中）看来总是存在于促进人的全部生命力的感觉之中，也就是存在于身体舒适亦即健康的感觉之中；以至于伊壁鸠鲁把一切满足归根结底都算作肉体的感觉时，可能并非不切合实际，只是当他把理智的甚至实践的愉悦都归于满足时，就陷入迷误。如果我们把上面这种差异放在心中，我们就会明白，为什么一种满足还可能使感受它的人不愉快（就像一个贫穷而又心地纯良的人对于爱他但又吝啬的父亲留给他的财产所感到的那种高兴），为什么一种深沉的痛苦还可能使遭受它的人愉快（一个寡妇对于她的颇有功劳的丈夫的死所感到的悲哀），为什么还会有超越满足的愉快（像在我们所从事的科学之中），为什么一种痛苦（例如，憎恨、嫉妒和复仇心）在痛苦之外又可能成为不愉快的根源。这里愉快或不愉快以理性为基础，并且与赞同或不赞同是一回事；而满足和痛苦只以情感为基础，或者以对于一种可能的健康或不健康的憧憬为基础（不管是出于什么理由）。

各种感觉的一切变化不居的自由游戏（没有任何目的作为基础）都是满意的根源，因为它促进健康的感觉；不管我们在理性判断中是否对于游戏的对象以及这种满足本身感到愉快。这种满意可能提高到感情，尽管我们对于对象本身没有任何利益兴趣，至少没有与满意的程度成比例的利益兴趣。我们可以把上面所说的游戏划分为赌博的游戏、声音的游戏和思想的游戏。第一种游戏要求一种利益兴趣，它是虚荣心或利己心的兴趣，但这种兴趣远不及我们对获得利益的方式所感到的兴趣那么大；第二种只是要求感觉的变换，这些感觉中的每一种都与情感有关，虽然没有达到情感的程度，也不能激起审美观念；第三种只起源于判断力中的表象的变换，虽然并没有因此而产生带有任何利益兴趣的思想，但心灵却获得了生气。

在不必有利害目的作为基础的情况下，游戏如何一定会使我们感到快乐，我们所有的晚会都为我们提供了答案；因为没有游戏晚会就难免索然无味。但希望、恐惧、高兴、愤怒、嘲讽等感情在其中活动，时时变换它们的角色，而且是那样生动活泼，以致好像是因此由一种内在的活动促进了身体内部的全部生命机能，由此引起的心灵的活跃证明了这一点，虽然游戏既没有带来什么利益，也没有学到什么。不过因为赌博不是美的游戏，我暂且把它放在一边。反之，音乐和笑谈则是两种含有审美观念的游戏，甚至还带有知性表象，这些知性表象最终没有引起任何思想，只是通过它们的变换仍能为我们提供生动活泼的娱乐。由此可以相当清楚地看出，两种情形里的活跃兴奋都是肉体性的，虽然它们是由心灵的观念引起的；也能看出，由适应于那种游戏的内脏的活动而来的健康感构成了一个机智的晚会中全部被认为是高雅而又富有精神性的快乐。不是任何对音乐中的和谐或者机智幽默——机智幽默连同其美在这里只能充作必要的媒介——的判断构成了快乐，而是身体内部被注进了的生命机能，摇动内脏及横膈膜的感觉，一言以蔽之，就是健康的感觉（这类感觉没有这种诱因是感受不到的）构成了快乐，人们通过精神掌握肉体时也能发现这种快乐，并使精神充当肉体的医生。

在音乐中，这种活动从肉体的感觉走向审美观念（这是激情的对象），然后又带着集中统一的力量折返回肉体。在笑谈里（笑谈像音乐一样更应被归于舒适快乐，而不是美的艺术）这种活动从思想开始，就这些思想要寻求感性的表现而言，它们也全都参与肉体的活动。在这种表现中，知性没有得到它所期望的东西，突然放松了，于是人们由器官的振荡感受到了这种肉体中放松的效果，因而促进了器官平衡的恢复，对健康产生了良好的影响。

在一切能够引起轻松活泼的、令人激动的大笑的笑料中，必有某种荒谬的东西（知性在这类东西上不能发现任何令人愉快的东西）。笑是一种由紧张的期待突然转变为虚无的感情。正是这种对于知性来说肯定是不愉快的转变十分生动地在一瞬间间接地引起了愉快的情绪。因而其根源肯定在于表象对于肉体的影响以及肉体对于心灵的交互影响之中。而且，这不是因为表象客观上是快乐的对象（因为我们怎能从一种失望得到快乐呢？）而仅仅是因为这种转变作为表象的单纯游戏造成了肉体中生命力的一种平衡。

假如有人向我们讲述如下故事：一个印第安人，他在苏拉特（Surate，印度西部的海港城市——译者）一个英国人的宴席上看见一个打开盖的啤酒瓶，啤酒变成泡沫冒出来，便大声呼叫以表达他的震惊。待英国人问他：到底有什么事让你如此吃惊？他回答说：让我吃惊的不是泡沫冒出来，而是怎么能把它们装进去。听了这话我们就会大笑，这使我们从心底感到快活。但这不是因为我们发现自己比那无知的人聪明，也不是知性在这里使我们注意到了其他愉快的根源；而是因为我们紧张的期待突然消失于虚无。或者，有某一个继承人，他得到了一位富有的亲戚的遗产，就想把那富亲的葬礼办得隆重一些，但他抱怨自己并没有真正达到目的，因为（他说）：为了使送葬的人做出悲伤的样子，我就给他们钱，但我给的钱越多，他们看起来就越高兴。听到此处，我们也会放声大笑，其中的理由也在于：一种期待突然化为虚无。我们必须注意：期待不是转变为与所期待的对象正相反对的东西——因为那总是某种可能常常令人不痛快的东西——而必须是转变为虚无才成。因为如果有人对我们讲了一个故事，引起我们急切的期待，而我们终于发现那故事是假的，那就使我们不愉快。例如，他说有人因深深的忧伤而在一夜之间头发变白了，就会让我们不痛快。反之，如果有一个爱开玩笑的人为了对付这类故事，便不厌其烦地讲出一个遭遇灾祸的商人的故事：这位商人满载贵重的货物从印度返回欧洲，在海上遇飓风，不得不把一切货物都抛到海里去，那商人忧急万分，一夜之间假发变成了灰色，我们就会大笑不止，觉得十分开心。这是因为我们把我们对一个实际上与我们毫无关系的对象的误解或者甚至把我们追索的观念像一只不肯被抓住的球一样打来打去，而我们想做的却是要把它抓住并紧紧地握在手里。这里我们的愉悦不是由一个说谎者或傻瓜遭受挫折所引起的，因为后面这个人装出一本正经的样子来讲述故事这件事本身就会使在座的众人开怀大笑，而前面那个一般说来是不值得注意的。

要注意的是：在所有这些情况中，那玩笑都包含着某种能够在短时间内迷惑人的东西，因此如果假象消失于空无，心灵会再次回顾，以便再检查一下那假象，这样心灵就因紧张和松弛互相快速地交替而被置于往复不已的波动之中。这种波动就好像松开一根绷紧的弦一样突然（不是渐渐地使之松弛）发生，必然引起一阵心灵的动荡，也引起一阵与之相应的内在的肉体的运动，这种运动不由自主地持续下去，并产生了疲乏感，但同时也伴随着一种轻松愉快（一种会导致健康的运动的结果）。

如果我们假定，我们的一切思想同时与肉体器官的某种运动和谐地结合在一起，那么我们差不多就可以理解：就像心灵为了观察它的对象，忽而站在这一立场，忽而站在另一立场的突然换位何以能与我们内脏的弹性部分的一种互相交替的紧张和松弛——这会传达给横膈膜——相应和（就像怕痒的人所感到的那样）：这时肺部以快速交替的呼吸把空气吐出去，这样就引起了一种有助于健康的运动，唯有这种运动而不是心灵中先行的东西才是对某一思想产生愉快的真正原因，而这种思想归根结底什么也没有表示。伏尔泰曾说，为了与生活中诸多苦难相抗衡，上天赋予我们两种东西：希望和睡眠。他还可以把笑也算在内，只要在有理智的人那里引起笑的手段轻易就能找到，只要引人发笑所需要的心智的幽默和独创性不像神秘的冥想家绞尽脑汁来臆造的才能那样稀少，不像天才投入全部生命来创造的才能那样稀少，不像感伤的小说作者（也许还有同类的道德家）

呕心沥血来虚构的才能那样稀少，就可以了。

因此，如我想象的那样，我们可以同意伊壁鸠鲁派的意见：一切快乐，尽管是通过唤起审美观念的概念而产生的，都是*动物性*的感觉，亦即都是肉体性的。承认这一点，对于遵从道德观念的精神情感——这种情感不是快乐，而是一种自我敬重（对于我们内部的人性的敬重），而这种敬重之情又把我们提高到满足的需要之上——甚至对于不那么高尚的鉴赏情感，都没有丝毫损害。

在*天真质朴*之中，我们发现了上述两个方面相结合的产物。天真质朴是人类与生俱来的自然的真诚正直的品性的迸发，这种真诚正直与逐渐变为另一种品性的伪装术相对立。人们笑那天真淳朴，这种品性尚不懂伪装自己，但人们又喜欢自然的单纯朴素，因为这种品性是那种伪装术的克星。我们期待着通常的礼貌习俗，即伪装了的小心的以美的假象表现出来的习俗，而我们却突然看到，那未受玷污的淳朴的天性就站在我们面前，那是我们不期而遇的天性，显露出这种天性的人根本没想把它表现出来。那美妙但虚伪的假象在我们的判断里常常有很大的作用，在这里却突然归于虚无，好像我们心中一个无赖被暴露出来，这就促使心灵向两个相反的方向运动，同时有力地振荡着我们的肉体。那无比优越于一切相沿成习的风俗的东西，亦即心灵的纯洁性（至少是这类素质），并未完全在人类天性中泯灭，并在判断力的这种活动中与庄严和崇敬相融合。但因为那只是瞬间闪现的一种现象，伪装术的外衣很快又被重新穿上，因而其中同时就有一丝遗憾。这是一种温和亲切的情绪，这种情绪作为游戏能够很好地和一种善意的笑结合在一起，并且通常也确实与之结合在一起，同时对于那个为此提供了材料却未能学得像别人一样有智趣而感到难堪的人也是一种补偿。由于这一理由，成为*天真淳朴*的艺术乃是一个矛盾。但给虚构的人物一个天真的表象却是可能的，并且是美的，尽管这种技艺并不常见。我们切不可把这种天真与率直的单纯混淆起来，后者之所以没有把天性伪装起来，只是因为具有这种品性的人尚未懂得何为交际的艺术。

有些兴奋的情绪，与笑所引起的快乐颇为接近，属于精神的独创性但又不属于美的艺术的才能，*幽默态度*（launichte Manier）就可以算作这一类。从褒义上说，幽默就是能够有意识地把自己置于某种心境之中，在这种心境下，一切事物都不同于往常（甚至与常态相反），但仍按这种心灵情调中的理性原理而被评判。谁不由自主地服从了这种变化，他就被认为是幽默的（launisch），谁能有意地而且合目的地（为了从一种荒唐可笑的对照中引出一种生动活泼的表述）采取这种态度，他和他的表述方式就被称为富有幽默感（launicht）。不过，这种态度与其说属于美的艺术，不如说是属于舒适的艺术，因为前者的对象自身总要显示出一些庄严，所以其表象中要有某种严肃的东西，就像鉴赏力在判断中所要求的那样。

第二部分　审美判断力的辩证论

第55节

一个应该是辩证的判断力首先必须是理性化的，这就是说，这种判断力的判断必须提出对于普遍性的要求，而且还要先验地提出这种要求，因为在这种判断的对立中存在着辩证法。因此品鉴性的感性判断（关于舒适和不舒适的判断）不是辩证性的。同样，如果在鉴赏判断方面发生了争论，而参与争论的每一个人都以自己个人的鉴赏为根据，那么这也不能构成鉴赏的辩证论，因为没有人想使他的判断成为普遍规律。因此留给我们的唯一的有关鉴赏的辩证概念就是关涉到其各项原理的鉴赏批判（不是鉴赏本身）的辩证概念：因为关于鉴赏判断的一般可能性的基础的互相矛盾的概念的产生是自然而然又不可避免的。所以，只有我们发现审美判断力的原理的一个二律背反，引起了对于它的合规律性亦即其内在可能性的怀疑时，鉴赏的先验批判才能包含可以担当审美判断力的辩证法之名的一部分（内容）。

第56节　鉴赏的二律背反的表象

鉴赏的第一个普遍流行的套话包含在一个命题中，每个缺乏鉴赏力的人都想以此来对抗别人的指责，这个命题就是：每个人都有他自己的趣味。这无异于说：这种判断的规定根据仅仅是主观的（快乐或痛苦），而且这种判断没有权力要求他人必然赞同。

鉴赏的第二个普遍流行的套话——这句套话甚至被那些承认鉴赏判断有权要求对每个人都有效的人所利用——是：关于鉴赏是不能争论的。这无异于说：一个鉴赏判断的规定根据虽然也可能是客观的，但这种根据却不能归于确定的概念，因而关于判断本身不能通过论证来决定，尽管对此完全可以并且有理由争论一番。因为争吵（Streiten）和辩论（Disputiren）虽然在力图通过判断的互相对立而找到共同点上是一致的，但后者希望以确定的概念作为证据来谋求一致，也就是以客观的概念作为判断的根据。在这一点被视为做不到的时候，辩论也同样难以进行。

我们很容易看出，在这两句套话之间缺少一个命题，这个命题虽然没有形成谚语而流行，但却存在于每个人的意识中，这个命题是：关于鉴赏可以争吵（虽然不能辩论）。这个命题包含上一个命题的反面。因为在需要争吵的问题里必须存在着达成一致的愿望；因而我们必须依赖那不仅具有个体有效性也不仅是主观的判断根据，这正好与那个基本命题相反，这个基本命题就是：每个人都有他自己的趣味。

这样在鉴赏的原理方面就显示出如下的二律背反：

（1）正题：鉴赏判断不基于概念；因为否则关于鉴赏判断就可以辩论了（通过论证来决定）。

（2）反题：鉴赏判断基于概念；因为否则即使判断之间有差异也不容许争吵（提出他人对这一判断必须赞同的要求）。

第57节　鉴赏的二律背反的解决

存在于以上每一个鉴赏判断的根基中的各个原理（这些原理就是前面的分析中所表露出来的鉴赏判断的特性）之间的矛盾没有解决的可能性，除非我们指明：我们在这类判断中把客体与之相联系的概念，在审美判断力的两个准则里所取的不是同一个意义，这种双重意义或判断的视点对于我们的先验判断力来说是必然的；而这一意义与那一意义（指鉴赏判断中概念的双重意义。——译者）相混合的假象，作为自然的错觉，也是不可避免的。

鉴赏判断必须要联系到任何一种概念，因为否则它就不能提出对于每个人都必然有效的要求。但由于下述原因，鉴赏判断也不能由概念出发来证明：即因为一个概念或者是可规定的，或者本身就是不确定的，或者同时就是不可规定的。知性概念属于第一类，这种概念通过可以与之相符的感性直观的谓词而被规定；关于超感性事物的超验理性概念属于第二类，这类概念是一切感性直观的基础，因而也不能再进一步从理论上加以规定。

鉴赏判断与感性对象相关，但不是为了知性而确定那些对象的概念，因为这不是认识判断。因此这种判断作为与愉快的情感有关的直观单个表象，只是一种个人的判断。而且，在这个范围内，按照它的有效性它只能被局限于判断主体个人：对象对我来说是愉快的对象，对于他人来说就可能是另外一种样子——每一个人都有他自己的趣味。

尽管如此，在鉴赏判断中无疑还会含有一种客体表象的扩大了的关系（同时也是主体的关系），我们以此为基础把这种判断扩展为对每个人都是必然的，因此又必须有不管是哪一种概念作为基础，但这种概念不能通过直观来规定，不能提供任何知识，因而也不能为鉴赏判断提供任何证明。关于超感性事物的单纯的纯粹理性概念就属于这一类，这种概念是作为感性客体亦即作为现象的对象的（也是判断主体的）基础。如果不采取这样一种观点，我们就无法挽救鉴赏判断对于普遍有效性的要求。如果鉴赏判断基于其上的概念只是一个完善性之类的含糊不清的知性概念，对于这类概念我们可能提出美的感性直观与之相对应，这样，就把鉴赏判断建立于论证之上而与正题相矛盾了。

但如果我说：鉴赏判断以一个概念为基础（那概念是自然对于判断力的主观的合目的性的一般根据的概念），而由这概念没有任何客体方面的东西能被认识和证明，因为它本身是不可规定的，不适用于认识的，那么一切矛盾都会消失。但鉴赏判断又正是通过这一概念同时获得了对于每个人的有效性（虽然在每个主体那里，那判断是直接与他的直观相伴随的判断）：因为鉴赏判断的规定根据可能存在于那样一种事物的概念里，这种事物可以被看作人性的超感性基体（Substrat）。

一个二律背反的解决与如下情况的可能性相关，即两个从假象上看互相冲突的命题实际上并不互相矛盾，而是有可能互相并存，虽然对其概念的可能性的解释超过了我们的认识能力。至于这种假象对于人类理性来说是很自然的，也是不可避免的，以及为什么会如此，为什么将来依然如此（即使在表面的矛盾解决后不再欺骗人的时候），也可由以上的说明得到解释。

对于一个判断的普遍有效性必须以之为基础的概念，在两个互相冲突的判断里我们采取了同一种意义，但又对它说出两个对立的谓词。因此正题说的应该是：鉴赏判断不基于确定的概念；而反题说的应该是：鉴赏判断基于一个概念——尽管是不确定的概念（也就是现象的超感性基体的概念）上；这样一来二者之间就没有任何矛盾了。

除扬弃鉴赏判断的要求和反要求之间的冲突之外，我们不能做任何事情。提出一种规定性的客观的鉴赏原理——根据这种原理就可推导、检验和证明鉴赏判断——是绝对不可能的，因为那样一来它就不是任何一种鉴赏判断了。那主观的原理，也就是我们内部的超感性本质的规定性的观念，唯有它能被指为解开这种对我们隐藏着它的根源的能力之谜的唯一的钥匙；我们没有办法使它进一步得到解释了。

这里提出并解决了的二律背反以鉴赏的正确概念，即作为一种单纯反思的审美判断力为基础；两个表面上互相冲突的原理可以在"两者都可能是真的"这个基础上互相统一起来，这也就足够了。反之，如果像有些人所做的那样，以舒适作为鉴赏判断的规定根据（由于作为鉴赏判断的根据的表象的个体的单一性），或者像另外一些人想做的那样（由于鉴赏判断的普遍有效性），认为鉴赏判断的规定根据是完善性原理，并以此为鉴赏下定义，那就会产生绝对不能调和的二律背反，除非我们指明两个互相对立的（不仅是矛盾的）命题都是假的；而这又可证明，每个命题以之为基础的概念本身是自相矛盾的，因而我们就可看出，审美判断力的二律背反的扬弃过程是与第一个"批判"在解决纯粹理论性的二律背反时所采取的过程是相似的；也证明了在这里以及在实践理性批判中，各种二律背反不得不违背意志向感性以外去窥探，在超感性世界去寻找我们一切先验能力的结合点；因为要使理性与自身谐和一致，没有任何其他出路。

注释一

因为我们在先验哲学中经常有机会把观念与知性概念区分开，所以采取与这种区分相适应的表达术语就可能是有益处的。我相信如果我推荐几个这样的术语，人们将不会反对。——在最普遍的意义上观念是按照某种（主观的或客观的）原理联系到一个对象的表象，这当然要限制在它们不可能成为对于对象的认识这个范围内。观念或者按照各种认识能力互相协调（即想象力和知性的协调）的单纯主观的原理联系到一个直观，这时它们就被称为审美观念；或者按照一种客观原理联系到一个概念，但又并没有提供关于对象的知识，这时它们就被称为理性观念；在后一种情形里，概念是一种超验的概念，这种概念与知性概念——对于知性概念总能有与之相契合相适应的经验作为基础，并因而被称为内在的——不同。

一个审美观念不能成为任何一种认识，因为它是一个永远找不到一个合适概念的直观（想象力的直观）。一个理性观念也永远不能成为知识，因为它包含着不可能有一合适的直观的概念。

现在我相信，审美观念可以称为想象力的一种不能解释的表象，而理性观念则可以称为理性的一种不能证明的概念。从这两个方面可以预先设定：它们不是完全没有根据的，而是（依据上面对一般观念的解释）依照它们所属的认识能力的原理（对于前者是主观的原理，对于后者是客观的原理）而产生的。

知性概念本身必须任何时候都可以证明（如果我们把证明理解为像在解剖里那样只是展示），这就是说，与它们相应的对象必须任何时候都能在直观（纯粹的或经验的）中被给出，因为只有这样它们才能成为知识。量的概念可以在先验的空间直观中，例如一条直线等的直观中被给予。原因的概念可以在不可人性和物体的碰撞等现象中被给予。因而两者都可通过一个经验直观来证明，也就是说，关于它们的思想可以在一个实例上被指点（证明、展示）出来，而且这必须是能够做到的，否则我们就不知道某一思想是不是空洞的，是不是根本就没有客观对象。

在逻辑中可演示的或不可演示的这类术语本来只在涉及命题时才使用，用以称呼前者的更恰当的名称是间接命题，用以称呼后者的更恰当的名称则是直接肯定的命题。如果我们把这两种命题理解为可证明的和不可证明的真命题，那么纯粹哲学也有这两种命题。只是虽然它们作为哲学性的命题可以由先验的根据得到证明（beweisen），却不能被演示（demonstriren），除非我们想要完全脱离词的本义：按照词义，演示（ostendere——显露，exhibere——展示）的意思就是指（不管是在证明中还只是在定义中）把命题的概念在直观中表现出来：这种直观如果是先验直观，它就被称为概念的建构（construiren），如果是经验直观，那么就仍然是客体的展示，通过这种展示就保证了概念的客观实在性。曾有一位解剖学家，他借助于分解眼睛这种器官使他先前的讲述中所提到的概念直观化，这时人们就说：他演示了人的眼睛。

根据这一点，关于所有一般现象的超感性基体的理性概念，或者关于那必定基于我们在道德律令方面的任意性（Willkur，英译为elective will。——译者）的东西的理性概念，也就是关于先验自由的理性概念，按其种类来说即是不可演示的概念和理性观念，而道德只是在一定程度上是这样：因为按其本性来说理性概念没有任何与之相对应的东西可以在经验中被给予，而在道德的情况中则没有哪种因果性的经验产品能达到理性观念确定为规律的程度。

就像在一个理性观念的情况中，*想象力*及其直观无法达到给定的概念一样，在一审美观念的情况中，知性通过它的概念也永远不能完全达到想象力使之与一个给定表象相结合的内在直观。因为把想象力的一个表象归于概念无异于说给它一个说明，所以审美观念就可以被称为想象力的一个不可说明的表象（在想象力的自由游戏中）。对于这一类观念在下文中我将有机会作更详尽的论述，现在我只想指出：两种观念，即理性观念和审美观念，肯定有它们的原理，而且这些原理都在理性之中，前者是客观的应用原理，后者是主观的应用原理。

我们也可以根据这一点把*天才*解释为*审美观念*的能力。由此同时也显示出说明如下情况的理由：为什么在天才的作品中是自然（主体的自然）而不是深思熟虑的目的为艺术（创造美的艺术）提供法则。因为美一定不能按照概念来判断，而只能根据想象力与一般概念能力协调一致时的合目的性的情调来判断；因而法则和准则不能充当评判美的艺术——美的艺术必须有权提出使每个人都愉快的要求——中审美的和无条件的合目的性的必要的主观的标准。毋宁说这样的标准必须到主体内部单纯自然的素质中去寻找，主体的这种素质不能被概括在规则或概念之下，它是主体一切能力的超感性基体（任何知性概念都无法达到这种基体），从而也就是要到促使我们一切认识能力达到协调一致的东西中去寻找，这种协调一致的产品乃是我们天性中的理性根基所树立的最后目的。只有这样，我们不能为之制定任何客观原理的合目的性的标准才可能有一种主观的但仍然普遍有效的先验原理作为基础。

注释二

这里自然出现了以下重要的注意之点：存在着三种纯粹理性的二律背反，这三种二律背反在如下这一点上是互相一致的：它们迫使理性放弃在其他场合十分自然的前提，即放弃把感性对象看作物自体的观点，转而把这种对象只看作现象，并以一种理智性的基体作为现象的基础。如果没有这样的二律背反，理性是不可能决心承认这样一种颇为限制它的玄想空间的原理，不可能决心牺牲这么多颇为辉煌灿烂的希望；因为甚至在此时，由于它在实践方而有了更大的应用而使它的这种损失得到补偿，理性在舍弃那种希望、割断那古老的牵挂之时，仍然不无痛苦。

存在着三种二律背反，其根源在于存在着三种认识能力：知性、判断力和理性，其中的每一种（作为高级认识能力）都必须有其先验原理。因为理性在对这些原理本身及其应用做出判断时，不屈不挠地为所有这些原理中已被给予的有条件的东西要求无条件的东西。如果我们把感性的东西看作属于物自体本身，而不是把它们看作单纯的现象，并把某种超感性的东西（我们外部的自然和我们内部的自然的理智性基体）作为原因置于基础之中，就永远不可能找到这种无条件的东西。这样就存在着：（1）对于认识能力有一种知性的理论运用达到无条件的东西时理性的二律背反；（2）对于愉快和不愉快的情感有一种判断力的审美应用中理性的二律背反；（3）对于欲求能力有一种自我立法的理性的实践应用中的二律背反。因为所有这些能力都有其高级的先验原理，而且由于理性的一种不可避免的要求，也必须能按照这些原理无条件地判断和规定它们的对象。

至于这些高级认识能力中的两种二律背反，即它们的理论运用和实践运用中的二律背反，我们已在别处指出它们既是不可避免的——如果理论判断和实践判断不回顾到作为现象的给定对象的超感性基体的话——又是可以解决的，一旦我们做到这种回顾，二律背反即可化解。说到伴随着理性的要求而来的判断力应用中的二律背反以及这里所给出的解决，那我们没有其他办法来避开，除非：或者，我们否认审美判断有任何一种先验原理作为基础，以致使一切对普遍赞同的必然性的要求都失去了根据，成了空想，也使一个鉴赏判断只有在如下情况下才被认为是正确的：碰巧有许多人对于那个判断意见一致，而且之所以一致从根本上说并不是因为人们猜想这种一致背后有一个先验原理，而是（像在口味的品尝那样）因为那些主体偶然地具有了相同性质的器官；或者，我们必须承认，鉴赏判断本质上是一种隐蔽的对于一物及其多样性与一个目的的关系中所呈现出来的完善性的理性判断，也就是说，仅仅是由于与我们的反思相关的混乱性才把那判断称为审美的，尽管它本质上乃是目的论的判断。在后面这种情况下，我们把通过超验观念来解决二律背反看成是多余的和无意义的，而且不是把感官对象看作是单纯现象，而是看作物自体，同时又能够与上述鉴赏的原理相结合。这两种托词如何无济于事，在解释鉴赏判断时已在很多地方指出过了。

如果人们承认我们的演绎至少是走在正确的道路上，尽管在所有细节上可能还不是足够清晰，那么这里就显示出三种观念：第一，一般的未经进一步规定的作为自然基体的超感性观念；第二，同样是超感性的观念，但却是作为自然对于我们的认识能力的主观合目的性原理；第三，也是超感性的观念，但却是作为自由目的的原理，以及这种目的与自由在道德领域谐和一致的原理。

第58节　自然以及艺术的合目的性的观念论，作为审美判断的唯一原理

我们可以首先把鉴赏的原理安置于如下两种立足点之一：或者，总是依据经验性的规定根据，亦即只依据通过感官后验地（a posteriori）被给予的根据来判断；或者，我们承认，鉴赏是从先验的根据出发来下判断的。第一种是鉴赏的批判的经验主义（Empirism），第二种是这种批判的理性主义（Rationalism）。按照前者，我们的愉快的对象不能与舒适相区别；按照后者，如果判断是基于确定的概念，我们的愉快的对象就不能与善相区别。这样一来，一切美将从世上被完全抹杀，只剩下一个特殊的名称，来称呼前面提到的两种愉快的某种混合物。不过我们已经指出，存在着先验愉快的根据，它们能够与理性主义的原理并存，尽管它们不能被概括在确定的概念之中。

与以上所述相反，我们可以说，鉴赏原理的理性主义或者采取合目的性的实在论（Realism），或者采取合目的性的观念论（ldealism）。因为鉴赏判断不能被看作认识判断，美不能被认为是客体的性质，所以鉴赏原理的理性主义永远不能被置于如下事实中：鉴赏判断中的合目的性被设想为客观的。换言之，这种判断不能理论地亦即不能逻辑地（尽管是在混乱的判断中）指向对象的完善性，而只能审美地指向其表象在想象力中与主体内部一般判断力的根本原理的互相协

调。因而，鉴赏判断以及这种判断的实在论和观念论之间的区别即使按照理性主义的原理也只能被置于如下两种情况之一：在第一种情况下，那主观的合目的性只能被设定为自然（或艺术）与我们的判断力互相协调的实在目的，在第二种情况下，那主观的合目的性则要被设定为一种自身无目的的偶然发生的与我们的判断力的需要的协调一致，而这里所说的判断力的需要是指判断力在它与自然的关系以及按各种特殊规律而产生的形式方面的需要（指判断力需要一种根据或标准来对自然及其多样性的形式下判断。——译者）。

有机自然界所显示出来的众多的美的形态已雄辩有力地为自然的审美合目的性的实在性作了辩护，支持了我们那种合乎情理的假设：美的产生有一个美的观念存在于产生它的原因之中，也就是说有一个有利于我们的想象力的目的作为基础。群芳争妍，杂花生树，甚至全部植物的形态，还有那些对于它们自身没有什么实际用途，但对我们的鉴赏却似乎像是挑选出来的各种动物的体貌形态的优美，特别是使我们的眼睛感到愉快的富有吸引力的颜色搭配上的多样与和谐（在雉鸡、贝壳、昆虫，直到大多数花卉上面），所有这些，因为它们只涉及表面，而且就是在外表上也不涉及那些可能为其内在目的的所需要的生物形态，看来完全是以外在的观照为目的：这对于我们假设自然有一种有利于我们的审美判断力的实在目的一事的解释方式提供了很大的帮助。

与此相反，违抗这种假设的不仅有理性，它通过它的准则告诫我们在任何时候都要尽可能避免原理的增生；而且自然在其自由的造型活动中，在产生形式方面，到处显示出那么多的机械性的倾向，自然产品的诸多形式似乎是为我们的判断力的审美应用而创造出来的，却没有给我们丝毫理由推测：对此还需要某种超越单纯自然的机械作用的东西，使自然的形式能够对于我们的判断力成为合目的的，而又不以任何观念作为基础。我所理解的自然的自由造型活动是：这种活动通过蒸发和分离，从一种静态的液体中把一部分（有时只是热质）除去，剩余物在凝结时采取了确定的形态或组织（形体或结构），这些形态或组织按物质的特殊差异而有所不同，而在同一种物质中却是完全一致的。对于这种活动，预先就要设定：人们会把一种真正的液体理解为物质在其中完全溶解的液态之物，不是看作悬浮于介质中的固体微粒的混合体。

造型活动是通过急速的凝固而实现的，这就是说，通过一种突然的固体化，不是通过一种逐渐的过渡从液态转变为固态，而是似乎通过一种跳跃。这种转变也被称为结晶。这类造型活动最普通的例子就是结冻的水，在水冻结的过程中，最先产生的是笔直的冰线，这些冰线按60度角拼合起来，每个点上都有其他冰线接合着，直到完全变成冰；在这一过程中，无数冰线之间的水不是逐渐变硬，而是完全液态的，就像它在较高的温度下的样子，但却处于完全冰冷的温度。在固体化的瞬间突然逃逸的离散的物质是数量可观的热质（Warmestoff caloric），因为那些热质只是液体化状态所需要的，所以它们的逃去丝毫也不会使已结成的冰比瞬间之前还在其中的液态的水更冰冷。

许多盐类，还有许多石头，都具有结晶的形体，也同样是从溶解在水中的——不知是以什么作媒介——矿物质产生出来的。同样，许多矿物结晶的形成，例如硫化铅晶体、红银矿晶体等，推测起来也是在水中通过许多部分的结晶而形成的；它们受到某一种原因的驱迫离开这种媒介，互相结合成固定的外形。

但也有一些物质——这些物质只是由于热度才停留在液体状态，因冷却又变成了固体，它们在折断处也显示出确定的结构——的内部状态使我们有可能得出如下结论：如果它们自身的重量或与空气的接触不干扰它们，它们也会在表面显露出自己独特的形式；我们也能在一些金属上看到同样的情形，这些金属熔化之后外表凝固了，但内部还是液态的，由于里面的液体部分流出，残余物质便在内部静静地结晶了。许多那一类的矿物结晶体，如萤石、霰石、赤铁矿等，都常常显出极为美观的形体，就好像艺术家一直希望构想的那样；安提巴洛岛[1]上岩洞中的光彩也只是携带石膏的水滴的杰作。

看来液态的东西一般要比固态的东西更古老，植物以及动物的躯体也是由液态的营养物质所形成的，这当然是在这些液态物质处于静止状态时——在后一种情况下首先当然要服从某种原始的指向一个目的的自然倾向（正如我们将在下卷中证明的那样，这种倾向不能从审美角度评判，而是必须按照实在论的原理从目的论的角度来评判）；但同时也许是依据物质间亲和性的普遍规律在结晶，在自由地构形。就像在一种由各种气体混合而成的大气中，溶解的水分因为热量的

[1] 安提巴洛岛（Antiparos）：爱琴海南部塞克拉德群岛（Syclades）中的一个小岛，属希腊。——译注

散失而从大气分离出来，就产生了雪花，它们按照当时大气混合成分的不同而常常显示出具有艺术性的极为美好的形状；这样我们大概不必放弃评判有机体的目的论原理，就可以设想：关于花卉的美，鸟羽的美，贝壳的美，不管是按其形状还是按其颜色，都可以归功于自然机能——自然在其自由中并没有专门创造美的目的，只是按照化学规律，通过有机体所需要的物质的沉淀而获得形式，但同时却也在审美地合目的地造型。

有一个事实清楚地证明了自然美的合目的性的观念性（Idealität）原理就是我们在审美判断中时时作为基础的原理，也是不容许我们把自然目的的实在性（Realism）用作解释我们的表象能力的根据的原理，这一事实就是：在我们对美的一般判断中，我们是在自己心里寻找先验的标准，审美判断力在判断一物美还是不美时是在自己立法，而这如果采取自然合目的性的实在论立场就无法做到，因为这样我们就必须从自然学习应把什么看作是美的，鉴赏判断就必须服从经验原理。因为在这样的判断中，所关系到的不是自然是什么，或者什么对于我们是目的，而是我们怎样接受自然。如果自然是为了我们的愉快而构成如此这般的形式，那就一定会有自然的一种客观的合目的性，而且当然不是基于想象力的自由游戏的主观的合目的性，在后面这种情况里，是我们以喜爱之情去接受自然，不是自然向我们表示恩惠。自然有一种特性，它给我们一个机会，让我们知觉到在评判某一自然产品时我们心灵能力的关系中内在的合目的性，而且把这种起源于超感性根基的合目的性解释为必然的和普遍的，这种特性不可能是自然的目的，也不能被我们判定为这样一种目的，因为否则由此所确定的判断就将是他律性的（Heteronomie），而不是与一个鉴赏判断相称的自由判断，不是以自律性为基础的判断了。

在美的艺术中，合目的性的观念论原理会被更清楚地认识到。因为这里不能通过感觉来设定合目的性的审美的实在性（这种实在性会使艺术成为单纯舒适性的，不再是美的艺术了），艺术与美的自然在这一点上是一致的。不过，另外一点，即由审美观念而产生的愉快一定不能与成功地达到确定目的（作为机械性审美的艺术）相联系，因而甚至在原理的理性主义中，作为基础的也不是目的的实在性而是目的的观念性，这一点由以下情况会看得更清楚：美的艺术不能被视为知性和科学的产品，而必须被视为天才的产品，而且要通过审美观念——这种观念与具有确定目的的理性观念有本质的区别——取得它的规律。

就像作为现象的感性对象的观念性，是解释对象形式可以被先验地规定之唯一的方式一样，对自然和艺术的美进行判断时的合目的性的观念主义立场，乃是这个批判能够解释一个鉴赏判断——这种判断要求对每个人都先验地有效（而对象上所表现出来的合目的性并不依赖概念）——之所以可能的唯一前提。

第59节　美作为道德的象征

要表示我们的概念的实在性，永远需要直观。如果是经验概念，那直观就称为例证。如果概念是纯粹知性概念，那么直观就称为图式。如果人们要求表示出理性概念亦即观念的客观实在性，以达到对于观念的理论认识，那么，人们就是在乞求不可能的事情，因为绝对不可能给出与之相适应的任何直观。

所有的表达（Darstellung, subjectio sub adspectum——放在直观中）作为感性化（Versinnlichung）可分为两种：或者是图式，那是在把一个相应的先验直观提供给一个知性所把握的概念时；或者是象征，那是在概念只能由理性来思维，没有任何感性直观与之相适应时。在后面这种情况下，为概念提供的是那样一种直观，判断力处理这种直观的程序只是把它与判断力自己在图式化的事物中所看到的东西相类比。换言之，与概念相一致的只是这种程序的规律，而不是直观本身。因而协调一致仅仅与反思的形式而不是与内容相关。

对于象征一词，有一种不正确的用法，这种用法虽然被新近的逻辑学家所采用，但却是意义颠倒的，他们把它与直观的表象方式相对立，而象征性的东西正是一种直观的方式。直观的东西可以划分为图式性的表象方式和象征性的表象方式。两者都是表达，也就是展示：不仅仅是标记，标记只是借助于相伴随的感性记号对概念的标示，与客体的直观没有任何关系。标记唯一的功用是按照想象力的联想律提供一种重新唤起概念的手段——一种纯粹主观的作用。这种标记或者是词汇，或者是视觉符号（代数式的，或者模仿的），作为概念的单纯表达。[1]

[1] 知识的直观方式必然要与推理的方式相对立（不是与象征的方式相对立）。直观方式或者是以示范为手段的图式化方式，或者是作为单纯类比表象的象征方式。——原注

因此人们为先验概念提供的一切直观或者是图式，或者是象征，前者包含着概念的直接表象，后者包含着概念的间接表象。图式示范性地实现这种表达方式，象征则借助于类比（人们也把经验直观用于此处），在类比中，判断力完成了双重的工作。第一，把概念运用于一感性直观的对象；第二，把对那种直观的反思的单纯规律运用于一个完全不同的对象，对于这种对象上述直观只能是象征。因而一个君主制国家，如果是按照内在的符合宪政的民众法规来统治，就被表现为一个活的有灵魂的躯体，如果是由一个绝对意志统治着，就被表现为一台单纯的机器（例如一盘手推磨），在两种情况下都是象征性的表现。因为虽然在一个专制国家和一盘手推磨之间没有什么共同性，但在对两者及其因果性反思的规律之间却的确存在着相似之处。到目前为止，这类事情很少被分析过，虽然很值得做深入研究。但此处不是我们过问那类事情的地方。我们的语言中充满了那类依据类比的间接表现，通过类比那表达式并不包含概念本来的图式，而只包含着有关反思的一种象征。例如，“根据（支柱、基础）”“取决于（从上面系住）”“由此可知（woraus FlieBen——从中流出，代替Folgen——得出结论）”“实体（像洛克所表达的那样，偶性基座）”以及其他无数这类的词，都不是图式性的，而是象征性的表达，而且在表现概念时不是借助于直接的直观，而是与一个直观作类比，即把对一个直观对象的反思转移到另外一个完全不同的概念上，这个概念大概不可能有一个直接与之相对应的直观。如果我们可以把单纯的表象方式称为知识（如果这里所说的知识不是指关于对象本身是什么的理论规定的原理，而是对象的观念对于我们以及对于对象的合目的的运用应该是什么的实践规定的原理，这就是允许的），那么我们关于上帝的一切知识都只是象征性的；而且谁要认为知性、意志等属性——这些属性只是在世人身上证明了其客观实在性——是图式性的，他就陷入了拟人说（Antropomorphism），如果舍弃了所有直观因素，那就陷入了自然神论（Deism），这种学说不能提供任何一种知识，甚至从实践的观点看也是这样。

现在我说：美是道德之善的象征，而且只有顾及这一点（这对每一个人都是很自然的观点，而且作为义务期望于每一个人），美才在使我们愉快的同时提出每个其他人都要赞同的要求，在这里心灵也意识到某种超越于感官印象引起的那种愉快的单纯的感觉性质之上的高贵与升华，并会按照判断力的一种相似的准则去评价其价值。这就是——如前一节所揭示的那样——鉴赏力所憧憬的那种理智性的东西，甚至我们的高级认识能力也为此协调一致，而且，若不是这样，在认识能力的本性和鉴赏力所提出的要求之间就要生出真正的矛盾来了。在这种超感性的理智能力中，判断力发现自己不像在对事物的经验判断中那样要受制于经验规律的他律性：它在与一个纯粹愉快的对象相关时自己为自己提供规则，就像理性在与欲求能力相关时所做的那样。在这里由于主体内在的这种可能性，也由于与此相协调的自然的外在的可能性，判断力也发现自己与既在主体内部又在主体外部，既非自然又非自由，但又与自由的根基亦即超感性本质相连接的某种东西相关联。在超感性本质中，理论能力与实践能力以一种内在的不可认识的方式结合为统一体。我们想就这种类比列举几点，同时也指出其中的不同之处。

（1）美直接使人愉快（但只在反思的直观中，不像道德那样在概念中）。

（2）美使人愉快而又不涉及任何利害关系（道德的善虽然必然与一种利害相联系，但不是与先行于对愉快的判断的某种利害相联系，而是与因判断才产生的利害感相联系）。

（3）在对美的判断中，想象力（也就是我们的能力的感性的）的自由与知性的合规律性被表现为协调一致的（在道德判断中，意志的自由被设想为意志按照普遍的理性规律与自身协调一致）。

（4）判断美的主观原理被表述为普遍的，也就是对每个人都有效的原理，但又不是通过普遍概念而认识到的普遍原理（道德的客观原理也被表述为普遍的，也就是对一切主体以及主体的一切行为都有效，而且可以通过一个普遍概念来认识和说明）。因此道德判断不仅可能有规定性的构成性原理，而且只是由于把这些原理及其普遍性作为它的准则的基础才有这种可能。

回顾这种类比对于普遍知性来说是很平常的事情，而且我们常常用显然是以道德判断作为根据的那些名词来称呼自然和艺术中美的对象。我们称建筑物或树木为庄严的和宏伟的，称原野为欢笑的和喜悦的；甚至颜色也被称为纯洁的、朴素的、柔和的，因为它们引起的感觉与由道德判断产生的心灵状态的知觉有相似之处。鉴赏似乎使从感性刺激向通常的道德兴趣的过渡成为可能，同时还不需要跨度太大的跳跃，因为在这里想象力在其自由活动中仍可被表现为对于知性是合目的性的，而且甚至会教导我们在感性对象中发现不带任何感性刺激的自由的愉快。

第60节　附录：鉴赏的方法论

把一个批判分为要素论和方法论这种先行于科学的做法，不适用于鉴赏力的批判：因为没有，也不可能有关于美的科学，而且鉴赏判断是不能由原理来规定的。因为每一种艺术中的科学性要素——这种要素与艺术客体表象中真实的东西相关——虽然是美的艺术所不可缺少的条件（conditio sine qua non），但不是美的艺术本身，因而对于美的艺术只有手法（modus——标准、范围、方式），没有教授方法（methodus——方法、手段、教学法）。师傅必须预先演示让学徒知道应该做什么和怎样做，师傅把他的程序总括于其中的普遍法则的主要功用是在学徒心中重新唤起那程序的主要之点，而不是为学徒定立教条。但在这里仍然要顾及某种理想，这是艺术必须放在眼前的，虽然艺术在其实践中永远不能完全达到这种理想。只有唤起学徒的想象力去适应一个给定的概念，指出表现方式如何不能达到观念（因为这是审美性的观念，概念本身也无法达到），借助于尖锐的批判，才有可能阻止学徒把摆在前面的范例马上就当作优秀的原型，当作模仿的典范，而不再去寻找更高的标准或听从他自己的批判的判断。否则将使天才被窒息，与天才一起被窒息的还有想象力在其与规律相协调时的自由。没有这种自由美的艺术就不可能，甚至连一个人自己评判艺术的正确的鉴赏力也不可能有。

一切美的艺术所需要的基础知识，就其瞄准完美性的最高标准而言，显然不在于教条戒律之中，而在于由被称为人文学科（humanoria）的正规的预备知识所造就的心灵力量的陶冶之中。之所以把那种预备知识称为人文学科，大概是因为人性（Humanität）一方面意味着普遍的共同感情（Theilnemungsgegefühl，英译为feeling of sympathy）另一方面意味着能够普遍传达一个人最内的东西的能力；这种特性集中起来构成了适合于人类的社会精神（Geselligkeit，英译为social spirit），人类正是以这种精神从动物性的局限中脱离出来的。曾经有过一些时代，有过一些民族，在这些时代和这些民族中对于合法的社会交往——通过社会交往一个民族就形成了一个永久的共同体——的积极冲动要同那巨大的困难搏斗，这巨大的困难是要把自由（同时也就是平等）与一种强制（更多的是出于义务的敬重和服从而不是由于恐惧）统一起来的难题所带来的。一个这样的时代和一个这样的民族必须首先找到使有教养的社会成员的观念与较粗野的社会成员的观念互相交往的艺术，使前一类人的继续发展和文雅教养与后一类人的天然淳朴和独创性互相协调，并从而找到较高级的文化与质朴的天性之间的中介，这种中介构成了鉴赏——作为普遍人类感性——的正确的但又不是按照普遍规律而制定的标准。

后来的时代很难使那种典范成为多余的。因为自然不断地向后退去，以至于最后不再能从它取得永久的典范，后来的时代未必再能形成合法的强制与天性的力量和正确性在一民族中幸运结合的概念，所谓合法的强制是指最高文化的合法强制，所谓天性的力量和正确性是指意识到本身价值的自由天性的力量和正确性。

但因为鉴赏力从根本上说是一种对于感性化的道德观念的判断能力（借助于我们对两者的反思中的类比）；正是这种感性化以及以此为基础的对于那些道德观念所引起的情感（称为道德感觉）的更大的敏感性才是那种愉快的根源，鉴赏力宣称这种愉快对一般人类有效，不仅是对单个人的独特感情有效。这就使下面的情况更清楚明白了：真正为鉴赏奠定基础的是道德观念的发展和道德情感的陶冶。因为只有在感性与道德情感协调一致时，真正的鉴赏才能采取一种确定不变的形式。

下卷　目的论判断力的批判

第61节　自然的客观的合目的性[1]

根据超验原理我们有充分的理由假定，自然在其特殊规律中有一种主观的合目的性，（之所以要这样假定）是为了使人类的判断力能够（便于）理解和把握那些特殊规律，也是为了有可能把诸多特殊经验联结成一个体系；在这种体系中，我们还可以预料到在许多自然产品中可能有一些似乎完全是专为我们的判断力才存在，它们具有特别适合判断力的形式，这种形式以其多样性和统一性似乎加强了心灵能力（在判断力的使用中，心灵能力进入游戏状态），并使心灵能力得到娱乐，因此，我们把美的形式之名赋予它们。

但自然事物互相作为达到目的的手段，以及自然事物的可能性只有通过这样的因果关系才能被充分理解这种看法，在作为感性对象之总体的自然的一般观念里是完全找不到根据的。因为在上述情况里，事物的表象由于是我们内部的某种东西，就可以完全先验地被设想为对我们的认识能力的内在合目的性的情调是合适的、适宜的；但如果那目的并不是我们自己的目的，甚至也不属于自然（我们不把自然当作有理性的存在），那么就完全没有理由先验地假定这些目的可以或应该构成一种特殊的因果性，或者至少构成一种完全特殊的自然的合规律性。更重要的是，经验不能向我们证明那些目的的实在性；除非假定有一种先行的

[1] 这一节英译本没有用“第61节，关于自然的客观的合目的性”这个标题，而是改成了“导论（Introduction）”，并加了如下说明：“原著中这一部分的标题不是‘导论’，而是‘第61节，自然的客观的合目的性’。”但自然的客观的合目的性就是《判断力批判》第二部分总的论题，因而原标题就等同于“导论”。——译注

表面上的机智（Vernunftelei）把目的概念解释为事物的本质中有意义的要素，但并不是从客体及其经验知识中取得目的概念，因而这种概念更多地是用于使自然按照一种类比——与表象在我们内部互相联结的主观根据的类比——成为可理解的，而不是用于从客观的根据来认识自然。

此外，客观的合目的性，作为自然事物的可能性的原理，距离必然与自然概念相关联这一点是如此遥远，以至于不如说它（客观合目的性）正是那种人们为了从中证明自然及其形式的偶然性，首先要引证的东西。因为如果人们引证一只鸟的构造，例如，鸟骨里面的空腔，翅膀利于运动的位置，尾巴利于转向的位置等，那么人们就会说，如果我们只能看到自然中的nexus effectivus（有效性联系），而不求助于一种特殊的因果性，即合目的的因果性（nexus finalis——合目的性联系），那么所有这一切都是极为偶然的，这就是说，作为机械性的东西来看，自然可能以一千种其他不同的方式构造自身，而不一定正好按这样的一种原理而达到统一，因此我们在自然概念之外，而不是在自然概念之内才可能有望遇到那种统一的极其微小的先验根据。

目的论的评估，至少是有所保留地，仍然可正当地用于对自然的研究；但只是为了在与合目的的因果性相类比的原则下，把对自然的研究纳入观察和探寻的原理，而不是强行按目的论去解释自然。所以目的论的评估属于反思的判断力，而不属于规定的判断力。在依据自然的单纯机械性的因果律不够用时，由目的所确定的自然事物的联结和形式的概念，至少是把自然现象置于规律之下的一个额外的原理（ein Princip mehr）。因为在我们把一客体方面的因果性赋予客体的概念——好像那概念存在于自然之中而不是存在于我们自身内部——时，我们是在援引一个目的论的根据，或者更确切地说，是按照与这样一种因果作用（这种因果作用存在于我们自身内部）的类比来想象对象的可能性，也就是把自然设想为本身具有一种技巧地行事的能力；反之，如果我们不把这样一种活动方式赋予自然，那就必须把自然的因果性想象为盲目的机械作用了。反之，如果我们把有目的地活动的原因赋予自然，并设想自然在遵从其特殊规律时是服从这些原因的，那就意味着目的论不仅建立在对现象单纯评估的范导性原理之上，而且是建立在对于从其原因中引导出自然产品有实际效用的构成性原理之上；这样一来，一个自然目的的概念就不再属于反思判断力，而是属于规定的判断力了。

但在这种情况下，目的概念实际上将完全与判断力失去特殊的联系（就像作为形式的主观的合目的性的美的概念与判断力所具有的那种联系），而且将作为理性概念把一种新的因果作用引入自然科学中去，这种因果作用我们只是从我们自身取得，并给予其他存在者，虽然我们不愿意承认那些存在者与我们是同类的。

第一部分　目的论判断力的分析论

第62节　纯粹形式的客观合目的性不同于质料上的客观合目的性

一切按一个原理画出来的几何图形，都显示出一种多方面的、常常是令人惊赞的客观的合目的性，也就是对于按照一个单独原理来解决许多问题，而且还能以无限不同的方式来解决每一个问题的那种适宜性。这里的合目的性显然是客观的和理智性的，不是单纯主观的和审美的。因为它表现出几何图形对于产生许多合目的的形体的适应性，而且这种合目的性是通过理性认识到的。不过，这种合目的性并没有使对象本身的概念成为可能。这就是说，我们不是仅仅因为对象可以这样使用就把它看成是可能的。

在一个像圆那样简单的图形里，就存在着解决众多问题的基础，那些问题中的每一个本身都需要一些精心设计的材料，而且我们可以说，这种解决直接显示出那一图形无数卓越的性质之一。例如，假设底边和与之相对的角已被给予，我们要以它们构成一个三角形，那么这个问题的答案就不是固定的，也就是说，这个问题可能以无限多样的方式来解决。而圆作为满足这种条件的所有三角形的几何轨迹，就把那无限多样的方式全都包括在一种方式里。再如，我们让两条线段相交，各被截成两段，使得一条线的两段所构成的长方形等于另一条线的两段所构成的长方形：这个问题的解决看来面临许多困难。但圆内端点在圆周上的一切相交的直线，其交点所分成的线段都构成这种比例。其他曲线也为我们提供了许多合目的的解答，这些解答在构成它们的结构的规则里是完全想不到的。一切圆锥曲线本身以及互相比较起来看，不管规定其概念的定义如何简单，都包含着解决大量可能问题的原理——看到古代几何学家热心地研究这类曲线的这些性质，而不被那些目光短浅的头脑所提出来的这种知识何用之有的问题所动摇，那是一种真正的愉快。例如，他们研究抛物线的各种性质而不了解地球引力的定律，这种定律已经向他们展示了抛物线对于重物轨道的应用（因为重物在运动中的引力方向是可以被看作与抛物线的曲线平行的）。再如，他们研究椭圆的各种性质，却没有预料到天体上也有一种重力，也不知道天体在距引力点不同距离时的规律，这种规律会使天体在自由运动中画出这样的曲线来。在做这些努力之时，他们是在不知不觉地为继踵而来的后人而工作，他们自己为事物本质中的合目的性而快乐，他们能够完全先验地把这种合目的性表述为必然的。柏拉图就是这种科学中的大师，他为事物具有如此这般的原初性质——要发现这些性质我们可能完全缺少经验——而激动不已，也为能从事物的超越性原理中吸取和谐的心灵能力而激动不已（数的性质就属于这一类，心灵在音乐中以数的性质来游戏）。他有一种热情，这种热情使他超越经验概念上升到理念，而理念只有通过与一切存在物的起源有一种理性的共同性时，才对他显得是可理解的。对以下情况我们不必惊奇：他把不懂几何学的人从他的学院里赶出去，因为他认为从存在于人类灵魂深处的纯粹直观中能够引导出阿那克萨哥拉从经验对象及其有目的的结合中所推论出的一切。因为正是在那类事物（合目的的，而且好像是专为我们的使用而形成的，但这种性质仍然显得本来就属于事物的本性而不顾我们的使用）的必然性中，才存在着我们对自然的深深赞叹的根源，这种根源与其说外在于我们，还不如说就在我们的理性之中。如果这种赞叹由于误解而有可能渐渐地上升到狂热的程度，那是很可原谅的。

这种理智的合目的性是单纯形式的，不是实质的。换言之，它是不以一个目的为基础的合目的性，因而它也不需要目的论。作为这样的合目的性，虽然它是客观的，不像审美的合目的性那样是主观的合目的性，但它的可能性还是很容易理解，尽管只是在抽象的意义上。圆的图形是一个直观，这个直观是由知性按照一个原理而确定的。我们任意设定并作为概念而置于基础地位的这种原理的统一，适用于作为表象而且是先验地存在于我们内部的直观形式（空间），这种统一使由那一概念的结构中产生的众多规则——这些规则从许多可能的观点来看都是合目的的——的统一成为可理解的，不需要一个目的或任何其他根据作为这种合目的性的基础。这与我在被圈定在某一特定范围内的外在事物的总体中发现的秩序与合规律性有所不同，例如不同于我在一座花园里发现树木、花圃、路径等的秩序与合规律性，我不能指望从我按任意规则划定的空间界限里先验地推导出这些秩序与合规律性：因为这些都是实际存在的事物，为了能够认识它们，它们必须在经验中被给出，而且不是我心中的一个由一个原理先验地确定下来的单纯表象。因此后一种（经验的）合目的性作为实质的合目的性要依赖一个目的的概念。

但甚至在引起惊赞的合目的性是在事物（在可能构成这些事物的概念范围内）的本质中被觉察到的情况下，我们也很容易看出对这种合目的性的惊赞的理由，并把这种理由看作是正当的。有多种多样的规则，这些规则的统一（根据一个原理的统一）唤起了我们的赞赏，这样的规则全都是综合的，并且不是从一个对象的概念，例如从圆的概念推导出来，而是需要由这一对象在直观中给出。这样这种统一就获得了如下一种外观，好像它的诸规则有一种外在的经验性的根源，这种根源不同于我们的表象能力。因而对象与知性所特有的对于规则的需要之间的适应性本身就是偶然的，也就是说，仅仅是通过一种明确地指向这种适应性的目的而成为可能。现在因为这种和谐（不顾我们所提到的一切合目的性）不是在经验中而是先验地被认识到的，这就使我们想到，空间——只有通过它的规定（借助于想象力，按照一个概念）对象方才可能——不是外在于我们的事物的一种性质，而只是我们自己内部的一种表象方式。因而，在我按照一个概念画出一个图形时，或者换句话说，在我对一个外在地给予我的事物构成我自己的表象时，不管那事物的固有本质是什么，实际发生的只是我把合目的性带入那图形或表象中去的。我没有从外在地给予我的事物中推导出有关合目的性的经验的指数，因而为了那图形我不需要外在于我的对象上的任何特殊的目的。但因为这样的思考需要理性的一种批判的使用，所以也就不能当然地被包含在依据（对象的）性质对于对象的评估中。因此这种评估直接给予我的不过是一些异质的规则（甚至按照它们本身所具有的不同种类的性质）在一个原理中的结合，关于这个原理，不必有一个外在于我的概念以及我的一般的先验表象而存在的特殊根据，我就能先验地认识到它是真实的。而惊奇是一种心灵的震动，这种震动是由一个表象及由它给予的规则与心灵中业已存在的作为基础的各种原理的不相容性而产生的，从而也造成了一种疑惑：一个人观察得或判断得是否正确；而赞赏是一种惊奇，即使没有那种疑惑它也会不断地反复出现。因此赞赏就是由观察上文提到的事物（作为现象）本质中的合目的性而产生的十分自然的结果，而且到此为止确实也说不出什么反对它的话来。因为上述感性直观的形式（被称为空间）与概念能力（知性）的协调不仅没有能够解释为什么正好是这种特殊的协调形式而不是其他任何一种形式，引起了的心灵的一种扩展，在这种扩展中，心灵预感到存在着某种超越那种感性表象的局限之上的事物，在超感性事物中，可能存在着那种协调的终极根源，虽然我们并没有认识到这一点。如果问题只涉及我们的先验表象的形式的合目的性，那我们当然也就没有必要认识那种终极根源；但我们必须向那里眺望这个事实就激起对于迫使我们这样做的对象的一种赞赏。

我们对以下情况已经习以为常：上文提到的几何形体以及数的性质，由于某种从它们的结构的简单性中无法引申出来的对于知性的一切运用方式的先验的合目的性，我们就把那些性质称为美；例如人们谈论圆形的这种或那种美的性质，即以这种方式或那种方式显露出来的美的性质。但这不是我们借以发现其合目的性的任何一种审美的判断；不是任何一种无概念的判断，这种判断使我们知觉到的是我们的认识能力的自由游戏中单纯主观的合目的性；而是相反，这是一种依据概念的理智判断，在这种判断中，我们清楚地认识到一种客观的合目的性，这就是说，对一切种类（无限多样的）的目的的适应性。我们最好把这称为数学图形的一种相对的完善性，而不是称为数学图形的美。我们甚至根本没有理由允许理智的美这样的表达式：因为，如果我们这样做了，美这个词就必然会失去一切确定的含义，理智的愉快也就失去了对于感性愉快的一切优越性。美这个词用于这里所说的那些性质的展示（Demonstration）可能更好；因为通过这种展示，知性作为概念能力，想象力作为先验地表现概念的能力，觉得受到鼓舞（这种鼓舞再加上理性所引入的精确性就被称为展示的优美），那种展示就可称为美的：因为在这种情况下，愉快虽然是以概念为基础，但至少是主观性的，而完善性则含有一种客观的愉快。

第63节　自然的相对的合目的性与内在的合目的性的区别

只有在一种情况下，经验才能引导我们的判断力达到一种客观的而且是实质的合目的性概念，也就是说达到一个自然目的的概念[1]，这就是在判定原因对结果的关系时，在那种场合我们也只有把结果的观念引入因果性原理，并使它成为因果作用的根源和使结果成为可能的基本条件时，才能在原因对于结果的关系里看出合规性。这可能以两种方式发生：或者我们把结果直接看作艺术作品，或者只把结果看作其他可能的自然存在物的艺术材料；因而也可以说，或者把结果看作目的，或者把结果看作其他原因合目的地发挥作用时的手段。后一种合目的性称为有用性（对于人类），或者称为适宜性（对于每一个其他创造物），这是单纯相对的合目的性，而前一种则是自然存在物的内在的合目的性。

例如，河流夹带着各种有利于植物生长的泥土，有时它把这些泥土沉积在田野里，更常常淤积在河口处。潮水把这些泥沙带到一些海岸的陆地边缘，就把它们沉积在那里；这样就增加了肥沃的土地，特别是在人为地阻止退潮把沉积物重新卷走的地方，植物的王国就占领了从前鱼鳖虾蟹的家园。自然本身就以这种方式完成了扩大陆地的大部分工作，而且这个过程还在不断地继续，虽然有些缓慢——这就产生了一个问题：是否因为这一过程对人类是有用的，就把它判定为自然的目的呢？这里人们是不能把植物对人类的有用性考虑在内的，因为陆上利益的增长正好与海洋生物的损失同样大。

或者，我们可以举出一个有关某种自然产物作为手段对于其他创造物（如果我们把它设定为目的）的适宜性的例子：没有哪一种土地比沙土更有益于松树的生长。古代海洋从陆地后退时，在我们北方地区留下了许多沙地，结果在这些对一切耕作都不适宜的土地上却能生长出辽阔的松树林，由于愚蠢地毁坏了这些松树林，我们常常抱怨我们的祖先。现就可以问：古代沙地的这种沉积是否就是为了有可能在那上面生长起松树林，也就是说沙地的沉积是否是自然的一种目的？如下一点是清楚的：如果我们假设这就是自然的目的，那么我们就得承认沙地也是目的，不过是一种相对的目的，对于这种目的来说，古代的海滩及海水的

[1] 因为在纯粹数学中，讨论的不是事物的存在，而是事物的可能性，也就是与事物的概念相适应的直观，因而也就不能讨论原因和结果：这样一来，这里所观察到的一切合目的性就必须被看作形式的，决不能被看作自然目的。——原注

后退又是手段；因为在合目的地联结起来的互相隶属的各个环节的系列中，每一个居间的环节都必须被看作一个目的，而与它最近的原因对它来说就是手段。与此相似，如果承认世界上应该有牛、羊、马等，那么地上就要长草，如果骆驼要生存发育，沙漠上就必须生长出碱性植物。或者，如果狼、虎和狮子应该生存，那么这种或那种草食动物就要大量存在。因而建立在适宜性之上的客观的合目的性，并不是事物本身的一种内在的客观的合目的性，就像沙地本身不能被理解为它的原因亦即海洋的结果，除非我们把一个目的赋予海洋，并把其结果，也就是沙地，看作艺术作品。那是一种纯粹相对的合目的性，对于被赋予目的的事物本身来说只是偶然的；而且虽然在所举的例子之中各种野草和树木本身要被判定为自然的有机产品，也就是要被判定为富有艺术性的东西，但对于以它们为食物的动物来说，它们就要被视为单纯的原始物质。

此外，如果一个人由于他的因果作用的自由性就使自然物适应他那往往是愚蠢的目的（用色彩绚烂的鸟羽作为服装的饰物，用彩色的黏土或植物的液脂来文身），或者有时出于可算是合乎情理的目的把马用于骑乘，把牛甚至驴和猪——在米诺卡岛（Minorca，地中海西部巴利亚里克群岛中的第二大岛，属西班牙。——译者）——用来耕地，那么这种做法连一种相对的自然目的也不能算了（对于这种用途）。因为一个人的理性懂得使事物与他任意的偶然念头相适应，甚至他自己都没有被自然注定非有这种念头不可。只有在我们假设，人类应该在地球上生存，那么至少一定不能没有那些手段，如没有这些手段人类作为动物甚至作为有理性的动物（不管是在多么低的水平上）就不能存在。这样一来，那些为此所不可缺少的自然产物就必须被看作自然的目的。

由此我们很容易看出，外在的合目的性（一物对另一物的适宜性）只有在一个条件下才能被看作一个外在的自然目的，这个条件就是：那或近或远地与它相适宜的东西的存在本身乃是自然的目的。但这是一个永远也不能由任何一种对自然的单纯观察来决定的；由此就可以得出结论，那相对的合目的性，尽管在某种假定的意义上显示了自然目的，但它仍然没有资格成为绝对的目的论判断的根据。

在寒冷的国度，积雪保护种子使其免遭冻害；积雪也使人类的交往更加方便（因为可以使用雪橇）；拉普兰人（Lapplander，挪威、瑞典、芬兰北部北极圈里的居民。——译者）在那里发现了一种动物（驯鹿），这种动物担当了交往任务，它们满足于以干藓苔为食物，而且它们必须自己从积雪下面把藓苔挖出来，但它们仍然很容易被驯服，甘愿放弃它们完全可以得到的自由。对于生活在同样寒冷的极地上的其他民族，海洋为他们储存了大量的动物，除这些动物提供的食物和皮衣之外，海洋冲来了似乎是为他们建房用的木材，还为烘暖他们的茅屋送来了燃料，这里就有了如此众多的自然关系为了一个目的令人惊异的汇聚，而这个目的就是那些格陵兰人、拉普兰人、萨莫耶德人（俄罗斯北部白海沿岸及岛屿上的居民。——译者）和雅库特人的生存。但我们完全不知道人们为什么要生活在这些地方。如果说水蒸气以雪花的形式从空中降下，海洋以其海流把生存在温带地区的木材冲到这里，这一地区生存着许多富含油脂的海洋动物等事实都是因为一个原因，这个原因把一切这类自然产品汇聚在一起，并以一种有利于某种可怜的被创造物的观念为基础，那么这就是一种过于大胆而又随意的判断了。因为如果所有这一切自然产品的有用性都不存在，那自然原因对于生存秩序的充足能力也不会被我们忽略。与此相反，看来似乎是，甚至哪怕是要求自然有这样的素质并期望自然有这样一种目的（因为正是人类互相之间的不兼容才能把那些极地居民赶到如此荒凉的地区去），对我们来说也似乎是鲁莽和轻率的。

第64节　被视为自然目的的事物的特殊性质

为了看出某物只有作为目的才可能，也就是说它的起源的因果性不应在自然的机械作用中，而应该在一种其活动能力由概念所规定的原因中去寻找，这就要求：这一物的形式不是根据单纯的自然规律而可能的，这里所说的自然规律只能通过我们应用于感性对象的独立的知性来认识；反之，甚至对于它的原因和结果的经验认识也要预先设定理性概念。就自然的诸多经验规律而言，事物的形式在与理性相关时（在理性看来）都有一种偶然性。而理性在任何一个自然产品的形式上都坚持要认识到必然性，甚至在它只想看到与自然产物的产生相关的诸多条件时也是这样。但在上面提到的形式中，它却不能设定这种必然性。因此上述偶然性本身就是一种理由，使我们假定自然产物的因果性似乎正因为如此才只有通过理性而成为可能。但这样一来，因果性就成了按目的行事的能力（一个意志）；而只能被想象为由于这样一种意志才可能的对象就将被表象为作为目的才可能的了。

如果有人在一个他觉得荒无人烟的地方的沙地上发现了一个几何图形，或许就是一个合规律的六边形，那么当他进行反思，试图得到关于这个图形的概念时，他的理性就会使他意识到，尽管可能是模糊地，在这个概念的构成中存在着原理的统一。他的理性会阻止他把沙地、邻近的海洋、风，甚至动物的足迹等他所熟知的原因，或者其他非理性的原因判定为那一图形的可能性的根源。因为与这样一种只有在理性中才可见到的概念相符合的偶然性，对他会显得无限的大，以至于在这里差不多就等于完全没有自然规律了。因而看来好像是产生这样一种结果的原因不可能包含在自然的机械作用中，而是相反，这样一种对象的概念作为只有理性才能提供并可与对象相比较的概念，也必然是唯一包含着这种结果由此产生的因果性的东西，于是这种结果就完全可以看成是一种目的，但并不是自然的目的，也就是要把这种结果看成人工作品（vestigium hominis video——看见了人工痕迹）。

但为了把某种被人们认为是自然产品的东西仍然判定为目的——也就是判定为自然目的——那么即使这里完全没有矛盾，也需要更多的东西。这里我暂且说：如果一物本身（虽然是在双重意义上）既是原因又是结果，它就是作为自然目的而存在的；因为在这里有一种因果性，我们不能把这种因果性与一个单纯的自然概念结合起来，除非我们把那自然建立在目的之上，然后才能被无矛盾地思考，虽然又成了不可理解的。在详细分析一个自然目的的观念的规定之前，我们想首先通过一个例证来解释一下它的意义。

首先，一棵树是按照一种众所周知的自然规律产生出另一棵树的。而它所产生出来的树与它是同类的；因而按其类来说，树生产了自己；在它那一个类中，它一方面作为结果，另一方面又作为原因，不断地在自我生产，而正因为不断地生产自己，才能作为一个类持续地保存下去。

第二，一棵树也作为个体来生产自己。我们虽然把这种结果称为生长（Wachsthum），但这个词在这里所取的意义完全不同于按机械规律的增大，它所表示的意思等同于生殖，虽然用词有所不同。一棵树为自己收集了物质，这种植物首先把它们加工成那一种类所独有的要素，外在的自然机械性是不能为它提供这种要素的，它还利用按其构成来说是它自己的产物的质料继续发展自身。因为虽然按它从外在自然界所吸取的组成要素来说，那种质料必须被看作离析物

（Educt），但在这种原料的分离和重新结合中，我们看到这种自然存在物（树木）的一种原始的选择和构造能力，这种能力比一切人工技能的苦心都无比地高超；当人工技能试图用它经过分析而获得的要素重新构成那些植物王国的产物时，或者用自然为它们提供的营养物质来重新构成那些产物时，就要相形见绌了。

第三，这种被造物（树）的一部分也是这样生产自身，因而一部分的保持就交互性地依赖于另一部分的保持。把一根树枝的胚芽嫁接在另一棵树的枝条上，就在异类的枝干上生长出它自己这一类的植物体来，把嫩枝接在其他树上，也会有同样的结果。因此我们可以把同一棵树上的每一个枝条或树叶都看作是芽接或枝接在这棵树上的，也就是把它们看作自我独立的一棵树，只是被粘在另一棵树上寄生而已。同样，树叶虽然是树的产物，但反过来也在维持着树的生存；因为多次落叶会使树死亡，而树的生长也要依赖叶子对于树干的作用。在这些生命形式中，在受损的情况下，自然会自我救助，在某一部分——这一部分对于维持相邻部分是必需的——匮乏时，就会由其余部分来补充；生长中的畸形或变形是由于偶然的缺失或障碍使某些部分就以完全陌生的方式形成，以便维护业已存在的生长，于是就产生了反常的形式；这里我只想顺便提一下，尽管这些情况属于有机界最令人惊奇的性质。

第65节　被看作自然目的的事物是有机物

根据前一节所论述过的特性，某一事物，如果它应该被认为是自然产品，同时又被认为只有作为自然目的才可能，它对自己本身既是原因又是结果，这是一种不恰当、不确切的表述，这种表述需要从一个确定的概念推导出来才成。

因果联系，就其只能通过知性来思考而言，乃是形成一个系列（原因和结果的系列）的连接，这种连接不断地延续下去；事物本身，如果它作为结果而预先设定其他事物为其原因，它就不能反过来同时又是这些事物的原因。我们把这样的因果联系称为有效原因的因果联系（nexus effectivus——有效的、有因果关系的联系）。另一方面，也有一种因果联系可以按照一个理性概念（目的概念）来思考，这种因果联系，如果我们把它看作系列，它就将包含着向前和向后两个方面的依赖关系。在这种依赖关系中，曾被描述为结果的事物，在向前延续时，又可担当那些作为它的结果的事物的原因之名。在实践的事物中（即在人工事物中），我们很容易发现同样的联结，例如，房屋虽然是收取作为房租的金钱的原因，但反过来这种可能收入的表象又是建造房屋的原因。这样的一种因果联系要被称为合目的的因果联系（nexus finalis——合目的的联系）。我们大概可以把前者更恰当地称为实在原因的连接，把后者称为观念原因的连接，因为由这两个术语的这种用法立刻就会理解到不可能有什么超出这两种因果联系。

一个应当被评判为自然目的的事物首先要求的是：各部分（按照其存在和形式）只有通过它们与总体的关系才是可能的。因为事物本身是一个目的，因而也就被纳入一个概念或一个观念之下，而包含在这个事物中的一切都必定由这概念或观念先验地规定下来。但如果一个事物只有以这种方式才被思考为可能的，那它只能是人工作品（Kunstwerk），也就是一种不同于事物的质料（各部分的质料）的理性原因的产物，这种理性原因的因果作用（在各部分的聚集与结合中）要被因此而可能的总体的观念所规定（这就是说不是被外在于事物的自然所规定）。

但如果一个作为自然产品的事物自身及其内在的可能性中还包含着一种与目的的关系，也就是说，只是作为自然目的，没有外在于事物的理性存在者的概念的因果作用就成为可能的，那么这种情况的另外一个要求就是：事物的各部分是以如下方式结合成为总体性的统一体，即各个部分互相成为其形式的原因和结果。因为只有这样如下情形才是可能的：总体的观念反过来（交互地）又规定了一切部分的形式和结合方式，不是作为原因——因为这里的事物是一个人工产品——而是作为判断者所提供的对于系统统一的认识根据，所说的系统统一，是指一切多样性东西的形式和结合的系统统一，而多样性的东西是包含在被给予的质料之中的。

因此一个物体，如果它本身以及按照其内在的可能性都应该被判定为自然目的，那就要求这一物体的各个部分按其形式和结合来说都要互相产生，并从其固有的因果作用中产生出一个总体来，而那总体的概念反过来又（在一个存在者之中，这个存在者包含着一种按照概念与这一产物相适应的因果性）按照一种原理而成为总体的原因，因之有效原因的连接又可以被判定为由目的原因而产生的结果。

在这样的自然产品中，每一个部分都要被思考为由于一切其余部分而存在，又好像为了另一部分和总体而存在的，也就是要被思考为工具（器官）而存在，但这还不够（因为一个部分也可能是人工技艺的工具，这样就只能作为一般目的而被想象为可能的）；相反地，一个部分还要被思考为产生出其他部分（每一部分与其他部分都互相产生）的器官，这样的器官不是任何一种人工技艺的工具，而只能是把一切质料提供给工具（甚至人工技艺的工具）的自然的工具，只有这样并且由这一原因，这种产物才可能是一个有机的而且是自身有机的存在物，才能被称为一个自然目的。

在一座钟里，一部分是另一部分运动的工具，但一个齿轮并不是产生其他齿轮的有效原因；一个部分虽然是为了另一部分而存在，但不是由于其他部分而存在。因此，产生这一部分及其形式的原因并不包含在这种质料的本质中，而是包含在外在于这些材料的某一存在物里，这种存在物能够按照由它的因果作用而可能的总体观念而行动。因而钟里面的一个齿轮不能利用或组织其他材料产生另一个齿轮，一座钟更不能产生另一座钟；正因为这样，一座钟不能由它自己来弥补它所缺失的部分，或者由其他部分的参与来补偿初造时的缺陷，或者，在它出了毛病不能正常工作时，也不能自行修好：与此相反，这一切我们都可以期待于有机自然界——一个有机存在物不是一架单纯的机器，机器只有运动的能力，而有机体本身都具有构成的能力，并且能够传给没有这种能力的质料（有机体要组织加工的材料）。因此这是一种自我增生的构成力量，这种力量单单由运动机能（机械性）是无法解释的。

当我们把有机体的本性及其机能称为艺术的类似物时，我们关于这方面的情形所表述的还是太少太少了；因为此处我们设想有一个存在于有机体之外的艺术家（一个有理性的存在物）。正好相反，有机体的本性及其机能具有自我组织的特点，而且在每一个有机物种中都是这样，虽然在构成有机产品时，都完全按照同一的样本，但仍有适当的偏离，这是在特殊情况下为自我保存所需要的。如果我把这称为一种生命的类似物，那我们大概就接近了这种玄妙莫测的特性了；但这样我们就或者必须把一种与事物的本性相矛盾的性质（Hylozoism——万物有生论）赋予作为单纯物质的物质，或者我们必须把它与一种与之有共性的另一种类的原理（一个灵魂）联系起来。但是，如果这样的一种产品应该是一个自然产物，那么，为了引入一个灵魂，我们就必须采取两种途径之一，即或者我们必须预先把有机物质设定为这种灵魂的工具，这种工具丝毫也不会使有机物更容易理解，或者我们必须使灵魂成为这种结构的技师，而这样一来我们就必须把这种产品从（物质的）自然中排除出去。更准确地说，自然界的有机物与我们已知的任何一种因果关系都有没有一点相似之处。[1]

自然美，由于它只有在对于对象的外在直观的反思关系中才能被给予对象，亦即只是由于表面的形式才被给予对象，因而可以正当地被称为艺术的一种相似物。但内在的自然的完善性，因为是某些只有作为自然目的才可能并因而被称为有机体的东西所具有的，按照与现在已知的任何一种物理的，或者说是自然的作用的类比都是不可思议、不可理解的，甚至通过与人类艺术的准确恰当的类比也不能达到这一目的，因为我们自己也是广义自然的一部分。

因而本身作为一种自然目的的事物的概念，既不是一种构成性的知性概念，也不是一种构成性的理性概念，但却仍然可能是一种用于反思判断力的范导性概念，引导我们按照一种不那么切近的类比——这里所说的类比是指与我们自己的与一般目的有关的因果作用的类比——来研究这一类对象，并反思这类对象的最高根源。这不是为了认识自然或自然的初始根源，而是为了认识我们自身内部的实践性的理性机能，依靠这种机能我们就可在类比中来考察那种合目的性的原因。

因此，有机体是自然界唯一的那样一种存在物，这种存在物在我们就它们本身并且与其他事物没有关系的情况下来思考它们时，只有被想象为自然的目的才是可能的。正是这些有机体，首先为一个目的的概念提供了客观的实在性，这里所说的目的是自然目的而不是实践的目的。这样，有机体就为自然科学提供了一个目的论的基础，这就是说，为自然科学提供了一种按照一种特殊原理来评判

---

[1] 另一方面，我们可以把一种类比应用于上面提到的直接的自然目的，以便阐明那种更应该在观念中而不是事实中存在的结合。例如，现在正在进行的重新把一个伟大的民族改造成一个国家的活动中，人们常常十分恰当地把有机体一词用于政府机构的设置上，甚至用于整个国家的体制上。这是因为国家的每一个成员在国家这个整体中都不仅仅是工具，而且同时也是目的。并且，因为他对整体的可能性有所贡献，因而他的地位和作用也要被整体的观念所决定。——原注

自然对象的一种方式，在其他情况下这样的原理是绝对没有资格被引入科学的（因为我们不可能先验地看出这样一种因果作用的可能性）。

第66节　评判有机体中内在的合目的性的原理

这种原理，同时也是有机体的定义，是说：*自然界的有机产物是那样一种东西，其中每一个部分都互为目的和手段*。在有机产物中，没有什么是无用的，无目的的，或者要被归于盲目的自然机械作用。

这种原理虽然就其起因来说是从经验引导出来的，也就是从有计划地安排好的并被称为观察的经验中引导出来的；但由于这种原理所断言的这样一种合目的性所具有的普遍性和必然性，它就不能单纯建立在经验根基之上，而是必须以随便哪一种先验原理——尽管是纯粹范导性的原理，并且那种目的只存在于判断主体的观念中而决不存在于一种有效的原因中——作为基础。因此，我们可以把上面提到的原理称为评判有机体的内在合目的性的*准则*。

植物和动物的解剖学家们，为了观察动植物的结构，为了看清为什么会有这样的部分，它们是为了什么目的，各部分为什么会有这样的位置和这样的结合，以及为什么恰好具有这样的形式，就提出上述准则作为绝对必然的原理。他们说，在这样的一种创造物中没有什么是*无用的*，他们还把这一准则放在与一切自然科学的基本原理同样有效的基础之上，那基本的自然科学的原理就是：*没有什么事物是偶然*发生的。实际上他们也不能从这种目的论的原理中挣脱出来，就像他们不能从普遍的物理定律中挣脱出来一样，因为，正如放弃物理学的原理会使他们完全没有任何经验一样，放弃目的论的原理也会使他们在观察一种自然事物时失去指导线索，这类自然事物就是曾被我们从目的论的角度在自然目的的概念之下思考过的那类事物。

这种概念确实把理性引入与事物在自然的单纯机械作用下的秩序完全不同的另一种秩序之中，单纯的机械作用在这个领域里被证明是不够用的。自然产物的可能性必须以一个观念为基础。因为观念是一种表象的绝对统一，而物质则表现出事物的多样性，这种多样性本身是不能使组成成分确定地统一起来的。因此，如果那种观念的统一确实要用作这种合成物的如此这般形式的因果作用的自然规律的先验规定根据，那么自然的目的就必须延伸到包含在其产品中的一切。

因为如果我们一旦把这样一种结果从自然的盲目的机械作用的范围里提升出来，并把它整体上与超感性的规定根据联系起来，我们就必须彻底地按这种原理来评判。我们没有理由假定这样一种事物的形式仍然部分地依赖于盲目的机械作用，因为那样一来不同种类的原理就会混在一起，由于这种混合，评判事物的可靠规则就不复存在了。

情况可能总是这样：例如，在一只动物的体内有些部分可解释为按照单纯机械规律的凝结物（Konkretion），例如皮肤、骨骼、毛发等。而那聚集起对此适宜的物质，同时还改造它，赋形于它，并把它安放在适当的位置上的原因，必须永远从目的论的角度来评估。因而，动物体内的一切东西都必须看作是有机的，与一物本身处于一定关系中的一切自身又都是一种部件。

第67节　从目的论的角度把一般自然评定为目的的系统的原理

上面我们讨论自然产物的外在的合目的性时曾说，这种合目的性并没有给我们以足够的正当理由把它作为自然目的用作解释自然产物的存在的根据，并把它们偶然合目的的结果看作它们按目的原理而存在有根据。例如，我们不能因为河流有利于国家内部人民之间的交流，或者因为山脉包含着河流的源泉并为干旱时期维持河流而保存积雪，就当然地把河流和山脉看作自然的目的，同样，也不能因为陆地的斜坡可使积水流走从而使田园干燥就认为斜坡是合目的的。因为地球表面的这种形态虽然对于植物和动物的发生和维持是十分必要的，但它本身并不包含任何具有如下特性的东西：这种东西的可能性会使我们必然要假定有一种依据目的的因果作用，对于人类用作必需品或用作观赏的植物，对于某些动物，如骆驼、牛、马、狗等——它们有一部分被当作人类的食物，一部分作为人类的仆役，用途多种多样，大部分都是完全不可缺少的——也都是这样。对于那些我们没有理由看作本身即是目的的事物的外部关系，只能假定性地判断为合目的的。

由于一事物的固有形式而把它判定为自然目的，完全不同于把这事物的真实存在看作一种自然目的。为了维护后一种主张，我们不仅需要一个可能的目的概念，而且需要自然的终极目的（scopus——靶子、目标）的知识，这种终极目的又需要一种自然对于某种超感性的东西的关系，这种关系远远超过我们的一切目的论的自然知识；因为自然本身存在的目的必须到自然之外去寻找。一根简单的草茎的内在形式，就足以对我们人类的判断能力证明它只按目的规律而可能的起源。但如果我们抛开这种认识只考察其他自然存在物对于这种东西的利用，也就是说，让我们放弃对于内部组织的观察，只研究外在的合目的性的关系，我们就会看到草作为生活资料对于牲畜的生存如何不可缺少，牲畜作为生活资料对于人类生存又是如何不可缺少。但最后我们却看不到为什么人类的存在是必需的（如果我们想到的是如像新荷兰——美国宾夕法尼亚州自治领地——人或火地岛人，那就不太容易回答这个问题了），这样我们也就达不到任何绝对的目的，所有这些合目的的关系都建立在一种不断向后退去的条件之上，这种条件作为无条件的东西（一种作为最后目的的东西的存在）完全处于对世界的物理目的论的研究阈限之外。但这样一来，这样的事物就不是自然目的了，因为它（或它所属的那一整类）不能被看作自然产物了。

因而只有在有机物这个范围内，物质（有机物）才必然地包含着它作为一种自然目的的概念，因为在这里它具有一种显然是特殊的，同时又是自然产物的形式。但现在这种概念必然会把我们引向总体自然的观念，这是作为按目的规律而构成的一个体系的总体自然，而自然的一切机械作用按照理性原理（至少是为了以这种观念探究自然现象）都必须服从这种观念。这种理性原理对于理性来说只能用作一种主观的原理，也就是说，作为一种准则，这个准则就是：世界上的一切对于这种或那种事物都是有益的；世界上没有任何东西是无用的；而且，自然在其有机产品中为我们提供的例证使我们有正当理由，甚至还鼓励我们，当众多事物被看成一个整体时，从自然及其规律中只期待合目的性的东西。很明显，这种原理不是规定的判断力的原理，而只是反思判断力的原理，因为它是范导性的，不是构成性的，这种原理只能为我们提供一个线索，这个线索指导我们在与一种已被给予的规定根据的关系中，按照一种新的合规律的秩序来观察自然事物，并按照另外一种原理，也就是终极原因的原理，在不妨碍物理因果性的机械作用的情况下帮助我们扩展博物学（Naturkunde）。此外，通过这条原理绝对没有表明我们按此原理来判断的某一事物是否有意安排的自然目的，没有表明草是否为了牛或羊而存在，牛和羊以及其他自然产物是否为了人而存在。甚至从这个视角来考察那些使我们不愉快的在特殊关系上还是反目的的事物，也是可取的。

因此我们可以说：在衣服里、头发里或床铺里令人烦扰的虱蚤，也是自然的一种聪明的教育方式，使人们产生清洁卫生的冲动，而这种冲动本身乃是保持健康的一种重要手段。再如那些蚊子以及其他叮人的昆虫，它们使美洲荒原成为野蛮人难以忍受的地方，但同时也是一种动力，促使那些正在开化进程中的人起来行动，排干沼泽，使不透风的郁闷的森林见到阳光，通过这些行动以及耕耘土地，他们的居住环境就变得更加卫生了。甚至在人类机体内部那些看来违背自然的东西，如果像这样来处理，也会在事物的目的论的秩序中提供一种令人感兴趣的有时还是有教益的前景，如果没有这样的一种原理，那单纯物理方面的观察不会把我们引向这种认识。例如，有人断定，绦虫对于它所寄生的人或动物来说，似乎是给予后者生命器官的缺陷的一种补偿。那么我就要问，梦（我们的睡眠永远也离不开梦，虽然我们很少记得我们梦见了什么）是否可能也是自然的一种合目的性的安排呢？因为在身体的一切肌肉力量都处于松弛状态时，梦就通过想象力及其广大的活动（在这种情况下想象力的活动一般会上升到心理上的兴奋状态）会内在地刺激生命器官。看来这就是为什么那些夜间吃饱肚子才上床的人睡眠中想象力通常更为活跃的原因，正是这时那种刺激最为需要。因此如果没有这种内在的刺激力量，没有由做梦引起的令人困倦的不安——我们常常因为这种不安而抱怨梦境，实际上做梦也许是一种医疗手段——那么，甚至在健康的状态下，睡眠也将是生命的完全寂灭。

一旦从自然目的——这种自然目的是有机体提供给我们的——的角度对自然的目的论判断使我们有正当理由达到一个自然目的的巨大系统的观念，那么自然的美，也就是在我们把握和评判自然现象时，自然与我们的认识能力的自由游戏之间的协调一致，从这种观点出发也可以被看成是自然在其总体中的客观的合目的性，看成是一个连我们人类也是其中一环的系统。我们可以把它看成是自然给予我们的一种爱意，[1]因为自然除了给予我们有用的东西之外，还给予我们如此

[1] 我们在审美的部分里曾说过：我们是以爱意来看待美的自然的，因为我们在自然的形式上感到一种完全自由的（没有利害关系的）愉快。在这种单纯的鉴赏判断中，完全没有顾及自然美是为什么目的而存在；它们是否为了引起我们的愉快而存在，或者与作为目的的人类毫无关系。但在一个目的论的判断里，我们却注意到了这种关系，因此我们就能把这看作自然的爱意，因为它为我们展示出如此众多的美的形态，来提高我们的文化。——原注

丰富的美和魅力，因此我们就可以爱自然，正如我们因为它的广大无垠就以敬畏之情去观看它，并感到我们自己在这种静观中得到了升华一样；就好像自然完全是出于这种意图才建立起它那彩色缤纷的舞台，并把它装饰起来。

在这一节里，我们想说的不过是：一旦我们在自然中发现了一种产生那类按目的原因的概念才可想象的产品的能力，那我们就应该进一步，甚至把那些产物（不管是它们自身还是它们置身其中的尽管是合目的关系）——那些产物没有责成我们必须超越盲目起作用的原因的机械性去为它们的可能性寻找另外的原因——也正当地判定为一个目的系统的组成部分。因为我们由此出发的观念就其根源而言，它已引导我们超越了感性世界；这种超感性原理的统一就不仅被视为对某一种类的自然存在物有效，而且要被视为对自然总体作为一个系统也同样有效。

第68节　目的论的原理作为自然科学的内在原理

一种科学的原理可以是那一门科学本身固有的，这些原理被称为本来的原理（principia domestica——自己的原理）；它们也可以是以只能存在于这门科学之外的概念为基础的原理，那么它们就是外来的原理（peregrina——外乡的）。包含着后一种原理的科学以一种辅助命题（Lemmata）为其学说的基础，这就是说，它们从其他科学借用了某种概念，与这概念同时也就借来了一种秩序安排的根据。

每一门科学本身都是一个系统，在这门科学里按照各种原理来建构，也就是以技术的方式行事，那还是不够的，我们还必须以建筑术的方式来处理它，把它当作一个个别的独立的建筑物。我们必须把它作为一个自我维持的整体来对待，不是把它看作另一建筑物的附属物或者一个部分，虽然我们此后可以从这一部分过渡到另一部分，或者互相过渡。

因此，如果我们把上帝的概念引入自然科学的体系之中，以此来补充自然科学，以便使自然中的合目的性可以理解，然后又把这种合目的性用来证明上帝存在，这样一来，自然科学和神学便都丧失了内在的本质了。这种欺骗性的交叉使两种学说都变得不可靠，因为它们的界限会因此而互相重叠。

自然目的这个表达式本身就足以防止这种混淆，并阻止我们把自然科学和它为了对它的对象作目的论判断所提供的理由与有关上帝的思考掺杂在一起，也就是阻止我们把自然科学与一种神学推论掺杂起来。我们决不可把如下做法看作无足轻重的事情：即把上述表达式与自然秩序中的一种神学目的的表达式混淆起来，或者因为最终必须要从一位有大智能的世界创造者引申出自然中那些合目的的形式，干脆就把神学目的的表达式冒充更合适的并且对于一个虔敬的灵魂更为适宜的表达式。反之，我们要小心谨慎地、谦恭有节地把自己限制在那样的一种表达式上，这种表达式正好只表述了我们所知道的事情，也就是限制在一种自然目的的表达式上。因为在我们追问自然本身的原因之前，我们已在自然中，在自然的一般进程中，发现了自然之中按照已知的经验规律所产生的那些合目的的产物的诸多例证。自然科学必须依据这些经验规律来判断它的对象，因而它也必须在自身之中按照目的的规则去寻找那种因果作用。因此自然科学一定不能为了把一种没有任何经验能适应其概念的，在自然科学臻于完善之前我们无权冒险提出来的一个原理，当作自己固有的原理引入自身，就超出自己的界限之外。

那先验地展示出来的自然性质，也就是按其可能性来说由普遍原理而认识到的不掺杂任何经验的自然性质，尽管带有一种技术性的合目的性，但因为它是绝对必然的，所以仍然不能归属于自然的目的论——这种目的论作为物理学中的一种方法可用来解决物理学的问题。算术的类比，几何的类比，还有普遍的机械规律，它们把看来互相之间完全没有关联的不同规则在一个原理中统一起来，不管我们觉得这有多么令人诧异和令人惊赞，却不能因此而要求成为物理学中目的论的解释根据。虽然在一般自然事物的合目的性的普遍性的理论中，它们（上述类比和规律）是值得考察的，但这样一来这种理论就要被归于另一种科学，也就是形而上学，从而也就不能构成任何一种自然科学的内在原理了；但在涉及有机体上面的自然目的的经验规律时，把目的论的判断方式作为自然科学的一条原理用于一类特殊的自然对象，就不仅是允许的，也是不可避免的。

为了使物理学严格地保持在自己的界限之内，它要完全消除如下问题：自然目的是有意安排的，还是无意图地自发产生的；因为讨论那样的问题就涉及另一领域的事情（也就是形而上学的事情）。（只要我们知道）确实存在着一些对象，这类对象只能按如下自然规律来解释；这种自然规律除了采用目的观念作为原理之外是无法想象的；这些对象，就其内在形式，甚至就其内在关系来说，只有按上述目的论的原理才可被认识，这就足够了。确实，在目的论中我们谈到自然时，好像它的合目的性是一种有意被创造出来的东西。但为了避免哪怕是些微地擅自把某种物理学中根本没有地位的东西与我们的认识根源混杂起来的嫌疑，亦即为了避免把一种超自然的原因与我们的认识根源混杂起来的嫌疑，我们在目的论中也谈到自然，好像自然中的合目的性是有意图的，但同时我们是这样来谈论的：是我们把这种意附加给自然，也就是附加给物质的；我们想以此（对此不可能有任何误解，因为显然不会有人在原本的意义上把意图一词用于生命的质料）表明，意图这个词只意味着一个反思判断力的原理，而不是规定判断力的原理，因而也就不应引入任何特殊的因果作用的根据，而只是以另一种不同于按机械规律进行的研究来补充理性的使用，以便弥补理性在对自然的一切特殊规律作经验解释时的缺陷。因此，在目的论中，在把目的论用于物理学时，我们完全有正当理由谈论自然的智能，自然的节约原则，自然的远见，自然的善意，同时并没有因此而使自然成为一个有理智的存在（因为那是荒谬的），但我们也不敢想到要把另外一个有理智的存在放在自然之上作为技师，因为这将是胆大妄为的。[1]反之，我们唯一的意向就是以此指出一种与我们理性的技术使用中的因果作用相类比时呈现出来的自然的因果作用，以便使那条据以探讨某些自然产品的规则常在眼前。

但是，目的论为什么一般并不能构成理论自然科学的一个特殊部分，而只能作为入门知识和一种过渡而归于神学呢？这样做是为了使按机械规律对自然的研究更紧密地依附于那种能够经受我们的观察和检验的东西，我们自己能像自然那样把它生产出来，或者至少按照相似的规律把它生产出来。因为我们能完全透彻认识的只有能够按照我们的概念生产并完成的东西。但有机物作为自然的内在目的无限地胜过我们通过技艺而产生相似表象的一切能力：说到被认为合目的的

[1] 德语的vermessen（胆大妄为）一词是一个很好的，含义丰富的词。某一判断，在作这一判断时，我们忘记了清查我们的能力（知性）的范围，这一判断有时听起来可能是十分有节制的，但却提出了很高的要求，并且很是胆大妄为。大部分如下类型的判断，通过这类判断我们声称要高扬上帝的智能，在（上帝的）创造和保存的工作中把各种意图赋予上帝的智慧，这其实是要使爱好玄想的人自己的智慧得到荣誉。——原注

外在的自然现象（如风、雨等），物理学也当然要研究它们的机械作用；但它们与目的的关系，就目的应该是一种必然属于原因的条件而言，是完全不能想象的，因为这种联系的必然性只与我们的概念的联结有关，与事物的性质毫无关系。

第二部分　目的论判断力的辩证论

第69节　判断力的一个二律背反是什么

规定的判断力本身没有客体的概念建基于其上的任何原理。规定的判断力不是一种自律；因为它（的功能）只是（把表象）归摄于作为原理的给定规律或概念之下。正因为如此它才不会遭受由它固有的二律背反而来的危险，也不会招致由它的诸多原理而来的冲突。因此，那超验的判断力，它包含着归摄于范畴之下的诸条件，本身却不能独立地立法，它只能指明感性直观的条件，在此条件下，才可能把现实性（应用）赋予一个作为知性规律的给定概念，在这方面它永远不会陷于与自身的矛盾之中（至少按照原理来说）。

但反思的判断力却要归摄于尚未给出的规律，因而实际上只是一个关于某些对象的反思的原理之下，而对于这些对象我们完全缺乏客观的规律，或者完全缺乏关于对象的概念，来充当一条足以处理发生的各种情况的原理。因为如果没有各种原理，就不会有认识能力的运用，于是在这种情况下反思判断力就必须成为自己的一个原理。因为这种原理不是客观的，而且不能提供对于对象的足够的认识根据，所以就只能作为单纯主观的原理服务于认识能力的合目的的运用，也就是用于关于一类对象的反思。因此在这样的情况下，反思判断力有它的准则，这种准则事实上对于获得在经验中所发现的自然规律的知识是必需的，借助于它我们可以达到某种概念，这种概念甚至可能是理性概念，如果这种概念是根据经验规律来认识自然所绝对必要的话。在反思判断力的这些必要的准则之间可能产生一种矛盾，也就是说可能产生一种二律背反。这就为辩证法提供了基础；如果两个互相矛盾的准则中的每一个都在认识能力的本性中有其根据，那么上述辩证法就可以称为自然辩证法，同时也构成了一种不可避免的幻象，我们必须在这一批判中揭示和解决这种幻象，使它不再蒙骗我们。

第70节　对这种二律背反的说明

在涉及作为外感官对象之总体的自然时，理性可能建基于某些规律之上，这些规律一部分是由知性先验地为自然规定的，一部分可能通过发生于经验之中的经验的规定性而无限地扩展。在运用前一部分规律，亦即运用一般物质自然界的普遍规律时，判断力不使用特殊的反思原理，因为在这里它是规定的判断力，由知性为它提供了一种客观的原理。但谈到那些我们只能通过经验而认识到的特殊的规律，它们中间就可能有一种如此巨大的多样性和异质性，以至于判断力本身必须充作原理，以便在自然现象中寻找和探求一个规律。因为如果判断力期望一种按照自然的普遍的合规律性而形成的互相连贯的经验知识，期望这些知识依据经验规律而统一起来，它就需要这样一种原理作为指导线索。在那些特殊规律的偶然的统一中可能发生如下情况：判断力在其反思中从两条准则出发，其中之一是纯粹知性先验地为它提供的，而另一条准则是由特殊经验而引起的，这些特殊经验把理性导入活动状态，以便按一种特殊原理对有形自然及其规律做出判断。这里发生的是：这两条准则看来是不能互相并存的，于是就产生了辩证性质，这种性质会使判断力在其反思原理方面陷入迷乱。

这种反思的第一个准则是如下命题：一切物质的东西及其形式的产生都必须被判定为按照单纯的机械规律才是可能的。

第二条准则是反题：某些物质性的自然产物不能被判定为按照单纯的机械规律而可能的（对它们的判定需要一种完全不同的因果性规律，也就是目的因的规律）。

现在如果这些范导性的研究原理变成了关于对象本身的可能性的构成性原理，就可以如下方式表达出来：

正题：一切物质的东西的产生都是按照单纯的机械规律而可能的。

反题：有些物质的东西的产生按照单纯的机械规律是不可能的。

在后面这种表述中，正题和反题作为规定的判断力的客观原理将互相矛盾，也就是说，两个命题之中必然有一个是假的；但这样一来那虽然也是一个二律背反，却不是判断力的二律背反，而是理性立法中的一种矛盾了。但理性既不能证明两个命题中的正题，也不能证明反题，因为关于按照自然的单纯经验规律而可能的事物，我们不可能有任何规定性的先验原理。

另一方面，就我们最初表述出来的反思判断的两个准则而言，那它们实际上完全不包含任何矛盾。因为如果我说：我必须按照单纯的机械规律来评判物质自然界的一切产品的可能性以及被视为其产物的一切形式，那我并不是以此主张：那些自然产品只有在这种方式中才是可能的（排除其他一切因果作用），而是仅仅以此表明我时时应该按自然的单纯机械性的原理来反思那些自然产品，尽可能以此来推动我的研究，因为除非我使它成为研究的基础，否则就完全不可能有真正意义上的自然知识。但这并不会在一些偶然的机遇中，也就是在某些自然形式（由于自然形式这个诱因也可扩大到整个自然界）上，妨碍第二条准则的使用，即按照一种特殊的原理来探寻和反思那些形式，所以说这种原理不同于依据自然的机械作用所作的解释，即是说那是一种目的因的原理。按照第一条准则的反思并未因此被扬弃，毋宁说我们要尽可能追随这条准则；同时这也不是说依照自然的机械作用那些形式就是不可能的。那只是主张，人类理性在遵循这条准则，按这条路线前进时，永远不能发现一丝一毫构成自然目的的特殊性质的东西的根基，不管以这种方式可以发现多少其他有关自然规律的知识。这就使得如下问题仍未获得解决：在我们所未知的自然本身的内在基础中，同一事物表现出来的物理机械的结合与合目的的结合是否可能在一条单独的原理中协调起来；只是我们的理性无力把两种结合方式统一在这样一条原理之中，因而判断力作为（由一种主观根据而来的）反思判断力，而不是作为（依据事物之可能性的一种客观原理的）规定的判断力，必须为自然界的某些形式构想出不同于以自然的机械作用为其可能性的基础的原理的另一种原理。

第71节　对于上述二律背反之解决的预备说明

我们绝对不能证明通过自然的单纯的机械作用是不可能产生有机的自然产

物的。因为我们不能透彻认识特殊的自然规律的无限多样性的初始的内在根源，由于特殊的自然规律只能从经验上被认识，对于我们就是偶然的，因此我们也就绝对不可能达到自然之可能性的内在的完全充分的原理（这种原理存在于超感性的东西之中）。但自然的生产能力对于被我们判定为按目的观念而形成和结合起来的东西，是否也像对于被我们认为只需要一种自然的机械作用的东西那样足以够用呢？或者，实际上作为真正的自然目的的事物（就像我们必然要制定的那样）是否有一种完全不同的原始的因果作用——这种因果作用不可能包含在物质自然或物质自然的理智性的基础，亦即一种具有建筑技能的知性之中——作为根基？对于这些问题，在事关因果性的概念——如果这一概念应该被先验地详加说明——时，我们受到严格限制的理性是绝对不能提供任何答案的。但对于我们的认识能力来说，自然的单纯的机械作用对于有机体的产生也不能提供任何解释的根据，这一点也是同样不容怀疑的。因此，对于反思判断力来说，如下说法是一条完全正确的原理：对于事物明显地按照目的原因的结合，我们必须构想出一种与机械作用不同的因果关系，也就是说，要设想有一个按目的行事的（有理智的）世界原因；不管对于规定的判断力来说这条原理多么的草率和难以证明。在前一种情况下（反思判断力的情形中。——译者），那条原理只是判断力的准则，在那里那种因果性的概念是一个单纯的观念，对于这种观念我们不能赋予它以任何实在性，它只用作反思线索，这种反思对于可行的机械论的解释根据始终敞开大门，而又决不脱离感性世界。在第二种情况下（在规定的判断力的情形中。——译者），那一原理就是一条客观的原理，这种原理是由理性所规定的，也是判断力必须服从并以之决定自身的，但如此一来它就超越了感性世界，失落在狂热虚幻之中，很可能被引入错误的方向。

真正物理学的（机械论的）准则和目的论的（技术的）解释方式的准则之间的二律背反的一切假象都是由于以下情况造成的：人们把反思判断力的原理与规定的判断力的原理混淆起来，把前一种原理（这种原理对于我们的理性在特殊的经验规律方面的使用中只有主观的有效性）的自律性和后一种原理的他律性混淆起来，而这后一种原理必须适应于由知性所提供的（普遍的或特殊的）规律。

第72节　有关自然的合目的性的各种体系

如下原理，即必须按照目的因的概念来判断某些自然事物（有机物）及其可能性，甚至在我们为了学会通过观察来认识它们的性质而需要一条指导线索，并不妄想研究其原始根源时也这样做，对于这一原理的正确性从来没有人怀疑过。因此问题只能是：这一原理仅仅是主观有效的，亦即只是我们的判断力的单纯准则，还是自然的一个客观原理，按照这一原理自然除了其机械作用（按照运动规律）之外还应该有另一种因果作用，也就是合目的原因的因果作用，在这种原因之下，自然中那种运动力量只是一种中介性的原因。

现在我们可以把这个辩证的问题或课题置于不确定和未解决的状态。因为，如果我们满足于单纯自然知识总体范围内的思辨，那么上述准则就足够应付在人类力所能及的范围内对深藏于自然的奥秘的探索。因此，那是我们理性的某种猜测，或者说似乎是自然给予我们的某种暗示，即如果我们放弃自然的研究（尽管我们在自然的研究中并没有走多远），或者至少暂时把自然的研究放在一边，首先尝试去查验自然科学中的这个陌生者，即自然目的的概念会把我们引向何处，那么我们借助于合目的原因的概念完全可以超越于自然之上，并把自然与因果系列的最高一环联系起来。

现在，在这关节点上，上面提到的那种公认的准则必然要转入一个能够展开争论的广阔领域的问题，这个问题就是：自然中合目的的联结是否证明了自然的一种特殊的因果作用的存在；或者这种合目的的联结，从其自身的真正本质及其客观原理来看，是否反而与自然的机械作用是同一的，或是建立在同一个根基上；只是在很多自然产品情况下，这种根基对于我们的研究来说隐藏得过于深邃。所以，就像所争论的那样，我们就求助于一种主观的原理，也就是人工技艺的原理，或者依据观念的因果性。以便按照类比，把它用作自然的基础；这种应急措施对我们来说在很多情况下都是有效的，尽管在某些情况下显得不成功；但在一切情况下都不能使我们有权把一种不同于按照自然的单纯机械规律的因果作用的特殊作用方式引入自然科学。我们想通过赋予自然的程序（因果作用）以技术之名——根据我们在自然产品中所发现的类似于目的的东西——把这种技术分为有意图的（technica intentionalis——有意图的技术）和无意图的（technica naturalis——自然的技术）两种。第一种的意思应该是：自然按目的而创造的能力必须被看作一种特殊的因果作用；第二种的意思应该是：这种因果作用从根本上说与自然的机械作用是同一的，与我们的人工技艺概念及其规律的偶然的符合是我们评判这种能力的单纯主观的条件，并被错误地解释为自然生产的一种特殊方式。

如果我们现在谈论的是从目的因方面解释自然的各种系统，我们就一定会注意到：它们无例外地全都教条式地互相对立。它们所争论的是事物之可能性的客观原理，不管这种可能性是要归属于有意图行动的原因还需要归属于纯粹无意图行动的原因。它们并不就根据这里所说的合目的的产物的原因进行判断的主观准则进行争论。在后面这种情况下，完全异类的原理可以很好地调和，而在前一种情况下，矛盾对立的原理则互相排斥，彼此之间不可调和。

有关自然的技艺方面的体系，也就是自然按目的规则而创造的能力的体系，有两种：自然目的的观念论体系和自然目的的实在论体系。前一种体系主张：自然的一切合目的性都是无意图的；后一种体系主张：某些自然的合目的性（在有机体中）是有意图的。从后者可推导出作为假设的基本结论，即就自然的一切其他自然产物而言，也是有意图的，也可以说是一个目的。

（1）合目的性（这里我一直把它理解为客观的）的观念论要么就是自然产物的合目的的形式中的自然规定性的因果性（Kasualität）的观念论，要么就是这种自然规定性的宿命论（Fatalität）的观念论。前一个原理涉及物质与其形式的物理基础的关系，也就是运动规律；后一个原理涉及物质与其超物质的基础以及整个自然的关系。因果性的体系——这一体系被归于伊壁鸠鲁和德谟克利特——按字面来解释是如此荒谬，以致我们不必对此浪费笔墨；反之，宿命论的体系（一般认为这种学说的鼻祖是斯宾诺莎，尽管从哪方面看它都更古老）就不同了，它建立在某种超感性的东西之上，因而我们的眼力达不到那里，也不容易驳倒它，因为这种学说关于原始存在者的概念是完全不可理解的。但如下一点是清楚的：按照这一体系，世界上合目的的联结必须被看作是无意图的（因为它虽然是从一个原始存在者派生出来，但却不是从这个存在者的知性派生出来，也就是说，不是从它的任何意图中派生出来的，而是由这一存在者的本质的必然性以及由那种本质而产生的世界统一性中派生出来的），也就是说，合目的性的宿命论也就是合目的性的一种观念论。

（2）自然的合目的性的实在论也是同样情况：要么就是物理性的，要么就是超物理性的。前者把自然界的目的建立在与一个按计划行事的能力的类比之上，也就是建立在物质的生命之上（这种物质的生命或者是物质中固有的或者由一个内在的有生命的原理亦即一个世界灵魂赋予它的），这要被称为万物有生论（Hylozoism）。后者是从宇宙的原始根源获得这种目的的，这种根源被看作一个有意图地创造的理智存在者（原初有生命的），这就是有神论。[1]

第73节　上述体系中没有一个做到它声称要做的事情

上述所有体系想要做什么呢？它们想要解释我们对于自然的目的论判断。为做到这一点，它们采取了两种途径之一，其中一个体系否定了目的论判断的真实性，从而也就把它们解释为关于自然的一种观念论（把自然想象为一种艺术）；另一个体系则承认了目的论判断的真实性，并允诺要按照合目的的原因的观念来说明一种自然的可能性。

（1）为自然中合目的的原因的观念性而辩护的体系，其中一种允许那种原因的原理有一种依据运动规律的因果作用（由于这种因果作用自然产物获得它们合目的的存在）；但它们否定了这一原理的意向性（Intentionalität），也就是说它否定了这种因果作用有意图地被规定去合目的地生产，换言之，那一目的就是原因。这是伊壁鸠鲁所采用的解释方式。它完全否定并消除了自然的技艺和自然的单纯机械性之间的区别。盲目的偶然的机械性被接受为一种解释方式，不仅用来解释已然产生的产物与我们的目的概念的协调一致，因而也就是用来解释自然的技艺，而且甚至用来解释按运动规律而生产的原因的规定性，以及它的机械作用。因此也就没有任何东西得到解释，甚至我们的目的论判断中的假象也没有得

---

[1] 我们由此可以看出：在纯粹理性的大多数辩证性的事物中，在涉及独断论的主张时，各种哲学流派通常总要为摆在他们面前的问题寻找一切可能的解决方式。因而在自然的合目的性的问题上，他们尝试了各种解决办法，有时借助于无生命的物质，或者借助于无生命的神，有时借助于有生命的物质，或者有生命的神。对于我们来说，所能做的就是：如果有必要，就放弃这种客观的主张，只在与我们的认识能力的关系中批判地来斟酌我们的判断。这样做时，我们可以为它们的原理取得一种有效性，这种有效性如果不是独断的，就仍是一种足以保证我们理性的运用的准则的有效性。——原注

到解释，这样其中的所谓观念性也丝毫没有得到说明。

作为另一种观念论的代表人物，斯宾诺莎试图免除我们对于自然目的的可能性的基础的探询，并剥夺了这一观念的一切现实性，他的办法是完全不允许把这样的目的视为产物，而是把它视为一个原始存在者固有的偶然性。他认为，这一个存在者是自然事物的根基，这样，他就不把事物的因果性归于那一存在者，而只把实体归于它。由于这一原始存在者以及作为它的固有的偶然性的一切自然事物的无条件的必然性，斯宾诺莎保证自然的形式有其一切合目的性所需要的基础的统一，但他这么做同时也就牺牲了自然形式的偶然性，没有这种偶然性，任何合目的的统一（Zweckeinheit）都会不可想象地剥夺了这种统一性，他也就剥夺了一切有意图的东西，并使自然事物的原始根源失去了一切知性。

但斯宾诺莎主义并没有做到它想要做的事情。它想确定自然事物的合目的的联结（它没有否认这种联结）的一种解释根据，并且让我们只求助于自然事物所归属的主体的统一性。即使我们承认斯宾诺莎主义的世界存在物（Weltwesen）的这种存在方式，这样的本体论的统一也并不当然就是合目的的统一，而且也绝没有使这种统一变得可以理解。合目的的统一实际上完全是一种特殊的统一。它不是从事物（世界事物）在一个主体（原始存在者）中的联结推导出来的，而是本身绝对地带有一种与一个赋有理智的原因的关系，甚至如果我们要把所有这些事物都在一个单一的主体中统一起来，那也决不会表现出一种合目的的联系：除非这些事物被理解为，第一，它们是作为一个原因的实体的内在结果；第二，它们是作为原因的实体通过它的理智而产生的结果。如果没有这些形式条件，一切统一都只能是自然的必然性，如果这种统一仍然被归于那些我们表象为互相外在的事物，那它就是盲目的必然性了。但如果经院学者称为事物的超验完善性的东西（与事物的固有本质相关）——按照这种完善性一切事物本身都具有成为此物而不是彼物所需要的一切（条件）——要被称为一种自然的合目的性，那么我们就是用以名词作儿戏去代替概念了。因为如果一切事物都必须被想象为目的，因而成为一个事物与成为一个目的完全一致，那么从根本上说就没有什么特别值得被表述为目的的东西了。

我们由此可清楚地看出，斯宾诺莎使我们关于自然界合目的性的概念回归到我们自己置身于一个包罗万象的存在者（虽然也是单一的）之中的意识，而且合目的性的形式也只能在这一存在者的统一性中去寻找，这位哲学家意欲以此支持合目的性的观念论而不是实在论。但就是这一点他也没能做到，因为实体之统一的单纯表象永远不会产生合目的性的观念，即使只是无意安排的合目的性。

（2）有些人，他们不仅主张自然目的的实在性，而且还要解释这种实在性，这些人相信一种特殊的因果作用，也就是一种有目的地起作用的原因，至少可以看到这种原因的可能性，因为否则他们就不会着手试图解释它。因为甚至最为大胆的假设也必须至少依赖于人们以之为基础的东西的可能性是可靠的这一点，而且人们还必须能够保证这种基础的客观实在性。

但是一种有生命的物质的可能性［这种物质的概念包含着一个矛盾，因为无生命性，即拉丁文的inertia（无生气），正是物质的本质特征］是根本不可想象的；如果有生命的物质的可能性，以及被视为一个动物的总体自然的可能性，被用来支持宏观宇宙中自然的合目的性的假设，那要有极大的保留，只有在这种可能性在小宇宙的自然有机体中由经验显示出来时才可这样使用。有生命的物质的可能性是绝对不能先验地认识到的。如果有机体中自然的合目的性必须从物质的生命中推导出来，而这种生命反过来又只能在有机体中被认识到，因此如果没有这一类的经验就不可能形成这种合目的性的概念，那么这样的解释就必然要陷入恶性循环了。万物有生论并没有做到它所允诺的事情。

最后，有神论同样也不能像宗教教条那样证明自然的合目的性是解决目的论问题的钥匙。但有神论在如下一点上胜过其他一切对自然合目的性的解释根据：即它把一种理智赋予原始存在者，通过这种理智以最好的方式使自然的合目的性从观念论中摆脱出来，并为合目的性的产生引入一种有意图的因果作用。

因为有神论最先必须充分地为规定的判断力证明，物质中合目的性不可能是自然的单纯机械作用的结果，否则它就没有权力十分肯定地把这种合目的性的根据放在自然之上。但按照我们的认识能力的性质和界限（因为那种机械作用的基本的和内在的根源本身是我们所看不到的），我们不可能以任何方式在物质中找到确实的目的关系的原理，而对于我们来说，除了通过一个作为世界原因的最高理智以外，没有任何一种其他对于作为自然目的的自然事物的产生的判断方式。但这只是一种反思判断力的根据，不是规定的判断力的根据，而且绝对不能使我们有权得出任何客观的论断。

第74节　不可能教条式地处理自然的一种技艺的概念的原因，在于自然目的的不可解释性

如果我们把一个概念视为包含在对象的另一概念之下，而这一概念又构成了一个理性原理，而且要按照这一原理来规定原来那一概念，那么我们就是在教条式地处理一个概念（虽然它应该以经验为条件）。但如果我们只在与我们的认识能力的关系上来考察一个概念，也就是只在与思考它的主观条件的关系上来考察一个概念，而不对它的对象做出任何决断，那我们就是纯粹批判式地对待它。因此，对于一个概念的教条式的处理对于规定的判断力是合规律性的，对一个概念的批判式的处理方式对于反思判断力是合规律性的。

一个作为自然目的的事物的概念，会把自然归属于一种只有通过理性才可想象的因果关系之下，以便按照这一原理来判断对象在经验中所显示出来的（特性）。但为了在规定的判断力方面教条式地使用一个概念，我们必须首先保证这一概念的客观实在性，因为否则我们就不能把任何自然事物归属于这一概念之下。但一个作为自然目的的事物的概念虽然是以经验为条件的概念，也就是只有在某种于经验中被给出的条件之下才可能的概念，却不是从这些条件中抽象出来的，而是只有按照判断对象的理性原理才可能的概念。这种概念作为这样一条原理，我们完全看不到它的客观实在性（这就是说，我们不能觉察到与之相应的对象是可能的），而且不能教条式地把它建立起来；我们不知道它只是一个逻辑虚构和客观上空洞的概念（conceptus rariocinans——想当然的概念），还是一个理性概念，一个以知识为基础的由理性所证实的概念（conceptus ratiocinatus——经推理被证明有根据的概念）。因此，这种概念不能为了规定的判断力而被教条式地处理，这就是说，不仅不能决定被视为自然目的的自然对象的产生是否需要一种完全特殊的因果作用（按目的发挥作用的因果作用），而且连追问这样的问题也是不可以的，因为一个自然目的的概念按其客观现实性来说是完全不能通过理性来加以证明的（这就是说，它不能为了规定的判断力而成为构成性的概念，而只能为了反思判断力而成为范导性的概念）。

这种概念不可证明，这一点从以下论述中可以清楚地看出来。因为作为一个自然产品的概念它包含着一种必然性，同时在被视为一个目的的同一事物中又包含着对象形式的一种偶然性（在与单纯的自然规律的关系中）；因之，如果在

这方面应该是没有矛盾的，它就必须包含着自然事物的可能性的一种基础，还要包含这一自然本身可能性的基础，以及它与某种特殊事物的关系的可能性的基础，这种特殊事物不是从经验上可以认识的自然（超感性事物），而是对于我们来说完全不可认识的自然。否则在判断其可能性时，我们就不必依据不同于自然的机械作用的另一种因果作用来评判它了。因此，如果我们通过理性来观察对象，一个作为自然目的事物的概念对于规定的判断力来说就是过于空洞的（虽然对于反思判断力来说，在涉及经验对象时那种概念也可能是本来应有的）。因而，我们不能为了规定的判断使那种概念获得客观实在性。由此就可以理解，为什么人们为教条式地处理自然目的概念以及作为按目的因联结为一个整体的自然的概念而可能构想出的一切体系，既不能客观地肯定任何东西，也不能客观地否定任何东西；因为，如果一个概念是可疑的，而又把事物归属于这一概念之下，那么这一概念的综合谓词（在这里，例如，我们为事物的产生所构想出来的自然目的赋予到底是有意图的，还是无意图的）所给出的必然同样是关于对象的这样的（可疑的）判断，不管是肯定的还是否定（艺术的目的）的，因为我们不知道我们所判断白是某种东西还是空无。按照合目的的因果性概念当然也有客观现实性，就像按照自然的机械作用的因果性的概念一样。但依据目的规则的自然因果作用的概念，更进一步地说就是一种完全不能在经验中被给出的存在者的概念，也就是一种作为自然的终极根源的概念，虽然可以被无矛盾地思考，但却不适用于教条式的规定，因为这种概念不能从经验中抽取出来，对于经验的可能性又是不必要的，所以无论如何都不能保证它的客观实在性。但是即使做到了这一点，我又怎么能把已确定地被标明为神的艺术作品的事物再算作自然的产品（自然不可能按自己的规律产生出那样的作品，这种情况正是必须诉诸一种与自然不同的原因）呢？

第75节　自然的客观合目的性的概念是用于反思判断力的一条批判性的理性原理

如果我说：某些自然事物的产生，乃至整个自然的产生，只有通过某种有意图地活动的原因方才可能，这完全不同于如下说法：由于我的认识能力的特殊性质，我在判断那些自然事物的可能性及其产生时，只能设想一个有意图地活动的原因，也就是设想一个存在者，这个存在者按照与一个知性的因果作用的类比进行生产。在前一种情况下，我想确定某种有关对象的东西，还不得不证明我所设定的概念的客观实在性；在后一种情况下，理性只按照认识能力的特性及其范围和界限的基本条件来规定我的认识能力的使用。因此，前一个原理是规定的判断力的一个客观原理，后一个原理则只是反思判断力的一个主观原理，也就是理性所确定的一条准则。

如果我们想通过持续的观察只研究有机产品中的自然，我们就必须把一个目的概念赋予自然作为基础；而这样的一种概念对于我们的理性的经验使用就成了一个绝对必要的准则。事情很明显：一旦采用了这样一种研究自然的指导线索，它的适用性又已被证实，我们所设想的判断力的准则就必须至少在自然总体上试用，因为许多自然规律可以根据这一准则而被发现，否则这一准则就会由于我们窥视自然的机械作用的内情时的局限性而对我们深藏不露。在后一种运用中判断力的那种准则虽然是有用的，但却不是不可缺少的，因为自然总体是不会作为有机物（在上面所提出的有机一词的严格意义上）被给予我们的。与此相反，关于那些在它们现存的方式中只能被判定为有目的地形成的，不能被判定为以其他方式形成的自然产品，为了获得这类事物的内在性质的一种经验知识，上述反思判断力的准则却在本质上就是必需的，因为如果不把有目的地生产的想法与它们是有机物的想法联系起来，那么后一种想法本身就是不可能的。

一个事物，如果它的存在和形式只有在一个目的的条件下才被我们想象为可能的，那么这个事物的概念就与这一事物的一种偶然性的概念（按照自然规律）不可分割地联系在一起。由于这一原因，我们认为只有作为目的才可能的那些自然事物，就构成了世界总体之偶然性的最重要的证据，而且对于普通知性和哲学家来说，它们也是唯一有效的关于世界总体依赖和起源于一个存在于世界之外并（由于上述合目的性的形式）富有理智的存在者的证明根据：因此它们也表明目的论为了使自己的考察获得圆满的结果，就必须面对神学。

但达到最高完善境界的目的论归根结底会证明什么呢？难道它会证明那样一个有理智的原始存在者确实存在吗？不，它所证明的不过是：我们按照我们的认识能力的性质，也就是在把经验与最高的理性原理的结合中，我们绝对不可能形成这样一个世界的可能性的任何概念，除非我们设想一个这个世界的有目的地活动的最高原因。因此我们也不能客观地阐明如下命题：有一个理智的原始存在者；相反，我们只能为了我们的判断力用于反思自然中的目的时主观地来证明他，而那自然中的目的只能依据一个最高原因的有意图的因果作用的原理才可想象。此外不能依赖任何其他原理。

如果我们想从目的论的根据出发来教条式地建立大前提，我们就会陷入无法解脱的困境之中。因为这样一来那些推论必须以如下命题作为根据：世界上的有机体只是由于一个有目的地活动的原因才可能的东西。但是，如果我们说，因为我们只有在目的的观念下才能把我们的研究推进到这类事物的因果联系中去，并由此认识到它们符合这种因果联系所揭示出来的规律，那么我们也就有正当理由预先假设对于每一个能思想的、有知觉的存在者来说上述一切都是必然的条件，也就是说，是与对象相关而不仅是与主体相关的条件：这就是我们在此想要坚守的不能回避的主张。但我们无法坚持这样一种主张。因为在这里我们本来没有观察到自然界的目的是真正有意图的，而只是在对自然产物的反思中把目的概念设想为一种判断力的指导线索：因而这些目的并不是由对象给予我们的。对于我们来说，先验地按其客观实在性来保证这样一种概念的适宜性都是不可能的。因此，从以上论题中，除了一个仅仅基于主观条件，也就是基于适应于我们的认识能力的反思判断力的条件的命题之外，我们绝对得不到任何东西。如果这一命题以客观的词语而且在教条上有效地表述出来，那就是：存在一个上帝。但对于我们人类来说，能够容许的一切就是如下有限的公式：我们完全不能把合目的性——这种合目的性必须要被当作我们关于许多自然事物的内在可能性的知识的基础——设想为或理解为其他东西，而只能作如下设想和理解：我们把合目的性以及一般的世界想象为一个有理智的原因（一个上帝）的一种产品。

如果这一建立在一种我们的判断力的绝对必要的准则之上的命题，从任何人类的观点来看，对于我们的理性的一切思辨的以及实践的运用都是完全令人满意的，那我还想知道，由于我们不能证明这个命题对于最高的存在者的有效性，就是说，由一种纯粹客观的根据（不幸的是这种根据超越了我们的能力）也不能证明这一点，我们会受到什么损失。如下情况是十分肯定的：即单单按照自然的纯粹机械作用的原理，我们是不能充分认识有机体及其内在的可能性的。而且事情是如此肯定，以至人们可以大胆地说：即使产生如下想法或怀有如下希望——

有朝一日可能有另一个牛顿站出来，使我们理解一根草只是按漫无目的的自然规律产生出来的，那对人类也是荒谬的。反之我们必须绝对否认人类会有这样的认识。如果我们以为在已知的自然的普遍规律的详细说明中达到自然的原理，就会彻底发现一种足以说明有机体的可能性的根据，而不必以一个目的作为有机体的产生的基础（即只靠自然的单纯的机械作用），这又是我们的一个冒昧的判断。那我们期望从何得到这方面的知识呢？在问题取决于纯粹理性的判断时，概然性（Wahrscheinlichkeit）就完全被取消了。因此，对于如下问题：是否有一个按意图行事的存在者作为世界的原因（也就是作为创始者）充作我们正当地称为自然目的的东西的基础，完全不能做出客观判断，不管是肯定的判断还是否定的判断。确实无疑的只是：如果我们至少应该按照我们自己的本性所允许的东西（按照我们的理性的条件和界限）来判断，那我们就只能把一个有理智的存在者作为那种自然目的的可能性的根基：只有这样才符合我们的反思判断力的准则，因之也就符合一种主观的，但却是根深蒂固地与人类本性相联系的基础。

第76节　注释

如下的这种考察，在先验哲学中完全值得做出详尽的论述，但在这里却只能附带地加入注释之中（而不是作为这里的论题的证明）。

理性是一种提供原理的能力，它所追求的最终目标是无条件的东西；而知性却与此不同，它总是要在某种必须被给出的条件之下受理性的支配。但如果没有知性概念——这种概念必须被赋予客观实在性——理性就完全不能做出客观的（综合的）判断，而且作为理论理性它本身决不能包含着任何构成性的原理，而只能有范导性的原理。我们很快就可觉察到：一旦知性不能紧随其后，理性就将成为空洞虚幻的，它虽然在观念——观念当然有一种作为范导原理的基础——里现身，却不能在客观有效的概念里现身。而知性虽然不能跟上理性的脚步，但为了保证对于客体的有效性却是必需的，它把理性观念的有效性限制在判断的主体上，虽然这里所说的主体是指广义的主体，包括属于人类的全体成员。换言之，它把观念的有效性限制在如下条件的范围内：按照我们的（人类的）认识能力的本性，或者一般地说按照我们为自己所能构成的关于一位有限的理性存在者的能力的概念，我们只能这样而不能作其他设想——即不能断言，这样一种判断的根据存在于客体之内。我们想援引一些实例，这些实例尽管具有很大的重要性，同时也带有很大困难，不能马上就迫使读者把它们当作已经被证明的命题来接受，但这些命题却为读者提供了深入思考的资料，并能够用以解释我们这里所探讨的特殊问题。

区分事物的可能性和现实性，对于人类知性来说是不能回避的，必须要做的。区分可能性和现实性的根据在于主体及其认识能力的本性中。因为对于这些认识能力的运用，如果不需要两种完全异质的要素，即为了概念需要知性，为了与这些概念相对应的对象需要感性直观，那么任何一种这样的区分（可能的事物和现实的事物之间的区分）都是不可能的。这就是说，如果我们的知性是直观性的，除了实在的东西之外，它就没有其他对象了。这样一来，概念（它们只与对象的可能性相关）和感性直观（这种直观为我们提供了某种东西，但还不能让我们把它认作一个对象）两者都将不复存在。但我们对于只有可能性的东西与现实性的东西之间所做的一切区分都建立在如下事实上：可能性只意味着一个事物的表象对于我们的概念所处的地位，一般地说也就是对于我们的思维能力所处的地位，而现实性则意味着一个事物本身的直接存在（在其概念之外）。因此，可能性的事物和现实的事物之间的区分只是对于人类知性主观有效的区分，因为有些事物虽然不存在，我们却总是在我们的意识中给它一个位置，或者有某种事物，我们虽然对它没有任何概念，但我们却仍然把它想象为是被给予的。因而，如下命题：有些事物可以是可能的而没有现实性，或者，从纯粹的可能性中无论如何不能推导出现实性的结论来，这样的命题对于人类理性是真正完全有效的，而不必证明这种区分存在于事物本身之中。这一结论不能从上述命题中引申出来，也就是说，虽然那两个命题对于客体是肯定有效的，但就我们受到感性限制的认识能力也要从事感性对象的研究而言，不是对一般事物全都有效：这一点从理性的要求就可以很明显地看出来——理性执着地要求假设必须存在着某种不受条件限制的东西（原始根源），在这种东西上完全不应再区分可能性和必须性，而且我们的知性对于这种观念绝对没有任何概念，也就是说，知性无论如何不可能向自己表象出任何这样的东西，或者形成任何关于它的存在方式的见解。因为如果知性思维这样的东西（知性尽可能愿意怎样想就怎样想），那么这种东西就只能被想象为一种可能性的。如果知性意识到这种东西是在直观中被给予的，那么它就是实在的，在这里就不能被想象为可能性的东西。因此一个绝对必然的存在者的概念尽管是不可缺少的理性观念，不过对人类知性来说，却是一个无法达到的可疑的概念。但对于我们的认识能力按其特殊性质的使用来说，这一概念还是有效的，因而就不是对于客体以及任何从事认识活动的存在者有效：因为我不能在每一个从事认识的存在者那里预先设定思维和直观，作为他的认识能力的运用中的两个不同的条件，也就是说，我不能设定事物具有可能性和现实性。对于一个没有介入这种区分的知性来说，情况将是：一切我所认知的客体都是存在的；那些尚未存在的事物的可能性也就是假定它们存在的偶然性，以及与这种偶然性相对立的必然性，永远不会进入这样一个存在者的想象中去。但使我们的知性连同其概念难以与理性相匹敌的不过是：被理性认为与对象相关并被采用为原理的那种东西，对于知性（作为人类的知性）来说是过于空洞虚幻的（也就是说对于它的认识的主观条件来说是不可能的）——在这里，如下准则永远有效：在对于客体的认识超出知性能力时，一切对象都要按照主观的，与我们的（也就是人类的）本性必然联系在一起的认识能力的运用中的条件来思考；而且，如果以这种方式所下的判断（在涉及超验概念时只能是这样）如果不能是规定对象有何性质的构成性的原理，那么就只能是范导性的原理了，这种原理的功能是内在的可靠的，适应于人类的意图的。

正如在对自然的理论研究中理性必须设定关于自然的原始根源的一种无条件的必然性的观念一样，在实践领域它也必须设定它自己的（有关自然的）无条件的因果作用，也就是必须设定自由，因为它意识到了自己的道德律令。但因为在这里作为义务的行为的客观必然性与它被视为一个事件而可能有的必然性相对立，如果它的根基存在于自然中而不是存在于自由中（就是理性的因果作用的自由）的话。这样，绝对必然的道德行为就在物理上被视为偶然的了（这就是说，应该必然发生的事情却常常没有发生），由此可清楚地看出，道德法则（以及与之相适应的作为义务的行为）必须被表现为律令，理性不能以“是”（已然发生的事情）来表达这种必然性，而是要以“应该是”来表达，这一切都起源于我们的实践能力的主观特性。如果理性及其因果作用被看作是独立于感性的（作为它运用于自然对象时的主观条件），而且作为在一个理智的世界里与道德法规完全协调一致的一种原因，事情就不会像上面所说的那种情形了。因为在这样的世界里，在“应该”和“行为”之间，在关于某些事物（这些事物由于我们的能力而成为可能的）的实践规律和关于某些事物（这些事物由于我们而成为现实的）的理论规律之间就不会有任何差别了。虽然在一个有理智的世界，一切事物仅仅因为它（作为某种善的）是可能的就成为现实的，甚至作为这一世界的形式条件的自由，对于我们来说都是超越性的概念，用作规定对象及其客观实在性的构成性原理是不适宜的，但按照我们（部分是感性的）的本性和能力的特点，对于我们以及所有受感性世界限制的人来说，后者，即自由——只要我们能够从我们的理性的性质出发去设想——仍可充作普遍的范导性原理，这一原理不能客观地规定作为因果性形式的自由的性质：它把按照那一观念行为的法则转变为对每一个人的命令，而且在作这种转变时，它的有效性不下于它果真要规定那种自由的本质时的有效性。

就我们目前所讨论的问题而言，同样我们也要承认，如果不是因为我们的知性所具有的性质，我们就不会发现自然的机械作用和自然的技艺亦即其合目的的联结之间的差异。我们的知性必须从普遍走向特殊。因而在只涉及特殊时，判断力不能认识到任何一种合目的性，也就是说不能做出规定性的判断，除非它有一个普遍规律，能把那特殊事物归属在这一普遍规律之下。但因为特殊的东西按其本性来说在与普遍相关时本身含有某种偶然性，而理性在自然的各种特殊规律的结合中仍然要求统一性，因而也就是要求合规律性（这种偶然的合规律性称为合目的性），而且在关系到包含着那种偶然性的东西时，是不可能通过对象的概念的规定性先验地从普遍规律之中引导出特殊规律的：这样，自然在其产物中的合目的性的概念在涉及自然时对于人类的判断力来说就将是一个必需的概念，但却不是与对象本身的规定性相关的概念，因之就是理性为判断力而设定的主观原理，这种原理作为范导性原理（不是构成性的原理）对于我们人类的判断力来说是必然有效的，就好像它是一种客观的原理那样。

第77节　人类知性的特性，使自然目的的概念对于我们成为可能的

在前面的注释中，我们曾列举了我们的认识能力（甚至是高级的认识能力）的各种特性，这些特性很容易诱使我们把它们当作客观的谓词转移到事物本身上去；但这些特性关系到各种观念，对于这些观念来说，不可能在经验中给出

与它们相应的任何对象，因之它们就只能在对经验的探讨中充当范导性的原理。自然目的的概念无疑与如下事物处于同样情况之中，这种事物关联到这样一种谓词的可能性的根源，而这种根源又只能存在于观念中；但与这种根源相对应的结果（产品本身）却可以在经验中被给予，而自然的一种因果性概念，作为一个按目的行事的存在者的概念，似乎使一个自然目的的概念成了一个自然目的的构成性原理了：在这里又存在着它与一切其他观念的差异。

这种差异在于：所提到那一观念不是为知性所用的一种理性原理，而是为判断力所用的理性原理，因而也就只是一般知性对于可能的经验对象的运用的原理，而且这种运用只是在判断不是规定性的，而只能是范导性的场合，也就是说，对象虽然在经验中被给出，但却不能按照那一观念对于对象做出一个规定性的判断（更谈不上完全切合的判断），而只能按照那一观念来反思。

因此，这种差异关涉到判断力反思自然事物时与判断力相关的我们的（人类的）知性的一种特性。但如果情况是这样，在这里我们就必须有一个不同于人类知性的另一种可能的知性作为基础了（就像《纯粹理性批判》中，我们的意识里必须有另一种可能的直观一样，我们自己的直观应该被视为特殊的一种，也就是这样一种直观，对于这种直观来说对象只能看作现象），由此我们就可以说：某些自然产物必须根据我们的知性的特殊性质，按照那些产物的可能性，被我们看作有意图地并作为目的而生产出来，同时并不因此就期望确实存在一种特殊的，以一个目的表象作为其规定根据的原因，亦即这里并不含有任何肯定有一个不同于人类知性的更高的理智能力存在于自然的机械作用中，也就是说并没有约定要假设有一个以知性作为原因的因果联系，这里不可能有这种自然产物的可能性的根源。

因此，这里事情就取决于我们的知性对于判断力的关系。实际上，为了发现我们的知性的特殊性质中某种偶然性的因素，以便把我们的知性的特性与其他可能的知性区分开，我们必须考察这种关系。

这种偶然性当然完全存在于特殊的东西之中，判断力应该把这种特殊的东西置于知性概念的普遍性之下；因为通过我们的（人类的）知性的普遍性是不能规定特殊事物的。虽然多种多样不同的事物可以在一种共同性质中是一致的，但它们对于我们的知觉所能表现出来的形式的多样性却是偶然的。我们的知性是一种提供概念的能力，也就是一种推理的知性，不管在自然中被给予它并且可能隶属于它的概念之下的特殊事物如何多样如何不同，对于它来说都是偶然的。但因为直观也当然属于认识，而一种完全自发的直观能力将是一种与感性不同的认识能力，并且完全独立于感性。因而它将是一种广义上的知性。因此我们也可能想象一种直观的知性（否定地表达出来，就是一种非推理的知性），这种知性不能从普遍走向特殊，也不能走向个别（通过概念）。这种知性不会遇到自然在其产品中按照特殊的规律与知性相一致的偶然性。但正是这种偶然性使得要把自然的多样性归结为知识的统一对于我们的知性来说变得如此困难。我们的知性只能通过自然因素与我们的概念能力的一致来完成这一任务——这是一种最为偶然的一致。但一种直观的知性没有这样的任务需要完成。

因此对于判断力来说，我们的知性具有一种独特的性质，那就是在由知性而获得的知识中，特殊没有被普遍所规定，所以也不能单从普遍中引申出特殊来；但自然的多样性中的这种特殊仍然应该与普遍协调一致（通过概念和规则），以便能够被归属在普遍之下，在这种情况下，协调一致是十分偶然的，而且肯定没有任何规定性的原理来指导我们的判断力。

为了仍然能够至少设想自然事物对于判断力的协调一致（我们把这种协调一致想象为偶然的，也就是只有通过指向自然产物的目的才可能的），我们必须同时设想另一种知性，与这种知性相关，而且首先要把一个目的归之于它，我才能把上面提到的自然规律与我们的判断力的协调一致想象为必然的，对于我们的知性来说，这种协调一致只有通过合目的的联结的手段才是可以思考的。

实际上我们的知性有一种特殊性质，那就是在它的认识中，例如在对于一个产物的原因的认识中，它必须从分析性的普遍（从概念）走向特殊（被给予的经验直观），因而在这一过程中它在特殊事物的多样性方面并无所规定。反之，为了向判断力提供这种规定性，知性必须期待于把经验直观归摄在概念之下（在对象是一个自然产品的时候）（的活动）。但现在我们还要能够设想一种知性，因为这种知性不像我们所有的那种推论的知性，而是一种直观的知性，它是从综合性的普遍（作为一个总体直观的普遍）走向特殊，也就是从总体走向部分。为了使一种总体的确定形式成为可能，这种知性及其总体表象就不能含有各部分的联系的偶然性。这正是我们的知性所需要的。知性必须从作为被普遍设想的原理前进到被置于这一原理之下的作为结果的各种可能的形式。按照我们的知性的性质，一种自然的实在的总体只能被看作各部分同时运动的力量的结果。因此，如果我们不想把总体的可能性设想为依赖于各个部分，就像我们推理的知性所做的那样，而是想按照直观的知性［原型的知性（urbildlichen Verstand，英译为archetypal understanding。——译注）］设想各部分的可能性（指它们的性质和关系）依赖于整体，那么，按照上面提到的我们的知性的那种特殊性质，这种情况（各部分的可能性依赖于整体）就不会是整体自身包含着各部分统一的可能性的根据（在推理的认识方式中这将是一个矛盾），而只能是整体的表象（或观念）包含着这一整体的形式的可能性的根据，包含着与此相关的各部分联结的可能性的根据。但这样一来，整体就将是一种结果，一个产品了，这种产品的表象要被视为其可能性的原因了，而一个原因——原因的规定根据只是其结果的表象——的产物则称为一个目的。由此就可得出如下结论：如果我们按照不同于物质的自然规律的因果性的另一种因果作用，亦即只按照目的和终极原因的因果作用，把自然产物表象为可能的，那不过是来源于我们知性的特殊性质的一种结果。同样，下述事实也是源于我们知性的特殊性质：这一原理与这些事物（甚至被视为现象时）本身按照这种因果作用产生的方式无关，而只与我们的知性可能做出的对它们的判断有关。在这里我们同时看到，为什么在自然知识中长期以来我们对于通过合目的性的因果作用对自然产物的解释并不满意。因为在这种解释中，我们所追求的只是依据我们判断自然产物的能力，也就是依据反思判断力去判断自然事物的产生，而不是为了规定的判断力去判断事物本身。在此也完全没有必要去证明这样的一种原始理智（intellectus archetypus——原型性的理智）是可能的，只要说明在我们推理性的、需要意象的知性（intellectus ectypus——形象性的理智）与这样一种原型理智的偶然性的对比中，我们会被引导到那种观念（一个原始理智的观念），而且这种观念不含有任何矛盾，那就足够了。

如果我们按其形式把一个物质整体看作各个部分及其自我结合的力量与能力的一个产物（还要考虑到使各部分互相接近的其他物质），那么我们就是在设想总体的一种机械的产生方式。但以这种方式并不能产生任何作为目的的总体概念，总体的内在可能性完全要以一个总体的观念为前提，各个部分的性质和作用方式就依赖于这一总体的观念，就像我们对于一个有机体必须设想的那样。但由此并不能得出如下结论：由机械作用而产生一个有机体是不可能的，就像刚才所证明的那样。因为那无异于说，构成多样性的联结中的这样一种统一的一种表象，而又不以这种统一的观念作为它产生的原因，亦即不把它的产生视为有目的的，对于任何一个知性来说都是不可能的，或者说是自相矛盾的。但如果我们有权正当地把物质存在物视为物自体本身，那实际上我们仍可得出这种结论来。因为在这种情况下，这种构成了自然形式之可能性的基础的那种统一，就只是空间的统一了，而空间并不是事物产生的真实基础，而只是其形式条件，虽然从这种统一中没有哪一个部分能够脱离与整体的关系（整体的表象是各部分的可能性的基础）而被规定这个事实中可以看出空间与我们正在寻找的真实基础的某种相似性。但把物质世界看作单纯现象，把某种不是现象的东西，亦即物自体设想为现象的基体（Substrat），这至少是可能的。而这要有一种与之相适应的理智直观（尽管那不是我们的直观）作为基础：这样就会为自然找到一种我们不可认识的超感性的实在根据，而我们自己就构成了自然的一部分。因此，对于这一自然中必然作为感官对象的一切事物，我们都要按照机械规律来判断。但特殊规律以及由它们而来的从属的形式的协调一致和统一，从机械规律的角度看，我们必须认为是偶然的，而这些存在于自然之中的事物作为理性对象（甚至作为系统的自然总体）同时又按目的论规律来思考。这样，我们就是依据两种原理来评判自然。机械论的解释方式并不被目的论的解释所排斥，二者好像并不是互相矛盾的。

由此又可以看到某种我们在其他情况下很容易猜想到的事情，但此事却很难明确地断定和证明，那就是：虽然产生显示出合目的性的自然产品的机械原理可以与目的论原理并立，但绝没有使目的论原理成为可以缺少的。有些东西，我们必须把它评判为自然目的（有机体），对于这类东西我们可以应用一切已知的以及尚待发现的机械地产生的规律，我们甚至可以期望在这种研究中取得令人满意的结果，但我们永远不能免除求助于产生这种产品的可能性的完全不同的根源，也就是合目的性的因果作用。对于人类理性来说，或者对于任何一个在性质上与人类相似的有限理性（不管它在品级上如何胜过我们的理性）来说，指望从单纯的机械原因来解释哪怕是一根草茎的产生都是绝不可能的。因为对于判断力来说，原因与结果的目的论的联系对于这样的一种对象的可能性是完全不可缺少的，即使只是为了在经验的指引下对它进行研究也是不可缺少的，而且，如果我们根本不能为作为现象的外在对象找到一种与目的相关的充分根据，那我们就不得不到自然的超感性机体中去寻找那种根据，尽管它是存在于自然之中，而我们对于这个机体的一切可能的深入了解却被隔断了：因此，要从自然本身获得关于合目的性联系的解释根据，对于我们来说是绝对不可能的，而按照人类认识能力的性质来说，在一个作为世界原因的原始知性中去寻找最高的根据，是必然的行为。

第78节　物质的一般机械原理与自然的技艺中的目的论原理的结合

对于理性来说，不放弃自然在其产生过程中的机械作用，在解释自然产品的产生时考虑到这种机械作用，具有无比重要的意义，因为否则就达不到对于事物的本质的透彻认识。尽管我们承认，有一个最高超的建筑师，直接创造了自然的亘古如斯的众多形式，或者预先确定了那些在其演化过程中遵循同一原型的事物，却一点也不能促进我们对自然的知识。因为我完全不了解那个高超的存在者的活动方式，也不了解那一存在者的各种概念——这些观念应该包含自然的可能性的原理——因之也就不能从他开始由上到下地解释自然，也就是不能以他来先验地解释自然。但如果我们想要从经验对象的诸多形式出发，也就是从下而上地进行（后验地），因为我们相信我们在经验对象的形式中发现了合目的性，为了解释这种合目的性，我们就求助于一个按目的行事的原因，那么我的解释就完全是同义反复了，同时我们也是在以言辞来欺骗理性，而这还没说到如下情形：在我们带着这种解释迷失在空洞虚幻之中时，我们也就背离了自然科学所追求的目标，理性就被引入诗情的缥缈境界中去了，而防止这一点正是理性首要的使命。

另一方面，不忽视自然产品的合目的性原理，正是理性的必要的准则。因为虽然这一原理并没有使这些产品产生的方式对于我们成为更加可理解的，但它仍是研究自然的特殊规律时一条富有启发性的原理。（我们若把自己严格限制在自然目的这个词语上），甚至我们假定，人们不愿意按这条原理去解释自然本身，因为即使自然鲜明地显露出有意图的合目的的统一，仍然要把它们（自然产物）称为自然目的，因而就不能到自然界限之外去寻找它们的可能性的根源（在这种时候，上述原理依然是有效的）[1]。但是由于这种可能性的问题迟早必然要被碰到，为它设想出一种特殊类型的因果作用——这种因果作用在自然中是不能发现的——就是必要的，也就是允许自然原因的机械作用还有其特殊的一个类型。自然中有些形式是可以由物质凭借这种机械作用而产生出来的，但此外还有另一些不同的形式，为了接受这些形式，就必须补充以某种原因（这种原因不能也是物质）的自发性，没有这种原因的自发性，就不可能为那些形式提供根据。当然，在迈出这一步之前，理性必须小心谨慎地行事，而且也不试图把自然的每一种技艺——也就是自然的一种创造能力——都作目的论的解释，自然的这种创造力只对我们的领悟能力显示出形态上的合目的性（就像在合规律地构成的物体中那样）。相反，必须总是把这种技艺视为借助于纯粹机械的原理才是可能的。但是，如果理性在研究自然的诸多形式由其原因而产生的可能性时，发现了合目的性，这种合目的性与另一种类型的因果作用的关系完全不能否认，在这个情况下还要完全排除目的论的原理，一味坚持纯粹的机械论，就是不科学的。这就不可避免地把理性送上了在自然的能力之中盲无目标的漫游之路，而这些自然的能力不过是头脑中的一些幻象，而且完全不可思议，这与毫不顾及自然的机械作用的单纯的目的论解释方式使理性陷于梦想如出一辙。

在同一自然事物上这两条原理作为交互解释（演绎、推理）的基本前提是不能联结在一起的，也就是说，为了规定的判断力的使用，它们作为认识自然的教条式的和构成性的原理是不能在同一个事物上结合起来的。例如如果我认为一条蛆应被看成是物质的单纯机械作用的产物（这是一个重新构成的过程，这一过程是由实体靠它自己的资源和力量而引起的，这一过程的前提是物质的元素被分解为离散的自由状态），那么我就不能从作为按目的行动的因果作用的同一物质

[1] 这一句中括号里面的话是英译者Meredith所加。这一句的原文中有些与上下文连贯的语义是通过句法逻辑表达出来的，如照原样译出，理解起来恐怕有一定困难。前一个括号中“我们若把自己严格限制在自然目的这个词语上”这个分句的语境背景是：上文“自然产品的合目的性原理”中的“目的”并不是自然本身实有的目的，也就是说，自然本身并无目的，目的与合目的性都是理性在理解和解释自然产品的形式时为自己设定的概念，而“自然目的”表达的则是自然本身实有的目的，这样的目的必然存在于自然之中，因而不能到自然之外去寻找其根源。英译本加了两句原文没有的话，又把句子结构作了调整，原来隐含的逻辑语义就显露出来，更便于理解。韦卓民先生的译本中，这一句就是完全按英译本译出的。——译注

中引导出那同一个产物（蛆），反过来，如果我把那同一产物假定为自然的目的，我就不能信赖这一产物的机械论的产生方式，也不能把机械论采用为就其（产物）可能性来判断那一产物的构成性的原理，当然也就不能把两条原理统一起来。因为一种解释方式排斥另一种解释方式；即使假定这样一种产物的可能性的两种根源客观上都建在一个基础之上，但我们却并没有注意到这一基础。有一条原理，这条原理可以使在判定自然产物时所要遵循的上述两条原理协调一致，这一条原理必然存在于那两条原理之外（也就是存在于可能的经验性的自然表象之外），但却包含着自然表象的根基。换言之，这条原理必然存在于超感性的东西之中，上述两种解释方式中的每一种都与这种超感性的东西有关。目前，关于这个超感性的东西，我们只能有一个不确定的基本概念，这一概念使得按照经验规律来判断自然成为可能，但此外就不能以任何谓词对这一概念更准确地进行规定了。由此可以得出结论，那两条原理不能为了规定的判断力而按给定的规律对一个自然产品的可能性的解释（Explication——精确分析）的基础上结合起来，而只能为了反思判断力在对自然产品的可能性的探讨（Exposition——说明、展示）的基础结合起来——因为解释意味着从一条原理中引申出来，而这一原理又必须能够被清晰地认识和透彻地解释。至此，自然的机械论的原理和按照合目的性的因果作用的原理，在运用于同一个自然产物时，必须在一个单一的更高的原理中协调一致，而且那两条原理要从这更高的原理（这一原理是那两条原理的共同源泉）中推导出来，因为如果不是这样，在对自然的观察中它们就不能彼此并立了。但如果这一客观上（两条准则）共有的，因而也就是能证明那两条依存于它的研究自然的准则互相协调乃是有理可据的原理是如下这样的原理：虽然它可以被指出，却永远不能确切地被认识，也不能在运用于诸多场合时得到清楚的说明，那么就不可能从这一原理中引申出任何一种解释。换言之，也就是不可能明确地、确定地推导出根据那两条异质的原理可能产生的自然产物的可能性。一方面是机械论的推导，另一方面是目的论的推导，在这两种推导之上有一条共同的原理，这条原理就是超感性的原理，我们必须把它用作作为现象的自然的基础。但由此我们不能在理论方面构成丝毫肯定的规定性的概念。因此，按照那作为原理的超感性概念，自然在其特殊规律中如何对于我们构成了一个系统，而且这一系统从依据物理原因而产生的原理和依据合目的的原因而产生的原理来看，都被认为是可能的，这个问题不容许作任何解释。我们所能做的一切就是，如果自然目的自行呈现出来，其可能性就不可能被我们按照机械作用的原理设想为可能的（机械作用总是要求一个自然存在物），除非我们按照目的论的原理，那么我就要预先设定，我们可以信心十足地沿着两条路线来研究自然规律（根据自然产物的可能性是由这一条原理还是那一条原理而被我们的知性所认识），而不被那些原理之间出现的表面上的矛盾所干扰，那些原理是我们据以形成我们对于自然产物的判断的。因为至少两条原理客观地在一条更高的原理中统一起来的可能性（因为它们涉及现象，而这些现象又以一种超感性的根基为前提）是有保证的。

因此，虽然自然的机械作用的原理和自然的目的论的（有目的的）技艺的原理，在涉及同一自然产品及其可能性时，能够按照特殊的自然规律而归属于一个更高的共同的自然原理之下，但因为这一原理是超验的，根据我们的知性的性质，我们就不能把这两条原理在解释同一自然的生产过程时结合起来，甚至在这种产品的内在可能性只有通过一种按照合目的的因果作用才可理解（例如有机物质就属于这一类）时，也是这样。因而我们必须坚持上述目的论原理的主张：根据我们人类知性的特性，对于自然界有机体的可能性我们只能设想一个有目的的起作用的原因。自然的单纯的机械作用对于解释这种产物是根本不够的。而且我们还要说，这并不意味着我们希望在事关这类事物自身的可能性时，以那一原理来决定任何东西。

这意思是说，因为这一原理只是反思判断力的一个准则，不是规定的判断力的准则，所以只对我们具有主观的有效性，对于这类事物本身的可能性则没有客观的有效性（在这里两种产生方式可以在同一根基上很好地联系起来）。进一步说，除非根据目的论设想出来的产生方式被相伴而生的自然的机械论的概念所补充，那种产物的产生完全不能被判定为自然的生产。由此我们看到，上述准则直接包含着两种原理在评判作为自然目的的事物时互相结合的必然性。但这种结合并不会导致其中一个原理全部或部分地取代另一个原理。因为在至少被我们设想为按照目的才可能的事物的地位上，就不能设想还有机械作用；在被认为必然按照机械作用而产生的事物的地位上，也不能设想需要任何以一个目的为规定根据的偶然性；而只能使其中之一（机械作用）从属于另一个（合目的的技艺），依据自然的合目的性这一超验原理这是完全可以做到的。

由于在目的被设想为某物的可能性的根据时，我们也必须设定一种手段，而这一种手段的有效的因果作用的规律本身却不必以一个目的为前提，也就是说，那可以既是机械性的，又可以是一种合乎意图的结果所从属的原因。因此，在我们注意自然界的有机产物时，如果我们还因这类产物的无限多样性而激动不已，就把按特殊规律的自然原因的联结中的有目的的东西采用为（至少通过可容许的假设）有关自然总体（整个世界）的反思判断力的普遍原理，我们也就可以想象自然产物产生过程中机械规律和目的论规律的意义重大的甚至是普遍的联结，而不致弄错判断自然产物的原理，把一条原理放在另一条原理的位置上。因为在一个目的论的评判中，甚至在物质所采取的形式被判定为只有按照目的意图才可能时，物质本身虽然按其本性来说是符合机械规律的，但仍然能够作为手段而从属于所表现出来的目的。同时，由于这种可调和性的根基存在于那样的一种事物中，这种事物既不是这一个（机械论）又不是那一个（合目的性的联结），而是自然的超感性基体，对于这种超感性基体我们无所认识，对于我们的（人类的）理性来说，这种对象的可能性的两种表象方式是不能互相融合的，我们只能根据在一个最高知性的基础上的合目的的原因的联系来判断它们的可能性，这样目的论的解释方式就不致受到损害。

但自然的机械作用作为手段对于自然中的每一个合目的的意图到底有多大贡献，现在仍是一个完全没有确定的问题，对于我们的理性来说，更是永远也不能确定的问题。另外，由于上面提到的一般自然的可能性的理智性的原理，我们甚至可以假设，自然在一切方面依据两种普遍协调的规律（物理的规律和目的原因的规律）都是可能的，虽然我们根本不可能看到怎么会是这样的。因此我们也不知道对于我们是可能的机械论解释会走多远，我们所能知道的只是：不管我们借助于它能够获得多大的进步，对于已被我们认为是自然目的的事物来说，它必定永远是不够的，所以，按照我们的知性的性质，我们必须把这种机械论的根据全部都归属于目的论的原理之下。

有一种权力就以此为基础，并且由于遵循机械论的原理来研究自然对于我们的理性的理论使用的重要性，这种权力也就是一种天职：我们可以而且应该尽我们力所能及（在对这类自然产物的研究中，我们是无法确定我们的能力的界限的）遵循机械论的原理来解释自然的一切产物和事件，甚至那些最具合目的性的。但在这样做时，我们要时时记住，有些事物我们只能在理性的目的这个概念之下提出来研究，根据我们理性的基本性质，即使有了那种机械论的原因，最后我们也要把这类事物置于合目的的因果作用之下。

附录：目的论判断力的方法论

第79节　目的论是否必须作为自然学说的一部分来处理

每一门科学都必须在所有科学的大家族中占有其确定的位置。如果它是一门哲学科学，它的地位就必须被分派到理论的部分，或者实践的部分。如果它在理论部分有其地位，那么分配给它的位置必定要么是在自然科学中——如果它所思考的东西可能是经验对象时（也就是在物理学中，在心理学中，或宇宙论中），要么就是在神学中（关于作为一切经验对象的总体的世界的终极根源的学说）。

现在我要问：目的论应该占有什么地位？它是属于（本来意义上的）自然科学，还是属于神学？它必须是自然科学的一个分支，或者是神学的一个分支，因为不可能有哪一门科学能够成为由两者之一过渡到另一个的中间学科，因为过渡阶段只意味着系统的联结或组织，不是指在这一系统中的位置。

目的论不能作为一部分属于神学，虽然在神学中它可能具有很重要的作用，这一点不言自明。因为目的论把自然事物的产生及其原因当作自己的对象；而且，虽然它指向这个外在于并超越于自然之上的根源（神性的创始者），但它这样做并不是为了规定的判断力，而仅仅只是为了观察自然时的反思的判断力（其目的是指导我们以这种根源的观念来评判世界上的各种事物，作为一条适应于人类知性的范导性原理）。

但目的论显然同样也不属于自然科学，自然科学为了给自然作用提供客观的基础，需要规定性的原理，而不单是需要反思性的原理。事实上，自然的理论，或者说以有效的原因对自然现象所作的机械论解释，不会由于把这些现象看作处于互为目的的关系之中而有所补益。提出自然在其种种产品中所展示出来的，就这种目的依据目的论的概念而形成一个系统而言，从根本上说只属于对自然的描述，这种描述是按照一条特殊的指导线索而撰写出来的。在这里理性虽然做了美好的、富有教益的事情，而且这种事情从各种角度来看都充满了实践的合目的性，但它对于自然产物的多种形式的起源和内在的可能性却没有提供任何说明，而这正是理论的自然科学所特别关注的。

因此，以科学形式出现的目的论根本不属于任何一种学理（Doctrin），而只属于批判，而且是属于一种特殊的认识能力的批判，即判断力的批判。但就其包含着先验原理而言，它能够也必须指出应该怎样按照目的因的原理来判断自然的方法；这样，它的方法论对于理论自然科学中的程序至少会产生一种消极的影响，同样它也影响到自然科学可能有的对于神学的形而上学的关系——这是在自然科学被当作神学的预备知识的情况下会发生的。

第80节　在解释作为自然目的的事物时机械论的原理必须要从属于目的论的原理

我们着意按单纯机械论的方式解释一切自然产物的权力本身是完全不受限制的。但那种仅仅在这方面够用的能力按照我们的知性的性质来说，在它处理作为自然目的的事物时，却不仅颇受限制，而且有明确的界限，这就是说，按照只依靠机械论的程序的判断力的原理来解释合目的的自然事物，是完全不可能有什么结果的，这就意味着，对于这类产物的判断总是必须同时被我们置于目的论的原理之下。

因此为了对自然产物做出一种解释，只要有一定成功率，就尽可能遵循自然的机械论原理，是明智的，甚至还是值得赞扬的，事实上，如果我们放弃这种尝试，那也不是因为它本身不会在它的道路上碰到自然的合目的性，而只是因为这对于我们人类来说是不可能的；这是由于为此需要一种不同于我们人类的感性直观的另一种直观，也需要一种有关有理智的自然基体的一定知识，从这种自然基体出发我们能够指出依从各种特殊规律的现象的机械作用的根源，而这一切都超越于我们的能力。

所以如果自然的研究者在这方面的工作不想失败，他在形成对于那些自然产物——这些产物（例如有机体）的概念作为自然目的无疑是有根据的——的判断时，就必须时时以某种原始的组织活动作为基础，上述机械作用就是以这种组织活动来产生其他有机形式的，或者用来把它原有的形态发展成为新的形态（这种新的形态总是源于上述目的，并与之相适应）。

为了观察有机的自然产物中是否有某种类似一个系统的东西，是否可以发现一个按照生产原理的系统，借助于比较解剖学去彻底探究广大的有机自然界，是值得称赞的。因为否则我们就不得不满足于纯粹的评估的原理（Beurtheilungsprincip）（这种原理对于探究有机自然界的产生不能告诉我们任何东西），不得不绝望地放弃在这一领域中窥视自然的一切要求。如此众多的动物种类在一定的共同模式上的一致性，这种共同的模式不仅是它们的骨骼构造的基础，也是其他部分的位置的基础，我们会发现其中的原始设计的惊人的简单性，这种简单的设计通过缩短某一部分，延长另一部分，通过这一部分的退化，另一部分的进化，就能产生如此难以胜数的种类，这时我们心中就会闪出一抹尽管是微弱的希望之光，这个希望就是：自然的机械作用的原理——没有这种原理就根本不可能有自然科学——仍然会使我们达到对有机生命的某种解释。众多形式的这种相似性——这些形式纵使千差万别却似乎是按照一个共同的原型产生出来的——加强了如下的猜测：它们因为都来自一个共同的祖先而具有一种真实的亲缘关系。我们可以在一种动物与另一种动物的渐进的近似看出这方面的蛛丝马迹，从那些显然最能证实合目的原理的物种出发，也就是从人类出发，追溯到珊瑚虫，再从珊瑚虫出发追溯到藓苔和地衣，最后追溯到我们所发现的自然界最低等级的存在，最后追溯到粗糙的物质；似乎就是从这种粗糙的物质中，从它所产生的力量中，依照机械规律（这些规律类似于在结晶体形成的过程中发挥作用的规律）发展出全部自然的技艺，在有机体的情况下，这类自然技艺对于我们是如此不可理解，以至我们觉得不得不设想出一种不同的原理来解释它。

在此，自然的考古学家可以自由地追踪自然最初变革时留下的遗迹，依照一切他所知道的或猜测到的自然的机械作用来追溯生物的庞大家族的起源（因为如果上面提到的一致的互相联系的亲缘关系要有一个基础，它就必须想象为一个家族）。自然考古学家可以设想，大地母亲就像一个巨大的动物，从它的混沌状态中走出来，最初从她的腹中生出形形色色的生物来，这些生物的形态并没有显示出多少合目的性，他还可以设想，这些生物又生育出其他许多生物，这些生物使自己更加适应它们出生的环境，更加适应它们与其他生物的关系，直到生育的地母本身凝固了，硬化了，她的生育就局限于确定的种类，不能再产生其他变体，而生物形态的多样性就被固定下来，这时那多产的创造力量的活动就已经停止了。但尽管如此，自然考古学家最终仍然不得不把一种适合于所有生命形式的组织活动赋予这个普遍的母亲，因为，如果他不这样做，那动植物界的产物的合目的性的形式就完全不可思议了。[1]但当他把这一切赋予自然的时候，他只是把解释的根据推得更远了，没有权力说他使动植物两个王国的产生摆脱了有目的的原因这个条件。

甚至说到有机物种的某些个体所偶然经受的变异，如果我们发现已发生变化的特性是可以遗传的，并可以被融入其生产能力中去，我们也只能说这是为了保存这个物种原本就存在的有目的的天然禀赋的偶然的发展，而不能形成其他的判断；因为在有机体的完全内在的合目的性中，生产出其同类是和如下条件密切相关的，即在有机物这样一种合目的的系统中，凡不属于其本来的原始禀赋的东西都不能被吸收进生产能力中去。一旦我们背离这条原理，那我们就不可能确切地知道现在在一个种类中发现的形式的许多构成要素是否都有相同的偶然的无目的的起源，而那目的论的原理——这一原理是说，在物种的繁衍中被保存下来的一个有机体身上没有任何部分应该被判定为缺乏合目的性——也就变得十分可疑，只适用于原始的祖先了，而对于这原始的祖先我的认识是无法追溯的。

---

[1] 我们可以把这样一种假设称为理性的一种大胆的冒险；但思想敏锐的自然科学家中，可能很少有人头脑中没有产生过这样的念头。因为这不能像异质相生（generatio aequivoca）那样被称为荒谬的，异质相生意味着从原始的无机物中产生出有机体。上面所说的产生过程仍然是同质相生（generatio univoca）——在这个词的最一般的意义上——因为那只是从某种有机物中产生出另一种有机物，虽然在有机物的范围内在种类上有所不同。例如，某些水生动物逐渐变成了沼泽动物，经过几代繁育之后，又由沼泽动物变成了陆生动物。在单纯理性的判断中，这里并没有什么先验的自我矛盾。只是经验没显示出这方面的例证。相反，就经验而论，我们所知道的产生过程都是同类相生的（generatio homonyma），这不仅是同质的，与从无机的基质中产生出来截然不同，而且所产生的产物在组织结构上与产生它的母体是同类的，在我们的自然知识所达到的范围内，也没有碰到过任何一种异质的生产（generatio heteronyma）。——原注

有些人认为必须为所有这些自然目的设定一种目的论的判断原理，也就是设定一个具有建筑师的技艺的知性，而休谟则对这些人提出了如下反驳意见：人们能够同样有权提出这样的问题——这样的一个知性本身又是如何可能的呢？也就是说，人们同样可以问，我们设定了那样一个知性，这个知性同时具有理智能力和实行能力，我们在这个知性的概念里又预先设定了多种多样的能力和属性，在一个具有这些能力和属性的存在者里面那种合目的性的协调一致是如何可能的呢？不过这种反对理由是没有什么意义的。因为一个自身包含着目的，并只有通过目的才可理解的事物最初产生的问题所面临的全部困难，就在于有一种对这类事物中互相外在的多样的要素互相结合之根源的统一的要求；因为，如果这种根源存在于作为简单实体的有生产能力的原因的知性中，那么，上述问题作为目的论的问题就可以得到充分的解答了；但是如果这种原因只存在于物质——作为互相外在的许多实体的聚合物——之中，那么对于它们互相结合的内在的合目的性的形式就完全缺乏原理的统一性了。自然的生产活动中，有些被我们的知性设想为是合目的的，在这种生产中有所谓的物质的独裁（Autokratie），这个词是个无意义的空洞字眼。

这就是为什么有些人要寻找物质的客观合目的性的形式的可能性的终极根源，却又不承认这一根源有其知性，但却情愿使世界总体或者成为一个无所不包的实体（泛神论），或者（这只是对前面的说法的一种确定的解释）使世界总体成为一个单个的简单实体所固有的多种规定性的复合（斯宾诺莎），其目的就是从这种实体中引申出一切合目的性所预先设定的根源的统一性。实际上，由于借助了关于简单实体的纯粹本体论的概念，他们也确定做了一些事情来满足那一任务的一种条件，也就是目的关系中的统一性，但对于另一种条件，即实体对于作为其目的的结果的关系——通过这种关系，对于这一问题的那种本体论根源应该得到更详尽的规定——却没有说出什么来。结果就是他们并没有回答全部问题。对于我们的理性来说，这一问题除了按以下条件之外，是根本不能回答的。第一，事物的原始根源必须被我们设想为简单的实体。第二，作为简单实体，它的属性就其对于诸多的自然形式（自然形式的根源就在于实体的属性）的特殊性质——这种性质就是合目的性的统一——而言必须被设想为一个有理智的实体的属性。最后，这一有理智的实体对于诸多自然形式的关系，由于在被我们想象

为只有作为目的才可能的一切事物中所发现的偶然性，必须被设想为一种因果关系。（这一段译文参照了英译本。——译者）

第81节　在解释作为自然产物的一个自然目的时，机械论与目的论原理的结合

从前一节我们已经看到，自然的机械作用不足以使我们设想一个有机体的可能性，相反，（至少根据我们的认识能力的性质）有机体的原始起源必须被置于一个有目的地活动的原因之下；同样，有机体的单纯的目的论的根源也不足以用来把这种存在物同时设想并判定为既是一个目的又是一个自然产物。我们必须进一步把目的论的根源与自然的机械作用——这种机械作用似乎是一个有目的地活动的原因的手中的一种工具——结合起来，还要看到自然在其机械规律中仍然要服从那一原因所设定的目的。两种完全不同类型的因果作用，即自然在其普遍合规律性中的因果作用和一种观念——这种观念把自然限制在一个特殊的形式上，而这种形式的根源绝不是纯粹的自然——的因果作用互相统一的可能性，是我们的理性难于理解的。因为这种可能性存在于自然的超感性基体之中，而对于超感性基体，我们只能认识到它的现象。对于如下原则：我们设想为属于这种自然（现象）并作为自然产物的一切东西，也必须被想象为依照机械规律与自然联系在一起。因为，如果离开这样的因果作用，有机体尽管是自然的目的，却不能是自然的产物了。

如果我们采取有机物产生的目的论原理（实际上我们也不可能有其他做法），那么，我们就以偶成论（Occasionalism）或者是以先定论（Prastabilism）作为有机体内在的合目的性的形式的原因的基础。按照偶成论，世界的合目的的原因会直接提供有机的构成形式，在每一次交合的时机把它的观念的印记烙在生育过程中互相结合的实体上面。按照先定论，世界的合目的的原因只把它固有的天然素质赋予它的智能的最初产品，一个有机体就借助于那种天然素质产生出另一个与它同一种类的有机体，而这个种类也就得以继续保存下去；同时，某些个体的消亡也会一直由竭力毁灭它们的自然力量而得到补偿。如果我们采取了有机体产生的偶成论，那在有机物生成的过程中自然的一切协同作用便全部消失了，判断这种自然产物的可能性的理性的运用也就没有存在的余地了。因此我们预先

假设，没有一个多少关心哲学的人会采取这种体系。

先定论也可能按两种方式行事。就是说，它可以把每一个从同一种类的个体中产生出来的有机物视为母体的离析物（Educt），或者视为母体的产物。把生产过程视为离析物的体系称为个体预成论（individuellen Praformation）体系，也可以称为进化论（Evolutionstheorie，这个词不能从拉马克、达尔文学说的意义上去理解，其实际涵义请看下文。——译者）；把生产视为产生产物的体系被称为后成论（Epigenesis）。最后这种后成论也可以称为种属预成体系（generischen Praformation），因为，按照构成它们的原始祖先的部分特征的内在合目的倾向，也就是按照特殊的形式，它把双亲的生育能力视为事实上是先行预成的。根据这种看法，我们可以把与之对立的个体预成论更恰当地称之为非进化论（Involutionstheorie）（或预先内置论——Einschachtelung）。

进化论的维护者把每一个个体都从自然的形成力量中排除出去，以便从造物主手里直接得出那些个体。但他们并不敢按照偶成论假设的路线来描述有机体的起源，使两性的交媾成为无用的形式，在这种形式下，最高的有理智的世界原因每一次都亲手构成一个胚胎，而只把哺育和喂养的事让母亲去做。他们宣称要坚持维护预成论；好像让这些形式的超自然的起源发生在初始之时还是发生在世界的进程之中，并不是一个无关紧要的问题。他们也没有看到，事实上，一大批超自然的设计会使偶然的创造活动所省掉，如果必须保护一个世界之初就形成的胚胎免受自然的毁灭力量的伤害，在漫长的世代里保持安全健康，直到它发展壮大那一天，那些超自然的设计本来是需要的，同时，还有不可胜数的大量的这类预先形成的存在物要被创造出来，这些存在物比命中注定能够发展起来的要多得多，而那些多出来的东西都将成为不必要的，无意义的了。在这里他们仍然想让自然起作用，以免陷入彻底的超物质论，而这种超物质的想法会排挤掉一切从自然角度所作的解释。他们当然还是要坚持他们的超物质的观点，甚至在怪胎上（人们当然不可能认为怪胎是自然的目的）也能发现令人惊异的合目的性，而这种所谓合目的性的目的只能使一个解剖学家对那里面的无目的的合目的性产生反感，并惊奇得瞠目结舌。但他们却无论如何不能把杂种的产生也包括进预成论的体系中去，不得不承认雄性的精子——在其他情况下他们只能把它看作一种机械性质，充作胎儿最初的养料——也是一种辅助的合目的的形成力量。但在涉及同一物种的两个个体所生产的整个产物时，却不愿意承认两者之中任何一个具有那种力量。

与此相反，虽然我们在*后成论*的拥护者身上也没有看到在证明他们的理论的经验根据方面对于预成论所具有的巨大优越性，但理性却天然地强烈偏向于后成论者的解释方式。因为说到那些其起源的可能性只能按照合目的的因果作用才可想象的事物，在事关繁殖时，后成论还是至少会把自然看成本身是有生产能力的，而不单单看成只能发展延续预成事物的力量。这样后成论就以尽可能少的超自然的东西把鸿蒙之后的一切进程（的解释）都归之于自然了（但关于这最初的鸿蒙状态——一般来说物理学对此一筹莫展——后成论也不想做出任何规定，不管它采取什么样的因果链条）。

对于后成论的理论，没有人比布鲁门巴哈[1]先生的贡献更有价值。这是因为他对建立后成论应用的正确原理起了推动作用，这部分地是由于他为这种理论的过分大胆的使用划定了界限，同时也因为他对后成论做出了证明。他使有机物质成为这些形成过程的物理解释的起始点。因为他正确地说明了，粗糙的物质最初是按照机械规律而形成自身的，生命起源于无生命的自然，物质会自行采取能够自我保存的合目的性的形式等，都是违背理性的。但同时他又让自然的机械作用在这种我们难以解释的原始*组织活动*的原理之下发挥一种不确定的，同时又是显而易见的作用。他把在有机体上所看到的为此所需要的物质的能力（这种能力不同于物质中普遍存在的单纯机械的形成力量）称为*形成冲动*（Bildungstrieb），这可以说是处于上述原理的更高的引导和指示之下。

第82节　有机体的外在关系中的目的论体系

我把外在的合目的性理解为一个自然事物成为另一自然事物达到目的的手段。有些事物，它们没有内在的合目的性，也不以内在的合目的性为其可能性的前提，例如大地、空气、水等，也有一种外在的，也就是在与其他存在物的关系中的合目的性；但它们可能有明显的外在的合目的性，也就是在与其他存在物的

[1] 布鲁门巴哈（Johann Friedrich Blumenbach，1752—1840），德国动物学家和人类学家，曾在哥廷根大学任医学教授，被认为是人种学的先驱，现代人类学的奠基者。——译注

关系中的合目的性；但这里所说的其他存在物必须是有机体，亦即必须是自然目的，因为否则大地、空气、水等就不能被判定为手段。显然水、空气、大地等不能被看成是积成大山的手段，因为大山的可能性不以一个目的为基础，大山中也没有任何与目的有关系的根源，因此大山的原因永远也不可能与这样一种根源相关，永远也不能以一个有益于此的手段的谓词来表述这一原因。

外在的合目的性是一个完全不同于内在的合目的性的概念，内在的合目的性是与一个对象的可能性结合在一起的，不管它的现实性本身是不是一个目的。关于一个有机体我们可以问：它为何而存在？但对于我们在其中只认识到自然的单纯机械作用的事物，我们却很难提出这样的问题。其理由是，在有机物的情况中，我们已经为自己设想出一种合目的性的因果作用，也就是一个有创造能力的知性，来说明它的内在的可能性，而且把这种活动的能力联系到它的规定根据，那就是有目的的意图。只有一种外在的合目的性是个例外，它与组织活动的内在合目的性密切地结合在一起，却并不解决如下问题：如此这般的组织为了什么目的而必然地存在着，而它仍然处于一个手段对于一个目的的外在关系中。这就是两性为了繁衍它们那一个种类在其互相关系中的那种组织。因为在这方面我们总是可以问，就像在一个单一个体的情况下那样：为什么这样的一对必然存在？答案就是：在这样的一对最先形成一个有机整体，尽管不是在一个单一的躯体里的有机体整体。

如果现在有人问，一个事物为何而存在，那么答案可以是：它的存在和它的产生与一个有目的地活动的原因没有任何关系，这样的回答就表明人们把那事物的起源理解为是从自然的机械作用而来的；同时答案也可以是：它的存在有某一个有目的的根源（作为一个偶然产生的自然存在物的根源），人们很难把这样的想法同一个有机物的概念截然分开，因为一旦我们把一种合目的的原因的因果作用和作为那种原因之基础的观念当作一个事物的内在可能性的根源，我们就只能把这一事物的存在设想为一个目的。因为在一个结果的表象同时就是那事物产生的有理智地行动的原因的规定根据时，所表现出来的结果就称为目的。在这种情况下，我们可以说：一个这样的自然物存在的目的就在该物本身之中，这就是说，它不仅是一个目的，而且也是终极目的；或者也可以说：终极目的在它之外存在于其他自然物中，这就是说它的存在被当作目的，但却不是终极目的，而是必然同时要作为手段。

但是如果我们走遍整个自然界，我们将不会在作为自然的自然中发现任何一种存在物具有可以要求成为创造的终极目的的优越性的；而且我们可以先验地证明：对于自然来说可以成为最后目的（letzter Zweck）的东西，按照人们能够赋予它的一切想象得到的规定性和性质，毕竟作为自然物永远不是它的终极目的（Endzweck）。

如果我们观察植物界，我们可能首先被植物借以把自己扩展到几乎所有土地上去的那种无限的繁育能力而引起如下想法：植物应被看作机械作用的单纯产物，而这里所说的机械作用也就是自然在矿物界形成的过程中所显示出来的那种机械作用。但对于植物界无以言传的巧妙的有机组织的更为详细的知识会使我们不再执着于这种想法，并且会产生如下疑问：这些生命形式为什么目的而存在？如果我们回答说：是为了动物界，为了给动物提供食物，因此才能够以如此多样的种类散布在地球表面。如此又会发生另一个问题：这些以植物为食的动物又是为什么目的而存在呢？答案可能是这样的：为了肉食动物，这些肉食动物只能以活物为食。最后就会出现这样一个问题：所有这一切在先的自然物又都是为了什么目的呢？我们会说，是为了人，为了人类的多种多样的用途，人类的知性教导人类利用所有这些生命形式。人是现在地球上创造活动的最后目的，因为人类是地球上唯一能够形成目的概念的存在物，能够从一大堆合目的地构成的事物中由他的知性构成一个合目的的系统。

我们也可以像林奈[1]骑士那样沿着似乎是相反的道路回溯，并且说：草食动物的存在是为了抑制植物界过分繁盛的生长，无止境的生长会使许多种植物种类窒息而死；肉食动物的存在是为了给草食动物的无节制的贪吃划定一个界限；最后，人类的存在是为了捕杀和减少肉食动物，保持自然的生产能力和破坏能力之间一定的平衡。照此推论下去，人类，不管他在一定的关系里如何可能值得称为目的，但在另外的关系里却只能降级为一种手段。

如果我们把地球上多种多样的物种之中，以及这些物种与其他合目的地构成的存在物的外在关系中的一种客观的合目的性采纳为原理，那么设想在这种关

[1] 林奈（Carl von Linné, 1707—1778），瑞典植物学家，现代植物分类学之父。——译注

系中还有某种组织和由所有自然领域按最后原因构成的一个系统，就是符合理性的。只是在这里经验似乎是与理性准则相矛盾，特别是在涉及自然的一个最后目的时，这种最后目的又是这样一种目的论的体系的可能性所必需的，而我们只能在人身上设定最后目的。因为自然远未把被视为众多动物种类之一的人类当作最后目的，而且自然没有使人类免于破坏性的力量，就像同样没有使人类失却创造性的力量一样，同时在使人类屈服于漫无目的的机械力量方面也没有丝毫格外开恩。

为了使地球上的自然存在物构成一个合目的的整体，要有一个体系，在这个体系中第一要安排的就是那些存在物的居所，也就是它们要在其上或其中繁衍生息的土地或环境。但对于一切有机体产生的这种基本条件的性质的更详尽的认识所显示出来的，只不过是一种建立在完全盲目活动的甚至是毁灭性的原因之上的痕迹，看不出促进生产、秩序和目的的迹象。陆地和海洋不仅保留着古代的猛烈破坏——这种破坏力量袭击了陆地和海洋，也袭击了生活于其中的一切物种——的遗迹，而且海陆的整个结构——陆地的地层和海洋的海岸线——也都显示出自然在混沌状态中活动的那种野蛮的征服一切的力量所造成的结果的外观。现在看来陆地的地形、高地、斜坡不管怎样适合于从空气中接收水分，不管怎样适合于从不同的地层之间喷涌出来的地下水（这有利于各种生物），不管怎样适合于江河的流淌，但对它们仔细地研究之后就会发现，之所以会这样，部分地是火山爆发的结果，部分地是洪水的结果，有时甚至是海洋入侵的结果。这不仅对于地形地貌的产生是真实的，对于它们后来的伴随着原始的有机产物的消亡而发生的演变也是真实的。[1]如果所有这些生命形式的居所——陆地上的植物生长层和海洋的怀抱——只能显示出它们产生时的一种完全无目的的机械作用，那我们

[1] 如果一度被采用的自然史这个名称现在依然要被继续用来描述自然，我们也可以用自然考古学这个名称——与艺术考古学相对——来称呼自然史一词字面上所表示的意义，也就是从前的表象，地球的古代状态，对此我们虽然不可指望得到确切的知识，但还是有充足的理由可以推测。化石是自然考古学家的对象，正如被雕凿过的石头以及类似的东西是艺术考古学的对象一样。因为我们在这一学科（在专心致志理论的名义下）坚持不懈地、尽管是缓慢地确实做了一些工作之后，自然考古学这一名称就不是用来称呼纯粹想象的自然研究，而是用来称呼自然本身邀请和召唤我们去从事的研究。——原注

怎样能够并且有什么理由为上面所说的自然产物要求和主张一种不同和起源呢？即使人类不包括在这样的演变之中——就像对于那种自然浩劫的遗迹的最详尽的考察（根据坎贝尔的判断）所证明的那样——他也仍然依赖于地球上的其他生命形式，以至于如果征服了其他一切的自然的机械作用被承认了，那么人类也必须被认为包括在这个范围之中，尽管人类的理智至少在相当大的程度上能把自己从自然的机械作用的破坏中解救出来。

但这样的论证看来是超越了它所要证明的东西：也就是说这种证明不仅表明人类不是自然的最后目的，并且从同一理由可以证明地球上有机的自然产物的群体不可能是一个合目的的体系；而且表明一直被视为自然目的的自然产物的起源只能是自然的机械作用，不可能是别的。

但是，在前面关于有机自然物的产生方式的机械论原理和目的论原理的二律背反的解决中，我们已经看到：因为这些原理从按其特殊规律（对于这些特殊规律的系统联系我们没有解决的办法）构成的自然的角度看，只是反思判断力的原理，这些原理对于有机自然界的起源并没有规定什么，它们不过是说，按照我们的知性和理性的性质，我们只能根据合目的的原因来设想这类东西的起源。在以机械论来解释它们的尝试中，不仅允许我们尽最大可能的努力，甚至允许大胆冒险，而且我们还要被理性呼唤去这样做，虽然我们知道，在这样的解释中，我们永远不会成功——这不是因为在机械论的起源与按照目的论之间存在着固有的矛盾，而是因为包含在我们的知性的特殊类型和局限之中的主观理由。最后，我们看到，描述自然可能性的两种方式的调和可以很容易地存在于自然的超感性原理之中，这里所说的自然既反映外部的自然，也指我们内部的自然。因为建立在合目的的原因之上的表象方式只是我们理性的运用的一种主观的条件，这里所说的理性的运用，是指在它不想知道对于不仅作为现象而出现的对象如何形成适当的判断，而是决心想把这些现象本身连同其原理与超感性基体联系起来之时的运用，其目的是要发现那些现象之统一的某种规律的可能性，这种统一只能通过目的才可以想象（在各种目的之中，理性也有超感性的目的）。

第83节　作为一个目的论体系的自然的最后目的

在前一节我们曾指出，我们有足够的理由不仅把人类像一切有机体一样判定为自然目的，而且在地球这个范围内把人类判定为自然的最后目的，对于这个最后目的来说，其他自然产物构成了一个合目的的系统，虽然按照理性的原理来说，这种判定不是就规定和判断力而言，而是就反思判断力而言。现在，如果我们在人类自身一定会发现某种作为目的，同时又因其与自然有关而应该得到促进的东西，那么这种目的就必然是以下两种目的之一：或者是人类自己可以通过自然及其恩惠而得到满足的目的；或者是对如下一切类型的目的的适用性和熟巧性，即为了这些目的人可以使用外在的和内在的自然。前一种自然目的就是人的幸福，后一种自然目的就是人类的文化。

幸福的概念不是人从他的本能中抽绎出来的，因而也就可以说不是从人自身的兽性中得出来的，而只是一种状态的单纯观念，人想要在纯粹经验的条件下使这种状态与那观念相适应（这是不可能的）。人自己构想出这种观念，而且由于他那与想象力和感性纠缠在一起的知性的缘故，他是以多种不同的方式构想出这种观念的。他甚至如此经常地改变这些观念，以至于在自然完全屈从于他的任意性的意志时，自然也不可能采取任何确定的、普遍的和固定的规则来与这种动摇不定的概念相一致，因之也就是不能与每一个人随意设定的目的相一致。如果我们想要把这种概念降低到真实的自然需要——我们这个物种在这种自然需要之中与自身是完全协调一致的——的水平上，或者从另一方面说，如果我们想要把人在达到他想象的目的时的熟巧提高到最高的水平，即使这样，人在幸福这个概念之下所理解的东西，以及实际上构成他特有的最后的自然目的（不是自由的目的）的东西，也永远不会被他达到。因为他自己的本性不会使他在拥有和享用什么东西时就停顿下来，或心满意足。另一方面，自然远未把人当作它的特殊的宠儿，或在一切动物之中特别优待人类。因为自然像对待其他所有动物一样，也不免除对于人类的灾难性后果，不免除人类的瘟疫、饥饿、水患、寒冷，也不保护人类免受其他大大小小的动物的袭击。而且除此之外，人类自身内部的自然倾向的荒谬使他进一步陷入他自己造成的不幸之中，通过暴力的镇压，战争的野蛮破坏等，使他的同类受苦受难；而人是尽其一切可能来毁灭同类，以致即使外在的自然怀有最大的善意，它的目的——假设自然的目的指向我们人类的幸福——在地球的自然系统中也永远不能达到，因为我们自身内部的自然不易于接受这种幸福。因此人永远只是自然目的的链条中的一个环节。确实，在许多似乎是自然为他预先确定的目的方面，他是一个原则（Prinzip——根源、本原、准则、原理），因为他使自己成了这种原则；但他对于保持其他人类成员的机械作用中的合目的性来说，也还是一种手段。作为地球上唯一有理性的存在物，也就是作为唯一自行任意设定目的的存在物，他虽然被称为自然的主人，而且如果我们把自然视为一个目的论的体系，按其使命来说人就是自然的最后目的，但这总是有条件的，那就是他要有理智而且有把这样的一种目的关系给予自然和他自己本身的意志，那种目的是可以独立于自然而自我满足的，因而也就是一种终极目的。这样的一种目的当然绝不可能在自然中找到。

但是为了找到应该把那种自然的最后目的至少安放在人身上的什么地方，我们必须找出在人为了成为终极目的自己必须做的事情方面自然所能提供的东西，而且我们还要把终极目的与一切如下类型的目的分离开来；这些目的的可能性以人类只能期待于自然的那些条件为基础。世间的幸福就属于后一种目的，而世间的幸福被理解为通过外在于人的自然和人内部的自然而可能的一切目的的总体。换言之，这就是人在世间的一切目的的物质（方面），如果他把物质变成了他的全部目的，那物质就会使他不再可能把他自己的存在设定为终极目的，并与这种目的协调一致。因此人在自然中的一切目的里只给自己留下了形式的主观的条件，也就是为自己设定目的并（不依赖于他确立目的时的自然）按照他的一般的自由目的的准则把自然用作一种手段的适应性（Tauglichkeit）这种主观条件。只有这一点是自然在关系到存在于它之外的终极目的所能做到的，因而也可以把这看作它的最后目的。一个有理性的存在者身上，产生自行选择任何目的的能力（因而也就是一个存在者在其自由中的适应性），就是文化。因此只有文化才是最后目的，就人类种族而言我们有理由把这种目的赋予自然（这种目的不是人类在世间的个人幸福，也不是他充当了在非理性的外在自然中建立秩序与和谐的主要工具的事实）。

但并不是每一种文化都有足够的资格成为这种最后目的。熟巧这类文化无疑是促进一般目的的倾向的最重要的主观条件，但还不足以为意志在其确定和选择目的时提供帮助，而这却必然属于对于目的的适应性的全部范围之内。这种适应性的上述条件——人们可能把这种倾向称为教育规范的文化（风纪）——是消极的。它存在于意志从欲望的强制中获得自由的状态里，由于那些欲望，我们就被系缚于某些自然产物，不再有能力自由选择，因此我们就让这种冲动成了我们的枷锁，而这种冲动是自然当作指导线索赋予我们的，目的是在我们不致忽视我们内部的动物本性，或者完全泯灭了这种本性，这样就有足够的根据我们理性的目的的命令来抑制或放纵这种本性，增加或减少这种本性。

如不是个人之间存在着不平衡状态，熟巧就很难在人类中发展起来，因为大多数人以不需要特殊技艺的机械方式就为他人的安逸和清闲提供了生活必需品，而这些人就有可能去从事不那么必需的文化事业，从事科学和艺术，他们也就使群众处于被压迫状态，肩负繁重的劳动，享受很少的娱乐，尽管随着历史的进步，大多数上层文化也会传播到他们中间去。但随着文化的进展——当对无用之物的追求开始损害对于有用之物的追求时，那文化的顶点就要被称为奢侈——不幸就在两个方面同时增长起来。在下层阶级方面的不幸是由外来的暴力引起的，在上层阶级方面，则是由于内部的贪得无厌而引起的。但那触目显眼的不幸在人类之中是与自然素质的发展密切相关的，而自然本身的目的——虽然不是我们的目的——也就在这里达到了。自然在其下能够达到它的终极意图（Endabsicht）的形式条件，就是人与人之间的关系中如下一种立宪状态：在这种状态中，由个人之间互相斗争而产生的对自由的滥用与被称为公民社会的总体中的合法权利相对立；因为只有在这种状态里，才能有自然素质的最大的发展。除此之外，虽然人类有足够的智能和聪明来发现这样一种状态，并能自愿地服从它的强制，我们仍然还是需要一个世界公民总体，也就是一个一切有可能陷入互相损害的危险的国家的体系。在缺乏这一体系的状态下，由于野心、权力欲和贪婪，特别是来自那些掌握权柄的人物的这类恶行，在这样一种社会模式的可能性上所设置的障碍，战争就是不可避免的（在战争中，有时引起国家分裂，离析为更小的国家，有时一个国家吞并了另外的更小的国家，并形成了一个更大的整体）。但如果说在这一方面战争是一种轻率愚蠢的行为，是被无节制的狂热所引起的，但在最高的智能方面，它却是一种深深隐蔽着的，可能还是高瞻远瞩的企图，即使战争不是为建立对国家自由的合法管制，那至少也是为此做准备的，这样就会促进各个国家在一个以道德为基础的体系中达成统一。而且，虽然战争使人类遭受了可怕的灾难，并在和平时期不断的备战中给人民强加了也许是更大的苦难，战争却是一种刺激物（虽然在战争状态下对和平和人民幸福的希望越来越渺茫），激励我们把一切有益于文化的才能发展到最高限度。

现在我们转向癖好的驯化。在癖好方面，我们作为一个动物物种的规定性中的天然禀赋是完全合乎目的的，但人的自然癖好却为人性的发展造成了很大的困难；但在这里，在文化的第二个需要方面，我们看到了自然的一种有目的的努力，即给我们一种教育，这种教育为我们打开了通向比它自己所能提升的目的更高的各种目的。一种精雅到极端理想化程度的趣味，以及被认为是虚荣心的食粮的科学中的浮夸，这些在我们中间所散布的弊端——作为它们所引起的一系列不能满足的癖好的结果——占有优势，这是不容争辩的事实。但另一方面，我们也不能不认识到自然的目的——这种目的越来越胜过那些更属于我们本性的动物成分的癖好的粗野和暴烈（这些趋向于享乐的倾向对于能使我们适应于我们的更高的天职的教育是最为不利的），同时这种目的也为我们人性的发展开辟了道路。美的艺术和科学，它们通过可以普遍传达的愉快，通过把教化和文雅带到社会中来，虽然不能使人有显著的改善，却可以使人文明化。这样它们也就有助于克服感性的专横倾向，使人为一种统治做好准备，在这种统治中，唯有理性才起支配作用。而在此时，部分由自然使我们遭受的祸害，部分由人类互不兼容的利己主义使我们遭受的祸害，同时就唤起心灵的力量，提升并磨炼这种力量，以便不至屈服于那些祸害，并使我们感觉到对于更高目的的适应，而这种更高的目的就隐藏在我们自身之中。[1]

第84节　世界存在的终极目的，也就是创造本身的终极目的

终极目的是这样一种目的，它不需要任何其他目的作为其可能性的条件。

---

[1] 生活对于我们所具有的价值，如果只以我们所享受的东西来衡量（即以我们全部癖好的总和这个自然目的来衡量，也就是以幸福来衡量），是很容易确定的。那是比虚无更无意义的。因为谁愿意再次在同一条件下回到生活中来？谁愿意依照一种新的、自我构想的计划（这种计划无论如何还要顺从自然的进程），再次回到生活中来，如果这种计划还是指向单纯的享乐？我们在前面已经指出，根据生活按照自然通过我们的目的而运行时自身所包含的东西以及做什么之中所包含的东西，生活具有什么样的价值，虽然在那种情况下，我们仍然不过是达到一种不确定的最后目的的手段。因此，剩下来的没有别的，只有一种价值，这种价值是我们通过我们自己不仅做了，而且是为了一种目的而做的事情赋予我们的生活的，这种目的是如此不依赖于自然，以致自然本身的存在倒是只有这种条件下才能成为目的。——原注

如果要采用自然的单纯机械作用作为自然合目的性的解释根据，那么我们就不能问：世界上的事物为什么目的而存在？因为按照这样一种理想化的体系我们所讨论的只是事物的物理的可能性（把这类事物想象为目的只是空洞的诡辩）。我们可以把事物的这种形式解释为偶然事件，也可以解释为盲目的必然性，在这两种情况下上面那个问题都是空无意义的。但是如果我们假设世界上各种事物的合目的性的联系是真实的，并为它设定一种特殊类型的因果关系，也就是设定一个按计划行事的原因的活动，那么我们就会停留在这个问题上：世界上的事物（有机体）为什么会有这种或那种形式，为什么会与其他自然事物处于这种或那种关系之中；可是一旦我们设想一个有理智的存在者，并把这个存在者视为事物实际具有的那些形式的可能性的原因，我们就必须继续在这个有理智的存在者中寻找有可能决定这种创造性的理智存在者产生出这种结果的客观根据。这种根据就是终极目的，那些事物就是为这一目的而存在的。

我在前面已经说过：终极目的不是自然能够实现或按其观念而能够产生的目的，因为终极目的是没有条件的。这是由于在自然（作为感性存在）之中没有那样一种东西，对于它来说在自然中所发现的规定根据不是反过来又成为受条件限制的；这一点不仅适用于外部的自然（物质世界），也适用于我们内部的自然（精神世界）；这里当然要知道，我所思考的只是我们内部严格自然性的东西。但是一个由于其客观性质而应该必须作为某一有理智的原因的终极目的而存在的事物，必然是如下这样一种东西：它在目的的秩序中只能依赖其观念，此外它不能依赖其他任何条件。

现在在这个世界上只有唯一的一种其因果作用是目的论性质的存在者，或者说指向各种目的的存在者，同时他们还具有一种性质，他们必须据以为自己确定目的的规律被他们自己表象为无条件的，而且不依赖自然条件，而它本身又是必然的。这样的存在者就是人，不过是被视为本体的人。人是唯一一种这样的自然创造物，他的特有的客观性质能够使我们在他身上认识到一种超感性的能力（自由），甚至觉察到因果规律及其对象，人能够把这种对象设定为最高目的（世界上最高的善）。

对于人（以及世界上每一个理智的存在者），作为有道德的存在者，我们不能再继续追问：他为什么目的（quem in fe nem——为了什么目的）而存在。

他的存在本身就含有最高目的，就他力所能及，他可以使全部自然从属于这种目的，至少在违背这种目的的情况下，可以认为他不屈从于自然的任何影响。现在如果世界上的事物——按其存在来说是从属性的存在物——需要一个按目的活动的最高原因，那么人就是创造的终极目的，因为如果没有人，互相从属的目的系列就完全没有最后的落脚点了。只有在人身上，也只有在作为道德主体的人身上，才能遇到目的方面的无条件的立法活动。因此只有这种立法活动才使人有资格成为终极目的，从目的论角度看整个自然界都要从属于这终极目的。[1]

第85节　关于自然神学

自然神学是理性的尝试，试图从自然的各种目的（这些目的只能从经验中被认识）出发推导出自然的最高原因及其性质。一种**道德神学**（Ethikotheologie）则是这样的尝试，即试图从自然界有理性的存在者的道德目的（这种目的可以被先验地认识）推导出那个最高原因及其各种性质。

第一种神学当然是先于第二种神学的。因为如果我们想从世界上的各种事物推导出一个目的论的世界原因，那么首先必须给出自然的目的，然后我们还要为这些目的寻找一个终极目的，再为这终极目的寻找那最高原因的因果作用的原理。

---

[1] 如下情况也是可能的：世界上有理性的存在者的幸福就是自然的一种目的，而且这样一来，那幸福也就成了自然的最后目的。至少人们不可能先验地认识到，自然为什么不应该这样安排，因为通过自然的机械作用，这种结果——至少就我们所看到的而言——是完全可能的。但是道德以及一种从属于道德的合目的的因果关系却绝对不可能是自然原因的结果，因为决定这种因果作用去活动的原理是超感性的，因此在目的秩序中唯一可能的原理就是在自然方面绝对无条件的原理，而且唯有这种原理使这种因果作用的主体成为创造的终极目的，同时也是全部自然都要服从的一个目的。与此相反，正如在前一节里根据经验证据所显示的那样，幸福远不是创造的终极目的，而且就人优于其他创造物而言，幸福连一种自然目的都够不上。可是每一个人都总想把幸福作为他最后的主观目的。但如果我追问创造的最后目的：人类为什么必须存在呢？那么，这就涉及一个客观的最高的目的，就好像最高理性在其创造活动中应该需要这种目的。如果我们这样来回答这一问题：事物的存在是为了那最高的原因可以实现这种善行，那么我们就与人类理性本身要使他最内在的幸福的希望所从属的条件（也就是与他自己内在的道德立法活动协调一致）相矛盾了。这就证明了：幸福只是有条件的目的，人只有作为有道德的存在者才能是创造的终极目的，而从人的状态看，幸福只是附带的结果，这一结果和他与那种目的相协调的程度相称，而那目的就是他存在的目的。——原注

许多对于自然的研究可能甚至必须按照目的论原理进行，却没有理由探问按目的活动的可能性的根源，这类活动是我们在各种各样的自然产物上面都会遇到的。但如果我们想要对此有一个概念，那么我们除了反思判断力的单纯准则之外绝对不可能有更进一步的认识，这个准则就是：如果只有一个单个的有机自然产物被给予我们，依照我们的认识能力的性质，除了自然本身（可以是全部的自然，也可以是自然的一部分）的原因的根据之外，我们不可能为这个有机产物构想出任何其他的根据，并从一个知性中推导出这样一种产物的因果关系。这是一种评判的原理，这一原理无疑不会使我们在解释自然产物及其起源时取得丝毫进展，但这条原理却在我们面前展示了一片超自然的前景，以便使我们能够更确切地规定在其他情况下将是空洞无物的有关一个原始存在者的概念。

现在我要说：自然神学不管可能被提升到多高的程度，都不可能为我们展示出有关创造的一个终极目的的任何东西；因为它根本达不到有关终极目的这个问题。因此，自然神学虽然能够为一个有理智的世界原因的概念——这个概念只是与我们的认识能力的性质相适应的主观的概念（关于我们按照目的才可理解的事物的可能性的概念）——进行辩护，但这一概念无论在理论方面还是在实践方面都不能得到进一步的规定；它要为神学奠定基础的企图也完全没有达到目的，而它仍然不过是一种自然目的论：因为自然神学所认识到的目的关系只能，而且必然只能被视为受到自然条件限制的。因而，自然本身为之而存在的目的（这一目的的根源必须到自然之外去寻找）的问题完全不可能被提出来，而那更高的有理智的世界原因的概念，也就是神学的可能性仍然取决于这一目的的观念。

世界上的各种事物互相之间有何用处？一件事物中的多样性对于这一事物有何用处？我们有什么理由假设，世界上没有什么东西是毫无用处的，如果我们不承认被视为目的的某些事物必须存在，不承认每一事物都是为了自然中这一或那一目的？所有这些问题都意味着，为了判断力，我们的理性关于它不得不按目的论来评判的对象的可能性所使用的原理，只能是把自然的机械作用置于一个有理智的世界创始者的建筑术之下，这条原理所有这一切都使对于世界的目的论考察熠熠生辉，令人极为赞叹。但是，因为规定那个有理智的世界原因（作为最高超的艺术家）的概念的论据，亦即各种原理，只是经验性的，从而它们也不允许我们推论出超过经验在其结果中向我们显示出来的任何其他性质，而因为经验绝不可能把握作为体系的全部自然，它就必须常常为它的论证指出根据，而那论证从所有方面看都是与那个世界原因的概念相冲突的，而且互相之间也充满矛盾。但经验永远不可能把我们提高到自然之上而达到其真实存在的目的，也不能因此而使我们达到那个更高的理智存在者的确定概念——即使我们有能力从经验上鸟瞰整个自然体系（在只涉及自然的范围内），那也是做不到的。

如果我们降低并简化自然神学必须解决的任务，那么这一任务的解决似乎就会更容易。例如，我们可以设想出一个具有一些最美好的属性的理性存在者，但却没有为建立与最伟大的可能的目的相和谐的自然所必需的一切属性，对于所有这类存在者——这类存在者可能是一个，也可能有更多——我们都可以把一种神性的概念滥用在他们身上。或者，如果我们认为在一种理论中可以用任意的附加物来补充论证根据的不足是小事一桩，在只有理由来假设有许多完善的地方（什么对我们来说是许多的呢？）我们却使自己相信有权来设定一切可能的完善：这样自然目的论就可对如下荣誉提出严正的要求：建立一种神学。但有什么允许我们甚至授权于我们去作那种补充呢？如果我们被请求去指出那是什么，那么我们在理性的理论运用的原理中就找不到任何论证根据。因为这种运用强烈要求，为了解释经验对象，我们不能把超过我们在经验中所发现的有关这一对象的可能性的材料的性质归于这一对象。在更仔细地考察中，我们会看到，其实有一个建立在理性的完全不同的运用（实践的运用）之上的最高的存在者的观念，在我们心中充作先验的根基，这一观念促使我们去补充自然目的论所提供的自然中各种目的的原始根据的有缺点的表象，并把它扩展为一个神的概念。如果我们看到了这一点，我们就不会去错误地想象我们已经通过理性对世界的自然知识的理论运用而形成了这一观念，并与这一观念一起形成了神学，更不能证明其实际存在。

古人曾根据他们的神的能力，也根据那些神的意图和性情，把他们想象为多种多样，而所有的神，连他们的主神也不例外，都具有人类一样的局限性，我们不能因为这一点就深责古人。因为在观察自然界各种事物的秩序和过程时，他们仍然发现有充足理由假定某些事物具有超机械性的原因，而且猜测到来自某种更高的原因方面的目的的存在，他们只能把这种更高的原因设想为超人的，存在于这个世界机器的背后。但因为他们在这个世界上见到善与恶，合目的之物与反目的之物至少在凡人的眼睛来看在很多情况下是杂然相混的，他们就不敢为了随意构想的一个尽善尽美的原始创造者的随意观念而贸然假设在这一切矛盾之下竟存在着具有神秘智能的善意的目的作为基础，他们看不到这些目的的证据，他们对于最高的世界原因的判断很难是另外的样子。只要他们以严格的坚定性遵照理性的纯粹理论运用的准则行事，就会是这样。另外有一些想同时成为神学家的物理学家，他们想以理性所要求的诸多自然事物的原理的绝对统一做些准备，想以一个存在物的观念——在这一作为唯一实体的存在物中，那些自然事物的总体只是其固有的规定性——来使理性得到完全的满足。而那一实体虽然不会由于其理智而成为世界的原因，但它却可以是一个主体，世界上各种事物的一切理智都存在于其中。因此，它虽然不是一个能按照目的产生任何东西的存在物，但在其中一切事物，由于上述主体——那些事物只是这一主体的单纯的规定性——的统一，都必然地互相合目的地联系在一起，尽管实质上并无目的和意图。因此它要引入终极原因的观念论，这种引入是借助于把许多处于一种合目的的联系中的各种实体来之不易的统一性，从依赖于一个实体的因果性的从属关系转变为在一个实体中的固有的统一性而实现的。从存在于其中的世界存在者方面看，这一体系就变成了泛神论（Pantheism），从作为原始存在者的唯一持续存在的主体方面看，这一体系后来就成了斯宾诺莎主义（Spinozism），这样一来，与其说解决了自然的合目的性的最初根源问题，还不如说宣布这一问题毫无意义，因为这种合目的性的概念被剥夺了一切实在性，就变为对一个一般事物的普遍本体论概念的纯粹曲解了。

因此，按照理性运用的单纯的理论原理（自然神学只建立在这种原理之上）绝不可能产生一个神性的概念，而我们对于自然的目的论判断要求有这样一种概念。因为，如果我们把一切目的论都看成是判断力在对事物的因果联系进行评判时的纯粹欺骗，并逃避到自然的单纯机械作用的唯一原理中去，那么，由于实体——实体只把自然当作它的样态的多样性包含在自身之中——的统一，自然对于我们就只显示出对于目的普遍联系，或者，如果我不采取有关终极原因的这种观念论（立场），而是想忠诚地坚持这种特殊类型的因果关系的实在主义原则，那么，不管我们把自然的各种目的的基础放在许多有理智的原始存在之上，还是放在一个唯一的原始存在者之上，一旦我们发现只有从世界上实际存在的合目的的联系中取得的经验原理才能作为那种实在主义概念的基础，我们就一方面无法解释自然显示出许多例证的合目的的统一中的矛盾，另一方面，我们永远不能由此得到一个关于单一的有理智的原因的足够明确的概念——只要我们坚持单纯经验授权我们推导出的东西——以满足任何一种神学，不管是在理论上有用的神学，还是在实践上有用的神学。

自然目的论虽然驱使我们去寻找一种神学，但它却不可能产生出任何一种神学来，不管我们把对于自然的经验研究追溯到多远，也不管在自然中通过理性观念所发现的合目的性的联系会有多大帮助（理性观念对于物理问题来说必然是理论性的）。我们可以提出这样一个合理的问题：我们把所有这些自然中的安排布置放在一个伟大的，对于我们来说是不可度量的理智基础之上，而且还假设他有意图地安排这个世界的秩序，这有什么用处呢？因为自然并没有也不可能对我们讲述有关终极意图的任何事情，而没有终极意图，我们也就不能把所有的自然目的联系到一个共同点上，即不能形成一个适当的目的论原理，这一原理可以把所有的目的结合在一个已知的系统中，可以构成一个最高理智的概念充作这样一种自然的原因，并且可以充当我们对于自然的目的论的反思判断力的标准尺度。这样一来，我虽然为杂乱无章各自分散的目的取得了一个艺术性的理智（Kunstverstand），但却没有为一个终极目的取得任何智能（Weisheit），而这终极目的本来必须包含着那一理智的规定根据。我需要一个终极目的，这种终极目的只有纯粹理性才能先验地提供（因为世界上的一切目的都是受经验条件限制的，而且不可能包含任何绝对善的东西，它只能含有被视为偶然的对这一目的或那一目的为善的东西）。只有这样一个终极目的才能教导我们如何设想自然的最高原因，设想它有何性质，达到什么程度，它与自然是什么关系，以便把自然判定为一个目的论的系统。在缺乏终极目的的情况下，我们如何并且有什么权力任意把基于我自己对于这个世界的贫乏知识之上的那个原始理智的有限概念，或者我们关于这一原始存在者实现其观念的力量的概念，或者关于他要这样做的意志的概念等加以扩展，并扩大到一个全智全能的无限存在的观念？如果我能够在理论上这样做，那就要在我自身内部预先设定一种全智全能的品性，这样才能在自然的全部联系中看清自然的目的，同时也能设想其他一切可能的计划，以便在与这些计划相比较时，现实存在的东西将有合理的根据被判定为最好的。因为如果没有关于这种结果的完善的知识，我们就不能推导出关于最高原因的任何确定的概念（这种概念只有在一个任何方面都是无限的理智的概念中，也就是在一个神的概念中才能找到），也不能为神学奠定基础。

因此，即使考虑到自然目的论的一切可能的扩展，根据我们前面所论述过的原理我们还可以说：按照我们的认识能力的性质和各种原理，我们只能把处于我们所熟知的合目的的秩序中的自然设想为一个理智的产品，自然就从属于这个理智。但这一理智是否可能在自然的产生中以及在自然作为一个整体的构造中也有一种终极意图（这种情况下终极意图不存在于作为感性世界的自然中），这一问题绝不可能在对自然的理论研究中得到解决。相反，不管我们关于自然的知识有多么丰富，如下问题仍然是没有解决的：那个最后原因是否就是始终按终极目的行动的自然的原始根源？或者，它是否由于一个被其要产生一定形式的本质的单纯必然性所规定的知性（与动物身上我们称为艺术本能的那种东西相类比）才成为这种根源？我们没有必要把智能归于这种原因，更不要说把最高的，与保证其产品的完满性所需要的其他性质相联系的那种智能归于这种原因了。

因此，自然神学是一种被误解了的自然目的论，只能用于神学的准备（Propädeutik——入门知识），而且只有在它被所能依靠的其他原理补充时才足以充当神学的准备。但就它本身来说，正如它的名称所显示的，它还不足以完成这一任务。

第86节　伦理神学

有一种判断，这种判断甚至最普通的知性在反思世界上各种事物的存在以及世界本身存在时也不能放弃，那就是如下这种判断：所有多种多样的生命形式，不管它们有怎样高超的艺术结构，不管它们相互之间有如何多样的合目的的联系，甚至被我们不恰当地称为大千世界的包括许多系统的总体，如果其中没有人（或者一般的有理性的存在物），它们的存在将毫无意义。这就是说，如果没有人，全部创造物都只是一片荒漠，是一种空虚的存在，没有最终的目的。但是，世界上一切其他事物的存在与之相联系才能获得其价值的，也并不是人的认识能力（理论理性）——如像人在世界上存在的意义就在于有某一个人使世界成为一个观察的对象。因为如果对世界的这种观察对人来说只显示没有终极目的的东西，那么世界并不能因其被认识而获得价值。世界的终极目的必须被预先设定，与这种终极目的联系起来，对世界的观察本身才能具有一种价值。有某种东西，只有与它联系起来我们才能设想创造具有终极目的，这种东西也不是愉快的情感和这种情感的总和，也就是说不是安康，不是享受（享受可以是肉体上的，也可以是精神上的），总之，不是幸福，我们不是根据这些来评估那种绝对价值的。因为，如果人存在着，他把幸福当作他的最后目的，这一事实没有为我们提供关于他存在的理由的任何概念，也没有提供关于他自己所具有的价值——有了这种价值他的存在对他才是愉快的——的任何概念。因此，人必须被预先设定为创造的终极目的，这样我们才有一个合理的根据去解释自然——如果它被看作一个依据目的原理的绝对总体——为什么必须与人的幸福的条件相适应。因而只有欲求能力才能提供所需要的参照点——但不是那种使人依赖于自然（通过感性冲动）的那种欲求能力，不是那种与之相关时人的存在价值就落在他所得到和享受的东西上的那种欲求能力。与此相反，那是一种价值，只有人才能把这种价值赋予自己，而且这种价值取决于他所做的事情——他在其欲求能力的自由中活动，他活动的方式和他所依据的原理使他不致成为自然链条的一环。也就是说，唯有一种善良意志，才能使人的存在具有一种绝对价值，并且只有与善良意志相关时，世界的存在才可能具有一个终极目的。

一旦人的反思涉及这一问题并被催促去思考它时，健全的人类理性的一般判断也会完全与此相一致，也就是说，人只有作为道德性的存在才能成为创造的终极目的。人们会说，这个人具有如此多的才能，而且他还积极地使用这些才能，从而对于社会和公共生活产生了有益的影响，他对自己的幸福和他人的利益都有同样的价值，但如果他缺乏善良意志，那么这一切会有什么好处呢？如果我们按照他的内在本质来看，他是一个值得鄙视的对象；如果创造不应该完全没有终极目的，那么他——作为一个人他也属于创造物——必然是一个处于道德律令之下的世界里的恶人，按照这些道德律令他将丧失他的主观目的（幸福），而只有在这个主观目的的条件之下，他的现实存在才能与终极目的相等。

现在如果我们在这个世界上遇见了符合目的的秩序，而且，就像理性必然要求的那样，使只能受到条件限制的目的从属于一个无条件的最高的目的，亦即一个终极目的，那么我们首先很容易看到，我们讨论的就不是一个自然目的（在自然本身之中）——就其存在而言——而是在讨论自然的真实存在及其一切有序安排的目的，也就是说，我们讨论的将是创造的最后目的，更确切地说，就是那最高的条件，只有在这种最高条件之下，才可能有终极目的（也就是最高理智产生世界万物的规定根据）。

因为我们只有在人是道德性的存在时才承认他是创造的目的，所以我们首先就有了一种理由，至少是一种首要条件，把世界看成是一个按照各种目的而联系起来的整体，看成是一个由合目的的原因而形成的体系。由于我们理性的性质，我们必然要把自然目的联系到一个有理智的世界原因。除了这一切之外，我们还有一个可以用于这种关系的原理，使我们能够思考自然，能够思考被认为是目的领域中最高根据的初始原因的各种性质，并构成关于它的概念。自然目的论不可能做到这一点，它只能提出有关这一根据的一些模糊概念，而这种模糊性就使得这些概念在实践的运用中以及在理论的运用中都成为毫无用处的。

从原始存在者的一个这样被规定的因果作用的原理出发，我们必须把这个原始存在者不仅设想为理智并能够为自然立法，而且还要设想为合目的的道德王国里的立法的首领。涉及最高的善（只有在那首领的统治下才可能有的善，也就是有理性的生物在道德律令之下的存在）时，我们要把这个原始存在者设想为知晓一切的（omniscient——全知的），以至于我们最隐秘的思想（这种最隐秘的思想构成了有理性的世界存在者的行为的真正的道德价值）也无法向他隐瞒；我们还要把他设想为无所不能的（omnipotent——全能的），以至于他能够使整个自然适应于这种最高目的；同时也要把他设想为至善的和公正的，因为这两种品质（结合起来就是贤明）构成了作为道德律令之下的最高的善的世界终极原因的因果作用的条件。同样，其余的超验属性，例如永恒、无所不在等（因为善良和公正是道德性质）在关系到终极目的时要预先设定的一切属性，都将必须被看作这一原始存在者所具有的。这样，道德目的论就弥补了自然目的论的缺陷，并初次建立起一种神学。因为自然目的论如果不从道德目的论偷偷地借鉴某些东西，而是以严格的逻辑精确性行事，那么以它自身的资源它只能建立起一种魔鬼学（Damonologie），这种魔鬼学不容许有任何确定的概念。

有一种原理，由于世界上某些存在者的目的的道德规定性，这种原理就把世界联系到作为神的最高原因，但它做到这一点不仅是通过对自然目的论的论证根据加以补充并以这种论证作为基础，而且它本身也有足够的能力这样做，同时还促使我们去注意自然的目的，探究隐藏在自然的形式之后的难以言传的伟大艺术，以便给纯粹实践理性所产生的各种观念以一种自然目的中的附带的证实。因为世界上各种存在物的概念受制于道德律令这件事是一条先验原理，人们必须依据这一原理来评判自身。此外，如果到处都存在着一种按计划行动的，指向一个目的的世界原因，那么，上面提到的那种道德关系就像依据物理规律的关系一样，必然要成为一种创造的可能性的条件（假设那一有理智的原因也有一个终极目的）。这是一条原理，这一原理甚至先验地被理性视为对各种事物的现实存在的目的论判断的必然的基本法则。这里全部问题都归结为：对于理性（不管是思辨的理性还是实践的理性）来说，我们是否有充分的根据赋予按目的行动的最高原因一个终极目的？因为，按照我们理性的主观性质，甚至按照我们所能想象到的任何其他存在者的理性，这种终极目的只能是处于道德规律之下的人，这一点可以先验地被认为肯定有效的；但我们却完全不可能先验地认识什么是物理秩序中的自然目的，而且除此之外，也看不出没有这种目的自然就不能存在。

注释

请想象一下一个人在他的心境倾向于道德情感时的情形！如果他被美的自然所包围，置于对他自己的生存的娴静愉快的享受之中，这时他就会感到自己有一种内在需要，需要为此而感激某一个人。或者，在另一种场合，他怀有同样的心境，却可能发现自己受到义务的驱迫，而他只能通过出于自由意志的牺牲才能尽到或愿意尽到这些义务，这时他内心里也会感到一种需要，需要在尽这些义务时（他是）执行了某种命令，并服从一个最高的圣主。或者，他还可能未经深思熟虑而背离了义务的正道，虽然这不至于使他对别人负有责任；但这时严厉的自责就会出现在他心中，好像这自责就是一位法官的声音，而他必须要在这位法官面前为他背离义务而辩解。一言以蔽之，他需要一个道德性的理智存在者；因为他为一个目的而生存，而这个目的要求有一个存在者，这个存在者按照那一目的而成为他自己以及世界的原因。探查这种情感背后的动机是徒劳无益的，因为这种动机直接与最纯粹的道德信念联系在一起，这是由于感激、顺从和羞愧（对于应得的惩罚的服从）是特殊的对于义务的心灵情绪，而倾向于扩展其道德信念的心灵在这里只是任意地想象出一个世界上本不存在的对象，以便在可能的时候也在这样的一个对象面前证明它的义务。为一个生存者的存在想象出一种纯粹的道德需要，在这种需要之下我们的德性会更强固，或者（至少按照我们的想象）使我们的德性得以扩展，也就是为它履行取得一个新的对象，这至少是可能的，并且在我们的道德思想方式中也存在着这种根据。换言之，承认一个存在于世界之外的道德立法者，而且这样做时不顾及理论证据，更不必说顾及自私的利益，而只依靠纯粹的道德根据，不受任何外来的影响（当然只能是主观的），听从为自己立法的纯粹实践理性的指引。虽然这样的一种心灵情绪是很少出现的，或者不能长时间维持，而是稍纵即逝的，没有持续的效果，或者也不能缺乏对于在这样的背景中显现出来的对象的一点反思，没有尽力把它归结为明确的概念，但这种心境的根源却不会被误解。它是我们本性中原始的道德倾向，这种倾向作为一种主观原理，在我们观察世界时，不让我们满足于由自然原因而产生出来的合目的性，而是引导我们把一种按道德原理统摄自然的最高原因作为它的基础。除了以上所说之外，我们被道德规律所驱迫去追求一种普遍的最高的目的，但我们却感到我们自己乃至全部自然都不能达到这一最高目的。同时，只有在我们努力追求这个最高目的时，我们才能判定我们自己与一个有理智的世界原因的终极目的（如果存在着这种世界原因的话）相协调。这样，为了不致陷于把这种努力视为其结果完全无效的危险，不致陷于使这种努力疲惫无力的危险，为了承认这种有理智的世界原因（由于我们可以这样做而不自相矛盾），如果我们没有更好的理由，我们还有从实践理性引申出来的纯粹道德根据。

对于这一切，我们在这里要说的只是：虽然恐惧可能最先产生了众神（众魔鬼），但理性却可能借助于它的道德原理最先产生了上帝的概念（虽然人们对自然目的论一般是相当无知的，或者由于通过已被充分证明的原理来调解这方面互相矛盾的现象所面临的困难而使自然目的论颇为令人疑惑）；还有，人的存在的内在道德目的规定性补充了自然知识所缺少的东西，其所用的手段是给一切事物的存在的终极目的（只有这种目的的原理才能从一种道德的观点满足理性）指出了最高原因，并赋予它以某些性质，借助于这些性质它能够使整个自然从属于那个唯一的意图（对于这意图来说，自然只是一种工具）。（换言之，它指导我们把最高原因想象为一个神。）（最后一句是英译者所加。——译者）

第87节　上帝存在的道德证明

存在着一种自然目的论，这种自然目的论为我们的理论性的反思判断力提供了足够的论证根据假设一个有理性的世界原因。但我们自身中，更进一步说也在具有自由的因果作用能力的理性存在者的一般概念里，我们发现了道德目的论。但因为目的的关系连同这种关系的规律是在我们内部先验地被规定的因而也可以被认为是必然的，所以道德目的论也就不需要任何外在于我们的理智原因来解释这种内在的合规律性，就像我们在某些图形的几何性质（它们对于一切可能的技艺运用的适应性）上所发现的合目的的东西不需要我们去寻找一外在的最高理智把这种合目的性赋予那些几何性质一样。但这种道德目的论其实是与作为世界存在者的人类相关，因之也就关联到与世界上其他事物联系在一起的存在者；同样的道德律令也指示我们转去思考世界上那些其他事物，或者把它们看成种种目的，或者在我们自己成为终极目的时把它们看作对象。因而这种道德目的论，它与我们本身的因果性与目的关系相关，甚至也与我们本身的因果性与我们必须在世界中设定的终极目的的关系相关，同样也与世界和那种道德目的以及在外在条件下实现道德目的可能性之间相互关系有关——关于这个问题，自然目的论不可能给我们以任何指导——（这种道德目的论）提出了一个必然性的问题：这种道德目的论是否迫使我们的理性判断超越于世界之上去寻找自然对于我们的道德本性的关系方面的一个理智性的最高原理，以便使我们在内在的道德立法及其可能的实现方面把自然表象为合目的的？因此确实存在着一种道德目的论；它一方面必然与自由的立法（Nomothetik）相联系，另一方面又必然与自然的立法相联系，正如应该到哪里去寻找执行权这个问题与公民立法相联系一样。实际上，这里也有应该在一切理性必须在其中规定一种原理的事物中发现的那同一种联系，这里所说的这种原理是指某些事物按照观念才可能的肯定合规律的秩序的现实性原理——首先我们想说明理性怎样从上面论述过的道德目的论及其与自然目的论的关系出发推进到神学，然后我们将对这种推理方式的可能性和确实性做些考察。

如果我们假设某些事物的存在，或者甚至事物的某些形式的存在，是偶然的，因而也就是只有依靠作为其原因的其他事物才可能的，那么，我们在寻找这种因果作用的最高根源时，以及在寻找有条件的事物的无条件的根据时，就会到自然秩序中去寻找，或者到目的论的秩序中去寻找（按照实际的联系——nexus effectivus，或者按照合目的的联系——nexus finalis）。也就是说，我们可以问：什么是产生事物的最高原因？或者问：什么是这一原因的最高的或者说绝对无条件的目的？这也就等于问：这一原因产生某一产物或一切产物的最后目的是什么？在后面这个问题里，无疑要预先设定这一原因可能形成一个目的的表象，因而也就是个有理智的存在者，或者（这一原因）至少必须被我们想象为按这种存在者的法规行动的。

现在，如果我们遵循目的论的秩序，那就会有一个基本的原理，对于这一原理，甚至最普遍的人类理性都不得不直接表示赞同。这条原理就是，如果到处都应该有理性所必须先验地规定的终极目的，那么这个终极目的只能是人，或者世界上任何有理性的存在者——能够服从道德律令的人。[1]因为（每个人都这么判断）：如果世界是由纯粹无生命的存在物组成的，或者虽然有一部分是由有生命的存在物所组成，但这部分有生命的存在物却没有理性，那么，这样的世界的存在就是完全没有价值的，因为在这个世界里不存在任何对于价值具有最低概念的存在者。另一方面，如果确有理性的存在者，但他们的理性只把事物存在的价值建立在自然与他们（他们的福利）的关系之上，而不能从那原始的根源（在自由之中）为他们自己取得这种价值，那么世界虽然有了相对的目的，却没有绝对的目的。因为这样的理性存在者的存在将永远是没有目的的。但道德律令具有一

[1] 我是故意这么说：服从（unter）道德律令。成为创造的终极目的的，不是按照道德律令的人，也就是说，不是依据道德律令而生活的人。因为我们用后面这种说法（按照道德律令）所表达的比我们所知道的要多，就是说，使一个人时时都按照道德律令行事是一个世界的原始创造者权限之内的事。但这要预先设定一个自由和自然的概念（关于自然我们只能设想一个外在的原始创造者），这一概念意指对于自然的超感性基体及其与世界上通过自由的因果作用而可能的事物的同一性的透彻认识，而这种透彻认识是远远超过我们的理性的洞察力的。只有对于服从道德律令的人，我们才能不必超越我们洞察力的局限而断言：他的存在构成了世界的终极目的。这也完全符合对世界过程进行道德反思的人类理性的判断。我们相信，在一个恶人身上，我们也能觉察到一种机智的目的关系的迹象，只要我们看到罪行累累的恶徒在死前因其罪恶而受到应得的惩罚。按照我们关于自由的因果作用的概念，善行和恶行都取决于我们自己。但我们认为管理世界的最高智能在于，善行的机会以及从善恶之中引出的结果都是由道德律令所注定的，真正说来，上帝的荣誉存在于善恶的结果中，因此神学家们把上帝的荣誉恰当地称为创造的最后目的。——还要说明的是，如果我们使用“创造”一词，我们只把它理解为这里所谈论过的，也就是一个世界存在的原因，或者世界上各种事物的存在的原因，那就是实体的原因。这就是这里所表达的严格意义——实体的行动就是创造（actuatio substantiae est creatio），因此它不意味着要预先设定一个自由活动的亦即有理智的原因（我们首先要证明的就是这一原因的存在）。——原注

种独特的性质，那就是它为理性规定了某种作为无条件的目的的东西，那正是一个终极目的的概念所需要的；而只有这样一种在目的关系中可以成为它自身的最高律法的理性的存在，换言之，就是服从道德律令的理性存在者的存在，才能被看作世界存在的终极目的。反之，如果不是这样，那么这个世界的存在的根源里就或者是完全没有任何目的，或者是只有非终极目的的目的作为基础。

道德律令是我们的自由的运用中形式上的理性条件，由它自己使我们负起义务，而不以任何一种物质条件作为目的。但它又为我们规定了一个终极目的，而且是先验地为我们规定的，同时也使我们有责任去努力达到这一终极目的。这一终极目的就是世界上通过自由才可能的最高的善。

有一种主观条件，在这种主观条件之下人（按照我们的一切概念，也包括每一个有理智的有限存在者的概念）能够在上述规律下而建立起一个终极目的，这种主观条件就是幸福。因此世界上最高可能的物质上的善，而且作为终极目的应该被促进的存在于我身上的善，就是幸福：在人与德性规律相符的客观条件之下，被视为有资格成为幸福的东西。

但是，对于道德律令所赋予我们的终极目的的这两种要求（指上面两段分别表述的至善和幸福。——译者），我们不能先靠我们理性的任何能力把它们想象为通过单纯的自然原因而结合在一起的，也不能想象为符合所想到的终极目的观念。因此，如果我不把我们的自由与任何不同于自然因果性的因果作用（作为手段）结合起来，这样一种目的的实践必然性的概念是不可能通过我们的力量的运用与这一实现目的的物理可能性的理论概念协调一致的。

因而我们必须设定一个道德性的世界原因（一个世界首创者），以便我们按照道德律令把终极目的摆在面前；就像终极目的的必然性的程度一样，我们要以同样的必然性（也就是在同一程度上，出于同一根据）来设定一个道德性的世界原因，也就是一个上帝。[1]

[1] 这一道德性的论证其意不在提供上帝存在的任何客观上有效的证明，不是要向怀疑者证明有一个上帝存在，而是要证明，如果他想在道德方面前后一致地思考，他就必须采纳这一命题的假设作为他的实践理性的一个准则。此外，这一论证也不是说，为了道德必须要假设世界上一切理性存在者的幸福都要与他们的德行相称。正相反，正是由于道德，那一假设才是必需的。因此它是对于有道德的存在者的一种主观的、足够充分的论证。——原注

* * *

对于这一论证，我们很容易给它一个精确的逻辑形式，但这一论证不是说，设定上帝存在像承认道德律令的有效性一样是必然的；亦即不能说，谁不能使自己确信上帝存在，谁就可以使自己免除了道德律令强加给他的义务。不！在那种情况下必须被放弃的只是对通过遵从道德律令而实现的世界的终极目的的预先思考（Beabsichtigung），也就是对与遵从道德律令相和谐的有理性的存在者的幸福的预先思考，对世界上的最高的善的预先思考。每一个有理性的存在者都必须一直承认他自己受到道德戒律的严格约束，因为道德律令都是形式的，而且是无条件的命令，不考虑目的（作为意志的主观质料）。但那终极目的的一个要求，作为实践理性为世界上的存在者所规定，一个要求乃是由他们作为有限存在者的本性所置于他们内部的一个不可抗拒的目的。理性拒绝支持这种目的，除非这一目的服从作为不可违背的条件的道德律令，并且只使它按照这些条件而成为普遍的。这样它就使在与道德一致的情况下促进幸福成为终极目的。在与幸福相关时，尽我们的能力促进这一目的，是道德律令给我们的命令，不管这种努力会有什么样的结果。义务的履行在于真正意志的形式之中，不在于促进成功的中介原因。

因此如果我们假设：一个人——部分地是由于所有那些如此被人称赞的思辨论证的弱点的影响，部分地是由于他在自然中和道德世界中所发现的无规律现象的数量的影响——使自己相信如下命题：上帝不存在；但如果他因此就把义务法则视为纯粹幻想出来的，无效的，没有约束力的，就决心肆意违反它们，那么在他自己眼中，他就是一个毫无价值的创造物。另外，让我们设想，这样一个人后来使自己相信了他当初怀疑的真理，但他仍坚持上面那种想法，那么他依然是一个没有价值的人。这是因为，尽管他像人们期望的那样认真地履行了他的义务，取得了结果，但他是出于恐惧，或者是出于赚钱的目的才这样做的，其中没有敬重义务的观念。反之，如果他作为上帝的信徒，根据他的意识诚实地、不顾利害地来履行他的义务，但只要他试想，在某种情况下他可能确信上帝不存在，这时他立刻就会认为自己摆脱了一切道德义务，而他的内在道德信念也只能是恶劣败坏的。

因此我们可以假设有一个真诚正直的人（例如斯宾诺莎），他使自己坚信：不存在上帝，而且（因为在道德的对象方面也会导致同样结果）也没有来生。那么，他将如何通过他在实践中所尊崇的道德律令来评价他的内在目的规定性呢？他不期望从遵从道德律令中为自己获得任何利益，不管是在今生还是在来世。相反，他的意志将不顾利害地只想建立神圣的道德律令全力追求的那种善。但他的努力是要受到限制的；他虽然有时可以期望从自然中发现一种偶然的一致，但他却永远不能期望在自然中发现一种合规则的、按照永恒规律（他的内部准则就是这样的，而且必须是这样的）与那种目的的协调一致，对于这种目的他觉得自己被激励着不得不去实现。欺诈、暴力和嫉妒在他周围司空见惯，虽然他自己是诚实、温和、友善的；而且他在外界所遇到的其他正直的人，不管他应该享有什么样的幸福，那毫不看重这种品性的自然却仍然要使他们遭受贫困疾病之苦，要受到无常的死亡的威胁，就像世上的其他动物一样。这种情况会一直存在，直到一个广大的墓地把他们全部吞没（正直邪恶的在这里全都一样），被无情地掷回盲目物质的混沌的深渊之中，他们就是由这些物质而产生的，同时这些人还相信自己能够成为创造的终极目的——因此，这个正直的人遵从道德律令时心中所怀有而且必须怀有的目的，就要被他视为不可能的而抛弃掉了。但他也许决心继续忠于他内心的道德使命的呼唤，以使因道德律令直接引导他去服从而产生的尊敬之情不致因为那唯一的适应于道德律令的最高要求的理想的终极目的的空虚而受到削弱（这种情况是不能不损害道德信念的）：如果是这样，他就必须假定一个世界的道德性的创世主的存在，这也就是说，必须假定一个上帝的存在。由于这种假设至少不会有任何内在的自我矛盾，他就可以从实践观点上，也就是说，至少为了构成一个由道德赋予他们的终极目的的可能性的概念，是可以做出这种假设的。

第88节　道德证明的有效性的局限

作为实践能力的纯粹理性，即作为通过观念（纯粹理性概念）规定我们的因果性的自由运用的能力的纯粹理性，不仅在道德律令中包含着一种我们的行为范导性原理，而且由于它所提供的道德律令，它也包含着一条附加的原理，这是一条主观的构成性原理。这一原理包含在只有理性才能思考的对象的概念之中，而这一对象意味着要通过我们符合道德律令的行为才能在世间实现。因此，在与道德律令相符的自由的运用中的一个终极目的的观念具有一种主观实践的现实性。我们已先验地被理性所决定要尽我们一切力量促进至善（Weltbeste, summumbonum），这使至善存在于有理性的世界存在者的最大幸福与这种存在者的善的最高条件的结合之中，也就是说，存在于普遍的幸福与合规律的道德性的结合之中。在这种终极目的中，其中一部分的可能性，亦即幸福的可能性，在经验上是受限制的，也就是说要依赖于自然性质（不管它们与这一目的是否一致），而且在理论方面是可疑的。而其中的另一部分，即道德——在这方面我们是不依赖于自然是否与我们合作的——它的可能性是先验地有保证的，并且被独断地判定为肯定的。因而，有理性的世界存在者的目的的概念的客观的理论实在性，不仅要求我们先验地把一个终极目的摆在面前，而且还要求创造及其产物，亦即世界本身，也有其存在来说它有一个终极目的。如果我们能够先验地证明它有这样一个目的，那就会使终极目的的主观实在性得到客观实在性的补充。因为如果创造的确有一个终极目的，我们就只能设想它必然与我们的道德能力相一致，而唯有道德能力才使一个目的概念成为可能。现在虽然我们在世界上发现了确实是目的的东西；而自然目的论又把它们的数量描述得如此之多，以致如果我们让理性指导我们去判断，我们最后就会有理由作为一条研究自然的原理来假设，自然中没有任何东西是无目的的；但是我们要在自然本身中去寻找终极目的那将是徒劳无益的。因此，正如终极目的的理念只存在于理性之中一样，按照终极目的的客观可能性，我们只能也必须到有理性的存在者中去寻找这一终极目的，这些理性存在者的实践理性不仅指出了这一终极目的，它还在某些条件方面规定了这一概念，只有在这些条件下创造的终极目的才能被我们思考。

这里就有了一个问题：创造的终极目的的概念的客观现实性对于阐明纯粹理性的理论要求是否是足够的，即或不是对于规定的判断力的确凿无疑的阐明，而是对于理论的反思判断力的准则的可能充分的阐明？这是对于思辨哲学可能提出的最低要求，因为思辨哲学自告奋勇地要借助于一个单独目的的观念把道德目的与自然目的结合起来。而这区区小事却也远远超过思辨哲学一向所能做到的。

根据理论的反思判断力的原理我们要说：如果我们有理由为自然的合目的性的产物设定一个最高的自然原因，而这一原因在创造的现实性方面的因果作用必须被我们设想为不同于自然的因果作用的另一种因果作用，也就是要被我们设想为一个理智的因果作用：那么，我们就将有充足的理由设想不仅要把自然中到处都看得到的目的归于这一原始存在者，而且还要把一个终极目的归之于他，尽管这不是为了说明这样一个存在者的存在，但至少（就像在自然目的论中那样）可以使我们相信，为了使这样的一个世界的可能性成为可理解的，我们不仅必须依据各种目的，而且必须给它的存在以一个终极目的作为基础。

但是，终极目的只是我们实践理性的一个概念，而且不能从任何一种对于自然的理论判断经验材料中推导出来，也不能用于对自然的认识。这一概念除了按照道德律令为实践理性所运用之外，不可能有其他的应用；而创造的终极目的是这个世界的那样一种性质，这种性质与我们只能依据规律来指出的东西，也就是与我们的纯粹实践理性的终极目的——就其应该是实践的而言——协调一致。现在，由于把终极目的赋予我们的道德律令的缘故，为了实践的目的，亦即为了把我们的能力运用于终极目的的实现，我们就有理由假设，那一目的是可能的，能够实现的，由此我们又可以假设事物的本性是与这种可能性相适应的（因为这种可能性是受一种在我们的权限之外的条件制约的，所以如果没有自然来协助我们，终极目的的实现就是不可能的）。因此我们有一种道德根据来思考这世界上的一个创造的终极目的。

但这并不是从道德目的论到一种神学的推论，而只是一种指向创造的终极目的的推论，而终极目的就是以上述方式被确定下来的。为了说明这种创造，亦即为了说明符合终极目的事物的现实存在，首先必须假设一个理智的存在者，其次不仅要假设（就如为了说明自然中这类事物的可能性，我们必须把它们判定为种种目的一样）一个有理智的，而且同时还是道德性的存在者作为世界的原始创造者，也就是说要假设一个上帝。这是另一个推论，这一推论有如下性质：我们看到终极目的只适用于实践理性概念方面的判断力，而且在这里它也只适用于反思判断力，而不适用于规定的判断力。确实，对于我们来说，道德实践理性与技术实践理性按其原理来说有本质的区别。但虽如此，我们却不能自以为在最高的世界原因中——如果它被假定为一个有理智的存在——也看到了同样的区别，也不能自以为看到了最高世界原因为了终极目的要求一种特殊类型的因果作用（这种因果作用不同于单纯的自然目的所要求的那种因果作用）；同样，我们也不能自以为看见了我们的终极目的中，有一种道德的根据（允许我们）不仅假设一个作为结果的创造的终极目的，而且还假设一个作为创造的原始根源的道德性的存在者。但我们却完全可以说：按照我们的认识能力的性质，我们不可能使这样一种与道德律令及其对象相关的合目的性的可能性（就像在终极目的中那样）成为可理解的，除非有一个世界首创者和掌管者，同时又是一个道德立法者存在。

因此，一个最高的为道德立法的创世者的现实性只对于我们理性的实践运用才是充分证明了的，却不能以此从理论上对于这一创世者存在做出任何规定。因为理性有一个由它本身特殊的立法交付给我们的目的，为了使这一目的成为可能，它要求一个观念，对于反思判断力来说，这一观念是以排除那些由于我们不能把这种立法付诸实现而产生的障碍，在我们对于世界只有单纯的自然概念时道德立法就不能实现。这样，这一观念就获得于实践的实在性，虽然对于思辨知识来说，它没有任何手段从理论的观点取得对于解释自然或确定自然的最高原因时的实在性。对于理论的反思判断力来说，自然目的论从自然目的出发充分证明了世界理智的原因；对于实践的反思判断力来说，道德目的论通过一个终极目的的概念也做到了同样的事情，从实践的观点来看，道德目的论必须要把这一终极目的赋予创造。作为道德性的世界创始者的上帝观念的客观实在性，虽然不能单靠自然目的来加以说明，但如果关于这些目的的知识与道德目的的知识结合在一起，那种指导我们尽可能追求原理之统一的纯粹理性的准则就赋予这些目的以相当的重要性，目的是以上帝的观念已经在理论方面所取得的现实性为判断力来加强那一观念的实践的实在性。

这里为防止很容易发生的误解，极有必要指出以下两点：第一，对于这最高存在者的各种性质，我们只能根据类比来思考。因为，假如经验不能向我们展示任何类似的东西，我们怎么能研究它的本性呢？第二，这些性质也只能使我们去设想一个最高存在者，而不能认识他或多多少少在理论上对他做出论断。因为只有在事关规定的判断力——这是我们理性能力的思辨方面——时，而且是为了透彻了解最高世界原因的内在本性时，才需要认识他或对他做出论断。但这里与我们有关的唯一的问题是：按照我们的认识能力的性质，我们对于那个最高存在者会构成什么样的概念，我们是否为了一个目的就必须承认他的存在，这个目的是纯粹实践理性没有任何先验前提地责成我们尽一切力量去实现的，而且我们同样要为这目的努力取得单纯实践的现实性，这就是说，仅能把一种预想的结果设想为可能的。上述概念对于思辨理性来说是过于空泛了；而我们通过它赋予所设想的存在者的那些性质在客观地运用时，可能隐藏着一种神人同形论；运用那一概念的意图不在于要按照它去规定我们无法达到的那一存在者的本性，而是想要按照它去规定我们自己和我们的意志。我们可以按我们关于它的结果所形成的概念来称呼一个原因（但只在它对于这一结果的关系方面），这样做时我们不是想通过仅仅从那同一原因所认识到的并且必然由经验给予的性质去内在地规定那一原因的固有属性；同样，例如，除了其他性质之外，我们还可以把一种运动力（vim locomotivam——推动的力量）赋予灵魂，因为身体的运动现实地存在着，其原因存在于灵魂的表象中。但我们把运动力赋予灵魂时，并不因此就打算把我们所认识到的唯一的一种运动力（即引力、压力、推力，亦即总是要以一种在空间中扩展的存在物为前提的运动）归于灵魂。我们正是必须以同样的方式假定，有某物包含着一种必然的道德性的终极目的之可能性和实践的现实性的根源，或者说可实行性的根源。但按照从那里所期待的结果的性质，我们可以把这“某物”设想为一个按道德律令统治世界的有智慧的存在者。但按照我们的认识能力的性质，我们又不得不把它设想为不同于自然的诸事物的原因，这样做的唯一目的是表达出一种关系，这种关系即是这一超乎我们一切认识能力的存在者与我们实践理性的对象的关系。但我们这样做并不意味着想要以此在理论上把我们所熟知的这类唯一的因果作用，亦即知性和意志赋予这一存在者。不仅如此，甚至关于涉及作为我们的终极目的的东西时，我们认为存在于这一存在者中的因果作用，我们也不打算从客观上把它与涉及自然及其一切一般合目的性时的因果作用区别开来。反之，我们仅仅是假设可以把这种区别视为对于我们的认识能力的性质具有主观的必要性，而且只对反思判断力有效，不是对客观的规定的判断力有效。但问题一旦涉及实践问题，这样一种范导性原理（为了聪明或者智慧）就指导我们按照某种作为目的的东西去行动，由于我们的认识能力的性质，这种目的只能被我们以某种方式设想为可能的，这样，这一范导原理同时就成为构成性的了，也就是说，成为实践的规定性的原理了；而那同一原理绝不是判断事物的客观可能性的理论上的规定性原理（或者换句话说，那并不意味着我们的思维能力所认识到的可能性的唯一方式也可以被归于我们思想的对象），而是反思判断力的运用中单纯范导性的原理。

说明

这种道德证明在任何意义上都不是一种新发现的论证根源，充其量也不过是被重新讨论的旧证明。因为它的胚芽在人类理性能力最初萌生之前就存在于其中了，而且随着理性能力的发展进化不断成长和发展。在人类开始反思正义和邪恶之时——在某一时代，那时人类对于自然的合目的性还熟视无睹，他们利用这种合目的性时并不想象除了自然的常规过程之外还有什么东西存在——一种不可避免的判断就必然要迫使人们接受：一个人的行为是诚实还是虚伪，是合乎情理还是粗野蛮横，到他行将就木时，虽然至少就人们所看到的而言，他的德行并没有给他带来福祉，他的罪恶也没有遭到惩罚，但结果永远不会完全一样的。情况将是：人们似乎在自身之中听到了一种声音。这声音所说的是：那必然要有所不同。因而也必然会有关于某种东西的尽管是模糊的想法，这种东西是人们感到自己必须去追求的，并且这种东西是与这样一种结果会完全不一致，或者，当他们把自然世界的进程视为诸事物的唯一的秩序时，他们就不能使他们心灵的内在的合目的的情调与那种东西统一起来。现在即使人们对于纠正这样一种不合规律性（这种不合规律性对于人类心灵来说必然远比人们想要以之作为判断自然之原理的盲目有偶然性要可厌得多）的方式可能形成的各种看法是粗糙的，也只有一条人们能够凭借它把自然与寓居于他们心中的道德律令的和谐设想为可能的原理。那就是按道德律令统治世界的最高原因这一原理。因为一种作为义务摆在人们面前的内在的终极目的与没有最后目的的外在的自然——虽然在自然中上述终极目的也应该实现——是明显对立的。关于那一世界原因的内在性质人们能够酝酿出一些毫无意义的东西，而那统治世界的道德关系却总是始终如一，对于最质朴的理性都是普遍可以理解的，这当然是就那种理性被视为实践理性而言，尽管思辨理性远不能与之携手前进。此外，看来很可能的是，正是这种道德兴趣首先激起了对于美和自然目的的注意，而这种注意又可有力地加强上述终极目的或最高原因的观念，尽管不能为它提供基础，它（对美和自然目的的注意）更不能缺少道德兴趣；因为只有在对于终极目的的关系中，对于自然目的的研究才能获得那种直接的兴趣，这种兴趣在对自然的惊赞里不顾任何从中产生的利害关系而令人瞩目地显示出来。

第89节　道德证明的应用

在我们的一切超感性观念方面，理性被限制在它的实践运用的各种条件上，这一点在涉及上帝的观念时具有明显的用处，因为它防止了神学迷失在**通神论**的迷雾之中（即迷失在使理性错乱的虚幻空洞的概念之中），或者陷入**神魔迷信**之中（即陷入一种对于最高存在者的神人同形说的表象方式之中）；它也使宗教不致陷入妖术之中（妖术是一种狂热的梦幻，幻想能够从其他超感性存在者那里获得情感，同时又可以反过来对它们产生影响），或者陷入偶像崇拜之中（偶像崇拜是一种迷信的幻想，幻想可以通过不同于道德信念的其他手段使最高存在者满意[1]）。

有些人要论证感官世界之外还存在着什么，如果我们允许这些人的虚荣或狂妄在理论上去决定哪怕一点点事情，以便扩展我们的知识，如果允许人们以任何浪言大话去侈谈神的本性的存在和性质，侈谈神的知性和意志，侈谈这两方面的规律以及从中引申出来的属性和对于世界的影响，声称对这一切都有洞见：那我就要知道，人们想把理性的僭越限制在什么地方和何种界限之内，因为不管那种洞见是从什么根源产生出来的，它还是期望由此而能够再行扩展（正如人们所认为的那样，只要我们努力反思即可）。对于这种要求的限制必须按一种特定的原理而实现，因为我们发现，只求助于我们关于一切这类尝试到目前为止都失败了这种实际经验是不够的，这是由于这里并没有一种反之就会取得更好结果的可能性的例证。但这方面唯一可能的原理是：或者承认在与超感性事物相关时，没有任何东西能够从理论上被规定（除非只从否定的方面），或者假定我们的理性包含着一种尚未被利用的谁也不知道有多么广大的丰富矿藏，留待我们和我们的

[1] 在实践的知性中，偶像崇拜还是一种宗教，这类宗教想象最高存在者具有一些属性，按照这些属性，某种不同于道德的东西可能成为适当的条件，这种条件使得人所能做的事情与他（最高存在者）的意志相符。因为不管从理论的观点看来人们对于那种概念的形式的理解可能有多么纯粹而不带任何感性形象，但从实践的观点来看，由于那些属性，那种概念就被描绘为一种偶像，这就是说，最高存在者的意志的属性按照神人同形说被描绘出来。——原注

后继者用以扩展我们的知识——但谈到宗教，亦即与作为立法者的上帝有关的道德：那么，如果说关于上帝的理论知识必须先行，道德就必须指向神学，而且，不仅要引入一种来自一个最高存在者的外在的任意性立法来代替理性的内在的必然性的立法，而且在最高存在者的立法之中，我们对于神的本性的洞见的一切缺点都必然要延伸到道德律条，这样一来就使宗教成为非道德性的，并从而被败坏了。

在关于来世生活的希望方面，我们完全可以求助于那终极目的——这终极目的是我们按道德律令的规定必须要达到的——采用它作为理性决定我们的使命时的指导线索（这种理性的决定只在实践的关系中才被看作必然的，或者被看作值得采纳的）。但是如果我们不这样做，而是求助于我们的理论认识能力，那么在这方面心理学就会面临与上述神学同样命运。那只能提供一个关于我们的能思维的存在者的一个否定性的概念：即是说，他的内在感官的行为和现象没有一种可以从物质上得到解释；因而关于能思维的存在者的特殊性质及其人格在死后的继续或消亡，都不能由我们全部的理论认识能力从思辨的根据得到进一步的确定的判断。因此，这里的一切都留待于对我们的存在的目的论的判断，这种判断要从实践上必然的观点出发来进行，要依赖我们的存在仍要继续的假设，以此作为由理性绝对地赋予我们的终极目的所要求的一个条件。于是在我们的否定性的结论里我们立刻就看出了一种收获——这种收获初看起来无疑又显得像是一种损失。因为正如对于我们来说神学永远不能变成通神论（Theosophie）一样，理性、心理学也永远不能变成圣灵学（Pneumatologie），成为扩展我们知识的一种科学，另一方面，理性心理学也不会有堕落为任何一种唯物论的危险。正相反，我们看到理性心理学确实只是一种内在感官的单纯的人类学，亦即对我们生命中思维着的自我的认识，而且作为理论认识也始终只能是经验性的。但涉及我们永恒存在这个问题时，理性心理学根本不是一种理论科学。它建立在一种道德目的论的单一推理之上，正如它的运用的全部必然性都来自作为我们的实践使命的道德目的论。

第90节　上帝存在的一种目的论证明中保证真实的方式

首先，每一个证明，不管它可能（像通过观察或试验的证明那样）是通过应该被证明的东西的直接的经验表象而进行的，还是由理性通过先验原理而进行的，都要求它不是去劝说（uberreo de），而是要使人确信，或者至少产生使人确信的影响，这就是说，其论证根据或结论不单是一种主观（感性的）赞同（单纯的假象）的规定根据，而是客观有效的、知识性的逻辑根据，否则知性就是被迷惑而不是被说服了。上述所说的假象的证明是在自然神学中提出来的，它可能怀有良好的意图，但总是故意掩饰它的弱点。关于自然事物按照目的原理产生的一大堆证据罗列在我们面前，却利用人类理性的单纯主观的根据。人类理性倾向于适应它自己的意向，不管什么地方，只要它这样做而不会产生矛盾时，都只考虑一条原理而不是更多的原理。同时，在这一原理中碰到为规定一个概念（而产生的）一些或更多的要求时，就把另外一些也考虑进来，以便以一种随意的补充来完善事物的概念。因为很自然，如果我们所遇到的如此众多的自然产物都向我们显示出有一个理智的原因，那我们为什么不假设这是一个单一的这类原因，却宁愿假定一大批这样的原因呢？而且，为什么在这个原因中只设想到一个伟大的理智、力量等，而不宁愿赋予他以全智全能的特性，一言以蔽之，就是把他看作一个包含着对一切可能的事物的这类属性的足够根据的存在者？而且，为什么不继续下去，不仅赋予这个单一的全能的初始存在者以对于自然规律和产品均属必要的理智，而且赋予他以属于道德性的世界原因的最高的道德的和实践的理性呢？因为对于这一概念的这种完善为我们提供了一条原理，这一原理能满足洞察自然和道德智慧的共同需要，而且不会有甚至无足轻重的反对意见被提出来去否定这种观念的可能性。如果在这种论证的过程中，心灵的道德发条被触动了，而那活跃热烈的兴趣又以一切雄辩术的力量去补它们——它们完全值得享有这种雄辩术的力量——这样就会从中产生出一种对于论证客观上充足的说服力和一种（在运用这种论证的大多数场合）甚至是有益的幻想，这种幻想超越于一切对它的精确的逻辑考察，而且事实上它讨厌并反对逻辑的批评，好像它是从某种亵渎神灵的怀疑论根源产生出来的。如果我们只考虑公众的方便，这里就说不出什么来反驳这一切。但这不能也不应该阻止我们去把证明分解为这一论证所包含的两种不同性质的要素，即分解为属于自然目的论的要素和属于道德目的论的要素，因为这两种要素的混杂会妨碍我们认清这个证明的真正关键所在，以及其中的哪些部分必须修改，怎样修改，以便使这个证明在严格的检验面前能够保持其有效性（甚至在某一部分中不得不承认我们理性洞察力的弱点时）。因此，哲学家（假设他甚至把诚实的要求看得微不足道）发现揭露这种混杂可能产生的幻象乃是他的义务，即使这幻象是有益的。他必须把单纯劝说的问题与以证明使人确信的问题分离开来——这两种赞同的方式不仅有程度上的差别，而且有性质上的差别——以便能够以最大的纯洁性公开地表现出心灵在这一证明中所采取的态度，并使这一证明坦率地受到最严格的检验。

但一个意在使人确信的证明又可能分为两种。一种意在决定对象本身是什么，另一种意在决定对象对于我们意味着什么，这就是说，对于我们（一般人），按照我们据以必然地判定的理性原理，对象意味着什么。换言之，证明可以是就实在而言（χατ' αληθειαν——诉诸实在的客观的）的证明，也可以是就人而言（χατ' ανθρωπον——诉诸人的主观的）的证明，后面这个词（ανθρωπον——人）是指广义上的人，亦即抽象的人。在前一种情况下，证明是以规定的判断力的充足原理为基础的，在第二种情况下，证明是以反思判断力的充足原理为基础的。在后一种情况下，如果证明仅仅建立在理论之上，它就永远不能使人确信。但如果它建立在一种理性的实践原理之上，因而也就是建立在一条普遍的而且是必然的原理之上，它就很可以提出对于确信的要求，这种确信从实践的观点看是充足的，这就是说可以提出对于一种道德上的确信的要求。但一个证明只要把我们引上确信之路，即使并没有产生确信，也会趋向于使人确信。发生这种情况只是因为证明包含着确定的客观根据，这种根据虽然还不足以产生确定性，但仍然属于如下这一类：它不仅作为判断的主观根据为说服人服务。

一切理论的论证根据有以下几种：1. 对于通过逻辑上严密的三段论推理的证明是充分的；2. 在非三段论推理的场合，对于类比推理是充分的；3. 如果甚至连这种类比推理也没有，对于概率性的判断是充分的；4. 最后，就是最无足轻重的，对于作为假设的一种仅有可能性的解释根据是假定的充分的——现在我要说：一切导致理论确信的论证根据，毫无例外地都无力产生任何一种上述类型的确信，从其最高的一等直到最低的一等，因为这里需要被证明的命题是一个原始存在者的真实存在，这一存在者被看作与这一概念的全部内涵相适应的一个上帝，这就是说，被看作世界的道德性的创造主，并且因而通过他创造的终极目的同时就被规定下来。

（1）关于从普遍走向特殊的逻辑上合适的证明，在《纯粹理性批判》中已有充分的说明。对于一个必须到自然之外去寻找的存在者的概念，我们不可能有一个相应的直观。就这一概念必须由综合性的谓词从理性上予以规定而言，这一概念对于我们来说永远是一个可疑的概念。因此，绝对不可能有对于这样一种存在者的认识（通过这种认识我们的理论知识的范围丝毫也不会扩大），一个超感性存在者的特殊概念也不可能以任何方式被归属在有关事物本性的普遍原理之下，以便从普遍原理推导出那一特殊概念；因为那些原理只对作为感性对象的自然才有效。

（2）在两种不同事物的场合，我们当然可以把一个与另一个相类比[1]来思考，而且甚至可以在它们的不同之点上这么做；但它们互不相同这一点我们却不

[1] 类比（从质的意义上说）是根源和后果（原因和结果）之间的关系的同一，当然，这要在如下条件下：即尽管不同事物之间有着特殊差异，或者在那些事物本身中（即不依赖于那种关系）所认识到的产生出相似后果的原因的那些性质之间有特殊的差异，但上述同一性仍然存在。例如，如果我们把动物的艺术行为（Kunsthandlungen）与人的同类行为作一对比，我们就认为动物的艺术行为的这种结果的未知根源可以和人类行为所产生的（亦即理性所产生的）相似结果有已知原因相比拟，把动物的行为看作理性的类似物。我们想以此指出：动物的艺术能力的根源被我们冠以本能之名，实际上与理性有着特定的差异，但对于其结果来说却仍然具有类似的关系（请把海狸的建筑与人类的建筑作一比较）。但我不能因为人在他的建筑中使用了理性，也就由此事实得出结论说海狸也一定有理性，并称这为一种类比推理。但如果我们把动物的相似的操作方式（这种操作方式的根源我们不能直接觉知）与人的操作方式（这种操作方式的根源是我们直接意识到的）作一比较，那么从这种比较中我们可以相当正确地推论出，根据类比，动物和人一样也是按表象行动的（动物不是像笛卡儿所主张的那样是一些机器），而且尽管动物与人在种类上有其特殊的差异，但它们也是有生命的存在物，作为这样的存在物与人是同类的。使我们有权做出这种推论的原理在于如下事实中：我们恰恰有理由在这方面把动物放在与人同一种类之中，正如我们站在人类之外观察人类并比较他们的行为时，看到他们彼此相似，就有理由把他们算在同一个种类之中。这就是所谓同理（par ratio——同样理由）。同样，如果我们把最高世界原因在这个世界上的各种合目的性的产物与人类技艺的作品相比较，也可以在与一个理智的类比中来设想最高的世界原因，但我们不能按照类比在世界原因中推论出人的这种属性；因为这里恰恰缺乏这一种推理方式的可能性的原理，也就是缺乏把最高存在者与人（在其各自因果作用的关系上）都算在同一个种类中的同样理由（paritas rationis——理由同等）。世界上各种生物的因果作用，就像通过知性的因果作用一样，永远是受感性条件限制的，是不可能转移到一个具有如下性质的存在者身上去的：这一存在者与人除了都是一般存在物之外在种类概念上没有任何共同之处。——原注

能按照类比从一个推论到另一个，就是说，我们不能把特殊差异的标记转移到另一个上面去。例如，根据物体之间互相吸引和排斥之中作用和反作用相等的规律的类比，我可以想象一个由法律规则管理的共同体的成员的社会关系，但我却不能把前者的特殊形态，即物理上的吸引和排斥转移到这些关系上来，并归于那些公民，以便构成一个被称为国家的体系。同样，我们可以把原始存在者的因果性在其与世界事物的关系上看作自然目的，而按照与一个理智的类比，则完全可以被设想为我们称之为艺术作品的某些产物的形式的根源（因为这样做只是为了我们的认识能力的理论运用和实践运用，在处理世界上各种事物时必须利用这种概念）。说到世界上的存在物，我们必须把一个理智赋予被视为人为结果的原因，但我们完全不能由此借助于类比在与自然的关系上推论出：我们在人身上觉察到的（对于自然的）因果作用同样也属于完全不同于自然的存在者。因为这里正好关系到涉及其结果时受到感性限制的原因与一个超感性的原始存在者之间的不同点。这种不同点就包含在这一超感性存在者的概念之中，而那不同的特征却不能转移到他身上。我们应该只按与一个理智（除了受到感性限制的人类之外，我们不能在其他任何存在物上面看到这种能力）的类比来设想神的因果作用，但这里却存在着一个禁令，禁止我们把本来意义上的知性赋予上帝。[1]

（3）在先验的判断中，意见是完全没有地位的。先验的判断要么会使我们认识完全确定的某种东西，要么完全不能使我们认识任何东西。但即使已被给予我们的、作为出发点的论证根据（例如这里关于世界上的各种目的论证根据）是经验性的，它们仍然不能帮助我们形成超越于感性世界之上的意见，而且对于这样鲁莽的判断我们没有权力提出最低限度的概然性的要求。因为概然性是某一根据系列中可能的确定性的一部分（那可能性的根据在这系列中与确定性的充足根据形成比率，就像部分与整体形成比率一样），这里不充足的根据必须有可能被补充到充足的程度。但这些根据作为同一个判断的确定性的规定根据，必须是同一种类的，因为否则它们就不能共同形成一个量（确定性就是这样的），这样一

[1] 这对于我们关于这一存在者与世界的关系的表象没有丝毫损失，这当然是就由一概念所引申出的理论的以及实践的结果而言。意欲研究这一存在者本身是什么，纯然是一种无谓之举。——原注

个组成部分就不能处于可能的经验范围之内，而另一组成部分则超越一切可能的经验之外。因而由于纯粹经验性的论证根据不可能导致任何超感性的东西，也就没有什么能补充这一经验系列的不完善性。所以在追求超感性世界和关于它的知识的尝试中，从这种论证根据出发，是不可能出现一点点近似值；因而在一个关于超感性世界的判断里，通过从经验得来的论据是不可能得到任何概然性的。

（4）如果有什么东西应该充当解释某一给定现象的可能性的假设，那么这种东西的可能性至少必须是完全确定的。在一个假设的情况下，如果我们放弃实在性的知识（在作为可能而提出来的意见里这种实在性是要被肯定的），我们的损失就够多了，除此以外我们不能再付出更多的代价。至少我们使之成为一种解释的基础的东西的可能性必须是毋庸置疑的，因为否则那空洞的幻象就漫无止境了。如果我们设定一种按某一概念而规定的超感性存在者的可能性，那将是没有任何根据的想当然，因为这里在涉及依赖于直观的要素时，认识所需要的条件中没有一个是被给予的。因此，留给我们作为这种可能性的标准的一切都只是矛盾的原理（这种原理只能证明思想的可能性而不能证明思维对象本身的可能性）。

由此得出的结果就是：关于一个作为神的创世者的存在，或者一个作为不灭精神的灵魂的存在，对于人类理性来说要从理论上得到任何一种证明——哪怕是为了得到最低限度的保证——都是绝对不可能的。对此有着完全可以理解的理由，因为对于规定超感性事物的观念，我们完全缺乏必要的质料，这是由于我们必须从感性世界的各种事物中抽取那种质料，而感性世界的性质会使质料根本不适应于那种超感性对象。因此，由于缺乏一切规定性，我们就只剩下某种非感性事物的概念了，这种非感性事物包含着感性世界的最后根据。这一概念并不能构成关于非感性事物的内在性质的知识（作为对这一概念的扩展）。

第91节 通过一种实践信仰而产生的确信方式

如果我们只着眼于某物对于我们（按照我们的表象能力的主观性质）如何能够成为认识对象（res cognoscibilis——可认识的东西）的方式，那么在这种场合里我们就不是把概念与对象相比较，而仅仅是把概念与我们的认识能力及其运用相比较，这里所说的使用是指它们可能从理论观点或实践观点来利用所给予的表象。而那个问题，即某物是否是一个可认识的存在者，就不是一个涉及事物本身的可能性的问题，而是涉及我们对它们的认识的可能性的问题了。

可认识的事物有三种：可发表意见的事件（opinabile——可发表看法的）；实际事件（scibile——可认知的）；信仰的事件（mere credibile——可相信的）。

（1）单纯的理性观念的对象，这种对象对于理论认识不可能在任何一种可能的经验里被表象出来，在这个范围内它们是完全不可认识的事物，并且因此我们甚至不可能形成关于它们的意见。因为先验地形成一种意见从表面上看起来就是荒谬的，而且径直通向纯粹的幻象。因而，或者我们的先验命题是确定的，或者它完全没有保证性的要素，二者必居其一。所以，可发表意见的事件总是一种经验知识的对象，这种经验知识至少有其内在的可能性。这类事件是属于感性世界的对象，但由于我们所具有的经验能力的有限程度，这类对象对于我们不可能构成一种经验知识。因此，我们当代物理学家们所说的以太，一种弹性的，贯穿其他一切物质（与这些物质彻底地混合地一起）的液体，只是一种可发表意见的事件，但它总还是如下这一类事物：如果我们的外感官敏锐到最高程度，它是有可能被觉察到的；但它却不可能在任何一种观察或实验中被表象出来。可以假设其他星球上也居住着有理性的居民是一种可发表意见的事件，因为如果我们有可能接近那些星球（这类事情本身是有其可能性的），我们就可以通过经验来判定那里是否有这样的居民；但因为我们永远不会如此切近地观察那些星球，这类假设就始终只是可发表意见的事件。但怀有这样一种意见：在物质的宇宙中存在着纯粹的没有躯体的能思维的精神，这种意见就只能是一种虚构了（我的意见是，假如我们尽可能不去注意被冒充为这方面的真实现象的话），而且完全不是可发表意见的事件，而只是一种纯粹的单纯的观念了。那就是当我们从一个能思维的存在者身上抽去一切物质性的东西并且还让它继续思维时，所剩余之物。但在我们把一切都抽去之后，思维（我们只能从人身上认识到思维，也就是说，我们只能从思维与肉体的结合中认识到思维）是否还存在，就是一个我们无法解决的问题了。这样的东西是一种虚构的存在物（ens rationis ratiocinantis——推想出的理性存在者），不是一个理性的存在物（ens rationis ratiocioatae——推理的理性存在者）。在后者的情况下，可以充分证明理性存在者的概念的客观实在性，至少对于理性的实践使用是足够的，因为理性的实践使用有其独特的无可置疑的先验原理，实际上它也要求（设定）那样一种概念。

（2）其客观现实性可以被证明的概念有相应的对象，这类对象是实际事件（res facti——实在的东西）[1]。这类证明可以由纯粹理性或经验来提供，在由纯粹理性证明时，可以由理性的理论材料或实践来提供，但在两种情况下它都必须借助于与概念相应的直观来实现。实际事件的诸例证是几何学中量的数学性质，因为它们对于理性的理论运用容许有一种先验的表象。此外，那些能被经验（不管是个人的经验，还是他人的经验）证实的事物或事物的性质也都属于实际事件。但特别值得注意的是，在实际事件中甚至也有一种理性观念（这类观念本身没有任何直观表象，因而其可能性也不可能有任何理论的证明），这就是自由的观念，它的现实性作为一种特殊的因果性（这种因果性的概念从理论的观点看来是虚幻空洞的）可以通过纯粹理性的实践规律得到证实，也可以在按这些规律而发生的实际行动中，亦即在经验中得到证实。在纯粹理性的一切观念中，这是唯一的一个其对象是一个实际事件并且必须被归入可认识的事物中。

（3）那些必须在与纯粹理性合乎义务的运用（不管是作为结果，还是作为根源）的关系中被先验地思考，但对于理性的理论运用却显得空洞虚幻的对象，只能是信仰的事件。属于这一类的有世界上通过自由而实现的最高的善，这一概念的客观现实性不能在任何一种对于我们是可能的经验里得到证明，因而也不能满足理性的理论运用的要求，而同时我们却被命令把这一概念用于以尽可能最好的方式通过纯粹实践理性实现那一目的的活动，因此它必须被设定为可能的。这种根据命令要取得的结果，连同我们能思考的它的可能性的唯一的条件，即上帝存在和灵魂不灭，就是信仰的事件（res fidei——相信的事），而且是一切对象

[1] 这里我把实际事件的概念扩展到这个术语的通常意义之外，而且我认为这是正确的。因为如果我们谈论的是事物对我们的认识能力的关系，那么把这一词语限制在实际经验上就是不必要的，甚至也是不可行的；而如果我们谈论的是作为一种确定的知识的对象的事物，一种可能的单纯经验就足够了。——原注

中唯一可以被这样称呼的[1]。因为虽然我们必须相信只能通过证明从他人的经验中得到证明的东西，但这类东西本身并不因之就是信仰的事件；因为就那些见证人之一而言，这类事件只是个人的经验，而且是实际事件，或者要被设定为是这样的。此外，通过这条路径（历史信仰的路径）达到认识，必须是可能的；历史和地理的对象，像一切根据我们的认识能力的性质至少是可认识的东西一样，不属于信仰事件，而是属于实际事件。只有纯粹理性的对象或许可能成为信仰事件，但不是作为单纯的纯粹思辨理性的对象；因为这并不能使它们可靠地被归属于那类事件之中，所谓那类事件是指我们可以认识的对象。它们是一些观念，我们不能从理论上保证它们的客观实在性。与此相反，需要由我们去实现的最高的终极目的——这也就是使我们能有资格成为创造的终极目的本身的东西——是一个观念，这一观念在实践的关系中对我们具有客观实在性，并且是一种事件（Sache）；但因为我们不能从理论的观点为这一概念取得客观实在性，它就只是纯粹理性的单纯的信仰事件，上帝与灵魂不灭就属于这一类，它们是唯一的条件，在这些条件之下，我们才能按照我们的（人类的）理性的性质去思考我们的自由的合规律的使用的那种结果的可能性。但信仰的事件中的确信乃是纯粹实践方面的确信，也就是一种道德信仰，它对于理论上的纯粹理性知识什么也不能证明，而只是对于实践上的纯粹理性知识有所证明，并且指向其义务的实现。它决不扩展思辨或由自爱原则而来的实践的明智规律（Klugheitsregeln）。如果一切道德律令的最高原则是一种假设，那么，与此同时就设定了它的最高对象的可能性，因而也就设定了我们在其下才能设想这种可能性的条件。但并没有使对这种可能性的认识成为关于这些条件的存在或本质的任何知识或意见——作为理论知识的一种方式——而只是单纯的假设，局限于实践的事件方面，这些假设是为了我们的理性在道德上的运用而指令我们为实践的利益而做出的。

如果我们能在表面上以自然目的论在我们面前罗列出来的如此丰富的自然目的为基础，形成一个有理智的世界原因的一个确定概念，那么这一存在者仍然

[1] 但信仰的事件并不因之就是信条（Glaubenssachen），如果我们把信条理解为我们有责任去遵守（内在地或外在地）的教义；因而这里不包括自然神学。因为它们作为信仰的事件本身不可能（像实际事件那样）建立在理论证明之上，因此这里的确信是一种自由的确信，而且只是因为如此它才可能与主体的道德相结合。——原注

不能成为信仰的事件。因为这不是为了履行我们的义务而做出的假设，而只是为了解释自然而做出的假设，因而它只是适应我们的理性的意见和设定。这里上述目的论决不能导致关于上帝的一个确定的概念。相反，这样一种概念只能在这个世界的道德性的创造主的概念中找到，因为只有这个创造主才能规定最后目的，只有在我们按照道德律令赋予我们作为终极目的——因而是作为义务交付给我们的——东西而生活时，我们才能使自己从属于这一终极目的。因此，只有通过对于我们的义务的对象的关系，作为实现那一终极目的的可能性条件，上帝的概念才在我们的信念中——作为信仰的事件——获得想象的优越性。另一方面，这同一概念并不能使它的对象像实际事件那样有效，因为虽然义务的必然性对于实践理性是相当清楚的，但由于其终极目的完全不在我们的掌握之中，因而终极目的的实现只能是为了我们理性的实践运用而设定的，从而就不像义务本身那样在实践上是必需的。[1]

信仰（作为habitus——习惯，不是作为actus——行动）是理性对某些事物的确信中的道德性的思想方式，所谓某些事物是指那些理论认识所达不到的东西。因此，信仰是心灵的坚定原则，按照这一原则，那必须被预先设定为最高的终极

[1] 道德律令责成我们去促其实现的终极目的不是义务的根源，因为这种根源存在于道德律令之中。而道德律令作为形式的实践原理无条件地行事，不顾欲求能力的对象（意志的质料），因而也就是不顾任何一种目的。我们的行为的形式上的性质（我们的行为对于普遍有效性的原理的从属关系）——我们的行动的内在价值就在于这种性质中——完全在我们自己的掌握之中；我们很容易把我们必须按那种道德律令去促其实现的目的的可能性或不可实现性都抽掉（因为其中只有我们的行为的外在价值）。因此我们把它们作为超出我们的能力的东西排除在考虑的范围之外，以便把注意力集中在我们能够掌握的东西上面。但追求一切有理智的存在者的终极目的的愿望（即可能与义务协调一致的幸福），正是由义务规则托付给我们去实现的。但思辨理性却根本看不到这一愿望的可实现性（不管是从我们自己的物理能力来看，还是从自然与我们合作的角度来看）；相反，思辨理性没有做出上帝存在和灵魂不灭的假设。它必然认为指望单纯的自然（我们内部的自然或我们外部的自然）从这种原因出发会得到我们善意行为的结果，是毫无根据的、没有意义的（尽管意图是良好的）期望；而且如果它能够完全确信这种判断，它就会把道德律令本身看作我们的理性在实践方面的纯粹欺骗了。不过思辨理性完全确信这种情况永远不会发生；反之，那些其对象超乎自然之上的观念是可以被无矛盾地思维的，因而为了它自己的实践规律以及由此而被赋予的任务，亦即为了道德方面的考虑，必须认为那些观念是真实的，以免陷入自相矛盾的境地。——原注

目的可能性的条件的东西的真实性，由于我们对那终极目的的所负有的责任，就要假设为真实的了[1]——虽然我们不能看到它的可能性，但同样也不能看到它有不可能性。信仰（在这个词的清楚明确的意义上来说）是一种对于达到某种意图的信赖，促进这一意图的实现乃是一种义务，但达成这一意图的可能性却是我们无法看到的（因而也就看不到我们只能设想为它的条件的东西的可能性）。因此，与一些特殊的对象——这些对象不是可能的认识对象，也不是可发表意见的对象（在后一种情况下信仰，特别是在历史领域，就必须被称为轻信，而不能被称为信仰了）——相关的信仰完全是道德性的。它是一种自由的确信，但不是对于为了理论的规定性判断力而能找到教条式证明的任何事物的确信，也不是对于我们认为是义务的事物的确信，而是对于我们为了一个目的按照自由的规律所设定的东西的确信。但并不意味着它是像一种没有充足理由的意见而被采纳的，相反，它在理性中有其基础（虽然只涉及理性的实践使用），而且是一种可满足理性的意图的基础。因为如果没有确信，在道德态度与理论理性发生冲突，不能满足理论理性对于证明道德对象的可能性的要求时，它就会失去其坚定性，摇摆于实践的要求和理论的怀疑之间。不轻信（unglaubisch）就是执着于不相信一般证据的准则；而如果一个人因为上述理性观念的现实性缺乏理论基础就拒绝承认那些理性观念的有效性，他就是没有信仰的（unglaubig）。因此他就是教条式地进行判断。但一种教条式的无信仰不可能与思想方式中占主导地位的道德准则并存（因为理性不能要求一个人去追求被认为仅仅是幻象的目的）；但存有怀疑的信

[1] 信仰是对于道德律令的许诺的一种确信；但这种许诺不能被认为原来就包含在道德律令本身之中，而应被看作是由我们引入其中的，而且这种引入是有着足够的道德根据的。因为一种终极目的是不能由任何理性规则来提供的，除非理性（尽管是不确定地）也许诺了终极目的是可达到的，而且同时使我们有权确信那唯一的条件的可靠性，唯有在这种条件之下，我们的理性才能想象终极目的的可达成性。拉丁文fides（信心、确信）一词表达的就是这个意思；而且看来可疑的是：这一表达式和这一特殊的观念怎么会在道德哲学中占有一席之地，因为它最初是与基督教一起被引进来的，而且它被接受看来也许是对于基督教语言的谄媚的模仿。但这不是发生如下情况的唯一场合：在这样的场合里，这一神异的宗教在其陈述的鲜明的简洁性中以一些比道德本身一向所能提供的远为明确和纯净的概念丰富了哲学。不过，一旦这些概念被发现，它们就被理性自由地批准了，理性采用它们作为它自己完全能够达到的那些概念，而且这些概念也是它可以和必须引入的。——原注

仰却可以与上述准则并存。因为就这类信仰而言，缺乏具有思辨理性根据的确信（我们的）只是一种这样的障碍，这种障碍可以因对思辨理性的局限的批判认识而消除它对于（我们的）行为的影响，而且能以一种占优势的实践性的确信来代替怀疑。

如果我们想以另一种原理来代替哲学中某种错误的尝试并对它产生影响，那么，看到那种尝试怎样以及为什么注定不会成功，就会得到很大的满足。

上帝、自由和灵魂不灭是这样的一些问题：一切形而上学的准备都针对着这些问题的解决，并把这当作其最后的和唯一的目的。人们相信，关于自由的学说只作为否定的条件对于实践哲学才是必要的，与此相反，关于上帝和灵魂性质的学说却属于理论哲学，必须独立地分别地予以证明，以便然后那两个概念中的每一个又与道德律令（道德律令只有在自由的条件之下才是可能的）所提供的东西相结合，并从而产生一种宗教。但我们立刻就可以看出，这种尝试是注定要失败的，因为从一般事物或一个必然存在者的单纯本体论概念出发，我们绝不可能形成一个具有如下特点的原始存在者的概念：这一原始存在者要被可在经验中给出的谓项所决定，并因而能够归属于认识；但如果这一概念建立在自然的物理方面的合目的性的经验之上，那么它就不能提供对于道德的充足的证明，因之也就不能提供对于认识上帝的证明。同样，由经验而来的有关灵魂的知识（这种知识我们只能在今生取得）不能构成一个关于灵魂的精神性的永不灭亡的本质的概念，亦即不能构成一个能满足道德的概念。神学和灵魂学（Pneumatologie），作为适应于一种思辨理性的科学的问题，由于它们的概念对于我们的一切认识能力都是空洞虚幻的，从而也就不可能通过任何经验性的材料或谓项建立起来——上帝以及灵魂（就其永生不灭而言）这两个概念，只能由如下一类谓项来加以规定：这类谓项虽然本身完全是从超感性根源取得其可能性的，但却必须在经验中证明其现实性：因为只有这样它们才能使对于完全超感性的存在者的认识成为可能——在人类理性中能够发现的唯一的这类概念，就是服从道德律令同时也服从理性通过道德律令所规定的终极目的的人的自由的概念。通过道德律令和终极目的，神学把包含着两者（上帝和灵魂）的可能性的必然条件的属性赋予自然的创造者，灵魂学则把同样的属性赋予人类：这样从这种观念里就可推论出上帝和灵魂的存在与本性，否则上帝和灵魂对于我们是完全隐而不见的。

因此，单纯以理论方式证明上帝存在和灵魂不灭的企图之所以失败的根源就在于：如果沿着自然概念的道路前进，超感性世界的知识就是不可能的。与此相反，如果沿着道德的道路前进，亦即沿着自由概念的道路前进，就有了证明之所以成功的理由，因为从在道德中作为基础的超感性的东西（即自由）中可推导出因果作用的确定规律。由于这种规律，这里的超感性的东西不仅为其他超感性事物的知识（即道德性的终极目的及其可实现的条件的知识）提供了质料，同时也使它本身作为一个实际事件的现实性在行为中得到了证实。但正因为如此，它不可能提供不同于在实践观点（这也是宗教所需要的唯一的观点）上有效的其他任何有效的论证根据。

这里始终值得十分注意的是：在三种纯粹理性观念之中，即在上帝、自由和灵魂不灭这三个观念之中，自由概念是唯一的具有如下特征的超感性事物的概念：这类超感性事物可以通过它在自然中可能的结果来证明它的客观实在性（借助于其中可以设想的因果作用）。通过这一方式，它也可使其他两个观念（上帝、灵魂不灭）与自然相结合成为可能，而所有三个观念结合起来就构成了一种宗教。因此我们自己就有了一个能够规定我们内部的超感性事物的观念的原理，而且因之也可规定外在于我们的超感性事物的观念，以便构成一种知识，当然，这种知识只有从实践的观点看才是可能的。这是某种必然会使单纯的思辨哲学（这种哲学只能提供关于自由的纯然否定性的概念）感到失望的东西。因而，自由的概念，作为一切无条件的实践规律的基本概念，可以把理性扩展到所有自然概念或者说理论概念不得不绝望地局限于其中的界限之外。

对于目的论的总的说明

如果我们提出如下问题：只能把上帝存在作为实践的纯粹理性的信仰事件来证明的道德论证在哲学的其他论证中占有什么样的地位，那么哲学的全部家当也就很容易做出评估；而这又表明除了使哲学的理论能力在一种公正的批判面前自动地放弃它的一切要求之外，别无其他选择。

一切确信必须首先建立在实际事件上，否则就会完全失去根据。因此，证明中可能出现的唯一的差别就在于：由此引申出的结论的确实性是作为理论认识的知识基于这种实际事件之上，还是只作为实践认识的信仰而基于这种实际事件之上。一切实际事件要么是属于自然概念，这种概念在先行于一切自然概念而被给予的（或可能被给予的）感性对象上证明自己的实在性；要么是属于自由概念，这种概念以与感性世界中一定的结果相关的理性的因果作用充分地证明了自己的实在性，而那些结果由于那种因果作用方才成为可能——那种因果作用是理性无可置疑地在道德律令中所设定的。自然概念（只属于理论知识）要么是形而上学的并且是完全先验的；要么是物理性的，亦即是后验的并且必然只能通过一定的经验而被思考。因而形而上学的自然概念（这种概念不以任何确定的经验为前提）就是本体论性质的。

从一个原始存在者的概念推导出的关于上帝存在的本体论证明可以采取以下两条路线之一。它可以从本体论的谓项开始，只有通过这种本体论的谓项才能使那原始存在者在思想中成为完全确定的，并推导出其绝对必然的存在；它也可以从不管是什么样的一种事物的存在的绝对必然性出发，推导出原始存在者的谓项，因为一个原始存在者通过其本身的概念（这种概念不能推导出来）就表明它的存在具有无条件的必然性，而且（为了使这种必然性可以想象）也表明它的规定性完全是由它的概念而来的。人们相信这两种要求都是一个最高的真实存在者（allerrealsten Wesen）的本体论观念之概念中的应有之义。因而就出现了两种形而上学的论证。

以单纯的形而上学的自然概念为基础的证明（本来意义上的本体论证明）从最高有真实存在者的概念推导出它的绝对必然的存在；因为如果它不存在，它就缺乏一种实在性，也就不具有存在性。另一种证明，就是被称为形而上学宇宙论的证明从任意一个事物（这一事物因为在我们的自我意识中有其存在，我们必须完全承认它）的存在的必然性出发，推导出那一最高的真实存在者的全部规定性：因为，如已被证明的那样，如果一切存在之物在所有方面都是已被规定的那绝对必然的东西——那就是我们必须认为是这样的东西，因而也就是必须先验地认识的东西——也就必须完全被它的概念所规定；不过这种彻底的规定性只有在一个最高的真实事物中才能找到。在此没有必要揭露两种推论中的诡辩论成分，因为在其他地方我们已经做过这样的事了。现在我要说的只是，这种证明虽然得到各种各样的辩证的精巧形式的维护，但它们却永远不能超出学院的范围而渗透到日常生活中去，也不能对普通的健全理智产生哪怕是最微不足道的影响。

基于一种自然概念——这种概念只能是经验性的，但仍然应该超出作为感性对象之总和的自然的界限之外——之上的这种证明，只能是由自然目的引出的证明，不可能是其他种类的证明。虽然这些目的的概念不是先验的，只能由经验给出，但这种证明却向我们预示了这样一个有关自然的原始根源的概念，这一概念在我们能够想象的一切概念之中是唯一适应于超感性事物的概念，也就是作为世界原因的最高理智的概念。实际上，按照反思判断力的原理，也就是说，按照我们（人类）认识能力的性质，这一证明是完全能够达到这一概念的。但这种证明能否为我们提供一个最高的或者说独立不依的有理智的存在者的概念，同时又被理解为一个上帝也就是服从道德律令的世界创造者的概念，因而是足以规定世界存在的一个终极目的之观念的概念，这是一个有关全局的关键性的问题；不管我们是为了认识作为总体的自然而寻找一个在理论上适当的有关原始存在者的概念，还是为了宗教而寻找一个实践概念。

这个从自然目的论引申出来的证明是值得尊重的。它对于普通知性和锐敏的思想家的信念都有同样的影响。莱马鲁斯[1]在他尚无人超过的著作中，以其特有的渊深和清晰详尽地阐述了这一思想路线，他因此而赢得了不朽的荣誉。但这种证明对于心灵所产生的有力影响的根源，特别是在冷静的理性判断（因为人们可能把由自然的奇迹所引起的心灵的激动和兴奋归于劝服）中对一种平静的完全自发的赞同所产生的有力的影响的根源究竟是什么呢？那不是自然目的，这种自然目的使一切都暗示在世界原因中有一个神秘难解的理智；这些自然目的不是合适的根源，因为它们不能满足追问不舍的理性要求。因为理性是在问：所有那些显示出艺术形式的自然事物为什么目的而存在？还有，人本身为什么目的而存在？就我们能够设想的而言，人是自然的终极目的，既然如此，在考虑到人时我们不可避免地就不能再前进一步了。自然总体又为什么而存在，它的一切资源和艺术的多样性的最终目的又是什么？如果我们假设，它被创造出来是为了享乐，

[1] 莱马鲁斯（Hermann Samuel Reimarus, 1694—1768），德国神学家和自然哲学家，沃尔夫哲学的追随者，曾从自然神论立场批评崇尚奇迹的宗教信仰，著有《为有理性的敬神者辩护》等著作，康德提到的“无人超过的著作”是指《自然宗教的最重要的真理》（*Die vornehmsten Wahrheiten der natürlichen Religion*, Hamburg, 1754）。——译注

或者是为了观赏、观察和惊赞（如果停留在这上面，那么，它们也不过是一种特殊的享乐），好像这些就是世界存在的终极目的，也是人自身的终极目的，这并不能使理性满足。因为这要预先设定一种只能由人赋予自己的个人的价值作为条件，只有在这种条件之下，他和他的存在才可能成为终极目的。如果缺乏这种个人价值——只有这种价值才可能是一个规定性的概念——自然的各种目的是不能解决这个问题的。特别是因为它们不能提供任何关于一个满足一切的（正因为如此也才是最高的——在这个词的严格意义上）最高存在者的确定概念，也不能提供它的理智据以成为世界原因的那些规律。

因此，自然目的论的证明就好像它同时是一种神学证明一样，它之所以使人信服并不是因为把自然目的这个观念用作一个最高理智的经验上的证明根据；而是由于存在于每个人心中并对人产生深刻影响的道德上的证明根据潜移默化地渗入理性中去。我们不能停留在这个在自然目的中表明自己具有不可思议的技艺的存在者身上，我们还要继续前行，赋予它以一个终极目的，因之也就是赋予它以智慧（虽然觉察到这种自然目的并不能使人有权这样做），而且因此上述论证就使它固有的缺陷得到了任意的补充。由于这一原因，事实上唯有道德的证明根据才使人信服，而且甚至道德证明也只有从道德考虑出发才能产生这样的效果，对于这种道德考虑每个人在内心深处都是赞同的。自然目的论的证明的唯一功绩就是在对世界的观察中把心灵引向目的之路，并指导心灵沿着这条道路走向一个有理智的世界创造者。在这里，道德与目的的关系以及一个类似于立法者和世界创造者的观念，作为神学概念，虽然是纯粹的附加物，看来却会很自然地从自然目的论的论证根据中生发出来。

在这里我们且任其在日常宣讲中继续下去就可以了。因为在普通的健全的理智把两种不同的原理混杂在一起，并且实际上只从其中之一推论出其正确的结论时，把它们分开需要许多反思，那么把其中一个作为不同性质的原理同另一个分割开来，一般说来对于理智就是困难的事情。但此外，对于上帝存在有道德证明严格地讲不仅仅似乎补充了自然目的论的证明以使它成为完善的证明，而且道德证明还是一种特殊的证明，补偿了自然目的论难以使人信服的缺陷。因为自然目的论的证明实际上不能做出任何超过在判断自然的根源及其偶然的但却令人赞叹的秩序时指导理性的事情（这里所说的自然秩序只能通过经验而被我们认识），并把理性的注意力引向一种依据目的而行动并因而成为自然根源的原因（由于我们的认识能力的性质，我们必须把这种原因设想为有理智的），这样也就使理性更易于受到道德证明的影响。因为道德证明的概念所需要的是如此根本不同于存在于自然概念之中或由自然概念所教给我们的任何东西，以至它要求一种特殊的完全不依赖于前面所论述过的论证根据和证明，以便充分地为一种神学规定原始存在者的概念，并推论出它的存在。如果我们在世界上找不到任何自然目的论方面的物质材料，或只能找到模糊不清的物质材料，道德证明（这种证明当然只能在我们考虑理性的实践方面——也是不可缺少的方面——时，证明上帝的存在）仍然继续保持它的全部力量。我们可以想象，某些有理性的存在者发现自己处在一个没有任何明显的有机物迹象，只有单纯粗糙的机械作用的结果性的自然之中，他们看到某些纯粹偶然的合目的的形式和关系变化无常，毫无规则，这样他们就没有任何理由推论出一个理智的创世主。在这样的自然中也没有产生自然目的论的任何动因。尽管理性在这样的自然之中得不到自然概念的任何指导，但在自由概念中，在以自由概念为基础的道德观念中，却能发现一种在实践上充足的理由，来设定一个与道德观念相适应的原始存在者的概念，也就是设定一个神的概念，并把自然（甚至包括我们自身的存在）设定为一种符合自由及其规律的终极目的，而且在这样做时还考虑到实践理性的必不可少的命令——但在现实世界中，对于生活于其中的有理性的存在者却存在着丰富的自然目的论方面的物质材料，这一事实（这一事实并不是必然的）可充作道德论证所想望的证据，这当然是就自然能够提供任何一种与理性观念（在这种场合就是道德观念）的类比而言。因为一个有理智的最高原因的概念（但这一概念对于一种神学是远远不够的）由此就获得了能够满足反思判断的实在性，但作为道德证明的基础，这一概念并不是所需要的；道德证明也不能用来补充自然目的论的证明，后一种证明本身完全不会导向道德，也不能通过按照一个唯一的一条原理继续推论来使之成为一个完整的证明。像自然和自由这样两种不同性质的原理只能给出两种不同的证明方式，因为从自然中引申出道德证明这种尝试将会被发现对于所要证明的东西是不充分的。

如果自然目的论的证明根据对于所寻求的证明是充分的，那么它也会使思辨理性十分满意；因为它会给予我们一种产生通神论（Theosophie）的希望（人们将会用通神论这个词来称呼关于神的存在及其本质的理论知识，这种知识对于解释世界的性质，解释道德律令的使命是充分的）。同样，如果心理学足以使我们达到灵魂不灭的知识，它也能打开通向神灵学（Pneumatogie）的道路，思辨理性同样也喜欢神灵学。但不管能使一种无用的好奇心的狂妄自负觉得多么满意，自然目的论和心理学都不能实现理性在理论方面的想望，所说的这种理论必须以关于事物的本质的知识为基础。但作为神学的自然目的论和作为人类学的心理学，如果都建立在道德亦即自由的原理之上，因而也就是与理性的实践运用相适应，它们是否会更好地实现它们最后的客观目的，那是另外一个问题，我们在此没有必要对它加以探讨。

但自然目的论的证明根据由于它没有也不可能为此目的提供任何有关原始存在者的充分的确定概念，因而对于神学是不够的。这样一种概念必须从完全不同的地方引申出来，或者必须指望从其他方面以任意的添加物来补充这一概念的缺陷。你从自然形式和自然关系的伟大的合目的性中推论出一个有理智的世界原因，但推论到这个理智的何等水平？毫无疑问，你不能妄称：它是可能有的最高的理智；因为做出这种论断时，你一定会看到，一个比你在世界上所觉察到的有证据的理智更伟大的理智是不可思议的：这意味着把无所不知的性质赋予你自己了。同样，你从世界的广大推论出它的创造者的一种极其伟大的力量。但你要承认，这对于你的理解能力只有相对意义，而且，因为你并不知道所有可能的事物，不能把它们与你所知道的现实世界的巨大作一比较，你就不能从如此小的标准里推出创世主的无限威力。因此这并没有使你达到任何与一种神学相适应的关于一个原始存在者的确定概念；因为这种概念只能在有关完善的整体的思想中找到，这种完善的整体可以与一个理智相适应，而在这方面单纯的经验材料不能给你任何帮助。但如果没有这样一个确定的概念，你就不可能推论出一个单一的有理智的存在者，而只能假设这样一个存在者（不管为了什么目的）。当然，人们可以很容易给你任意补充的自由（因为理性提不出什么有效的反对意见）；在遇到如此众多的完善性的地方，人们完全可以假设所有的完善性在一个唯一的世界原因里是结合在一起的；因为理性能够在理论和实践两个方面更好地利用这样一种确定的原理。但这样一来你就不能夸口说这一原始存在者的概念是已经由你证明过的概念，因为你只是为了更好地运用理性而设定了这样一个概念。因此，由于别人对你的一系列推论的说服力表示怀疑这种所谓无理之举，你就爆发悲伤的、无谓的狂怒，而这一切都是没有意义的吹嘘。这种吹嘘是很希望人们相信，对于你的论证的有效性自由地表达出来的疑问是对神圣真理的一种怀疑，在这种托词的掩盖之下，那种论证的软弱无力就可以逃过人们的注意。

与此相反，道德目的论，它的基础并不比自然目的论更缺乏坚实性，而且事实上它还应该被视为处于更有利的地位上，因为它先验地基于与我们的理性不可分割的原理之上，它就能导致一种神学的可能性所要求的东西，亦即导致一种最高原因的确定概念，这种最高原因是与道德律令协调一致的世界原因，因而道德目的论也就导致能满足我们的道德本性的终极目的这样一种终极原因的概念。而那一原因所要求的不能低于全知、全能、全在，以及诸如此类，作为属于它的必要的自然属性。这些属性必须被认为是与无限的道德本性的终极目的结合在一起的，因之也要被认为是适应于那种终极目的的。所以只有道德目的论才能提供一个适合于神学的唯一的世界创造者的概念。

一种神学也能以这种方式直接通向宗教，也就是认识到我们的义务是神的命令：因为只有对于我们的义务及其内容的认识——就是理性托付给我们的终极目的——才能产生一个确定的神的概念。因而这一概念从其起源处就与对那个存在者的义务不能分割地联系在一起。另一方面，如果假定沿着单纯的理论途径我们可以达到一个确定的原始存在者（即作为单纯的自然原因）的概念，那么，以后我们在为把一种符合道德律令的因果作用赋予这一存在者寻找有效的证明时，就会遇到很大的困难，而且如果不求助于任意外来添加物也许就完全不能做到这一点。但如果没有这种因果作用的概念，上述所谓神学概念就不可能构成宗教的基础。甚至在一种宗教可能沿着这种理论道路建立起来时，它在思想信念（宗教的本质要素就在这里）方面实际上将不同于下述宗教：在这种宗教里，上帝的概念和对于上帝存在的实践信念来源于基本的道德观念。而且，如果我们必须认为这些概念仅仅对于把我们的义务概念用于我们对于这个创世者的关系里才是理所当然的，那么，我们的义务概念就不可避免地显示出浓重的强制性的和被迫接受的迹象。那么什么是我们应当选择的呢？如果对于道德律令的高度崇敬使我们根据我们自己的理性的准则完全自由地设想我们的使命的终极目的，那又会如何呢？这时，我们会在我们的道德憧憬中接受一个与那一终极目的及其实现相和谐的原因，而且在接受这一原因时怀着深深的崇敬之情——这完全不同于病理学的恐惧——我们还会心悦诚服地屈从于它。[1]

如果有人问：一般来说，有一种神学为什么对我们是重要的呢？事情很清楚，神学不能扩展或改善我们的自然知识以及任何一种一般的理论知识，我们只是为了宗教，也就是为了我们理性的实践的亦即道德上的运用，才需要神学，而且是一种主观方面的需要。假如结果是：导致神学对象的确定概念的唯一的论证本身是一种道德论证，那么这种结果不仅不会显得奇怪，而且我们还不会感到由这种论证途径而产生的信念对于它所要达到的最终意图有什么不足之处，只要我们清楚，这种论证只是以满足我们道德本性的方式证明了上帝的存在，也就是从实践的观点证明了上帝的存在。思辨在这里并没有以任何方式显示出它的力量，也没有扩大它的疆土的范围。对于我们在此断言一种神学的可能性的惊奇，以及据说这种断言中所存在的与思辨理性的批判中关于范畴所说的话的矛盾，在仔细考察之后就会消失。那一批判所说的是，范畴只有在运用于感性对象时才产生知识，如果把它们运用于超感性事物则无论如何不会产生知识。如果注意到，虽然范畴在这里是用于上帝的知识，但它们被如此运用只是为了实践的目的，不是为了理论的目的，也就是说：它们不是指向上帝所固有的对于我们显得不可思议的本质——这里请允许我利用这个机会来结束对那一批判的学说的误解——那种学说是十分必要的，但它使理性返回它适当的界限之内，却使盲目的教条主义者感到懊恼。为此目的，我在这里要附加以下的说明。

如果我赋予一个物体以动力，也就是通过因果性的范畴来设想它，那么我同时也就由此而认识了它；这就是说，我通过它作为感性对象本身应有的东西（作为上面提到的那种关系的可能性的条件）来规定它（作为一般对象）的概念。因为如果我所赋予它的动力是排斥力，那么，虽然我并没有在它旁边放置另

[1] 对美的惊赞以及由自然的形形色色的目的所引起的感动，这两者是一个反思的心灵能够在关于这个世界的一个有理智的创造者的任何清晰的表象之前就感受到的，并含有某种类似于宗教感情的东西。因此，看来它们首先是通过一种与道德类似的判断方式对道德情感（感激之情和对于我们未知的原因的崇拜之情）产生影响，因而也通过激起道德观念对心灵产生影响，就在那时，它们激起了那种惊赞——那种惊赞充满了比单纯的理论考察所能产生的更多的兴趣。——原注

外一个使它施加这种力量的物体，我仍可把空间中的一个位置归于它，再把广延（Ausdehnung），亦即物体自身中的空间，归于它；此外，通过它的各部分的排斥力把充实（Erfüllung——充满这个空间）归于它；最后，还要把这种充实的规律归于它（我所说的规律是指，各部分的排斥力的减少必然与物体的广延的增加的比例相同，而且它以那些部分所充塞的空间也会按同一比例增大。）——与此相反，如果我把一个超感性的存在者设想为第一推动者，也就是通过与世界中同样的作用方式（物质的运动）相关的因果性范畴来设想，那么我决不能设想它存在于空间中的任何一个位置上，也不能设想它是广延的，我甚至不能设想它存在于时间之中，并与其他事物同时共存。因此，我完全没有任何思维形式能够向我自己解释如下这种条件：在这种条件之下，由这一存在者（作为运动的根源）而来的运动才是可能的。这样，通过原因（作为第一推动者）这个谓词我关于它没有获得丝毫具体的认识，我仅仅有包含着这一世界中运动的根源的某种东西的表象；而且由于这种东西（作为原因）与这些运动的关系没有给我提供任何属于本身即是原因的事物的性质的东西，这一原因的概念便依然是完全空洞的。其理由是：因为借助于只能在感性世界里找到其对象的谓项，我当然可以推论到某种必然包含着这些谓项的根源的东西的存在，但我却不能推论出作为一个超感性存在者的这种东西的概念规定性，这种概念是排斥一切这类谓项的。因而，如果我借助于一个第一推动者的概念来使因果性范畴成为规定性的，这仍然丝毫不能帮助我认识上帝是什么。但如果我采取另一条路线，从这个世界的秩序出发不仅把超感性存在者的因果作用设想为一个最高理智的因果作用，而且还借助于上面提到的概念规定性对它加以认识，那么我就会取得更大的进展：因为这样一来那讨厌的空间条件和广延的条件就被消除了。当然，这个世界上表现出来的伟大的合目的性迫使我们去设想存在着这种合目的性的一个最高原因，还要设想这一最高原因的因果作用的背后有一种理智在谋划。但这并不能授权给我们把这种理智赋予那一最高原因（例如，我们不得不把上帝的永恒性设想为在一切时间中存在，因为我们关于单纯的存在不可能构成一个与量的概念有别的概念，换言之，在这方面我们不可能构成一个不同于持续存在的概念。同样，我们必须把神的无所不在设想为在一切位置上的存在，以便使上帝在互相外在的事物中直接在场对于我们成为可理解的。我们这样做，并不需要随意地把任何这样的规定性作为某种从上帝身上认识到的东西再加给上帝)。某些产品上面显示出人的因果作用,这类产品当然只能通过与有意图的合目的性的关系才能解释,如果我把这种合目的性设想为人的理智并以此来规定那种因果作用,那么我不会在此停步,我还要把这一谓项作为熟知的属性赋予人,并从而认识他。因为我知道,各种直观是被给予人的感官的,而且由知性置于一个概念之下,因而也就被置于规律之下;而这种概念只包含着普遍的标志,特殊性都被舍去了,因而就是推理性的;我也知道,为了把表象置于一种意识的一般形式之下,那些规律就被知性先行给予那些直观,如此等等。同时,我也把这种属性赋予人,作为我由以认识他的性质。但如果我想把一个超感性的存在者(上帝)设想为一个理智,那么对于我的理性的某种运用来说,这不仅是允许的,而且也是不可避免的;但我却无论如何不能允许自己把知性赋予他,也不能因通过知性来认识他,像通过他的一种性质来认识他那样而感到满意。因为在那种情况下,我必须消除上述一切我据以认识一个知性的条件,因而也就完全不能把只能用于人的规定性的谓项与一个超感性的对象联系起来。这样我们也就完全不能通过任何这类确定的因果作用来认识上帝为何物。其他一切范畴也都是这种情形。它们对于理论方面的认识可能是完全没有意义的,除非它们被用于可能的经验对象,但我可以根据与一个知性的类比形成关于一个超感性存在者的看法——甚至在我作某种其他考虑时也必须这样做——却不期望以此从理论上认识他。我所提到的就是超感性存在者的因果作用的方式,这种作用方式与世界上的某种结果有关,这种结果包含着一种在道德上是必然的,但对于感性存在者来说又是不能实现的目的。因为在那种情况下,对于上帝及其存在的知识,亦即一种神学,只有借助于他的因果作用的性质和规定性才成为可能的,而这种性质和规定性又只能按照类比才可想象,而且这种知识在一种实践关系中有其一切必需的实在性,不过也仅仅在这种关系里,也就是在对于道德的关系里,才有这种实在性。因此,一种伦理神学是完全可能的。因为虽然道德在没有神学的情况下也能凭它自己的规律存在下去,但不能凭那种规律所托付的最后意图而存在下去,除非在涉及这种最后意图时完全不顾理性。但一种神学伦理学(纯粹理性的神学的伦理学)却是不可能的,因为那些律令最初原本不是由理性本身所给予的,而且理性在遵守这些律令时不是作为一种纯粹实践能力,这样的律令都不可能是道德性的。同样,一种神学的物理学也是一种不近情理的东西,因为它不能说明任何自然规律，而只能陈述一个最高意志的安排；而一种物理神学，准确地说，就是自然目的论的神学，至少可以充当本来意义上的神学的一种预备知识，因为借助于研究自然目的，物理神学可以提供丰富的材料以促使我们形成一个终极目的的观念，这种终极目的不是自然本身所能提出的。因此，物理神学虽然使我们感受到需要一种神学，这种神学在理性的最高的实践运用中足以确定上帝的概念，但它却不能产生一种神学，或者把神学建立在充足的证据之上。